Hansen · Alterität als kulturelle Herausforderung des Klonens

D1985430

Solveig Lena Hansen

Alterität als kulturelle Herausforderung des Klonens

Eine Rekonstruktion bioethischer und literarischer Verhandlungen

mentis
MÜNSTER

Gedruckt mit freundlicher Unterstützung der Geschwister Boehringer Ingelheim Stiftung für Geisteswissenschaften in Ingelheim am Rhein.

Einbandabbildung: © Zoe, fotolia.de

Bibliografische Information der Deutschen Nationalbibliothek

Die Deutsche Nationalbibliothek verzeichnet diese
Publikation in der Deutschen Nationalbibliografie;
detaillierte bibliografische Daten sind im Internet über
http://dnb.dnb.de abrufbar.

Gedruckt auf umweltfreundlichem, chlorfrei gebleichtem
und alterungsbeständigem Papier ∞ ISO 9706

© 2016 mentis Verlag GmbH
Eisenbahnstraße 11, 48143 Münster, Germany
www.mentis.de

Alle Rechte vorbehalten. Dieses Werk sowie einzelne Teile desselben sind urheberrechtlich geschützt. Jede Verwertung in anderen als den gesetzlich zulässigen Fällen ist ohne vorherige Zustimmung des Verlages nicht zulässig.

Printed in Germany
Einbandgestaltung: Anne Nitsche, Dülmen (www.junit-netzwerk.de)
Wissenschaftlicher Satz: satz&sonders GmbH, Münster (www.satzundsonders.de)
Druck: AZ Druck und Datentechnik GmbH, Kempten
ISBN 978-3-95743-048-9 (Print)
ISBN 978-3-95743-864-5 (E-Book)

There is fiction in the space between
You and reality
You will do and say anything
To make your everyday life
Seem less mundane
There is fiction in the space between
You and me

Leave the pity and the blame
For the ones who do not speak
You write the words to get respect and compassion
And for posterity
You write the words and make believe
There is truth in the space between

Tracy Chapman, *Telling Stories* (2000)

Only the impossible is worth the effort.

Jeanette Winterson, *The Powerbook* (2000)

Danksagung

Bei der vorliegenden Arbeit handelt es sich um eine überarbeitete Fassung meiner Dissertation, die im Herbst 2014 von der Philosophischen Fakultät der Universität Göttingen als erste Dissertation im Promotionsfach Bioethik angenommen wurde.

Für die Entstehung und Ermöglichung dieser Schrift gilt es einer ganzen Reihe von Personen zu danken, die mir mit konstruktiver Kritik und Unterstützung zur Seite gestanden haben.

Mein erster Dank gilt Professor Silke Schicktanz für ihren fachlichen Rat und ihre Bereitschaft, diese Arbeit mit großem Engagement zu betreuen und zu fördern. Unzählige – inspirierende und kritische – Gespräche ermöglichten es mir, das Thema an der Schnittstelle zwischen Bioethik, Literaturwissenschaft und Gender Studies zu entwickeln und zu fokussieren.

Professor Brigitte Glaser danke ich für ihre Bereitschaft, das Zweitgutachten zu übernehmen und die Studie mit Anmerkungen zu bereichern. Außerdem danke ich Professor Simone Winko für eine ebenfalls langjährige Unterstützung, Kritik und das Engagement, diese Arbeit mit literaturtheoretischen und analytischen Zugängen zu strukturieren.

Dem DFG-Graduiertenkolleg »Dynamiken von Raum und Geschlecht« verdanke ich die institutionelle, d. h. auch finanzielle, Ermöglichung einer strukturierten Promotion; und der Graduiertenschule für Geisteswissenschaften Göttingen (GSGG) ein Abschlussstipendium sowie auch einen großzügigen Druckkostenzuschuss. Mit einem zweiten Zuschuss hat die Geschwister Boehringer Ingelheim Stiftung für Geisteswissenschaften freundlicherweise den Druck gefördert.

Des Weiteren verdanke ich dem Interuniversitären Forschungszentrum für Technik, Arbeit und Kultur (IFZ) einen produktiven Forschungsaufenthalt in Graz, der mir eine konzentrierte Arbeit erlaubt hat. Gleiches gilt für die Phantastische Bibliothek Wetzlar, die mich das dortige Archiv nutzen ließ.

Schließlich waren Doris Bachmann-Medick, Susanne Beck, Katharina Beier, Julia Brase, Ilka von Braun-Büschen, Antje Flüchter, Stephan Günzel, Aurélie Halsband, Clemens Heyder, Linda Hüllbrock, Daniel Kersting, Tilmann Köppe, Silke Lachnit, Katharina Lukoschek, Susanne Michl, Volker Roelcke, Mark Schweda, Jana Madlen Schütte, Nele Spiering, Viola Thimm, Claudia Wiesemann und Sabine Wöhlke bereit, Teile des Manuskripts zu lesen und/oder mir mit Kritik zur Seite zu stehen. Die vorliegende Studie hat von vielfältigen, interdisziplinären, Impulsen und zahlreichen Gelegenheiten zum Austausch sehr profitiert.

Für eine intensive Unterstützung bei der Entstehung des Manuskripts und gründliche Lektüre des Textes danke ich Marthe Irene Eisner, Florian Grundei, Felix Hagenström und Annekathrin Krieger.

Persönlich haben mir in den Jahren der Promotion eine Reihe von Personen durch ihren beständigen Zuspruch, ihre Freundschaft und ihre konstruktive Kritik zur Seite gestanden, die nicht nur diese Arbeit, sondern auch mich geprägt haben: Benjamin und Jana Bühring, Cathrin Cronjäger, Antonia Krödel, Jon Leefmann, Sonja Lehmann, Karina Müller-Wienbergen und Julia Elena Thiel danke ich in tiefer Verbundenheit für diese gemeinsame Zeit mit vielen Höhen und Tiefen. Danke für eure Anerkennung; danke, dass ihr da seid.

Widmen möchte ich diese Arbeit meiner Mutter, Hille Hansen, in Andenken und Liebe.

Göttingen, im Sommer 2016 Solveig Lena Hansen

Inhaltsverzeichnis

1. Einleitung

»Darüber geredet hat in letzter Zeit kaum noch jemand. Und daran geglaubt auch nicht.« So beginnt ein Artikel *Bauplan des künstlichen Menschen* aus der *Süddeutschen Zeitung* (Berndt 2014). Er bezieht sich auf die Nachricht, dass es der Gruppe um Shoukhrat Mitalipov von der *Oregon Health and Science University* gelungen war, menschliche Stammzellen durch den sog. somatischen Zellkerntransfer (SCNT) zu erzeugen (Tachibana et al. 2013).[1] Die Aussage, dass niemand mehr an diese Technik geglaubt habe, bezieht sich auf die Skepsis, die nach den fälschlichen Behauptungen des südkoreanischen Forschers Woo Suk Hwang, menschliche Stammzellen durch SCNT hergestellt zu haben, 2005 öffentlich vorgebracht wurde. Obgleich die Forschung im Tierversuch nahtlos weiter geführt wurde (Byrne et al. 2007), ebbte die Diskussion um das Klonen menschlicher Embryonen hiernach nämlich ab (Franzen 2011).

Technisch ist mittlerweile zwar ein Schritt gelungen, der in den letzten Jahren für unwahrscheinlich erklärt und deswegen kaum noch diskutiert wurde. Ob die formulierten Ziele der Stammzellforschungen, wie bspw. die Heilung von Krankheiten, tatsächlich eingelöst werden, ist weiterhin ungewiss. Als relativ gewiss kann jedoch gelten, dass die Diskussion um den Zellkerntransfer anders verlaufen wird als vor 20 Jahren: 1997 ging ein Bild durch die Medien, was vielerorts zur Annahme führte, dass das Klonen von Menschen machbar und – von einigen – auch gewollt sei. Dieses Bild machte eine in Großbritannien gewöhnliche und industriell nützliche Tiergattung weltberühmt – das walisische Bergschaf Dolly wurde der »Kristallisationspunkt« (Marek 2012: 32) eines umfassenden Diskurses. Sensationswert hatte die Neuigkeit, dass am *Roslin Institute* in Edinburgh ein gesundes Schaf auf eine äußerst ungewöhnliche, nämlich asexuelle, Weise erzeugt worden war: Dolly war als erstes Säugetier nicht durch die Verschmelzung zweier verschiedener Keimzellen, sondern durch SCNT entstanden. Zur Verdeutlichung ihrer Besonderheit hat sie einen Namen, der ihren anderen Status im Vergleich zu Versuchstieren hervorhebt: Durch die Aufbereitung ihrer ›Lebensgeschichte‹

[1] SCNT ist das Akronym für *S*omatic *C*ell *N*uclear *T*ransfer. Hierbei wird der Kern einer Körperzelle in eine Eizelle eingebracht, die durch Viren, biochemische Faktoren und Stromstöße zur Teilung angeregt wird, wie sie auch bei einer Befruchtung durch eine Samenzelle stattfindet (Heinemann 2005: 169–190; Kersten 2004: 8). Diese Technik ist innerhalb einer Spezies, aber auch unter verschiedenen Spezies durchführbar.

seitens des *Roslin Institute* und durch Bilder mit der Unterschrift »Dolly meets the Media«, auf dem Dolly sich selbst vor den Kameras in Szene zu setzen scheint, wird dieses Schaf als ein Wesen mit Persönlichkeit inszeniert.[2] Dolly zeigt sich hier selbstbewusst und neugierig der Presse, gleich einem Model, das zu Präsentationszwecken über einen Laufsteg schreitet. Gerade die Gewöhnlichkeit des Schafes dürfte jedoch die »angst« (Wilmut/Highfield 2006: 119) geschürt haben, die während der ersten medialen Berichterstattung durch die britische Zeitung *The Observer* aufkam.[3]

Zwar war der Fachwelt bewusst, dass Dolly das Ergebnis einer ganzen Reihe von vorhergegangen Forschungen war und dass das Klonen eines Schafes noch nicht bedeutete, dass nun auch andere Säugetierarten auf diese Weise reproduziert würden (Turney 2002). Die mediale Aufbereitung folgte einer anderen Logik – sie betonte einerseits die neuen Möglichkeiten dieser Reproduktionsmethode, stellte aber andererseits fest: »[C]loning is also likely to cause alarm. The technique could be used on humans, drawing parallels with Huxley's Brave New World and the film The Boys from Brazil, in which clones of Hitler are made.« (McKie 1997: 1) Dass hier sowohl auf die Verfilmung von Ira Levins Thriller *The Boys from Brazil* (1976), in dem der verschollene Josef Mengele 94 Klone von Adolf Hitler erzeugt, als auch auf Aldous Huxleys Roman *Brave New World* (1932) referiert wird, verweist auf den Einfluss, den literarische und filmische Werke auf die Bewertung des Klonens haben. Über *The Boys from Brazil* wird eine Verbindung zu Adolf Hitler hergestellt – wobei vermittelt wird, dass mit der Technik des Klonens das personifizierte Böse reproduziert werden könne: »[I]t is the prospect of cloning people, creating armies of dictators, that will attract most attention.« (McKie 1997) Während die mediale Debatte Worst-Case-Szenarien entwarf, war Dolly für die Forschenden, die ihr täglich begegneten und sie erzeugt hatten, zwar immer noch eine Sensation, jedoch nichts genuin Bedrohliches.

Anders verhält es sich bei einer Bewertung des Klonens seitens Forschender, die den SCNT an Säugetieren nicht selbst durchführen.[4] Im Zuge der

---

2 http://www.roslin.ed.ac.uk/public-interest/dolly-the-sheep/a-life-of-dolly/ ⟨07. April 2016⟩.

3 Da das *Roslin Institute* abwarten wollte, ob das Lamm überlebensfähig war, publizierte es Dollys Geburt erst im darauffolgenden Jahr (Wilmut et al. 1997). Es hatte allerdings im Vorfeld der Veröffentlichung ein Fernsehinterview gegeben (Wilmut/Highfield 2006: 118). Das Kamerateam gab wiederum Informationen weiter, sodass *The Observer* Dollys Geburt bereits vier Tage vor der wissenschaftlichen Publikation ankündigte (Wilkie/Graham 1998).

4 Es gibt keine einheitliche Verwendung des Begriffs ›Klon‹, lediglich herrscht Einigkeit darüber, dass das Klonen ein »ungeschlechtlicher reproduktiver Prozess« (Renard 2004: 39) ist, der sowohl in der Natur vorkommen als auch durch menschliche Handlungen verursacht werden kann. Etymologisch stammt das Wort aus dem Griechischen und bedeutet Zweig, Knospe oder Schößling (Bühl 2009: 273). ›Klonen‹ bezeichnete in der Botanik das Phänomen, einen Teil einer Pflanze in der Erde oder in Wasser austreiben zu lassen und die Pflanze so zu reproduzieren.

Debatte um die Stammzellforschung etwa nennt der Reproduktionsmediziner Cui (2005) drei Konzepte des Klonens: Erstens die Klonierung, d. h. die Verdopplung von DNA-Molekülen zu Forschungs- oder Therapiezwecken, die z. B. bei der Funktionsbestimmung von Proteinen oder der Herstellung von Insulin genutzt wird.[5] Zweitens das sog. ›therapeutische Klonen‹, d. h. Verfahren, in denen frühembryonale Stammzellen zu Forschungszwecken gewonnen werden, um bspw. Organe oder Gewebeteile für regenerative Therapien zu erzeugen (Dabrock/Ried 2005).[6] Solche ›therapeutischen‹ Verfahren können nicht nur durch den bereits erwähnten SCNT, sondern auch durch das Embryosplitting[7] erreicht werden. Drittens nennt Cui das sog. ›reproduktive Klonen‹, d. h. den SCNT mit dem Ziel der Implantation des geklonten Embryos.[8] Während das sog. ›therapeutische Klonen‹ vielversprechende Ziele für die Medizin darstelle, wird das Klonen ausgewachsener Individuen von ihm entschieden abgelehnt:

> Although human cloning does not begin with the fertilization of germ cells […], the *product* is transferred into the uterus and develops there […]. In addition, human cloning would generate an actual life […]. Human cloning has raised strong ethical problems, and it will *change human beings as a species to be sub-human beings* due to incomplete reprogramming and artificial activation of the cloning techniques. (Cui 2005: 17; Herv. S. L. H.)[9]

In Aussagen wie diesen wird dem ausgewachsenen, menschlichen Klon mit Unbehagen und Unsicherheit, wenn nicht gar mit Ablehnung begegnet. Der

---

5 Die Klonierung von DNA lasse ich in dieser Arbeit unberücksichtigt.

6 Würde durch SCNT ein neuer Embryo hergestellt und daraus Organe gezüchtet, ist anzunehmen, dass die DNA fast hundertprozentig identisch und mit weniger immunologischen Abstoßungsreaktionen nach der Transplantation zu rechnen wäre (Harris 2014; Mummery et al. 2011: 110; Hucho 2009).

7 Beim Embryosplitting wird eine befruchtete Eizelle (Zygote) künstlich geteilt, wobei die abgespaltenen Zellen aufgrund ihrer Totipotenz, d. h. ihrer eigenen Fähigkeit, sich zu einem Individuum zu entwickeln, als Embryo kultiviert werden können (Kersten 2004: 8). Im Gegensatz zur totipotenten Zellen sind pluripotente Zellen in der Lage, sich in jeden Zelltyp des Individuums zu differenzieren, können aber von sich aus keinen lebensfähigen Embryo bilden (Heinemann 2005: 89 f.).

8 Die Unterscheidung zwischen dem sog. ›therapeutischen‹ und dem ›reproduktiven‹ Klonen wurde u. a. vom *Steering Committee on Bioethics*, der Beratergruppe der europäischen Kommission und der US-amerikanischen *National Bioethics Advisory Commission* getroffen (Mieth 2004). Sie lässt sich jedoch als irreführend kritisieren, da beide Techniken der Vervielfältigung von Organismen dienen (Engels 2004). Der Unterschied besteht nicht in der Technik, sondern in der Zielsetzung. Die Kritik an der Unterscheidung aufnehmend, möchte ich im Folgenden zwischen dem Klonen zur Erzeugung von Stammzellen, dem Klonen zu Forschungszwecken und dem Klonen zu Reproduktionszwecken unterscheiden (Sexton 2002).

9 Soweit nicht anders vermerkt, sind Hervorhebungen immer die Betonungen der jeweiligen Verfasser_innen.

Klon wird gleichgesetzt mit einem Individuum, das einer dehumanisierten und fremdbestimmten Klasse von Lebewesen angehören würde. Die Wortwahl suggeriert ein Kastensystem ohne zu reflektieren, wie wahrscheinlich oder unwahrscheinlich es ist, dass sich diese soziale Struktur herausbildet.

Die anthropomorphe Präsentation des geklonten Schafes durch das *Roslin Institute* auf der einen und der antizipierte Missbrauch des Klonens zur Fremdbestimmung, Degradierung und Dehumanisierung auf der anderen Seite offenbaren das Spannungsfeld angesichts dieser Zeugungsmethode: Dolly ist zwar besonders aufgrund ihrer Entstehungsweise, zeichnet sich aber zugleich durch einen äußerlich identischen, eben ›kopierten‹ Phänotyp aus (Franklin 2007: 24). In Szenarien, die sich der Anwendung dieser Technik auf den Menschen widmen, offenbart sich weniger eine Faszination gegenüber dem Klon als vielmehr die Antizipation eines »Konflikt[s] zwischen dem Original und seinem Double« sowie »die Kollision des Realen mit dem Virtuellen« (Baudrillard 1997: 67). Thematisiert wird nicht nur die Fremdheit des Klons, sondern auch die Frage, wer sich mit einer solchen Technik reproduzieren und welche sozialen Konsequenzen dies haben könnte:

> Die Ankunft biologischer Technik, die sich umplanend auf die ›Pläne‹ von Lebensarten erstreckt [...], bezeichnet eine radikale Abweichung von dieser klaren Scheidung, ja, einen Bruch von potentiell metaphysischer Bedeutung: der Mensch kann direktes Objekt seiner eigenen Baukunst sein, und zwar in seiner erblich physischen Konstitution. (Jonas 1987: 164)

Jonas verwendet die räumlichen Metaphern der Baukunst, um die Gemachtheit des Klons, ähnlich dem Konstruktionscharakter der Architektur, auszudrücken. Und durchaus beinhaltet das Klonen Momente der Konstruktion, denn es ermöglicht Personen die Zeugung, denen die Fortpflanzung auf ›natürlichem‹ Weg nicht offen steht. Frauen wären beispielsweise in der Lage, sich ohne männliche Keimzellen zu reproduzieren: »Science-fiction und Feminismus haben hier ein weites Feld für amüsante Spekulationen.« (182)[10] Während die natürliche Reproduktion als Zufall betrachtet wird, erscheint wiederum das Klonen als intendiertes Ergebnis technischer Handlungen, durch das Klon und Original nicht in einer emotionalen Verbindung, sondern vielmehr in einem asymmetrischen Verhältnis stehen (Habermas 2001).

Woher kommen diese verschiedenen Perspektiven auf das Klonen? Warum verstört viele Menschen die Vorstellung eines technisch produzierten Glei-

[10] Eine hundertprozentige Übereinstimmung der Gene von Klon und Original kann ohnehin nur erreicht werden, wenn eine Frau sich selbst klont. In anderen Fällen besteht keine absolute Übereinstimmung, da ca. 0,01 bis 0,02 Prozent der Erbinformation mitochondriale DNA ist, d. h. DNA zelleigener Organe, die bei der Teilung über das Plasma der Eizelle an die Zygote vererbt wird (Kersten 2004: 7).

chen und warum assoziieren sie es mit einer sozial niedrigen Position? Warum wurde gerade das Klonen vielerorts als eine bahnbrechend neue Reproduktionsmethode betrachtet? Dies waren Fragen, die sich mir im Forschungsprozess der vorliegenden Arbeit immer wieder stellten. Ihr Reiz verstärkte sich vor dem Hintergrund, dass trotz seiner Ungewöhnlichkeit das Klonen *eine* Reproduktionshandlung unter vielen bleibt. Zwar mag es eine Zäsur darstellen, die eine neue »Tiefe des Eingriffs in die Natur« besitzt und »mit den neuen Handlungsmöglichkeiten innerhalb von Biotechnologien und Medizin ein bislang nicht bekanntes Maß erreicht hat« (Hillebrand/Lanzerath 2001: 10). Das Klonen jedoch »überhaupt nicht als Reproduktion, sondern eher als eine Produktion von Menschen« (Brock 2004: 201) anzusehen, führt zu weit. Denn auch natürliche Reproduktion, die nicht durch Techniken im engeren Sinne unterstützt wird, mit denen aber Fortpflanzung intendiert bzw. in Kauf genommen wird, ist kein Ereignis, das einfach geschieht, sondern das Ergebnis menschlichen Handelns. Schon vor dem Klonen gab es verschiedene Bestrebungen von Menschen, Reproduktion zu beeinflussen; und aus dieser historischen Sicht erscheint das Klonen zwar als deren zugespitzte Fortsetzung, aber nicht als gänzliche Neuerung.

Bedeutungszuweisungen und Praktiken der Reproduktion (und nicht nur der modernen Reproduktionstechnologien) sind also historisch und kulturell variabel (Pollack Petchesky 1989). In einem gewissen Sinne ist jedes Kind zumindest seit dem modernen Wissen um Verhütung und Empfängnis ein ›Produkt‹, etwas Hergestelltes und Gemachtes. Das Klonen selbst kann keine hinreichende Bedingung für eine soziale Degradierung sein, denn eine Erzeugungsweise muss nicht zwangsläufig eine bestimmte soziale Position zur Folge haben. Es sind durchaus Szenarien denkbar, in denen natürlich gezeugte Kinder als ausgenutzte Sub-Klasse behandelt werden. Auch gibt es Beispiele aus Vergangenheit und Gegenwart, die eine soziale Deklassierung aufgrund von Herkunft zeigen, aber keine technisch assistierte Zeugungsweise beinhalten, wie z. B. das Kastensystem in Indien.

Um zu verstehen, warum gerade das Klonen vielerorts als eine Zäsur wahrgenommen wurde, muss eine Vielzahl von »Bedeutungen« in den Blick rücken, die dem Klon »auf der Grundlage kulturhistorisch wesentlich älterer Narrative und Denkfiguren« (Marek 2012: 16) zugeschrieben werden.

Eine solche Einordnung in einen größeren Rahmen kann für eine normative Bewertung nicht hinreichend sein, denn sie sagt noch nichts darüber aus, ob eine Handlung moralisch legitim ist oder nicht. Das heißt aber wiederum nicht, dass die Wahrnehmung des Klons als etwas Ungewohntem, das sich von unserer vertrauten Welt unterscheidet, genau jene moralische Bewertung dieser Technik nicht beeinflusst (hat). Entsprechend ist eine grundlegende These meiner Studie, dass der menschliche Klon als »Ikone der modernen Wissenschaften vom Leben« (Brandt 2008: 354) eine breite Diskussion in

Öffentlichkeit, ethischer Fachdebatte und kultureller Narration anstieß, da er seinem Original zugleich ähnlich und doch fremd ist: Er gleicht ihm äußerlich, ist aber künstlich und asexuell erzeugt. Die Differenzierung und Abgrenzung zwischen Original und Klon wird auf einer rein äußerlichen Wahrnehmungsebene erschwert, da sich beide buchstäblich zum Verwechseln ähnlich sehen. Weiterhin gehe ich davon aus, dass sich Gegenstände wie der Klon als ›abstrakt‹ bezeichnen lassen (Thomasson 2003). Der ausgewachsene, menschliche Klon wird erst in unseren Narrationen und Vorstellungen erschaffen und damit raumzeitlich *denkbar.* Im Laufe des 20. Jahrhunderts erscheint seine Existenz durch Fortschritte der Forschung immer wahrscheinlicher, obgleich Hoffnungen und Erwartungen doch immer wieder enttäuscht werden.

Gleichwohl ist zu konstatieren, dass das Klonen zu Reproduktionszwecken fast 20 Jahre nach Dollys Geburt größtenteils auf Ablehnung trifft, große Risiken birgt und sehr hohe Kosten verursachen würde. Aus diesen Gründen ist es äußerst unwahrscheinlich, dass bald ein ausgewachsener, menschlicher Klon auf der globalen Bildfläche erscheinen wird. Ein vielerorts bestehender Konsens in der Ablehnung dieser Technik bedeutet indes nicht, dass auch über die vorgebrachten Gründe Einigkeit besteht. Vielmehr werden ganz unterschiedliche Argumente gewählt, die häufig auch etwas über die Beteiligten und den Zeitpunkt der Diskussion aussagen:

> [D]ebates about cloning humans reveal more about the humans who are debating than about future humans. When we fear sex slaves, robots, extra sources for organs, rich families, or kids who don't live up to parental expectations, we mainly are criticizing our neighbors, our own families, ourselves. If we can't accept this, debates about cloning will never be honest. (Pence 2004: 15)

Zwar richtet sich der Vorbehalt gegenüber dem Klonen häufig auf die zukünftig existierende Generation, jedoch wird die Bewertung des Klonens von einer Generation getroffen, die im *Hier und Jetzt* verortet ist. Dieser Hinweis ist mehr als die Feststellung, dass für eine Bewertung des Klonens stets kontrafaktische Annahmen gemacht werden, die nicht notwendigerweise auch eintreten werden. Vielmehr wird hier deutlich, dass die Kritik an der *zukünftigen* Etablierung des Klonens auch als eine Kritik an *gegenwärtigen* Einstellungen verstanden werden kann. Die Argumente, die sich vordergründig auf die Folgen möglicher Handlungen beziehen, können aus dieser Perspektive genutzt werden, um Haltungen und Einstellungen von Argumentierenden in der Gegenwart zu analysieren:

> The claim that cloning is morally wrong is based on a number of crucially different underlying issues, including religious concerns, fears that cloning will erode the ›traditional family,‹ worries that clones would not really be ›human,‹ or such environmental concerns as possible loss of biodiversity. [...] [I]t is

> extremely important to examine the seeming ›agreement‹ that most people supposedly have that cloning is wrong because they may disagree on deeper moral issues involved. (Davion 2006: 60)

Es gibt also tieferliegende moralische Vorannahmen, die der Bewertung des Klonens zugrunde liegen, jedoch nur implizit in die Debatte einfließen. Die Änderung traditioneller Familienverständnisse, die Befürchtung, dass der Klon kein ›richtiger Mensch‹ sein könnte oder die Angst vor einem Diversitätsverlust lassen sich im Spannungsfeld zwischen der Vertrautheit und Fremdheit des Klons verorten. Im ersten Fall sind es neue Familienformen, im zweiten Fall die ambivalente Einstellung gegenüber einer ›fremden‹ Spezies und im dritten Fall die Befürchtung, dass das Klonen zu einem Verlust genetischer Varianz mit sozialen Folgen führen könnte.

Dieses Spannungsfeld der Fremdheit und Vertrautheit sowie die Tatsache, dass das Klonen die äußerliche Abgrenzung von Individuen erschwert, lässt sich unter einem Begriff fassen, der sowohl in der Sozialphilosophie als auch in der Kulturwissenschaft eine lange Tradition besitzt – dem Begriff der *Alterität*. Hierunter lassen sich Begegnungen zwischen *ego* (ich / mir selbst) und *alter* (dem anderen, d. h. meinem Gegenüber) analysieren.

Wie unterschiedlich *Alterität* dabei genutzt werden kann, werde ich in dieser Studie anhand von Literatur illustrieren: Vom Verhältnis zwischen einer Person und ihrem Klon wird z. B. in Jan Vanstinas *Ich bin Lukan* (2012) erzählt. Der Klon hat hier eine Persönlichkeit und ist zum selbstbestimmten Handeln fähig. Spannungen angesichts seiner Erzeugungsart werden letztlich durch gegenseitiges Verstehen aufgelöst. Wie dieses Beispiel zeigt, kann der Begriff der *Alterität* fruchtbar gemacht werden, um Haltungen gegenüber dem Klon als moralisch relevantem Gegenüber zu analysieren.

Andere Romane führen heteronome Existenzweisen vor Augen, indem durch das Motiv des Klons die Situation von Personen thematisiert wird, die am Rand einer Gesellschaft stehen und Ausgrenzung, Instrumentalisierung oder Stigmatisierung ausgesetzt sind (Ferreira 2005: 33). Erläutern lässt sich dies z. B. an Kazuo Ishiguros Roman *Never Let Me Go* (2005). Der Klon wird als eine ausgegrenzte, dehumanisierte Lebensform dargestellt, dessen systematische Instrumentalisierung durch die Reproduktionsmethode ermöglicht wird. Der Begriff der Alterität kann also genutzt werden, um zu analysieren, wie durch die jeweiligen Romane im Kontext ihrer Zeit über das Motiv des Klons Sozialkritik geübt wird.

Noch deutlicher tritt diese Kritik angesichts kollektiver Darstellungen hervor, in denen sich ein umfassendes System durch die Reproduktionsmethode von einem anderen unterscheidet. In Aldous Huxleys *Brave New World* fungiert der Klon als eine überspitzte Darstellung von Personen, für die Fragen des Guten Lebens keine Rolle spielen – die Verbesserung des Kollektivs ist hier reiner Selbstzweck. In diesen scheinbar endlosen Kreislauf tritt der fremde ›Wilde‹, der natürlich gezeugt ist, als Widerstand ein. Er unterscheidet sich vom konformen System gerade durch seine Individualität und seinen Wunsch, Leid zu erleben. Seinesgleichen lebt ausgegrenzt in Reservaten, separiert von der künstlich erzeugten Zivilisation. Diesem ausgegrenzten Fremden wohnt etwas Unheimliches und Beängstigendes inne, das durch Stereotypisierungen der Wildheit noch untermauert wird.[11] Die Kategorie der Alterität kann hier dazu dienen, die Rolle des Fremden für die Sicherung einer eigenen, z. B. nationalen, Identität kritisch zu reflektieren.

Im Zusammenhang mit dem Begriff der Alterität lassen sich also drei unterschiedliche Erscheinungstypen des Klons festhalten: *Erstens* der Klon als moralisch relevantes Gegenüber (der Klon als *a*nderer), *zweitens* der Klon als eine heteronome Figur am Rand der Gesellschaft (der Klon als *A*nderer) und *drittens* der Klon als eine unheimliche Bedrohung und Monstrosität (der Klon als *Fremder*).[12]

Die Schnittmenge aller Erscheinungstypen ist ein grundlegender Zusammenhang von Reproduktion und Alterität, der insbesondere aus phänomenologischer Perspektive betont wurde: Der Embryo ist schließlich etwas *anderes*, d. h. ein neues menschliches Leben, im *eigenen* Leib, d. h. im Körper der Mutter (Brenner 2006: 248–269). Er bekommt durch die Geburt die Möglichkeit, sich aus seinem »nested embodiment« (Zaner 2011: 202) zu lösen. Die erste Abgrenzung, die wir im Leben vollziehen müssen, ist leiblich, bei der Geburt – die Grenze des weiblichen Leibes ist die materielle Demarkationslinie, die *ego* von *alter* trennt (Karnein 2013: 31).[13]

---

[11] Schon die technische Durchführung des Klonens sich lässt durch den Bezug zur Alterität beschreiben: Beim SCNT wird ein Zellkern in eine *fremde Umgebung* transferiert; ein Verfahren, das für *fremd*nützige Zwecke verwendet werden kann (Engels 2004).

[12] Der Ursprung der Kategorie der Alterität findet sich in der Phänomenologie: In der Folge von Hegel wurde nicht für eine ontologische Beschreibung des anderen, sondern für die Analyse der intersubjektiven Beziehung zwischen dem Selbst und den anderen plädiert, anstatt das Selbst absolut autonom zu denken (Easterbrook 2009: 384). Zwar wird die Bezeichnung des anderen bzw. Anderen sehr unterschiedlich verwendet, jedoch gibt es eine Gemeinsamkeit, nämlich das räumliche Verhältnis zwischen alter und ego: Sobald wir anderen begegnen, werden wir dazu aufgefordert uns vom Gegenüber abzugrenzen und Bedürfnisse auszuhandeln: »Der Andere wirft uns aus der Ordnung heraus, er erzeugt vorübergehend Unordnung.« (Salaverría 2011: 46) Schon die individuelle Differenz zwischen alter und ego kann mit räumlichen Präpositionen als ›dort‹ im Gegensatz zu ›hier‹ beschrieben werden; alter befindet sich in diesem Fall über, unter, hinter oder neben ego (Waldenfels 2013: 146f.; 186f.; 195).

[13] In der Psychoanalyse ist der Begriff des Anderen entscheidend für das Verständnis eines Entwicklungsstadiums, in dem sich das Kleinkind von der Mutter abgrenzt und sich, angesichts des Spiegelbildes, als Subjekt begreift (Lacan 1991 [1949]).

Nach Lévinas (1984: 48) gibt es deshalb nur einen Zustand, der das Gegenüber in der eigenen Identität aufgehen lasse, nämlich »die Vaterschaft«.[14] Sie ermöglicht es, »in der Anderheit eines Du ein Ich [zu] bleiben, ohne mich in dieses Du absorbieren zu lassen, ohne mich darin zu verlieren« (61). Die Elternschaft wird hier als Möglichkeit der ethisch verantwortlichen Transformation des Ich in ein Du formuliert, indem sie einerseits Vertrautes und andererseits Unbekanntes reproduziert. Eltern sind das Gegenüber für das Kind, dessen Platz in der Welt sie entscheidend prägen, da sie es zugleich als Fremden und Bekannten behandeln. Die Elternschaft ist damit eine ganz besondere Beziehung zum anderen, denn sie ist

> das Verhältnis zu einem Fremden der, obwohl er der andere ist, Ich ist; das Verhältnis des Ich zu einem Ich-selbst, das mir dennoch fremd ist. Denn der Sohn ist nicht einfach mein Werk, wie ein Gedicht oder wie ein fabrizierter Gegenstand; er ist auch nicht mein Eigentum. Weder die Kategorie des Könnens noch die des Habens können das Verhältnis zum Kind anzeigen. Ich habe mein Kind nicht; ich bin auf gewisse Weise mein Kind. [...] Die Vaterschaft ist keine Sympathie, durch die ich mich an die Stelle meines Sohnes setzen kann. Ich bin mein Sohn durch mein Sein und nicht durch meine Sympathie. (62)

Lévinas verwendet ›das andere‹ in Abgrenzung von der westlich-abendländischen Philosophie nicht zur ontologischen Analyse, sondern zur Beschreibung von Begegnungen (Easterbrook 2009). Er entwirft somit keine eigene normative Ethik, sondern versucht, das Wesen von Moral zu beschreiben (Gelhard 2005: 55). Erst durch die Erwartung des anderen an uns und durch unsere Erwartung an die anderen, könne die Idee einer Ethik als Verbindlichkeit von Handlungen zwischen Personen entstehen.

Über feministische Ansätze (De Beauvoir 2011 [1949]) wurde der Begriff des Anderen schließlich von der postkolonialen Theorie aufgegriffen, die sich mit den diskursiven Strategien und realpolitischen Praktiken befasst, die das Andere im Prozess der Kolonialisierung erzeugen und stigmatisieren, um die eigene, hegemoniale Position zu sichern. In der Rezeption des von Spivak (1985: 132) als »Othering« bezeichneten Prozesses wird mit dem ›Anderen‹ (engl. ›Other‹) hingegen auf marginalisierte Subjekte referiert, um ihre symbolische wirkmächtige Abhängigkeit von den Kolonialmächten zu betonen (Ashcroft et al. 2007). Die Bezeichnung des ›anderen‹ (engl. ›other‹) trägt diese politische Konnotation hingegen nicht, sondern bezeichnet analytisch die Trennung von zwei verschiedenen Entitäten, eben dem einen und dem

[14] Lévinas bezieht die Elternschaft nicht ausschließlich auf genealogische Blutsverwandtschaft, sondern zielt auf die soziale Komponente der Elternschaft ab. Hierbei ist »[d]ie geschlechtliche Festlegung kein wesentlicher Zug des Arguments« (Gelhard 2005: 108). Ich spreche deswegen hier von Elternschaft und nicht von Vaterschaft.

anderen. Das ›Andere‹ und das ›andere‹ sind also nicht zwangsläufig dasselbe: Während das andere objektiv denkbar ist als eine Kategorie, mit der Entitäten voneinander differenziert werden, ist das Andere dem Vertrauten entgegengesetzt.[15]

Wer sich reproduziert, ist zumeist in einem vertrauten sozialen Raum verortet, der von Normen und Traditionen geprägt ist. Mit der Fortpflanzung vollziehen Personen eine Handlung, mit der zugleich die kommende Generation in die Struktur des sozialen Raumes eingebettet wird und mit der sich der soziale Raum reproduziert. Durch die Beeinflussung der Reproduktion lässt sich auf vielfältige Weise soziale Inklusion oder Exklusion (re)organisieren, wenn sich z. B. nur bestimmte Personen reproduzieren (dürfen), die kommende Generation in ihrer biologischen Ausstattung oder ihrem Verhalten beeinflusst wird oder wenn eine Gruppe argumentiert, dass sie sich reproduzieren müsse, um gegenüber einer anderen nicht unterlegen zu sein.

Somit kann eine Fortpflanzungsmethode die wertneutrale Differenzierung von Personen, die hierarchische Abgrenzung von Personen innerhalb eines Kollektivs sowie die Abgrenzung von fremder Ethnizität miteinander verbinden. Entsprechend kann Fortpflanzung die Gegenüberstellung vom eigenem und Anderem, von Vertrautem und Fremden befördern, indem sie einen individuellen, auf das Subjekt bezogenen Bereich an einen kollektiven bindet und damit »sowohl von höchster privater Intimität und Relevanz, als auch von höchster gesellschaftspolitischer Bedeutung« (Krones 2008: 90) ist. Hierfür spielt es zunächst keine Rolle, ob Personen sich natürlich oder künstlich reproduzieren.

Entsprechend geht es in vielen literarischen Repräsentationen nicht bloß um die Technik des Klonens. Huxleys *Brave New World* (1932) ist bspw. nicht nur eine Geschichte über die Möglichkeiten von Reproduktionstechnologien, sondern auch eine Kritik am Fortschrittsbestreben moderner, kapitalistischer Gesellschaften. Dieses Beispiel verdeutlicht, dass sich Autor_innen nicht nur zur Zukunft, sondern auch zur Gegenwart positionieren, indem sie entscheiden, *wem* sie eine Stimme geben und aus welcher *Perspektive* sie eine Geschichte erzählen.

Nicht nur hat die Literatur auf diese Weise die populäre Wahrnehmung des Klons als ein abhängiges Wesen maßgeblich beeinflusst, sondern sie hat durchaus zur Verbreitung von Ängsten und Skepsis gegenüber Medizin und Technik beigetragen und dem Wort ›Klon‹ in der »Alltagssprache« eine »eher pejorative Bedeutung« (Marek 2012: 30) gegeben. Geklont zu sein, impliziert vielerorts, eine Kopie ohne eigenen Willen und ohne Persönlichkeit zu

[15] Ich verwende deshalb das ›andere‹ als eine nicht hierarchische Differenzierung von Entitäten und das ›Andere‹, um auf marginalisierte und stigmatisierte Gruppen hinzuweisen. Uneindeutige Fälle markiere ich als das ›a/Andere‹.

sein, keine eigene Identität zu haben, nicht-authentisch zu sein und ausgenutzt oder instrumentalisiert zu werden. Das Befremdliche des Klons wird so wiederum häufig genutzt, um Praktiken im Umgang mit dem tatsächlich existierenden Anderen bzw. Fremden zu thematisieren. In vielen Klon-Romanen wird auf Personengruppen referiert, die bspw. aufgrund ihrer Klasse, Religion, Ethnizität oder sexuellen Orientierung aus sozialen Räumen ausgeschlossen werden. Oft werden diese Gruppen allerdings nicht explizit benannt. Es ist die Interpretationsleistung der Leser_innen, einen Bezug zu diesen Deutungen des Anderen bzw. Fremden herzustellen und zu verstehen, welche Konflikte, Wertvorstellungen und sozialen Ordnungen über das Motiv des Klons thematisiert werden (Marcus 2012).

In der vorliegenden Arbeit möchte ich die Erkenntnis, dass diese Romane stets einen Bezug zur Gegenwart herstellen, obgleich sie *zukünftige Techniken* thematisieren, methodisch für eine Rekonstruktion des Klon-Diskurses nutzen. Angesichts der »Herausforderung Biomedizin« (Dickel et al. 2011) ergibt sich dadurch ein neuer Blick auf Biotechnologien: Hier geht es nicht mehr nur um die Frage, wie sie aus ethischer Sicht zu bewerten sind, sondern um die Analyse tiefer liegender Konflikte, Wertvorstellungen und sozialer Ordnungen, über die beim Klonen »geredet, verhandelt, gestritten wird« (Orland 2008: 312). In der Diskussion um diese Konflikte und Ordnungen werden somit Aussagen, die historisch und kulturell entstandene Werte zum Ausdruck bringen, in die Form eines Arguments überführt (allgemein Siep 2004: 241). Diese Argumente können wiederum durch verschiedene Faktoren wie das »politische [...] System, historische Traditionen, die Schatten der Vergangenheit« (Hermerén 2004: 263) beeinflusst werden. Allerdings zeigen sich solche Einflussfaktoren nicht nur bei Argumentationen, die auf die Gegenwart bezogen sind, sondern gerade auch bei Fragen, die sich auf zukünftige Generationen bzw. zukünftige Reproduktionsverhältnisse beziehen.

In dieser Arbeit möchte ich zeigen, dass der Umgang mit Alterität als Herausforderung der biotechnologischen Möglichkeit des Klonens bisher unentdeckt geblieben ist. Das Thema des Klonens ist nicht neu, eignet sich jedoch aufgrund der relativ abgeschlossenen Debatte gerade für eine solche Untersuchung. Der zeitliche Abstand zum Diskurs erlaubt eine reflektierte Retrospektive der Argumentationen, in die der Klon in den Jahren zwischen 1996 und 2006 eingebettet war. Die emotionale Aufgeladenheit auf der einen sowie strategisch eingeführte Argumente auf der anderen Seite können so geprüft und in einen größeren Rahmen eingeordnet werden.

Die intuitiven Widerstände gegen diese Form der Reproduktion lassen sich allerdings nicht durch eine Betrachtung einer Dekade auflösen. Dies wird schon daran deutlich, dass Romane wie Huxleys *Brave New World* weit vorher die zukünftigen technischen Handlungsmöglichkeiten des Menschen im Kontext ihrer Zeit ausloten. Der Klon bekommt hier eine Stimme, lange bevor die Bioethik (in ihrer institutionalisierten Form) existiert. Insofern liegt es nahe, den kontextuellen Blick auf das Klonen hinsichtlich des Zeitraums und der Quellenlage zu erweitern und die ethische Debatte sowie die medizinisch-technischen Entwicklungen in ihren größeren Kontext einzubetten (Orland 2008). Zentral wird damit die Frage, inwiefern »Wissenskulturen« (Pethes/Schicktanz 2008: 9) moralische Standpunkte, Normierungen und unartikuliertes Unbehagen gegenüber dem Anderen oder Fremden eingeschrieben sind.

Dabei ist der Weg, Missverständnisse in der Debatte zu klären und ethisch-normative Prämissen offenzulegen, bereits beschritten worden (Krohmer 2007; Clausen 2006: 130). Indes fehlt eine kritische Reflexion der normativen Implikationen von Argumenten, wenn in der Debatte des Klonens über das a/Andere bzw. das Fremde gesprochen wird. Zudem bleibt ungeklärt, welche historischen, sozialen und kulturellen Prämissen der Bewertung des Klonens zugrundeliegen. Es bleibt also eine Leerstelle hinsichtlich der Frage, ob die Wahrnehmung des Klons als etwas technisch a/Anderes bzw. Fremdes tatsächlich das Ergebnis einer ethischen Bewertung ist oder nicht vielmehr dieser bereits vorausgeht:

> Auch wenn es sich bei ›Dolly‹ um ein Schaf und nicht um ein Menschenkind handelt, hat sich mit ›Dolly‹ doch genau das technisch realisiert, was dem populären und aus unzähligen Sciencefiction-Produktionen geläufigen Bild des Klonens entspricht [...]. Offen bleibt damit, ob diesem Unterschied in der symbolischen Repräsentation auch ein Unterschied in der Sache entspricht und wie relevant dieser für die ethische Beurteilung ist. (Birnbacher 1998: 47)

Dass die Wahrnehmung des Klons indirekt Eingang in die ethische Bewertung findet, wird in diesem Zitat bereits kurz nach Dollys Geburt herausgearbeitet, wobei allerdings ungeklärt ist, inwiefern eine Symbolik des Klons tatsächlich entscheidend für die ethische Position zu diesem Thema ist. Die benannte Leerstelle will die vorliegende Studie in der Verbindung ethischer und kulturwissenschaftlicher Ansätze schließen. Sie macht es möglich, eine differenzierte Analyse vorzulegen, indem die Hintergründe moralischer Überzeugungen konkretisiert werden und die symbolische Repräsentation kritisch analysiert wird.

Eine solche Analyse beleuchtet, wie über den Klon gesprochen wird. Dies ist relevant, da Begriffe in ethischen Debatten häufig zugleich normative und deskriptive Dimensionen haben: Einerseits werden hier Sachverhalte beschrieben, andererseits werden kulturelle und soziale Idealvorstellungen transportiert und hergestellt (Birnbacher 2006a: 57). Eine Analyse, die sich den symbolischen Repräsentationen und Idealvorstellungen widmet, wird die ethisch-normative Debatte um die Legitimität des Klonens nicht beenden, ermöglicht jedoch eine neue Perspektive: Sie schärft zum einen den Blick dafür, dass im Klon-Diskurs Personen(gruppen) durch symbolische Repräsentationen und Idealvorstellungen verbal verletzt oder aufgewertet werden. Zum anderen bietet sie eine Erklärung dafür, wer das Klonen ablehnt: Personen, die selbst Erfahrung mit Verletzlichkeit gemacht haben bzw. dafür sensibilisieren wollen; oder Personen, die bestimmte Idealvorstellungen ablehnen.

Da die Science Fiction oftmals Systeme vor Augen führt, in denen Subjekte unterhalb der Augenhöhe anderer und mit Herablassung behandelt werden, schärft sie so den Blick für die »symbolische Verletzbarkeit« (Herrmann 2013) des Menschen und für die Idee, dass wir auch durch Worte in Form epistemischer Gewalt angegriffen werden können (Butler 2006: 52–65).[16] Fiktionale Literatur hat hier eine doppelte Funktion: Zum einen zeigt sie, wie Figuren in Geschichten durch Ansprachen oder Handlungen symbolisch verletzt oder aufgewertet werden können. Zum anderen kann die Sprache eines Romans auf die Leser_innen zurückwirken und sie für die Verwendung von Begriffen sensibilisieren (Waldow 2013: 198). Sprache ist in diesem Sinne keine amoralische Projektionsfläche unseres Denkens, sondern vielmehr eine Grundbedingung für intersubjektive, d. h. auch moralische Begegnung und die Verständigung über ethische Phänomene. Qua ihrer Fähigkeit, sich sprachlich zu verständigen, sind Personen auch vulnerabel gegenüber Worten (Haker 2009).

Vor diesem Hintergrund entwirft das 2. Kapitel die *kulturwissenschaftliche Bioethik* als Hintergrund und Verfahren der vorliegenden Arbeit. In Rückbezug auf diskursethische Ansätze wird ein Zugang zur kulturvergleichenden Analyse von Biotechnologien in ihrer ethischen Relevanz vorgeschlagen, der Fiktionen systematisch einbindet. Anknüpfend an den Forschungsstand narrativer Bioethik führe ich eine kritische Weiterentwicklung durch, indem ich den Begriff der Fiktion, die Rolle von Szenarien und das Konzept der Verhandlung moralischer Überzeugungen analytisch schärfe. In diesem Zusammenhang entwerfe ich ein Verfahren, in dem zunächst ein Argumentationsfeld synchron erschlossen und anschließend diachron rekonstruiert wird. Rekonstruktion verstehe ich dabei als systematische, kritische Neulektüre eines etablierten Diskurses. Im 3. Kapitel *Bioethische Topologien des Klonens* widme ich mich der Verhandlung des Klonens in der bioethischen Fachdebatte kurz nach der Erzeugung des Schafes Dolly bis heute, wobei ich zentrale Argumente des Diskurses unter den Kategorien *Individualität*, *Familienformen* und *Handlungsspielräume* neu aufarbeite. Hiermit werden die Argumente nicht in gängige Schemata des pro/contra eingeordnet – viel-

[16] Mit dem Begriff der symbolischen Verletzbarkeit ist gemeint, dass Menschen die Fähigkeit besitzen, durch Symbole, d. h. zeichenhafte Äußerungen, verletzt zu werden; und weiterhin das Phänomen, dass auch physische Verletzung häufig symbolisch wirkt. Ich beschränke mich hier auf die erste Verständnisweise.

mehr liegen die Kategorien quer zu diesen Argumenten, um Konflikte und Wertvorstellungen zu analysieren.

Das 4. Kapitel *Die Erfindung des Klonens und die Konstruktion des Anderen* arbeitet die Rolle von Technologien für Konzepte moderner Reproduktion im Zusammenhang mit der Konstruktion des kulturell Fremden heraus. Zu Beginn des 20. Jahrhunderts wurde der Klon erstmals als abstrakter Gegenstand gezeugt und wird schließlich in der Nachkriegszeit sowohl in Medizin und Biologie, als auch in der Literatur und der sich etablierenden Bioethik diskutiert.

Von diesem Punkt ausgehend wird im 5. Kapitel *Verhandlung des Zellkerntransfers während der Etablierung der IVF* die Thematisierung des Klons ab seiner öffentlichen und rechtlichen Diskussion untersucht. Durch einen Vergleich unterschiedlicher nationalstaatlicher Normierungen lässt sich zeigen, welche Relevanz kulturelle Faktoren bei der Regulierung von Biotechnologien haben. Dabei wird kritisch herausgearbeitet, wie durch eine bestimmte Sprachverwendung der Klon im Diskurs fortwährend als etwas Anderes bzw. Fremdes erzeugt wurde.

In beiden historischen Kapiteln wird die Analyse in Form von Überblicksdarstellungen und Einzelanalysen in die Interpretation von Romanen eingebettet – diese geben nicht nur den methodischen Anstoß zur kontextuellen Auseinandersetzung mit dem Thema des Klonens, sondern tragen durch spezifische Darstellungsweisen und emotionale Einbettungen auch zu neuen Aspekten bei. Das *Fazit* in Kapitel 6 trägt die Ergebnisse der Arbeit zusammen, reflektiert die verwendeten Verfahrensweisen und formuliert darauf aufbauend Konklusionen für die Bioethik.

2. Kulturwissenschaftliche Bioethik

Bioethik kann als »akademische Disziplin« (Schicktanz 2003: 264), als »politisches Programm« (266) und/oder als »öffentliche Auseinandersetzung« (267) verstanden werden. Ziele und Themenfelder sind jeweils »die begründete Stellungnahme zu und moralische Bewertung von Eingriffen aller Art in menschliches, tierliches oder pflanzliches Leben« (Ach/Runtenberg 2002: 14). Hingegen findet sich ein engeres Verständnis v. a. im angloamerikanischen Raum, da hier der Begriff *Bioethics* häufig als Synonym für Medizinethik gebraucht wird. Ein weites Verständnis der Bioethik ist jedoch nötig, wenn auch umwelt-, tier- und technikethische Fragen reflektiert und beantwortet werden können. Ferner geht ein solches Verständnis von Bioethik über eine »›Ethik am Krankenbett‹« (Haker 2007: 261) hinaus. Es ist deshalb anschlussfähig für die wissenschaftliche und gesellschaftliche Auseinandersetzung mit Themen, in die sich auch Fiktionen einbinden lassen.

Die Etablierung der Bioethik vollzog sich in den USA ab Mitte der 1970er, in Europa ab Mitte der 1980er Jahre (Krones 2008: 43–60; Ach/Runtenberg 2002: 38). Die Bioethik wurde sodann als Disziplin institutionalisiert, um eine Beratung von Parlamenten und Regierungen zu ermöglichen und weitreichende politische Entscheidungen und ihre Folgen für die Forschung und ärztliche Praxis reflektieren zu können (Düwell 2008: 2f.): Auslöser war v. a. das Bekanntwerden von biomedizinischen Versuchen auch nach den Nürnberger Ärzteprozessen von 1947 und die Deklaration von Helsinki im Jahr 1964. Ein Beispiel ist das Experiment von Tuskegee, welches in den Jahren 1932–1972 von der amerikanischen Gesundheitsbehörde durchgeführt wurde. Hier wurden 399 US-Amerikaner_innen schwarzer Hautfarbe wissentlich mit Syphilis infiziert und weder aufgeklärt noch behandelt, da man an ihnen die Krankheit studieren wollte (Haker 2007). Zu nennen ist in diesem Zusammenhang der von der *National Commission* (1978) in den USA verabschiedete *Belmont Report*, der nicht nur Regeln für die Durchführung von Humanexperimenten erstellte, sondern diese zudem durch (bio)ethische Prinzipien legitimierte und somit auch ärztliche Praxis und Forschung miteinander verband (Heinrichs 2006: 42). Das Konzept des *informed consent* konkretisiert abstrakte Prinzipien wie Autonomie, Menschenwürde und Individualrechte.

Wegen ihrer Relevanz für politische, ökonomische und soziale Problemfelder kann Bioethik als *Angewandte Ethik* verstanden werden. Sie unterscheidet sich damit zum einen von der Metaethik, die als formale Reflexion und Kritik ethischer Begriffe keine eigenen inhaltlichen Aussagen bezüglich der Bewertung von Handlungen macht. Zum anderen unterscheidet sie sich von der Allgemeinen Ethik, die sich wiederum zumeist nicht mit moralischen Handlungen befasst, die in konkrete Arbeitsfelder eingebettet sind (Rehmann-Sutter 2006). Vordergründig ist sie als eine *präskriptive Disziplin* zu betrachten, die sich der Grundfrage widmet, wie in konkreten Situationen zu handeln und mit bestimmten Phänomenen umzugehen ist (Düwell 2008: 8). Dabei bezieht sich Bioethik auf explizit normativ-ethische Theorien, welche ihrerseits »ein Kriterium oder mehrere Kriterien zur Bestimmung der moralischen Richtigkeit von Handlungen vorschlagen« (61). Gleichzeitig ist die Bioethik in vielerlei Hinsicht aufgefordert, auf Erkenntnisse aus anderen Disziplinen zurückzugreifen, weshalb sich nicht von der *einen* Bioethik sprechen lässt (22). Aus diesem Grund sind bioethische Urteile stets »gemischte Urteile« (25) mit deskriptiven, präskriptiven und prognostischen Dimensionen. Dies macht sie so interdisziplinär, da nicht nur die Moralphilosophie, sondern auch soziale, naturwissenschaftliche, technische, anthropologische und rechtliche Untersuchungen in die Analysen einfließen (5f.).

Der Begriff der Kultur wurde in der Fachdisziplin als Analyse- und Reflexionskategorie unter dem Stichwort der *cross-cultural bioethics* bzw. *kulturübergreifenden Bioethik* eingeführt.[17] Hierunter fallen Ansätze, die die unterschiedlichen Ausprägungen von Werten und Handlungsmustern in der Diskussion bioethischer Themen, aber auch im konkreten klinischen Kontext untersuchen. Dabei bilden häufig religiöse Unterschiede einen Schwerpunkt (als Überblick Laukötter 2015). Indes fehlt eine systematische Weiterentwicklung kultursensibler Bioethik hin zu einer Methodologie, die nicht nur Alltagshandlungen, sondern kulturell unterschiedliche Erzählungen in den Blick nimmt und diese in systematischer Weise anschlussfähig für bioethische Fragen macht.[18] Wiederum gibt es in den Kulturwissenschaften selbst nur wenige Ansätze, die explizit auf normative Bewertungen ausgerichtet sind. Dies erstaunt insofern, als viele ihrer Anliegen

---

[17] Siehe z. B. Tao Lai Po-wah (2002) und Macklin (1999) für die internationale, Rehmann-Sutter et al. (2006) und Schicktanz (2003) für die deutsche Diskussion. Ein Schwerpunkt der Diskussion ist die Debatte zwischen der Universalität und Partikularität kultureller Normen (Chattopadhyay/De Vries 2013).

[18] Ein erster Ansatz dazu findet sich bei Holloway (2011). Sie diskutiert, wie die Privatsphäre von Afro-Amerikanerinnen als vulnerabler Gruppe in der Bioethik verletzt wird, indem ihre Geschichten in unangemessener Weise öffentlich werden. Sie plädiert dafür, historische und soziale Faktoren stärker in bioethische Diskussionen einzubeziehen und verwendet Literatur als kritische Perspektive zur Verdeutlichung von Subjektivität.

> häufig von existentiellen und moralischen Erwägungen geleitet [werden]. Der Feminismus etwa, um hier das prominenteste Beispiel zu nehmen, ist stark darum bemüht, die Wissenschaft mit Leben und Moral in Beziehung zu setzen. Vertreter der Culture Studies rühmen sich häufig ihres Bestrebens, die Welt nicht nur zu verstehen, sondern sie auch zu verändern. (Roche 2002: 62).

Das Wechselverhältnis von kulturellen Praktiken einerseits und ethischer Normativität andererseits bleibt in den Kulturwissenschaften also häufig unterbestimmt. Während sie sich zwar oft einem kritischen Impetus verschreiben, so fehlt ihnen häufig zugleich die Formulierung eines rational begründeten, ethisch reflektierten Maßstabs, an dem die Ergebnisse ihrer Analysen gemessen werden (können). Dadurch sind sie »in der Lage [...], Normen zu kritisieren, nicht aber neue zu formulieren oder zu begründen« (64).

Dieses Spannungsverhältnis von universeller normativer Kritik und kultureller Kontextsensibilität soll in der vorliegenden Arbeit, die sich selbst nicht als normative versteht, durch dreierlei Vorhaben näher ausdifferenziert werden. *Erstens* soll ein systematischer Zugang dargelegt werden, der kulturelle, narrative Formen (wie z. B. Romane) als Wissensvorrat für Argumentationen versteht. *Zweitens* soll begründet werden, warum diesem Wissensvorrat eine eigene, moralisch relevante Perspektive in Bezug auf Körper, Medizin und Lebensweisen zukommt. *Drittens* sollen bioethische Begründungen in ihrer eigenen, kulturellen Einbettung methodisch gehaltvoll rekonstruiert und kritisch auf die artikulierten Überzeugungen befragt werden. In der Tradition hermeneutischer Ansätze wird damit ein Beitrag zu der Frage geleistet, in welche Kontexte bioethische Urteile eingebettet sind, um so zu einem besseren Verständnis einer kulturellen und gesellschaftlichen Situierung bioethischer Positionen beizutragen (Lesch 2006; Lindemann Nelson 2006).

Dafür ist eines ebenso notwendig wie kompliziert: Die Klärung des aufgeladenen Begriffes ›Kultur‹, der selbst einer gewissen Wandelbarkeit unterliegt (Singer 2005: 265; Mannheim 1980: 54f.). Es wäre sicherlich praktikabel, einer landläufigen Definition von Kultur zu folgen, die diese erstens als geteilte Gewohnheiten einer Gruppe, zweitens als emphatisch aufgeladenes Synonym für Bildung und Symbolgebrauch sowie drittens als vernunftbestimmte Überschreitung unserer Natur versteht (dazu näher und kritisch Rorty 1992). Ein Vorgehen, das den Begriff der Kultur so definiert, scheint allerdings vorschnell, da es Gefahr läuft, pejorativ gebraucht zu werden. Insbesondere eine moralisch relevante Hierarchie zwischen Hoch- und Popkultur, zwischen ›gebildeten‹ und ›ungebildeten‹ Personen oder zwischen ›kultivierten‹ und ›naturnahen‹ Personen läuft also Gefahr, das kulturell Fremde nicht nur zu beschreiben, sondern auch sofort zu bewerten (Detel 2005). Gerade die Bezeichnung des ›Fremden‹ wird oft mit einer Aufwertung des eigenen, Bekannten und zugleich einer Abwertung des weniger Vertrauten verbunden

(Eagleton 2009: 24).[19] Stattdessen ist ein Ansatz nötig, mit dem einerseits Traditionen und Praktiken analysiert werden können, der aber andererseits auch für verschiedene Kultur-Begriffe selbst offen bleibt.

Im Folgenden stelle ich drei unterschiedliche Möglichkeiten vor, den Begriff ›Kultur‹ zu verstehen: Erstens als Reflexionsterminus, zweitens als Ausdruck geteilter Werte und Gewohnheiten und drittens als Aushandlung von Bedeutungen. Der erste Kulturbegriff dient analytisch dazu, Forschungsfragen dieser Arbeit zu formulieren bzw. zu schärfen. Der zweite wiederum ist ein recht klassisches Verständnis von Kultur und wird verwendet, um die entsprechenden Analysegegenstände klar zu benennen. Der dritte, komplexe Kulturbegriff wiederum ist für die Arbeit insofern wichtig, als dass er die spezifisch moralische Dimension von Kultur in den Blick nimmt: In diesem, dritten, Sinne ist ›Kultur‹ auch zu verstehen als ein fortwährende Diskussion darüber, was moralisch richtige Handlungen sind.

Kultur als Reflexionsbegriff

Reflexionsbegriffe zielen nicht darauf ab, die Frage ›Was ist Kultur?‹ so zu beantworten, dass eine ontologisierende Definition geschaffen wird. Kultur als Reflexionsterminus zu verstehen, meint, dass mit diesem Begriff als höherstufigem auf Unterschiede und Gemeinsamkeiten von Personen referiert wird. Kultur als Allgemeinbegriff wird dann gerade nicht definiert, sondern dient sprachlich zur Erfassung von Differenzen in der praktischen Ausübung von Handlungen (Hubig/Luckner 2008; Janich 2006: 44).

So lässt sich mit der *Kultur der Reproduktion* die Tatsache bezeichnen, dass Personen Fortpflanzung zu verschiedenen Zeitpunkten unterschiedlich mit Bedeutung versehen bzw. praktiziert haben:

> Like technology, culture is a source of innovation, and as in the context of technology, innovation is required. Culture in this sense is also ›like‹ procreation: it is a means of bringing forth. [...] Documenting this process shows us more than how technology reflects cultural values: it demonstrates *how the workings of culture can be made evident through its technologies*, and in this case also *how such transformations come to be embodied.* (Franklin 1993: 169)

Aus dieser Perspektive lassen sich technisches Wissen und seine Implementierung selbst als Kultur verstehen.[20] Der Technologie kann ein menschliches Handlungsmuster zugrunde liegen, das die Möglichkeit betont, etwas Neues,

[19] Cassirer (1960 [1944]: 63) spricht bspw. noch vom »Standpunkt der primitiven Mentalität und der primitiven Kultur«, der zu abstraktem Denken nicht fähig sei.

[20] Technik meint erlernbare, einzelne Handlungen; Technologie die Lehre von diesen Handlungen (Ott 2005).

Fortschrittliches hervorzubringen. Auf diese Weise lässt sich untersuchen, welche Eigenschaften von Personen und Personengruppen zutage treten, wenn technisch-medizinische Fortschritte, z. B. der Reproduktionsmedizin, verkörpert werden (Franklin 1997). Ob und wie mit einer Technik umgegangen wird, kann selbst schon traditionell geprägt sein (Janich 2006: 33). Ein solcher Begriff von *Kultur* reflektiert analytisch diese Unterschiede von Handlungsweisen, ohne sie zu hierarchisieren.

Insbesondere eine vergleichende Analyse ist hier nützlich, um die Funktionen und Wirkungen der eigenen Handlungen und Einstellungen zu verstehen. Sie »gibt möglicherweise Argumente an die Hand, die innerhalb der gegenwärtigen Diskussion hilfreich sind, und trägt mit der Offenlegung von Grundannahmen, die hinter einer Position stehen, zur Klärung und Versachlichung [...] bei« (Rolf 2009: 17). Dies kann am besten gelingen, wenn zwei Kulturen miteinander verglichen werden, die zwar eine prinzipielle Schnittmenge, aber dennoch signifikante Unterschiede aufweisen (Raz/Schicktanz 2016; Banchoff 2011; Jasanoff 2005: 29;). Insbesondere im Bereich der Reproduktionsmedizin zeigt sich in Entscheidungsprozessen »die Inschrift der Geistesgeschichte des jeweiligen Landes« (Krones 2009: 156).

Deutschland und Großbritannien bspw. liegen einerseits von ihrer gegenwärtigen Situation vergleichsweise nahe beieinander und weisen dennoch genug signifikante Unterschiede auf, um diese in einer Analyse näher herauszuarbeiten. Bei den aktuellen Forschungsergebnissen fällt ins Auge, dass es derzeitig kaum deutsche medizinische oder biologische Forschung zum Klonen gibt (vgl. Kap. 1). Dies ist auf den ersten Blick durch eine weitaus restriktivere Gesetzgebung zu erklären: Zwar ist das Klonen zu Reproduktionszwecken weder in Deutschland noch in Großbritannien erlaubt, jedoch sind in Großbritannien z. B. die Herstellung von Chimären sowie das Klonen zu Therapie- und Forschungszwecken erlaubt (vgl. Kap. 5.2.1). Zudem ist der Zugang zur Reproduktionsmedizin umfassender als in Deutschland. Im Gesetzgebungssprozess wiederum findet, im Vergleich zu Deutschland, eine stärkere Einbeziehung der Öffentlichkeit statt; weiterhin sind die Argumente hier wesentlich pragmatischer (Krones 2009: 160).[21] Deutschland hingegen verbietet diese Techniken mit einem restriktiven Gesetz und finanziert reproduktionsmedizinische Maßnahmen nur für verheiratete, heterosexuelle

---

[21] Auf Großbritannien beziehe ich mich in dieser Arbeit hinsichtlich kultureller, epistemischer und gesellschaftlicher Aspekte der Reproduktion. Da das Gesetz allerdings für Nordirland viele Ausnahmen und Änderungen bereithält, lasse ich Nordirland als Teil des Vereinigten Königreiches unberücksichtigt. Wenn ich von Großbritannien spreche, meine ich also England, Schottland und Wales. Aus Kapazitätsgründen konzentriere ich mich allerdings auf englische Autor_innen. Ebenso bleibt die Republik Irland gänzlich unberücksichtigt. Wenn ich auf Deutschland (nach 1945) referiere, beziehe ich mich auf die Entwicklungen in der BRD und nicht auf die DDR.

Paare. Die vorgebrachten Argumente für diese unterschiedlichen Regelungen sind allerdings geprägt von kulturhistorischen Faktoren:

> Haben Deutschland und England unterschiedliche Gesetzgebungen [...] hinsichtlich des Umgangs mit menschlichen Wesen am Lebensbeginn gefunden, so gibt es offenbar unterschiedliche Argumente, die sich in beiden Ländern durchgesetzt haben, die wiederum auf unterschiedlichen philosophischen und ideengeschichtlichen Hintergründen beruhen. (Rolf 2009: 14)

Auf den zweiten Blick erstaunen diese Unterschiede, da die Idee des Klonens ursprünglich in Deutschland entwickelt wurde: Die ›Dolly-Methode‹ wurde nämlich vom Biologen Hans Spemann (1938) am *Kaiser-Wilhelm-Institut* in Berlin-Dahlem als Gedankenexperiment formuliert. In der breiten Öffentlichkeit sind jedoch John Gurdon (Oxford) und Robert Edwards (Cambridge) wesentlich bekannter, deren Forschungen nach dem Zweiten Weltkrieg entscheidende Zäsuren der Reproduktionsmedizin darstellten. Die benannten Unterschiede können für den Kulturvergleich als eine erste induktive Basis genutzt werden (Janich 2006: 30–50). Sie sind die begründete Annahme dafür, dass es kulturhistorische Hintergründe für gegenwärtige Konstellationen gibt.

Mit einem solchen Begriff von Kultur müssen natürlich nicht zwangsläufig Unterschiede zwischen Nationalstaaten analysiert werden. Angesichts von Kunst und Wissenschaft als globalen Phänomenen scheint die Kategorie der Nationalstaatlichkeit sogar obsolet zu sein. Es sind allerdings gerade Biotechnologien, die im Zeitalter der Globalisierung das Denken in Bezug auf den Nationalstaat virulent werden lassen:

> On trade and monetary policy there is considerable international coordination and governance, particularly in the context of European Union. However, value-driven issues such as abortion, euthanasia, and embryo research remain the almost exclusive preserves of nation-states. To be considered legitimate, decisions on divisive ethical issues must be reached by democratic institutions that are focus of collective identity. (Banchoff 2011: 247)

Reproduktionstechnologien können also als nationale Phänomene verstanden werden, welche die Differenzen zwischen einzelnen Staaten evtl. sogar verfestigen und somit die nationale Abgrenzung vom a/Anderen erst ermöglichen (Jasanoff 2005: 67). Bestimmte Argumente und rechtliche Regelungen z. B. der Stammzellforschung sind gerade vorgebracht worden, um den nationalen Wissenschafts- und Forschungsstandort zu stärken (vgl. Kap. 5.5.2).[22]

---

[22] Dass das Recht in kulturwissenschaftlichen Forschungen zu Biotechnologien bisher kaum berücksichtigt wurde, liegt vermutlich neben der interdisziplinären Herausforderung darin begründet, dass eine solche Einbeziehung schnell mit einem nationaldeterministischen Kulturbegriff verbunden werden kann. Um dieses Problem methodisch zu lösen, verstehe ich

Ein Verständnis von ›Kultur‹ als Reflexionsterminus kann dazu dienen, zunächst einmal Unterschiede in Handlungsweisen fassbar zu machen und diese methodisch aufzubereiten. Technik und Medizin werden dabei als Teil von Kultur verstanden, die ebenfalls unterschiedlich ausgeprägt sind.

Kultur als Ausdruck geteilter Werte und Gewohnheiten

Der Begriff der Kultur beschreibt jedoch zugleich auch geteilte Überzeugungen und Gewohnheiten von Personen, die in einer bestimmten Gemeinschaft vorkommen (Rorty 1992). Um Missverständnissen vorzubeugen, spreche ich zur Bezeichnung dieser Phänomene von *kulturellen Werten*, *Traditionen* etc. D. h., ich verwende *kulturell* zur Beschreibung geteilter Konventionen, die in einer Gruppe von Menschen durch Werte, Handlungen oder Artefakte, Repräsentationen wie Institutionen verschieden ausgestaltet sein können.

Verdeutlichen lassen sich solche unterschiedlichen, geteilten Konventionen an den Genres der Utopie und der Science Fiction, die in England eine lange Tradition und einen großen Bekanntheitsgrad aufweisen. Deutsche Vergleichsgrößen zu Mary Shelleys *Frankenstein* (1818) oder *Brave New World* sind in der Literaturgeschichte schwerlich zu finden. Und während die deutsche Forschungsliteratur bis in die 1990er Jahre insbesondere zur Science Fiction noch in den Anfängen steckte, manifestierte sich in der angloamerikanischen Sekundärliteratur diesbezüglich eine »wahre Publikationsflut« (Binder 1996: 15).

Angesichts des Forschungsgegenstandes lassen allerdings auch das Verständnis von Kultur als Reflexionsbegriff und die Betonung kultureller Werte und Traditionen noch eine Leerstelle: Einerseits erfolgt der Zugriff auf *kulturelle Werte* oder *Traditionen* durch die Analyse einschlägiger Sekundärliteratur (z. B. aus Kultur- und Medizingeschichte). Andererseits liegen auch die Primärquellen dieser Arbeit verschriftlicht vor: Sowohl Romane, als auch der ethische Diskurs und Gesetze sind nur zugänglich durch *Narrationen* und *Argumentationen* als *textuelle* Quellen.

---

territoriale und nationalstaatliche Grenzen als »symbolisierende[n] Ausdruck der Regelung von Zuständigkeiten« (Werlen 2010a: 264): Sie sind ein Ergebnis von Handlungen und historischen Entwicklungen eines Prozesses der Raumaneignung und -zuweisung. Ein solches Verständnis berücksichtigt faktische Differenzen sowie das Konstruktionsmoment von Nationalstaaten, ohne dass letzteres beliebig wird.

Kultur als Aushandlung von Bedeutungen

Um diese Texte in ihrer moralischen Relevanz zu analysieren, braucht es einen dritten, komplexeren Kulturbegriff. Kultur kann in diesem dritten Sinne definiert werden als »ein offener und instabiler Prozeß des Aushandelns von Bedeutungen [...], der kognitiv kompetente Akteure in unterschiedlichen Interessenlagen zueinander in Beziehung setzt und bei einer Kompromißbildung zur sozialen Abschliessung und entsprechenden [...] Grenzmarkierung führt« (Wimmer 1996: 413).[23] Obgleich sich dieser Kulturbegriff an Praktiken orientiert und nicht an Texten, scheint er mir doch sehr passend für diese Arbeit. Denn er folgt der diskursethischen Idee, »daß Normen und Werte in einem Verhandlungsprozeß argumentativ begründet werden *können* und damit prinzipiell hinterfragbar sind« (410). Der zentrale Bezugspunkt sind für Wimmer die Überlegungen von Jürgen Habermas, der annimmt, dass sich Diskursteilnehmer_innen auf vorhandenes Wissen bzw. ihre Wahrnehmung von Phänomenen beziehen, wenn sie kommunikativ miteinander handeln. Dabei sind sie in die »symbolischen Strukturen der Lebenswelt« (Habermas 1995b: 209) eingebettet, vor deren Hintergrund sie als sozial handelnde Wesen geprägt werden und interagieren. Diese Lebenswelt reproduziert und ändert sich beständig, was wiederum ein kollektives Aushandeln von Normen erfordert.

Der zentrale Gedanke ist, dass Menschen die Sprache als »primäre Quelle der sozialen Integration« brauchen, um moralische Normen in kommunikativer Interaktion »auszuhandeln« (Habermas 1998: 34), da diese in einer säkularisierten Zeit nicht mehr selbstverständlich bzw. dogmatisch vorgegeben sind. Der Mensch wird hier als ein Wesen konzipiert, das durch Sprache sozialisiert wird, durch sie soziale Strukturen verinnerlicht und diese wiederum für die Interpretation durch andere öffnet. Habermas versucht, eine entscheidende Lücke der deontologischen Ethik zu schließen, indem vernünftiges Urteilen als intersubjektiv und lebensweltlich kontextualisiert konzipiert wird. Er beansprucht zu zeigen, dass Menschen Moral und praktische Vernunft brauchen, um soziale Beziehungen herzustellen und aufrecht zu erhalten, die auf Achtung der jeweils angestrebten Normen ausgerichtet sind. Der von Wimmer vertretene Kulturbegriff, welcher sich deskriptiv auf Habermas bezieht, ist also ethisch sehr anschlussfähig: Er macht die Bedeutungen, die die Akteur_innen erzeugen, methodisch einer normativen Analyse zugänglich, sodass sie von einer *deskriptiven Kulturbeschreibung* unterschieden

[23] Ich rekonstruiere dabei maßgeblich einen intellektuellen Expertendiskurs. Eine Auseinandersetzung mit einer Laienrezeption des Klonens kann z. T. über populäre Science Fiction abgedeckt werden. Für eine andere Perspektive, nämlich die Laien-Wahrnehmung von Technik in Grobritannien und Deutschland vgl. z. B. Rieger (2005).

werden können. Denn schließlich ist die deskriptive Kulturbeschreibung mittels Sekundärliteratur nur der Rahmen für die Analyse moralisch relevanter, textueller Primärdaten, d. h. den Klon-Romanen und der ethischen Debatte.

Für eine vergleichende Analyse, die zur Reflexion der eigenen Position beitragen kann, ist dabei allerdings entscheidend, wie Unterschiede in ihrer moralischen Dimension systematisch aufbereitet werden können. Um tieferliegende Traditionen und Wertvorstellungen, die im Diskurs über das Klonen zum Ausdruck kommen, zu verstehen, ist ein Ansatz nötig, der einerseits die sprachlich vorgebrachten Äußerungen beschreibt und andererseits die Kontexte dieser Äußerungen berücksichtigt. Im Folgenden soll dieser Ansatz durch eine kritische Auseinandersetzung mit bestehenden Konzepten narrativer Ethik entwickelt werden. In diesem Zusammenhang versucht die vorliegende Arbeit, zwei Begriffe für die bioethische Debatte fruchtbar zu machen: *Erstens* den Begriff der *Rekonstruktion*, d. h. die kritische Neulektüre von Argumenten durch ihre Lokalisierung in einem größeren Zusammenhang von sozialem Standort und kultureller Tradition. Zwar hat ein solches Vorgehen kein präskriptives Anliegen, insofern es keine Vorgaben über die Akzeptanz des Klonens macht. Es strebt jedoch an, durch das methodische Vorgehen einen systematischen Zugang zur möglichen Kritik der vorgebrachten Argumente an, um zu einem moralisch angemessenen Sprechen über den Klon zu gelangen. *Zweitens* soll die Metapher der *Verhandlung* genutzt werden, um sowohl den intersubjektiven Austauschprozess moralischer Überzeugungen (Bioethik) als auch hypothetischer Überzeugungen (Literatur) zu beschreiben.

2.1 Tradition und kritische Fortführung narrativer (Bio-)Ethik

Die Entstehung narrativer Ansätze fällt in die erste Zeit der professionellen Bioethik und gründet sich in einem »Unbehagen« gegenüber dem »›Mainstream‹« (Haker 2007: 252). Hiermit ist der sog. *Principlism*, der prinzipienorientierte Ansatz (Beauchamp/Childress 2013) gemeint, welcher als »guter Seismograph« (Haker 2007: 252) für die us-amerikanische Bioethik zu sehen ist. Obwohl sich die narrative Ethik in den USA in ihrem Selbstverständnis als kommunikative und situationsbedingte Ethik von der Lösung ethischer Fragen durch Bezug auf allgemein anerkannte, ethische Prinzipien abgrenzt, hat sie mit dem prinzipienorientierten Ansatz durchaus gemeinsam, dass beide auf eine klinische Anwendungsperspektive abzielen (McCarthy 2003).

Die Spannbreite narrativer Ethik reicht entsprechend von konkreten therapeutischen Interventionen mittels Geschichten über didaktische Ansätze bis hin zu komplexen, normativ gehaltvollen Konzeptionen narrativer Identität. Obgleich diese Ansätze auf unterschiedliche Weise für das Verhältnis von Ethik und Erzählung plädieren, fehlt bisher eine »etablierte Begriffsbestimmung« (Joisten 2007: 10) narrativer Ethik. Gründe hierfür sind nicht nur in der relativ jungen Geschichte, sondern auch in der unterschiedlich motivierten Verortung narrativer Ethik im Bereich der *Strebensethik* zu sehen. Als Gegengewicht zum *Principlism* stellen viele dieser Ansätze nämlich gerade nicht die Frage ›Welche Handlungen sind gerecht?‹ oder ›Welche Handlungen dienen dem Allgemeinwohl am meisten?‹, sondern vielmehr Fragen des Guten Lebens in den Vordergrund. Ein weiterer Grund für ein bisher fehlendes, klares Profil narrativer Ethik findet sich in ihrer unterschiedlichen Praxisbezogenheit. Schließlich ist festzuhalten, dass vielerorts die »*narrative Darstellung und Reflexion* der Moral« nicht hinreichend unterschieden wird von der »*Narration als Medium*, das von der Ethik kritisch analysiert und reflektiert wird« (Haker 2007: 259). Ob der Begriff der *Narration* selbst als ethisches Konzept aufgefasst wird oder als ein moralisches Phänomen, das von einem ethischen Standpunkt analysiert wird, ist vielerorts also nicht genügend expliziert. Dies lässt die Grenzen zwischen dem narrativen Objekt der Analyse und der narrativ vermittelnden, ethischen Reflexion verschwimmen.

Dessen nicht ungeachtet, sollen im Folgenden zwei Hauptgründe für eine Ergänzung bioethischer Reflexion des Klonens durch Erzählungen herausgearbeitet werden: *Erstens* – und dies erweitert die inhaltliche präskriptive Perspektive aufs Klonen – gibt uns die Literatur durch die szenische Einbettung des Klons eine Vorstellung seiner emotionalen Sozialisation und initiiert eine Bewertung. Vielen Romanen kann kritisches Potential zugeschrieben werden, da sie den Klon in einer sozialen Welt verorten und zeigen, welche möglichen Konsequenzen die Technologie haben könnte. Sie sensibilisieren uns für die Situation eines duplizierten Individuums, indem sie sie erfahrbar machen. Hierdurch rühren sie unsere moralische Intuition an; eine Praxis, die der Verwendung von »actual or hypothetical scenarios« (Woodward/Allman 2007: 179) in der ethischen Expertise entspricht. Zudem können durch die Lektüre auch neue ethische Fragen auftauchen, die im Fachdiskurs selbst als abgeschlossen oder zumindest nicht als hochaktuell gelten.

Zweitens – und das ist ein methodisches Argument – haben viele Romane eine hohe kulturelle Relevanz, die einen Anlass zur Neulektüre ethischer Debatten geben können. Jenseits einer rein didaktischen oder illustrierend-erklärenden Funktion sind solche Szenarien auch Quellen für erweiterte Sichtweisen auf ein Phänomen. Sie können als begründeter Anlass verstanden werden, um nach den Überzeugungen der Sprechenden zu fragen und damit normative Aussagen kritisch zu rekonstruieren. Dieses Verständnis sieht fiktionale Literatur nicht bloß als schmückendes Beiwerk einer Debatte, sondern inhaltlich und methodisch als einen genuinen Beitrag zur ethischen

Reflexion. Gerade Literatur, die zukünftige Möglichkeiten thematisiert, kann hierbei eine wichtige Funktion zukommen, wenn sie in Rückbezug auf die Gegenwart interpretiert wird: Kommen hier z. B. Annahmen oder moralische Überzeugungen zum Vorschein, die in der bisherigen ethischen Debatte wenig beachtet wurden? In diesem Sinne trägt die Auseinandersetzung mit Literatur zum vertieften Verständnis einer Diskussion bei. Denn durch sie können moralische Überzeugungen auf dieselbe Art und Weise befragt werden wie Literatur im Allgemeinen, nämlich durch eine zeitliche Kontextualisierung, in der ethische Implikationen zutage treten, z. B.: Was sagt etwa die Wahl eines Szenarios oder eines moralischen Arguments, das auf die Zukunft gerichtet ist, über die Zeit aus, in der es vorgebracht wurde?

Zur strukturierten Begriffsklärung der narrativen Ethik und ihrer kritischen Weiterentwicklung verwende ich einen Aufsatz von Joisten (2007), der eine sehr facettenreiche und differenzierte Auseinandersetzung mit dem Verhältnis von Ethik und Erzählung darstellt. Anhand dieses Aufsatzes stelle ich drei verschiedene Verständnisweisen ›narrativer Ethik‹ dar: Erstens die von mir als ›erzählende Ethik‹ benannte Verständnisweise, zweitens die narrative Modellethik und drittens eine Konzeption des Erzählens als anthropologische Voraussetzung. Dabei zeige ich kritisch Leerstellen der drei Verständnisweisen auf und erweitere die erste um die Bestimmung der Fiktion (vgl. Kap. 2.1.1), die zweite um den Status von Szenarien für ethische Fragen (vgl. Kap. 2.1.2.2) und die dritte um den Begriff des Verhandelns (vgl. Kap. 2.1.3).

2.1.1 Erzählende Ethik und die Bestimmung der Fiktion

Nach Joisten kann ›narrativ‹ in einem ersten Verständnis jede »Weise des Redens, Denkens bzw. Schreibens über Gegenstände auf ethischem Feld benennen« (10). Dieses Verständnis bezieht sie allerdings nicht auf einzelne, konkret benannte Ansätze. Gleichwohl kritisiert sie einen solchen »narrativen Vollzug« der ethischen Diskussion, mit dem jede sprachliche Referenz auf Ethik als Erzählung aufgefasst werde, für eine fehlende Trennung zwischen Objekt- und Metasprache. Eine Verständnisweise narrativer Ethik, welche nicht zwischen ihrem Untersuchungsgegenstand und dem Sprechen über ihn unterscheide, lasse auch dann fiktionale Texte als Argumentationen zu, wenn »dem Wissenschaftscharakter entsprechend eine begriffsanalytische ›saubere‹ Sprache gefordert wird«. Erzählungen erschienen in diesem Verständnis zur Illustration, um das »zu prüfende moralische Phänomen in den Blick zu nehmen«; sie würden jedoch häufig nicht reflektiert ins Verhältnis zum ethischen Diskurs gesetzt. Vielmehr erfolge eine Erörterung bzw. Problemlösung mittels der Narration.

Ansätze, die die narrative Ethik ausschließlich im Kontext klinischer Fallentscheidungen nutzen, scheinen in diese Richtung zu laufen (Hudson Jones 1999). Das Ziel ist, durch die Einbeziehung verschiedener Perspektiven und die Alltäglichkeit moralischer Komplexität eine Hinterfragung des ärztlichen Rollenverständnisses herbeizuführen (Montello 1997). Ein solches, methodisch unspezifisches, Verständnis erzählender Ethik lässt viele zentrale Begriffe unbestimmt. Dies gilt insbesondere für den Begriff der Fiktionalität, wenngleich sich zu letzerem in der analytischen Literaturwissenschaft mittlerweile eine umfassende Diskussion etabliert hat. Auf diese wird im Folgenden eingegangen, um ein zentrales Konzept narrativer Ethik zu schärfen.

Zunächst ist zu betonen, dass insbesondere im deutschsprachigen Kontext eine Unterscheidung zwischen Fiktionalität und Fiktivität üblich ist: Fiktionalität bezieht sich auf die Darstellungsweise, Fiktivität auf die Existenzweise von Gegenständen (Rühling 2005). Einen Roman als ›fiktiv‹ zu bezeichnen, ist unzutreffend, da in diesem Fall der entsprechende Text als solcher nicht existieren würde: Einen fiktiven Roman gibt es im raumzeitlichen Sinne nicht. Ein Roman, den ich in der Hand halte, ist also fiktional, nicht fiktiv. Weiterhin ist zu konstatieren, dass die Fiktionalität nicht einer bestimmten Wortwahl inhärent ist: »Ein Text wird nicht allein dadurch fiktional, daß er über eine mögliche Welt redet. Es braucht also eine zusätzliche Bestimmung, was Fiktionalität ausmacht. Die Gefahr, dabei die Unterscheidung fiktional-faktual schon vorauszusetzen, ist groß.« (Klauk/Köppe 2010: 202)[24] Ein Text ist also nicht fiktional, weil mit ihm Aussagen über Klone getroffen werden – dies würde auch auf wissenschaftliche Publikationen der Stammzellforschung zutreffen.

Als ›zusätzliche Bestimmungen‹ der Fiktionalität kommen vier verschiedene Bedingungen in Betracht, nämlich die *Intention* eines Sprechers bzw. Autors, Fiktionalität zu erzeugen, eine sozial geschaffene *Konvention* der Fiktionalität und schließlich sog. *Signale* für Fiktionen (Werner 2016: 195–204). Zudem spielt nicht nur die Intention der Schreibenden, sondern auch die *Einstellung* der Lesenden gegenüber den fiktiven Entitäten eine Rolle, die sich als kognitive Distanz bestimmen lässt (Lamarque/Olsen 2002: 43ff.). Leser_innen begegnen Literatur mit einer Haltung, die sich von der Haltung gegenüber anderen Diskursformen unterscheidet, auch wenn alle gleichermaßen Klon-Szenarien erzeugen. Wenn die Leser_innen wissen, dass sie es mit einem Roman zu tun haben, weisen sie diesen Erzählungen einen anderen Stellenwert zu. Diese Einstellung wird nicht willkürlich eingenommen,

---

[24] Diese Sichtweise wurde denkbar, nachdem sich die analytische Sprachphilosophie grundlegend mit der Frage der Fiktionalität auseinandersetzte (Searle (2007 [1975]). Fiktionalität wurde zu Beginn dieser Debatte als eine besondere Art des Sprechens (ebd.) oder Vorstellens (Walton 1990), dann als Kommunikationsakt zwischen Leser_in und Autor_in (Currie 1990), einer institutionellen Praxis (Lamarque/Olsen 2002) oder einer historisch gewachsenen Konstruktion (Schmidt 2011) beschrieben.

sondern durch bestimmte Merkmale unterstützt, z. B. Fiktionssignale, wie die explizite Bezeichnung ›Roman‹, oder die Bekräftigung von Autoritäten, dass eine Aussage faktual oder fiktional ist.

Diese analytische Begriffsklärung verdeutlicht, dass es zu unklaren Fällen der Fiktionalität kommen kann, wenn eine oder mehrere der o. g. Bedingungen nicht erfüllt sind (vgl. Kap. 5.1). Zudem sensibilisiert sie dafür, dass Fiktionalität auch in wissenschaftlichen Texten vorkommen kann (Frigg 2010: 251). Entsprechend ist auch die wissenschaftliche Gemeinschaft als Autorität an der Frage beteiligt, welcher epistemische und normative Status dem fiktionalen Erzählen zugewiesen wird. Dass bspw. faktualem Erzählen Objektivität und Rationalität zugeschrieben wird, der Literatur hingegen fehlende Wahrheitswertfähigkeit, liegt auch im historischen gewachsenen Literaturverständnis begründet (Köppe 2014).

Diese Klärung beantwortet allerdings noch nicht die Frage nach dem ontologischen Status der Gegenstände fiktionaler Rede. Auch ich nehme ja bspw. in der vorliegenden Arbeit an, dass es den ausgewachsenen menschlichen Klon als raumzeitliche Entität ›nicht gibt‹. Gleichwohl kann er nicht nur in einem literarischen Text, sondern auch in einer ethischen Argumentation vorkommen. Die kontrafaktischen Annahmen eines philosophischen Gedankenexperiments zur Embryonenforschung und die Aussagen der Science Fiction etwa haben insofern den gleichen ontologischen Status, als sie beide eine Hypothese darüber aufstellen, wie eine Technologie sich entwickeln könnte, jedoch klassifizieren wir das eine als faktuales, das andere als fiktionales Erzählen. In beiden Fällen ›gibt‹ es den menschlichen Klon, da auf ihn referiert wird. Indes gibt es bisher keine Klone als konkrete, d. h. raumzeitlich existierende Gegenstände – wir können, nach derzeitigem Wissensstand, keinem Klon auf der Straße begegnen. Vielmehr kann der ausgewachsene menschliche Klon als abstrakter Gegenstand bezeichnet werden, der als konzeptuelle Idee eine lange Geschichte hat. Er oszilliert zwischen potentiell durchführbarer, aber raumzeitlich noch nicht manifester Existenz, da er erst bis zu einer bestimmten Entwicklungsstufe und erst seit kürzester Zeit erzeugt werden kann. Indem wir über ihn sprechen, ist er wiederum ein bedingter Teil unserer Lebenswelt (allgemein Thomasson 2003).

Es ist die menschliche Handlung des Erzählens, die den Klon als abstrakte Entität erzeugt und mit Bedeutung versieht. Das Erzählen wird somit nicht nur zu einer Wiedergabe oder Repräsentation, sondern vielmehr zu einem ereignisstiftenden Akt. Es ist »kein bloßes Rekapitulieren *after the fact*. [...] Das Bezeichnen interveniert in die Welt, die es scheinbar nur widerspiegelt, und lässt sie in einem kreativen Aneignungsprozess in gewisser Weise überhaupt erst entstehen« (Koschorke 2012: 22).

Die kulturelle und epistemische Bedeutung des Erzählens samt einer analytischen Klärung der Begriffe Fiktionalität und Fiktivität ist in der narrativen

Bioethik bisher ausgeblieben. Sie stellt zugleich ihre Erweiterung dar: Wenn nämlich ein abstrakter Gegenstand wie der Klon nicht nur fiktionalen Texten vorbehalten bleibt und der Klon durch verschiedene Arten der Erzählung ›erzeugt‹ wird, können nicht nur Romane in den Blick geraten. Auch andere Texte sind als diskursiver Beitrag zu *einem Phänomen* zu begreifen. Fiktionalität wohnt in diesem Sinne nicht bestimmten sprachlichen Äußerungen per se inne, sondern ist vielmehr als eine Praktik zu verstehen, die mit diesen spezifischen Produktions- und Rezeptionsbedingungen interagiert.

Hierauf verweist auch die Konvention, in der bioethischen oder klinischen Lehre deutlich zu machen, ob es sich um einen ›realen‹ oder einen ›erfundenen‹ Fall handelt, da dies aus der Schilderung nicht immer erkennbar wird (Haker 2007). Fallgeschichten bringen Wissen über Krankheiten hervor und haben dabei stets die Form einer Erzählung (Willer 2005). Durch ihre Analyse können Dinge zutage treten, die in einer abstrakten Argumentation zu einem bioethischen Themenkomplex nicht bedacht worden sind. Indem ein moralischer Konflikt in konkreten sozialen Verhältnissen lokalisiert wird, kann durch dessen Analyse ein bestehender Konsens hinterfragt werden. Jedoch können auch diese Fälle wiederum auf die ihnen eingeschriebenen, narrativen Strukturen in Form impliziter Bewertungen oder Standpunkte befragt werden (Chambers 1999: 21).

Ein gängiger Einwand gegen fiktionale Literatur lautet in diesem Zusammenhang, dass diese nicht im gleichen Maße für die bioethische Kasuistik eingesetzt werden könne wie ›reale‹ Fälle; sie wird also als ›praxisfern‹ betrachtet. Hieran anschließend stellt sich allerdings die Frage, warum die Zuweisung in reale und nicht-reale Fälle eigentlich nötig ist. Vielleicht würde es Studierenden nicht einmal auffallen, wenn es kein ›echter‹ Fall wäre, der dort geschildert würde. Es braucht, so zeigen die o. g. analytischen Ansätze, verschiedene Bedingungen für Fiktionalität: Intention, Konvention, Fiktionssignale und eine entsprechende Einstellung. Doch eignen sich nur Texte, die diese Kriterien nicht erfüllen (d. h. faktuale Fälle) für eine bioethische Diskussion? Wie meine Ausführungen zur Fiktionalität gezeigt haben, ist dies keine plausible Annahme. Ob ein Text die Kriterien der Fiktionalität erfüllt oder nicht, sagt zunächst einmal noch gar nichts über seine bioethische Bedeutsamkeit aus: Es mag fiktionale Texte geben, die moralisch relevant sind und es mag faktuale Texte geben, die völlig amoralisch sind.[25] Hiermit wird also eine zu simple Parallelisierung des *Irrealen* mit dem *Irrelevanten* durchbrochen: Dass wir es bei Romanen zumeist mit fiktionalen Texten zu tun haben, sagt nichts über die moralische Relevanz dieser Narrationen aus.

[25] Ob und wie diese Relevanz bestimmt werden kann, lasse ich hier außen vor. Mir geht es allein um den Punkt, dass das Kriterium der Fiktionalität allein nichts über die Einbeziehung in bioethische Fragen aussagen kann.

Fiktionen, die uns textuell zugänglich sind, werden uns nicht direkt eine Anleitung zum Handeln geben, aber gleiches gilt auch für faktuale Fälle. Die moralische und epistemische Relevanz, die wir Fiktionen zuweisen, wird also derjenigen entsprechen, die wir Fallgeschichten und Szenarien im Allgemeinen zuweisen. Aus einer solchen Klärung des Fiktionsbegriffs entsteht also nicht zugleich ein Nachteil für die Ethik, sondern eher eine Erweiterung und Präzisierung ihres Gegenstandes.

2.1.2 Narrative Modellethik

Eine zweite Definition narrativer Ethik versteht diese als kritische Untersuchung des »moralischen Gehalts« (Joisten 2007: 11) von Erzählungen, um damit »spezifische, narrativ vermittelte Zugänge zu moralischen Phänomenen« zu erhalten, die anschließend geprüft und beurteilt werden können. Sie betrachtet Erzählungen als Modelle, mittels derer sich ethische Reflexion bereichern lässt. Diese seien als Entwurf für ein Gutes Leben zu verstehen und könnten so therapeutische Funktionen übernehmen:

> Das *ethische* Modell als Interpretationsbegriff in der Literatur macht uns auf eine ethisch exponierte Situation aufmerksam und veranlasst uns, über sie nachzudenken und uns zu ihr einzustellen. Es ruft eine Erfahrung wach oder vermittelt sie, welche den Kontrast zwischen Option und Realität offenkundig werden lässt. Modell heißt zudem das, was Vorstellungen komprimiert und konzentriert, *ohne* dabei in einem festen Begriff unterzukommen. (Mieth 2007: 224)

Ethische Modelle, also den moralischen Gehalt, den Literatur uns vermittelt, definiert Mieth als das Ergebnis von Interpretationen eines literarischen Textes. Er bezieht sich hier auf Texte, die »Reflexionen über Lebensmöglichkeiten« anbieten, d. h. Erzählungen, die im strebensethischen Sinne eine Richtschnur für die Charakterbildung einer Person geben können. Diese Modelle sind »pränormativ, nicht normativ«, insofern es sich hierbei nicht um eine Überredung, eine Ideologie oder eine Suggestion handle, sondern um ein Erzählen, das »versucht, *die Autonomie des möglichen Empfängers/Lesers*« (223) zu achten. Allenfalls können diese Modelle »vorbereitend normativ« sein, indem ihre Normen zur »Quelle von Verbindlichkeiten« in »freier Selbstverpflichtung« (225) werden. Hier offenbart sich die Position vieler Ansätze narrativer Ethik, die sich als »eine notwendige Ergänzungsfunktion« der Sollensethik verstehen. Modellethik meint in diesem Sinne also die Formulierung nicht im strikten Sinne verbindlicher, aber durchaus moralisch relevanter Tugenden.

Interessanterweise gibt es bisher kaum Ansätze, die Erzählungen in sollensethische Fragen, d. h. normative Bestimmungen des kollektiven Handelns einordnen. Dies entspricht zwar der fachlichen, zumeist theologischen, Ausrichtung vieler Vertreter_innen dieses Typus narrativer Ethik gerade in Deutschland (Haker 2009). Jedoch bleibt damit ein zentrales Merkmal fiktionaler Erzählungen vernachlässigt, nämlich die Tatsache, dass es sich bei ihnen um »*[ö]ffentliche Narrationen*« handelt, die »an die Praxis (kollektiver) Akteure rückgekoppelt« (Viehöver 2011: 199) werden.[26] Die Verbreitung und Bewertung von Literatur findet in gesellschaftlichen relevanten, diskursiven Räumen statt – zu denken ist an Bibliotheken, Buchläden, Bildungseinrichtungen oder die Rezension von Romanen in Print- und Onlinemedien. Damit widerspricht »Literatur [...] der Behauptung, der Einzelne könne auf die Komplexität der Welt keinen Einfluß nehmen, er könne nichts verändern. [...] Jeder Einzelne [...] kann die Ereignisabfolge für viele andere beeinflussen, wenn auch oft unbeabsichtigt« (Roche 2002: 128).

Nicht nur sind Utopien und Dystopien öffentliche Narrationen, sie sind auch Darstellungen von *Kollektiven* und deren Praktiken der Staatsbildung und Raumnutzung. In Utopien bietet gerade die Architektur eine Möglichkeit, die soziale Struktur eines Kollektivs zu (re)organisieren (Kumar 2005). Erst durch eine Gütergemeinschaft, in der alle Personen Zutritt zu jedem Raum haben, kann bspw. ein bestimmtes Konzept von geteilter Gemeinschaft umgesetzt werden (Voßkamp 2007). Diese räumliche Anordnung kann eine eigene »Normativität« (Delhorn 2009: 94) haben, wenn sie mit sozialen Differenzierungen oder der Konstruktion des Unbekannten und Fremden verbunden wird (Brenner 2006: 70). In diesem Sinne ist der ›Raum‹ ein formal-klassifikatorischer Begriff, d. h. eine Möglichkeit, um Anordnungen in einer bestimmten Art und Weise zu beschreiben (Werlen 2010a). Unter einer räumlichen Perspektive lassen sich z. B. diejenigen Handlungen beschreiben, deren Ergebnis konkrete Orte mit einer Architektur oder Landschaft sind, an denen sich *ego* und *alter* begegnen. Orte können mit einer konkreten Grenze und Lokalisierung gedacht werden. Sie weisen zwar von ihrer grundlegenden Materialität her Elemente auf, die menschliche Handlungen beeinflussen können, werden aber erst für Personen relevant, wenn sie als Schauplätze von Handelnden ›regionalisiert‹, d. h. mit sozialer Bedeutung versehen werden (Giddens 1997: 173 f.).[27] Die *Topographie*, d. h. die künstliche oder natürliche

---

[26] Diese Narrationen können z. B. dazu dienen, bioethische Themen in die Öffentlichkeit zu transportieren, eine Auseinandersetzung mit ihnen zu evozieren und sie so einem breiten Publikum zugänglich zu machen (Kettner 2006).

[27] Diesen Prozess der Regionalisierung verstehe ich »als eine soziale Definition von physisch-materiellen Kontexten bzw. Schauplätzen in Bezug auf bestimmte Handlungsweisen« (Werlen 2010a: 262). Ausgangsprämisse ist dabei, dass eine geographisch unterschiedliche Lage weder eine Erklärung noch Bedingung für soziale Unterschiede ist, sondern dass soziale Unterschiede vielmehr das Ergebnis einer Bedeutungszuschreibung von Materialität darstellen (Werlen 2010b: 383).

Ausgestaltung von Orten, wird für Menschen relevant, wenn sie von ihnen bewohnt und belebt wird.[28] Wie diese Orte ausgestaltet sind und wer Zugang zu ihnen hat, ist dabei eine grundlegend moralische Frage:

> Creating places to create a new reality, or to keep it as it is, or to return it to what we think it once was, invokes moral issues from the very beginning. Even creating the smallest place is a moral act, for it involves not only creating but also destroying, and including and excluding. This place we are in right now prevents other things from taking place, and it has arisen by transforming and destroying what existed here before. (Sack 2001: 117)

Der Gestaltung von Orten wohnt also eine moralische Handlungsdimension inne, da mit jeder Grenzziehung ein Platz für Individuen oder Gruppen geschaffen wird, der wiederum für andere Individuen oder Gruppen unzugänglich sein kann.

In den fiktiven Staaten von Utopien und Dystopien wird die Kinderzeugung und -erziehung genutzt, um heranwachsende Personen im sozialen Raum zu positionieren sowie diesen Raum zu gestalten und zu reproduzieren (Ní Dhuíll 2010: 21). Da diese Erziehung zumeist in einem familiären Kontext geschieht, charakterisieren insbesondere die narrative Ausgestaltung von Ehe und Geschlechterverhältnissen utopische Entwürfe (54). Der Beziehung von Staatsbildung und Reproduktion kommt von den neuzeitlichen Utopien über die Moderne bis zu aktuellen Romanen eine »epochenunabhängige Kontinuität« (Weingart 2002: 12) zu. Wie der Zusammenhang von Reproduktion und Kollektivität ausformuliert wird, wird also jeweils »nach dem Stand des gesellschaftlichen und später des wissenschaftlichen Wissens variiert«. Die Verschränkung von biologischer und sozialer Formung ergibt sich folglich nicht erst im 20. Jahrhundert, wenngleich der Zusammenhang der zwischen 1880 und 1930 aufkommenden Genetik und Eugenik sowie ihr Missbrauch durch den Nationalsozialismus dies suggerieren (Bühl 2009). Techniken der Reproduktion finden sich vielmehr als menschliches Handlungs- und Deutungsmuster schon wesentlich früher und werden mit gesellschaftlichen Fragen verbunden, weshalb sie nicht nur als strebensethische Phänomene gefasst werden können. Eine strebensethische *Modellethik* nimmt Leser_innen die Möglichkeit einer kritischen, hermeneutisch fundierten Distanz zu diesem Gegenstand (Haker 2009, 2005). Ein Literaturbegriff, der sich i.d.S. nur auf große Erzählungen fokussiert, nimmt der narrativen Ethik das Potential, bestimmte Texte vor dem Hintergrund anderer ethischer Maßstäbe kritisch zu lesen. Wie eine solche kritische, kontextsensible Distanz aussehen kann,

---

[28] Als *Topologien* wiederum lassen sich verhältnismäßige, relationale Strukturen bezeichnen. Sie entstehen, wenn Materialität durch menschliche Handlungen hergestellt oder mit sozialer Bedeutung versehen wird, um einen Orientierungsrahmen zu generieren (Günzel 2008).

möchte ich im Folgenden anhand von Platons *Politeia* erläutern und damit zugleich den Raum als zentrale Analysekategorie einführen.

Die *Politeia* wähle ich als Beispiel, da sie als eine der einflussreichsten Schriften politischer Philosophie im westlichen Kulturkreis angesehen wird. Aufgrund ihres Aufbaus als Idealstaat wird bis in die aktuelle Forschung diskutiert, ob es sich hierbei um die erste abendländische Utopie handelt oder ob die angelegte Struktur durchaus als umsetzbar angesehen wurde. Ich wähle die *Politeia* zur Entwicklung meiner Analysekategorien, da sich an ihr als Gegenstand einer symptomatischen Interpretation (vgl. Kap. 2.2) paradigmatisch ein Zusammenhang von Alterität, Raum und Fortpflanzung herausarbeiten lässt, der kollektive Relevanz besitzt.

2.1.2.1 Exkurs: Die Reproduktion des a/Anderen in Platons *Politeia*

Die *Politeia*, um 370 v. Chr. als Dialog geschrieben, kann als eine der berühmtesten Grundlagen der westlichen politischen Philosophie betrachtet werden, da sie als erstes Textzeugnis des Abendlandes beansprucht, die Bedingungen für eine ideale Gesellschaft vorzustellen (Ottmann 2001: 23). Der Reproduktion und Erziehung wird eine besondere Rolle zugeschrieben: Dass sie ›richtig‹ durchgeführt werde, sei, so Adeimantos gegenüber Sokrates, notwendig für einen guten Staat:

> Denn wir haben schon lange darauf gewartet, in der Meinung, du werdest irgendwo die Kindererzeugung erwähnen, wie sie betrieben und wie die Erzeugten aufgezogen werden sollen, und diese gesamte Gemeinschaft, die du erwähntest, der Weiber und Kinder. Denn wir denken, daß dies gar vieles, ja wohl alles ausmache für den Staat, je nachdem es richtig oder nicht richtig geschieht. (Politeia: 449b)

Kindererzeugung wird bereits hier als eine intentionale *Handlung* konzipiert, der Folgen für den sozialen Raum zugeschrieben werden. Dabei wird nicht nur die Zeugung selbst, sondern insbesondere die Aufzucht der Kinder als bedeutsam für die Gemeinschaft angesehen, da reflektierende, durch Erziehung geformte Menschen konstitutiv für die Gestaltung des ganzen Kollektivs seien:

> [E]ine Staatsverfassung, wenn sie einmal den rechten Ansatz genommen hat, geht immer wachsendfort wie ein Kreis. Denn tüchtige Erziehung und Unterricht aufrecht zu erhalten bildet gute Naturen, und wiederum tüchtige Naturen, von solcher Erziehung unterstützt, gedeihen noch trefflicher als die früheren, sowohl in anderer Hinsicht als auch für die Erzeugung, wie wir das auch an andern lebenden Wesen sehen. (424a)

Hier spielt die Nutzung der *Topographie* eine besondere Rolle. Gefordert wird z. B. das Aussetzen von Kindern, die durch Vereinigungen zustande gekommen sind, welche nicht von den Obersten im Staat legitimiert worden sind, oder die äußerliche Anomalien aufweisen. Diese Kinder sollen Wärterinnen »in einem unzugänglichen und unbekannten Orte verbergen« (460b/c). Die räumliche Struktur der Stadt ist zugleich *topologisch* (vgl. Kap. 3): Das Verbergen von Kindern an einem für die Öffentlichkeit nicht zugänglichen Ort repräsentiert ihre Unsichtbarkeit und Unerwünschtheit in der Polis, welche von der bereits existierenden Generation vorherbestimmt wird. Gleichermaßen lässt sich die Aufteilung in drei Stände, die den sozialen Raum der *Politeia* maßgeblich prägt, *topologisch* analysieren. Denn ein Stand steht *über* einem anderen und grenzt sich dadurch von ihm ab: Es existieren die Handwerker und Bauern als unterer Stand mit der Veranlagung zur Begierde, die Wächter als mittlerer Stand mit der Veranlagung zum Mut und die Regenten als leitender Stand mit der Veranlagung zur Vernunft (Kersting 2001). Ein Wechsel zwischen diesen drei Ständen, bspw. die Zuweisung eines Wächternachkommen zum Handwerker oder umgekehrt, ist zwar nicht ausgeschlossen, aber auch nicht die Regel (Politeia: 415a). Diese drei Stände repräsentieren die menschliche Seele, die ebenfalls als eine Trias aus dem Vernünftigen, dem Sich-Ereifernden und dem Begehrlichen konzipiert wird. Erkenntnisse über die menschliche Seele stehen somit in Wechselwirkung zu Erkenntnissen über ein ideales Gemeinwesen (Schmitt 2008: 284). Damit geht eine ideelle Verknüpfung des individuellen mit dem kollektiven Körper einher:

> So wie, wenn einem unter uns der Finger verwundet ist, die gesamte, sich über den Leib hin zur Seele als zur *einen* Zusammenordnung des in ihr Herrschenden sich erstreckende Gemeinschaft es zu fühlen pflegt und insgesamt zugleich mit zu leiden mit einem einzelnen schmerzenden Teile, sie, die ganze, und wir sodann sagen, daß der Mensch Schmerzen hat am Finger. [...] Wenn nun, so denke ich, einen unter den Bürgern irgend etwas betrifft, sei es nun Gutes oder Schlimmes, wird ein solcher Staat vorzüglich sagen, das Betroffene gehöre ihm zu, und wird sich also ganz mit freuen oder mit betrüben. (Politeia: 462a)

Indem Platon den individuellen Menschen mit dem Staat in Beziehung setzt, steht für beide die Frage nach der *Funktion* einzelner Teile im Mittelpunkt. Da Kollektiv und Individuum ineinander verschränkt werden, soll das Problem der »natürlichen Ungleichheit« (Kersting 2001: 402) gelöst werden, welches konstitutiv für die verschiedenen Teile der menschlichen Seele und für die Funktionen des Menschen im Kollektiv ist. Die Motivation der *Politeia* ist allerdings weniger das Bedürfnis nach einem guten Staat als die philosophische Frage nach der *Gerechtigkeit* als Tugend des Einzelnen (Mieth 2003: 25). Es stehen also nicht konkrete Gesetze und Institutionen im Vordergrund, sondern die Beschreibung einer Staatsform, in deren Mittelpunkt die Wesensqualität des Menschen steht:

> Dem grundsätzlichen Staatsziel entsprechend, daß der Staat diejenige Organisationsform sein soll, die allen eine optimale Verwirklichung und Betätigung ihrer Vermögen ermöglicht, ist derjenige Zustand der menschlichen Seele bzw. des Staats der beste, in dem alle drei Stände bzw. alle Grundmöglichkeiten menschlichen Erkennens so zusammenwirken, daß jeder seine eigenen Kompetenzen voll entfaltet und dort, wo er nicht kompetent ist, aus freier Einsicht die Kompetenz an die anderen abgibt. (Schmitt 2008: 421)

Der Entwurf eines Staatsmodells resultiert somit logisch als eine Folge der Erkenntnis, dass Menschen einander brauchen und sich gegenseitig in ihren Kompetenzen ergänzen können. Normen ergeben sich erst aus den innergemeinschaftlichen Möglichkeiten des Zusammenlebens und der Orientierung an der größeren Gemeinschaft. Erst aus dieser Idee heraus entwirft Platon ein System, das dieser Ungleichheit Rechnung trägt, indem jeder Bürger auf seine Art Teil der Polis wird. So ergibt sich zwangsläufig ein Spannungsfeld zwischen kollektiven Zielen und den individuellen Bedürfnissen einzelner, die für den sozialen Raum funktionalisiert werden:

> Wir wollen [...] sagen, [...] wir sähen jedoch bei der Einrichtung der Stadt gar nicht darauf, daß irgendein Stamm ausgezeichnet glücklich sei, sondern daß die ganze Stadt es sei, so sehr als möglich. Denn wir gedächten, in der so eingerichteten am meisten die Gerechtigkeit zu finden und wiederum in der am schlechtesten eingerichteten die Ungerechtigkeit [...]. Jetzt also, wie wir glauben, bilden wir uns die glückselige Stadt, nicht als wollten wir abschneidend nur einige wenige solche in ihr setzen, sondern sie selbst ganz. (Politeia: 419a.)

Ziel ist es also, den Staat als politischen Raum entstehen zu lassen, indem die Individuen in ihm ihren vorteilhaften Platz finden. Der Anlass zur Staatsgründung ist dementsprechend die »Überzeugung, daß der Einzelne seine mögliche Souveränität überhaupt erst im Staat und nur durch den Staat erlangen kann« (Schmitt 2008: 398). Der Staat soll das gute Leben und die Selbstverwirklichung des Einzelnen gewährleisten und gleichsam zum »*Telos* jedes Einzelnen« (403) werden. Dabei wurde die *Politeia* nicht als ein Territorialstaat entworfen, sondern vielmehr als eine Rechtsgemeinschaft von Bürgern. Im Vordergrund steht das ideale – d. h. gerechte – Zusammenleben, das nach Platon am besten in städtischer Form entstehen könne: »Und nicht wahr, [...] wenn wir in Gedanken eine Stadt entstehen sehen, so würden wir dann auch ihre Gerechtigkeit und Ungerechtigkeit mit entstehen sehen?« (Politeia: 368a) Für die Einrichtung einer gerechten Stadt braucht es jedoch Techniken, die die Wächter zur Identifizierung mit diesem Ziel bringen, sodass sie ihre individuellen Bedürfnisse unterordnen. Aus diesem Grund ist in der *Politeia* für die Klasse der Wächter die Frauen- und Kindergemeinschaft (547c/d) und ein Gemeineigentum angelegt. Diese Frauen- und Kindergemeinschaft findet ihren *topographischen* Ausdruck in fehlender

Privatsphäre in der Wächterklasse (Mieth 2003: 25). Dies kann als materieller Ausdruck des kollektiven Gemeinwesens verstanden werden, das sich *topologisch* zumindest innerhalb eines Standes möglichst wenig segregiert: Dem Gemeingut des sozialen Raumes entspricht eine *topographische* Transparenz und gemeinschaftliche Raumnutzung.

Doch gilt diese Gleichheit nicht für alle Personen. Eine bestimmte Gruppe – die Philosophen – sind privilegiert, was durch ihre Fähigkeit zur Selbstherrschaft und ihre Fähigkeit zum vernünftigen Denken legitimiert wird. Denn nur sie als Höchstgebildete seien in der Lage, Positionen zu besetzen, in denen das Staatssystem als solches ausformuliert und seine Konstitution bestimmt wird. Dies konzentriert die Leitung des Staates zugleich sehr auf die Ratio und gliedert alles Nicht-Vernünftige, d. h. alle leiblichen oder auch emotional-affektiven Faktoren aus (Waldenfels 2013: 22). Die Intellektuellen sind von der Arbeitspflicht befreit (Seibt 1985). Die anderen Gruppierungen im Staat, die Wächter und Bürger, »müssen sich ordnen lassen, müssen sich in eine vorgegebene Ordnung einfügen und die Herrscher der Philosophen als Ersatz für mangelnde Selbstherrschaft anerkennen lernen« (Kersting 2001: 402). Insofern wird in der *Politeia* etwas Anderes konstruiert, welches der Norm des rationalen, gebildeten Individuums gegenübergestellt wird. Diese Binnendifferenzierung innerhalb der Gemeinschaft ist deshalb so bedeutend, weil erst sie die Konstruktion des Fremden nach außen möglich macht: Die Etablierung eines Vernunftideals, welches die vorbildliche und gerechte Gemeinschaft begründet, dient in der *Politeia* nämlich auch als eine Selbstzuschreibung des kultivierten, moralisch-sittlichen und politisch geregelten Gemeinwesens (Walter Kluge 1999; Detel 1995). Diese Selbstbeschreibung der kollektiven Identität dient wiederum der Abgrenzung von den »Barbaren« (Politeia: 423a), was in diesem Fall alles Nicht-Hellenische ist:

> Das Bewußtsein der Überlegenheit der Griechen gegenüber den Barbaren speiste sich somit aus realer geschichtlicher Erfahrung (militärischer Sieg). Er wird theoretisch und ideologisch begründet durch die Intelligenz und Vernunft – sophia – der Griechen und durch die Überlegenheit ihrer auf das Gemeinwohl der polis bezogenen moralisch-sittlichen Wertvorstellungen [...]. (Eichler 1992: 863)

Kulturhistorisch kann dieser Entwurf als eine Reaktion auf den Machtkampf zwischen Oligarchie und Demokratie in Athen nach dem Peloponnesischen Kriegen gesehen werden. Die *Politeia* ist der Versuch eines gerechten und stabilen Staates, der sich nicht wandelt oder vom Untergang bedroht ist und deshalb auch als Gegenentwurf zu bestehenden Verhältnissen im Athen Platons zu verstehen (Ottmann 2001: 22–70). Bei dieser Trennung von Griechen und Barbaren spielt die Grenze eine entscheidende Rolle (Loacker 1997).

Die Stadt solle sich unbegrenzt ausdehnen, solle ständig erweitert und ausgedehnt werden, solange sie vernünftig regiert und verwaltet werden könne (Politeia 423a). Sodann braucht dieses Gemeinwesen Ressourcen und muss geschützt, verteidigt und überwacht werden: »Die ideale Polis legitimiert sich dadurch, daß die Stadtmauern das ›Andere‹ abwehren.« (Kuhlmann 1999: 92) Die *Topographie* wird genutzt, um das als ›fremd‹ Betrachtete aus dem eigenen sozialen Raum fernzuhalten. Der soziale Raum der Gemeinschaft entspricht den materiellen Grenzen der Stadt. Um jedoch diesen sozialen Raum zu vergrößern, braucht es nicht nur eine bewusste Grenzziehung nach außen, sondern auch eine strategische Regulierung des Kollektivs: »Die Menge aber der Hochzeiten wollen wir den Oberen freistellen, damit diese, indem sie Kriege und Krankheiten und alles dergleichen mit in Anschluss bringen, uns möglichst dieselbe Anzahl von Männern erhalten, und so der Staat nach Möglichkeit weder größer werde noch kleiner.« (Politeia: 460a)

Perpetuiert wird der Staat durch die Idee, dass »jeder Trefflichste der Trefflichsten am meisten beiwohnen [sollte], die Schlechtesten aber den ebensolchen umgekehrt« (459a). Nur die Kinder der ersten, ›Trefflichen‹ sollen aufgezogen werden, die der ›Schlechtesten‹ hingegen nicht, damit »die Herde recht edel bleib[t]«. Dass dies gelingt, will Platon durch ein Losverfahren garantieren, nach dem die Paare (offiziell) zur Vereinigung zusammenkommen sollen, welches aber ausdrücklich den Oberen zur Manipulation freigegeben ist (460b). Nachkommen, die nicht im Sinne der Oberen gezeugt werden, hingegen gelten im Staat als »unecht und unheilig und ohne Verlöbnis erzeugt« (461b). Die diskursiv erzeugte Konstruktion des Fremden kann also durch die Beeinflussung der Reproduktion aufrechterhalten werden, indem die Nachkommen, orientiert an äußeren Kriterien, dem jeweiligen Stand zugewiesen werden können. Die Überwachung der Reproduktion wird als notwendig für einen sicheren Staat erachtet. Diese Praxis soll allerdings allen anderen als den Philosophen unbekannt bleiben – eine Idee, die zwangsläufig kritische Aufmerksamkeit weckt, insbesondere nach dem heutigen Verständnis von Autonomie, das sich aus dem Wissen um den Totalitarismus des 20. Jahrhunderts speist (Popper 1992 [1957]: 62).

2.1.2.2 Konkretisierung: Der Status von Szenarien für ethische Fragen

Der Exkurs zur *Politeia* zeigt, dass die Fokussierung der Modellethik auf eine Individualethik sowohl die einflussreiche Tradition von Texten in ihrer öffentlich-politischen Dimension als auch die Möglichkeit kritischer Distanz eher vernachlässigt: Ein solcher, für westliche Kulturkreise höchst relevanter und prägender Text kann nur schwer als *Modell* in einem individualethischen Sinn verstanden werden. Er stellt einerseits kollektive Normen und Handlungsoptionen zur Disposition und erfordert andererseits eine Einordnung in den jeweiligen kulturgeschichtlichen Kontext. Welche normative Relevanz er i. S. e. Sollensethik haben soll, kann nicht aus dem Modell heraus, sondern letztlich nur in faktualen Diskursen geklärt werden.

Ich spreche deshalb im Folgenden nicht von Modellen, sondern von *Szenarien* und ihrer Rolle für ethische, und d. h. explizit *sollens*ethische Fragen. Aus der Perspektive einer Szenarienethik erscheint Literatur als Möglichkeit, einen Zugriff auf eine Lebenswelt, einen sozialen Alltag eines Klons zu bekommen. andere Dabei kann sie andere Fragen aufwerfen als die rein theoretische Betrachtung (Haker 2007). Literatur hat beispielsweise die Einbettung des Klons in ein familiäres Szenario weit früher formuliert als die bioethische Fachdebatte – und ihm eine *Stimme* gegeben, gleichwohl mit einer jeweils eigenen Position.

Fiktionale Narrationen verorten den Klon in einem sozialen Raum, was ihm eine Persönlichkeit, eine Lebensgeschichte, Emotionen und Mitmenschen verschafft (Montello 1997). Sie geben uns also einen Eindruck davon, wie es wäre, als Klon auf der Welt zu sein und in dieser Welt Beziehungen zu haben. Eine zentrale Funktion von Literatur kann entsprechend die Vermittlung modalen Wissens, d. h. Wissen über Möglichkeiten, sein (Klauk 2011). Modales Wissen ist allerdings nicht nur der Literatur vorbehalten, sondern vielmehr immer eine Eigenschaft von Szenarien, denen »*an undeniably imaginative form*« (Mulkay 1997: 129) zugrunde liegt. Da der Klon raumzeitlich nicht existiert, lässt sich seine Existenz auch gar nicht anders debattieren als in Form modalen Wissens. Diese fiktionalen Szenarien können verstanden werden als »Experimente, die nicht realisierbar sind, die in noch unerforschte Regionen des biologischen Apparats vordringen oder aber mit der Gefahr für Leib und Leben verbunden wären« (Weigel 2004: 201).[29] Auf den ersten Blick liegt es nahe, anzunehmen, dass Literatur eine Erprobung von Argumenten ist, die den gleichen Status wie philosophische Gedankenexperimente haben. Es ließe sich also von einem literarischen Gedankenexperiment sprechen, das die Einstellung der Lesenden verändert, indem es neue Erkenntnisse über zukünftige Möglichkeiten von Techniken extrapoliert:

> [I]m irrealen Bereich der Fiktion erforschen wir unablässig neue Bewertungsweisen für Handlungen und Figuren. Die Gedankenexperimente, die wir im großen Laboratorium der Einbildung durchführen, sind auch Forschungsreisen durch das Reich des Guten und des Bösen. Etwas umzuwerten, möglicher-

[29] Weigel rekonstruiert historisch die Ausgrenzung der Fiktion als Erkenntnismedium aus den ›harten Wissenschaften‹. Diese Ausgrenzung impliziere ein Verständnis des Fiktionalen als etwas ›Unwissenschaftlichem‹, das historisch zu einer Höherwertigkeit der Naturwissenschaften geführt habe.

weise sogar abzuwerten bedeutet immer noch, es zu bewerten. Das moralische Urteil ist nicht abgeschafft, es ist vielmehr selbst den der Fiktion eigenen imaginativen Variationen unterstellt. (Ricoeur 1996: 201)

Jedoch ergeben sich bei der Übertragung des Gedankenexperiments auf Romane einige Unterschiede, die ich im Folgenden kurz erläutern möchte. In der analytischen Tradition wird mit einem Gedankenexperiment zur Überzeugungsänderung die sog. Zielthese angegriffen, um ihr Gegenteil zu beweisen (Cohnitz 2006: 21). Hierfür werden vorstellbare Sachverhalte als mentaler Versuch aufgebaut, um ähnlich einem real durchgeführten Versuch, wissenschaftliche Erkenntnisse zu erzielen. Die Aussagen in Gedankenexperimenten müssen also insofern wahrheitswertfähig sein, als sie denk- oder vorstellbar sein sollen. Im Sinne syntaktischer und pragmatischer Wahrheitstheorien können sie so als wahr betrachtet werden, ohne empirisch überprüft worden zu sein.[30] In der Philosophie wird ein Gedankenexperiment lediglich zur Überprüfung der Konsistenz von Argumenten modelliert und selten explizit in Rückbindung an die Realität diskutiert.[31] Allerdings findet die Darstellung, Beurteilung und Funktionalisierung im selben Text statt, während sie im Zusammenhang mit literarischen Texten werkextern erbracht wird (Klauk 2011). Zwar schreiben auch bestimmte Arten philosophischer Gedankenexperimente dem menschlichen Klon Gefühle zu, um unsere moralische Intuition anzurühren. Dies geschieht stets als Einbettung in eine Argumentation, die wiederum auf die ethische Debatte zurückwirken soll. Die Literatur hingegen bettet den Klon in ein gesellschaftliches Szenario aus Beziehungen und Wünschen ein, gibt ihm einen Namen und verschafft ihm ein Gegenüber.

Durch die umfassend dargestellten Szenarien sind literarische Werke oft komplexer als philosophische Gedankenexperimente. Häufig ist das Thema des Romans sogar zu vielschichtig, um es gleich einem philosophischen Ge-

---

[30] Wahrheitstheorien lassen sich nach ihren Wahrheitskriterien unterscheiden: Erstens Korrespondenztheorien (semantische Wahrheitstheorien), bei denen gilt: »›A‹ ist wahr genau dann, wenn ›A‹« (Lorenz 2004: 595). Zweitens Kohärenztheorien (syntaktische Wahrheitstheorien), bei denen als Kriterium gilt: »›A‹ ist wahr genau dann, wenn sich ›A‹ konsistent begrifflich und logisch zusammenhängend in ein konsistentes, begrifflich und logisch zusammenhängendes und außerdem umfassendes System umgangssprachlicher und wissenschaftlicher Aussagen einbetten lässt.« Drittens Konsenstheorien (pragmatische Wahrheitstheorien), bei denen als Kriterium gilt: »›A‹ ist wahr genau dann, wenn jeder Sachkundige und Gutwillige hätte zustimmen können.«

[31] Literarische Werke unterliegen außerdem anderen Distributions- und Funktionsmechanismen als wissenschaftliche Texte. Durch ihre Verwendung haben Gedankenexperimente einen Wissenschaftlichkeitsanspruch und müssen gegenüber einer Scientific Community als legitim ausgewiesen werden (Frigg 2010). Zudem haben literarische Werke i. d. R. andere Fiktionssignale als philosophische Gedankenexperimente.

dankenexperiment als Beweis oder Argument im sprachanalytischen Sinne zu nutzen (Easterbrook 2009). Romane sind also kein Gedankenexperiment i.S.d. objektiven Beweises, sondern führen vielmehr kulturell, historisch und sozial kontigente Werte und Wertvorstellungen vor Augen, indem sie modales Wissen vermitteln. Um zu entscheiden, ob entworfene Möglichkeiten realisierbar und wünschenswert wären, werden allerdings weitere Informationen benötigt (Klauk/Köppe 2010). Ein fiktionales Werk »kann uns sozusagen mit Kandidaten für Wissen bekannt machen, und wir können die einem literarischen Werk entnommenen Auffassungen anhand werkexterner Ressourcen prüfen« (Köppe 2008: 403). Dies ist jedoch keine defizitäre Eigenschaft literarischer Werke, sondern zeigt lediglich, dass Literatur uns auffordert, eine Situation zu bewerten, und dabei zur Reflexion normativer Implikationen dieser Bewertung beitragen kann:

> Eine Entscheidung darüber, was zu tun gut, ratsam oder richtig ist, hat eine komplexe Struktur (bzw. Vorgeschichte), da normalerweise viele solcher wertenden Einstellungen in sie eingehen. [...] Literatur sagt mir meist nicht rundheraus, was ich tun oder wie ich leben soll, sondern sie kann vielmehr verschiedene Elemente eines praktischen Überlegungsprozesses beeinflussen, und es ist dann dieser Überlegungsprozess, der in praktischem Wissen resultiert. (171)

Im bioethischen Entscheidungsfindungsprozess bedeutet dies, dass die Argumente der Literatur, zumindest der Utopien und Science Fiction, nicht so vorgebracht sind, dass sie uns eine konkrete Handlungsanleitung geben. Wiederum imaginieren ihre Autor_innen neue Situationen, die ihre Leser_innen mit denkbaren Folgen von Technologien für Individuen und Gesellschaften konfrontieren können. Sie sind imaginative ›Als-ob‹-Situationen, die einen Vorstellungsprozess in Gang setzen:

> Diese Als-ob-Wahrheiten werden erzeugt, weil vereinbart ist, daß die maßgeblichen Als-ob-Prinzipien gelten. Aber nur wenige solche Prinzipien werden je formuliert, und unsere Anerkennung der meisten von ihnen geschicht explizit. Einige kommen uns wahrscheinlich so natürlich vor, daß wir praktisch automatisch annehmen, daß sie gelten. (Walton 2007: 102)

Nach Walton sind literarische Werke dann fiktional, wenn sie Requisiten (›props‹) in Vorstellungsprozessen sind. Sie ähneln einem Spiel und konstituieren ein Make-Believe. Make-believe ist ein Prozess, der im Kontext mit Kunst erlernt werden muss. Auch wenn die Leser_innen wissen, dass die Propositionen in einem literarischen Werk nicht wahrheitswertfähig bzw. falsch sind, und auch wenn sich im literarischen Werk keinerlei Referenzen auf reale Gegenstände finden, so lassen sie sich doch stets im Modus des ›So-tun-als-ob‹ auf die Vorstellung ein, die entworfene Welt würde existieren. Dass dieser Umgang mit Literatur ein kognitiver Lernprozess ist, ergänzt die obigen Annahmen, dass die Haltung zu Fiktionalität nicht unmaßgeblich durch gesellschaftliche Sozialisierung beeinflusst wird (vgl. Kap. 2.1.1).

Utopien und Science Fiction liegt allerdings noch eine Intention jenseits des ›Als-ob‹ zugrunde: Sie stellen häufig etwas Neues, Ungewohntes dar, um als Kritik an ihrer Zeit die Änderung bestehender Gesellschaftsordnungen vorzuschlagen. Dieses Argument ist zentral für ihre sollensethische Relevanz: Diese Literatur extrapoliert eine gegenwärtige Gesellschaft in einer ›unwahrscheinlichen‹ Weise mit dem Ziel, auf die Gegenwart zurückzuwirken. Diese Szenarien nur heuristisch zu verstehen, lässt die produktive Frage unbeantwortet, was literarische Thematisierungen über ihren jeweiligen Entstehungskontext aussagen. Dystopien als fiktionale, öffentliche Konflikte können als Teil einer Sozialphilosophie verstanden werden, die ihre Analyse »von negativen moralischen Phänomenen« (Herrmann 2013: 12) beginnen.[32] In diesem Sinne geben sie Anknüpfungspunkte, »über moralisch besseres Handeln« nachzudenken: »Es scheint also, als würden wir erst dadurch lernen, was Moral ist, dass wir erfahren, was es heißt, mit ihrem Gegenteil, der Unmoral, konfrontiert zu werden.« (13) Methodisch greift eine solche Sozialphilosophie gerade Aporien, Spannungsfelder und Asymmetrien auf, um aus ihnen ex negativo diejenigen Bedingungen zu extrahieren, die für eine Gesellschaft notwendig sind, »damit ein Subjekt zu einer gelingenden Form der Selbstverwirklichung in der Lage ist« (14). Nun sind Dystopien etwas anderes als gesellschaftliche Analysen von Missständen, doch zugleich lenken sie in ihrer Überformung den Blick auf aktuelle Asymmetrien, die sie zu kritisieren versuchen:

> The plot, in such stories, does not present virtue and vice in conflict; the story itself consists of the conflict of defensible moral or ethical stances; the action takes place both within the characters in the story and inside the mind of the reader, as he or she grapples with conflicting choices that irresistibly demand the reader's judgment. (Booth 2001: 26)

Sie sind insofern ein *methodischer Anstoß* für diejenigen ethischen Ansätze, denen an einer Aufhebung von Asymmetrien gelegen ist. Sie als reine ›Horrorszenarien‹ und eine negative, irrationale Beeinflussung des Diskurses zu lesen, greift deswegen gerade aus der Perspektive einer Bioethik, die auch gesellschaftliche Konflikte thematisiert, zu kurz.

Ähnlich verhält es sich mit der Science Fiction, ein Genre, das zwischen den Polen des Fremden und des Bekannten oszilliert: »It creates a reading process based on estrangement, which places familiar issues within the narrative break to our experiences. This estrangement also creates spaces of

---

[32] Als Beispiele für negative moralische Phänomene nennt Herrmann u. a. »Gewalt, Folter oder Totschlag ebenso wie Ausbeutung, Entfremdung« (12f.), d. h. Phänomene, die eine grundlegende Asymmetrie von Personen voraussetzen.

abstraction for theorizing.« (Melzer 2006: 3) Dieser Raum für Abstraktion, der durch die Verfremdungseffekte entsteht, ist deswegen eine besondere Stärke der Fiktion: Denn dass uns das Erzählte ›unwahrscheinlich‹ bzw. ›fremd‹ vorkommt, heißt nicht, dass es keine Relevanz für reale Entscheidungen hätte. Im Gegenteil ist es genau jener Abstand zwischen dem Bekannten und dem Fremden, welcher Leser_innen mit ihrer Einstellung zu Alterität konfrontiert:

> Science Fiction constantly interrogates the limits of identity and the nature of difference. The latter is frequently described through a quasi-allegorical displacement of the alien on to other countries and planets, following a strategy of encounter whereby readers are encouraged to re-examine their self-conceptions as a result of confrontation with the Other, with beings whose culture is rarely explored in its own right, but rather to highlight the markers of difference. (Seed 2011: 27)

Science Fiction konfrontiert uns mit unbekannten Lebensweisen und kann uns dazu bringen, die eigenen Gewohnheiten zu hinterfragen. Dies werde nach Seed durch die Dislokation (»displacement«) dieser Gegenstände und Lebensformen hervorgebracht: Dadurch, dass sie sich in der Zukunft oder in ›fernen Welten‹ befinden, werde der Kontrast zu bestehenden Lebenszusammenhängen deutlich. Dieses Potential der Science Fiction kann sich z. B. in Geschichten ausdrücken, in denen Einzelpersonen oder soziale Gruppen von Technologien nicht profitieren, keinen Zugang zu ihnen haben oder unter ihrer Implementierung leiden. So werden nicht nur neue Gegenstände extrapoliert, sondern es wird zugleich auf existierende soziale Asymmetrien hingewiesen, die sich hinsichtlich Kategorien wie bspw. Geschlecht, Klasse, Alter oder Ethnizität ergeben (Köllhofer 2008). Dementsprechend geht es nicht nur um Szenarien der Zukunft, sondern auch um einen kritischen Blick auf gegenwärtige soziale Verhältnisse (Roberts 2006: 19). Science Fiction changiert damit zwischen »estrangement and cognition« (Suvin 1972: 373): Einerseits liegt dem Genre eine kognitiv bestimmbare Hypothese zugrunde, andererseits fällt es den Leser_innen schwer, die jeweils geschilderten Verhältnisse auf ihre Welt zurück zu beziehen, da sie so stark verfremdet sind. Trotz dieser Verfremdung sind die Begegnungen und Konflikte, die in diesen Romanen thematisiert werden, den Leser_innen bei genauer Betrachtung durchaus vertraut, geht es doch darum, wie ihre Figuren denjenigen begegnen, die ›anders‹ sind als sie: Dies kann als Angst und Ablehnung erzählt werden, wie z. B. seitens der Gesellschaft gegenüber dem namenlosen Monster in Mary Shelleys *Frankenstein*. Moralisch relevant ist allerdings nicht, ob diese Technik vorstellbar ist, sondern ob der dargestellte *Konflikt* bzw. die *Asymmetrie* in ihrer strukturellen Verfasstheit vorstellbar sind.

Durch diese Literatur sind wir in der Gegenwart mit dem Ungewohnten konfrontiert und können eine moralische Perspektive auf Alterität einnehmen (Montello 1997). Literatur kann so als stimulierender Impuls für gesellschaftspolitische und ethische Debatten fungieren, insbesondere wenn der Umgang mit dem sozial oder kulturell Anderen bzw. Fremden auf den jeweiligen, konkreten Kontext zurückbezogen wird: »While facts persuade us, sometimes emotions and shared experience can persuade us more effectively. However, even if we wish to work for change, we cannot move in directions we do not see.« (Jakober 2008: 30f.)

Dabei lassen gerade die neuen, ungewohnten Situationen und Gegenstände alte Vorstellungen des Vertrauten hervortreten. Wie ein Szenario bewertet wird, kann eine Möglichkeit sein, Debatten anzustoßen sowie normative Implikationen von Prämissen zu reflektieren (Haker 2007; Kettner 2006; Lesch 2003). Ob bspw. Vorstellungen von der Trennung von Sexualität und Reproduktion positiv oder negativ bewertet werden, ist auch relational zu den Überzeugungen und Gewohnheiten der Leser_innen zu bestimmen (Haupt 2004). Eine Bewertung der literarischen Szenarien geschieht wiederum vor dem Hintergrund wissenschaftlicher und persönlicher Sozialisierung, ethischer Prämissen etc. Wenn Leser_innen bspw. Autonomie schätzen, werden sie ein Werk, in dem die Protagonisten systematisch zu bestimmten Handlungen gezwungen werden, eher als Dystopie bewerten.[33]

All dies bedeutet freilich nicht, dass Literatur konkrete Antworten auf die Frage gibt, ›was wir tun sollen‹, aber es bedeutet, dass die Frage, ob und wie der Klon dargestellt wird, keine amoralische Frage und Erzählen häufig keine amoralische Handlung ist. Fiktionen sind in diesem Sinne eine Auswahl von Charakteren und Ereignissen, zu denen sich Leser_innen moralisch verhalten können: »[I]f there is an author inflicting choices upon me, I have not only a right but a responsibility to think about whether those choices are ethically good or bad.« (Booth 2001: 22) Ein solcher *ethical criticism* geht nicht nur davon aus, dass das Erzählen selbst ein moralisch relevantes Phänomen sein kann, sondern nimmt auch an, dass unsere Reaktion und die Bewertung des Erzählten moralisch relevant sind. Die Ergänzung narrativer Ethik durch diesen offenen Literaturbegriff, der Utopien und Science Fiction einschließt, sensibilisiert für die *Handlung* des Erzählens, die »in ethischer Perspektive unter Verantwortung« (Mieth 2007: 216) steht.

Durch den Anschluss an die Verantwortungsperspektive und die Kontextsensiblität unterscheidet sich eine solche narrative *Szenarienethik* ebenso

---

[33] Wenn der Begriff bei der Literaturinterpretation fällt, kann dies also ein Hinweis auf die Wertmaßstäbe der Lesenden sein. Ebenso kann die Bezeichnung ›Utopie‹ auch als wertende Zuschreibung dienen, um insbesondere im politischen Sprachgebrauch Ideen als unrealistisch zu disqualifizieren (Seyferth 2006: 13).

wie eine strebensethische *Modelletbik* in einem wichtigen Punkt vom *Principlism* als Mainstream bioethischer Urteilsfindung. Denn der *Principlism* betont das Konzept einer sog. *common morality*, d. h. grundlegende moralische Prinzipien des ärztlichen Handelns (Beauchamp / Childress 2013: 2–5).[34] Die narrative Ethik hebt demgegenüber gerade die Pluralität von Perspektiven im biomedizinischen Konflikt hervor. Es besteht nun die Möglichkeit, insbesondere für den klinischen Kontext, ein Ineinandergreifen beider Ansätze vorzuschlagen, das die jeweiligen Stärken betont: Auf der einen Seite die Universalität von Moralprinzipien, auf der anderen die Partikularität, die gerade für klinische Kontexte und die Rolle von Sprache sensibilisieren kann (McCarthy 2003). Während sich in einem solchen kohärentistischen Modell für die klinische Praxis noch relativ einfach für ein Zusammenwirken von Principlism und narrativer Ethik argumentieren lässt, so gestaltet sich dies komplizierter, wenn fiktionale Literatur und Reflexion in ein Modell des sog. Überlegungsgleichgewichts (Daniels 1996; Rawls 1971) als eigener Moraltheorie integriert werden sollen. Diese etablierte Methode zielt darauf ab, ein Gleichgewicht zwischen wohlüberlegten moralischen Urteilen angesichts von Einzelfällen und moralischen Prinzipien oder Regeln herzustellen, um diese in ein kohärentes System zu bringen.[35] Das Ziel ist nicht nur, selbst eine kohärente moralische Position zu vertreten, sondern diese auch als Erklärung für andere anzubieten:

> For example, a moral principle or moral judgment about a particular case (or, alternatively, a rule of inductive or deductive inference or a particular inference) would be justified if it cohered with the rest of our beliefs about right action (or correct inferences) on due reflection and after appropriate revisions throughout our system of beliefs. By extension of this account, a person who holds a principle or judgment in reflective equilibrium with other relevant beliefs can be said to be justified in believing that principle or judgment. (Daniels 2011)

Es handelt sich um einen Abgleich wohlüberlegter moralischer Urteile, die sich auf reale oder hypothetische Fälle beziehen (Nichols 2012). Wohlüberlegte Urteile unterliegen bestimmten Bedingungen: Sie müssen von einer

---

[34] Die Prinzipien der Autonomie, Wohltun, Nicht-Schaden und Gerechtigkeit eignen sich aufgrund ihrer sog. mittleren Reichweite, um medizinethische Konflikte zu analysieren. Die aus ihnen mittels eines Verfahrens der Spezifizierung gewonnenen, Prima-facie-Pflichten werden in einem Balancierungsprozess gegeneinander abgewogen, um letztlich zu einer situativen Handlungsanleitung zu gelangen (Beauchamp / Childress 2013: 404–409).

[35] Hiermit ist ein *enges Überlegungsgleichgewicht* beschrieben. Im *weiten Überlegungsgleichgewicht* treten noch alle relevanten Hintergrundtheorien hinzu (Nichols 2012). Während Rawls in *A Theory of Justice* annimmt, dass sich die Urteile auf lebensnahe Fragen beziehen sollen, überträgt er dies später auf Szenarien (Rawls 1974/1975).

argumentationsfähigen Person gefällt werden und darauf ausgelegt sein, beständig zu sein (Badura 2002: 127f.). Dieses Urteil ist dennoch *intuitiv* insofern, als dass es »nicht auf einer systematischen und bewußten Heranziehung ethischer Prinzipien beruht« (Rawls 1984: 131).[36]

Nussbaum (1990: 168) hat dieses Vorgehen für die Ausklammerung von Emotionen kritisiert. Dem *reflective equilibrium* stellt sie ein *perceptive equilibrium* gegenüber; sie argumentiert, dass gerade unsere Gefühle der Angst, der Trauer und der Liebe eine wichtige Rolle bei moralischen Fragen spielen sollten. Ein solches *Einfühlungsgleichgewicht* betont den Wert von Emotionen als wertvolle Richtschnur für achtsame und einfühlsame Personen: »an equilibrium in which concrete perceptions ›hang beautifully together‹ both with one another and with the agent's general principles; an equilibrium that is always ready to reconstitute itself in response to the new« (183). Hier muss allerdings berücksichtigt werden, dass Nussbaum Prinzipien als Antworten auf die Frage ›Wie soll ich leben?‹ bzw. ›Was sind gute Eigenschaften einer Person?‹ versteht. Literatur, so ihr Argument, gebe uns eine Antwort auf diese Frage, indem sie uns fürsorgende, verantwortliche und reflektierende Personen zeige und uns für die Partikularität des Lebens sensibilisiere. Literaturtheorie und Ethik setzt sie in ein Wechselverhältnis, da Literatur andere »ethical commitments« (190) bereithält als ethische Theorien – die Stärken der Literatur liegen in der Ausformulierung einzigartiger Situationen und in der Darstellung von Charakteren, in die Leser_innen sich einfühlen können. Den Wert einer solchen ethischen Positionen zunächst durch Literatur zu erkennen, könne, so Nussbaum, wiederum zu einer Entdeckung neuer philosophischer Sichtweisen führen, für die strebensethische Fragen ebenfalls relevant sind. Im Gegenzug helfe uns eine ethische Theoriebildung, neue Fragen an Literatur zu stellen und damit über moralische Phänomene nachzudenken, wenn wir Literatur interpretieren. Eine solche strebensethische Perspektive auf das Zusammenspiel von Literatur und Moralität kann für eine theoretische Analyse sehr lohnend sein, beinhaltet jedoch auch Leerstellen: So findet die analytische Debatte der Fiktionalität bei Nussbaum keine Berücksichtigung. Auch Besonderheiten der Sprachverwendung und Erzählperspektive schenkt sie wenig Beachtung. Zugleich liegt ihrem Ansatz ein emphatischer Literaturbegriff zugrunde: Wie auch bei Mieth handelt es sich um vorher als ethisch wertvoll bestimmte Texte, die aus sich selbst heraus

---

[36] Gehaltvoll umgesetzt ist das reflective equlibrium z. B. von Buchanan et al. (2000: 21) als Methode, die Szenarien der genetischen Modifizierung, Therapie und Eugenik einbezieht, um »a map of moral markers« zu zeichnen. Die Szenarien einer zukünftigen Nutzung von Gentechniken werden genutzt, um die moralische Reflexion zu stimulieren und eine aktive ethische Haltung einzunehmen. Ethische Prinzipien und Bestandteile von Moraltheorien werden an ihnen ›getestet‹.

einen Wert für das moralische Verhalten von Individuen haben. Diese Perspektive offenbart sich noch stärker bei der dritten Konzeption narrativer Ethik.

2.1.3 Narrationen als anthropologische Voraussetzung und der Begriff des Verhandelns

Nach den Ausführungen zur erzählenden Ethik und zur narrativen Modellethik kehre ich nun mit Joistens (2007) Aufsatz zurück zu einer dritten Verständnisweise narrativer Ethik. Diese besagt, »dass die Ethik eine narrative Dimension beinhaltet, da diese Dimension die primäre Zugangsweise zum handelnden Menschen darstellt« (11). Nicht nur in menschlichen Erzählungen, sondern auch in unserem Handeln sind in dieser Verständnisweise narrative Strukturen erkennbar. Dies kann als anthropologische Perspektive verstanden werden, nach der Personen stets »in Geschichten verstrickt« sind (Schapp 1953). Sowohl die Selbst- als auch die Fremderfahrung sind von diesem Standpunkt aus nicht möglich ohne Geschichten, die miteinander verwoben sind.

Als einer der prominentesten ethischen Vertreter dieser dritten Lesart kann MacIntyre (1995) gelten. Er geht davon aus, dass Personen ihr Leben nur narrativ zugänglich ist und diese Narrativität zugleich ihre Identität konstituiert: »Der Mensch ist in seinen Handlungen und in seiner Praxis ebenso wie in seinen Fiktionen im Wesentlichen ein Geschichten erzählendes Tier.« (288) Personen müssen durch kulturelle Narrative ihre eigene Geschichte erzählen können und ihren Standpunkt finden. Dies betrachtet er als Grundbedingung, um anschließend auch sollensethische Fragen beantworten zu können. Aus diesem Grund ist sein Ansatz nicht nur auf das Individuum bezogen, sondern beinhaltet durchaus eine intersubjektive Ebene, wenn es darum geht, »die Handlungen anderer zu verstehen« (283).

Lindemann Nelson (2001: 106) hat diesen Ansatz dafür kritisiert, dass er sich nur an »master narratives« orientiere, die einer gesellschaftlich hegemonialen Gruppe entspringen. Diese Narrative schadeten der Identitätsbildung unterdrückter Gruppen bzw. Minderheiten, da sie es ihnen erschwerten, sich zu moralischen Akteur_innen mit voller Selbstbestimmungsfähigkeit zu entwickeln (107). Im kritischen Anschluss an MacIntyre nimmt sie an, dass unsere Fähigkeit zur moralischen Entscheidungsfindung relational zur Einpassung der eigenen Geschichte in die dominanten Narrative der jeweiligen Gemeinschaft zu bestimmen ist. Eine Möglichkeit, dieser Ungleichheit zu begegnen, sei wiederum in sog. Gegen-Geschichten zu finden, d. h. Narrativen, die unterdrückten oder marginalisierten soziale Gruppen eine Stimme geben: »Here, resistance amounts to *repair*: the damaged identity is made whole. Through their function of narrative repair, counterstories thus open up the possibility that the person could attain, regain, or extend her freedom of moral agency.« (150) Insbesondere im klinischen Kontext werden Geschichten so als Möglichkeit verstanden, narrative Kompetenz zu schulen, um personale Identität und Handlungsfähigkeit dort wiederherzustellen, wo sie durch andere, dominante Stimmen verhindert wurde. Ein solches Anliegen eröffnet zugleich ein Desiderat der narrativen Ethik, da diese die Einbeziehung möglichst vieler Perspektiven fordert, ohne Kriterien zur Bewertung von Handlungen oder zur Erzielung eines Konsens bereitzuhalten (McCarthy 2003).

Ein anderer Strang dieses Verständnisses narrativer Ethik zeichnet sich durch eine weniger theoretisch aufgeladene Perspektive aus, für die insbesondere Hayden White (1980) zu nennen ist. Narrationen versteht er »als nachträgliche mündliche und/oder schriftliche Formung des nicht-narrativ sich vollziehenden und nicht-narrativ strukturierten Lebens« (Joisten 2007: 12). Eine solche Position sieht Narrationen in einem dynamischen Verhältnis zu gesellschaftlichen Praktiken, aber sie versteht diese Praktiken weder selbst als Erzählungen noch entwirft sie eine normativ relevante Theorie narrativer Identität. Gleichwohl lenkt sie den Fokus darauf, dass Geschichten »ganz unabhängig vom ontologischen Status ihrer Gegenstände und vom modalen Status ihrer Redeweisen [...] einzelne Elemente zu einer narrativen Gestalt [verknüpfen]« (Borgards 2012: 361). Geschichten, auch diejenigen wissenschaftlicher Art, erzeugen genau durch diese Verknüpfungen eine ihnen inhärente Plausibilität. Einen solchen inneren Zusammenhang kann jedoch nicht nur die »Kulturtechnik« des Erzählens beanspruchen, sondern auch das Argument, welches ebenfalls plausible Verbindungen zwischen Elementen herstellt. Es sind somit verschiedene Verhältnisse von Erzählung und Argument denkbar:

> Die Erzählung kann zunächst als supplementäres epistemologisches Verfahren bewertet werden: Die Geschichte *illustriert* lediglich das Argument; sie plausibilisiert das Wissen, indem sie es schöner, anschaulicher macht, nicht, indem sie es besser macht. Die Erzählung kann sodann als alternatives epistemologisches Verfahren bewertet werden: Geschichte und Argument *addieren* ihre je eigene Kraft, die Geschichte plausibilisiert das Wissen, indem sie ihm etwas Gleichwertiges hinzufügt (oder auch: entgegenstellt). Und schließlich kann die Erzählung als konkurrierendes Verfahren bewertet werden: Die Geschichte *konstituiert* das Argument, sie ist das plausibilisierende Fundament des Wissens, auf dem sich Argumente nur zum Schein errichten. (362)

Interessant ist für die narrative Bioethik insbesondere die zweite Variante, die Erzählungen und Argumentationen als eigenständige, aber einander ergänzende Verfahrensweisen fasst: Weder degradiert sie Szenarien zum Ornament einer vernünftigen Argumentation, noch unterstellt sie anspruchsvollen ethischen Reflexionen, lediglich Ausdruck einer narrativen Identität der Argumentierenden zu sein. Ein solcher Ansatz leugnet nicht die vielfältigen Rollen, die Geschichten auch in der Bioethik spielen können, hält aber den signifikanten Eigenwert einer ethischen Argumentation offen:

> Begründen heißt, einen Zustand aus einem anderen herzuleiten, seine Voraussetzungen zu erkennen und zu formulieren, die Ursache zu benennen und ihre Relevanz zu beweisen. Hierbei handelt es sich nicht um Vorgeschichten, sondern um *Kausalität*, nicht um Narration, sondern um disziplinär geregelte *Argumentation*. (Simon 2012: 50)

Gleichwohl ist auch der strengste philosophische Text nicht rein syllogistisch aufgebaut. Stets wird er narrative Elemente beinhalten, bis hin zu ganzen Szenarien. Allerdings ist es fragwürdig, anzunehmen, dass »letztlich alle Argumentation kaschierte Narration ist« (ebd.).[37] Denn eine solche Annahme verunmöglicht zugleich Kriterien, mit denen »konkurrierende Geltungsansprüche« (Singer 2005: 25) bewertet werden können und nimmt damit rationaler Kritik ihre Kraft. Eine moralische Praxis erschöpft sich, anders formuliert, nicht im Erzählen von Geschichten; und die Angabe von guten Gründen für oder gegen eine Handlung muss nicht in einem narrativen Modus erfolgen.

Mit dem bisher gesagten lassen sich Literatur und Bioethik als zwei institutionalisierte Praktiken verstehen, die beide einen diskursiven Zugriff auf technisch-medizinische Phänomene haben. Zwar leistet Literatur einen interpretationsbedürftigen, manchmal widersprüchlichen und variablen Beitrag zur bioethischen Diskussion. Auch in der bioethischen Debatte erfordern die Argumente jedoch eine Auflösung von Widersprüchen und eine Kontextualisierung. Literatur und Bioethik von vornherein als zwei getrennte Diskurse zu verstehen, scheint mir deswegen zu kurz gegriffen: In beiden Fällen geht es um Texte, die sich in ihrer institutionellen Einbettung unterscheiden, aber dennoch dasselbe thematisieren können. Produktiver erscheint es mir deshalb, Literatur in die Debatte einzubinden und sich auf die Botschaften der Texte als Argumente einzulassen, diese aber als Szenario wieder an die ethische Debatte zurückzubinden. So wird nicht nur vermieden, Hierarchien

[37] Simons Position ist kritisch gegenüber diskursanalytischen Ansätzen, in denen ›Wahrheit‹ keine Eigenschaft von Aussagen ist, sondern – laut Foucault, auf dessen Überlegungen Simons sich bezieht – »eine strukturelle, instrumentelle und ontologische Bedingung der Einrichtung des Individuums als eines mäßigenden und maßvoll lebenden Subjekts« (Foucault 1989: 118). Mit einem Konzept, das Wissen als diskursive Praxis versteht, wird die kritische Auseinandersetzung mit den Bedingungen von Wissen möglich (Foucault 1994: 259f.). Jedoch sollte dieser Ansatz nicht als Angriff auf die Möglichkeit von Wahrheit überhaupt verwendet werden. Die Untersuchung der Entstehungsbedingungen von Für-wahr-Gehaltenem sagt nämlich noch nichts über den propositionalen Gehalt der jeweiligen Aussagen aus. Auch Positionen, die davon ausgehen, dass Wahrheit ein Ergebnis gesellschaftlicher Strukturen ist, sehen eben diese Aussage selbst wiederum als wahr an (Detel 1998: 322).

innerhalb verschiedener Formen sprachlichen Handelns herzustellen, sondern auch die Möglichkeit offengelassen, dass gerade Literatur Perspektiven bietet, die dem philosophischen Diskurs entgangen sind (Haker 2009). Literatur kann vielmehr sogar dazu beitragen, überhaupt erst die moralische Relevanz und den Facettenreichtum eines Phänomens wie dem der Alterität zu erkennen und für die bioethische Debatte fruchtbar zu machen.

Werden Dystopien und Science Fiction als Erzählungen verstanden, denen die Intention zugrunde liegt, auf die aktuelle Gegenwart zurückzuwirken, lässt sich vielen Romanen ein emanzipatorisches Interesse zuordnen. Zudem kann Literatur aufgrund ihres öffentlichen Charakters nicht nur als ein moralisches Szenario, sondern auch als ein kultureller Einflussfaktor verstanden werden: »[N]o one who has thought about it for long can deny that we are at least partially constructed, in our most fundamental character, by the stories we have heard, or read, or view, or acted out in amateur theatricals: the stories we have really *listened* to.« (Booth 2001: 19) Für die Bioethik lassen sich diese Ansätze in zweierlei Hinsicht fruchtbar machen: Einerseits kann Literatur als Überformung technischer und medizinischer Handlungen verstanden werden. Andererseits lassen sich in diesem Verständnis auch moralische Handlungen und Positionen *deuten*; ähnlich kulturwissenschaftlichen Ansätzen, die Kulturen als *Text* lesen (Bachmann-Medick 2004). Bioethik wird dann selbst zu einer wissenschaftlichen Kultur, die interpretiert werden kann. Diese Perspektive ist nicht zu verwechseln mit einer Außenperspektive auf die Bioethik (Fox/Swazey 2008), sondern zielt auf eine tiefere Reflexion innerhalb der Disziplin ab.

Mit einer gängigen Metapher formuliert, lässt sich sagen, dass sowohl Literatur als auch Bioethik dasselbe Thema im Diskurs *verhandeln*.[38] Für die Literatur meint die Metapher des *Verhandelns* den oben beschriebenen, dynamischen Prozess: Fiktionale Geschichten greifen lebensweltliche Phänomene auf und formen sie auf vielfältige Weise narrativ. Zugleich wirken diese Narrationen als sprachliche Handlungen auf vielfältige Weise in unsere Lebenswelt zurück – es ist genau dieser Prozess, den die kulturwissenschaftliche Literaturwissenschaft untersucht (Bachmann-Medick 2004).

Akzeptiert die Bioethik diese Idee, so stellt sich im Anschluss die Frage, ob auch der Fachdiskurs als eine sprachliche Verhandlung verstanden werden kann, d. h. als eine Textform mit argumentierenden und erzählenden Elementen. Insbesondere stellt sich die Frage, *was* im bioethischen Diskurs *verhandelt* wird. Infrage kommen z. B. Werte/Wertvorstellungen oder Normen, aber auch Kategorien wie der moralische Status von Personen. Die vorliegende Arbeit geht von der Annahme aus, dass in der Bioethik wesent-

[38] Für die Ethik findet sich diese Annahme jüngst bei Kiesselbach (2012: 190), für die Literatur bspw. bei Nonnenmacher/Tschilschke (2007) und prominent bei Greenblatt (1995).

lich die normative *Richtigkeit moralischer Überzeugungen* verhandelt wird, da dies ihr zentrales Anliegen als präskriptive Disziplin ist (Düwell 2008: 8). Die Frage, was moralische Überzeugungen sind, ist weder normativer noch deskriptiver, sondern vielmehr metaethischer Art. Sie beleuchtet insofern zentrale Aspekte von Moralbegründungen, als sie sich mit der Struktur moralischer Aussagen beschäftigt. Eine Möglichkeit, moralische Überzeugungen zu definieren, ist, sie als Glaubenszustände zu verstehen (sog. moralischer Realismus). Aus dieser Perspektive können sie die gleichen Wahrheitsbedingungen erfüllen wie andere Aussagen über die Welt: »Der einzige Unterschied zu normalen Glaubenszuständen ist nach Ansicht des Realisten darin zu suchen, daß im repräsentationalen Gehalt ausdrücklich auch moralische Begriffe vorkommen.« (Scanaro 2001: 111) Gegen eine realistische metaethische Position spricht jedoch, dass moralische Überzeugungen Handlungsaufforderungen implizieren, die gegenüber anderen begründet werden müssen: »Was wir nicht erwarten, ist eine Auskunft über die Beschaffenheit der Welt.« (132) Hingegen fasst ein antirealistisches Verständnis von Moral, dem ich in dieser Arbeit folgen möchte, moralische Überzeugungen als »Pro-Einstellungen« (101) auf, d. h. als einen Gehalt, der formal Wünschen über die Beschaffenheit der Welt entspricht. Folgt man dieser Auffassung, geben moralische Überzeugungen den Maßstab ab, an dem sich normative Prämissen zu unintergehbaren Einstellungen verdichten, die Gründe für das eigene Handeln und für die Bewertung der Handlungen anderer darstellen.[39] Moralische Urteile hingegen sind im Anschluss als »zum Ausdruck gebrachte moralische Überzeugung« (Scarano 2006: 31) zu verstehen. Wenn wir moralische Urteile fällen, machen wir unsere moralischen Überzeugungen anderen zugänglich. Oder, anders formuliert, wir verhandeln die Richtigkeit unserer moralischen Überzeugungen in kommunikativen Auseinandersetzungen. Wird Sprache selbst als Handlung verstanden, so ist sie kein amoralisches Medium, das unsere Überzeugungen übermittelt. Vielmehr kann die Art und Weise, wie moralische Überzeugungen vorgebracht werden, selbst Gegenstand bioethischer Kritik werden. Moralische Überzeugungen verstehe ich in diesem Sinne also nicht als Glaubenszustände über Tatsachen in der Welt, sondern als Pro-Einstellungen, die in einem sprachlichen, intersubjektiv zugänglichen Prozess entstehen und gerechtfertigt werden.

Der moralische Antirealismus führt dabei nicht notwendig zu einem moralphilosophischen Nonkognitivismus, d. h. der Annahme, dass moralische Überzeugungen reine Geschmacksurteile oder emotionale Regungen sind.

---

[39] Prominent geworden ist der Begriff der Pro-Einstellung durch das sog. Wunsch-Überzeugungs-Modell (Davidson 1963). Jedoch unterscheiden sich moralische Überzeugungen durchaus von Wünschen: Während Wünsche nur auf die persönliche Situation abzielen, müssen moralische Überzeugungen intersubjektiv gerechtfertigt werden.

Im Gegensatz zu Aussagen über die Welt können moralische Überzeugungen mit einem Antirealismus zwar nicht im korrespondenztheoretischen Sinne wahr sein, aber sie können dennoch argumentativ gerechtfertigt werden, i. e. in einem konsensustheoretischen Sinne wahr sein:

> Die Beteiligten erheben mit ihren illokutiven Akten Geltungsansprüche und fordern deren Anerkennung. Diese Anerkennung braucht jedoch nicht irrational zu erfolgen, weil die Geltungsansprüche einen kognitiven Charakter haben und der Nachprüfung fähig sind. [...] *In letzter Instanz kann der Sprecher illokutiv auf den Hörer und dieser illokutiv wiederum auf den Sprecher einwirken, weil die sprechhandlungstypischen Verpflichtungen mit kognitiv nachprüfbaren Geltungsansprüchen verknüpft sind*, d. h. weil die reziproken Bindungen eine rationale Grundlage haben. (Habermas 1984a: 432 f.)

Anders als der propositionale Wahrheitsgehalt einer Aussage kann die normative Richtigkeit moralischer Urteile in diesem Verständnis nur durch einen argumentativ erzielten Konsens erwiesen werden (423 f.).

Während die Aussage ›In der Situation xy werden Personen ausgegrenzt‹ wahrheitswertfähig ist, kann sich die Aussage ›Wir sollten vermeiden, dass in der Situation xy Personen ausgegrenzt werden‹ nur als richtig oder falsch erweisen, indem sie diskursiv ausgehandelt wird. Die Frage, ob diese Ausgrenzung stattfindet, stellt bei Habermas den Inhalt einer Kommunikation dar. Die normative Frage, ob sie vermieden werden *sollte*, zielt hingegen auf »die Ebene der Intersubjektivität« (421), auf die »interpersonale Beziehung« (426) der Sprecher_innen zueinander ab. Wer keine Ausgrenzung will, wird für diesen Standpunkt in der Aushandlung eintreten – jedoch ergibt sich diese Überzeugung erst aus ihrer Einbettung in eine soziale Lebenswelt.[40]

Voraussetzungen für diese Argumente sind, dass sie verständlich sind und als moralisch richtig oder falsch behauptet werden. Zudem ist zentral, dass eine Person sich mit Wahrhaftigkeit ausdrücken will und nicht bloß strategisch handelt (354). Der Geltungsanspruch einer moralischen Aussage entspricht zwar dem Wahrheitsanspruch von Tatsachenbehauptungen. Allerdings wird mit der Richtigkeit eines Arguments als weiterem Kriterium nach Habermas darüber hinaus beurteilt, ob eine bestimmte Position aufgrund von Normen und Werten angebracht und akzeptabel ist. Denn stets müssen Wertvorstellungen und normative Vorgaben eingebracht werden, um eine moralische, argumentative Diskussionen ergebnisorientiert führen zu können (Felgenhauer 2007: 80). Diskursethische Positionen machen auf die

---

40 Das ›Aushandeln‹ kann in diesem Zusammenhang als diejenige Praktik gesehen werden, mit der in lebensweltlichen »Konsensbildungsprozessen« (Habermas 1998: 37) argumentativ eine Übereinstimmung zwischen den Diskursteilnehmer_innen hergestellt und damit deliberative Demokratie praktiziert werden kann.

Frage aufmerksam, wie moralische Überzeugungen überhaupt *zustandekommen.* Hierüber ist schließlich mit der metaethischen Bestimmung moralischer Überzeugungen als Pro-Einstellungen noch nichts gesagt, da diese nur formal klassifiziert sind. Des Weiteren ist nichts darüber gesagt, wie moralische Überzeugungen mit anderen Einstellungen und anderem Wissen über die Welt *zusammenwirken.*

Allerdings können zu der Frage, wie wir zu unseren moralischen Überzeugungen kommen, gerade kulturwissenschaftliche Studien zentral beitragen, indem sie zeigen, wodurch Überzeugungen motiviert oder beeinflusst werden. Entsprechend macht gerade die kulturwissenschaftliche Bioethik vortheoretische Prägungen unserer moralischen Überzeugungen explizit, sodass sie selbst der argumentativen Auseinandersetzung zugänglich werden.

Wenn die Fremdheit ein zentrales Merkmal des Klons ist (Christina Brandt 2007), dann kann es z. B. die gesellschaftliche oder kulturelle Relevanz von Vertrautheit und Zugehörigkeit sein (z. B. zur Spezies Mensch, zu einer Familie oder zu einem nationalen Kollektiv), die einen Einfluss auf unsere moralischen Überzeugungen hat. Wer die Intuition hat, dass das Klonen vertraute soziale Verhältnisse gravierend ändern würde und dieser Vertrautheit eine große Relevanz beimisst, wird eher zu der Überzeugung gelangen, dass das Klonen abzulehnen ist. Hierbei tritt jedoch nicht nur die Überzeugung hervor, dass das Klonen aus moralischen Gründen abzulehnen sei, sondern es wird zugleich der Wert nach Instandhaltung bestehender Verhältnisse betont.

Ich werde im Folgenden untersuchen, wie Literatur bei der Analyse solcher moralischen Überzeugungen systematisch einbezogen werden kann, da sie uns zwar nicht direkt eine normative Verbindlichkeit moralischer Überzeugungen vermittelt, als Kommunikation in unserer Lebenswelt diese Überzeugungen aber durchaus beeinflussen kann. Dies gilt, wie aktuelle Forschungen der empirischen Literaturwissenschaft ergeben haben, insbesondere für Populärliteratur (Kidd/Castano 2013). Meine zentralen Argumente sind *erstens*, dass wir auch bei der Interpretation von Literatur moralische Überzeugungen analysieren können, und zwar die moralischen Überzeugungen eines sog. *hypothetischen Autors.* Diese sind zu verstehen als Ergebnisse unserer interpretativen Hypothesenbildung über den literarischen Text, mit dem sich die dargestellten Handlungen der Geschichte sowie das Erzählen als Handlung nicht nur analysieren, sondern auch kritisieren lassen. *Zweitens* möchte ich argumentieren, dass die Lektüre von Utopien und Science Fiction dazu dienen kann, Hypothesen zu bilden, die zu einer Neulektüre der bioethischen Debatte dienen. Eine solche Neulektüre, die durch Literatur angereichert ist, bezeichne ich als *Rekonstruktion*, d. h. als kritische Analyse der moralischen Überzeugungen und impliziten Normierungen.

2.2 Die Rekonstruktion moralischer Überzeugungen als Romaninterpretation

Nach dem programmatisch verkündeten *Tod des Autors* (Barthes 2000 [1967]) setzten sich insbesondere in den 1980er und 1990er Jahren ein Vielzahl von Ansätzen dem Verdacht der »theoretischen Naivität« (Jannidis et al. 2000: 8) aus, wenn Sie den Autor als Teil der literarischen Kommunikation fokussieren. Allerdings zeichnete sich später die Erkenntnis ab, Autor_innen literarischer Texte im pragmatischen Sinne wieder als eine Größe im alltäglichen und institutionalisierten Umgang mit Literatur erstarken zu lassen (Detering 2001). Vielerorts findet der Bezug auf Autor_innen nach wie vor statt, da zumindest in pragmatischer Hinsicht von einem schreibenden Subjekt ausgegangen wird. Interpretationen, dic nur auf die Textbedeutung abzielen, werden dementsprechend selten konsequent durchgehalten (Jannidis et al. 2000: 10). Zugleich bleibt die interpretatorische Praxis, die nach der Intentionen von Autor_innen fragt, nur eine mögliche Herangehensweise. Sie ist hinreichend, wenn bei der Analyse der Textbedeutung ein sog. *Intentionalismus* vertreten wird. Hier sind als Grundpositionen der sog. schwache und der starke Intentionalismus zu unterscheiden. Der starke Intentionalismus behandelt die Aussagen von Autor_innen literarischer Texte aus sprechakttheoretischer Sicht wie Aussagen der Alltagskommunikation, d. h. er versucht, die ihnen zugrunde liegende Botschaft und ihren Zweck zu verstehen (Stecker 2008). Der schwache oder auch hypothetische Intentionalismus hingegen geht davon aus, dass die rekonstruierte Intention nicht mit der realen Intention des realen Autors zusammenfallen muss:

> *Actual* utterer's intention, then, is not what is determinative of the meaning of the literary offering or other linguistic discourse, but rather such intention as optimally *hypothesized*, given all the resources available to us in the work's internal structure and the relevant surrounding context of creation, in all its *legitimately* invoked specificity. The core of utterance meaning can be conceived of analytically as our best informed projection of author's intented meaning from our position as intended interpreters. (Levinson 1996: 178)

Die Bedeutung eines literarischen Textes ist nach dieser Position gleichzusetzen mit der Intention einer Instanz, die wir als Leser konstruieren. Eine solche Einstellung kann mit Informationen über den historischen Autor angereichert sein, indem z. B. auf biographische Erfahrungen oder auch Interviews referiert wird. Sie bleibt aber letztlich aufgrund der Fiktionalitätskonvention dem Konstrukt des hypothetischen Autors verschrieben.

Der *ethical criticism* braucht dieses Konzept des hypothetischen Autors, das erst durch den Akt des Lesens entsteht, um dieser Instanz die Verantwortung für die Erzählung und die moralischen Überzeugungen zuzuschreiben.

Dabei wird dem Text so gefolgt, als ob der hypothetische Autor uns durch die Geschichte moralische Fragen stellt und zum Handeln auffordert. Mit diesem Konstrukt lassen sich nun im Modus des So-tun-als-ob sowohl die Wertungen des Textes als auch die Handlungen der Geschichte evaluieren:

> Moral judgments about novels *themselves* are like moral judgments about actions *themselves*. The analogy here is between two different kinds of judgments. Just as we can evaluate the act of breaking a confidence, independent of whether my perfidy is discovered and independent of its harmful effects, so too we can evaluate the morality of a literary work in and of itself. Moral judgments about narrative works themselves are, one might say, deontological. (Devereaux 2004: 5)

Was wir also evaluieren, sind die *moralischen Überzeugungen*, die ein Narrativ durch Handlungen und ihre Konsequenzen für Figuren vorstrukturieren. In diesem Zusammenhang können wir, wie Devereaux vorschlägt, eine deontologische Perspektive einnehmen. Jedoch ließe sich dieses Vorgehen auch auf andere ethische Theorien übertragen: So kann konsequenzialistisch bspw. danach gefragt werden, ob die Folgen der Handlungen von Figuren ein moralisch bestimmtes Ziel erreichen, oder es kann evaluiert werden, ob wir die im Roman vorgebrachten Werte ethisch angemessen finden oder ob wir uns an den Tugenden der Figuren orientieren sollten (vgl. Kapitel 2.1.2).

Aus bioethischer Perspektive bietet eine *hypothetisch-intentionalistische Bedeutungskonzeption literarischer Texte* sehr großes Potential: Behandeln wir nämlich einen literarischen Text so, *als ob* wir die Intentionen eines hypothetischen Autors rekonstruieren wollen, so fragen wir z. B. nach den Gründen für die Wahl eines Szenarios, d. h. nach den Überzeugungen, die diesem Szenario zugrunde liegen. Entsprechend ist im hypothetischen Intentionalismus auch fiktionales Erzählen als »kommunikatives Handeln« (Borkowski 2015: 88) zu verstehen. Es zeichnet sich dadurch aus, dass es ein öffentliches Sprachspiel ist, an dem die Akteure unter bestimmten Konventionen teilnehmen (Levinson 2002: 1996). Die anspruchsvolle Konzeption des kommunikativen Handelns, wird hier auf den Umgang mit Literatur übertragen. Allerdings besteht in diesem Zusammenhang insofern ein grundlegender Unterschied, als dass in der Diskursethik das kommunikative Handeln vom symbolischen Handeln abgegrenzt wird (Habermas 1984a: 404). Habermas fasst es zwar als konstitutives Element der sozialen Lebenswelt auf, allerdings nicht als Bereicherung eines Handelns, das auf die Verständigung über Normen ausgelegt ist:

> Der Raum der Fiktion, der sich mit dem Reflexivwerden der sprachlichen Ausdrucksformen öffnet, resultiert aus dem Unwirksamwerden der illokutionären Bindungskräfte und jener Idealisierungen, die einen verständigungsorientierten Sprachgebrauch möglich machen – und damit eine über die intersubjektive

> Anerkennung kritisierbarer Geltungsansprüche laufende Koordinierung von Handlungsplänen. (Habermas 1988: 240).

Fiktionen versteht Habermas in Rückgriff auf Searle (2007 [1975]) als sog. Quasi-Sprechakte, die keine illokutionäre Kraft haben, d. h. sie können keine Bedeutung generieren. Letztlich begründet sich dies in fehlendem »Gegenstandsbezug, Informationsgehalt und Wahrheitswert« (Habermas 1988: 235). Habermas weist der Literatur zwar die Funktion zu, Weltbilder zu formen und zu beeinflussen, jedoch hätten »symbolische Zusammenhänge« im Gegensatz zum kommunikativen Handeln keine normative Verbindlichkeit. Denn sie ließen »sich nicht auf Bestandteile einer reinen, durch metasprachliche Konstitutionsregeln vollständig definierten Sprache zurückführen« (Habermas 2008: 211).[41] Entsprechend versteht er Literatur als eine »Sonderkultur [...]« (Habermas 1988: 244), die »*Kapazitäten* der *Welterschließung*« (243) hat.

Ich denke nicht, dass diese analytische Klärung als genuiner Widerspruch zu den Grundideen des kommunikativen Handelns zu verstehen ist, sondern vielmehr als eine produktive Ergänzung. In ihrer Grundstruktur können Argumentation und Narration übereinstimmen – in beiden können, ein bestimmtes Literaturverständnis zugrunde gelegt, moralische Überzeugungen analysiert werden (vgl. Kap. 2.1.1). Die rekonstruierten moralischen Überzeugungen hypothetischer Autor_innen wären jedoch weiterhin rational zu *prüfen*. Die von mir vorgebrachten Argumente plädieren nicht dafür, der Literatur einen Vorrang vor rationaler Argumentation einzuräumen – genauso wenig wie sie Rationalität als solche dekonstruieren wollen.

Aus diesem Grund geht das von mir vorgeschlagene Verfahren insofern noch einen Schritt weiter, als es methodisch moralische Überzeugungen durch die Lektüre von Fiktion rekonstruiert. Damit verfolgt die Interpretation nicht nur das Ziel, die moralischen Überzeugungen des hypothetischen Autors eines Werkes zu verstehen, sondern diese als symptomatisch für ihre Zeit zu betrachten. Bei einer solchen symptomatischen Interpretation wird gefragt, »ob sich Parallelen zwischen bestimmten Kontexten und dem fraglichen Text oder einzelnen seiner Teile aufzeigen lassen« (Jannidis et al. 2003: 26). Gerade dieses interpretative Vorgehen lässt es zu, die Alteritätskonstruktion in so verschiedenen Texten wie Platons *Politeia* (vgl. Kapitel 2.1.2.1) und Kazuo Ishiguros *Never Let Me Go* (vgl. Kapitel 5.6.1) zu identifizieren, da einer solchen Vorgehensweise kein Kausalzusammenhang zwischen (literarischem) Text und Kontext zugrunde liegen muss. Die Interpretation fokussiert viel-

---

[41] Literatur wird hier zu einem didaktischen Mittel, mit dem Kinder und Jugendliche lernen, verschiedene Formen der Sprachverwendung voneinander abzugrenzen (Habermas 1995a: 444ff.). Durch die Auseinandersetzung mit Fiktion verstehen sie, dass das kommunikativen Handeln realitätsbezogen ist.

mehr, wie das Thema der Alterität zeit- und kulturübergreifend stets im Zusammenhang mit Reproduktion verhandelt wird und welche Konflikte auftauchen.

Die literarische Verhandlung von Alterität lässt sich hiermit als charakteristisch für ihren jeweiligen kulturellen und historischen Kontext verstehen und sie gibt den *Anlass* dafür, die moralischen Überzeugungen ihrer Zeit daraufhin zu befragen, welche Pro-Einstellungen in Bezug auf Alterität ihnen zugrunde liegen. Methodisch lässt sich dieses Vorgehen in zwei etablierte Lektürepraktiken der Literaturwissenschaft einordnen, nämlich das sog. *close reading* und *wide reading*. Das *close reading* befragt einen Text bzw. einzelne Textpassagen auf die »Bedeutungsvielfalt ihrer sprachlichen Elemente und Formen durch eine möglichst präzise Erfassung der Bedeutungen und Effekte« (Hallet 2010: 294), d. h. es analysiert zunächst einmal nur die Bedeutung des Textes unter einer bestimmten Perspektive. Das *wide reading* verfährt genau umgekehrt, indem es »die Lektüre des literarischen Textes mit der Ko-Lektüre einer Vielzahl anderer, auch nicht-literarischer Texte verbindet, mittels derer auch der weitere historische und kulturelle Kontext eines literarischen Textes erfasst werden kann« (ebd.). Dieser Interpretationspraxis entspricht auch die größere Struktur der Arbeit, die Einzelinterpretationen von Romanen in einen größeren literatur- und kulturgeschichtlichen Zusammenhang stellt. Sie nimmt also die Beziehungen zwischen den literarischen Texten und »nichttexttuellen Gegebenheiten« (Danneberg 2007: 334) in den Blick.

2.3 Konkretes methodisches Vorgehen und Korpusbildung

Den Ausgangspunkt der vorgestellten Interpretationen bildet ein Sample recherchierter und gelesener Romane. Eine systematische Korpusbildung wurde anhand einschlägiger deutscher und englischer Schlagworte (z. B.: ›Klonen‹, ›Reproduktion‹, ›Utopie‹, ›Familie‹) durch eine Internetrecherche durchgeführt, da es bisher keine systematische Datenbank für Science Fiction und Utopien gibt, die einem offenen Literaturbegriff folgt. Zusätzlich erfolgte die Recherche über Internetforen, Anbieter wie Amazon, Vorstudien aus der Fachliteratur, Lexika, sowie schließlich auch den lokalen OPAC. Ergänzt wurde diese Recherche durch einen Aufenthalt im Archiv der *Phantastischen Bibliothek Wetzlar*. Aus den recherchierten Texten wurden in einem zweiten Schritt durch das »theoretische Sampling« (Glaser/Strauss 1998: 51 ff.) auf einer vortheoretischen Ebene Fälle ausgewählt und diese eingehender untersucht. Das Ziel war es, durch minimale und maximale Vergleiche (62 f.) ein möglichst umfassendes Bild eines Phänomens zu erhalten. Deshalb werden möglichst kontrastive Fälle zur Analyse ausgewählt, um »Gegenhorizonte«

(Bohnsack 2014: 137) herauszuarbeiten und den Rahmen des diskursiven Feldes abzustecken. Als »Vergleichshorizonte« (139) wurden also gerade Romane herangezogen, die von ihrer zeitlichen Situierung, vom Hintergrund des_der Autor_in oder auch von der Erzählstruktur einen möglichst großen Unterschied aufweisen. Dieses Vorgehen ermöglicht es, *Typen* der literarischen Verhandlung herauszuarbeiten und zu analysieren, wie unterschiedlich Alterität im Zusammenhang mit dem Klonen thematisiert wird.[42]

Als Einstieg zu jeder Romaninterpretation wird die Auswahl begründet und als Abschluss der Interpretation wird die jeweilige Verhandlung von Alterität in Verbindung zu den anderen Analysen gestellt, um nicht nur die Unterschiede, sondern auch die Gemeinsamkeiten der ausgewählten Romane herauszustreichen. Das Vorgehen ist hypothetisch-deduktiver Art (Føllesdal 2003), d. h. es werden bei der Intepretation Hypothesen über die moralischen Überzeugungen eines hypothetischen Autors formuliert, die in den einzelnen Kapiteln dargestellt werden.[43] Methodisch werden diese Interpretationen einerseits mit einer kulturwissenschaftlichen Rekonstruktion des Kontextes verknüpft und andererseits genutzt, um die bioethische Debatte neu zu lesen: Klon-Romane thematisieren (häufig) unsere Zukunft. Die moralischen Überzeugungen, die diesen Romanen zugrunde liegen, müssen sich nicht notwendigerweise auf die Zukunft beziehen, sondern können auch als Kritik an der Gegenwart verstanden werden. Diese Erkenntnis als Ergebnis der Interpretation gab mir erst im Forschungsprozess Anlass zu der Frage, ob und in welchem Maße dies auch für die bioethische Debatte der Fall ist. Die Romane sind also der rationale[44] Anlass, sich der bioethischen Debatte erneut zuzuwenden. Dieses Verfahren möchte ich im Folgenden formulieren als *Rekonstruktion moralischer Überzeugungen*.

[42] Zur Typenbildung vgl. Susann Kluge (1999). Ich arbeite mit Kategorien aus der empirischen Sozialforschung, da eine vergleichbare Herangehensweise aus der Literaturwissenschaft nach meinem Kenntnisstand bisher fehlt.

[43] Die Darstellung geschieht mittels Erzähltextanalyse (Genette 2010). Auf eine Einführung verzichte ich hier, gebe jedoch eine Erklärung dort, wo es mir für das Verständnis der Analyse unabdingbar erscheint.

[44] ›Rational‹ meint dabei wohlbegründet (Tugendhat 1976: 107). Dies setzt nicht voraus, dass die Romane selbst rational argumentieren, sondern dass die Interpretationsergebnisse einer rationalen Diskussion zugänglich sind.

2.4 Die Rekonstruktion moralischer Überzeugungen im Fachdiskurs

Während bei der Interpretation von Literatur moralische Überzeugungen hypothetischer Autoren im Fokus stehen, werden bei der ethischen Debatte die moralischen Überzeugungen realer Autoren analysiert. Wie auch bei der Interpretation von Literatur muss dafür zunächst die semantische Wortbedeutung rekonstruiert werden, die dem Verstehen eines Arguments zugrunde liegt. Jenseits dieser Bedeutung der Rekonstruktion, auf die auch jede Alltagssprache angewiesen ist, verfolgt der philosophische Begriff der Rekonstruktion einen anderen Zweck: Als »Methode des Begreifens« (Mittelstraß 2004: 550) stellt er eine Alternative zur interpretativen Auslegung dar. In seiner ursprünglichen Form umfasst die Rekonstruktion zunächst die rein formale Untersuchung einer Theorie auf Fehlschlüsse und falsche Bezüge (Habermas 1984a: 358–360). Hieraus entsteht die Tradition der analytischen Philosophie, Theorien und Argumentationen zu prüfen (Akehurst 2010: 2).

Während eine Interpretation versucht, ein Werk zu verstehen, umfasst die rationale Rekonstrukion eine Textkritik, die zwar die grundlegenden Konzepte einer Theorie beibehält, deren Begriffe jedoch für die eigene Theoriebildung präzisiert (Stegmüller 1970: 1 f.). Dabei kann es zugunsten von logischer Konsistenz der Argumentation sogar notwendig sein, von der »vermuteten Autormeinung« (Rössler 1995: 32) zu abstrahieren, um einen kohärenten Zusammenhang herbeizuführen. Anders als bei einer hermeneutischen Interpretation zielt die Rekonstruktion also darauf ab, Inkonsequenzen und vortheoretisches Wissen in einer Position herauszuarbeiten, um diese von einem bestimmten gesellschaftlichen, epistemischen oder normativen Standpunkt aus *kritisch* aufgreifen und weiterentwickeln zu können (Mittelstraß 2004: 551).

Allerdings bleibt auch diese Rekonstruktion theorieimmanent, als sie nicht versucht, eine Position durch ihre kontextuelle Einbettung zu rekonstruieren, sondern nur den Bezug der Theorieelemente zueinander betrachtet. Dem stehen Rekonstruktionen gegenüber, die den Anachronismus der stark analytisch geprägten Theorien kritisieren und sich als historische Auslegung verstehen (Tully/Skinner 1988). Durch diese Kontextualisierung wird vermieden, dass Konzepte und Theorien aus ihrem Entstehungszusammenhang herausgelöst werden. Stattdessen findet eine kritische Rekonstruktion einer Theorie mit dem Bewusstsein über ihre Situiertheit statt:

> What does matter is making clear that grasping the meaning of an assertion is a matter of placing that assertion in a context – not of digging a little nugget of sense out of the mind of the assertor. Whether we privilege the context which consists of what the assertor was thinking about around the time he or she

made the assertion depends upon what we want to get out of thinking about the assertion. (Rorty 1984: 55)

Rorty schlägt also vor, philosophische Behauptungen so zu rekonstruieren, dass fehlende Theorieelemente ergänzt werden, um mithilfe dieser Ergebnisse etwas über die Gegenwart aussagen zu können. So könne aus einem kritischen, d. h. kontextuell sensitiven Reflektieren über die Theorie eine Erkenntnis darüber abgeleitet werden, in welche Bedingungen die Produktion des philosophischen Wissens selbst eingebettet ist.

Ein anderes Verständnis der rationalen Rekonstruktion findet sich bei Habermas, welcher vorschlägt, die Hintergründe von Argumenten, die im kommunikativen Handeln vorgebracht werden, zu »rekonstruieren« (Habermas 1995a: 194). Sein Verständnis greift auf Vorstudien und Auseinandersetzungen mit Hermeneutik und Sprechakttheorie zurück (Habermas 1984a). Rationale Rekonstruktionen sollen vortheoretische Annahmen von Kommunikation explizit machen (Pedersen 2009: 385). Rekonstruiert werden sollen Präsuppositionen, d. h. unausgesprochene, notwendig idealisierende Unterstellungen der Beteiligten als Voraussetzungen des kommunikativen Handelns: »Die implizite These lautet, dass bestimmte Praktiken ohne die Existenz der idealisierenden Annahmen zusammenbrechen müssen. [...] Daraus resultiert die erklärende Funktion, welche rationale Rekonstruktionen erfüllen können.« (Patberg 2014: 416) Erst die rationale Rekonstruktion macht diese Präsuppositionen explizit, d. h. diskursiv zugänglich. Freigelegt werden diejenigen Faktoren, die kommunikatives Handeln verhindern und die universelle Kompetenz beschneiden (Habermas 1995a: 200ff.).[45] Personen seien an anerkennenden, kommunikativen Handlungen zur Beziehungsbildung interessiert, um sich der normativen Richtigkeit von moralischen Urteilen zu vergewissern. Diese Prozesse reflektiert die kritische Gesellschaftstheorie durch systematische Analysen (Habermas 2008: 81). Dieses Verfahren kann genutzt werden, um durch die historische Rekonstruktion »Ressourcen« zu identifizieren, die als »Wetz- oder Prüfstein für Theoriestrategien dienen können« (Thyen 2008: 369). Indem Theorien gegeneinander gelesen und die Elemente ihrer Kritik aneinander herausgearbeitet werden, beansprucht Habermas zu zeigen, dass Sozialwissenschaften selbst Wissen über die Notwendigkeit kommunikativen Handelns erzeugen. Die Normativität des Erkenntnisinteresses ist damit in denjenigen Forderun-

[45] Honneth (2013) verwendet die »normative Rekonstruktion« (23) als Verfahren, »um im typisierenden Nachvollzug der historischen Entwicklung [...] einzelne[r] Sphären zu prüfen, bis zu welchem Grade die hier jeweils institutionalisierten Freiheitsverständnisse inzwischen bereits zur sozialen Verwirklichung gelangt sind« (10). Ihm geht es also nicht um die Freilegung universeller Sprachkompetenzen, sondern um die Frage, ob moderne Institutionen der Freiheit, die sie als höchsten Wert in der Lebenswelt verkörpern, auch tatsächlich gerecht werden.

gen moralischer Anspruchsquellen verhaftet, die im Alltag entstehen (ebd.). Dies bedeutet, dass die kritische Gesellschaftstheorie ihre Legitimation aus ihrem eigenen Untersuchungsgegenstand bezieht: Ihr Erkenntnisinteresse, nämlich die Vermeidung von sozialer Ungleichheit, entsteht aus den transzendentalen Voraussetzungen kommunikativen Handelns, d. h. aus der moralischen Verbindlichkeit der Lebenswelt, samt ihrer alltäglichen Kommunikation.

Ein solches Vorgehen gebe »Einsichten in die Struktur natürlicher Sprachen, die sich aus einem reflektierten Gebrauch kommunikativer Kompetenz gewinnen lassen« (Habermas 1977: 269). Als Hermeneutik ist dies mehr als eine kunstvolle Auslegung der Rede, da es »Reflexionswissen« erzeuge. Es wird untersucht, auf welchen normativen, aber unbewussten Voraussetzungen des *Verstehen-Wollens* und *Verstanden-werden-Wollens* menschliche Kommunikation basiert. Diese Hermeneutik sucht gerade nicht die *Horizontverschmelzung*, die eine Aufhebung zwischen dem zeitlichen Abstand gegenwärtiger Leser_innen und dem historischen Text anstrebt (Gadamer 1965: 289 f.). Sie unterscheidet sich von ihr, da sie von den Möglichkeiten »systematisch verzerrter Kommunikation« (Habermas 1977: 277) ausgeht, denen es aus moralischen Gründen zu begegnen gilt. Sprache ist in diesem Sinne ein Mittel von Repression und epistemischer Gewalt; und diese Grundbedingung gilt es bei der Analyse von Kommunikationssituationen zu beachten.

Habermas unterscheidet dieses kommunikative, am Konsens orientierte Handeln vom strategischen Handeln, das auf die Durchsetzung der eigenen Interessen gerichtet ist und eine Konkurrenz der Diskursteilnehmer_innen hervorbringt. Strategisches Handeln liegt vor, wenn eine Person andere gezielt beeinflusst, während kommunikatives Handeln rational durch ein Interesse am gegenseitigen Verstehen und an der Konsensbildung motiviert ist (Habermas 1984b: 576).[46] Aus diesem Grund wird das strategische Handeln als »Derivat[...] des verständigungsorientierten Handelns« (Habermas 1984a: 353) verstanden. Es sei nicht wahrhaftig, da es Äußerungen nicht im eigentlichen Sinne meine. Habermas braucht die Unterscheidung, um die normative und universelle Relevanz des kommunikativen Handelns hervorzuheben. Allerdings ist auf der deskriptiven Analyseebene, die in der vorliegenden Arbeit auch moralische Überzeugungen in Romanen umfasst, diese normative Unterscheidung nicht notwendigerweise zu treffen. Sowohl das strategische als auch das kommunikative Handeln stellen Formen der intersubjektiven Kommunikation dar (Arditi 1997). Für eine empirische An-

---

[46] Wenn sich z. B. jemand sozialpolitisch für weniger Diskriminierung einsetzt, nur um bestimmte Mittel für Projektarbeit zu erhalten, im Grunde aber davon überzeugt ist, dass sie mehr wert ist als Andere, dann ist dies strategisches Handeln, das sich wiederum auf die Beziehungen zu a/Anderen niederschlagen wird.

wendung der Rekonstruktion müssen dementsprechend noch nicht alle normativen Argumente der Diskursethik übernommen werden (Pedersen 2008). Erst die selbst normativ verfahrende Analyse arbeitet in Anlehnung an Habermas die »Defizite realer Verständigungsprozesse in konkreten Situationen« (Iser 2009: 365) heraus. Sie versteht sich nicht im engeren Sinne als empirisches, d. h. am Textmaterial arbeitendes, Verfahren, sondern setzt vielmehr selbst das »Kriterium der kommunikativen Rationalität« als Maßstab für die »Sinnhaftigkeit« (Patberg 2014: 416) einer sozialen Praxis.

Dementsprechend verwendet eine rekonstruierende Analyse nicht die Erfüllung der rationalen Präsuppositionen als eigenen Bewertungsmaßstab. Ein solches, normatives Vorgehen würde den Rahmen der vorliegenden Arbeit ohnehin sprengen. Es wird deshalb vielmehr dem Konzept der Rekonstruktion gefolgt, um diesen Begriff methodisch für das interdisziplinäre Feld der kulturwissenschaftlichen Bioethik anschlussfähig zu machen und methodologisch für normative Analysen aufzubereiten. Der Begriff der Rekonstruktion erscheint mir ebenso zutreffend wie zentral, da die Arbeit einen explanatorischen Beitrag zum Verhältnis von moralischen Überzeugungen und kulturellen Wissensformen beansprucht. Rekonstruiert werden also nicht die universellen Präsuppositionen des kommunikativen Handelns, sondern vielmehr unausgesprochene Prämissen, Normierungen und Werte, die sich zu moralischen Überzeugungen verdichten. Diese Rekonstruktion wiederum geschieht unter Berücksichtigung des »kulturellen Kontextes [...] der Theoriebildung« (Kopp-Oberstebrink 2012: 269). Die Rekonstruktion einer Position findet also durch das situierte Verständnis statt, das durch die »historisch-kulturelle Rekontextuierung von Theoriegestalten« (270) durchgeführt wird. Durch die Einordnung moralischer Überzeugungen in größere historische und kulturelle Zusammenhänge kann so ein umfassenderes Verständnis freigelegt werden.

Dabei ist die Annahme zentral, dass Diskursteilnehmer_innen mit kulturell und sozial geprägtem Vorwissen sowie unterschiedlichen Einstellungen in den Diskurs eintreten. Es sind Schlussregeln nötig, um von einer Tatsache, über die jemand propositionales Wissen hat, zu einem Argument überzuleiten: »Die Schlussregel gibt die deduktive Schlussfolgerung an, die mit allgemeingültigen Sätzen [...] die spezifische Aussage [...] stützt. Hier werden die Zwischenschritte des Schlussfolgerns explizit gemacht. Im Backing ist dann das Hintergrundwissen benannt, das die Voraussetzung für die Schlussregel bildet.« (Felgenhauer 2009: 268) Ein Argument entsteht also, indem ein bestimmter propositionaler Gehalt durch implizite Regeln des Schließens mit Fakten oder auch Gründen verbunden wird. Für die Geltung des propositionalen Gehalts (sog. claims) können bestimmte Ausnahmen oder Einschränkungen gelten, es muss nicht zwangsläufig universell verstanden werden.

Für die Thematik der vorliegenden Arbeit heißt dies: Wenn der Klon aufgrund des kulturellen Wissensvorrats als etwas Fremdes wahrgenommen wird, dann können die Einstellungen zum Fremden und das Wissen über das Fremde die Vorannahmen (Backing) der Diskursteilnehmer_innen sowie damit ihre Schlussregeln prägen; die wiederum auch ihre moralischen Überzeugungen beeinflussen können. Kultur bildet neben der persönlichen Entwicklung und der sozialen Lebenswelt den Hintergrund für die Anwendung bestimmter Schlussregeln, die im kommunikativen Handeln angewendet werden. Hiermit lassen sich Romane als Quellen für Überzeugungen analysieren, die einen Teil des Backings bilden, auf dessen Basis Diskursteilnehmer_innen ihre Schlussregeln anwenden. Diese Überzeugungen sind kulturell oder historisch wandelbar sowie sozial situiert, was allerdings nicht heißt, dass sie per se relativ oder irrational sind: Vielmehr können sie in einem rationalen Diskurs der Überprüfung unterzogen werden – bzw. sollten es sogar, wenn es sich um moralische Überzeugungen handelt. Denn moralisches Denken ist immer schon bezogen auf Handlungen und Handlungsspielräume, die durch gesellschaftliche und kulturelle Bedingungen vorgeprägt sind. Moralische Urteile im eigentlichen Sinne liegen jedoch nur dann vor, wenn diese kulturell etablierten und tradierten Verhaltensweisen reflektiert werden, sodass sich die Person überlegt zu ihnen verhält, d. h. sie bejaht oder auch ablehnt. Eine moralische Position zeichnet sich also gerade dadurch aus, dass sie Stellung zu ihrer kulturellen und sozialen Einbettung bezieht und diese bewusst reflektiert (Williams 1978: 26). Geschieht dies nicht, bzw. nur in begrenztem Umfang, kann durch das Backing und die Prämissen ein »Weltbild« (Bayer 2007: 64f.) der Argumentierenden zum Vorschein kommen, das verteidigt wird. Über ein moralisches Thema zu sprechen und etwas zu fordern, kann sich bei näherer Betrachtung als strategisches Handeln herausstellen, das Einzelpersonen oder auch Gruppen bei der Durchsetzung ihrer Interessen behilflich ist: »Deshalb ist jede nichttriviale Argumentation zum Pro und Contra einer Konklusion nicht nur eine Auseinandersetzung über diese Konklusion, sondern auch ein mehr oder weniger offenes Kräftemessen der beteiligten Weltbilder.« (65) Sicherlich gibt es Argumente, in denen es nicht rein um die Durchsetzung des eigenen Weltbildes gegenüber a/Anderen geht. Gerade im Diskurs über das Klonen mit seinen Implikationen der Fremdheit liegt die Annahme nahe, dass es sich hierbei auch um kommunikativ ausgehandelte Weltbilder handelt.

Literatur führt genau diese Durchsetzung einer Argumentation mit ›Weltbildern‹ vor Augen, indem sie die Hintergrundannahmen und Interessen ihrer Figuren darstellt und zeigt, wie diese den Status des a/Anderen herbeiführen oder verändern. Sie kann deshalb methodisch als Impuls genommen werden, um bestehende Überzeugungen kritisch zu prüfen und um sie kulturhistorisch einzuordnen. Mit diesem Zugang wird eine Wirkungsmacht der

Sprache fokussiert, die jenseits zweckhafter Sprechakte auch für die nicht intendierten Elemente eines Diskurses offen bleibt. Die Verwendung bestimmter Begriffe, die implizit das Andere/Fremde konstruieren, kann so kritisiert und reflektiert werden. Das zentrale Anliegen der vorgeschlagenen Methode besteht darin, moralische Überzeugungen samt ihrer Vorannahmen kritisch zu rekonstruieren. Es geht darum, tieferliegende kulturelle und historische Bedingungen zu untersuchen, die als Bezugspunkte für das Backing von Argumenten dienen, die ihrerseits die Überzeugungen stützen. Literatur wiederum sensibilisiert für diese Bedingungen moralischer Überzeugungen, da gerade durch ihre Lektüre ein Zugang zu kulturellen und historischen Bedingungen gefunden werden kann.

2.5 Methodologische Reflexionen

Während die Diskursethik selbst als ein normativer Ansatz zu verstehen ist, erhebe ich in der vorliegenden Arbeit nicht den Anspruch, eine Begründung und Rechtfertigung moralischer Normen zu geben, sondern verwende den Ansatz methodisch für eine deskriptive ethische Analyse, mit der ich mich auf die Untersuchung *rekonstruierter normativer Bewertung* konzentriere. Diese Methode ist insbesondere für eine Forschung anschlussfähig, die Prämissen und normative Implikationen von Argumentationen unabhängig von der Verhandlungsform und dem ggf. artikulierten Expertenwissen beschreiben will (Saretzki 2005). Sie lässt sich als eine wissenschaftliche äußerst anspruchsvolle Ausgestaltung von Deliberation verstehen, die selbst ein Beitrag zur politischen Aushandlung bestimmter Überzeugungen im wissenschaftlichen Raum ist und damit »epistemische Gerechtigkeit« (Schicktanz 2012) aushandelt. Hier geht es also nicht nur um die Frage, wie ein Diskurs idealerweise ablaufen sollte, sondern auch darum, wessen Stimme (wieviel) Gewicht haben sollte (Fricker 2007).

Ich möchte hiermit dezidiert *nicht* normativ für die Diskursethik argumentieren, aber hervorheben, dass Bioethik eine diskursive Auseinandersetzung braucht. Der bioethische Teil einer kulturwissenschaftlichen Bioethik besteht deshalb darin, den rationalen Zugang zu einer argumentierenden Auseinandersetzung über ein medizinisch-technisches Forschungsfeld zu betonen. Der kulturwissenschaftliche Teil einer solchen Verfahrensweise besteht wiederum in der kontextsensiblen Einbettung der bioethischen Debatte und der kritischen Berücksichtigung expliziter und impliziert Normierung des Anderen bzw. Fremden sowie der systematischen Einbeziehung der moralischen Überzeugungen hypothetischer Autoren.

Durch das Verfahren der Rekonstruktion, das ein emanzipatorisches Interesse mittels konstruktiver Kritik nachweist, wird die rekonstruierende Person selbst zum virtuellen Akteur im Diskurs (allgemein Habermas 1995a: 168). Ein virtueller (d. h. textbasierter) Diskurs folgt im Idealfall den gleichen Regeln wie ein mündlich ausgetragener: Er legt nicht nur eine bestimmte Argumentation aus, sondern versucht auf die Lücken, die Probleme und offenen Fragen hinzuweisen, um dadurch wiederum mit anderen oder eigenen Theorien einen intersubjektiven Lernprozess in Gang zu setzen. Die zentrale Annahme der jeweiligen Situiertheit von Wissen, wie sie in der vorliegenden Arbeit vertreten wird, führt zwangsläufig zur der Feststellung, dass auch die eigene Rekonstruktion vor einem bestimmten Hintergrund geschieht (Haraway 1988). Im Zusammenhang mit einer Rekonstruktion kann sich die ausführende Person der Bewertung der Geltungsansprüche wiederum nur schwer entziehen, sofern sie ein emanzipatorisches Erkenntnisinteresse verfolgt:

> Die *Beschreibung* von Gründen verlangt eo ipso eine *Bewertung* auch dann, wenn sich der, der die Beschreibung gibt, außerstande sieht, im Augenblick ihre Stichhaltigkeit zu beurteilen. Man kann Gründe nur in dem Maße verstehen, wie man versteht, *warum* sie stichhaltig oder nicht stichhaltig sind, und warum gegebenenfalls eine Entscheidung darüber, ob die Gründe gut oder schlecht sind, (noch) nicht möglich ist. Deshalb kann ein Interpret Äußerungen, die über kritisierbare Geltungsansprüche mit einem Potential an Gründen verknüpft sind und somit Wissen repräsentieren, nicht deuten, ohne zu ihnen Stellung zu nehmen. (Habermas 1995a: 169f.)

Die Rekonstruktion von Gründen legt entsprechend auch den eigenen Hintergrund und Standpunkt offen, vor dem und von dem aus etwas rekonstruiert wird. Dies macht die eigene Rekonstruktion einerseits genauso bewert- und angreifbar wie die zuvor rekonstruierte (174). Es sorgt jedoch andererseits auch für eine transparente und reflektierte Praxis, während die Argumente im intersubjektiven, grundsätzlich anerkennenden Modus zugänglich gemacht werden (190). Der eigene Hintergrund findet sich nicht implizit in die Rekonstruktion ein, sondern wird explizit benannt.

Aus diesem Grund möchte ich erstens darlegen, dass mein eigener Standpunkt vor dem Hintergrund einer wissenschaftlichen Sozialisation im Rahmen von kritischen Diskursen der Geschlechterforschung und der Diskussion um die Segregation des sozialen Raumes durch Ein- und Ausschlüsse geprägt ist. Zweitens soll das Interesse, die Stimme der Literatur im Diskurs zu stärken und die Perspektive des Anderen im Sinne einer emanzipatorischen Erkenntnis einzunehmen, nicht verschwiegen werden. Drittens impliziert der Standpunkt eine Kritik an gegenwärtigen und historischen Konstruktionen des Fremden, die eine diskursive Aufwertung des eigenen grundlegend problematisieren möchte. Mein Blick richtet sich aus dieser Perspektive gerade auf das Unausgesprochene des Diskurses – er verdeutlicht Machtkonstellationen z. B. an Geschlechterverhältnissen und Raumaufteilungen; jedoch sollen diese mit den Mitteln kommunikativer Verständigung problematisiert und ggf. auch Lösungswege aufgezeigt werden.

Zunächst braucht es für eine solche Rekonstruktion allerdings die Gegenwartsdiagnose eines Phänomens, um anschließend zu beschreiben, wie bestimmte Aushandlungsformen zustande kamen bzw. verhindert wurden (Pedersen 2009). Im Sinne einer *diskursethischen Methode, die durch kontextuelle Faktoren angereichert wird*, mache ich diese Auseinandersetzung zugänglich, indem ich erst synchron analysiere, wie seit Dollys Geburt Alterität im bioethischen Diskurs um das Klonen verhandelt wird (vgl. Kap. 3). In einem zweiten Schritt rekonstruiere ich diachron und komparativ, welche Einflussfaktoren hierbei eine Rolle spielten (vgl. Kap. 4 und 5). Ich frage nach den jeweiligen kulturellen Hintergründen, um zu analysieren, auf welches vortheoretische Wissen in den Argumenten zurückgegriffen wird. Eine solche Neuordnung verschiedener Ansätze kann dazu beitragen, in der präskriptiven Dimension der Bioethik Positionen besser zu verstehen und unabhängig von der Rahmentheorie nach anderen Ordnungs- und Darstellungsparametern bioethischer Positionen zu suchen: Was für ein Überblick ergibt sich bspw. über bioethische Positionen, wenn danach gefragt wird, ob sie ein emanzipatorisches Interesse verfolgen? Ob sie soziale Ungleichheit als Analysekategorie berücksichtigen? Ob sie sich in einem gesellschaftspolitischen Sinne verorten? Ob sie zukunfts- oder gegenwartsbezogen argumentieren? Ob sie den Einfluss sozialer und kultureller Faktoren auf die eigene Disziplin thematisieren? All dies wären Fragen, die zu einer weiteren Selbstreflexion der Bioethik als junger Disziplin beitragen könnten. Dazu möchte ich im nächsten Kapitel zunächst zeigen, inwiefern sich diese Fragen einzelnen Positionen in der Klon-Debatte zuordnen lassen.

3.
Synchrone Analyse: Bioethische Topologien des Klonens

Im vorherigen Kapitel habe ich für ein wechselseitiges Verhältnis von Literatur und Bioethik argumentiert, das es sowohl möglich macht, Romane systematisch in bioethische Untersuchungen einzubeziehen als auch literarische Werke unter dem Aspekt der Verantwortung und der moralischen Überzeugung kritisch zu interpretieren. Methodisch gestalte ich aus diesen Überlegungen ein rekonstruktives Verfahren, welches zunächst eine synchrone Analyse vorlegt und die dort herausgearbeiteten Argumente anschließend diachron in ihren kulturellen Zusammenhang einbettet.

Die synchrone Analyse der Klon-Debatte wird im nun folgenden Kapitel durchgeführt. Ich beziehe mich, sofern nicht anders angegeben, immer auf das Klonen zu Reproduktionszwecken. Hierbei ist zu betonen, dass die bioethische Klon-Debatte mithilfe klassischer Ansätze, z. B. einer Risiko-Nutzen-Analyse oder der Abwägung deontologischer und konsequenzialistischer Argumente schon früh aufgearbeitet wurde (Gordijn 1999). In den ausführlichen pro/contra-Abwägungen wurde die moralische Bewertung des Klonens analysiert (Krohmer 2007). Obwohl diese »›Argumentationslandschaft‹« (Hillebrand/Lanzerath 2001: 4) bereits rekonstruiert wurde, ergibt sich durch die Kategorie der Alterität eine neue Analyse moralischer Überzeugungen, die bisher in der Debatte vernachlässigt wurde. In den Fokus rückt, welche Bezüge zum a/Anderen mit einem Argument hergestellt werden und wie bioethische Szenarien ausgestaltet sind. Es wird sich zeigen, dass Argumente *näher* oder *ferner* beieinander liegen, da sie auf ähnlichen bzw. unterschiedlichen Prämissen aufbauen oder ähnliche bzw. unterschiedliche Behauptungen stützen. Dieses Kapitel arbeitet also heraus, in welchem Verhältnis Argumente stehen, die sich in der kommunikativen Verhandlung widersprechen, ergänzen oder stützen können. Passender als der Begriff der »Topographie« (ebd.) scheint mir deshalb der Begriff der *Topologie*, der eine relationale Verhältnismäßigkeit ausdrückt. *Topologien* bilden Lagebeziehungen zwischen Entitäten ab, die ein Bezugsgefüge menschlicher Orientierung darstellen (Waldenfels 2013: 27; Günzel 2008). Diese Struktur ist mit Präpositionen (z. B. auf, über, unter, an, bei) und insbesondere Lokaladverbien (z. B. unten, oben, innen, außen, irgendwo, überall) beschreibbar, die die entsprechenden Entitäten zueinander ins Verhältnis setzen. Für bioethische Debatten ist der Begriff des Orientierungsrahmens sogar besonders passend, da es sich dezidiert um normative, moralische Überzeugungen handelt, die in einem Verhältnis zueinander stehen. Auch Argumente, die sich im Diskurs bzw. außerhalb des Diskurses befinden, können entsprechend als Orientierungsrahmen beschrieben werden. Der topologische Ansatz erlaubt somit ein Quer-Denken zu den bereits vorhandenen ethischen Argumentationen. Er kann damit kein endgültiges, normativ begründetes Urteil zum Klonen leisten, bietet jedoch eine Heuristik zur Erklärung der jeweiligen Positionen. Insbesondere soll der zentralen Frage nachgegangen werden, welche Bedeutungszuschreibungen der Klon als abstrakter Gegenstand im Diskurs erfährt (vgl. Kap. 2.1.1). Denn da die raumzeitliche Existenz des Klons zwar denkbar ist, er selbst jedoch kein Diskursteilnehmer sein kann, wird eine besondere Form der Bedeutungszuschreibung ermöglicht: Seine Bedürfnisse und Interessen können nur antizipiert werden und spiegeln die Bedürfnisse und Interessen der Generation wider, die über ihn spricht. Verdeutlichen möchte ich dies zunächst an der Struktur derjenigen Argumente, die einen bisher ungelösten Dissens moralischer Überzeugungen verdeutlichen, nämlich die Frage nach dem Status des menschlichen Embryos.

3.1 Der moralische Status des Embryos aus alteritätstheoretischer Perspektive

In der Debatte um den Status des Embryos lassen sich unterschiedliche Positionen ausmachen. Neben Positionen, die die Schutzwürdigkeit mit dem Entwicklungsgrad ansteigend konzipieren (sog. *Gradualismus*), findet die Debatte hauptsächlich zwischen zwei Polen statt: Zum einen Positionen, die dem Embryo von Zeitpunkt der Kernverschmelzung an Schutz zuschreiben, zum anderen Positionen, die ihn erst ab einem bestimmten Zeitpunkt, u. U. sogar erst nach der Geburt als schutzwürdig ansehen (Gordijn 1999). Diese noch nicht abgeschlossene Debatte umfasst des Weiteren auch die Frage, ob die Schutzwürdigkeit des Embryos in vivo gleichermaßen für künstlich erzeugte und überzählige, kryokonservierte, Embryonen gilt, die im Zusammenhang mit der In-vitro-Fertilisation (IVF) erzeugt werden, da oft mehr Eizellen befruchtet werden, als für den ersten Versuch notwendig sind.

Der *Konzeptionalismus* begründet den Status des Embryos, der ihn moralisch handelnden Personen gleichsetzt, mit vier sog. *SKIP*-Argumenten. Mit diesen Argumenten wird der Status des Embryos entweder mit seiner Zughörigkeit zur *S*pezies Mensch, mit dem *K*ontinuum seiner Entwicklung hin zu einer Person, mit seiner moralisch relevanten *I*dentität mit dem Menschen, zu dem er sich später einmal entwickelt oder mit seiner *P*otentialität, sich zu einer Person zu entwickeln, begründet. Es wird nicht zu beweisen beansprucht, dass der Embryo bereits ein moralischer Akteur ist, sondern dass er es potentiell ist bzw. dass er Eigenschaften besitzt, denen aus moralischen Gründen dieselbe Achtung zukommt wie einem ausgewachsenen Menschen (Damschen/Schönecker 2005). Wer diese Argumente vertritt, will zeigen, dass der Embryo wie ein Mitglied der moralischen Gesellschaft behandelt werden sollte und seine fremdnützige Verwendung falsch ist, weil sie würdeverletzend ist. Die potentielle Zugehörigkeit zur moralischen Gemeinschaft und die Potentialität, sich zu einer Person zu entwickeln, unterscheide den Embryo deswegen von anderen Entitäten wie bspw. Besitzgütern.

Die Gegenposition argumentiert, dass die biologische Grundlage für Individualität erst nach 14 Tagen der embryonalen Entwicklung gelegt werde (Fuchs-Kittowski et al. 2005) und dass die *SKIP*-Argumente nicht hinreichend für ein absolutes Tötungsverbot des Embryos seien, sondern lediglich einen »schwachen Schutz« (Krohmer 2007: 268) bieten. Da der Embryo eine Würdeverletzung nicht bewusst erlebe und nicht unter ihr leide, liege ein anderer Fall vor als bei der Verletzung eines bereits geborenen Menschen:

> [Das] relativ schwache normative Gewicht des Embryonenschutzes verdankt sich der Tatsache, dass ein Schaden, der einem Embryo zugefügt wird, nicht von diesem selbst, sondern stets nur vom Betrachter oder Mitwisser dieses Schadens subjektiv erlebt wird – jedenfalls solange, wie die Manipulationen in einem Entwicklungsstadium stattfinden, in dem man dem Embryo mangels Gehirnfunktionen nach bestem Wissen kein Bewusstsein, keine Subjektivität und keinen irgendwie gearteten subjektiven Schaden zuschreiben kann. (Birnbacher 2006a: 298)

Charakteristisch an diesem Argumentationsmuster ist einerseits der Fokus auf Interessen, Gefühlen und der Leidensfähigkeit von Subjekten und andererseits die ethische Orientierung an Folgen. Es spielt eine entscheidende Rolle, dass weder die Zygote noch der Embryo moralische Rechte haben, denn beides könnten nur Personen, d. h. aktual selbstbewusste und moralfähige Subjekte beanspruchen (Steigleder 2003). Beispiele für moralische Rechte sind der Schutz vor Verachtung und der Einschränkungen von Freiheiten sowie das Recht, nicht gegen den eigenen Willen verzwecklicht zu werden (Birnbacher 2006b: 157). Die Bedingungen für Subjektivität wiederum seien Bewusstsein und Interessen.[47]

---

[47] Das Potentialitätsargument wird hier mit dem Einwand entkräftet, dass Eigenschaften aktualer Subjekte nicht auf potentielle Subjekte übertragen werden könnten. Ein gängiger Einwand an dieser Stelle lautet, dass diese Unterscheidung dann auch Bewusstlose, Behinderte und Schlafende umfassen müsste, da hier eine solche Potentialität ebenfalls nicht gegeben sei. Um diesem Einwand zu begegnen, lässt sich wiederum zwischen tatsächlicher Potentialität und Veranlagung zur Potentialität unterscheiden: Schlafende Erwachsene hätten, so die Gegenposition, im Vergleich zum Embryo die Möglichkeit, ihr Gehirn zu benutzen; es sei bereits in ihnen angelegt, weshalb sie nicht als potentielle Subjekte, sondern als Subjekte mit einer Disposition für Interessen zu verstehen seien (Heinemann 2005: 305).

Da Zygoten und Embryonen kein Gehirn haben, könnten sie keine Interessen haben, aus denen sich diese moralischen Rechte ableiten ließen. Somit könne auch ihre Würde nicht verletzt werden, da nur eine Missachtung von Rechten als eine Würdeverletzung zu verstehen sei (156). Von einer Würdeverletzung des Embryos auszugehen, ist aus dieser Sicht lediglich eine übertragene Missachtung, mit der eigentlich die Gefühle geborener Personen verletzt werden (Birnbacher 2006a: 306). Eine Pflicht gegenüber dem Embryo könne nur symbolisch sein, da sie zwar die Emotionen und Werte einer bereits existierenden Generation achte, nicht jedoch die tatsächlichen Interessen des Embryos: »Menschliche Embryonen werden als ›zu uns‹ gehörig empfunden, auch dann, wenn ihre Fähigkeiten weit hinter den Fähigkeiten ausgewachsener Tiere zurückbleiben oder wenn sie nicht einmal das Potential besitzen, diese Fähigkeiten zu erwerben.« (Birnbacher 2001: 255) Die Pflicht, einen Embryo nicht zu schädigen, basiert aus dieser Perspektive also auf Pflichten gegenüber den Gefühlen bereits existierender Menschen (Birnbacher 1998).

Die fremdnützige Verwendung des Embryos, z. B. für hochrangige und nicht anders zu erreichende Forschungsziele (z. B. zur Behandlung schwerer Krankheiten), könne so legitimiert werden (Beckmann 2004). Den Embryo nicht für fremdnützige Zwecke zu verwenden, könne dementsprechend nur als ein Ideal gelten (Birnbacher 2006a: 299). Ein solches Ideal könne nur indirekt begründet werden, da es von den jeweiligen kulturellen und historischen Vorstellungen abhinge, in denen es entstehe. Unsere »moralischen Reaktionen« (300) werden zur intuitiven Grundlage, auf der ein ausformulierter Standpunkt bezüglich Fortpflanzungshandlungen begründet wird. Die Würdeverletzung des Embryos ist hiernach zu unterscheiden von der Verletzung eines existierenden Individuums; da die erste Handlung nur symbolisch zu verstehen ist.

Mir geht es an dieser Stelle nicht darum, die einzelnen Argumente einer normativen Überprüfung zu unterziehen (dazu z. B. Clausen 2006: 170–176) oder die Debatte um den Status des Embryos neu aufzurollen. Ich möchte vielmehr an Krohmer (2007: 269) anschließen, der konstatiert, dass der Embryo in der ethischen Debatte häufig als »Symbol der Unantastbarkeit menschlichen Lebens« fungiere – er stehe in vielen Positionen für einen Umgang mit vulnerablen Personen. Der Embryo wird, auch wenn er noch nicht geboren ist, vielerorts als Teil einer Gemeinschaft und zudem als ein abhängiges Wesen betrachtet (Lettow 2011: 80; Siep 2001: 450). Ihn für fremdnützige Forschung zur Verfügung zu stellen, kann Widerstände hervorbringen, wenn die Parallele zu aktualen Personen gezogen wird, deren Abhängigkeit in Formen des strategischen Handelns ausgenutzt wird, um eigene Interessen durchzusetzen.

Dass eine noch nicht geborene Entität zum Objekt von Entscheidungen der gegenwärtigen Generation wird, ist allerdings ein strukturelles Merkmal des embryonalen Status. Jede Entscheidung über den Embryo ist insofern als Übergriff zu verstehen, als seine Interessen stets nur antizipiert werden können und uns nur in Form von Szenarien zugänglich sind. Stets wird die biologische und soziale Formung einer kommenden Generation verhandelt, welche das Familienmodell oder die Gesellschaft, in das sie hineingeboren wird, nicht selbst mitbestimmen kann, obwohl sie eigentlich in deren Mittelpunkt steht (Habermas 2001: 123). Der Embryo kann deshalb entscheidende Symbolkraft für den Umgang mit Personen gewinnen, die von Entscheidungsträger_innen abhängig sind, und das Gefühl haben, nicht selbst entscheiden bzw. ihre Interessen nicht offen vertreten zu können. Obwohl er den Mittelpunkt der Diskussion bildet, kann der Embryo nicht als kommunikativer Verhandlungspartner in den Diskurs eintreten. Seine Interessen und seine Rechte müssen ihm von außen zugeschrieben werden. Ein Embryo kann, aus pragmatischen Gründen des Noch-nicht-Geborenseins, selbst kein Recht beanspruchen – denn er verfügt nicht über die Fähigkeit, sich zu äußern. Es gibt keine Person, die im Sinne des *informed consent* befragt werden könnte (Gordijn 1999).[48]

Aus einer Alteritätsperspektive lässt sich dieses Verhältnis folgendermaßen beschreiben: *Ego* begibt sich für *alter* in einen kommunikativen Aushandlungsprozess; und dies hat zwei Konsequenzen. Erstens sind es *egos* Interessen, Bedürfnisse und Wertvorstellungen, die beim Sprechen für/über *alter* zum Tragen kommen. Aus diesem Grund können die moralischen Überzeugungen, die sich in dieser Debatte zeigen, niemals die moralischen Überzeugungen der konkret Betroffenen sein; es werden stets *egos* Überzeugungen sein – die moralischen, sozialen und epistemischen Handlungsgründe, die die gegenwärtige Generation für richtig hält. Zweitens kann der Embryo Personen repräsentieren, die zwar bereits existieren, die aber aus strukturellen Gründen ebenfalls nicht in die kommunikative Verhandlung eintreten können. Dies heißt nicht, dass alle Personen, die einen fremdnützigen Zugriff auf den Embryo befürworten, auch Übergriffe an existierenden Personen befürworten – es heißt lediglich, dass Personen mit geringem Handlungsspielraum in der Diskussion um den moralischen Status des Embryo an eben diesen geringen Handlungsspielraum erinnert werden. Hier offenbart sich die symbolische Verletzbarkeit dieser Personen; ihre Fähigkeit, durch Worte verletzt zu werden (vgl. Kap. 1). Denn sichtbar in Diskursen sind nur diejenigen, die die Möglichkeit zur Teilnahme erhalten, sich ein Einbringen zu-

[48] Als Reaktion wird vorgeschlagen, im Falle des Embryosplittings die Eltern; im Falle des Zellkerntransfers beim zu klonenden Original die informierte Zustimmung einzuholen. In so einem Fall hätten sich der_die Mediziner_in ebenso wie das Original gegenüber dem Klon zu verantworten (Höffe 2008). Ohnehin kann der *informed consent* nur eine notwendige, keine hinreichende Bedingung für fortpflanzungsmedizinische Eingriffe sein (Clausen 2006: 134).

trauen und dementsprechend über einen gewissen sozialen Rückhalt verfügen (Young 1996).[49]

Durch seinen Status der Abhängigkeit und die Unmöglichkeit, seine Stimme zu hören, kann der Embryo also Personen repräsentieren, die (bewusst oder unbewusst) aus bioethischen Diskussionen ausgeschlossen werden. Versteht man »Bioethik als symbolische Transformation von Fortpflanzungsverhältnissen« (Lettow 2011: 29), wird mehr als nur der Status des embryonalen Lebens ausgehandelt. Vordergründig geht es in der Debatte um ein potentielles, zukünftiges Individuum, ein *alter*, jedoch lassen sich über den Embryo als etwas Abhängigem verschiedene Referenzen auf Vulnerabilität und Fremdnützigkeit herstellen, die »gefühlsmäßige[...] Reaktionen von Irritation, Abscheu und Verunsicherung« (Birnbacher 2006a: 300) hervorrufen; bei denen »kulturspezifische Vorstellungen von Wert, Würde und vorgegebener Ordnung« (307) zu Tage treten.

Ob der Embryo als potentielle Person klassifiziert wird oder nicht, hat weitreichende Folgen, denn der Personenbegriff dient nicht nur »zur Kennzeichnung von Mitgliedern der menschlichen Gattung«, sondern auch »zur Anzeige eines ausgezeichneten ethischen Status und zur Beantwortung der Frage nach Anfang und Ende der Existenz eines Individuums« (Quante 2002: 92). Insbesondere feministische Positionen kritisieren, dass der normativ relevante Status der Personalität nicht unabhängig von den zuschreibenden Akteur_innen ist (Lettow 2011: 72). Denn viele Konzeptionen von Personalität beziehen sich größtenteils auf Eigenschaften der Vernunft, die sich rein am »erwachsenen bürgerlich-männlichen Individuum« (72) orientieren und aus »sozialen, persönlichen wie gesellschaftlichen Beziehungen herausgelöst« werden (74). Die Orientierung an diesem Personenbegriff lässt sich also als eine historische »Idealisierung« (Siep 2001: 454) fassen. Dass es Formen menschlichen Lebens gibt, die aus begrifflichen Definitionen der Person hinausfallen, verdeutlicht ein räumliches Moment der Sprache, eine diskursive In- und Exklusion, die maßgeblich in der Institution des Rechts ihren Ausdruck findet: »Ausgegrenzt sind daher alle Formen von eingeschränkter oder nicht vorhandener Zurechnungsfähigkeit sowie all jene Individuen, die aus politischen Gründen nicht als voll rechtsfähige Subjekte gelten.« (Lettow 2011: 78)

Ähnlich wie der Personenbegriff hat auch der Begriff des Klons nicht nur eine beschreibende, sondern auch eine bewertende Dimension. Ein In-

[49] Zu denken ist hier z. B. an psychisch Kranke oder kognitiv beeinträchtigte Personen sowie Kinder, denen jeweils wenig moralische Entscheidungsfähigkeit zugestanden wird. Des Weiteren kann diese Dimension für alle Personen(gruppen) gelten, die zwar in der Lage sind, am Diskurs teilzunehmen, die aber durch soziale Faktoren daran gehindert werden: Z. B. Pflegepersonal in einem durch Hierarchien geprägten Krankhaus, oder Frauen in patriarchalen Gesellschaften.

dividuum zu sein, also unterscheidbar, aber sozial anerkannt zu sein, ist ein tradiertes Ideal westlicher Gesellschaften (Joas 1999: 12ff.). Vor diesem Hintergrund weckt die Technik des Klonens, die mit Abhängigkeit und Serialität konnotiert ist, Unbehagen, welches wiederum in dem Argument, dass das Klonen würdeverletzend sei oder ein asymmetrisches Verhältnis zwischen Individuen hervorrufe, zum Vorschein kommt.

Topologien des Klonens, die ich im Folgenden analysiere, bringen also nicht nur einen Orientierungsrahmen bezgl. des Status des Klons und seines zukünftigen Lebens zum Vorschein. Sie können auch Wertvorstellungen und Konflikte der gegenwärtigen Generation transportieren.

Für die Analyse strukturiere ich die Argumente mithilfe von drei inhaltlichen Kategorien, die in zentraler Verbindung zum Begriff der Alterität stehen. In Anlehnung an Brock (2004), Hauser-Schäublin et al. (2001: 254) und Pollack Petchesky (1989) unterscheide ich verschiedene Argumentationsebenen: Auf der subjektbezogenen Ebene strukturiere ich die Debatte mit der Kategorie der *Individualität*, die sowohl die physische Unterscheidung von *alter* und *ego* als auch die psychische Abgrenzung umfasst. Auf der gesellschaftlich-kollektiven Ebene strukturiere ich die Argumente mithilfe der Kategorie der *Handlungsspielräume*, mit der sich beschreiben lässt, wem in einem Kollektiv diskursiv die Fähigkeit zum Handeln bewilligt wird bzw. wessen Position gestärkt werden soll. Als verbindendes Element zwischen beiden Ebenen ergibt sich die dritte Kategorie der *Familienformen*, also der Ort innerhalb des sozialen Raums, in dem die Reproduktion des anderen stattfindet: Denn die familiären Beziehungen sind es, welche Individuum und Kollektiv als zentralen Punkt sozialer Interaktion verbinden.

3.2 Individualität

Eine geborene Person als individuell zu bezeichnen, kann sich einerseits auf physische (z. B. genetische) Merkmale beziehen, die diese Person von anderen Personen unterscheidet. Andererseits kann sich Individualität auf Charaktereigenschaften und psychologische Kriterien beziehen (Elliott 2012). Bevor sich jedoch diese Individualität einer geborenen Person überhaupt entwickeln kann, muss ein Embryo sich zunächst aus dem weiblichen Körper lösen (vgl. Kap. 1). Dem In-der-Welt-Sein eines Klons ginge also eine leibliche Abgrenzung aus dem Mutterleib voraus, die seine individuelle psychische Entwicklung erst ermöglichen würde. Der Begriff der Alterität eignet sich deswegen zum einen zur Reflexion dieser Abgrenzung, die ein Klon als moralisches Gegenüber vollziehen müsste. Zum anderen kann mit ihm die gesellschaftliche und kulturelle Wertvorstellung reflektiert werden, ein Individuum mit einer eigenen Lebensgeschichte, mit Persönlichkeit und Identität zu sein, das sich von anderen unterscheidet und als einzigartig wahrgenommen wird (Abels 2010: 43). Auf die leibliche Abgrenzung des Klons werde ich nur kurz eingehen und mich dann ausführlich dem zweiten Aspekt widmen.

Die leibliche Erfahrung der Abgrenzung würde nicht nur für die Entwicklung des Klons, sondern auch für die austragende Frau eine Rolle spielen. Ohne sie – es sei denn, wir erdenken ein Szenario künstlicher Gebärmütter – kann keine Reproduktion vonstattengehen. Der Leib ist somit eine persönliche Kategorie, die etwas Lebendiges, Erfahrbares bezeichnet, das schmerzempfindlich, in einigen Definitionen aber auch kognitiv sensibel ist. Die lebensweltliche Erfahrung von Schwangerschaft und Geburt ist eine zutiefst leibliche Erfahrung, die von Schmerz, Verbundenheit und Gefühlen geprägt ist (Wiesemann 2006b: 102–105). Argumentationen, die diese leibliche Dimension der Reproduktion zugunsten der objektiv-körperlichen ausgeblendet haben, sind insbesondere von feministischer Seite vehement kritisiert worden: Sie berücksichtigen zu wenig die Frauen, die unmittelbar von der Schwangerschaft bzw. der Entnahme der Keimzellen betroffen sind (Pollack Petchesky 1989). Dass vornehmlich die körperliche und weniger die leibliche Dimension betont wird, liegt in der ethischen Debatte selbst begründet, die häufig die Lebensrealität von Personen außer Acht lässt (Wiesemann 2008). Am Verhandlungsort der Ethik selbst werden Menschen oft nicht in sozialen Beziehungen gedacht, was die leibliche und seelische Verletzlichkeit von Individuen unberücksichtigt lässt (Lettow 2011: 80). Der Leib bleibt somit häufig das Andere der rein rationalen und abstrakten Debatte (Brenner 2006).

Auch beim Klonen wird über die leibliche Erfahrung des Zeugens und Gebärens häufig sehr abstrakt *gesprochen*. Zwar wird Leiblichkeit diskutiert; doch wie es sich tatsächlich anfühlen würde, einen Klon zu gebären oder gar ein Klon zu sein, können wir nicht beantworten. Da auch ich mich in dieser Arbeit der *diskursiven Ebene* des Klonens widme und nicht den leiblichen Prozessen des Gebärens, werde ich nicht den Begriff des Leibes, sondern den des Körpers verwenden, welcher für diese objektive, sprachliche Referenz zutreffender ist (Landweer 1994). Auf das leibliche Phänomen der Abgrenzung des Klons hinzuweisen ist gleichwohl unumgänglich, denn erst das geborene, leiblich verortete Individuum kann eine Identität herausbilden.[50] Das physische In-der-Welt-Sein ist die Bedingung dafür, dass sich eine Person individuell entwickelt (Quante 2002: 65). Mit einer Lebensgeschichte und Gefühlen wird sie sich ihrer Individualität bewusst, die sie von anderen unterscheidet. Unter der Kategorie der *Individualität* steht damit für die

---

[50] Identität fasse ich mit Abels (2010: 258) als *»das Bewusstsein, ein unverwechselbares Individuum mit einer eigenen Lebensgeschichte zu sein, in seinem Handeln eine gewisse Konsequenz zu zeigen und in der Auseinandersetzung mit Anderen eine Balance zwischen individuellen Ansprüchen und sozialen Erwartungen gefunden zu haben«*.

ethische Debatte v. a. die Frage im Fokus, ob das Klonen Auswirkungen auf die Bedingungen von Identität hat (Elliott 2012).

Ob eine geklonte Person zentrale Merkmale, d. h. kognitive, emotionale und psychologische Fähigkeiten und Eigenschaften des Originals übernehmen würde und ob sie in der eigenen Wahrnehmung Leistungsdruck oder Zukunftsängste empfinden würde, kann bisher nur spekulativ beantwortet werden. Die soziale Stellung eines Klons und das Bewusstsein, sich von anderen zu unterscheiden, ist uns also nur durch Antizipation zugänglich: »Selbst wenn technisch eine derartige Reproduktion möglich ist, wird der Status des Klons nicht der sein, den man sich heute vorstellt, und zwar genau deshalb, weil ein Klon, um zu existieren, ein Subjekt sein und eine einzigartige Identität wird finden müssen.« (Derrida/Roudinesco 2006: 95f.) Vielen Bewertungen des Klonens liegt nun allerdings die Annahme zugrunde, dass ein Klon gerade keine einzigartige Identität finden könne, da er ja eine bloße Kopie des Originals sei. Häufig erscheint der Klon als eine Art Spiegelbild – ein genetisch identisches *alter ego*. Gerade zu Beginn der Klon-Debatte, d. h. in den 1970er Jahren, zeigt sich in diesem Zusammenhang häufig genetischer Determinismus (vgl. Kap. 4.4). Mit der Duplikation physischer Merkmale würden, so wurde häufig angenommen, auch psychische Eigenschaften, Talente, Einstellungen etc. dupliziert.

Insbesondere die Idee der physischen Gleichheit, die als Duplikation einer individuellen Persönlichkeit verstanden wurde, schien vielerorts zu verunsichern. Das Klonen bringt gleichermaßen die Befürchtung und die Faszination hervor, eine Kopie des Selbst zu erzeugen:

> [T]his fear of encountering an exact double already presupposes that I experience myself as the absolute singularity of a subject, so that the imposed sameness with another subject will consist of an imposed imaginary and/or symbolic identity, of an imposed ›self-image,‹ not of the direct genetic sameness-in-the-real. In clear contrast to it, a true clone would feel no anxiety at being the same as his genetic double, since he would lack the very sense of absolute singularity which constitutes the selfreferential identity of a subject. (Žižek 1999: 315)

Während die Vorstellung einer äußerlich identischen Person also häufig gegenwärtigen, kulturell tradierten Vorstellungen von Individualität zuwiderläuft, verhielte es sich für einen Klon selbst vermutlich anders: Er würde ja in dem Wissen aufwachsen, gleich auszusehen und würde keine andere Welt kennen, ein Szenario, das Jan Vanstina in seinem Roman *Ich bin Lukan* ausformuliert hat (vgl. Kap. 5.6.2.).

Zentral war in der Debatte die Frage, was jemanden eigentlich motivieren könnte, einen Klon von sich zu erzeugen? Einer Person, die ihr eigenes Genom für so replizierungswürdig hält, dass sie es durchs Klonen verdoppeln will, wurde häufig eine »narzisstische Regression« (Kahn 2004: 178) unterstellt. Hierbei komme eine geringe Fähigkeit zur Selbstreflexion zum Vorschein, da eine Person sich in einem solchen Fall selbst verehre: »Wer könnte es denn erstrebenswert finden, sich in seinen Nachkommen identisch kopiert zu finden: Doch allenfalls extrem egozentrische Narzißten, die das reproduktive Klonen sozusagen als die Reproduktionsform steriler Selbstbefriedigung für sich entdecken möchten, eine Art genetischer Onanie.« (Markl 2001: 882)

Illustrieren lässt sich dies am Roman *Blueprint* (1999) von Charlotte Kerner: Die Pianistin Iris lässt sich klonen, damit ihre Tochter sie eines Tages ersetzt. Dabei tritt nicht nur eine Selbstwahrnehmung zutage, in der Iris sich selbst als unabdingbar für den Kulturbetrieb hält, sondern auch ein Konflikt, als ihr Klon Siri eigene Bedürfnisse entwickelt und sich vom Original abgrenzen will (vgl. Kap. 5.6). Mit dem Argument des Narzissmus wird so einerseits mangelnde Selbstreflexion in der Gegenwart kritisiert; andererseits auf mögliche Abgrenzungsprobleme von Klon und Original hingewiesen (Krohmer 2007: 218).

Ein weiterer Aspekt, der sich über die Kategorie der *Individualität* fassen lässt, sind körperliche Schäden des Klons angesichts der Duplizierung des Erbgutes (Mutationen, Missbildungen) und damit verbundenes Leiden. Insbesondere die Humanexperimente, die auf dem Weg zum ersten gesunden Klon zu erwarten wären, würden schließlich ein hohes Krankheits- und Mortalitätsrisiko darstellen:

> In der Tat ist nach allem, was wir aus Klonversuchen am Tier wissen, mit so massiven Schädigungsrisiken zu rechnen, dass nicht nur die – von einigen Scharlatanen angekündigte – Anwendung dieses Verfahrens, sondern bereits dessen Erprobung im Humanexperiment kaum als vertretbar gelten kann. Angesichts der schwachen Gründe, die für den Einsatz dieses Verfahrens sprechen, lassen allein schon die Risiken ein reproduktives Klonen beim Menschen als unzulässig erscheinen. (Birnbacher 2006a: 159)

In dieser konsequenzialistischen Argumentation wird der Schaden ausschlaggebend für das Urteil, das Klonen nicht zuzulassen; die Personen, die derartige Versuche ausführen, sind dementsprechend ›Scharlatane‹. Hier werden nicht nur die zukünftigen Konsequenzen, sondern auch gegenwärtige Einstellungen kritisiert, auf Kosten des potentiellen Schadens Profit durch die eigene Forschung zu erlangen oder die eigenen Interessen durchsetzen zu wollen, ohne die Interessen eines potentiellen Gegenübers zu antizipieren. Dagegen wird andernorts behauptet, dass der Schaden keine hinreichende Bedingung für ein Verbot des Klonens darstellen könne, weil sich diese Schäden zahlenmäßig nicht von den Schäden unterschieden, die bei spontaner Konzeption in der Natur vorkämen: »But embryo wastage cannot be an objection to reproductive cloning for those who accept natural reproduction – after all, about 80 % of embryos perish in natural reproduction. For every live birth, 3–5 embryos are created only to die.« (Harris/Takala (2004: 802)[51] Ähnlich konstatieren auch Savulescu/Harris (2004), dass bei natürlicher wie künstlicher Reproduktion ein Verlust von Embryonen vorhanden sei und das Klonen deshalb nicht ineffizienter sei oder ein höheres Schädigungspotential habe als natürliche Reproduktion: »Acceptance of natural reproduction entails acceptance of reproductive cloning, at least from the perspective of the safety and efficiency of the practice.« (93) Im Gegensatz zur natürlichen Reproduktion sei das Klonen keine »creation lottery« (91), da hier nichts dem Zufall überlassen werde.[52] Sobald sich zeige, dass die Techniken nicht risikoreicher seien als spontane Konzeption, würden sie ohnehin bevorzugt. Außerdem sei es immer noch besser, mithilfe einer vorurteilsbehafteten Technik erzeugt worden zu sein, als gar nicht geboren zu werden (Burley/Harris 2002). Dem wiederum wird entgegnet, dass sämtliche Nebeneffekte des Schadens intentionalen Handlungen einzelner Personen zuzuschreiben wären. Diese entscheiden sich nicht nur bewusst für Reproduktion, sondern sie entscheiden sich für eine Reproduktionsmethode in dem Wissen über mögliche Folgen wie z. B. Mutationen. Selbst wenn sich die Zahlen der Schäden bei natürlicher wie künstlicher Reproduktion ähneln, heißt das nicht, dass dies für die Bewertung irrelevant wäre:

> Der Klon hat selbst keine akzeptable Alternative, aber möglicherweise hatten seine Erzeuger eine. Er selbst kann seine belastete Existenz nicht sinnvoll mit seiner Nichtexistenz vergleichen, aber seine Erzeuger können seine belastete Existenz mit der möglicherweise unbelasteten Existenz eines anderen vergleichen, der an seiner Stelle existieren würde. (Birnbacher 2006a: 305)

Moralisch ist es also durchaus von Relevanz, ob der Schaden von der verantwortlichen Person als Zufall gedeutet wird, oder als etwas, was bewusst zur Verwirklichung der eigenen Interessen akzeptiert wird. Zwar argumentieren beide, Birnbacher und Harris, dass die Idee einer Steigerung des Menschen in seinem kulturellen Selbstverständnis liege, welche wiederum eine Verbesserung in physischer Hinsicht beinhalten kann. Anders als Harris fordert Birnbacher jedoch keine Pflicht zum Fortschritt, sondern lediglich eine Nicht-Einschränkung des Menschen bei der Nutzung technischer Möglichkeiten, die potentiell ein Mehr an Freiheit bieten. Hier wird das Thema der Alterität nicht für den Klon selbst virulent, sondern für die erzeugende Person und ihr

---

[51] Allerdings bleibt hier unklar, woher diese Zahlen stammen, da keine Belege geliefert werden.

[52] Savulescu/Harris (2004: 93) bezeichnen die Techniken als »Frankenstein technolgies«. Vermutlich kann diese Referenz auf Mary Shelleys Roman als Versuch verstanden werden, den Techniken, die die Autor_innen befürworten, ihre dystopische Kraft zu nehmen.

Bewusstsein, die Schädigung eines anderen für die eigenen Zwecke wissentlich in Kauf genommen zu haben. Probleminduziert lässt sich sagen, dass mit diesen Argumenten zum Körper verhandelt wird, wie viel Durchsetzung der eigenen Interessen (der Fortpflanzung) gegenüber der Interessen des anderen (nicht geschädigt zu werden) legitim sind.

Diese Positionen lassen sich dem Utilitarismus, d. h. einer konsequenzialistischen (zweckgerichteten) Ethik, zuordnen. Bei der moralischen Bewertung von Handlungen bezieht der Utilitarismus sich ausschließlich auf die Folgen, die aus ihnen resultieren (können) und zielt auf die Vermeidung von Leiden und die Steigerung von Glück einer größtmöglichen Zahl von Personen (Birnbacher 2006c). Das Prinzip des größten Glücks ist deshalb für die Bewertung einer Handlung entscheidend: Steigert sich das Glück durch eine Handlung bzw. wird Leid durch diese Handlung vermieden, wird sie befürwortet. Lässt sich davon ausgehen, dass Folgen eintreten werden, die diesen Nutzen nicht haben, wird eine Handlung abgelehnt.[53] Während im klassischen Utilitarismus eine Handlung allgemein daran bemessen wird, in welchem Maß sie Leid vermindert bzw. befördert, werden beim Präferenzutilitarismus die Interessen der Wesen berücksichtigt, die in den moralischen Konflikt eingebunden sind.[54] Werden Präferenzen eines Wesens zu Gunsten eines anderen verletzt, so müssen diese ggf. kompensiert werden. Das entscheidende Argument im Zusammenhang mit dem Klon ist hier, dass die Präferenzen von leidensfähigen Subjekten stärker ins Gewicht fallen als die Präferenzen nicht-leidensfähiger (Harris 2002). Da Embryonen, und auch der Klon, nicht leiden können, fallen sie nicht in diesen Bereich der moralisch relevanten Subjekte. Die Präferenzen des Klons als noch nicht geborenem, d. h. nicht leidensfähigem Wesen können mit diesem Argument den Präferenzen

[53] Bei Bentham kann das Gemeinwohl als »akteursindifferent« (Werner 2006: 126) charakterisiert werden: Für das Primärprinzip des Nutzens, welcher bilanziert werden kann, sind Handlungen und ihre Folgen gewichtiger als die Einstellungen der Handelnden. Erst auf der Basis dieses axiologischen Wertes des Nutzens werden weitere Prinzipien, abhängig vom Wissen über kulturelle und historische Kontexte, festgelegt. Diese Prinzipien sind handlungsleitend, indem sie die geforderten Normen konkretisieren (Birnbacher 2008). Da diese Sekundärprinzipien auf konkrete, ›durchschnittliche‹ Akteure bezogen sind, öffnet sich diese ethische Theorie somit leicht für empirisch messbare Interessen und Bedürfnisse von Individuen. Während bei Bentham dabei nicht zwischen verschiedenen Arten von Glück bzw. der Qualität von Glück unterschieden wird, argumentiert Mill, dass es bestimmte Arten von Glück gebe, die höher gestellt seien als andere. Die individuelle Freiheit wird bei ihm zum größten Wert; Handlungen, die diese befördern, werden dementsprechend positiv bewertet (Edwards 1989).

[54] Diese Position geht auf Singer (2013: 39) zurück. Nach Singers Ansatz soll diejenige Handlung gewählt werden, die die Präferenzen aller Betroffenen des Konflikts befriedigt und für sie die bestmöglichen Konsequenzen hat.

der erzeugenden Person untergeordnet werden. ›Im Interesse des Klons‹ zu handeln, bedeutet, auf der Basis eigener Präferenzen die des Embryos vorherzusehen (vgl. Kap. 3.1).

Um eine solche Abwägung von Interessen dreht sich die Diskussion der Nutzung des Klonens zu fremdnützigen Zwecken. Als fremdnützig lassen sich diejenigen Handlungen bezeichnen, die *alter* für *ego* ausführt, von denen *alter* jedoch nur bedingt oder gar nicht profitiert und die für *alter* mit hohen Risiken verbunden sind. Zwar wurde ein extremes Maß an Fremdnützigkeit wie die Züchtung des Klons zur Organtransplantation nur zu Beginn der Debatte vorgeschlagen (vgl. Kap. 4.3). Gerade in ihrer Zuspitzung verdeutlicht dies jedoch das Spannungsfeld der Debatte, das z. B. bei der Praxis der Eizellspende virulent werden kann (Graumann 2008). Auch für das Klonen würden Eizellen bis zu einem gelingenden Versuch in einem hohen Maß benötigt, was u. U. erhebliche physische Risiken und Schäden für spendende Frauen bedeuten kann (Krohmer 2007: 112; Clausen 2006: 133).[55] Diese Eizellentnahmen lassen sich rechtfertigen, wenn eine Eizellspenderin oder auch Leihmutter eines Klons dem Verfahren ohne Zwang zustimmt. Jedoch kann auch eine formal freiwillige Entscheidung z. B. durch ökonomische Not hervorgebracht sein (vgl. Kap. 3.4). Gerade die Perspektive der Alterität sensibilisiert für eine Auseinandersetzung mit dem Thema des Schadens, die jenseits einer reinen pro/contra-Analyse und dem Abwägen von Risiken liegt. Vielmehr tritt die Frage in den Fokus, in welchen gesellschaftlichen Zusammenhang sie eingebettet ist.

Nun ist es allerdings möglich, dass beim Klonen eines Tages keine Schäden mehr aufkommen (Höffe 2008) und auch die Risiken der Eizellspende eines Tages minimiert wären. In diesem Fall stellt sich immer noch die Frage der psychischen Schäden aufseiten des Klons. Hier wird häufig argumentiert, dass sein Leben von hohem Erwartungsdruck geprägt wäre, da das Kind entweder den Verlust eines anderen Menschen ausgleichen oder seinem Original entsprechen müsste. Diesem Argument liegt die Annahme zugrunde, dass »die Erwartungen an ein Klonkind seitens der Eltern so intensiv und durchschlagend sein [könnten], dass sie dessen Recht auf eine ›offene Zukunft‹ beschneiden und seinen Spielraum für eine authentische Wahl über seinen individuellen Lebensweg unzulässig einengen« (Birnbacher 2006a: 301). Vertreter_innen dieses Arguments sind der Ansicht, dass die genetische Determinierung einer Person dessen Identitätsbildung in der Zukunft erheblich beinträchtige und dass ein geklontes Kind »so aufwachsen [könnte], dass es

---

[55] Da bei der derzeitigen Erfolgsrate viele Eizellen verbraucht werden würden, bis tatsächlich ein Versuch gelingen würde (Gordijn 2008), ließe sich dies allein mit der Hochrangigkeit von Forschungszielen rechtfertigen. Diese Debatte ist eher für das Klonen von Forschungszwecken von Relevanz.

eine möglichst getreue Replik des ›Originals‹ wird und sich sein Lebensweg primär an den Wünschen anderer statt an seinen eigenen Potenzialen orientiert« (Birnbacher 2006b: 158). Ein Recht auf ein einzigartiges Genom würde in letzter Konsequenz jedoch dazu führen, dass auch bei Zwillingen ein Foetus abgetrieben werden müsste, da auch diese kein einzigartiges Genom haben (Gordijn 1999).

Eineiige Zwillinge sind gewissermaßen natürliche Klone, die dadurch entstehen, dass sich befruchtete Eizelle im Verlauf der Entwicklung in zwei Embryonalanlagen teilt (Morgan 2006: 160). Es gab deshalb Vorschläge, den Klon als »time-delayed identical twin of another person« zu bezeichnen, da er im Unterschied zu eineiigen Zwillingen zeitversetzt zur Welt kommt. In einigen Positionen wird gerade über das Zwillingsmotiv eine Ähnlichkeit von ›natürlichem‹ und ›künstlichem‹ Klon hergestellt, um diese Angst, der Klon könnte die Individualität einer Person ›gefährden‹, entgegenzuwirken (Bailey 2002; Robertson 1994).

Da es kein Recht auf genetische *Individualität* geben kann, kann dieses durch das Klonen auch nicht verletzt werden (Harris 1997). Zudem verunmöglicht die genetische Übereinstimmung eine Unterscheidung zweier Person nicht notwendigerweise, da Individualität aus einer Interaktion zwischen genetischen Faktoren und Umwelteinflüssen entsteht (Elliott 2012; Quante 2002: 117; Rodotà 2002). Die Befürchtung, dass der Klon eine vollständige Kopie eines Individuums sein könnte, erweist sich also als unberechtigt, wenn Individualität als komplexes Zusammenspiel von Geno-, Phänotyp und Umwelt gedacht wird.

Allerdings reicht der Vergleich zwischen dem Klonen und der natürlichen Zwillingsbildung nicht, um das Klonen zu befürworten: Denn aus dem Faktum, dass es natürliche Klone gibt, folgt nicht, dass es moralisch geboten ist, diese auch künstlich herzustellen (Wilmut et al. 2000: 66). Aus alteritätstheoretischer Sicht ist außerdem einzuwenden, dass im Fall von Zwillingen zwei Individuen erzeugt werden, zwischen denen eine Abhängigkeit unwahrscheinlich ist, da zwischen ihnen kein großer Altersunterschied liegt. Beide grenzen sich zeitgleich von ihren Erzeuger_innen ab. Die Verletzung des Rechts auf Einzigartigkeit kann beim Klonen also nicht allein die genetische Entstehung meinen, es sei denn, es wird jeglichen Umweltfaktoren die Relevanz abgesprochen:

> Nur bei radikalem genetischen Determinismus, laut dem das Genom einer Person alles andere dieser Person absolut und entscheidend bestimmt, würde diese Einzigartigkeit durch den Besitz des gleichen Genoms beeinträchtigt werden. Das heißt, man müsste davon ausgehen, dass das Genom einer Person alle seine nichtgenetischen Merkmale, alle seine phänotypischen Eigenschaften sowie seine gesamte Geschichte oder Biographie bestimmt. (Brock 2004: 198)

Des Weiteren kann ein Kind nie vorher bestimmen, welche Anlagen es haben wird und inwiefern diese seinen Lebensweg beeinflussen (Krohmer 2007: 201 ff.). Beansprucht werden kann deswegen nur ein Recht auf Selbst-Bestimmung, auf soziale Nicht-Determinierung des anderen Lebens. Aus dieser Perspektive zielt das Argument des ›Rechts auf eine offene Zukunft‹, das sich auf das Leid des Klons durch die fremdbestimmte Erziehung bezieht, auf etwas anderes. Wer es fordert, kritisiert damit zugleich implizit diejenigen Personen, die nicht willens sind, »Entscheidungen, Interessen oder Bedürfnisse des geklonten Kindes *zu respektieren*, wenn diese von den Entscheidungen, Interessen oder Bedürfnissen abweichen, die sie für das Kind vorgesehen haben« (202). Aus der Perspektive der vorliegenden Arbeit wird so über das Argument der offenen Zukunft vornehmlich eine Fremdbestimmtheit in der Gegenwart kritisiert: Mit dem Recht auf eine offene Zukunft wird nicht nur die Erzeugungsweise des Klons angegriffen, sondern generell die Einflussnahme auf den kindlichen Lebensweg. Mit dem Argument der offenen Zukunft wird also ausgehandelt, wie viel Strukturen *ego* wiederum *alter* bei dessen Entwicklung vorgeben soll und wie viele Erwartungen an *alter* herangetragen werden dürfen.

Mit dem Recht auf eine offene Zukunft, also einem Anspruch auf Anerkennung der eigenen Bedürfnisse und Erfahrungen in einem zeitlichen Verlauf, ist der Aspekt der Würdeverletzung eng verknüpft. So wurde an einigen Stellen argumentiert, dass das Klonen eine Erzeugungsweise ist, die die Geborenen erniedrige (Kass 2002). Jedoch ist die Frage, »[w]ie sich der Klon als Klon *konkret fühlt*« Krohmer (2007: 168) nicht relevant. Dieses Argument zielt nämlich nicht auf die Abgrenzungsprobleme des Klons, sondern setzt gewissermaßen eine individuelle Verzweiflung angesichts der Erzeugungsweise bereits voraus. Nur deswegen kann die Argumentation, dass das Klonen per se eine entwürdigende Handlung sei, überhaupt ins Feld geführt werden: »Der Klon soll in Anbetracht dessen, dass er seine Existenz einem Akt verdanken würde, der ihm moralisch zuwider sein müsste, nicht dazu in der Lage sein, *ein ungebrochenes Verhältnis zur eigenen Existenz* einzunehmen. Er könnte keine Selbstachtung haben, weil er eigentlich bevorzugen müsste, *gar nicht erst gezeugt worden zu sein.*« (Ebd.)

Dieses Argument ist also nur plausibel, wenn erklärt wird, welche Faktoren das Klonen per se zu einer entwürdigen Handlung machen. Des Weiteren ergibt sich die generelle Frage, ob ein Klon sich tatsächlich wünschen würde, nicht geboren worden zu sein, oder ob er nicht vielmehr seine Erzeugungsmethode als zwar ungewöhnlich, aber deswegen nicht moralisch falsch akzeptieren würde; zumindest solange diese sonst keinen weiteren Einfluss auf seine Lebensgestaltung hätte. Es liegt also auch hier die Vermutung nahe, dass sich in diesem Argument eher die Vorbehalte der Sprechenden gegenüber der Erzeugungsmethode offenbaren als die mögliche Lebenssituation eines Klons.

Ähnliches zeigt sich bei einem häufig genannten Zweck des Klonens, nämlich der ›Wiederbelebung‹ eines toten Familienmitglieds (Kitcher 2002). Für die einen stehen bei dieser Wertschätzung die Interessen der bereits existierenden Person im Vordergrund, für die anderen die des Kindes, dessen Recht auf die Entwicklung und Wahrnehmung einer individuellen Persönlichkeit beschränkt wird: »Wenn es darum geht, dass ein Klon ein verstorbenes Geschwister ersetzen soll, so macht man seine Existenz doch stark abhängig von dem Vergleich mit dem Original.« (Düwell 2004: 81) Hier wird also eine deutliche Gefahr gesehen, dass einem Klon die Anerkennung als Person verwehrt bleiben könnte, wenn er lediglich jemanden ersetzen soll:

> Anerkennung wird demgegenüber erst dort notwendig und möglich, wo wir über keine Gründe verfügen, den Anderen nicht symbolisch bewältigen können. Wenn ich den Anderen *aufgrund* eines Wissens um seine Leistungen und Fähigkeiten anerkenne, dann erkenne ich diese Leistungen und Fähigkeiten an und nicht den Anderen selbst. (Hetzel 2011: 17f.)

Die Kategorie der Alterität kann zur Reflexion darüber beitragen, ob eine Person als Person (d. h. mit all ihren individuellen Kompetenzen aber auch Bedürfnissen und Schwächen) anerkannt wird, oder ob eine Person von anderen nur Anerkennung für eine bestimmte Leistung erhält. Indem dieser Unterschied der Anerkennung *als jemand* und *für etwas* reflektiert wird, »kann der Tatsache Rechnung getragen werden, dass die anzuerkennende Identität nicht mit der Identität des Anerkannten zusammenfällt« (Bedorf 2009: 75). Verhandelt wird also mit Argumenten, ob ein Klon als ›Ersatz‹ für eine anderen Person gezeugt werden darf, letztlich der Unterschied zwischen der Anerkennung einer Person *in ihrer sozialen Rolle/Aufgabe* und der Anerkennung *als* Person mit Eigenschaften, die keiner Wertung unterliegen: »Denn *geliebt* wird ein Individuum als solches, *geschätzt* wird es, weil es bestimmte Eigenschaften hat. Liebe ist eine individualisierte *Beziehung*, Wertschätzung eine dem Universalisierungsprinzip unterworfene *Bewertung*.« (Birnbacher 1998: 56) Bei dieser Debatte wird deutlich, wie sehr die körperliche Erscheinung in ihrer tieferen soziokulturellen Dimension als Ermöglichungsbedingung für *Individualität* erscheint, da gerade die einzigartige Physis gewissermaßen als Repräsentation der Persönlichkeit gesehen wird.

Des Weiteren wird in diesen Zusammenhang auch argumentiert, dass das Klonen zum »Verlust genetischer Heterogenität« (Krohmer 2007: 316) führen könnte. Dieses Argument ist aber nur dann von Relevanz, wenn es mit der Annahme eugenischer Bestrebungen kombiniert wird. Würde das Klonen als Fortpflanzungsmethode nur von wenigen umgesetzt, würde die genetische Vielfalt nicht signifikant weniger werden (ebd.). Hier drückt sich zugleich der westlich tradierte, kulturelle und gesellschaftliche Wert der Einmaligkeit sowie eine Furcht vor Serialität aus:

> Worldwide, there would be thousands of people identical to you, different from each other only by names and perhaps dress. Walking down the street as one clone among hundreds would be a disaster. This would have drastic long-term effects on society's self-perception and would overall cause the ratio of sexes to fluctuate widely – too many men or too many women. (Morgan 2006: 181)

Durch die Bewertung der Ununterscheidbarkeit von Individuen wird implizit die sichtbare Differenz positiv bewertet. Diese positive Evaluation lässt sich also auf die lebensweltliche Erfahrung und Bedeutung zurückführen, als *Individuum* anerkannt und behandelt zu werden. Allerdings ließe sich genauso argumentieren, dass bei einer breiten Umsetzung des Klonens dieses Problem nicht auftauchen würde, da Gleichheit die neue Norm wäre. In diesem Fall wäre nicht die äußerliche Unterscheidung, sondern die äußerliche Anpassung ein gesellschaftliches Ideal. Vielleicht wäre dieses ›Desaster‹, wie es Morgan formuliert, einfach unser Alltag (Krohmer 2007: 192). Nur weil alle Menschen einander äußerlich ähnlich wären, hieße dies ebenfalls nicht, dass sie dieselben Fähigkeiten hätten oder gar, dass sie das Interesse aneinander verlören. Dass diese Möglichkeit negativ bewertet wird, sagt deshalb mehr über derzeitige Wertvorstellungen bezgl. Individualität aus, in denen Differenz hochgeschätzt wird und die Grundlage für Anerkennung bildet, als über die Identität Zukünftiger:

> Auch wenn das Argument *prima facie* einleuchten mag, wir sollten deswegen nicht klonen, weil wir damit die uns Menschen eigene Einzigartigkeit gefährden und die für unseren Fortbestand wichtige genetische Variationsbreite reduzieren, so zeigt sich bei näherem Zusehen, dass ein solches Argument zu seiner Geltung einer *zusätzlichen* Annahme bedarf, derjenigen nämlich, dass individuelle Einzigartigkeit und genetische Variationserhaltung kulturelle oder anthropologische *Normen* darstellen. (Beckmann 2004: 269)

Die Kategorie der Alterität kann helfen, den individuellen und kollektiven Wert der Vertrautheit mit der Unterscheidbarkeit von Personen zu reflektieren und kritisch zu analysieren, inwiefern diese als Backing von Argumente zu verstehen ist: Sie beruht auf der Schlussregel, dass Einzigartigkeit und Variation etwas Achtens- und Schützenswertes darstellen (allgemein: Abels 2010). Eine Sensibilisierung für Fragen der Alterität hilft zu verstehen, dass wir gerade mit dem Wert, den wir *Individualität* beimessen, auch verhandeln, dass wir selbst von anderen als Individuen anerkannt werden wollen: »Many of our encounters are with people we don't know and will never know; these strangers certainly don't see us as individuals, as special. The fear of cloning resonates so powerfully because of our suspicions that, metaphorically speaking, we already are clones.« (Klotzko 2004: 150) Andere treten uns stets bei der ersten Begegnung als Unbekannte entgegen, so wie auch wir für andere zunächst jemand Unbekanntes sind (Bauman 2009: 222–224). Erst die Begegnungen miteinander führen dazu, dass wir uns als Individuen mit Eigenschaften und Geschichte kennenlernen und verstehen.

Zusammenfassend lässt sich für die Kategorie der *Individualität* also konstatieren, dass hier der kulturelle Wert, ein Individuum mit Persönlichkeit und eigenen Bedürfnissen zu sein, zutage tritt, der Eingang in die moralischen Überzeugungen findet. Insbesondere die abgelehnte Zeugung eines Kindes als Ersatz für ein Familienmitglied verweist auf diesen Wert. Zugleich wird auch mit vielen Argumenten ausgehandelt, welche Form der Anerkennung für individuelle Leistungen, welche hingegen für das Personsein gefordert werden kann. In der Debatte um das Klonen wird zudem ausdiskutiert, für welche fremdnützigen Techniken der Embryo oder auch geborene Personen zur Verfügung stehen dürfen und welche physischen Schäden in Kauf genommen werden dürfen, um die Rechte anderer Personen zu wahren. Insbesondere über das Argument der offenen Zukunft wird verhandelt, wie viel eigene Wünsche, Wertvorstellungen und Bedürfnisse auf das a/Andere übertragen werden dürfen. Die Erzeugungsmethode des Klonens versinnbildlicht einen technischen *Handlungsspielraum* – einen Eingriff in das Genom der kommenden Generation, der in einigen Positionen als würdeverletzender Übergriff gesehen wird (vgl. Kap. 3.4). Dass diese Kategorie vor allem die genetischen Aspekte der Individualität umfasst, zeigt, wie sehr die Leiblichkeit sowohl des Klons als auch des Originals und der austragenden Frau in der Debatte marginalisiert sind und selbst etwas Anderes darstellen. Selten geht es darum, wie ein möglicher Klon und seine Familie sich fühlen würden oder wie es wäre, ein geklontes Kind zur Welt zu bringen. Unter der kritischen Perspektive der Alterität, die eher das Ausgeschlossene und Marginalisierte des Diskurses fokussiert, steht die ethische Debatte damit vor der Herausforderung, dieses konstatierte Defizit bei einer Fortführung des Diskurses zu berücksichtigen.

3.3 Familienformen

Für jede »Fortpflanzungsgemeinschaft« (Habermas 2001: 65), die auf mehrgenerationelle Beständigkeit hin ausgelegt ist, ist die Reproduktion von großer Bedeutung: Denn erst dadurch, dass sich Individuen reproduzieren, entsteht und besteht das Kollektiv, in das diese sozial eingebettet sind (Landweer 2005). In diesem Kollektiv lassen sich die *Blutsverwandtschaft*, die ein Lebewesen durch Geschlechtsverkehr hervorbringt und die *Affinalverwandtschaft*, d. h. die rechtliche, gewählte Verwandtschaft, unterscheiden (Mense 2004). Personen, die sich reproduzieren, stehen i. d. R. in Beziehung zueinander und auch zu dem gezeugten und geboren Kind: »Yet, from the point of view of the newborn child, dependency and unchosen, irrevocable bonds are the very features that, for them, constitute meaningful relationships and personal identity.« (Wiesemann 2010: 63) Gerade bei der Nutzung von Reproduktionstechniken kann sich diese Beziehung entscheidend ändern (Krones 2008: 94). Jedoch garantieren weder die Bluts- noch die Affinalverwandtschaft, dass sich vertrauensvolle Beziehungen und Nähe tatsächlich etablieren, wie Studien zur historischen und kulturellen Entwicklung von Familien- und Verwandtschaftsverhältnissen zeigen (Vowinckel 1995: 210).

Diese Beziehungen, die im westlichen Raum zumeist als Familie bezeichnet werden, sind zugleich zentral für die Reproduktion des sozialen Raums (Lefebvre 2008: 232). Aufgrund ihrer Gebärfähigkeit sind gerade Frauen diejenigen, die diese körperliche Arbeit verrichten (Waldby/Cooper 2008). Zugleich wird gerade diese Gebärfähigkeit auch häufig genutzt, um ihnen eine soziale Rolle zuzuschreiben und die Diskussion um Familienfragen einer sog. ›weiblichen Sphäre‹ zuzuordnen: »A territorial division of normative questions into political theory and ethics has left questions about the family in no man's land, which, perhaps significantly, is often regarded as woman's sphere.« (O'Neill/Ruddick 1979: 3) Die Umschreibung eines ›no man's land‹ verdeutlicht die Auslagerung bestimmter Themen aus dem wissenschaftlichen Raum. Interessanterweise trifft dies für das Klonen jedoch nicht zu. Im Gegensatz zu klassischen Fragen der Reproduktion zu Beginn der bioethischen Fachdisziplin, wurde gerade das Klonen auch als politische Frage diskutiert (Kollek 1998).

Definitionen reichen vom Verständnis von Familie als heterosexuelles, bürgerlich-verheiratetes Paar mit Kindern bis hin zum Konzept von Familie als offenem Konzept, für das lediglich die Bindungen zwischen Individuen entscheidend ist und für die das biologischen Geschlecht, die sexuellen Orientierung und die genetische Verwandtschaft zweitrangig sind. Konstitutiv ist bei der letzten Konzeption v. a., dass die Personen sich selbst als Familie begreifen. So entwickelt Fineman (2004: 68f.) bspw. ein Konzept, mit dem sie zwischen *caretaker* und *dependent* differenziert und nicht von gängigen Rollen wie Vater, Mutter, Kind etc. ausgeht. Hiermit wird die Kategorie der Fürsorge und der Abhängigkeit zentral für die Bestimmung verschiedener Familienformen und ist offen gegenüber anderen Modellen als einem klassisch westlichen.

Familie kann mit Fineman als ein Ort verstanden werden, in der eine Aushandlung stattfindet, die nicht öffentlich sichtbar ist. Öffentlichkeit und Privatheit sind oft als zwei distinkte Räume markiert, wobei die Familie in westlichen Kulturkreisen eher dem Privaten zugeordnet wird (57f.). Dies wurde bedingt durch die Etablierung des heterosexuell-bürgerlichen Paares und seiner Kernfamilie als ein Element des Sozialen, welches aus historischer Sicht seit der Moderne das Private repräsentiert (Arni 2008). Die kulturelle

Wirkmächtigkeit dieses Familienbildes führt dazu, dass es bis heute zuweilen als eine nahezu natürliche Norm angesehen wird, ohne dass reflektiert würde, dass sich dieses Familienmodell erst entwickelt hat bzw. fortwährend einer gewissen Wandelbarkeit unterliegt (Nussbaum 2002: 206).

Erst in den modernen europäischen Staatsformen wurde durch die aufkommenden Vorstellungen von Vererbung und Verwandtschaft die Vorstellung der Familie als in sich verbundene Einheit ermöglicht (Hansen 2014). Indem die Heirat zur Liebesheirat wurde und Kindheit einen schützenswerten Status erhielt, konnte sich das westliche Modell der bürgerlichen Familie etablieren (Nussbaum 2002: 206).[56] Familie wurde so zu einer Organisationseinheit, die »in einer gegebenen Gesellschaft ein normatives, ja legales und dominantes Modell stiftet« (Derrida/Roudinesco 2006: 67). Der Verbund der Familie ist damit diejenige strukturelle Ebene der Gesellschaft, die zugleich individuelle Rechte und Pflichten mit kollektiven Moralvorstellungen verbindet:

> [E]inerseits müssen sich die Familienmitglieder untereinander als Rechtspersonen anerkennen können, weil sie nur so ihre persönliche Integrität geschützt wissen können, andererseits müssen sie sich wechselseitig aber auch als einzigartige Subjekte anerkennen, deren individuelles Wohlergehen besondere Aufmerksamkeit und Fürsorge verdient; erlischt die erste Form der Anerkennung, so ist die Autonomie der einzelnen Familienmitglieder bedroht, trocknet hingegen die zweite Form der Anerkennung aus, so ist das emotionale Band des Familienlebens zerstört. (Honneth 2000: 209)

Die Etablierung der Zivilehe, die auf einem Vertragsgedanken zweier Partner_innen aufbaut, ist in kantischer Tradition eine Bedingung für die Garantie der Autonomie der beiden Ehepartner. Indem sie sich gegenseitig einen rechtlichen Status als Person zubilligen, so die Idee, behandeln sie einander nicht wie Objekte (Nussbaum 2002: 202). Dabei setzt das Gesetz normative Standards, die die Rechte der Personen innerhalb des Familienzusammenhangs nicht nur schützen, sondern auch ein bestimmtes Familienmodell normieren:

> It is naturally assumed that the family is the repository for dependency and that collective societal responsibility is therefore unwarranted and inappropriate. The family assigned this essential societal task is also believed to have a ›natural‹ form. It is organized legally as though reproductive biology necessarily determined the social organization of the family unit. The core of

[56] Eine Begrenztheit des privaten, familiären Raumes bedeutete aber nicht, dass dieser frei von Streitpunkten war. Mit der Entwicklung der bürgerlichen Familie wurden bspw. das Verbot der Kinderarbeit ausgehandelt, welches von hoher ethischer Relevanz war und zunächst öffentlich diskutiert wurde, bevor sich die Familie als eigener Raum etablieren konnte (Honneth 2000: 193).

the family in policy is the heterosexual couple, formally united in marriage. (Fineman 2004: 38f.)

Diese Perspektive lenkt die Aufmerksamkeit auf die Tatsache, dass auch ein Verständnis von Familie historisch gewachsen ist und kulturell unterschiedlich sein kann. Die Entstehung der Familie ist also gerade das »Resultat einer Grenzziehung« (Joas 1999: 246); einer Abkopplung des Öffentlichen vom Privaten. Das moderne Recht fungiert als ›Schutzmittel‹ für schwache Personen, wenn der innerfamiliäre Appell an die moralische Achtung versagt. Missbrauchte, misshandelte oder vernachlässigte Personen haben so die Möglichkeit, den Staat anzurufen, »um an rational einsehbare Verpflichtungen zu erinnern« (Honneth 2000: 211). Allerdings kann gerade der familiäre Raum die Handlungsfähigkeit von Personen begrenzen. In Fällen häuslicher Gewalt können Personen bspw. gerade durch familiäre Strukturen daran gehindert werden, die Schutzfunktion des Staates für sich zu nutzen. Dies kann durch eine Funktion von Öffentlichkeit kompensiert werden, die auch die familiäre Sphäre erreicht, »weil gesellschaftlich die moralische Sensibilität dafür gewachsen ist, in welchem Maße die Familienmitglieder heute in ihrer Würde als Rechtspersonen bedroht sind« (210).

Das Klonen steht einerseits im Zusammenhang mit dieser grundsätzlichen Dynamik von individueller und kollektiver Reproduktion – verstehen wir es als eine Fortpflanzungsmethode, ermöglicht es die Familiengründung. Andererseits stellt die Ungewöhnlichkeit dieser Fortpflanzungsmethode eine Folie dar, vor der wiederum das Verständnis von Familie und Verwandtschaft verhandelt wird, da mit dem Klonen ganz neue Möglichkeiten der Reproduktion denkbar sind. Zudem verändert der Klon gängige Vorstellungen von Familie und Verwandtschaft, weil die tradierte Verknüpfung der genetischen Abstammung unterwandert wird: Die DNA zwischen Klon und Original wäre größtenteils identisch, was den Klon genetisch zur selben Generation gehören ließe wie sein Original. Jedoch wären auch stark generationenübergreifende Unterschiede denkbar, indem eine Person geklont wird, die nicht mehr fortpflanzungsfähig bzw. sogar bereits verstorben ist. Genauso könnte die Zeitspanne auch verringert werden, wenn bspw. ein Säugling geklont wird (Caduff 2005). Ein weiterer Grund für die Unterwanderung gängiger Vorstellungen von Reproduktion ist die Tatsache, dass das Klonen eine asexuelle Reproduktionstechnik darstellt. Aufgrund dieser Differenzen wundert es nicht, dass in dieser Debatte a/Andere Familienmodelle verhandelt wurden:

> [M]an [darf] den Wert stabiler Familienbeziehungen für das Wohlergehen der Kinder nicht unterschätzen. Beim Klonen würden die ohnehin schon bestehenden Gefährdungen derartiger Beziehungen noch einmal verstärkt: Väter könnten zu Zwillingen ihrer Söhne, Großeltern zu genetischen Eltern ihrer

> Enkelkinder werden und Mütter einen genetischen Zwilling von sich zur Welt bringen. Gewiss, manche der heutigen Gefährdungen sind schwer zu vermeiden; reproduktives Klonen würde sie aber leichtfertig, überdies erheblich erhöhen. Da unsere Gesellschaften Solidargemeinschaften sind, die notfalls für die Folgen einstehen, ist die rechtsethische Bilanz offensichtlich: Sowohl aus Schutz der Kinder als auch aus Selbstschutz der Gesellschaft könnte sogar ein medizinisch risikoarmes Klonen nur von einem unverantwortlichen Gesetzgeber erlaubt werden. (Höffe 2008: 27)

Hier wird argumentiert, dass das Klonen Familienverständnisse gewissermaßen ›aufs Spiel setzt‹ – im Fokus steht also nicht mehr der mögliche Schaden für die physische Integrität des Klons oder die fehlende Abgrenzung bei der Entwicklung seiner Persönlichkeit. Vielmehr wird angenommen, dass durch das Klonen etablierte Familienmodelle unterwandert werden und dies eine individuelle und kollektive Gefahr der Instabilität darstellen könne. Für die Verhandlung des a/Anderen ist die Implikation des Arguments zentral, dass ›ohnehin schon Gefährdungen‹ bestünden, die ›schwer zu vermeiden‹ seien. Diese *Familienformen*, so lässt sich das Zitat verstehen, seien schon heute eine gesellschaftliche Herausforderung. Aus alteritätstheoretischer Sicht lässt sich hier feststellen, dass gerade mit Argumenten, die ein bestimmtes Familienmodell für die Bewertung bereits voraussetzen, diskursiv ein Anderes Familienverständnis kritisiert und implizit abgewertet wird.

Feministische Visionen einer rein weiblichen Fortpflanzung, wie sie in Edmund Coopers Roman *Who needs man?* aus dem Jahr 1972 erzählt und kritisiert werden, könnten durch das Klonen nämlich Realität werden (vgl. Kap. 4.4). Wenngleich eine solche Reproduktionsweise sicher nicht von allen Frauen begrüßt würde, könnte so eine patriarchale Logik der Reproduktion unterwandert werden. Die Vorstellung des weiblichen Körpers als ›Gefäß‹ für Reproduktionshandlungen und einem aktiv handelnden männlichen Part könnte sich so ändern (Katz Rothman 1998). Das Klonen würde hypothetisch den männlichen Teil der Bevölkerung für die Zeugung marginalisieren bzw. überflüssig machen (Davion 2006). Bisherige »Gender Asymmetries« (Eskridge/Stein 1998: 98) der weiblichen Passivität und männlichen Aktivität der Fortpflanzung könnten sich durch das Klonen ins Gegenteil verkehren. Diese Technik stellt die ethische Bewertung vor große Herausforderungen, da sie tradierte Familienvorstellungen zerfallen lässt:

> Betrachtet man [...] das Klonen von Menschen hinsichtlich der Auswirkungen auf die gebräuchliche Eltern-Kind-Beziehung, so stellt man fest, daß es eine extreme Zersplitterung der beschriebenen Einheit bewirken könnte. [...] Sämtliche Aspekte der Eltern-Kind-Beziehung wären in diesem Falle demnach auf verschiedene Personen verteilt, eine extreme Form der Auflösung der Eltern-Kind-Beziehung. (Gordijn 1999: 26)

In Anlehnung an das Szenario einer solchen ›extremen Zersplitterung‹ und einer ›extremen Form der Auflösung‹ stellt sich jedoch die Frage, warum es moralisch gesehen problematisch wäre, wenn sich die ›gebräuchlichen Eltern-Kind-Beziehungen‹ änderten und ein neues Familienmodell zur Norm würde? Hierfür fehlt in einigen, z. T. sehr einflussreichen bioethischen Positionen ein eigenes normatives Argument. So heißt es in einem viel zitierten Aufsatz der Debatte, der Klon sei ein »ideal emblem« (Kass 2002: 72) für veränderte Familienverhältnisse wie bspw. Patchworkfamilien, Alleinerziehende, Homosexuelle etc. Laut Kass, dem Vorsitzenden der US-amerikanischen *President's Council on Bioethics*, ist der Klon »a blatant violation of the inner meaning of parent-child relations« (85). Dieser ›innere Sinn‹ der Familie werde durch die intendierte Reproduktionshandlung und determinierende Erzeugung zerstört. Als eine Begründung für die schützenswerte und besondere Entwicklung eines Menschen wird die natürliche, im biologischen Akt fundierte, Entstehung genannt:

> Not by accident is the human animal both the sexiest animal – whose females do not go into heat but are receptive throughout the estrous cycle and whose males must therefore have greater sexual appétit and energy in order to reproduce successfully – and also the most aspiring, the most open and the most intelligent animal. (86)

Dieses biologische Modell der Reproduktion, das Geschlechterstereotype reproduziert – das passiv-rezeptive ›Weibchen‹ auf der einen, das potent-aktive und intelligente ›Männchen‹ auf der anderen Seite –, geht mit einem genormten, heterosexuellen Familienideal einher, das aus Vater, Mutter und ›natürlich‹ entstandenem Kind besteht:

> Through children, a good common to both husband and wife, male and female achieve some genuine unification [...]. The two become one through sharing generous (not needy) love for this third being as good. [...] Providing an opening to the future beyond the grave, carrying not only our seed but also our names, our ways and our hopes that they will surpass us in goodness and happiness, children are a testament to the possibility of transcendence. (87)

Gegen eine solche Normierung und Idealisierung von Familienmodellen ist allerdings mittlerweile eingewandt worden, dass »ein normativer Naturbegriff [...] vor-aufklärerisch und in hohem Maße ideologieanfällig« (Düwell 2008: 116) ist. Denn eine Auffassung von Natürlichkeit als hinreichende Bedingung für moralisch richtige Handlungen müsste in letzter Konsequenz auch solche Handlungen ablehnen, die gemeinhin und intuitiv als ›gut‹ bewertet würden – wie bspw. die Fürsorge gegenüber schwachen oder nicht einwilligungsfähigen Mitgliedern der Gesellschaft:

> Das Handeln des Menschen, die Entwicklung von Kultur und Technik sind stets in einem gewissen Sinne ›un-natürlich‹. Während in der nicht-mensch-

> lichen Natur Kranke und Behinderte gnadenlos dem Selektionskampf anheim fallen, werden in menschlichen Gemeinschaften Anstrengungen unternommen, um ihr Leben zu erleichtern. Technik ist grundsätzlich durch das Bemühen gekennzeichnet, die Lebensumstände des Menschen durch nichtnatürliche Mittel zu verbessern. (115)

Deswegen kann das Natürliche im Sinne aller nicht-menschlichen Handlungen nur schwerlich ohne Einschränkung als wünschenswert angesehen werden (Nussbaum 2002: 166ff.). Natur- und Umweltkatastrophen beispielsweise sind etwas Natürliches, aber sie werden gemeinhin trotzdem nicht als gut bewertet. Hiermit hängt auch die schlagkräftigste Kritik am Natürlichkeitsargument zusammen: Es käme einem Sein-Sollens-Fehlschluss gleich, von dem Fakt einer unnatürlichen Handlung auf ein präskriptives Urteil zu schließen, dass die Handlung deshalb moralisch falsch sei. *Natürlichkeit* wird vielmehr zu einem normativ aufgeladenen Begriff, der sich zwar vordergründig aus biologischem Wissen ableitet, jedoch starke politische und soziale Implikationen trägt (Heyder 2013). Auch in befürwortenden Argumentationen des Klonens wird von einem »biological thrive to reproduce« (Macintosh 2005: 3) gesprochen, wobei die kultürliche Komponente der Reproduktion ausgeblendet wird, die auch die Möglichkeit des Menschen beinhaltet, sich *gegen* Fortpflanzung zu entscheiden.

Nun geht es aber in dieser Arbeit weniger um die logische (In)Konsistenz des Arguments an sich, sondern um die Frage, was mit ihm kommunikativ ausgehandelt wird. Dies wird dann deutlich, wenn die Betonung der Natürlichkeit als Aufrechterhaltung bestimmter sozialer Werte verstanden wird, die wiederum mit der Reproduktion verbunden sind (Hillebrand/Lanzerath 2001: 27). Für die Relevanz der Kategorie *Familienformen* in der Klon-Debatte liegt es deshalb nahe, dass es hier um die Frage geht, ob das westliche Modell der Kernfamilie durch a/Andere Modelle abgelöst werden sollte. Dieses Phänomen lässt sich näher erklären, wenn der Begriff der ›Natürlichkeit‹ in den der ›Normalität‹, d. h. eine Orientierung an Gewohnheiten, übersetzt wird:

> In diesem Fall wäre allerdings offenkundig, dass die Berufung auf das Natürliche einen logischen Zirkel beinhaltet. Denn was als ›normal‹ gilt, ist seinerseits nichts anderes als das Resultat einer wertenden Definition: Das Normale ist von vornherein das Richtige, Angemessene und Akzeptable. Die Aussage, dass bestimmte Verhaltensweisen ›unnatürlich‹ sind, wiederholt dann lediglich, dass sie falsch und unakzeptabel sind, begründet dieses Urteil aber nicht. (Birnbacher 2006b: 80f.)

Dieser Gedanke lässt sich mit der Entgegensetzung des eigenen und des Fremden verbinden. Als ›natürlich‹ wird das Vertraute bezeichnet; die eigene soziale Lebenswirklichkeit, die auch bestimmte Normen und Werte beinhaltet. Insbesondere das Beispiel der Homosexualität eignet sich, um zu verdeutlichen, wie der Natürlichkeitsbegriff mit sozio-kulturell geprägten Normvorstellungen verbunden ist (Düwell 2008: 117; Eskridge/Stein 1998). Diese Normvorstellungen von der ›Natur des Menschen‹ sind kulturell geprägt und speisen sich insbesondere in Deutschland aus einer viel weiter zurückreichenden Tradition der Aufklärung und Romantik (Anselm 2003). Die Vorbehalte gegenüber dem Klonen gründen sich deshalb auch auf einer »Irritation« (Birnbacher 2006b: 163) gegenüber etwas Fremdem und Neuem, die wiederum auf seiner Erzeugungsweise beruht.

Eine solche Perspektive legt »die Natürlichkeitsvorstellungen der Allgemeinheit« (165) offen, die bestimmten Argumenten zugrunde liegen, jedoch selten explizit gemacht werden und die Beurteilung des Klonens »unbewusst strategisch motiviert« (166) haben. Der Bezug zum ›Natürlichen‹ erscheint einerseits als Wissensvorrat und andererseits auch als Argument, das im strategischen Handeln eingeführt wird, um das Klonen abzuwerten und damit ein bestimmtes Familienbild zu normieren. Es gehe darum, »[d]ie Erhaltung von so viel wie möglich von dem, was wir uns angewöhnt haben, als natürlich und unverfügbar zu sehen« (ebd.). Der Klon ist etwas Fremdes, das die gewohnte und eben ›natürliche‹ Ordnung stört, irritiert oder verunsichert. Die *Familienformen* sind also eine weitere *Topologie des Klonens*, da die Aufrechterhaltung kultureller Normen als tieferliegendes, sozio-kulturelles Orientierungsmuster zur Bewertung der Technik dient:

> Much oppression has been perpetrated by people claiming that certain groups are ›naturally‹ inferior. We must ask whose political agenda is promoted by insisting that some form of heterosexual union (even if it is in vitro fertilization) is the only moral way to create children. Such positions fall in line with extremely conservative values regarding who should and who should not be allowed to have children. (Davion 2006: 66)

Davion leugnet nicht weitere ethische Bedenken gegenüber dem Klonen, doch die Einwände, dass das Klonen Gesellschafts- und Familienstrukturen verändere, lässt sie nicht gelten: »[T]he kinds of objections given [...] argued that cloning would be a threat to social stability and the moral order in ways that clearly mirror prejudices against same-sex relationships and same-sex marriage.« (67)

Diese Kritik am Begriff der Natürlichkeit, die sich über die Kategorie der Alterität fassen lässt, impliziert nicht, dass jede Aufrechterhaltung kultureller Normen aufgegeben werden sollte, aber sie sensibilisiert für die Position derjenigen, deren gewählte Lebensform im Diskurs symbolisch normiert wird. Diese Normierung wiederum verweist auf naturalistische Argumente, mit denen das Vertraute argumentativ gerechtfertigt wird, ohne eine a/Andere Option wertneutral zu reflektieren. Diese Kritik bedeutet zwar nicht, dass

Personen, die alternativen Familienmodellen gegenüber aufgeschlossen sind, automatisch auch das Klonen befürworten oder dass mit Einwänden gegenüber dem Natürlichkeitsargument alle ethischen Bedenken gegenüber dem Klonen negiert wären (Eskridge/Stein 1998). Sie zeigt zunächst einmal nur, dass der Klon als abstrakter Gegenstand diese Anderen Familienformen symbolisieren kann; das letztlich ›Unnormale‹, über das auch unvertraute Handlungen und Lebensmodelle abgelehnt werden. Während einige Positionen für einen leichteren Zugang alleinstehender Personen sowie älterer oder homosexueller Paare zu Reproduktionstechniken bzw. für eine größere soziale Toleranz gegenüber a/Anderen Lebensmodellen plädieren, wird gerade dieser Zugang in anderen Positionen mehr oder weniger explizit abgelehnt und normiert (Murphy 1998). Diese Debatte zeigt also deutlich, wie auch in der wissenschaftlichen Debatte (sei es bewusst oder unbewusst) das sozial Andere hervorgebracht wird:

> Es geht in der Tat darum zu entscheiden, ob der Mechanismus, nach dem ein Mann und eine Frau zusammenwirken, damit eine andere Person geboren wird, neben dem offensichtlichen evolutiven Wert, eine weitergehende anthropologische Bedeutung hat, vor dem Hintergrund des Andersseins in der Fortpflanzung oder ob es sich nur um ein Erbe handelt, dessen Akzeptanz fakultativ geworden ist im Entwicklungsstadium, in dem sich die Menschheit befindet? (Kahn 2004: 181)

Hier geht es um diejenigen, die sich *Anders*, d.h. nicht heterosexuell, nicht ›natürlich‹ fortpflanzen und die klassische Familienmodelle ablehnen. Für Homosexuelle ist die assistierte Reproduktion interessant, da mit ihnen Reproduktion ohne Geschlechtsverkehr möglich ist (Eskridge/Stein 1998: 99). In diesem Zusammenhang kann es jedoch auch von dieser Seite zu einer Konstruktion des Anderen kommen, wenn z.B. das klassische Modell der heterosexuell-bürgerlichen Ehe intuitiv abgelehnt und per se als ›konservativ‹ stigmatisiert wird, während das eigene Lebensmodell höher gewertet wird.

Neben dem westlich-humanistischen Wert der *Individualität* (vgl. Kap. 3.2.), zeigt sich vor der Folie des Klonens also vielerorts ein Modell heterosexueller Blutsverwandtschaft, das a/Andere Familienformen marginalisiert:

> Als Paradebeispiel dafür steht die Kernfamilie, die als soziobiologische Einheit gilt: Eltern mit einem leiblichen Kind, das die ›Gene‹ und das soziale Erbe seiner Eltern weitertragen wird. Die Idee des Stammbaums baut darauf auf. [...] Im Zentrum steht die Deszendenz, d.h. die Abstammungsrechnung, die ›Blutlinie‹. Zur Vorstellung solcher Formen von Verwandtschaft gehört die primäre Unauflösbarkeit solcher Beziehungen. (Hauser-Schäublin et al. 2001: 269f.)

Der Stammbaum fungiert somit als Repräsentation von Ausschluss des ›Fremden‹ und für die Zusammengehörigkeit des eigenen, das als biologisch Verwandtes gedacht wird. Selbst eine zunehmende Pluralität an Familienformen setze mit dem Konzept der ›Generation‹ dennoch weiterhin die Verwendung heterosexuell kodierter Keimzellen voraus, denn anders sind Stammbäume bisher nicht darstellbar (Knecht 2007). Durch Adoption oder Pflegschaft hingegen »bekommen Eltern ein *genetisch komplett fremdes* Kind« (Krohmer 2007: 140). Wenn diese genetische Fremdheit als Herausforderung empfunden wird, ist dies wiederum Ausdruck des Wertes der eigenen, genetischen Abstammung (Mense 2004). Die sozio-kulturellen »Tiefenstrukturen« (Anselm 2003: 20) führen dazu, dass Mitglieder westlicher Gesellschaften die genetische Verwandtschaft als notwendig für eine enge Verbindung ansehen und ein bestimmtes Familienbild weitergeführt wird. Während die Adoption gängige Vorstellungen der Blutsverwandtschaft und der leiblichen Abstammung tatsächlich unterwandert, müssen Reproduktionstechniken nicht zwangsläufig diesen Effekt haben. Sie können auch, einer traditionellen Vorstellung von Familie folgend, gerade genutzt werden, um diese zu bedienen und einem Stigma der Kinderlosigkeit zu entgehen (ebd.). Technik kann also auch dazu genutzt werden, um gerade einer bestimmten gesellschaftlichen Vorstellung nach Reproduktivität und Familienplanung nachzukommen: Hierfür ist u. a. Hans-Ulrich Horsters Roman *Klon-Kind Uli* ein Beispiel (vgl. Kap. 5.3.1.).

Gleichwohl ist in der Debatte auch diskutiert worden, dass ein geklontes Kind aufgrund seiner a/Anderen Familie und Abstammungsform diskriminiert werden könnte, da die Gesellschaft bisher noch nicht auf solche neuen Familienmodelle ausgerichtet ist (Gordijn 2008). Dagegen wurde wiederum argumentiert, dass die Eltern in diesem Falle gar nicht unmoralisch handelten, da nicht sie selbst ihrem Kind Schaden zufügen würden. Vielmehr handle eine Gesellschaft unmoralisch, wenn sie ein Kind aufgrund seiner Erzeugungsweise oder seines familiären Hintergrundes stigmatisiere: »[W]e should not prevent human cloning in the face of this sort of suboptimality, rather we should concentrate on combating the prejudices and attitudes that are the source of harm to the clone.« (Burley/Harris 2002: 241) Aus dieser präferenzutilitaristischen Perspektive sollen jedoch nicht nur gesellschaftliche Vorurteile gegenüber Behinderung abgebaut werden. Vielmehr solle das Klonen implementiert werden, um Behinderungen zu vermeiden, da es im Interesse der gegenwärtigen Generation läge, möglichst ›gute‹ Genotypen zu reproduzieren (Harris 2014). Die problemorientierte Position, dass an der sozialen und kulturellen Wahrnehmung von Behinderung gearbeitet werden könnte, wird gleichwohl nicht eingenommen. So wird implizit auch hier das physisch Andere in der Debatte als Abweichung normiert und nicht gefragt, was eine solche Argumentation in einer eher symbolischen Dimension schon jetzt für behinderte Menschen haben könnte.

Zusammenfassend lässt sich sagen, dass über die Kategorie der *Familienformen* ausgehandelt wird, welches Zusammenleben als ›Familie‹ gelten soll. Es zeigt sich, dass diese Aushandlung nicht nur moralischer Art ist, sondern sich vielmehr ebenfalls der soziale Wert der Vertrautheit und der Konventionalität von Verwandtschaft und Nähe durch die Schlussregeln der Argumente zeigt. Die Kategorie der Alterität kann helfen, die historische Entstehung von Familienmodellen zu rekonstruieren und damit nicht von vornherein einige Familienformen abzulehnen. Insbesondere die Auseinandersetzung mit der Frage, inwiefern etwas pejorativ als ›unnatürlich‹ bewertet wird, weil es vom eigenen, Vertrauten und ›Normalen‹ abweicht, kann durch die Kategorie der Alterität hervorgerufen werden: Sie lenkt den Fokus darauf, wann Familie wissenschaftlich diskutiert wurde und inwiefern Geschlechterverhältnisse verhandelt werden. Hier wird kritisch das Augenmerk darauf gelegt, wann in der Debatte eine fehlende Anerkennung gegenüber a/Anderen Familienmodellen zum Vorschein kommt, z. B. durch die Ablehnung von Frauenstaaten. Dies kann behilflich sein, um das Verhältnis der beiden Pole, in dem sich Familienformen bewegen, zu analysieren: Biologisch-genealogische Abstammung auf der einen, soziales Zusammenleben auf der anderen Seite. Für die ethische Debatte lässt es sich als Herausforderung festhalten, eigene Vorstellungen von Familienformen bei der Bewertung von Fortpflanzungstechniken zu reflektieren, indem die Entstehungsgeschichte und -bedingungen eines solchen Familienbegriffs nicht ausgeblendet werden.

3.4 Handlungsspielräume

Wie viele Techniken bietet auch das Klonen bestimmte Chancen und Risiken: Es ist ein *Handlungsspielraum*, der neue Möglichkeiten bietet, zugleich aber auch Fragen nach physischen und psychischen Schäden für Individuen sowie derzeit nicht abzusehende langfristige Folgen für Gesellschaften hervorbringt. Was hier verhandelt wird, ist einerseits das Verhältnis von individuellen Rechten (der reproduktiven Freiheit) und kollektiven Werten bzw. Pflichten (z. B. die Achtung der Menschenwürde). Andererseits verweist gerade die Kategorie der *Handlungsspielräume* darauf, dass es nicht nur um Rechte und Pflichten geht, sondern auch um die gesellschaftliche Frage, wie der soziale Raum gestaltet ist, in den Technik eingebettet ist. *Wessen* Möglichkeiten sich bspw. durch ihre Nutzung verringern bzw. vergrößern und wie Biotechnologien mit sozialen Techniken der Anerkennung oder der Inklusion verknüpft sind, ist aus der Perspektive des Ge- bzw. Verbotenen allerdings eher ausgeschlossen. Ich werde mich im Folgenden auf diesen Aspekt konzentrieren und darauf eingehen, wie der *Handlungsspielraum* sozialer

Gruppen in der Debatte um das Klonen im Zusammenhang mit *sozialen Techniken* verhandelt wurde.

Grundlegend hierfür ist zunächst einmal der Begriff der Handlungsfähigkeit in seiner ethischen Relevanz, da er den Menschen als ein Wesen beschreibt, das seine Umwelt aktiv beeinflusst und die eigenen Interessen in Relation zu denen anderer setzt (Düwell 2006: 153). Philosophische Perspektiven auf ›Handlung‹ sind häufig rein intentionale, die nach dem Verhältnis von Motivation, Zweck und Mittel des handelnden Individuums fragen (Pollok 2009: 66–70): ›Handeln‹ ist hier die Realisierung vorgefertigter Ziele, die die jeweiligen Akteure in die Situation einbringen. In soziologischen Ansätzen hingegen steht zumeist das handelnde Subjekt in seiner sozialen Einbettung im Vordergrund. Der Fokus ist also die Makroebene ›Gesellschaft‹, eine Perspektive, die zugleich Gefahr läuft, der Handlungsfähigkeit von Personen zu wenig Aufmerksamkeit zu schenken.

Eine dritte Perspektive betrachtet Ziele und Zwecke handelnder Personen situationsabhängig: Die Prämissen rationaler Handlungstheorien, die die Freiheit des Individuums in den Vordergrund stellen, mögen auf privilegierte Subjekte zutreffen, während die Optionen von weniger privilegierten Personen begrenzter sind (Krones 2008: 258).

Um beide Dimensionen, die menschlichen Intentionen des Handelns einerseits sowie die sozialen Bedingungen des Handelns andererseits zu umfassen, werde ich im Folgenden von *Handlungsspielräumen* sprechen (Düwell 1999: 281). Dies umfasst eine individuelle wie kollektive Dimension, da sich nicht nur beschreiben lässt, welche Möglichkeiten eine Person für ihre Lebensgestaltung hat, sondern sich auch die Grenzen aufzeigen lassen, die dieser Person durch soziale, kulturelle und historische Kontexte vorgegeben werden. Technik ist Teil dieses Spielraums, der Menschen als handlungsfähigen Wesen zukommt und der durch das Umfeld begrenzt oder erweitert werden kann. Diese Begriffe der ›Begrenzung‹ und ›Erweiterung‹ verdeutlichen, dass sich *Handlungsspielräume* relational zwischen handelnden Personen beschreiben lassen: Wenn sich *alters* Handlungsspielraum erweitert, wird *egos* Handlungsspielraum begrenzt (oder vice versa). Ich analysiere an dieser Stelle, wie in der Debatte um das Klonen dieses Verhältnis für Kollektive kommunikativ ausgehandelt wird. Damit gehen z. B. die Fragen einher, wer vom Klonen profitieren würde, wer es mit welcher Intentionen durchführen würde und wer die Möglichkeit hätte, sich die Technik zu leisten (Eskridge/Stein 1998). Hierbei wird sich zeigen, dass im Diskurs über das Klonen nicht nur Handlungsspielräume Zukünftiger, sondern Handlungsspielräume Gegenwärtiger verhandelt werden.

Den Ausgangspunkt meiner Analyse stellt die Behauptung dar, dass die Unterscheidung zwischen natürlicher und künstlicher Reproduktion eine folgenschwere Unterscheidung zwischen ›Gegebenem‹ und ›Gemachtem‹

hervorbringe (Habermas 2001, vgl. Kap. 5.5.5). Das Gemachte, so die Auslegung dieser Position, befinde sich in einer strukturellen Abhängigkeit zum Machenden, was seinen *Handlungsspielraum* begrenze:

> Die Ungleichheit besteht darin, dass im Falle der Klonierung von Menschen neben Individuen mit herkömmlicher Entstehung solche geschaffen werden, deren genetische Konstitution nicht wie sonst als Zufallsergebnis [...] akzeptiert wird oder zumindest hingenommen wird, sondern sich dem Willen und dem Vorbild einer anderen verdankt. (Beckmann 2004: 276)

Das Klonen wird hier einer zufälligen Entstehungsweise gegenübergestellt (Höffe 2008; Kass 2002). Der Klon käme zu einem bestimmten Zweck mit einer identischen genetischen Ausstattung auf die Welt, der lediglich Ausdruck eines interessegeleiteten, instrumentalisierenden Handelns des Originals sei:

> Allein der Zufall der Zeugung bewahrt den Menschen vor der genetischen Fremdbestimmung durch einen anderen Menschen. Deshalb wird nur er dem Menschen als Zweck an sich selbst gerecht; insofern hat er eine moralische Bedeutung. Das reproduktive Klonen ist ein entscheidender Schritt auf dem Weg, einen Menschen entsprechend fremden Wünschen herzustellen und ihn so zum Mittel für die Erfüllung fremder Wünsche zu machen. (Ricken 2008)

Ohne Frage ist das Klonen eine künstliche und intendierte Herstellung eines Menschen. Warum genau diese Herstellung den betreffenden Menschen zum ›Mittel für die Erfüllung fremder Wünsche‹ macht, leuchtet indes nicht ein. Mit diesem Argument wird nämlich ein Kausalzusammenhang zwischen einer bestimmten Technik der Reproduktion und einer Fremdbestimmung hergestellt:

> Cloning is inherently despotic, for it seeks to make one's children (or someone else's children) after one's own image (or an image of one's choosing) and their future according to one's will. In some cases, the despotism may be mild and benevolent. In other cases, it will be mischievous and downright tyrannical. But despostism – the control of another through one's will – it inevitably will be. (Kass 2002: 95f.)

Der Kausalzusammenhang, der hier hergestellt wird, lässt sich aber nicht aufrechterhalten: Warum sollte ein bestimmter Genotyp eine durch andere kontrollierte Lebensweise zur Folge haben? Warum sollte der Klon aufgrund seiner Zeugungsart keinen freien Willen entwickeln können? Warum ist der ›Despotismus‹ beim Klonen unvermeidlich? Diese Annahme scheint vielmehr darauf zu verweisen, dass der ethischen Bewertung dieser Fortpflanzungsweise bereits eine bestimmte Wahrnehmung des Klons als etwas Anderes zugrunde liegt. Denn es wird davon ausgegangen, dass der Klon aufgrund seiner physischen Gleichheit und seiner Determinierung nicht in der Lage wäre, in seinem Leben eine gesunde psychische Abgrenzung zu erreichen.

Und selbst wenn er es könnte, so würde er sich nach dieser Position dennoch von anderen unterscheiden:

> Auch wenn das geklonte Individuum und seine Umgebung diesen Tatbestand nicht negativ oder möglicherweise sogar positiv bewerten sollten, ändert dies nichts an dem Umstand der *Differenz*, nicht wie die übrigen Individuen im vollen Nichtwissen um ihre genetische Konstitution ins Leben berufen worden zu sein, sondern im Wissen – und wegen des Wissens – um ihre genetische Besonderheit. (Beckmann 2004: 276)

Allein das Wissen darum, anders erzeugt zu sein, ›gemacht‹ zu sein, begründet in dieser Position eine fundamentale Andersartigkeit des Klons, die selbst dann Auswirkungen habe, wenn der Klon die eigene Gemachtheit gar nicht ablehne. Allerdings kann die Tatsache, dass mit dieser Reproduktionsmethode der Klon ›gemacht‹ wird, nicht hinreichend für die Bewertung einer Reproduktionsmethode sein (Savulescu/Harris 2004: 94). Benötigt wird vielmehr eine normative Prämisse, warum gerade dieses Nicht-Eingreifen in moralischer Hinsicht dem Eingreifen vorzuziehen ist. In diesem Zusammenhang wurde angenommen, dass durch die Ersetzung der ›Menschwerdung‹ durch die ›Menschmachung‹ ein asymmetrisches Eltern-Kind-Verhältnis entstehe. Dies sei problematisch, da gerade solche symmetrischen Beziehungen die Grundlage für die Würde eines Menschen darstellten:

> Wie ich zeigen möchte, ist ›Menschenwürde‹ im streng moralischen und rechtlichen Verstande an diese Symmetrie der Beziehungen gebunden. Sie ist nicht eine Eigenschaft, die man von Natur aus ›besitzen‹ kann wie Intelligenz oder blaue Augen; sie markiert vielmehr diejenige ›Unantastbarkeit‹, die allein in den interpersonalen Beziehungen reziproker Anerkennung, im egalitären Umgang von Personen miteinander eine Bedeutung haben kann. (Habermas 2001: 62)

Als explizite Kritik an diesem Argument wurde wiederum eingewandt, dass die Implementierung der Klon-Technik allein keine hinreichende Bedingung für eine Asymmetrie menschlicher Beziehungen sein könne:

> Jürgen Habermas' Befürchtung, dass eine weitgehende Vorausbestimmung der genetischen Konstitution der nachfolgenden Generation die Grundlagen von Gleichheit, Autonomie und wechselseitiger Achtung – und damit die Grundlagen einer demokratischen Gesellschaftsordnung – unterminieren könnte, scheint mir ebenso unbegründet wie seine Forderung, dass wir deshalb eine solche Vorprogrammierung, soweit sie nicht unter gesundheitsbezogenen Zwecken steht, bereits im Ansatz verbieten sollten [...]. (Birnbacher 2006a: 159)

Eine Verletzung der Würde, so wird durch diese Kritik festgestellt, sei die Technik des Klonens nur, wenn sie zu einem tatsächlichen Schaden führe – wenn also der Klon versklavt würde oder von vornherein ein untergeordneter Typus der Spezies Mensch wäre. Durch die Erzeugungsmethode an sich verliere er jedoch nicht automatisch seinen Selbstzweck (vgl. Kap. 3.1). Eine Erzeugungsweise allein kann somit keine hinreichende Bedingung für eine Verletzung der Menschenwürde sein: »Nicht das Verfahren des reproduktiven Klonens selbst engt die Optionen des Klonkinds ein oder unterwirft seine Entwicklungen den Erwartungen anderer, sondern die Art und Weise, wie es erzogen wird, nachdem der Prozess des Klonens abgeschlossen ist.« (158) Der Wunsch nach einem geklonten Kind sei deshalb noch keine Entwürdigung oder Instrumentalisierung, da beides nur dann vorliege, wenn der Klon entsprechend behandelt würde. Hier wird also kein Kausalzusammenhang zwischen der Erzeugungsmethode und der sozialen Position einer Person hergestellt. Nur weil ein Kind künstlich erzeugt werde, bedeute dies nicht, dass es ein menschenunwürdiges Leben in asymmetrischen Beziehungen führen werde. Insbesondere, wenn das Klonen aufgrund von Unfruchtbarkeit die einzige Möglichkeit wäre, eine genetische Verwandtschaft zu erzeugen, sind nur schwer Gründe dafür zu finden, dass eine Ersetzung des Zufalls mit einer Technik zwangsläufig negative Folgen individueller oder familiärer Art hervorrufe (Krohmer 2007: 325).

Auf den ersten Blick scheinen diese beiden Positionen sehr unterschiedlich zu sein. Während im einen Fall das Klonen die Grundlage für ein asymmetrisches Verhältnis ist, wird es im anderen Fall als ermöglichende Handlung gesehen. Allerdings zeigt sich gerade hier paradigmatisch, dass die Bewertung des Klonens auch mit unterschiedlichen normativen Prämissen zum gleichen Ergebnis führen kann. Denn auch die zweite Position lehnt das Klonen letztlich ab, argumentiert jedoch nicht mit der Erzeugungsmethode, sondern mit der Einstellung, die dem Klon entgegengebracht wird:

> Auch wenn er ein unverwechselbares Individuum ist [...], läuft er doch Gefahr, weniger als Individuum denn als Exemplar oder Abbild gesehen zu werden, und zwar gerade von denen, deren Haltungen und Einstellungen zu ihm für seine persönliche Entwicklung am wichtigsten sind. Wenn er geliebt wird, dann möglicherweise nicht um seiner selbst, sondern um bestimmter Merkmale willen [...]. (Birnbacher 2006a: 302)

Während das erste Argument einen Kausalzusammenhang zwischen Technik und Beziehung herstellt, unterscheidet die zweite Position zwischen der Technik selbst und den moralischen Gründen für die Fragwürdigkeit des Klonens: Auch sie lehnt das Klonen ab; allerdings mit dem potentiellen Schaden für den Klon oder dessen fehlende Anerkennung nach der Geburt. Diese fehlende Anerkennung gründet sich *nicht* in seiner Erzeugungsweise, sondern in den Einstellungen seiner Umwelt.

Die topologische Ferne, die die Argumente durch jeweilige Verortung im Konsequenzialismus (Birnbacher) und in kantisch inspirierter Diskursethik

(Habermas) haben, ist aus alteritätstheoretischer Perspektive relativ gering: Beide nehmen die Perspektive des geklonten anderen ein, ohne es im Diskurs zu etwas Anderem zu machen. Beide vertreten eine ähnliche moralische Überzeugung: Birnbacher, indem er das Leid des Klons als Grund für die Ablehnung ansieht, Habermas, indem er asymmetrische Beziehungen zwischen Original und Klon als Folge der Technik sieht. Beide Positionen gehen davon aus, dass der Handlungsspielraum des Klons aus unterschiedlichen Gründen begrenzt wäre und dass dies moralisch falsch wäre. Beide scheinen damit implizit für die Anerkennung von Personen als Personen, d. h. für ihre Eigenschaften, und nicht für ihre Leistungen zu argumentieren.

An dieser Diskussion lässt sich festhalten, dass genetische Verwandtschaft weder als eine notwendige, noch eine hinreichende Bedingung für ein liebevolles und gutes Verhältnis von Eltern und Kind gesehen werden kann (vgl. Kap. 3.3). Auch bei ›natürlicher‹ Reproduktion können Erwartungen und Ansprüche auf ein Kind projiziert werden (Sparrow 2012). In beiden Fällen kann es sein, dass *ego* ›Pläne‹ für *alter* hat und ihm wenig Handlungsspielraum zubilligt:

> They might want a child who could grow up to run the family farm or business, to support them in old age, to balance their family, and, lest we forget, they might need an heir to secure the line of succession of the British monarchy. Having other motives does not make this sort of thinking wrong; having only those motives does. This is true with respect to conventional reproduction and it is just as true with respect to cloning for reproduction or for replication in a medical context. (Klotzko 2004: 124)

Die Intention, Kinder für Zwecke zu bekommen, ergibt sich nicht erst durch das Klonen, sondern stellt vielmehr ein kulturelles Handlungs- und Deutungsmuster dar (vgl. Kap. 1). Bei natürlicher wie künstlicher Zeugung kann es passieren, dass das Individuum nicht sich selbst, sondern anderen Zwecken genügen soll (Heinemann 2005: 528). Moralisch verwerflich ist also nicht unbedingt, dass die Fortpflanzung zweckhaft ist, denn einen Zweck (das Fortbestehen des Menschen) hat sie in jedem Fall. Moralisch fragwürdig erscheinen eher bestimmte Zwecke, die der Fortpflanzung zugeschrieben werden und mit denen ein Individuum verdinglicht wird.

Verschiedene Formen der Fortpflanzung können als Instrumentalisierung verstanden werden, bei der »[d]as Objekt […] von der verdinglichenden Instanz so behandelt [wird], als fehle ihm jegliche Autonomie und Selbstbestimmung« (Nussbaum 2002: 102).[57] Auch wenn Nussbaum hier nicht über

[57] Nussbaum nennt sieben Merkmale eines solchen ›Dinges‹: Seine Instrumentalisierung, ein Besitzverhältnis zum Subjekt, die Leugnung seiner Autonomie, seine Trägheit (mangelnde Handlungsfähigkeit), seine Austauschbarkeit, Verletzbarkeit, und die Leugnung seiner eigenen Subjektivität.

das Klonen spricht, so wird mit ihrem Konzept von Verdinglichung doch deutlich, warum gerade der Klon Bedeutungszuschreibungen eines Dinges erhält. Denn er erscheint aufgrund seiner Existenz als ›Kopie‹ austauschbar und seriell: »Daß man jemanden als austauschbar behandelt, ist dann verdächtig, wenn die so oft behandelte Person einer Gruppe angehört, die schon oft zur Ware gemacht und als Werkzeug oder als Preisgeschenk benutzt worden ist.« (149) Wenn der Klon als Produkt verstanden wird, das in einem Besitzverhältnis zum Original bzw. zur erzeugenden Person steht, kann er gerade diejenigen repräsentieren, die real in einem Verhältnis der Verdinglichung gestanden haben oder stehen.

Dass das Klonen unwiederbringlich zu Verdinglichung führt, ist allerdings nicht selbstverständlich; und doch ist dieses Motiv sehr präsent in der ethischen Debatte, die den Klon häufig als ein gemachtes ›Produkt‹ sieht. Es findet sich z. B. die Bedeutungszuschreibung eines determinierten, abhängigen und ausgenutzten Klons *trotz* des Wissens darüber, dass mit jeder Form der Reproduktion ein Zweck verfolgt werden kann (Sandel 2008; Pence 2004: 11; Steinvorth 1998).

Ganz ähnlich wie das Natürlichkeitsargument überzeugt also auch die Unterscheidung zwischen der Gegebenheit der Reproduktion und der Gemachtheit des Klons nicht hinreichend: Menschen überlassen viele Dinge bewusst nicht dem Zufall. Dass sie es gerade bei der Reproduktion tun sollten, ist nicht evident. Weder ist die natürliche Reproduktion eine hinreichende Bedingung für symmetrische Beziehungen, noch zieht eine bestimmte Reproduktionstechnik zwangsläufig ein asymmetrisches Verhältnis nach sich. In beiden Fällen, so argumentieren insbesondere Befürworter_innen des Klonens, könne es ein schwieriges Verhalten der Eltern geben, mit dem ein Kind umgehen müsste: »[T]here is nothing about SCNT per se that is necessarily linked to bad motives. True, people would have certain expectations of a child created by SCNT, but parents-to-be already have certain expectations about children.« (Pence 1998: 124) Als Beispiel wird von befürwortenden Personen z. B. die Einbindung der Eltern in totalitäre Systeme genannt, die mit bestimmten Erwartungen an die Kinder verbunden ist (Burley/Harris 2002).[58]

Aus dieser präferenzutilitaristischen Position gibt es kein Recht einer Gesellschaft oder eines Staates, eine Person an bestimmten Reproduktionsmöglichkeiten zu hindern: »Suppose a woman's only chance of having ›her own‹ genetic child was by cloning herself; what are the strong arguments that should compel her to accept that it would be wrong to use nuclear substi-

[58] Bei diesem Vergleich ist jedoch zu bedenken, dass solche politischen Entscheidungen von Eltern nicht so elementar mit der Existenz des Kindes in Verbindung stehen wie eine Reproduktionsmethode.

tution?« (Harris 1997: 358) Die menschliche Würde werde gerade dadurch verletzt, dass das Klonen *nicht* gestattet werde, da hier die reproduktive Freiheit eingeschränkt werde (Kitcher 2002; Robertson 2002; Harris 1997).

Von diesem Szenario ausgehend wird eines der Hauptargumente der Befürworter_innen entwickelt: Es sei eine Begrenzung des Rechts auf reproduktive Autonomie, wenn Subjekte hinsichtlich ihrer Fortpflanzungsmethode eingeschränkt würden (Pence 2004: 100–115). Dementsprechend müsse das Klonen erlaubt werden, da sonst das Recht auf reproduktive Selbstbestimmung verletzt würde. Wer Reproduktion generell befürworte, müsse deswegen auch jede Form von Technik begrüßen oder ansonsten – konsequenterweise – kinderlos bleiben (Savulescu/Harris 2004). Es sei zwar möglich, dass ein Klon durch seine Erzeugungsweise in seiner Autonomie beschränkt werde, dies sei jedoch keine hinreichende Bedingung für ein Verbot:

> While it may be true that the autonomy of a clone who lived her life in the shadow of another would be adversely affected this is not a sufficient condition to curtail a would-be cloner's reproductive freedom. [...] Freedom is costly – affording it to individuals will, in many cases, produce suboptimal outcomes but unless these outcomes involve a moral wrong so serious that freedom must be sacrificed to prevent it, the liberal view insists that freedom prevail and that other means be found to combat any resulting harms. (Burley/Harris 2002: 243f.)

Vorurteile und Erwartungen gegenüber dem Klon seien zu Gunsten des Handlungsspielraums des Originals ebenso in Kauf zu nehmen wie Schäden. Mit dem potentiellen psychischen Leid des Klons lasse sich in diesem Sinne eine Begrenzung der reproduktiven Freiheit nicht rechtfertigen. Allein das Missbrauchspotential einer Technik, so diese Position weiter, spreche nicht zwangsläufig gegen sie: »To ban cloning on the grounds that it might be used for racist purposes is tantamount to saying that sexual intercourse should be prohibited because it permits the possibility of rape.« (Harris 1997: 356) Klonen zu verbieten hat indes weit geringere Folgen, als Geschlechtsverkehr als solchen zu verbieten. Im letzten Fall müsste, um den Fortbestand von Menschen zu sichern, nämlich allen Personen die künstliche Fortpflanzung vorgeschrieben werden.

Allerdings benötigt auch die Argumentation, dass die künstliche Fortpflanzung zu bevorzugen ist, eine normative Prämisse. Die (deskriptive) Feststellung, dass der Schaden bei natürlicher wie künstlicher Reproduktion gleich groß ist (Harris/Takala 2004), ist in diesem Fall zwar notwendig, aber nicht hinreichend. Es muss vielmehr nachgewiesen werden, dass der potentielle Schaden des Klonens durch einen noch größeren Nutzen legitimiert wird. Als normative Prämisse wird in dieser Position deswegen nicht nur das Recht auf reproduktive Autonomie betont, sondern auch die moralische Verpflichtung gesetzt, die ›besten‹ Menschen zu produzieren. Hieraus leite sich das Recht ab, jede mögliche Technik für diesen Zweck zu nutzen (Savulescu/Harris 2004; Savulescu 2001). Aus diesem Grund dürfe die Freiheit derjenigen, die sich klonen wollen, nicht begrenzt werden: »What justification is there for depriving people of freedom to engage in cloning an genetic engineering?« (Gert 2002: 112) Ergänzt durch utilitaristische Überzeugungen, kommt dem Embryo – qua seiner Unfähigkeit zu leiden – hier keinerlei Schutzbedürftigkeit zu. Der Schaden, den ein Klon bei diesem Prozess voraussichtlich erleiden würde, wird durch die Pflicht zur Verbesserung und Weiterentwicklung aufgehoben. Die Technik wird so nicht nur zu einer kulturellen Handlungsmöglichkeit des Menschen, sondern zu einer Aufgabe:

> Without some risk, there is no progress, no advance. Without risk, pioneers don't cross prairies, astronauts don't walk on the moon, and Freedom Riders don't take buses to the South. The past critics of assisted reproduction demonstrated a psychologically normal but nevertheless reasonable tendency to magnify the risk of a harmful but unlikely result. Such a result – even if very bad – still represents a very small risk. (Pence 1998: 116)

Mit einer moralischen Pflicht zum Fortschritt legitimiert diese Position das Klonen letztlich ohne Einschränkung, wobei das Recht auf Fortpflanzungsfreiheit in einen Anspruch auf Fortpflanzung übersetzt wird. Selbst wenn aus deskriptiver Perspektive der menschlichen Fähigkeit, Technik zu nutzen, zugestimmt wird, heißt dies jedoch aus der ablehnenden Position nicht, dass jede reproduktive Handlung uneingeschränkt zu befürworten ist. Der Anspruch, dass der Staat Personen nicht an ihrer Reproduktion hindern darf, ist nämlich nicht gleichbedeutend mit einem Recht darauf, jede Art der Fortpflanzung und insbesondere jeden Eingriff in das Erbgut der kommenden Generation zu ermöglichen (Beier/Wiesemann 2013). Reproduktive Freiheit stellt kein positives, sondern ein negatives Recht dar; d. h. eine Person kann zwar moralisch und rechtlich einfordern, über die Partnerwahl, die Anzahl ihrer Kinder u.ä. frei entscheiden zu dürfen – hieraus lässt sich jedoch kein Anspruch ableiten, dass diese Person sich unter allen Umständen so reproduzieren darf, wie sie es möchte (Krohmer 2007: 385).

Die befürwortende Position neigt dazu, gerade die Beziehungen und die strukturellen Verhältnisse, in denen Personen sich reproduzieren, auszublenden, indem sie sich rein auf die Frage der (moralischen oder juristischen) Rechte konzentriert (Àrnason 2013). Der Fokus auf die persönliche Entscheidung rationaler und freier Akteur_innen läuft Gefahr, kollektive Verpflichtungen, ökonomische Ungleichheiten und die »Bedingungen menschlichen Handelns« (Nussbaum 2002: 279) in der Analyse zu vernachlässigen. Aus ethischer Sicht wird weiterhin eingewandt, dass die ärztliche Pflicht des Nicht-Schadens gegenüber dem Kind im Vergleich zur Pflicht des Wohltuns,

d. h. der individuellen Infertilitätsbehandlung gegenüber den Eltern überwiegen sollte (Sparrow 2012). Diese Pflicht des Nicht-Schadens wird in den Positionen, die nach Dollys Geburt für das Klonen argumentieren, meistens nicht als wichtigste Pflicht angesehen.

Dass einem geborenen Klon dieselben Rechte zukämen wie auf anderen Wegen gezeugten Personen, ist relativ unstrittig (Kahn 2004; Mieth 2004). Dieser Konsens ist zentral, da sonst der Möglichkeit Raum gegeben werden könnte, den Klon in hohem Maße auszunutzen und zu stigmatisieren: »Positions that clones would not be fully ›human‹ or ›full moral agents‹ or possess ›full moral dignity‹ are exactly the kinds of positions that could open the door to arguments for creating clones as a subclass of beings suited to particular tasks.« (Davion 2006: 66) Dieses Argument lässt sich jedoch auch umdrehen mit dem Hinweis darauf, dass das Klonen erlaubt werden müsste, da sonst »illegal beings« (Macintosh 2005) zur Welt kommen könnten. Dass die Handlung des Klonens illegal ist, bedeutet allerdings noch nicht, dass ein Klon ein illegales Wesen wäre. Denn das Verbot bestraft die ausführende Partei und nicht den Klon für seine Existenz. Eine gesellschaftliche Ausgrenzung des Klons, hängt auch nur bedingt mit dem rechtlichen Verbot zusammen: Es könnte sein, dass ein Klon auch bei legaler Erzeugung aufgrund seiner Andersartigkeit ausgegrenzt würde.

Die Idee, dass der Klon kein ›echter Mensch‹ wäre, lässt allerdings noch eine andere Hypothese zu, denn sie bezieht sich auf die nationalsozialistische Rede vom ›lebenswerten und lebensunwerten Leben‹: »Klonkinder [bilden] die erste Stufe von Design-Kindern, also nicht eine Vorstufe von Eugenik, sondern selber schon deren Teil, auch wenn man eine ›negative Eugenik‹, die gewisse Erbkrankheiten auszumerzen versucht, gegen eine positive abzusetzen hat, die wünschenswertes Erbgut auswählt.« (Höffe 2008: 27)

Der Eugenik-Begriff ist v. a. in der deutschen Debatte negativ besetzt und kann als ein Hinweis auf moralisch falsches Verhalten fungieren, ohne dass die einzelnen Handlungen und ihre Folgen näher untersucht werden (Ach 2006: 224). Je nach Einstellung wird die historische Verbindung entweder als fortgesetzt oder als unterbrochen dargestellt (Roelcke 2002). Eine solche Verknüpfung des Klonens mit der nationalsozialistischen Rassenhygiene wird z. B. folgendermaßen hergestellt: »Die Gefahr wäre zu groß, daß sich die Gesellschaft in biologische Klassen aufteilt, in wertvolles und weniger wertvolles Leben.« (Fuchs-Kittowski et al. 2005: 156) Woher die benannte ›Gefahr‹ kommt, woraus sich die höchstwahrscheinliche Aufteilung in biologische Klassen des wertvollen und nicht wertvollen Lebens speist, bleibt allerdings unklar (Gesang 2005). Diese Argumente lesen sich deshalb eher als eine wissenschaftliche Aufarbeitung der nationalsozialistischen Abwertung des Anderen und drücken die Überzeugung aus, dass es dringend nötig sei, ein ähnliches System zu verhindern.

Doch warum, so stellt sich die Frage, betonen einige Positionen so vehement den geringen Handlungsspielraum des Klons und seine Abhängigkeit? Was bedeutet es, von einem Standpunkt aus zu argumentieren, der diese Perspektive des Anderen einnimmt und die physische Gleichheit gerade als Bedingung für Asymmetrien ansieht?

Literarische Werke können neue Perspektiven bieten, den technisch-medizinischen Handlungsspielraum als sozialen und kulturellen zu verstehen: Szenarien wie Kazuo Ishiguros Roman *Never Let Me Go* verhandeln, ob die Erweiterung reproduktiver Freiheit tatsächlich ein reiner Fortschritt wäre, indem sie die marginalisierten und vulnerablen Anderen eines solchen Fortschritts in den Vordergrund rücken (vgl. Kap. 5.6.1). Damit wird eine probleminduzierte Betrachtungsweise eingenommen, die in der Debatte des Klonens bisher zu kurz gekommen ist. Ähnlich verhält es sich mit Tilo Balliens Roman *Die Klon-Farm* aus dem Jahr 2000. Ballien nimmt die Perspektive von Leihmüttern ein, die dazu gezwungen werden, Klone auszutragen. Dies ist zwar eine überspitzte Darstellung; sie lenkt den Blick jedoch darauf, dass die Leihmutterschaft vornehmlich eine Praktik in nichtwestlichen Ländern ist, von der wiederum größtenteils die Bürger_innen westlicher Länder profitieren (Karandikar et al. 2014).

Hier wird der Blick für die Frage geschärft, von wem Techniken in Anspruch genommen werde, um das ›eigene‹, in diesem Fall biologisch verwandte Kind zur Welt zu bringen (Gordijn 2008). Dies fokussiert die strukturellen Verhältnisse, in denen sich Personen befinden, die zum Klonen beitragen, aber nicht von ihm profitieren würden (Eskridge/Stein 1998). So, wie Autor_innen literarischer Werke sich entscheiden können, ob sie die Perspektive des a/Anderen bei der Darstellung eines Szenarios einnehmen, können dies auch die Diskursteilnehmer_innen der ethischen Debatte tun.

Klonen, so schreibt auch Katz Rothmann (1998), sei eine ›Platzierung‹ von Personen auf eine vorher bereits festgelegte soziale Position. Die Handlung des Klonens beinhalte auf zweierlei Art eine Ordnungs- bzw. Befehlsstruktur:

> It is *order* both in the sense of predictability and control, and in the sense of the market, an order placed, a human being in order. In a perfect world we could think about the value of the first form of order, the value of predictability and control in procreation, without thinking about the second form of order, the power of the market. In our world, the two are hopelessly, endlessly entangled. (280)

In einer ›perfekten‹, idealen Welt wären die Ordnung im Sinne der Sortierung und Vorhersehbarkeit nicht notwendigerweise mit der Ordnung im zweiten Sinne verknüpft. In einer Welt mit transparenter, sozialer Mobilität würde bspw. nicht davon ausgegangen werden, dass bei einem geklonten Kind ›eine Bestellung aufgegeben würde‹, sondern dass vielmehr die Reproduktion nur einer Ordnung im ersten Sinne, einem Fortbestehen der Gesellschaft dienen würde (Rodotà 2002: 159). Anders formuliert: Wenn es kein ausgegrenztes Anderes gäbe, wenn die Utopie einer sozialen Gleichheit eingetreten wäre, hätte der Klon weniger Symbolkraft. Räumlich wäre dann nur noch zwischen einem und anderem, nicht mehr zwischen eigenem und Fremden zu unterscheiden (Hansen/Cronjäger 2015). Es wird deutlich, dass die Bewertung des Klonens viel darüber aussagt, wie Differenz als solche bewertet wird – und zwar nicht nur die Differenz im Zukünftigen, sondern auch die Differenz im Derzeitigen. Ähnlich wie die genetische und psychologische Gleichheit vielerorts abgelehnt und der Wert der Individualität betont wird, kann auf kollektiver Ebene über das Motiv auf fehlende Gleichbehandlung kritisch hingewiesen werden.

Das Motiv der Gleichheit ist auch bei den Befürworter_innen zu finden, wird hier aber anders verwendet. Es wird angenommen, dass negative Auswirkungen auf die Psyche des Klons nicht notwendigerweise gegeben seien, die zweite Form der ›Ordnung‹ von Seiten des Klons also nicht zwingend gespürt würde:

> Der spätere Zwilling würde ein Leben unter ganz anderen familiären Umständen, anderen sozialen Voraussetzungen und in einer anderen historischen Umgebung gestalten, und damit sind die Möglichkeiten des späteren Zwillings unweigerlich ganz andere als die Möglichkeiten, die der frühere Zwilling hatte. Und selbst wenn der spätere Zwilling mit ähnlichen Möglichkeiten wie der frühere Zwilling konfrontiert wäre, würde die Tatsache, dass beide das gleiche Genom haben, die zu treffende Wahl nicht bestimmen. (Brock 2004: 199f.)

Unter der Annahme, dass es ›ganz andere soziale und historische Umstände‹ gebe, unter denen der Klon aufwachsen würde, wird argumentiert, dass die kommende Generation durch das Klonen klüger, gesünder und vielleicht sogar glücklicher sein könnte. Diese Annahme negiert den Zusammenhang zwischen den beiden Formen der Ordnung, die Katz Rothmann benannt hat. Auf einer kollektiven Ebene lautet das Argument, dass es ohnehin so viele Ordnungen der zweiten Art (sprich: so viele Andere) gebe, dass es schwierig zu begründen sei, warum gerade das Klonen eine besondere Art der Ungleichheit produziere:

> It is hard to argue, in a world that tolerates so much inequity in the circumstances under which children are brought into being, that there is something more offensive or more morally problematic about biological advantages as opposed to social and economic advantages. It is also difficult to argue in a world that tolerates large numbers of privileged persons the right to pursue the best education for their children in situations and contexts that may well produce homogeneity in the endresults, that the pursuit of perfection or enhancement at the cost of homogeneity is allowed in schools, music lessons or summer camps when the intervention is environmental but not when it is biological. (Caplan 2000: 222)

Es gibt aus dieser Perspektive bereits so viel Ungleichheit, soviel Segregation des sozialen Raums, die sich immer wieder reproduziert, so viel Streben nach Perfektion, dass das Klonen die Lage nicht entscheidend verändern würde. Noch abstrakter formuliert, führt dieses Argument zu der Aussage, dass eine (genetisch) determinierende Gesellschaft mit dahinterstehender Hierarchie moralisch gesehen nicht besser oder schlechter wäre als eine hierarchische Gesellschaft, die nicht durch Gentechnologie herbeigeführt ist: Ohnehin würden Personen mit einer bestimmten Erziehung und einer genetischen Ausstattung ihren Platz im sozialen Raum nicht verlassen können: »Some may think that this kind of society is less desirable than a society with greater social mobility, but I see no moral difference between a society with a great deal of social mobility and one with very little.« (Gert 2002: 110) Vordergründig geht es darum, ob das Klonen derzeitige Verhältnisse verändern würde. Dahinter liegt implizit jedoch die Überzeugung, dass die soziale Ungleichheit und die Konstruktion des Anderen inkl. eines geringen Handlungsspielraums zu akzeptieren oder sogar zu befürworten sei.

An diesem Punkt lädt Katz Rothmanns räumliche Vorstellung der ›Bestellung‹ dazu ein, die Allegorie des sozialen Raums als Restaurant weiterzudenken: Wenn die Bestellungen so aufgegeben werden, dass (um im Bild zu bleiben) an allen Tischen dasselbe serviert würde, würden sich keine Fragen der Gerechtigkeit und Anerkennung stellen. Wie Katz Rothmann hervorhebt, folgt diese Bestellung aber noch einer zweiten Logik: Einige Personen könnten eine ›bessere‹ Bestellung aufgeben als andere. Doch auch noch dieser Gedanke, formuliert als Kritik an unterschiedlichen Einkommensverhältnissen, lenkt von der Frage ab, wie es eigentlich um die Anderen ›bestellt ist‹. Wie geht es denen, die die Bestellung *liefern* und denen, die gar keinen *Zugang* zum Restaurant bekommen? Was ist mit Personen, die nicht die soziale Position im Raum (sprich die finanziellen Mittel, die Bildung und das soziale Netz) haben, um eine ›solche Bestellung‹ aufzugeben? Die Fragen, die über das Klonen unter der Kategorie der Handlungsspielräume verhandelt werden, werden so zu Fragen der Verteilungsgerechtigkeit von »positional goods« (Malmqvist 2014: 49) im sozialen Raum. Sie werden dann virulent, wenn sich die Debatte nicht mehr rein auf Rechte und Pflichten, sondern auf den Aspekt eines sozialen Handlungsspielraums konzentriert, in den Techniknutzung eingebettet ist. Denn dann wird mit diesen Argumenten nicht mehr der Status des zukünftig anderen, sondern der des gegenwärtig Anderen verhandelt:

> Chancengleichheit […] ist ein schwieriges soziales Problem, wie wir vor allem aus der Bildungspolitik wissen. Es würde sich enorm steigern, wenn Eltern ihren Kindern nicht nur ein soziales Milieu und Bildungsbedingungen, sondern auch Erbanlagen in Abhängigkeit von ihren finanziellen Mitteln zur Verfügung stellen könnten. […] Gerade das zufällige Auftreten von Begabungen

> oder ›Schönheiten‹ in den unterschiedlichsten Schichten ist eine der wesentlichen Voraussetzungen für soziale Mobilität und Durchlässigkeit, die zu den günstigen Voraussetzungen für Demokratie und Rechtsgleichheit gehört. Dass Gesundheit sowie körperliche und geistige Veranlagungen dem Markt bislang weitgehend entzogen waren, [...] gehörte zu den wichtigsten Bedingungen sozialer Gleichheit und wechselseitiger Akzeptanz. (Siep 2004: 320)

Der Klon kann also nicht nur in der Science Fiction, sondern auch in der ethischen Diskussion zum Symbol für soziale Gruppen mit geringem *Handlungsspielraum* werden. Hier wird nicht nur aufgrund einer ethischen Hintergrundtheorie für oder gegen das Klonen argumentiert, sondern vielmehr eine Position zum a/Anderen bezogen. Mit der Frage: »True, prejudicial expectations could damage children, but why make public policy based on that?« (Pence 1998: 126) etwa wird von einer Position, die sich explizit für das Klonen ausspricht, proklamiert, dass vorhergehende Erwartungen an das a/Andere nicht weiter reflektiert werden müssen.

Um dieses Argument etwas genauer zu betrachten, gilt es noch einmal zu betonen, dass mit ihm der Platz eines Individuums im sozialen Raum verhandelt wird. Diese Verhandlung hat also kollektive Folgen, weshalb ein Fokus, der sich ausschließlich auf die reproduktive Freiheit einzelner bezieht, zu kurz greift: »When individuals act together, they bring about outcomes – good or bad – that cannot be achieved without combined effort.« (Isaacs 2011: 16) Denn diese Individuen sind eingebunden in Beziehungen und Gesellschaften, in denen sie Verpflichtungen und Verantwortungen haben (9). Eine Argumentation, die nur auf der Vergrößerung individueller Handlungsspielräume im Sinne der reproduktiven Freiheit abzielt, übersieht leicht genau diese kollektiven Aspekte: Über das Klonen wird also zumeist implizit ausgehandelt, wessen Handlungsspielraum in einem sozialen Raum gestärkt werden soll. Hier geht es nicht nur um die Zukunft des Klons, sondern ebenso um die soziale Position von Personen zum jeweiligen Zeitpunkt der Debatte. Dabei scheint die Annahme nicht unplausibel, dass gerade diejenigen eine Gesellschaft mit geringer sozialer Mobilität begrüßen, die von ihr profitieren bzw. selbst bereits einen großen *Handlungsspielraum* haben:

> Jeder stimmt zu, dass Eugenik falsch ist, daß Vorurteile gegen Frauen oder Behinderte falsch sind, daß Familieninstabilität unerwünscht ist usw. Die Uneinigkeit betrifft die Frage, ob die [neuen Reproduktionstechnologien] wirklich diese Auswirkung haben. Und diese Uneinigkeit ist Ausdruck von Machtdifferenzen – d. h. einige, die sich besonders besorgt über die Implikationen von NRT [New Reproductive Technologies, Erl. S. L. H.] zeigen, haben das Gefühl, daß sie wenig Einfluss auf die zukünftige Entwicklung nehmen können. (Kymlicka 2000: 213f.)

Zugleich bietet eine solche Annahme eine Erklärung für eine Positionierung zum Klonen, die außerhalb des ethischen Bezugsrahmens liegt. Individuelle oder kollektive Erfahrungen mit Abhängigkeit oder geringem Handlungsspielraumwürden ebenfalls die Bewertung des Klonens beeinflussen:

> Der kleine Unterschied, ob man sich im Gebrauch eines in jedem Fall sozial produzierten und organisierten Mittels unabhängig fühlen kann oder dabei sofort auf seine tatsächliche Abhängigkeit gestoßen wird, ist bedeutsam für das Gefühl, ob man selbst über den Gebrauch entscheidet und sein Schicksal in eigener Hand hat. (Steinvorth 1998: 119)

Gerade die Wahrnehmung des Klons als ein abhängiges Individuum, das in strukturelle Ungleichheit eingebettet ist, bringt die Perspektive des Anderen wieder und wieder hervor. So kann die Diskussion über seinen Status zu einer Diskussion über den Status des gegenwärtigen Anderen werden. Das Klonen ist, anders gesagt, ein symbolischer Ausdruck dafür, den eigenen *Handlungsspielraum* zu erweitern und den eines Gegenübers zugleich zu begrenzen. Das ›Design‹ des Kindes durch das Klonen wird insbesondere dann negativ bewertet, »wenn diese Merkmale *symbolisch für andere Eigenschaften stehen* wie etwa die Zugehörigkeit zu einer Ethnie« (Krohmer 2007: 211). Die Debatte bekommt mit dieser Perspektive eine neue, gegenwartsbezogene Dimension, wenn die Gestaltung eines Kindes mit bereits bestehenden Segregationsmechanismen des sozialen Raums in Verbindung gebracht wird. Verhandelt wird also letztlich das gesellschaftliche Signal, das die Zulassung des Klonens aussenden würde: dass nämlich auch in sozialer Hinsicht Determinierung und Abhängigkeit akzeptabel sind, was symbolisch in der Abhängigkeit des Klons Ausdruck findet. So kann der Klon in seiner ganzen Abstraktheit doch konkret diejenigen Anderen symbolisieren, die von gesellschaftlichen, familiären oder politischen Entscheidungen betroffen sind, ohne ein Mitspracherecht zu haben (Hansen/Wöhlke 2015). Entsprechend liegt die Interpretation nahe, dass sich v.a diejenigen gegen das Klonen aussprechen, deren eigener *Handlungsspielraum* begrenzt ist oder die für Personen mit begrenztem *Handlungsspielraum* eintreten.

Zusammenfassend lässt sich sagen, dass der Klon als Sinnbild einer Instrumentalisierung und einer fehlenden Anerkennung in gegenwärtigen Gesellschaften fungiert. Als Ergebnis ist deshalb festzuhalten, dass auch die ethische Debatte nicht in einem luftleeren Raum stattfindet, sondern sich in ihr eine gesellschaftliche und politische Positionierung der Akteur_innen in rational-argumentativer Form analysieren lässt. Unter der Kategorie der Alterität kann mit emanzipatorischem Interesse analysiert werden, in welchen Positionen die Perspektive sozial schwacher Subjekte berücksichtigt und wo sie nivelliert wird. Die Frage, wessen Handlungsspielraum vergrößert und wessen begrenzt werden soll, findet vor einem gegenwärtigen moralischen, epistemischen und politischen Standpunkt statt. Diese Erkenntnis führt letztlich dazu, dass es im Diskurs über zukünftige Generationen nicht nur um die Zukunft geht, sondern dass gerade bei der Frage der Handlungsspielräume gegenwärtige Verhältnisse thematisiert werden. Die Kategorie der Alterität kann helfen, die Debatte das Klonen nicht nur rein technikinduziert zu behandeln, sondern vielmehr die soziale Dimension einer technischen Handlung in den Blick zu nehmen: Welches Signal sendet ein Diskurs für diejenigen Personen aus, deren *Handlungsspielraum* begrenzt ist? Wird bspw. suggeriert, dass Entscheidungen über die Nutzung von Technik bestimmten Personen vorbehalten werden sollten? Nicht zuletzt an der Kategorie des *Handlungsspielraums* stellt sich virulent die Frage, ob tatsächlich die *Technik* des Klonens an sich problematisch ist oder ob nicht vielmehr eine ›Platzierung‹ von Personen auf bestimmte soziale Positionen in den Vordergrund gerückt und als moralisches und zugleich gesellschaftliches Phänomen diskutiert werden sollte. Hierbei kann die Kategorie der Alterität für die Frage sensibilisieren, inwiefern eine ›Pflicht zum Fortschritt‹ marginalisierte Subjekte produziert, die von diesem Fortschritt nicht profitieren und im Diskurs unberücksichtigt bleiben. Diese Perspektive hilft, Technik als soziales Phänomen zu verstehen, das als Handlung sozial Anderes erzeugen kann.

3.5 Zusammenfassung und ethisch-theoretische Einbettung der Analysergebnisse

Über den Klon als abstrakten Gegenstand, so wurde anhand der drei Kategorien *Individualität*, *Familienformen* und *Handlungsspielräume* deutlich, wird auf verschiedenen Ebenen der Status des Anderen bzw. Fremden diskutiert. Dabei zeigte sich nicht nur, dass über das Klonen moralische Überzeugungen verhandelt werden, die sich auf andere Themenbereiche beziehen, sondern auch, dass sich die Sprengkraft des Themas von der individuellen zur kollektiven Ebene steigert. Insbesondere über die *Handlungsspielräume* wird auch für den aktuellen sozialen Raum ausgehandelt, wieviel Mobilität Personen in ihm bekommen sollen. Allerdings stehen im bioethischen Diskurs eher formale Fragen der Rechte/Pflichten, des Nutzens/Schadens sowie der Permissivität/Restriktivität im Vordergrund. Die tieferliegende kulturphilosophische Debatte des Klonens mit ihren politischen Implikationen wird so eher vernachlässigt.

Wenngleich politische Positionierungen, die Einstellung zum Anderen, die Bewertung der eigenen Kulturgeschichte und historisch gewachsener Werte die Debatte beeinflussen, speist sie sich auch aus verschiedenen *ethischen Traditionen*. Dieser Kontrast wird deutlich im Unterschied zwischen ›britischem‹ Utilitarismus und ›deutscher‹ Deontologie (Bordat 2009: 28f.). Diese kulturell unterschiedlichen ethischen Traditionen sind ein wichtiger Bezugspunkt der gegenwärtigen Debatte, der als ein Faktor der unterschiedlichen Prägung moralischer Überzeugungen erscheint.

Wenn dies bei der nun abschließenden Interpretation reflektiert wird, geht es nicht darum, die beiden Theorien gegeneinander abzuwägen. Auch geht es mir an dieser Stelle nicht um einen ausführlichen philosophiegeschichtlichen Einblick in diese Theorien (Überblick z. B. in Düsing 2005). Nichtsdestoweniger sollen sie als Hintergründe beleuchtet und miteinander ins Gespräch gebracht werden. Ich gehe allerdings nicht davon aus, dass Ethik in Großbritannien prinzipiell utilitaristisch oder in Deutschland prinzipiell deontologisch ist: Vielmehr sind dies Traditionen, die für eine historische Rekonstruktion unerlässlich sind, sich jedoch heutzutage noch weiter ausdifferenziert haben. Die Frage, ob es eine ›britische‹ und eine ›deutsche‹ Bioethik gibt, erweist sich angesichts globaler, oder zumindest europaweiter Forschungsvorhaben ohnehin als obsolet (Tao Lai Po-wah 2002). Viel relevanter ist indes, dass sich mit Deontologie und Utilitarismus jeweils eine unterschiedliche Perspektive auf das Phänomen der Reproduktion herausarbeiten lässt. Diese zu analysieren, hilft zu verstehen, inwiefern in verschiedenen Argumentationsmustern eine Bewertung des Klonens als Zäsur oder als Fortsetzung von Reproduktionshandlungen angelegt ist.

Prägende Autoren beider Theorien schrieben während der Aufklärung, in der sich in Abgrenzung zur Ständegesellschaft ein größerer, sozialer, Handlungsspielraum von Individuen entwickelte (Welskopp 2013). Hier löste sich die Kirche als alleinige ethische Deutungsmacht auf; es gab keine Autoritäten mehr für die Letztbegründung moralischer Urteile (Schneiders 2014). Vielmehr wurde die säkulare, moderne Ethik in ihrer Selbstreflexion herausgefordert.

In Großbritannien können Jeremy Bentham (1748–1832) und John Stuart Mill (1806–1873) als Begründer und Hauptvertreter des Utilitarismus gelten. Der utilitaristische Diskurs setzt im 18. Jahrhundert in England Motive fort, die bereits in Thomas Morus' *Utopia* (1960 [1516]) eine entscheidende Rolle gespielt haben; nämlich die Frage, wie das größtmögliche Gemeinwohl in einem Kollektiv erreicht werden kann. Im Unterschied zur Renaissance, in der Morus seine *Utopia* schrieb, findet in der beginnenden Moderne allerdings auch das Motiv der Zukunft Eingang in ethische Theorien. Das Gemeinwohl ist im Utilitarismus als Zukunftsbezug strukturell über die zu erstrebende Maximierung der Güte der Konsequenzen angelegt, an dem die Handlungen der Gegenwart gemessen werden (Macho 2005). Obgleich die Folgen von Handlungen sowie prognostische Urteile auch für andere ethische Theorien relevant sind, setzt insbesondere der klassische Utilitarismus auf das Gemeinwohl als übergeordnetes Prinzip.

Bereits Francis Bacons *Neu-Atlantis* (1627) und sein wissenschaftstheoretisches Werk *Novum organon* aus dem gleichen Jahr haben maßgeblich dazu beigetragen, dass sich die britische Wissenschaft der induktiven Beweisführung und dem Empirismus zuwandte. Mitte des 17. Jahrhunderts wurden zunächst private Gesellschaften im Sinne Bacons etabliert, die zum Vorbild der *Royal Society* und weiterer europäischer Gelehrtenakademien wurden (Saage 2002a: 143). Auch bei David Hume (1711–1776) wird die empirische Beobachtung des Menschen zum Mittelpunkt der moralischen Bewertung von Handlungen. Moralische Lösungen seien nicht in abstrakten, vernünftigen Urteilen zu suchen, sondern in den wohlwollenden Gefühlen des Menschen, die ihm die Zwecke seines Handelns vorgeben sowie seine ethische Intuition und Interessen bestimmen (Düwell et al. 2006).[59] Hume kritisierte, dass in vielen moralischen Theorien Behauptungen über Ist-Zustände mit normativen, also wertenden Aussagen, vermischt würden (sog. Sein-Sollens-Fehlschlüsse). Um von der Beschreibung eines Ist-Zustandes zu einer präskriptiven Handlungsanweisung zu kommen, sei stets eine normative Prämisse notwendig. Diese normative Prämisse wiederum könne zwar durch die Vernunft festgelegt werden, motivierend für die Handlung eines Menschen ist jedoch sein Gefühl, in der Form des Strebens nach Glück oder des Mitleids mit dem anderen.

George Edward Moore (1996 [1903]) stellte schließlich in seinen *Principia Ethica* heraus, dass Beschreibungen der Welt logisch gesehen nicht als normative Kriterien zur Beurteilung von Handlungen genutzt werden könnten. Weil gut-sein eine undefinierbare und irreduzible Eigenschaft einer Entität sei, könne weder deren Natürlichkeit noch Unnatürlichkeit etwas über ihre (moralische) Güte aussagen.

Vor diesem Hintergrund wird deutlich, dass gerade in einem Orientierungsmuster des Empirismus und Intuitionismus die Reproduktion als eine menschliche *Handlung* verstanden werden kann. Insbesondere im Utilitarismus erscheint Technik als eine Möglichkeit, das Leiden von Personen zu mindern bzw. ihr zu Glück erhöhen. Durch die Betonung der Lebensrealität und des Gefühls wurden in Großbritannien bereits in der Aufklärung die Weichen für ein enges Verhältnis von Wissenschaft und Technik gestellt (Mieth 2003: 48). Mit dem Fokus auf dem Leid bzw. Glück bereits existierender Wesen und durch die Orientierung an Folgen können jedoch keine grundlegenden Pflichten gegenüber Embryonen als nicht leidensfähigen Wesen abgeleitet werden.

Während sich das technische und empiristische Ideal für Großbritannien als sehr prägend erweisen sollte, wurde in der deutschen Aufklärung und später auch im Deutschen Idealismus »zumeist noch mit einer inneren

[59] Als Wegbereiter des Empirismus ist John Locke (1632–1704) zu nennen, der argumentierte, dass einfache Ideen des Menschen aus seiner Erfahrung stammen und später zu komplexeren Konzepten werden (Priest 2007: 64–115; Engell 1981: 17–21).

Zweckmäßigkeit der Natur argumentiert, deren geschichtsphilosophische Dimension innerhalb eines kulturellen Fortschritts an Bildung vorgestellt wurde« (Mieth 2003: 41). Die deutsche Ethik der Aufklärung, maßgeblich mit Immanuel Kant (1724–1804) verbunden, lässt sich als eine synchrone, »topologische [...] [...] Ethik« (Macho 2005: 321) bezeichnen. Nach Kant sind die Folgen von Handlungen außer-moralische Güter und deswegen nicht relevant für die Bewertung. Vielmehr sind die Einstellungen und Intentionen einer Person gegenüber ihren Mitmenschen relevant: Der gute Wille ist das Vermögen des Menschen, nach Prinzipien der Vernunft zu handeln; es ist das Kriterium, um eine Handlung bewerten zu können.

Moralisch richtig sind die Handlungen, die sich am allgemeinen Prinzip praktischer Vernunft orientieren und die keiner Strategie und keinem äußerem Zweck folgen. Auf ihre moralische Richtigkeit geprüft wird die Handlung, indem gefragt wird, ob ihre Maxime zu einem allgemeinen Gesetz werden solle (sog. kategorischer Imperativ) (Steigleder 2006). In Bezug auf diese Fähigkeit des Menschen sich an einem allgemeinen Prinzip praktischer Vernunft zu orientieren leitet Kant grundlegende Pflichten her (Ricken 2008).

Kant unterscheidet zwischen Sachen, die als Mittel zum Zweck gebraucht werden dürfen und Personen als vernünftigen Wesen, die einen Selbstweck haben und denen gegenüber der Mensch deswegen zahlreiche moralische Verpflichtungen hat. Dieser Selbstzweck begründe die Achtung vor der Würde des Menschen und könne nicht gegen andere Werte abgewogen werden – ein Mensch ›besitzt‹ ihn durch seine Fähigkeit zur Vernunft, die es ihm wiederum ermöglicht, moralisch richtige Handlungen zu erkennen. Aus dieser Selbstzwecklichkeit lässt sich im Rahmen einer deontologischen Argumentation eine grundlegende elterliche Pflicht gegenüber der kommende Generation ableiten, die dieses Leben zu schützen hat, da sie ein Wesen erzeugen, das potentiell mit Freiheit und Vernunft ausgestattet ist. Leiblichkeit und Emotionalität werden in diesem Ansatz hingegen explizit ausgeschlossen und spielen, ebenso wie die konkrete Situation von Personen eine sehr marginale Rolle.

In Kants Ethik kann die Anerkennung des anderen zwar als die »Grundlage der praktischen Liebe« (Rehbock 2009: 54) verstanden werden, da der Mensch aufgrund seiner emotionalen Abhängigkeit von anderen auf deren Achtung angewiesen ist. »Andererseits ist die Achtung der Person – anders als im Utilitarismus – ein gegenüber der Liebe unabhängiges Prinzip, durch das die Liebe bedingt und begrenzt wird.« (Ebd.) Personen können in der deontologischen Tradition Kants keinen Wert verlieren, sie bleiben stets ein geachtetes und respektiertes Gegenüber als Person, welches nicht objektiviert werden darf (Pascoe 2013). Die Gefühle, die jemand gegenüber einem Kind einnimmt, sind hierfür irrelevant, da seine Achtung und Anerkennung eine unabhängige, rational begründete Pflicht sind: »Das bedeutet, dass das

Kind von Anfang an nicht als bloß biologisches Material, sondern als Person zu betrachten und zu behandeln ist, der ein Recht auf Leben, Fürsorge und Erziehung zukommt.« (Rehbock 2009: 56)

Während im klassischen Utilitarismus die Liebe als Bedingung oder Teil des menschlichen Glücks sowie bei der Berücksichtigung der Interessen Betroffener eine größere Rolle spielt, zählt für Kant in erster Linie die Fähigkeit der Rationalität und Reflexion, die es dem Menschen ermögliche, die Verbindlichkeiten von Pflichten herzuleiten. In diesem Zusammenhang begrenze der Rechtsvertrag einer Ehe die rein sexuelle Begegnung mit dem Gegenüber, die dieses potentiell verdinglicht:

> Er [Kant] behauptet, die Verdinglichung könne nur unschädlich gemacht werden, wenn sexuelle Beziehungen auf ein Verhältnis beschränkt werden, das institutionell durch Verfahrensweisen strukturiert ist, die, wenn schon nicht mit moralischen, so doch mit juristischen Mitteln wechselseitige Achtung und Schätzung garantieren. (Nussbaum 2002: 118)

Es ist also erstens das Primat der Vernunft, das der empirischen, am konkreten Leid und Wohl von Personen orientierten utilitaristischen Theorie diametral entgegensteht (Landweer 2006). Zweitens ist das Moment der Zeugung als Beginn der Selbstzwecklickeit einer kommenden Generation in der Deontologie präsenter. Drittens dient die Möglichkeit eines Embryos, sich potentiell zu einer Person zu entwickeln, als Begründung für eine Ablehnung fremdnütziger Embryonenforschung (vgl. Kap. 3.1).

Die Natur hat in der utilitaristischen Tradition hingegen keinen inhärenten Wert, gibt jedoch dem Menschen durch die Gefühle des Glückes und Leides einen Maßstab für die Bewertung vor. Indem die Folgen der Handlung im Vordergrund stehen, ist bereits konzeptionell eine Öffnung hin zu Reproduktionstechniken möglich, mit denen wiederum die Natur (des Menschen) so verändert werden kann, dass Glück hevorgebracht wird. Insbesondere, da frühe Embryonen als nicht-empfindungsfähig (ergo: nicht-leidend) konzipiert werden, sind mit einer utilitaristischen Verortung eher normative Begründungen möglich, die Reproduktionstechniken zulassen.

Wie die Analyse zeigt, lassen sich viele der Positionen zum Klonen in eines der beiden Argumentationsmuster einordnen. Wie sich aber auch zeigt, erschöpfen sich moralische Überzeugungen zum Klonen nicht darin, dass sie sich als konsequenzialistisch oder deontologisch bezeichnen lassen. Viel grundlegender erscheint die Frage, ob Reproduktion als Handlung oder als natürliches Ereignis im Fokus ethischer Analyse und Bewertung steht. Dies wird bspw. deutlich an »kulturkonservative[n] Auffassungen« (Birnbacher 2006b: 167), die eine klare Grenze zwischen natürlicher und künstlicher Reproduktion ziehen. Demgegenüber versteht gerade die Kritik dieser Auffassungen Technik als Ausdruck der menschlichen Kultur- und Handlungsfähigkeit, die »auf die Überwindung von Zufall und naturgegebenen Mängeln« (Birnbacher 2006a: 96) abzielt.

Das Klonen verändere aus dieser Perspektive den Menschen nicht mehr und nicht weniger, als es jede Form von Technik getan habe oder tun werde – es sei eben ein Ausdruck der ›Natur des Menschen‹, i. e. seiner technischen Handlungsfähigkeit (Pence 2004: 113f.). Dies bedeutet aber nicht im Umkehrschluss, dass, wer natürliche Reproduktion befürwortet, auch jede Form der künstlichen Reproduktion begrüßen muss. Denn es kann durchaus auch eine moralische Entscheidung sein, nicht oder möglichst wenig in die Natur einzugreifen.

Wie die Analyse weiterhin zeigt, ist auch die Einstellung zum a/Anderen und Fremden zentral für das Backing der Argumente. Diese Einstellung liegt gewissermaßen quer zu den Einordnungen der ethischen Positionen (Konsequenzialismus/Deontologie). In der ethischen Debatte hat sich an vielen Stellen der Klon als Symbol für Verdinglichung, für Determinierung und begrenzten Handlungsspielraum offenbart, was aus seiner künstlichen Erzeugungsweise resultiert. Wie einzelne Romanbeispiele in diesem Kapitel bereits angerissen haben, wurde diese Symbolisierung durch verschiedene literarische Szenarien begleitet, die diese Verdinglichung kritisieren, aber auch erst hervorbringen können. Wie sich so aus historischer Sicht der Klon als ein solches Symbol entwickeln konnte, soll in den nächsten zwei Kapiteln beschrieben werden. Wie ich zeigen werde, verhandelt insbesondere der literarische Diskurs mit dieser Bedeutungszuschreibung realhistorische Kontexte, in denen sich bei einzelnen Personen oder auch sozialen Gruppen eine ähnliche Verdinglichung ereignet.

4.
Rekonstruktion I: Die Erfindung des Klonens und die Konstruktion des Anderen

Im vorherigen Kapitel habe ich *Topologien des Klonens* mit den Kategorien *Individualität*, *Familienformen* und *Handlungsspielräume* analysiert. Dabei wurde deutlich, dass sich durch ein Quer-Lesern der Debatte mittels der Kategorie der Alterität ein neuer Blick auf das Klonen ergeben kann. Verhandelt wird nämlich nicht nur das Pro und Contra einer zukünftig möglichen Technik mitsamt ihrer Nutzen und Risiken, sondern der gegenwärtige Status des Anderen.

Im folgenden Kapitel möchte ich rekonstruieren, wie sich die Bedeutungszuschreibung des Klons als etwas Anderem historisch entwickelt hat. Dazu setze ich die ersten Ideen des Klonens in ihren gesellschaftlichen Zusammenhang, insbesondere zur Konstruktion des sozialen Anderen und kulturell ›Fremden‹. Dies ist relevant, da der Klon genau dann als abstrakter Gegenstand erzeugt wird, als sich sozio-kulturelle Konstruktionen des Anderen auf ihrem Höhepunkt der Moderne befanden. Diese Darstellung bette ich in einen Überblick der literarischen Verhandlung und zwei Einzelanalysen ein: In Konrad Loeles *Züllinger und seine Zucht* (1920) und Aldous Huxleys *Brave New World* analysiere ich die Verschränkung von Raumnutzung und Alteritätskonstruktion. Einen besonderen Schwerpunkt lege ich auf die *Handlungsspielräume* (vgl. Kap. 3.4). Weiterhin skizziere ich die Versuche nach dem Zweiten Weltkrieg, mit denen der Klon erzeugt werden sollte. Auch hier stelle ich den literarischen Diskurs zunächst in einem Überblick und dann in einem Einzelbeispiel anhand von John Wyndhams *The Midwich Cuckoos* dar, das ich unter der besonderen Berücksichtigung der narrativen Ausgestaltung von Familienformen (vgl. Kap. 3.3) analysiere. Den Abschluss dieser ersten historischen Rekonstruktion bildet ein Kapitel, das die beginnende ethische Fachdebatte mit weiteren literarischen Szenarien in Beziehung setzt.

4.1 Die Erzeugung des Klons als abstrakten Gegenstand zu Beginn des 20. Jahrhunderts

Bereits in der Epoche der Aufklärung etablierten sich ein zunehmend rationalistisches Weltbild und eine differenzierte Erforschung der Natur (Müller-Wille/Rheinberger 2007). Hier wurde die Basis für Begriffe von Vererbung, Fortpflanzung und Familie gelegt, die noch heute gebräuchlich sind. In Charles Darwins (1809–1882) einflussreicher Studie *On the Origin of the Species* (2009 [1859]) wurde die natürliche Selektion als zentrales Prinzip der Evolution entwickelt. Die Reproduktion und die Entwicklung von Spezies, auch der des Homo sapiens, wurde als Angepasstheit an Umweltbedingungen rekonstruiert, die sich wiederum zufällig durch Faktoren wie bspw. begrenzte Nahrung und weitere Einflüsse ergeben (Engels 2007). Da Darwin noch nicht über den Begriff des Gens verfügte, konnte er nur zeigen, dass die ›am besten angepassten‹ Individuen überleben und sich reproduzieren, nicht aber, was hierbei auf der Mikroebene biologischer Organismen passiert. Dies wurde erst angestoßen, als um 1900 u. a. durch Hugo Marie de Vries (1848–1935) die Forschungen Gregor Mendels (1822–1884) wiederentdeckt wurden (Roelcke 2002).[60] Insbesondere durch die moderne Evolutionstheorie und Genetik wurde ›Vererbung‹ nun zur Verbindung von Erbanlagen, d. h. informationsspeichernden Stoffen und Handlungen, mit denen diese weitergegeben werden.[61] Wurde im 18. Jahrhundert noch angenommen, dass sich Merkmale von Individuen aus der Art des Zeugungsaktes entwickeln, konnte ab Mitte des 19. Jahrhunderts davon ausgegangen werden, dass es weniger die Umstände des Geschlechtsaktes als Informationen der Keimzellen sind, die auf spezifische Art und Weise reproduziert werden (Gurdon 2001).

Es etablierte sich somit das Wissen, dass das in den Keimzellen enthaltene Material, welches bei der Reproduktion zusammengebracht wird, neue genetische Informationen kreiert. Damit einher geht die Formierung der Embryologie als akademische Disziplin ab den 1870er Jahren, die zunächst als Wissenschaft im universitären Raum verblieb, nicht öffentlich diskutiert wurde und keinen interdisziplinären Austausch mit anderen Teilgebieten der Biologie und Reproduktionsmedizin unterhielt (Schreiber 2007: 66, 117).

60 Ebenso ist Thomas Hunt Morgan (1866–1945) zu nennen, welcher durch seine Mutationsstudien an Drosophila, die heute so präsente Lokalisierung von Erbinformationen auf Chromosomen beleuchtete. Während Morgan eine Genetik vorantrieb, die die Parallelen zur Evolutionsgeschichte zu vermeiden versuchte, fand in der deutschen Debatte eine kontinuierliche Auseinandersetzung statt (Harwood 1993: 101 ff.).

61 Dieser heute gebräuchliche Begriff der ›Vererbung‹ diente bis zur Moderne als juristische Bezeichnung der Weitergabe von Besitz und sozialer Position, da konzeptionell nicht zwischen Einflüssen außerhalb des Körpers im Gegensatz zu Vorgängen im Körper unterschieden werden konnte (Müller-Wille/Rheinberger 2007).

Hierbei spielten deutschsprachige Wissenschaftler eine herausragende Rolle: Zu nennen ist bspw. der Wiener Embryologe Samuel Leopold Schenk (1840–1902), der 1878 das erste Mal eine künstliche Befruchtung an Meerschweinchen und Kaninchen durchführte, um die Reifung der Eizellen zu beobachten (55). Schenks Ziel war allerdings keine Anwendung der künstlichen Befruchtung, sondern vielmehr die Erlangung von Wissen über den Embryo.

Die Basis für die Besamung von landwirtschaftlichen Nutztieren wiederum stellt die Entdeckung des späteren Anatomie-Professors Oscar Hertwig (1849–1922) im Jahr 1875 dar. Hertwig konnte an Seeigeln nachweisen, dass bei der Befruchtung nicht ein neuer Zellkern gebildet wird, sondern dass dieser aus den Vorkernen männlicher und weiblicher Keimzellen entsteht: »Damit gelang die rasante Erschließung eines Forschungsgebietes, in dem das Problem der Vererbung auf den Zellkern projiziert wurde und dessen praktische Konsequenzen für die Tierzucht auf der Hand lagen.« (81) Aber auch für die im 20. Jahrhundert umgesetzte künstliche Befruchtung des Menschen waren diese Forschungen unumgänglich: »Denn erst jetzt konnte die Idee entstehen, die elterlichen Keimzellen auf dem Labortisch zu vereinen und so einen neuen Organismus zu schaffen.« (Ebd.) Durch Anwendung von Forschungen der Transplantation und ›Verpflanzung‹ von Körperteilen wurde die Erkenntnis erreicht, dass die Eizelle in Verbindung mit dem sprichwörtlichen »Mutterorganismus« (206) zu sehen ist. Eizellen wurden nun, extern mit Spendersamen befruchtet, wieder in den Körper eingebracht, wodurch das Künstliche wieder natürlich (im Sinne von körperlich-leiblich) werden konnte.

Diese konzeptionelle Trennung von »Handhabungen« und »Substanzen« (Arni 2008: 302) der Reproduktion führte zu der Erkenntnis, dass die Fortpflanzung in einzelne Handlungsschritte unterteilt werden konnte. Nachdem sich Ende des 19. Jahrhunderts die experimentelle Embryologie gegenüber der rein beobachtenden durchgesetzt und an die eher pragmatisch ausgerichtete Gynäkologie angenähert hatte, wurde die Manipulation von Zellen und so auch die In-vitro-Fertilisation denkbar (Schreiber 2007: 84). Der deutschsprachigen Embryologie ging es in ihren Anfängen weniger um das Erreichen pragmatisch-experimenteller Ziele als um die Wissensgenerierung über den Embryo. Die britische Forschung hingegen arbeitete von Beginn an eher anwendungsorientiert und erlangte in amerikanischer Zusammenarbeit so eine Vorreiterposition auf ihrem Gebiet (125 ff., 153 ff., 184 ff.).

Insbesondere unfruchtbare Frauen wurden dabei in Behandlungen und Experimenten zu Forschungsobjekten, während der männliche Part an der Reproduktion eher vernachlässigt wurde (Nusser 2005). Damit einher ging ein politisch-öffentlicher Diskurs, der sich als »Mothering the Race« (Hanson 2004: 83) bezeichnen lässt: Der weibliche Körper wurde als Austragungsort von Reproduktionshandlungen und dem Bestehen des Kollektivs imaginiert, wodurch sich eine Verknüpfung von Zeugung und Zusammengehörigkeit ergab. Dementsprechend ist auch die Schwangerschafts- und Säuglingsvorsorge der Moderne nicht unwesentlich durch ein Interesse an der Vergrößerung des kollektiv gedachten Handlungsspielraums geprägt (Lindner 2004: 398).

Zudem wurde um 1900 ein Kultur- und Sittenverfall postuliert, der sowohl den literarischen als auch den öffentlichen und wissenschaftlichen Diskurs mit Narrativen des Niedergangs speiste und mit Szenarien des Bevölkerungsrückgangs insbesondere gebildeter Klassen untermauerte (Ball 2011: 173). Die von Darwin erkannte natürliche Selektion und das undifferenzierte genetische Wissen akkumulierten sich in der Moderne zu einem Fortschrittsnarrativ, in dem Reproduktion auf ganz unterschiedliche Weisen mit dem ökonomischen und politischen Diskurs der Zeit verwoben war (Dobritzsch 2008: 10f.). Dies wurde unterstützt durch den von Francis Galton (1822–1911) geprägten Begriff ›Eugenik‹ (Hanson 2004: 114–145). Als Mathematiker war Galton selbst weniger an den Umweltbedingungen in Darwins Theorie interessiert, sondern daran, eine Verbesserung des Erbgutes sozialpolitisch einzusetzen, um die allgemeine Gesundheit und damit auch die Bevölkerungsstatistik zu ändern (Sandall 2008). Moderne Gesundheitsversorgung schwacher Personen sowie »Alkoholismus, Syphilisinfektionen und Tuberkulose« (Roelcke 2002: 1020) hätten nach Galton dazu geführt, dass ein übergroßes Maß an schlechtem Erbgut existiere, da die Menschen keiner natürlichen Selektion unterlagen. Die Eugenik sollte als Kulturtechnik eingreifen; und fand in Form von nationalen und internationalen Gesellschaften und wissenschaftliche Institutionen ihre Umsetzung (Grimm 2011: 71–96). Genetische Erkenntnisse, die Angst vor ›Degeneration‹ und nationalistische Argumente konnten so genutzt werden, um die bereits erreichte Entwicklung anthropozentrisch als natürliche Entstehung zu rekonstruieren und zugleich die Stigmatisierung von ›Rückständigem‹ zu legitimieren. Strategische Argumente, die Reproduktion zur Stärkung des eigenen Kollektivs zu nutzen, gewannen durch die Fortschrittbestrebungen, den Kolonialismus und Nationalismus sowie insbesondere durch die technischen Möglichkeiten eine ganz neue Dimension. Zusammen mit einer fortwährenden Industrialisierung wurde die Interpretation hinsichtlich eines ›Kampfes um das Dasein‹ so von der rein biologischen Grundlage auf das soziale Verhalten des Menschen übertragen:

> Implicit in contemporary discussions is the assumption, underpinned by eugenic thought, that white Europeans were the most highly developed of all races. [...] The influence of eugenics extended not only to issues of race but also to those of class. The emphasis on class was distinctively British and derived from Galton's view that pauperism was genetic, caused by inherited defect rather than by social and environmental conditions. (Hanson 2004: 83 f.)

Hier wird deutlich, dass national gedachte Kulturen als genetische bedingte Phänoneme verstanden wurden, zu deren Fortschritt wiederum einzelne Techniken der Reproduktion beitragen sollten.

Entsprechend wurde Fortpflanzung für viele Strömungen dieser Zeit zu einem zentralen Bezugspunkt. Die Bestrebung nach einer Ausbreitung des eigenen Kollektivs konnte dabei erst durch die moderne Vorstellung von Reproduktion auch biologisch-genetisch gedacht werden. Das Wissen der Moderne um die generische Zugehörigkeit zu Familien, ethnischen Gruppen oder Klassen überlagert nun wiederum die aufgeklärte Vorstellung des Menschen als Individuum mit unverkennbaren, persönlichen Eigenschaften.

Großbritannien brachte mit Darwin nicht nur eine einflussreiche Evolutionstheorie hervor, sondern gilt auch als Ursprung der Industriellen Revolution. 1837 begann das Viktorianische Zeitalter, welches das Vereinigte Königreich ökonomisch florieren ließ und ihm zu einer wirtschaftlichen Überlegenheit verhalf, die jedoch um 1900 abnahm und eine neue Positionierung erforderte:

> Britain could no longer claim to be the only ›workshop of the world‹ [...]. After decades of unchallenged economic leadership, competition from these countries came as a shock to the world's foremost imperial power and immediately conjured up the specter of ›decline.‹ [...] In its grandiloquent quest for ›a place in the sun,‹ the Wilhelmine Reich sought to extend its influence in the colonial world and, in 1898, launched a battle-fleet construction program that provided the most striking example of Germany's intention of challenging British global supremacy. (Rieger 2005: 227)

Während Großbritannien seinen Status als Weltmacht bereits hatte und *behalten* wollte, wollte Deutschland ihn erst *erreichen*. Die Moderne in Deutschland deutet Rieger deswegen als »temporal rupture« (253), während in Großbritannien hingegen eine Vorstellung der Moderne als Kontinuität vorgeherrscht habe. Das Motiv der Zukunft, die aber keine utopische, sondern eine verwirklichbare Zukunft sein sollte, spielte in Deutschland deshalb eine entscheidendere Rolle. Die konzeptionelle Beschäftigung mit der Zukunft war bereits zu Beginn des 19. Jahrhunderts »zu einer Art Modethema der gebildeten Welt in ganz Europa« (Hölscher 1999: 93) geworden und hatte mit dem aus Frankreich stammenden Frühsozialismus das Interesse des gebildeten Bürgertums geweckt. Ausgehend hiervon erhielt das Utopische implizit den »Ehrentitel für Projekte, die ihrer Zeit voraus waren« (102). Dabei kam es zu einer Wandlung des Utopie-Begriffs im deutschsprachigen Raum. In der Mitte des 19. Jahrhunderts entstanden sozialistische Strömungen, unter denen der Marxismus als eine fundierte wissenschaftliche Beschreibung der modernen Relation von Klassen, Produktionsmitteln und -verhältnissen auftrat.

In diesem Zusammenhang ging es um die Frage, wie klassische utopische Ideale der Kollektivität und gerechteren Arbeitsbelastung real umgesetzt werden könnten (Saage 2002b: 35–60). Dies führte im deutschen Sprachraum zu einer Begriffsverwendung des ›Utopischen‹ als Spekulativem, was in verschiedenen Parteiprogrammen und politischen Diskussionen auftauchte, um pejorativ Ideale und Visionen von realistischen Forderungen zu unterscheiden (Hölscher 1985: 405). Indes war es vornehmlich Marx, der »die Anwendbarkeit wissenschaftlicher Methoden auf alle Lebensbereiche« (Mieth 2003: 48) gegen die Utopie wandte. Der von ihm eingeforderte Sozialismus soll gerade *keine* Utopie sein, sondern ein wissenschaftlich und technisch erreichbares, verwirklichbares Ideal. Unter diesem Einfluss spaltete sich der Begriff der Utopie in ein philosophisch-utopisches Denken und eine literarisch-fiktionale Verhandlung auf.

Zum Zweck des eigenen Realitätsanspruchs wurde das Programm des Sozialismus somit rationalisiert, um sich nicht nur auf eine zukünftig ›bessere Gesellschaft‹ zu beziehen, wie es auch bei literarischen Utopien der Fall ist, sondern um zwischen zukünftigen Zielen und deren jeweils aktuellen politischen Rahmenbedingungen zu vermitteln (Levitas 1990: 35ff.). Die wichtigste Grundlage hierfür war die Hegel'sche Philosophie, die Geschichte als ein bruchhaftes Phänomen deutete, in dem das Existierende beständig negiert, stufenweise weiterentwickelt und zu einem Besseren verändert wird (Hölscher 1999: 123). Während in der Aufklärung und Romantik Ideale noch als etwas zwar Regulatives, aber nicht real Einlösbares verstanden wurden, lässt sich »bei Hegel von einer teleologischen Utopie sprechen« (Mieth 2003: 47). Mit Bezug auf seine Vorstellung, dass Widersprüche und Probleme in der historischen Entwicklung so ›aufgehoben‹ werden, dass das Positive überwiegt und letztlich jeder Widerspruch zu einem Mehr an Freiheit führt, überführt Marx in seiner Hegel-Rezeption den Begriff der Aufhebung in den Bereich der menschlichen Handlung. Und an dieser Stelle ist das Utopische zwar spekulativ, die Forderung nach gesellschaftlicher Veränderung jedoch ein historisch begründeter Standpunkt.

Vor dieser Folie wird erklärbar, dass im deutschsprachigen Raum zu dieser Zeit bekannte Utopien fehlten. Durch den Marxismus ist gerade die Unterscheidung zwischen einem »utopischen Bewusstsein« (Ventarola 2011: 13) und der Utopie als literarischer Gattung gewachsen, während die angelsächsische Forschung die Trias »Utopia as a concept, Utopia as an object of study, and Utopia [...] as method« (Levitas 2007: 61) hervorhebt. Marx schreibt mit der Abgrenzung der literarischen Utopie vom philosophisch-utopischen Denken allerdings eine Tradition der spezifisch deutschen Aufklärung fort, die die Begriffe des Fiktionalen und Ästhetischen als wertvollem, aber nicht wahrheitswertfähigem Diskurs prägt (Weigel 2004). Insbesondere von Kant wird ein ästhetisches Leitbild formuliert, das zwischen verschiedenen Formen der *Imaginatio* als ästhetischer Dichtung, Phantasie und Vorstellungskraft differenziert: »For as imagination became more identified with artistic power, genius, and originality, understanding its operation meant getting at the core of the creative process and the psychology of genius.« (Engell 1981: 135) Kant koppelt das Ästhetische an psychologische Genialität und unterscheidet es vom vernunftorientierten Vorgehen. Die Vorstellungen, die von Literatur ausgelöst werden, werden damit von Fragen der Moral, die rational zu verhandeln sind, getrennt (137ff., 176ff.). In vielen englischen Konzeptionen hingegen wurde das kreative Moment verschiedener Formen von Imagination hervorgehoben: »The imaginative life is the only real life, for man's imagination fully creates reality through an interpretative perception of it.« (244) Der von Kant geprägte emphatische Literaturbegriff rückte das Ästhetische und ›kulturell Wertvolle‹ in den Vordergrund und führte zu einer »Trennung von kulturellem und politischem Denken« (Plessner 1982 [1935/1959]: 103).

Dieses Primat der Vernunft wurde später in der deutschen Romantik zwar kritisiert, jedoch wurde, bei aller Betonung des Emotionalen, das mechanische und instrumentalisierende Naturverständnis, wie in Großbritannien vorherrschend, nicht übernommen. Vielmehr wurde insbesondere im 19. Jahrhundert in Deutschland dem empirischen und emotionalen Fokus Großbritanniens mit einem neuen, bildungsbürgerlichen Ideal begegnet, das sich mit angewandten Fragen nicht beschäftigte. In der deutschen Aufklärung setzt sich so ein Verständnis durch, das ›Kultur‹ als etwas Künstlerisches und Moralisches umfasst. Hiermit wurde eine weltanschauliche Einheit gebildet, die in der Romantik wiederum dem britischen Anderen gegenübergestellt werden konnte. Technische Errungenschaften i.S.d. Zivilisation meinten in diesem Sinne höchstens die Anwendung und Umsetzung eines Kulturbegriffes, der wahre ›Fortschritt‹ hingegen war vielmehr die moralisch-vernünftige Kompetenz des Menschen, der seiner Natur entsprechend aus der göttlichen Dogmatik ausbrach:

> Wir sind im hohen Grade durch Kunst und Wissenschaft cultivirt. Wir sind civilisirt bis zum Überlästigen, zu allerlei gesellschaftlicher Artigkeit und Anständigkeit. Aber uns für schon moralisirt zu halten, daran fehlt noch sehr viel. Denn die Idee der Moralität gehört noch zur Cultur; der Gebrauch dieser Idee aber, welcher nur auf das Sittenähnliche in der Ehrliebe und der äußeren Anständigkeit hinausläuft, macht blos die Civilisirung aus. (Kant 1968 [1784]: 26)

In Großbritannien hingegen existierte diese starke Trennung zwischen ›Kultur‹ und ›Zivilisation‹ nicht. Zwar wurde ›Kultur‹ auch mit einer bestimmten Lebensform assoziiert, die ein Interesse an Kunst und klassischer Musik implizierten. Es wurde zugleich davon ausgegangen, dass diese Lebensform hauptsächlich in größeren Städten, und somit ›zivilisierten Räumen‹ möglich war, was eine begriffliche Überschneidung von Kultur und Zivilisation zur Folge hatte (Janich 2006: 18). Dies war natürlich in einem Staat, der sich 1800 mit dem *Act of Union* aus Großbritannien und Irland konstituierte und das mit London im 19. Jahrhundert zur größten, industrialisierten Stadt Europas avancierte, eher möglich als im pluralistischen Gefüge deutscher Bündnisse. Der Begriff der Kultur erfährt in einem Kollektiv, das bereits konstituiert ist, eine weniger emphatische Aufladung, sondern bezeichnet vielmehr die menschliche Fähigkeit, Handlungen auszuüben, seien sie künstlerischer, wissenschaftlicher oder technischer Natur (19, 33f.).

Während die deutsche Romantik maßgeblich von der Etablierung der deutschen Kultur mit einem eigenen Begriff des Genies und der wertvollen Literatur geprägt war, entstand in Großbritannien eine Romantik, die es »nicht mehr allein bei nostalgischen Beschwörungen vorindustrieller und vorwissenschaftlicher Ordnungs- und Denkvorstellungen belassen konnte« (Nagl 1972: 43). Die Gothic Novel und die Science Fiction sind als ein neues Genre zu sehen, das Deutschland erst mit Verspätung erreichte (46f.). Dort wurden in der Romantik vielmehr Märchen und Sagen gesammelt, die maßgeblich dazu beitrugen, dass sich die ›verspätete Nation‹ als Gegensatz zur britischen und auch französischen Nation etablieren konnte (Plessner 1982 [1935/1959]: 16f.). Die Romantik kann also insbesondere in Deutschland als eine Epoche verstanden werden, die eine neue Form der Kollektivität in Abgrenzung vom Anderen hervorbringt: »Nordisches, altväterisches Erbe, Volksgeist stützen schon früh das unsichere nationale Selbstbild im deutschen Schrifttum gegen welsches Wesen [...].« (16)

Im Deutschen erhält der Begriff der Kultur so die Konnotation des Ästhetischen und Moralischen, das sich bis heute im Stereotyp des ›Volkes der Dichter und Denker‹ ausdrückt: »Bei ›Kultur‹ denkt der gebildete Deutsche an Bach, Goethe und Dürer, bei (›technischer‹) Zivilisation an Auto, Zentralheizung und Wasserspülung.« (Janich 2006: 18) Diese Definition von Kultur umfasst »die schönen Künste und die Wissenschaft im Unterschied zur Technik« und versteht Technik erst dann als Kultur, »wenn sie, alt und schön geworden, ins Museum wandert« (33). Technik dient in dieser ›deutschen‹ Tradition zwar zur Zivilisierung des Menschen, aber sie ist keine Bedingung und kein Ausdruck seiner kulturellen Handlungsfähigkeit. In diesem Zusammenhang wird verständlicher, warum Konzepte der künstlichen Reproduktion in Großbritannien als Fortführung von Handlungen, in Deutschland hingegen als radikale Zäsur betrachtet wurden (vgl. Kap. 3.5). Denn wenn sich ›Kultur‹ rein auf die künstlerisch-ästhetischen bzw. moralischen Fähigkeiten des Menschen und nicht auf technische Handlungen und deren Weiterentwicklung bezieht, dann kann auch eine zunehmende Technisierung der Reproduktion nicht als ›kultureller Fortschritt‹ verstanden werden. Eine solche Technisierung der Reproduktion ist dann vielmehr etwas, was die Moralfähigkeit der menschlichen Gattung zu bedrohen scheint.

Für die Vielzahl von Romanen, die in dieser Zeit in England entstanden, möchte ich an dieser Stelle nur ein Beispiel nennen, um zu zeigen, wie die modernen Debatten des Fortschritts, der Eugenik und der Eroberung des Raums im literarischen Diskurs, v. a. im neuen Genre der Science Fiction, aufgegriffen wurden. Edward Bulwer-Lyttons *Vril: The Power of the Coming Race* (1871) ist einer der ersten britischen Science-Fiction-Romane.

Bulwer-Lytton, der aus der englischen Oberklasse stammte, blickte zu diesem Zeitpunkt auf eine längere politische Karriere zurück: Er war von 1831–1841 für die *Liberal Party* und von 1852–1866 für die *Conservative* Party Mitglied des britischen Unterhauses, für die er schließlich 1858 Kolonialminister wurde (Saage 2002b: 114). Dieser politische Wechsel innerhalb seines Lebens spiegelt sich in seiner Abwertung von »sowohl des Aufstandes von unten als auch des Klassenkampfes von oben« (115) wider. Deutlich wird hier eine Unentschiedenheit und Ambivalenz innerhalb der Aushandlung von Machtverhältnissen der Moderne. In ähnlicher Weise trägt auch *The Coming Race* ambivalente Züge: Einerseits sind durch die Reise des Hauptprotagonisten, der zufällig in eine unterirdische Welt gerät, noch Motive der Robinsonade und der Utopie zu finden. Darin klingt das voraufklärerische Motiv des Utopischen als eine Inselfahrt oder zumindest als die Entdeckung eines ›neuen‹, bisher unentdeckten Raumes an. Andererseits gibt es bei Bulwer-Lytton eine Verhandlung der industriellen Revolution, denn die unterirdische Welt ist mit der magischen Energie *Vril* ausgestattet. Sie gibt ihren Bewohner_innen, den *Vril-Ya*, Hilfe für Produktion von Waren, heilt sie medizinisch, gibt ihnen zugleich aber auch zerstörerische Kraft. Die *Vril-Ya* werden ganz im Sinne eines utopischen Kollektivs als eine Gemeinschaft beschrieben, der es an nichts fehlt und in der die Menschen gleichgestellt sind. Klassische Motive der Utopie sind auch im durchstrukturierten Tagesablauf zu finden, um allen Mitgliedern des Kollektivs genügend Freizeit zu gewährleisten. Entsolidarisierung, Individualisierung und die Besitzunterschiede werden von ihnen selbst thematisiert, indem sie diese Merkmale der zivilisiert-europäischen ›Oberwelt‹ mit ihrer eigenen, wahrlich fortschrittlichen ›Unterwelt‹ vergleichen. Fortschrittlich ist aus der Sicht der *Vril-Ya*, dass sie die Anzahl der Mitglieder ihres Kollektivs gleich halten, um einer Überbevölkerung vorzubeugen: Sie pflanzen sich nur mit den ihren fort und schließen jede ›Vermischung‹ mit sozial und kulturell Anderen aus.

Imaginationen hinsichtlich futuristischer Reproduktion, und damit eine Verhandlung dieses Themenfeldes, gab es allerdings nicht nur in literarischen Texten. Der Genetiker und Evolutionsbiologe John B. S. Haldane (1892–1964) entwarf in *Daedalus; or, Science and the Future* (1923) Szenarien zum Fortgang moderner Technologien. Dabei sah er die Biologie als neue Leitwissenschaft, die zusammen mit der Genetik zum menschlichen Fortschritt beitragen könne. Dazu würden Menschen vornehmlich in Laboren mithilfe künstlicher Gebärmütter erzeugt und durch Selektion die Gattung beständig verbessert. Die Befruchtung und die Aufzucht des Kindes sollte somit vollständig vom Leib der Eltern losgelöst werden (Schreiber 2007: 239ff.).[62]

Die Verhandlung darüber, ob ein solcher technischer Fortschritt auch einen moralischen Fortschritt und eine neue Form der Reflexion auf Techniken brauche, wird besonders in der Replik von Bertrand Russell (1872–1970) auf *Daedalus* deutlich. Bereits mit dem Titel dieser Replik wird das potentielle Versagen von Technologien aufgegriffen: In *Icarus or the Future of Science* geht Russell (1924) davon aus, dass die von Haldane imaginierten Fortpflanzungsmethoden von einer machthabenden Klasse instrumentalisiert würden, ohne dass ein reflektierter Diskurs über die Bedeutung von Verbesserung tatsächlich stattfände (Nusser 2011: 223). Dieses Bedenken drückt nicht nur ein Unbehagen darüber aus, dass das reproduktionsmedizinische Wissen der Zukunft nur Eliten vorbehalten sein könnte, sondern es ist zugleich eine Verhandlung von Klassenverhältnissen (Rubin 2005). An dieser Debatte zeigt sich zudem, dass Zweifel am Fortschritt und die Frage, wie ethische Reflexion die Technik begleiten oder sogar vor ihrer Implementierung stattfinden sollte, nicht erst angesichts der modernen Biomedizin seit Mitte des 20. Jahrhunderts aufkommen. Vielmehr wird deutlich, dass eine solche Debatte häufig von einem bestimmten Standpunkt aus geführt wird, der sich auch auf gesellschaftliche Verhältnisse richtet. In beiden Fällen wird jedoch nicht die Technik selbst negativ bewertet – bei Haldane stellt sich die Frage, wie ein moralischer Fortschritt zu erreichen sei, bei Russell hingegen, inwiefern Technik Klassenverhältnisse perpetuieren und verhärten würde. Hier zeigt sich, dass in Großbritannien schon sehr früh die Bedingungen und möglichen Konsequenzen einer Technik problematisiert wurden, gerade weil diese selbst nicht unbedingt abgelehnt wurde.

Die Reflexion dieser kulturhistorischen Entwicklung und die Analyse von Literatur zeigt die Überlagerung der Reproduktion des anderen und Konstruktion des Anderen auf: Während die biologische Erzeugung des anderen mehr und mehr erforscht wird, bekommt gleichzeitig das Andere und Fremde durch Kolonialismus und Nationalismus immer stärkere Kontur. Während die technisch beeinflussbare Reproduktion in greifbare Nähe rückt, festigen sich nationalstaatliche Grenzen als topographischer Ausdruck des topologisch gedachten ›Fremden‹:

---

[62] *Daedalus* referiert auf den geistreichen Erfinder der griechischen Mythologie, dessen Sohn *Icarus* mit den künstlichen Flügeln so nah an die Sonne fliegt, dass das Wachs schließlich schmilzt und er abstürzt, worin sich eine gewisse Skepsis gegenüber dem Ziel moderner Technologien ablesen lässt (Ball 2011: 29, 33f.).

> Das nationale Sentiment einte zerfallende soziale Formationen und auseinanderstrebende Professionskulturen. Es erlaubte, außenpolitische (und militärische) Erfolge des Nationalstaates auf die Nationszugehörigkeit abzuleiten, die damit an einem Gefühl kollektiver, an ethnische Inklusion gebundener Anerkennung teilhatten. Zugleich verlegte man die scharfen Trennungslinien der Exklusion an die Außengrenzen des Nationalstaats und auf die Rassenschranken in den Kolonien. Auf diese Weise schuf man kollektive Feinde, die vom Anerkennungsnotstand im Innern ablenken konnten und deren imaginierte Besiegung zukünftige Anerkennungspotentiale verhieß. (Welskopp 2013: 57f.)

Gerade in der Romantik wurde somit die deutsche Nation über verschiedene soziale Gruppen hinweg zu einer Einheit stilisiert. Die »Verherrlichung der Natur und die Abwertung des Künstlichen« lassen sich zusammen mit der »Sehnsucht nach dem Ursprung« (Spitta 2013: 138) als zwei Merkmale der deutschen Romantik interpretieren. Obwohl sich diese also vom Primat der aufklärerischen Vernunft abwandte, war die Natur als Wert immer noch präsent (vgl. Kap. 3.5). Das Andere, von dem sich dieses Konzept abwandte, waren u. a. die mit Großbritannien assoziierte »Maschine« (139). Die »Entfremdung« (142) von der Natur des Menschen sowohl durch Industrialisierung und Künstlichkeit war dabei ein wirkmächtiges Argument (166). Natürlichkeit wurde so in der deutschen Romantik zu einem Ideal, mit dem »[d]ie Natur als sicherer Bereich zeitlosen und vorsignifikanten Seins wahrgenommen [wurde]« (167). Die Natur erhielt nicht nur einen Wert, sondern auch eine eigene, hinreichende Begründungskraft. Gerade weil Deutschland zuvor nicht als einheitliche Nation existiert hatte, wurde in der Romantik umso virulenter eine Einheit diskursiv hergestellt.

Spätere deutsche Konzepte der Rasse schlossen wiederum an diese Naturalisierung mit Bezug auf das eigene und das Fremde an: »Ein Wechsel galt als unmöglich, so dass der Begriff [der Rasse] mit der Hoffnung verbunden wurde, Unklarheiten und Ambivalenzen ausschließen zu können.« (180) Die Rasse, so legt es der Begriff nahe, sollte ›bereinigt‹ werden, um den kollektiv gedachten Körper zu verbessern bzw. ihn frei von allem Fremden zu halten. Gerade an diesem Begriff zeigt sich exemplarisch, wie aus dem strategischen Interesse heraus, etwas Anderes zu produzieren, auf biologische Theorien zurückgegriffen wird (Baader 2003; Weindling 1989: 48–52).

Die Selektionsprinzipien von Vererbungslehre und Genetik wurden in sozialer Hinsicht auf einzelne Individuen und Gruppen angewandt. Für diese Übertragung hatte Charles Darwin (2004 [1871]) in *The Decent of Man, and Selection in Relation to Sex (On the Races of Man)* das Fundament gelegt. Die entsprechenden Gedanken wurden in Deutschland insbesondere von Ernst Haeckel verbreitet und eugenisch umgedeutet. Obwohl Darwin gerade nicht die Trennung, sondern die ursprüngliche Gemeinsamkeit menschlicher Rassen bewiesen hatte, finden sich auch bei ihm bereits Verweise auf die kultürliche Schutzfunktion sozial schwacher Gruppen, die gerade in der Zivilisation einer natürlichen Selektion im Wege stehe (Grimm 2011: 60). Dies fand in der Rassenhygiene von Alfred Ploetz (1860–1940) und Ernst Rüdin (1874–1952) ihren späteren Höhepunkt (Weindling 1989: 441–564).[63] Deutsche Wissenschaftler wie Rüdin »begrüßten die politische Zäsur 1933« (Roelcke 2002: 10249), da sie sich eine Beteiligung an der nun zu gestaltenden neuen Gesellschaft sowie steigende Anerkennung (auch monetärer Art) erhofften. Es wäre jedoch einseitig, an dieser Stelle nur die Eugenik des deutschen Nationalsozialismus zu nennen. In den 1920er und 1930er Jahren gab es sowohl in Deutschland als auch Großbritannien verschiedene Vorschläge, wie mit der ›Degeneration‹ umzugehen sei, wobei auch die Sterilisation erwogen wurde (Roelcke 2002). Erst nach 1933 begann sich die britische Eugenik von der negativen Eugenik in Deutschland abzugrenzen. Biologen wie John B. S. Haldane und Julian Huxley (1887–1975) nahmen aufgrund ihrer politischen Einstellung Abstand von der negativen Eugenik (Ball 2011: 174). Eine Begründung dafür war ihre Einsicht, dass die Lebensumstände ›unterentwickelter‹ Klassen nicht rein genetisch veranlagt seien. Vielmehr nahmen sie an, dass die Ursachen für diese Phänomene in den Umständen, nämlich schlechter Ernährung, mangelnder Wohnqualität etc. zu suchen wären (Hanson 2004: 175).

Zugleich hatte gerade die negative Eugenik in Deutschland durch die Verbindung von »NS-Ideologie, Wissenschaft und staatlichem Totalitarismus« (Grimm 2011: 146) ein Ausmaß, wie es in keinem der anderen Staaten je erreicht wurde. Wissenschaftliche Argumente wurden soweit verzerrt, dass sie zu einer systematischen Ausgrenzung und Tötung des rassistisch gedachten Anderen führten:

> Damit steht Medizin im Nationalsozialismus in der Kontinuität naturwissenschaftlichen Denkens in all seiner Normalität mit ihrer ihm stets inhärenten Möglichkeit zur Entgrenzung. [...] Denn es ging in ihr letztlich um nichts anderes als um die rassenhygienischen Kriterien von der Pflege der erbgesunden Hochwertigkeit und der Ausmerze der erbkranken Minderwertigkeit sowie um die Pflege des Leistungsstarken und die Ausjäte des Leistungsschwachen, was meist mit dem als erbkrank Definierten identisch war. Gemeinschaftsethik trat an die Stelle von Individualethik, und dies galt keineswegs nur für ausgesprochene Vernichtungsstrategien wie ›Euthanasie‹. (Baader 2003: 123)

Der Begriff der ›Degeneration‹, der medizinisch den Abstieg gesunden Erbgutes hin zu Krankheit, geistiger Behinderung etc. aufgrund von Vermengung

---

63 Die Formulierung der ›Rassenhygiene‹ ging weiter als der Begriff ›Eugenik‹, da sie stark völkisch konnotiert war. In vielen Kontexten wurden die Begriffe jedoch auch synonym gebraucht (Grimm 2011: 67).

mit ›schlechtem‹ Erbgut bezeichnete, gewann dabei bereits im Zusammenhang mit dem Begriff der ›Generation‹ Bedeutung als Selbstbeschreibungsformel einer kollektiven Identität, die sich nun durch Vererbungslehre und Genetik beweisen ließ. Doch erst im Zuge nationalsozialistischer, negativer Eugenik wurde dieses ›Aus-der-Art-Fallen‹ zu einem Anderssein im politischen, medizinischen oder gesellschaftlich nicht anerkannten Sinne, das der Evolution der menschlichen ›Rasse‹ als solcher bzw. den einzelnen, nationalistisch gedachten Einheiten schade. Die Vererbungslehre, gedacht als rein deskriptive Wissenschaft, wurde also für normative Zuschreibungen des ›lebenswerten‹ und ›lebensunwerten Lebens‹ genutzt.[64] Die naturalistisch-evolutionistisch gedachte Formel des ›survival of the fittest‹ lässt sich so für die Moderne auch noch ganz anders deuten: Das nationalsozialistische Regime überlebt haben in diesem Sinne mehrheitlich jene Personen, die sich daran angepasst haben bzw. für passend erachtet wurden, und damit gerade jene, die nicht als etwas Anderes galten.

Wie diese Ausführungen gezeigt haben, überschneiden sich in der Debatte um Natur und Kultur die Vorstellung des Utopischen und des Zukünftigen, des eigenen und Fremden. Die Zeitspanne zwischen 1870–1910, in der wichtiges reproduktionsmedizinisches Wissen erzeugt wurde, ist auch jene Epoche, die das Andere hervorbringt.

Genau an diesem Punkt, an dem die skizzierten, verhandelten Themen der Reproduktion, des Fortschritts und der Genetik historisch zu bestimmen sind, setzt nun die Begriffsbildung des Wortes *Klon* ein. Webber (1903) schlug den Begriff des Klons vor als »suitable term to apply to those plants that are propagated vegetatively by buds, grafts, cuttings, suckers, runners, slips, bulbs, tubers, etc.« (502). Daraufhin etablierte er sich in den nächsten 30 Jahren zu einer gängigen Bezeichnung in Gartenbau und Landwirtschaft für diejenigen Pflanzen, die sich durch Knospung und Pfropfung asexuell vermehren (Caryl 1937). Ab hier entwickelte sich der Begriff in der Scientific Community von der Fortpflanzung mittels Knospung und der Herstellung von Ablegern zu einem Begriff für lebende Entitäten, die asexuell entstanden sind. Der Begriff des Klons bezeichnete nun nicht mehr nur Pflanzen, sondern auch Zelllinien, die genetisch ›rein‹, also nicht mit anderem Erbgut vermischt sind (Brandt 2010).

Von großer Bedeutung für das Thema des Klonens in seiner heutigen Bedeutung sind v. a. die Forschungen Hans Spemanns (1869–1941), »the true father of cloning« (Wilmut/Highfield 2006: 54). Denn es war Spemann, ab 1914

---

[64] Auch sozialistische und sozialdemokratische Stimmen strebten derartige Zwecke an. Ein Beispiel ist Alfred Grotjahn (1869–1931), welcher zwar auch die sozialen Bedingungen der Entstehung von Krankheiten berücksichtigte, sich aber ebenso für Geburtenregelung und eine qualitative Verbesserung des Erbgutes einsetzte.

Direktor des *Kaiser-Wilhelm-Institutes für Biologie* in Berlin-Dahlem, der eine befruchtete Salamandereizelle mithilfe eines Haares so trennte, dass ein Teil des Zytoplasmas ohne Kern blieb, und sich der Embryo im anderen Teil trennte. Nach erfolgter Teilung lockerte Spemann die Schlaufe des Haares, sodass ein Teil des Embryos mit Zellkern in den abgetrennten Teil gelangte. Dieser begann sich dort ebenfalls zu teilen (Kolata 1998: 60). Spemann wollte die sog. ›Keimplasmatheorie‹ widerlegen: das Keimplasma wurde als ›Grundstock‹ der Zellen gedacht, von dem angenommen wurde, dass er unbeeinflussbar an die nächste Generation weitergegeben werde, stellte die argumentative Basis für eine Unveränderlichkeit ›schlechter‹ wie ›guter‹ Erbanlagen dar. August Weismann (1834–1914) hatte mit ihr einen Beitrag zur sog. synthetischen Evolutionstheorie geleistet, welche Entwicklungsgeschichte mit Genetik zusammenbrachte (Mclaren 2000; Harwood 1993: 105). Er wollte beweisen, dass es etwas ›Substantielles‹ in den Zellen gebe, was immer weiter an die nächste Generation vererbt wird (Winther 2001).[65] Im Gegensatz dazu hatte Spemann die Totipotenz des Embryos bewiesen und gezeigt, dass sich eine befruchtete, geteilte Eizelle bis zu einem bestimmten Zeitpunkt zu mehreren Embryonen weiterentwickeln kann. Ebenfalls nahm Spemann jedoch an, dass das Experiment bei fortgeschrittener Entwicklung nicht zu einem eigenen Embryo, sondern zu ausdifferenzierten Körperzellen führe:

> From the assumption of Weismann concerning the differential division of the nucleus, there would follow immediately a restriction of the potency of the genome; for if the germ plasm were separated, during development, into its constituent parts and distributed over the single cells of the body, it is evident that each of these cells would contain only its allotted portion and would lack all the remainder. But by refuting of this fundamental hypothesis one cannot conclude that each cell of the body will contain the whole undiminished idioplasm; for genes may be lost or become ineffective in other ways besides that of elimination out of the cell. (Spemann 1938: 210f.)

Da ihm die Gründe dafür noch unbekannt waren und um die Zelldifferenzierung während der weiteren Ausbildung des Embryos besser verstehen zu

---

[65] Weismann war überzeugt, dass bei der Ausdifferenzierung von Zellen die genetische Information in ihnen immer schwächer wird: Während die befruchtete Eizelle noch sämtliche Informationen zur Erzeugung eines Individuums enthalte, werde bei einer Halbierung der Zygote auch die DNA halbiert. Die Erbinformation einer geteilten Zelle sei somit schwächer; und eine spezialisierte Zelle eines Organs enthalte nur die für sie nötigen, begrenzten Informationen (Kolata 1998: 51). Seine Theorie stand dabei im Gegensatz zum französischen Botaniker Jean-Baptiste de Lamarck (1744–1829). Lamarck ging noch davon aus, dass Organismen während ihres Lebens durch Umweltbedingungen dahingehend beeinflusst werden, dass sie ihre Organe anders einsetzen. Veränderungen würden bei der Reproduktion an ihre Nachkommen weitergegeben (Harwood 1993: 18). Spemanns Theorie stand auch im Gegensatz zu Darwin, der von einer Angepasstheit der Spezies an Umweltbedingungen ausging (Lenzen 2003).

können, schlug Spemann nun ein ›fantastisches Experiment‹ vor, das konzeptionell die Erzeugung des Klons als abstrakten Gegenstand darstellt:

> Decisive information about this question may perhaps be afforded by an experiment which appears at first sight, to be somewhat fantastical. It has been shown [...] that a piece of the egg protoplasm which contains no nucleus may be induced to develop, may be ›fertilized,‹ as it were by a descendant of the fertilized egg nucleus. In this experiment the nucleus to be tested is transmitted through a bridge of protoplasm from the one half of the egg in which it had originated into the other half which had hitherto been devoid of nucleus. Probably the same effect could be attained if one could isolate the nuclei of the morula and introduce one of them into an egg or an egg fragment without nucleus. The first half of this experiment, to provide an isolated nucleus, might be attained by grinding the cells between two slides, whereas for the second, the introduction of an isolated nucleus into the protoplasm of an egg devoid of a nucleus, I see no way for the moment. If it were found, the experiment would have to be extended so that older nuclei of various cells could be used. This experiment might possibly show that even nuclei of differentiated cells can initiate normal development in the egg protoplasm. (211)

Auch wenn Spemann dies nicht als Klonen bezeichnet, so ist dieses ›fantastische Experiment‹ als Grundlage für den heutigen Zellkerntransfer zu verstehen (Wilmut/Highfield 2006: 55). Spemann bezog sich auf die Experimente des Biologen Hans Driesch (1867–1941), der bereits 1892 an Seeigeln gezeigt hatte, dass aus einem geteilten Embryo vier Larven entstehen können. Allerdings hatte Driesch lediglich einen Vierzellembryo geschüttelt und aufgrund der Totipotenz vier einzelne Seeigel aus diesen Zellen züchten können. Spemanns Experiment hingegen wollte den Kern einer ausdifferenzierten Zelle in eine entkernte Eizelle übertragen, um zu sehen, wie diese sich entwickelt – war allerdings von reproduktionsmedizinischer Anwendung noch denkbar weit entfernt (Kolata 1998: 59). So wird, aufbauend auf zuvor erzeugtem embryologischem und reproduktionsmedizinischem Wissen, eine rein sprachliche und kommunikative Handlung vollzogen, die einen Gegenstand konstituiert, der erst 50 Jahre später tatsächlich im raumzeitlichen Sinne existieren wird (Brandt 2008).

Der Klon wird 1903 als abstrakter Gegenstand zu dem Zeitpunkt gezeugt, als eine sozialdarwinistisch bzw. später auch rassisch-völkische Umdeutung des biologischen und v. a. des genetischen Wissens beginnt. Das fantastische Experiment von Hans Spemann wiederum findet 1938, kurz vor dem Ausbruch des Zweiten Weltkrieges statt. Die vorliegende Arbeit konnte zwar keinen direkten Zusammenhang nachweisen, dennoch ist es im Sinne einer symptomatischen Interpretation (vgl. Kap. 2.3) auffällig, dass die Idee des Transfers einer *fremden* Eizelle in eine andere und die Isolation des Zellkerns genau zu diesem Zeitpunkt aufkommt. Diese Experimente weisen nämlich auch zurück auf die diskursive Bedeutung der Identität und Zugehörigkeit in dieser Zeit:

> Was sich in den ersten Jahrzehnten des 20. Jahrhunderts als Begriff des Klons herausbildete, war also primär ein (experimental-)technisches Konzept: Das semantische Feld des Klonbegriffs umfasste den genealogischen Aspekt des identischen Ursprungs, die Serialität und Pluralität. So war der Klon immer eine Gruppe von gleichursprünglichen pflanzlichen oder zellulären Einheiten, was sich durch seine asexuelle, das heißt nicht auf Vermischung und Variation zielende Reproduktion ergab. Damit verbunden war die Bedeutung von Identität, genetischer Reinheit und Standardisierbarkeit. (Brandt 2010: 130)

So wird deutlich, dass die Verwendung des Begriffs ›Klon‹ für etwas Identisches, Serielles und asexuell durch menschliche Handlungen Produziertes gerade im biologischen und nicht im literarischen Diskurs zu finden ist. Das Klonen als Erzeugung eines *alter*, das geno- und phänotypisch jedoch nicht von *ego* zu unterscheiden ist, hat hier seinen Ursprung.

4.2 Literarische Thematisierungen von Handlungsspielräumen

Während sich Szenarien zur Reproduktionsmedizin in Großbritannien bereits weit verbreitet hatten, etablierte sich in Deutschland die Science Fiction insbesondere über die Rezeption des französischen Autors Jules Verne (1828–1905) als »eigenständiges Genre« (Dina Brandt 2007: 41). Dabei zeigen sich gerade auch in der Science Fiction der Moderne deren militärische, nationalistische und kolonialistische Tendenzen, wobei häufig das Weltall und die exotische Kultur auf anderen Planeten genutzt wurden, um die Konfrontation mit dem *Fremden* darzustellen (42). Viele der Romane sind also gerade keine kritische Auseinandersetzung mit Alterität (Nagl 1972: 151 ff.). Vielmehr wird im Zuge von Kolonialismus und Nationalismus das Fremde als exotisch dargestellt (Seed 2011: 10–18). Zwar wurden diese Romane in einem sich etablierenden Verlagswesen im Deutschen Kaiserreich um 1900 durchaus verlegt, jedoch erwies sich an dieser Stelle der bereits oben erwähnte ›deutsche‹ Kulturbegriff als wirkmächtig, denn Science Fiction wurde nicht von der bildungsbürgerlichen Klasse gelesen:

> ›Ausverkauf der Werte‹, dies war die große Angst der Kulturkritiker. Sie blickten verständnislos auf die neuen Formen der Literatur, die keinerlei bildungsbürgerlichen Anspruch verfolgten. Sie bauten allein auf Marktgesetzlichkeiten auf und boten rein seriellen Lesestoff an, dessen Ziel nichts weiter als gute Verkaufszahlen waren: die Marktwirtschaft zog in die Kultur ein. (Dina Brandt 2007: 47).

Die Science Fiction wurde im Kaiserreich als eine »Bedrohung der Gesellschaft« (49) interpretiert, was auch als ein Klassenkonflikt verstanden werden kann – denn die Fähigkeit und die Zeit zu lesen stand in der Moderne verstärkt auch Angestellten und Arbeiter_innen zur Verfügung und wurde zunehmend zur Freizeitbeschäftigung (59). Über den Literaturbegriff und die Frage, was gelesen werden sollte, wurde somit implizit auch ausgehandelt, wer sich weiterbilden sollte.

Dementsprechend ist auch die Verhandlung der technisch erzeugten Künstlichkeit in der deutschen Science Fiction eher die Ausnahme. Bekannt ist v. a. Hanns H. Ewers (1871–1943) *Alraune* (1911): Die Alraunen-Pflanze, deren Wurzelform dem menschlichen Körper ähneln kann, gibt den Namen für eine künstlich erzeugte Kreatur. Alraune ist der personifizierte Dämon als ein Wesen, das durch künstliche Befruchtung einer Prostituierten mit dem Samen eines Triebtäters erzeugt wurde. Der weibliche Körper wird zum zentralen Austragungs- und Verhandlungsort, denn Alraunes Mutter wird dargestellt als eine Person, die sich dem männlichen Samen so freigiebig zur Verfügung stellt wie die Erde in Alraunen-Mythen: »Wenn ein Mörder gehenkt wird und seinen letzten Samen in dem Moment in die Erde lässt, in dem der Strick ihm das Genick bricht, empfängt die fruchtbare Erde diesen Samen und lässt an dieser Stelle eine Alraune gedeihen.« (Frost 2002) In diesem Text wird zwischen den Eigenschaften der Eltern und denen der Kinder nicht getrennt: Alraune ist zwar lebendig, besitzt aber keinerlei Seele oder Moral, sie wird aufgrund ihrer künstlichen Erzeugung und der stigmatisierten Abstammung als etwas Monströses dargestellt, das all jenen Unglück und Tod bringt, die Zuneigung für sie empfinden. Dabei wird gerade nicht zwischen äußeren Einflussfaktoren und reproduzierten Substanzen unterschieden; vielmehr wird die soziale Andersartigkeit der Mutter auf das Kind übertragen und in der künstlichen Reproduktionshandlung symbolisiert.

Nach dem Ersten Weltkrieg fand eine »historische Zäsur« (Dina Brandt 2007: 317) statt, die nach den Kriegserfahrungen die optimistischen Zukunftsbeschreibungen sowohl in Großbritannien als auch in Deutschland einbrechen ließ und das Genre der Dystopie hervorrief, welches den demographische Wandel, die immer stärker wachsenden Großstädte und den technischen Fortschritt mitsamt seiner Rationalisierung thematisierte:

> Chief among the many challenges posed to the idea of utopia in the early twentieth century was an increasing disillusionment with the optimistic narrative of progress and the modern, rationalistic-scientific worldview underlying it. The trajectory of modernization and rationalization threatened to rob humans of their freedom, or of their very humanity. (Ní Dhuíll 2010: 31)

Die literarische Verhandlung entwirft nicht mehr, wie Utopien, eine positive Differenz der bestehenden Gesellschaft. Vielmehr kombiniert sie als Kritik klassisch-utopische Topoi mit dem möglichen Zielpunkt technischer und sozialer Debatten (Ferns 1999: 107).

Im Gegensatz dazu steht eine späte deutsche Utopie: In Gerhart Hauptmanns *Die Insel der Großen Mutter oder Das Wunder von Île des Dames* (1924) stranden europäische Frauen gemeinsam mit einem zwölfjährigen Jungen auf einer Südseeinsel fernab jeder Zivilisation. Nachdem sie einen funktionierenden Frauenstaat gegründet haben, stellt sich die Frage der Fortpflanzung, um das Kollektiv aufrecht zu erhalten. Hauptmann schließt so an Klassiker an und schreibt im »Genre einer regressiven Utopie, die sich nur in geographischer und geistiger Distanz vom Mutterland entfalten kann« (Rotmann 2003: 123). Im Gegensatz zu den meisten anderen Romanen seiner Zeit beschreibt er gerade keine Technik, sondern ein mythisch-religiöses Konzept der Reproduktion, in dem die Frauen wie durch ein Wunder schwanger werden. Obwohl sie wissen müssen, dass nur der mit ihnen gestrandete Junge Phaon der Vater ihrer Kinder sein kann, verweigern die Frauen auf der Insel diese Erkenntnis, sprechen untereinander nicht über den Geschlechtsverkehr mit dem Jungen und halten so die mythische Vorstellung ungeschlechtlicher Empfängnis aufrecht (124). Indem Hauptmann den tradierten utopischen Topos bedient, die Figuren einen unbekannten Ort erobern zu lassen, kann statt der Unterscheidung zwischen der natürlichen und der künstlichen Reproduktion ein dritter Weg eingeschlagen werden. In der Moderne erscheinen seine Figuren somit selbst als das Andere einer fortschrittlichen Welt. Das fiktive weibliche Kollektiv wird als unfähig zum aufgeklärten Wissen dargestellt und zugleich als eine kollektive Mutterschaft idealisiert: Der Mythos der Jungfernzeugung muss auf der *Insel der großen Mutter* internalisiert werden, um das utopische Ideal einer Frauengemeinschaft nicht zu stören: »Die übernatürliche Zeugung wird zum Dogma erklärt, obwohl sie eigentlich auf völlig natürlichem Wege zustande kommt.« (Ebd.) Durch dieses Dogma nimmt der Mutterkult eine Form an, die der Ordnung des Kollektivs zu Stabilität verhilft:

> Der so entstandene Staat hat in seiner besonderen Form ein berühmtes Vorbild: Auch in Platons *Politeia* ist die Vaterschaft anonym. Durch ihre neue Rolle als Mütter begreifen die Frauen auf ›Ile des Dames‹ immer mehr die Besonderheit ihrer Gesellschaft ohne Männer, die sich aus der bewahrenden und schützenden Aufgabe der Frau als Gebärerin ergibt. (150)

Jedoch ist dies nicht die einzige Parallele zur *Politeia*: Unter der Oberfläche des religiösen Kultes werden später männliche Kinder mit ausgewählten Frauen zusammengebracht, um ein ›gutes‹ Kollektiv fortbestehen zu lassen (vgl. Kap. 2.1.2.1). Insofern klingt bei Hauptmann eine Höherwertung des Natürlichen und eine Negierung des Technischen an, ohne dass auf manipulierende Reproduktionshandlungen verzichtet wird. Zugleich wird auf tradierte Vorstellungen des ›Männlichen‹ und ›Weiblichen‹ zurückgegriffen: Während die Frauen im südlichen Teil der Insel vornehmlich ihre emotionalen und künstlerischen Wünsche befriedigen, gehen die Männer im nördlichen Teil technischen und forschenden Tätigkeiten nach. Die Idealisierung des Mütterlichen kann als ein Versuch gedeutet werden, die moderne Technisierung mit ihrem Gegenbild zu kontrastieren, denn die Insel der Männer wird als ein Ort entworfen, der den maschinell-technischen Fortschritt als ein negatives Ideal darstellt, mit dem eine starke Hierarchie einhergeht (151). Der weiblich kodierte Ort wird somit sehr deutlich als Gegensatz des männlichen ›Anderen‹ imaginiert (139). Zwar wird diese weibliche Gemeinschaft idealisiert, ist aber dem Untergang geweiht – da Hauptmann den Mutterkult nicht als Staatsform funktionieren lässt, bleibt *Die Insel der großen Mutter* letztlich eine Idealisierung von Weiblichkeitsstereotypen.

Eine gänzlich andere Verhandlung findet sich in Charlotte Haldanes Roman (1894–1969) *Man's World* (1926), der eine Gesellschaft entwirft, in der das Geschlecht eines Kindes künstlich geformt werden kann. Da zu Beginn des 20. Jahrhunderts an solche Technik noch nicht zu denken war, projizierte Haldane dieses Setting in die Zukunft (Dobritzsch 2008: 6). Hier gibt es eine Klasse von Frauen, die sog. ›Vocational Mothers‹, welche beruflich nur für das Gebären und für die Reproduktion des Kollektivs verantwortlich sind. Diese Frauen können mit bestimmten Übungen determinieren, ob sie einen Jungen oder ein Mädchen gebären. Die Anweisung dafür erhalten sie von der Staatsleitung. Sie befiehlt zumeist männliche Kinder, da für die oberen Klassen im Staat nur Männer gebraucht werden. Da Frauen in der *Man's World* entweder diese Rolle als Gebärende, Arbeiterin oder Unterhalterin für Männer zugewiesen wird, ist »[d]iese Darstellung [...] keine Vision der Autorin von einer Neuen Welt, sondern das Abbild der ihr bekannten, die sie damit kritisiert«. Ein solches System konnte sich etablieren, da ein kleinwüchsiger Jude namens ›Mensch‹ eine neue, rationalisierte Welt erschaffen wollte. Dafür adoptiert er weiße Kinder aus anderen europäischen Kulturen, die er zu Individuen erzieht, die später rein rational, ohne Emotionen handeln sollen. Nach einer Erziehung und Ausbildung dieser Kinder an einem Platz, der signifikanterweise *Nucleus* heißt, ziehen die ›Menschlein‹ in die Welt und verbreiten die Lehre, die auf der rationalen Entscheidungsfähigkeit des Menschen beruht. Die abgegrenzte Position der Kinder ohne äußere Einflüsse und ihr Aufenthalt an einem für sie vorstrukturierten Ort ermöglicht die Beeinflussung der späteren Staatsleitung in dem von ›Mensch‹ gewünschten Sinne. Aufgrund ihrer Ausbildung und seinen Beziehungen besetzen sie Führungspositionen im Land und können nach einem Krieg das System hin zu einer *Mans's World* beeinflussen. Da der Aufbau der Keimzellen zum Erscheinen des Romans bereits erforscht war und Haldane durch ihren Mann, den Biologen John B. S. Haldane, über differenziertes biologisches

Wissen verfügte, lässt sich davon ausgehen, dass dieser Aufenthaltsort der neuen Generation nicht zufällig *Nucleus* heißt: Das Innerste der Zelle wird auch zum Inneren des Kollektivs und zum zentralen Ausgangspunkt seiner Neugestaltung. Es etabliert sich im wahrsten Sinne des Wortes eine neue ›Körperschaft‹, deren elementare Basis Reproduktionshandlungen sind, nämlich die Zuweisung eines biologischen Geschlechts und eine Erziehung hin zu einer bestimmten sozialen Aufgabe. Dass der Jude mit Namen ›Mensch‹ eine eigene ›Rasse‹ züchtet, kann als Anspielung auf den Kolonialismus und Nationalismus der Moderne verstanden werden. ›Mensch‹ sorgt dafür, dass eine hegemoniale Personengruppe ein spezialisiertes Wissen der Erzeugung des a/Anderen weitergibt und damit ›neue Räume‹ erobert: »The society of Haldane's story, Nucleus, is for the white ›race‹ only: other races live in different territories. Nucleus is organised for health, stability and control of the environment, and it is strictly hierarchical, the mass of the people being controlled by a small (male) elite.« (Hanson 2004: 123) Durch die Segregation des Raumes wird somit die Abgrenzung und Aufwertung der privilegierten, weißen ›Rasse‹ deutlich. Jedoch ist das Wort ›Mensch‹ im Englischen ein positiver Begriff, der die moralische Integrität einer Person ausdrückt; und Haldanes Eltern waren selbst jüdische Immigranten. *Man's World* ist also gerade kein Roman, der sich klar einem antisemitischen Diskurs der Moderne zuordnen lässt, sondern bleibt in sich ambivalent. Er kritisiert die Bedingungen und Konsequenzen der Reproduktionshandlungen, nicht aber die Technik selbst.

Eine weitere deutsche Utopie ist Ri Tokkos wenig bekannte Roman *Das Automatenzeitalter* (1931). Ri Tokko ist das Pseudonym des Chemikers Ludwig Dexheimer (1891–1966), der bis 1929 im *Griesheim-Werk* der *Farbwerke Hoechst* angestellt war – eine der wenigen, ausführlich formulierten deutschen Technik-Utopien wurde von jemandem geschrieben, der selbst einem technischen Beruf nachging. In dem Roman werden verschiedene technische Weiterentwicklungen wie z. B. die Ektogenese, für das Jahr 2500 prognostiziert. Als einer der wenigen Texte seiner Zeit ist dieser Roman als sozialistische Fortschritts-Utopie zu bezeichnen, in der eine automatisierte Lebenswelt entworfen wird (Nagl 1972: 159). Die Klassenunterschiede, die sich in einer Segregation des sozialen Raums manifestieren könnten, werden dabei hinfällig: »[Dexheimer] insisted that the scientific method, when applied to the study of history, showed a slow but steady and ulterable course of progress toward a future world state in which all men and women enjoy peace, equality, and unlimited opportunities for education and recreation.« (Fisher 1991: 182) Technik verstärkt hier nicht das soziale Streben nach Perfektion und Fortschritt, sondern ist die Lösung aller Probleme. In Anbindung an die klassischen Utopien entwirft Dexheimer ein Kollektiv, das möglichst viel Freizeit und Möglichkeit zur Entfaltung der eigenen Persönlichkeit hat. Er legt es als eine direkte Demokratie an, dessen Bürger_innen gemeinsam über alle wichtigen Themen entscheiden und mittels Maschinen von zuhause eine Stimme abgeben (186f.). Das humanistisch-aufklärerische Ideal der gebildeten und reflektierenden Menschen stellt sicher, dass alle eine wohlinformierte Haltung hinsichtlich dieser Entscheidungen einnehmen.

Zwar wird Technik dazu genutzt, künstliche Befruchtung und Ektogenese durchzuführen, um die Gleichheit der Frauen zu befördern; durch genetische Veränderungen wird zudem eine androgyne Rasse geschaffen, die uniforme Kleidung trägt, sodass Männer und Frauen kaum voneinander zu unterscheiden sind. Jedoch wird am entscheidenden Punkt, nämlich der Fortpflanzung, die völlige Technisierung gerade nicht antizipiert: »Das Klonen verwirft Dexheimer, weil es eben die Identität just um ihre Erfahrungen, sprich: Liebe, verfehlt.« (Palm 2006) So bleibt als Basis dieses Kollektivs ein Ideal der Natürlichkeit aufrechterhalten. Trotz bestehender formaler Gleichheit der Menschen sind die Maschinen deutlich als das sozial Andere markiert. Diese Trennung wird damit legitimiert, dass die Automaten keine Gefühle haben und nur dazu dienen, das Leben sozial- und umweltverträglich zu gestalten.

Ich kann an dieser Stelle nicht ausführlich auf das Automaten-Motiv eingehen – festgehalten werden soll, dass es als ein Vorläufer der Klons gesehen werden kann: Die Angst vor seiner Künstlichkeit gründete sich einerseits in der Annahme, dass Automaten eines Tages besser an die Umweltbedingungen angepasst sein könnten und den Menschen ersetzen würden (Kang 2011: 225). Andererseits wurden gerade über das Motiv der Automaten auch die Klassenverhältnisse der Moderne verhandelt. Der Automat ist hier als Referenz auf die arbeitende Klasse, als »mechanized subaltern« (266) und »threatening Other« (296) zu verstehen, der nun plötzlich zum Leben erweckt wird und Bedürfnisse entwickelt sowie Rechte einfordert. Er kann damit je nach Perspektive zugleich den vergrößerten, technischen Handlungsspielraum als auch die Begrenzung des Handlungsspielraums sozialer Gruppen in der Moderne repräsentieren (305). Insofern kann er als ein symptomatischer Bezugspunkt des Klonens gesehen werden, da der Klon wie der Automat zwischen Abhängigkeit und vergrößtertem Handlungsspielraum oszillieren. In der Romantik ist es nicht nur der Automat, sondern auch das Motiv des Doppelgängers, der etwas Unheimliches darstellt, da er die Individualität einer Person in Frage stellt. Der Klon ist eine Zuspitzung dieses Motivs, da mit ihm der Doppelgänger nun künstlich hergestellt werden konnte und das gleiche Genom hat (Raml 2010: 106).

Nach diesem Überblick über die kulturellen, sozialen und epistemischen Kontexte moderner Reproduktion möchte ich im Folgenden an zwei Beispielen analysieren, wie die literarische Verhandlung von Alterität in der Moderne ausbuchstabiert war. Dabei gehe ich der Frage nach, inwiefern in den beiden

Romanen *Züllinger und seine Zucht* und *Brave New World* nicht nur die Zukunft der Reproduktion, sondern auch die jeweils gegenwärtige Einstellung zum Anderen und Fremden verhandelt wird.

4.2.1 Handlungsspielräume in Konrad Loeles Züllinger und seine Zucht *(1920)*

Es gibt im Vergleich zu Großbritannien wenige deutsche Romane, die die neu aufkommende Verknüpfung von Reproduktionsmedizin und Genetik unter einer Perspektive diskutieren, die die Erzeugung serieller, künstlicher Individuen in den Vordergrund stellt. Für diese frühe Phase der literarischen Verhandlung ist *Züllinger und seine Zucht* (ZuZ) der Roman, der im Folgenden einer vertieften Einzelanalyse unterzogen werden soll. Er ist auch von besonderem Interesse, da er verdeutlicht, wie sehr eine dystopische Perspektive von ihrem zeitgenössischen Kontext geprägt sein kann und versucht, auf ihn zurückzuwirken.

Konrad Loele ist der politischen Linken im Kaiserreich zu Beginn des 20. Jahrhunderts zuzuordnen. Nach dem Ersten Weltkrieg war er so enttäuscht von der gescheiterten Revolution sowie von der nun regierenden Sozialdemokratie, dass er sich keine sozialistische Zukunft mehr vorstellen konnte (Fisher 1991: 157). Aufgrund seiner eigenen politischen Verortung verhandelt Loele in *ZuZ* nicht nur Techniken menschlicher Züchtung, sondern insbesondere die Klassen- und Machtfrage in Anbindung an historische Tendenzen.

Loele, über den »so gut wie nichts bekannt [ist], abgesehen von den drei Büchern, die noch an seine Existenz erinnern« (Kathan 2006) publizierte seinen Roman ein Jahr nach der Wahl zur Deutschen Nationalversammlung. Nachdem am 9. November 1918 ausgehend von Arbeiter- und Soldatenrevolutionen die Republik ausgerufen worden war und Kaiser Wilhelm II. abgedankt hatte, konstituierte sich das Deutsche Reich zwar formal als eine Parlamentarische Republik, es herrschten jedoch weiterhin große Sympathien mit der vorhergehenden Monarchie des Deutschen Kaiserreiches in Politik, Militär, Verwaltung und Justiz vor (Dina Brandt 2007: 56ff.). Dieser Roman fällt in ein Jahrzehnt, in dem die Erfahrungen des Ersten Weltkrieges sowie politische Folgen des Kolonialismus, völkischer Bestrebung, moderne Theorien der Vererbung sowie sozialistischer Strömungen in Europa gleichermaßen aufeinandertrafen. Auch wenn Loele keine real existierenden Personen oder Orte der Weimarer Republik in seinem Roman nennt, so ist *ZuZ* doch nicht nur als ein Text zu verstehen der »in sarkastisch-satirischer Weise Deutschlands Entwicklung zu einem totalitären Staat vorweg[nimmt]« (Kathan 2006). Denn dass sich die bereits vorhandenen Tendenzen der nationalistisch-völkischen Bestrebungen im Deutschen Reich zu einer faschistischen Diktatur entwickeln sollten, konnte Loele nicht wissen. *ZuZ* lässt sich deswegen, wie es auch schon früh in der Forschungsliteratur betont wurde, als eine kritische Reaktion auf die Situation um 1920 und weniger als eine Antizipation an dem Faschismus verstehen: »Loele's dark satire of the future repeatedly links the expansionist, chauvinist posture of the German ruling class with its hope to eliminate the working class.« (Fisher 1991: 158) Es sollten nicht die möglichen, zukünftigen Entwicklungen der Weimarer Republik kritisiert werden, sondern die völkischen Strömungen und die Klassenverhältnisse *in* ihr, die gerade die Handlungsspielräume der Arbeiterklasse erheblich beschränkten.

Loeles Geschichte spielt vom Februar 1952 bis zum Mai 1953. In diesem Zeitraum ereignet sich für die »Oberdeutschen« (ZuZ: 5), d. h. die Klasse mit dem größten Handlungsspielraum, eine Niederlage, die zugleich einen Erfolg für die Arbeiterklasse und für das verfeindete Ausland darstellt. Bereits an der Bezeichnung der ›Oberdeutschen‹ manifestieren sich die Klassenunterschiede – eine ›hohe Position‹ im sozialen Raum bedeutet in diesem Fall ein Stehen über a/Anderen und einen großen Handlungsspielraum. Seit 20 Jahren ist das Land »einheitlich kapitalkatholisch« (6). Die regierende Schicht baut ihre Macht auf den Säulen des katholischen Glaubens, des Geldes und des Großgrundbesitzes auf. Der Gott dieser Klasse, so die Hauptfigur Züllinger, »hieße Profit, und der gäbe ihnen, wenn sie ihm fleißig Menschen opferten, ihr Himmelsreich, das Kapital« (119). Zu diesem Zweck gibt es ›Verweser‹[66], die die tragenden drei gesellschaftlichen Säulen repräsentieren: »Oberdeutsch-Krappe« für die »Großgeldschaft«, »Oberdeutsch-Götzenleuchter« für die »Großgottschaft« und »Oberdeutsch-Januschalk« für die »Großjunkernschaft« (14). Die Klasse der Oberdeutschen sind »direkte [...] Nachkommen der judenrein echt deutschvölkischen, wahrhaften Vaterlandspartei«, die sich abgrenzt von sog. »Hablingen«, »frühere[n] Demokraten, und Angehörige[n] der Masse, die sich aus den ehemals linken Parteien zusammensetzte«(7). Insbesondere diese nicht weiter differenzierte ›Masse‹ bildet die Arbeits- und Produktionskraft als Grundlage des Staates.

Geschildert wird eingangs, wie Züllinger einen gewöhnlichen Feierabend an seinem Arbeitsplatz beobachtet. Da er hierbei »grinste, wie er das seit 20 Jahren zu tun pflegte«, ist davon auszugehen, dass es sich um eine iterative Erzählung handelt, dass er also etwas beschreibt, was sich immer wieder auf diese Weise (oder zumindest sehr ähnlich) zugetragen hat – denn das Schauspiel ist »altgewohnt« (6). Züllinger ist selbst ein Halbling, der nicht zu den Oberdeutschen, aber auch nicht zu einer von ihnen verachteten Klasse gehört, da er weder über Geld oder Großgrundbesitz verfügt noch religiös ist. Er ist Teil des Kollektivs, besitzt innerhalb dessen jedoch auch die Position des Beobachters – erkennbar an dem ›hohen Schemel‹. Eingeführt wird

66 Aus dem Altdeutschen *firwesan* für ›jemandes Stelle vertreten‹.

so die interne Fokalisierung der Erzählung durch Züllinger, und zugleich eine heterodiegetische Erzählinstanz.[67] Beschrieben wird die Topographie des Braunkohlekraftwerkes, abgelegen vom zentralen Punkt des Landes (Berlin) und doch topologisch mit ihm verbunden. Denn die mitten durch das Fabrikgelände laufenden Gleise führen in die Hauptstadt, und der Richtungsanzeiger ist in Sichtnähe wegweisend in Richtung des Zentrums aufgebaut.

In diese räumliche Struktur tritt nun eine Masse an Personen ein, die keine eigene Identität und keine Namen besitzen: »Das inhaltsreiche Sausen der tausend Maschinen schwieg, aus geöffneten Toren kam ein dünnes Geriesel einförmig gekleideter Menschen, das von allen Seiten nach der Hofmitte zusammenlief.« (6) Die Arbeiter_innen kehren nach verrichteter Tätigkeit zurück und versammeln sich zentral, sodass sie Anweisungen erhalten können. Die Materialität des Raums wird auf diesem Wege mit sozialer Bedeutung versehen, in dem der ausgestaltete Ort für menschliche Interaktion genutzt wird. Dabei sind, wie im Folgenden deutlich wird, die Maschinen wichtiger für das Kollektiv, denn sie sind ›inhaltsreich‹, die Menschen hingegen stellen nur ein ›dünnes Geriesel‹ dar. So sind es die Maschinen, die gemeinsam mit der Religion, den Kern dieses Kollektivs ausmachen:

> Gleichzeitig erscholl vom Dache der höchsten Halle aus einem gigantischen Spielwerk ein Choral; ein mitten auf dem Hofe ragendes Kruzifix erglühte farbig von innen heraus, fabelhaft prunkvoll. [...] Die Menschenmenge bildete einen sternförmigen Pferch um das Kruzifix, Männer und Frauen standen tiefnackig mit gebeugten, entblößten Köpfen und warteten schweigend, bis sie der für ihre Kolonne bestimmte Kraftwagen in die entlegenen Wohnkasernen abführte. (Ebd.)

Die ›gebeugten‹ Köpfe der Arbeiter_innen weisen allegorisch auf eine niedrige Position mit wenig Handlungsspielraum hin. Ihr Wohnort, der ihnen weder reine Funktionalität noch Individualität zuweist, ist ebenfalls standardisiert und ›entlegen‹. Ihre Köpfe sind kahlgeschoren, was ihnen zusammen mit der einheitlichen Kleidung verstärkt das Merkmal zuschreibt, als Arbeiterschaft zwar eine generische Identität zu besitzen und Teil einer Gruppe zu sein, aber jede Persönlichkeit verloren zu haben.[68] Statt der individuellen

---

[67] In der Erzähltheorie bezeichnet Fokalisierung den »Blickwinkel [...]« (Genette 2010: 11), aus dem etwas erzählt wird. Eine interne Fokalisierung, die hier vorliegt, gibt Züllingers »Sicht« (Martínez/Scheffel 2012: 66) wieder. In diesem Fall gibt die Erzählinstanz nicht mehr Informationen wieder, als diejenigen, die Züllinger selbst hat. Mit der Kategorie der Hetero- bzw. Homodiegese lässt sich beschreiben, in welchem Maße die Erzählinstanz selbst von den erzählten Ereignissen betroffen ist. Im vorliegenden Fall handelt es sich um eine Instanz, die als »[u]nbeteiligter Erzähler« (85) charakterisiert werden kann, da sie nicht »am Geschehen beteiligt« (84) ist.

[68] Dieses Setting kann als Referenz auf die damalige Internierungs- und Arbeitslager gelesen werden. Ein Beispiel ist die *Friedrich-Albrecht-Hütte* der Firma *Krupp*, auf der russisch-pol-

Persönlichkeit seiner Bürger_innen steht in diesem Kollektiv also die Religion und das zu erwirtschaftende Kapital im Fokus: »Loele considered the image of Christ to be a clever contrivance utilized to teach the proletarians to obey sheepishly the wishes of the overlords.« (Fisher 1991: 158) Züllinger soll nun aktiv werden, um ein Kollektiv zu stärken, das aufgrund von vorhergehender Kriegserfahrung und ständigem Machtwechsel zugrunde gewirtschaftet wurde:

> Die Kraft des Landes ward matt, Leichen lagen an Häusermauern, Ungeborene wurden nicht reif. Alte krochen ins Dunkel der Erde, die Sprossen des heiligen Frühlings wandten sich über die Grenzen noch reineren Ländern. Große Taten, nur halb getan, stürzten zusammen und begruben ihre Halbhelden, Geld und Trägheit, stärker als Geist und Wille, bändigten das Chaos einer neuen Zeit, entfruchteten den Mutterschoß einer großen Möglichkeit. Das war das dritte Jahrzehnt des Jahrhunderts. (ZuZ: 12)

Die Anspielungen auf das Deutsche Kaiserreich, welches sich nach dem Ersten Weltkrieg politisch, militärisch und sozial neu ordnete, sind mannigfaltig. Verhandelt werden hier nicht nur die nationalistischen und industriellen Kontexte der Moderne, sondern insbesondere die Kriegsfolgen sowie die Reparationszahlungen aufgrund des Versailler Vertrages (Dina Brandt 2007: 318). Im Zentrum steht die Reproduktion, welche die Grundlage für das Fortbestehen des Kollektivs bildet – die ›Ungeborenen werden nicht reif‹ und der ›Mutterschoß ist entfruchtet‹. Die Lage der Nation ist desaströs, da nicht genug neue Menschen produziert werden. Mit Handlungen, die Nation und Reproduktion verbinden, versuchen die ›Oberdeutschen‹ nun ein neues Kollektiv zu schaffen und konstatieren in ihrem Manifest:

> Ohne Arbeit und Zucht geht unser geliebtes Vaterland zugrunde. Wir wollen die Herrschaft der christlichen Sittlichkeit wieder herstellen auf der ganzen Linie. [...] Wir haben die herzlose Horde der jüdischen Preistreiber, Lebensmittelverstecker und Wucherer enteignet und des Landes verwiesen. Wir wollen auf den Tugenden des oberdeutschen Volkes die Zukunft des Vaterlandes aufbauen. Mit der sittlichen Überlegenheit der christlich-katholischen Weltanschauung trachten Wir, auf Ruinen neues Lebens [sic!] zu schaffen. (13)

---

nische Kriegsgefangene beschäftigt waren (Tenfelde 2002: 67, 91). Auch wenn diese Personen formal als Arbeiter_innen mit einem Vertrag beschäftigt waren, lässt sich doch aufgrund von verschiedenen Sanktionen und Vorschriften durchaus von Zwangsarbeit sprechen. Nach dem Belagerungszustandsgesetz der Weimarer Verfassung, konnten die Arbeiter_innen bspw. »in Schutzhaft genommen und in Gefangenenlager zu schwerer und nichtbezahlter Arbeit eingewiesen werden« (66f.), wenn sie den Vorschriften nicht Folge leisteten. Wie auch im Roman dargestellt, wurden diese Arbeiterinnen häufig »an entlegenen Punkten« (66) beschäftigt, wodurch sie weder miteinander, noch mit deutschen Arbeiter_innen kommunizieren konnten.

Züllinger wird, von der Außenwelt abgeschottet, gezwungen, künstlich eine Klasse von Arbeiter_innen zu schaffen, mit denen der Aufbau des Landes betrieben werden kann. Dies ist nötig, da die arbeitende Klasse sich »aus Bosheit oder Schwachheit« (21) der Fortpflanzung verweigert und damit das System boykottiert. Diesem Widerstand wirken die Oberdeutschen entgegen, denn »[w]ollten sich die Massen nicht mehr aus eigener Neigung fortpflanzen, so mußte man eben eine fabrikmäßige Bevölkerungspolitik treiben« (22), um dem Land Fortschritt zu bringen. Der Wert der Reproduktion zeigt sich, als Züllingers Zucht zwar größtenteils unfruchtbar gemacht wird, ein weibliches Individuum den unfruchtbar machenden Röntgenstrahlen jedoch zufällig nicht ausgesetzt ist. Als sie nach einem Geschlechtsverkehr schwanger sein könnte, steht ein Abbruch nicht zur Diskussion, denn das »dreimal heilige Gesetz«, d. h. die Säulen des Kapitals, der Religion und des Großgrundbesitzes, »schützt keimendes Leben in jedem Falle« (35).

Da die Reproduktion so dringend benötigt wird, kann eine Frau sogar aus der Gemeinschaft verwiesen werden, wenn sie keine Kinder bekommt. Dies betrifft auch Heilwik, die Frau des Großjunkers Januschalks, die bisher Totgeburten hatte und deshalb von ihrem Mann verstoßen werden könnte: »Wenn es jetzt nichts wird, fliegst du raus!« (51), droht ihr Ehemann. Dieses verräumlichte Sprechen des ›Rausfliegens‹ ist topologisch zu verstehen als eine Ausgrenzung aus dem sozialen Raum. In der Not wendet sie sich an Züllinger, der einen fruchtbaren Züchtling zwingt, ein Kind auszutragen, das er gegen Heilwiks wiederum tote Neugeburt eintauscht. Züllinger verfolgt hiermit auch eigene Interessen, das System zu unterwandern, denn er strebt an, dem Kind eines Züchtlings eine Position zu verschaffen, die ihm im sozialen Raum eigentlich nicht zusteht.

Für diesen Zweck hat Züllinger sich ein ganz besonderes Labor, einen »Jungviehstall« (28), eingerichtet: »Der Raum [...] hatte doppelte Wände wie eine Flasche für flüssige Luft, er war ein einziger großer Warmschrank ohne Fenster, aus dem kein Ton nach außen drang.« (8) Gezüchtet wird »eine slawisch-romanische Mischung« (27), die gegenüber der Physiognomie der Oberdeutschen sichtbar etwas Anderes bleiben soll. In diesem Raum, der mit einer konstanten Wärme von 37 Grad Celsius dem menschlichen Körper gleicht und völlig von der Außenwelt abgeschottet ist, werden die neuen Arbeiter_innen hergestellt. Der (weibliche) Körper wird so selbst als ein begehbarer ›Ort‹ inszeniert, an dem die Zeugung vonstattengehen kann: »Folgt man den Bewegungen des Textes, dann sind zwar die künstlich erzeugten Menschen, das im ›Labor geschaffene Leben‹, das Thema des Romans, das Zentrum aber bilden der abwesende mütterliche Körper und die zweigeschlechtliche Vermehrung als Garantie des generationellen Fortbestehens.« (Nusser 2011: 245) Dabei sind die Befruchtungstechniken Züllingers die einzige technische Unterstützung, die im Kollektiv angewandt wird, denn die »Oberdeutschen liebten das Wort Fortschritt gar nicht« (ZuZ: 15). Loele entwirft so eine »ländliche Idylle, in der ein dysgenischer Gesellschaftsentwurf und die Möglichkeiten neuester (fiktiver) biotechnologischer Entwicklungen als Massenproduktion durchgespielt werden« (Nusser 2011: 231). Großstadtszenen, wie sonst in der Moderne so mannigfaltig verhandelt, fehlen in diesem Roman. Die Oberdeutschen wenden sich von der Technik ab und ernähren sich »noch lieber von den unverfälschten Werken der Natur« (ZuZ: 21). So findet sich bei Loele trotz der Kritik an den politischen Verhältnissen seiner Zeit auch eine Aufwertung von Natürlichkeit, mit der er nur in einem gewissen Maße bricht. Denn Technik ist in diesem Land verpönt – auch Züllinger fürchtet sich zunächst vor der »Kunstnatur« seiner »Überembryonen« (26). Im Laufe der Zeit gewöhnt er sich mehr und mehr an sie. Das reproduzierte Andere wird somit für ihn durch Kontakte und Begegnungen zum anderen, vom Fremden zum Vertrauten. Die befremdliche Künstlichkeit ist bei Loele den niederen Klassen vorbehalten; die natürliche Zeugung hingegen ein Privileg. Für Züllingers Gehilfinnen jedoch bleibt jedes Mitglied dieser Zucht ein »Scheusal [...]« (37); und der Leiter des eingangs erwähnten Braunkohlewerks bezeichnet die Zucht als »Viecher« und »Tierchen« (28).

Züllinger stellt, zunächst für die Produktion von Lebensmitteln verantwortlich, einen uniformen, synthetischen Teig für die Arbeiter_innen her, der ganz nach Belieben zu unterschiedlicher Nahrungsproduktion verwendet werden kann.[69] In einen ähnlichen »Nährteig« (24) bettet er, nachdem Experimente mit künstlichen, aus menschlichem Gewebe gezüchteten Gebärmuttern »zu unbrauchbaren, hohlen, lächerlichen Monstrositäten führte« (23), nun Eizellen, die zuvor Frauen entnommen und mit Sperma befruchtet wurden. In einer verkürzten Phase von fünf Monaten schafft er es, die »erste Serie wohlgebildeter, ungeheuer kräftiger Säuglinge« (25) zu züchten. Die Bezeichnung einer ›Serie‹ ergibt die entscheidende Referenz von Loeles Buch zum Thema dieser Arbeit. Zwar wird der Zellkerntransfer nicht beschrieben, jedoch weisen sowohl die »Massenfabrikation« (36) der Züchtlinge als auch die Tatsache, dass diese künstlich erzeugten Figuren sich »ähnlicher, wie Zwillinge« (54) sind und bei ihrem Gegenüber Abscheu und Ekel hervorrufen, Parallelen zur späteren Thematisierung des Klonens auf:

---

69 Sicher ist es keine zufällige Anspielung, dass diese Lebensmittel zur »Erhaltung der Eßlust« (20) in den Farben schwarz, weiß und rot gestaltet sind. Denn es sind die drei Farben der Nationalflagge des Kaiserreiches, um die in der Gründungszeit der Weimarer Republik ein heftiger Streit entstand: Während offiziell die Farben Schwarz-Rot-Gold für die Nationalflagge verwendet wurden, diente das Schwarz-Weiß-Rot fortwährend als Symbol für rechtskonservative und nationalistische Positionierungen.

> Eines zeichnet die solcherart geschaffenen Menschen aus: Sie sind gleich, nicht im demokratischen Sinne, sondern ihrem Aussehen nach. Mit dieser Re-Produktion des Gleichen [...] spricht der Text [...] Phantasien und Ängste an, die anscheinend heute immer noch genauso aktuell sind und sich [...] in den letzten Jahren an das Thema des Klonierens koppeln: Reproduktion als Vervielfältigen, sprich: Kopieren, das den Einzelnen in der Masse von Gleichen entdifferenziert und entindividualisiert. (Nusser 2011: 237)

Die Formung der neu erzeugten Wesen erfolgt erstens durch Beeinflussung ihres Körpers – die Zöglinge bekommen zu einem bestimmten Zeitpunkt eine »Verblödungsspritze« (19) verabreicht, damit sich ihre Intelligenz nicht weiterentwickelt. Zweitens werden sie »nach einfachen Hundedressurgrundsätzen« (29) mit nur wenig Sprache erzogen und geformt. Dabei spielt der Raum eine entscheidende Rolle: Die ›Zucht‹ wird nie in der Natur, sondern nur in Gebäuden und unter der Erde beschäftigt. Ihr Aufenthaltsort ist somit vom Menschen geschaffen, wobei die topographische Position unter der Erde der topologisch untergeordneten Position im sozialen Raum entspricht. Deutlich wird die besondere Position der Züchtlinge auch dadurch, dass sie nach der Arbeit »in den für [sie] bestimmten Raum« (91) gelangen. Demgemäß werden die Zöglinge auch zunächst nur unter Tage für Arbeiten eingesetzt. Erst nachdem das Wissen eingesetzt hat, dass keine »Verwilderung« (90) durch den Aufenthalt in der Natur oder der frischen Luft einsetzt, werden sie auch für andere Tätigkeiten rekrutiert. Sobald die oberdeutschen Frauen von dieser Möglichkeit der Zeugung erfahren, wollen sie ihre Kinder »auch in Töpfen ziehen« (44), um den Schmerzen der Geburt zu entgehen. Der Einwand des Gesundheitsrates ist jedoch, dass dies den Kindern schaden könnte. Dagegen argumentieren die Frauen: »Die Weiber der Volksmasse seien als Versuchskaninchen zu verwenden, bis alles glatt ginge.« (45) Hier zeigt sich eine Konstruktion des Anderen auch innerhalb einer sozialen Gruppe: Den Frauen der ›unteren Schichten‹ wird ihre Individualität und Selbstbestimmung abgesprochen und ihre soziale Position wird als Argument zur Legitimierung fremdnütziger Experimente gebraucht. Dem Argument, dass ja andere befruchtet werden könnten, bis diese Experimente sicher an ihnen selbst durchgeführt werden könnten, entgegnet der Gesundheitsrat, dass in diesem Fall das Wissen über die Technik sicher auch ins Ausland gelänge, was wiederum das Staatswohl gefährde: »[K]einesfalls darf die Kenntnis unseres Zuchtverfahrens ins Ausland durchsickern. [...] Sie wissen ja, meine Damen, daß jenseits unserer schwartzweißroten Grenzpfähle tiefste Barbarei herrscht. Die verblendeten Völker sind in die Nacht der Tierhaftigkeit zurückgesunken.« (46)

Ähnlich wie in der *Politeia* (vgl. Kap. 2.1.2.1) ist hier ein Zusammenhang von individueller Alteritätsproduktion und kollektiver Alteritätskonstruktion angelegt: Die Art der Zeugung ist entscheidend für das Wohl des Kollektivs, da es sich nur so vergrößern und die ›fremde Barbarei‹ besiegen kann. Denn die Arbeiter werden gezüchtet, damit wirtschaftliche, ausländische Konkurrenz ausgeschaltet werden kann und die anderen Völker untergeordnet werden können (75).[70] Deutlich wird dies an einem Dialog von Verbindungsstudenten: »›Die Masse wird nach und nach abgeschafft. Die Züchtlinge sind bequemer. Aber eigentlich ist es schade, es wird bald gar nichts mehr zu schießen geben.‹ ›Keine Angst, es gibt auch noch andere Völker.‹« (96) Entsprechend seiner eigenen politischen Ausrichtung kritisiert Loele ein System, das die gewalttätige Vernichtung der ›Barbarei‹ nicht nur für politisch notwendig hält, sondern auch noch Gefallen an ihr findet. Diese anderen Völker, die ›Barbaren‹, die sich von den Oberdeutschen unterscheiden und abgegrenzt leben, dürfen die Methode der Erzeugung nicht erfahren. Die Oberdeutschen wollen so etwas erreichen, was ihnen mit natürlicher Zeugung verwehrt bleibt: »Sie kennen das Fremdwort, dessen Gebrauch erlaubt, ja sogar geboten ist, das Wort Revanche!« (75). Auch wenn Loele den Ersten Weltkrieg nicht direkt nennt, kann dies m. E. als Anspielung auf den Umgang der Deutschen mit der Niederlage nach dem Versailler Vertrag gelesen werden.

So sehr das Kollektiv auch nach innen zerstritten ist und die Oberdeutschen gegeneinander intrigieren, um sich selbst die möglichst beste soziale Position zu verschaffen, so suchen sie doch Gemeinsamkeiten, wenn der Handlungsspielraum gegenüber a/Anderen sozialen Gruppen gesichert werden soll (68). Hiermit etabliert sich eine kollektive Identität durch Wissen über die Möglichkeit serieller Produktion des anderen, die mit der kulturellen Konstruktion des Anderen einhergeht. Wenn diese von den neuen Fortpflanzungsmöglichkeiten erfahren, sei schließlich »[d]as Erbe, das Erbtum, das Erbteil, der Grundstock und Eckpfeiler jeder Sittlichkeit, jeder Gerechtigkeit und aller Gesetze in Gefahr« (50). Aus diesem Grund werden die oberdeutschen Frauen ermahnt: »Seht zu, daß unser Geheimwesen keinen Schaden erleide! Bewacht das Geheimnis in Eurem Busen, bewahrt auch fernerhin die Kinder in Eurem Schoße.« (47) Daraufhin argumentieren sie, dass die Züchtungsversuche ohnehin irgendwann ins Ausland dringen würden. Hier wendet nun Oberdeutsch-Götzenleuchter als Stellvertreter Gottes ein, dass die künstlich erzeugten Kinder von Gott nicht anerkannt würden, da sie seelenlose Wesen seien:

> Die künstlich erzeugten, äußerlich menschenähnlichen Wesen sind ohne unsterbliche Seele, sie sind nur Fleisch und vergänglich wie Fleisch. Zweifelt ihr

[70] Eine Ähnlichkeit besteht außerdem darin, dass alle privilegierten und akademischen Berufe einer bestimmten Klasse vorbehalten sind – nur Oberdeutsche können Juristen und Theologen werden (23). Wie in der *Politeia* ist also Bildung eine starke Segregationskategorie des sozialen Raums.

daran? Die Halblinge haben nur eine halbe, die Angehörigen der Masse nur eine Viertelseele. Nun sind aber Tausende der Züchtlinge aus einer einzigen Frau aus der Masse auf künstlichem Wege entstanden. Berechnet euch selbst, in wieviel Stückchen die Viertelseele dieser Frau hierbei zerlegt worden ist und noch weiter zerlegt wird. Dieser unsagbar dürftige Seelenrest kommt für die Ewigkeit gewiß überhaupt nicht in Betracht. (48)

Gerade die Künstlichkeit begründet also auch eine soziale Andersartigkeit der Züchtlinge. Sie sind seelenlos, und werden so zu einer verfügbaren Sache, einem Ding (vgl. Kap. 3.4). Ein solches *Othering* ist für die Oberdeutschen notwendig, um den Umgang mit ihnen zu legitimieren. Hiermit wirft der Roman ein kritisches Licht auf strategische Argumente, die versuchen, bestimmtes Verhalten mit der Künstlichkeit bzw. Unnatürlichkeit einer Handlung zu legitimieren. Als auch die Behauptung der Seelenlosigkeit der Züchtlinge die Frauen nicht von ihren Forderungen abhält, wird ihnen schließlich vorgehalten, dass künstlich erzeugte Kinder nicht am selben Ort wie natürlich gezeugte aufbewahrt würden und dass es deshalb leichter sei, sie zu vertauschen:

›[N]ehmt an, eure Früchtchen kommen in den Brutraum. [...] Sie bekommen Nummern, damit sie nicht verwechselt werden. Wollt ihr euch denn die ganze Zeit daneben stellen? [...] Glaubt ihr denn, die Knechte in den Bruträumen seien zuverlässig? Sie werden aus Bosheit allerlei Dummheiten machen. Was wird nun mit größter Sicherheit geschehen? Ihr bekommt fremde Kinder zurück. Das wäre noch zu ertragen, wenn es nur wenigstens immer oberdeutsche Kinder ...‹ (49f.)

Interessanterweise ist es genau dieses Argument, dass die Frauen letztlich überzeugt – die Angst davor, dass ihnen das ›eigene‹ genommen wird und gegen etwas ›Fremdes‹ eingetauscht wird: »Nein! Wir wollen unsere eigenen Kinder wiederhaben ...« (50) rufen sie und geben schließlich nach. Erst als die Möglichkeit erwähnt wird, dass die Kinder am Ort der seriellen Erzeugung vertauscht werden könnten, akzeptieren auch die Frauen, dass die künstliche Reproduktion nur für bestimmte Zwecke vorgesehen ist. Um diese Entwicklung zu stoppen, beginnt Züllinger das System zu unterwandern, indem er bei der biologischen Formung eine Substanz zusetzt, die die ›Züchtlinge‹ nach und nach ›entblödet‹. Ihre Reproduktion wird also weiter in einzelnen Handlungen unterteilt, die ersetzt und geändert werden können. Züllinger täuscht schließlich seinen eigenen Tod vor und überlässt seiner Gehilfin Hera die Anführung der ›Züchtlinge‹. Da diese sich dem Kollektiv nicht zugehörig fühlen, kommt bei den Entblödeten unter ihnen schnell Ablehnung gegenüber den Oberen auf:

Denn, ohne Mutterschoß und ohne Muttermilch entstanden und frei gewachsen, kannten sie keine Hemmungen und keine Ammenmärchen, keine Rücksicht auf Religion oder Familie hielt sie in Bann, sie wußten nichts von

> der Geldgier und vom Ehrgeiz, den heiligen Tugenden der Oberdeutschen, und nichts von dem gottgewollten Abhängigkeitsgefühl, das die Masse beherrschte. (94)

Hier wird die künstliche Entstehung der ›Züchtlinge‹ gerade als Bedingung dafür formuliert, dass sie frei ihren Intentionen folgen können, da die ›Zucht‹ nicht in eine moralische, religiöse oder soziale Struktur eingebunden ist. Ihre Erzeugung und Künstlichkeit wird durch die Figuren unterschiedlich bewertet – von den Oberdeutschen negativ, von Züllinger selbst eher positiv. So zeigt sich, dass der Zusammenhang von Natürlichkeit, Normalität und Gewohnheit von Loele durchaus reflektiert wird, weil die Figuren unterschiedlich argumentieren und Position beziehen. Gerade die Figur Züllingers, der die Züchtlinge gut kennt, verdeutlicht, wie das Andere durch beständige Begegnungen vertraut wird.

Stellvertretend für eine fortschreitende Entwicklung der Kunstmenschen hin zu Personen mit Handlungsspielraum wird ein Ereignis erzählt, in dem die ›Züchtlinge‹ Ajax und Diana[71] nach und nach die Fähigkeit zur Reflexion, Emotion und auch zur Handlung erlangen. Die beiden sind auf dem Weg zu ihrem regulären Arbeitsort, einem Zementwerk, als sie, durch Züllingers ›Entblödungsspritze‹ sensibel gemacht, zum ersten Mal die Natur in Form von Kastanienbäumen wahrnehmen:

> Sie waren kahl wie Stecken, solange es Winter war, aber nun fingen ihre Knospen an zu schwellen, glänzten in der Sonne, brachen auf, und die jungen Triebe drängten sich heraus. Das war etwas Neues für Ajax und Diana. [Sie] waren noch nicht so weit entblödet, daß sie sich hätten wundern können, aber es fiel ihnen auf, daß hier etwas vor sich ging, was weder Sack, Wagen oder Mensch war. (90)

Die Fruchtbarkeit der Natur, die sich ohne menschliches Eingreifen entfaltet und fortpflanzt, wird hier in Form der Knospen zum Sinnbild des Aufbruchs. Damit wird sie zugleich der technisierten Moderne als positiver Kontrast gegenübergestellt. Während er darauf wartet, dass Diana ihre Arbeit auf dem Gelände einer Zementfabrik beendet, überkommt Ajax beim Betrachten der Landschaft der Wunsch nach einem Leben, das anders ist als sein bisheriges:

> Seine Augen wurden immer größer, es keimte etwas in ihm wie eine Seele, und er sah anders als sonst. Er sah vor sich eine weite grüne Fläche, dann eine Linie weißblühender Bäume und weit hinten die violette Wand sanfter Hügel. Und darüber lag, scharf von den Hügeln begrenzt, ein gelber, von

[71] Die Namen sind sicherlich kein Zufall: Diana ist in der römischen Mythologie die Beschützerin der Frauen und ihre Geburtshelferin. Ajax war ein westgotischer Missionar, der im 5. Jhd. n. Chr. die Sueben zu einer besonderen Form des Christentums, dem Arianismus, bekehren sollte.

> schmalen Wolkenbändern durchschnittener Horizont, dessen Bedeutung Ajax nicht ermaß. Aber sein Blick wanderte zurück und kehrte sich aufwärts zum Himmel über ihm, und gerade über ihm stand die Höhe eines gewaltigen dunklen Wolkentores. (91)

Im Gegensatz zu den Oberdeutschen, die ihn als ein seelenloses Wesen sehen, wird Ajax von Seiten der Personalität zugeschrieben. Die Materialität des betrachteten Ortes wird allerdings nicht mit Bedeutung versehen – da Ajax noch keine Handlungsfähigkeit und noch kein Bewusstsein über seine eigene Entstehungsweise besitzt, reflektiert er nicht, dass der Horizont eine natürliche Grenze ist, die sich immer weiter verschiebt, je mehr man sich auf sie zu bewegt. Die Idee, dies zu versuchen und ›Raum einzunehmen‹ kommt ihm an dieser Stelle (noch) nicht. Allerdings verweigert er nach diesem Naturerlebnis die Nahrung und revoltiert gemeinsam mit Diana gegen die Wächter, die sie bei der Werksarbeit beaufsichtigen. Es kommt zum Kampf im Werk, der die Arbeiter_innen in die Flucht treibt. Nur zwei ›Züchtlinge‹ befinden sich noch dort: »Ajax und Diana liefen auf sie zu, die Züchtlinge warfen ihre Geräte weg, und sie erkannten zum erstenmal gegenseitig ihre Zusammengehörigkeit.« (93) Es kommt erstmals zu einer kollektiven Identität, die soziale Position der ›Züchtlinge‹ entscheidend ändert. Ermöglicht wird dies, indem die Züchtlinge ihren eigenen Handlungsspielraum erkennen und nutzen lernen – auch topographische Grenzen, so verstehen sie, sind von ihnen überschreitbar.

Der Werksinhaber Knobbe versucht zur selben Zeit erfolglos einen Staatsstreich, woraufhin die drei Reichsverweser entscheiden, dass – im Widerspruch zur geltenden Verfassung – ein neuer Kaiser gekrönt werden soll:

> Unsere dreieinige Reichsverweserschaft hat sich nicht bewährt. Sie konnte es auch nicht, sie war ein Zugeständnis an die damals noch zu fürchtende Masse. Das Wort Republik spukte noch in den Köpfen. [...] Jetzt gibt es nur noch einen Ausweg: Gründen wir ein neues Gottesgnadenkaisertum! [...] Hunderte von Nachkommen des großen Wilhelm Lehmann stehen als Marschälle in der funkelnden Reichswehr an den Grenzen des Landes. (87)

Dieses Zitat kann als Anspielung auf die konservativen Kräfte der Weimarer Republik verstanden werden, die sich die Monarchie zurückwünschten.[72] Zu diesem Zweck soll am 1.5.1953 ein neuer Kaiser gekrönt werden, dem Tag, der »damals in den blödsinnigen Umsturzzeiten der große Feiertag der Masse« (96) war. Zwar ist die Kaiserwahl eigentlich etwas, was der Verfas-

[72] Wilhelm I. ist vermutlich eine Referenz auf den deutschen Kaiser; Lehmann wiederum könnte sich auf den völkischen Publizisten Julius Friedrich Lehmann beziehen, der erheblich zur Verbreitung rassenhygienischer Schriften im Nationalsozialismus beitrug. Durch den Namen ›Wilhelm Lehmann‹ wird die Verbindung des militaristisch-nationalen und des völkischen Diskurses kritisiert.

sung im Staat widerspricht, jedoch wird dies mit höheren Gründen legitimiert, denn nach den Worten, die »ein angehender Philosoph« äußert, macht »die historische Notwendigkeit« (98) diesen Systemwechsel notwendig: »Wir hatten bis jetzt eine Zwischenherrschaft. Die Folgen des Massenwahnsinns wirkten bis jetzt noch nach. Nun geht uns wieder die Sonne der Alleinherschaft auf.« (Ebd.) Hier ergibt sich ebenfalls eine Parallele zur *Politeia*, denn es ist ein Philosoph – bei Platon die höchstgebildete Klasse – der letztendlich die Notwendigkeit der Staatsbildung ausspricht (vgl. Kap. 2.1.2.1).

Während die Oberdeutschen den Staatsstreich planen, versteckt sich Züllinger in einem verlassenen Stollen im Braunkohlewerk und ist kurz davor, aufzugeben. Erneut gewinnt, wie an so vielen Stellen des Romans, die räumliche Beschreibung große Bedeutung: »Die Dunkelheit seines Aufenthaltsortes schien seine Seele verdüstert und alle seine Entschlußkraft aufgezehrt zu haben.« (105) Der Topographie wird, ähnlich wie der Natur in der Szene mit Ajax, eine Wirkung auf Menschen zugesprochen. Züllinger wählt seinen Aufenthaltsort wegen der Lage und Ausstattung, die ihn wiederum wenig am äußeren Geschehen teilhaben und mutlos werden lässt. Hinzu kommt, dass er zuvor ein Erlebnis mit einem Züchtling hatte, der »Kesselheizer« (106) in eben jenem Bergwerk war:

> Sein Name war Pluto, Züllinger hatte ihn aber des philosophischen Geistes wegen, den er nach seiner Entblödung zeigt, Plato genannt. Der war von der Lebendigkeit der Maschine, deren Feuerung er mit Kohlen speiste, so überzeugt gewesen, daß er eines Tages in allem Ernste verlangt hatte, Züllinger solle ihr nun auch ein Entblödungsmittel geben, damit er sie nicht mehr zu bedienen brauchte. Das ginge nicht, hatte Züllinger geantwortet, weil die Maschine aus totem Eisen zusammengesetzt sei. Nur die aus lebendiger Masse gebildeten Menschen hätten die Gabe des vernünftigen Denkens. Und er hatte dem Züchtling auf dessen erstaunte Frage, ob er denn ein Mensch sei, die ganze Geschichte seiner Herkunft und auch die Geschichte des Landes erzählt. (Ebd.)

Eine sarkastische Anspielung auf die westliche philosophische Tradition ist hier in der Referenz auf Platons Höhlengleichnis – Teil der *Politeia* – nicht mehr zu leugnen: Wenn angenommen wird, dass alle wahrgenommenen Naturgegenstände bloß Abbilder von Ideen sein können, wie Platon behauptet, scheint Plutos Vorstellung, dass der Maschine ebenso wie ihm Leben eingehaucht werden könne, durchaus plausibel. Und dennoch wird er enttäuscht, denn es ist die stoffliche Lebendigkeit, die die Kunstmenschen von den Maschinen unterscheidet und ihnen potentiell die Möglichkeit zum vernünftigen Denken ermöglicht. Ähnlich wie es Platon für die namenlosen Figuren in der Höhle entwirft, verweigert sich Pluto dieser Erkenntnis. Er macht Züllinger Vorwürfe, dass er ihn erschafft und entblödet habe, eine Praktik, die er als »unsittlich« (ebd.) bezeichnet. Moralisch wäre es im Sinne Plutos eher, die

›Züchtlinge‹ in ihrer Unwissenheit zu lassen. In seiner Wut wendet sich der Erzeugte gegen seinen Erzeuger:

> Du sagst, ich und mein Bruder wären auch Söhne eines unterjochten Vaters, und wir hätten Verpflichtungen gegen euch? Ja freilich, du trauriges Männchen, du Stümper, du bist unser Vater! Es scheint mir ein großes Unglück, Eltern zu haben. Du sagst in deiner Niedrigkeit, ihr wäret einmal frei gewesen und hättet eure Freiheit nur durch ungünstige Umstände eingebüßt? Die ungünstigen Umstände seid ihr selber. (Ebd.)

Pluto will kein menschliches Bewusstsein und keine Abstammung haben, da er den Kreislauf reflektiert, mit dem sich die Menschheit – und ihr sozialer Raum – beständig reproduziert. Er tötet sich schließlich selbst. Für Züllinger jedoch gibt diese Szene letzten Endes die Motivation zur Handlung: »Meine Geschöpfe sollen nicht wieder Maschinen werden!« (108), beschließt er. Er bringt die Züchtlinge dazu, sich zu organisieren – am Tag der Kaiserkrönung stürmen sie die Veranstaltung, zerstörten die Produktionsstätten, bewaffnen sich und töten deren Wächter. Ein großer Teil der Arbeiter_innen solidarisiert sich zunächst mit ihnen, flüchtet dann aber ins Ausland. Die ›Züchtlinge‹ weigern sich, ins Ausland zu fliehen und verschanzen sich im Stollen des Braunkohlewerks. In einer Umfunktionierung des Werkes als Festung grenzen sie nun wiederum ihr eigenes Kollektiv von den nun Anderen, den Oberdeutschen, ab. Das technisch-künstlich produzierte Andere separiert sich nach erreichter Kollektivität vom natürlich Reproduzierten und nutzt dafür die Topographie des Werkes. Denn Züllingers Zucht will nur »auf den Knobbewerken in Ruhe gelassen werden« (125) und an dem Ort bleiben, wo sie selbst erzeugt wurde. Dabei erweisen sich ihre Bedürfnisse vordergründig als einfach: »›Wir wollen weiter nichts, als ohne Peitsche arbeiten, und dann wollen wir auch Kinder kriegen wie andre Menschen.‹« (118) Der Wunsch nach der Reproduktion des eigenen Kollektivs kommt somit direkt nach dem geforderten Gewaltverzicht. Es breitet sich Trauer aus, als Züllinger ihnen mitteilt, dass sie bis auf einige wenige unfruchtbar sind. Doch auch für dies gibt es eine – altbekannte – Lösung, nämlich die Instrumentalisierung der Fortpflanzung für das Kollektiv: »›Dann werdet ihr die Kinder erzeugen‹, sagten die Züchtlinge zu dem fruchtbaren Rest, ›und eure Kinder werden uns allen gehören. Wir werden für sie arbeiten und wir werden sie verteidigen. Nun müssen wir freilich auch die meisten Oberdeutschen unfruchtbar machen, wie sie es mit uns getan haben.‹« (Ebd.) Selbst jene, die zuvor ausgegrenzt und stigmatisiert wurden, ordnen nun das Wohl der noch zu zeugenden Kinder dem Wohl des Kollektivs unter und betrachten die Kinder als etwas, was ihnen, gleich einer Ware, ›gehört‹. Ein weiteres Mal wird die Kinderzeugung, wie schon bei Platon, zum Dreh- und Angelpunkt des Kollektivs.

Die Oberdeutschen bieten in diesem Zusammenhang einen Kompromiss an, der ihnen zwei räumliche Optionen lässt: »Die Züchtlinge sollen entweder freien Abzug ins Ausland zugestanden bekommen, oder es sollte ihnen nach ihrer Wahl ein angemessenes Gebiet als unangefochtener Wohnsitz zugewiesen werden.« (124) Der Streit wird letztlich durch Intervention von außen gelöst, als sich die »Nachbarvölker« (129) zusammenschließen, über die Grenze brechen und die Oberdeutschen enteignen. Entsprechend ihres Manifests argumentieren diese jedoch, dass ihre Herrschaft von Gott gewollt sei und ihre moralische Pflicht darin bestehe, »die Welt am oberdeutschen Wesen genesen zu lassen« (130) und einen »heiligen Volkskrieg gegen freche Barbaren« zu führen. Der Sarkasmus und die politische Frustration Loeles werden an dieser Stelle sehr deutlich: Er ironisiert die Argumente der Zivilisation und der Vorherbestimmung, mit denen hegemoniale Mächte ihre Herrschaft legitimieren können. Dass die Rettung aus dem Ausland kommt, kann als grundlegender Unterschied zu völkischen Strömungen der Weimarer Republik verstanden werden, auch wenn sich die Vorstellungen einer solchen Vergeltung insofern wiederum mit den erstgenannten deckt, als dass eine utopisch anmutendes Ziel in greifbare Nähe rücke (Fisher 1991: 159). Nur ist dieses Endziel bei Loele nicht die Ausweitung einer hegemonialen Position der Deutschen, sondern die Auflösung von Klassenverhältnissen.

Da sich die Bevölkerung, auf die die Oberdeutschen beim Krieg gegen die Züchtlinge angewiesen wäre, an den Kriegshandlungen nicht beteiligen will, sterben schließlich alle Züchtlinge und noch mehr Oberdeutsche im Kampf. Das Land erobern »die Fremden« (133) und nehmen die noch lebenden Oberdeutschen in Gefangenschaft. Das Buch endet mit den Worten des Großgottschaftsverwesers Götzenleuchters zum – nun nicht mehr regierenden – Kaiser, als beide gefangen genommen werden:

> Denken Sie ja nicht, daß in den paar Jahrzehnten die rechte Frömmigkeit und der Adel der monarchischen, kapitalistischen Denkungsart unter diesen Völkern ausgestorben sein könnte. Der alte Gott lebt schon noch! Aber dann, wenn wir erst wieder obenauf sind, Majestät, dann wollen wir die Burschen aber kujonieren! (133)

Die Verhandlung der modernen Dynamik von Reproduktion und Nationalstaat, der Loele sich in seinem Roman widmet, bekommt damit zu ihrem Ende die Andeutung eines Kreislaufs, in der eine brüchige und sich verbessernde Geschichte nicht entworfen wird. Die Verbindung der Reproduktion des anderen und Konstruktion des Anderen wird nicht im Hegel'schen Sinne aufgehoben, sondern perpetuiert. Zwar wird das System der Oberdeutschen durch die Züchtlinge abgelöst, doch dies gelingt nur durch deren Tod und dadurch, dass sie die gleichen Mechanismen der Segregation und der Alteritätskonstruktion durchführen, die sie selbst erlebt haben. Insbesondere durch die Worte des Großgottschaftsverwesers zum Ende des Buches deutet sich ein endloser Zusammenhang der modernen (Er)zeugung von Alterität an. Eine weitaus größere Verbreitung dieses Motivs findet jedoch durch Aldous Huxley statt.

4.2.2 Handlungsspielräume in Aldous Huxleys Brave New World *(1932)*

Im Gegensatz zu Loeles Roman ist Huxleys *Brave New World* (BNW) sehr bekannt und soll deshalb aus Gründen eines möglichst großen Kontrastes (vgl. Kap. 2.3) des thematischen Feldes mit *Züllinger und seine Zucht* verglichen werden. Zudem kann Huxleys Roman als einflussreicher Referenzpunkt vieler Romane und auch der ethischen Debatte in der hier vorgelegten Untersuchung schwerlich fehlen.

Als Aldous Huxley (1894–1963) diesen Roman veröffentlichte, war er sicherlich auf dem aktuellen Stand der Entwicklungsbiologie. Sein Großvater, Thomas Henry Huxley, war ein berühmter Biologe, ebenso sein Bruder Julian Huxley. Auch er selbst hätte ein Studium der Biologie begonnen, wenn ihn nicht eine Augenkrankheit daran gehindert hätte. Er stand außerdem in regem Kontakt mit dem oben bereits erwähnten John B. S. Haldane, bei dem er zeitweise sogar wohnte (Dobritzsch 2008: 9). Aldous Huxley verstand sich selbst als Person, die zwei Sphären, Literatur und Naturwissenschaften, zugehörte und zwischen ihnen vermitteln konnte (Brandt 2009b). Es kann davon ausgegangen werden, dass dieser Autor an das moderne embryologische und genetische Wissen anschloss, als er den Roman schrieb: »Huxley's book is often described as a visionary masterpiece, a prescient glimpse into the age of IVF and cloning. But the fact is that Huxley simply put into novelistic form what his scientific friends, including his brother Julian, were forecasting in all seriousness.« (Ball 2011: 166) In Rückbezug auf diese Forschungen imaginierte er das sog. Bokanowsky-Verfahren, bei dem befruchtete Eizellen im Reagenzglas gesplittet werden und bei dem jeweils bis zu 96 Individuen zu einer ›Gruppe‹ gehören (Dobritzsch 2008: 24).[73] Die Gruppenmitglieder werden durch Konditionierung im sozialen Raum positioniert, der wiederum durch die Abgrenzung vom ›Unzivilisierten‹ und die Bindung einzelner ans Kollektiv fortwährend stabilisiert wird.

BNW ist in Debatten um Reproduktionstechnologien mittlerweile »zu einem geflügelten Wort geworden« (Nusser 2011: 212). Die ›schöne neue Welt‹ steht für vieles, was nicht wünschenswert ist: Determinierung, Selektion und/oder Abhängigkeit. Auf diese Weise wird der Roman in ethischen

[73] Huxley spricht nicht vom ›Klon‹, da dieser Begriff bereits im botanischen Kontext gebräuchlich war (Poon 2000).

Debatten bspw. genutzt, um zu fordern, dass der bestehende soziale Raum vor Veränderungen zu bewahren ist, die in Huxleys Szenario angelegt und ausgestaltet sind. Häufig geschieht dies allerdings, ohne auf den Inhalt des Buches einzugehen oder das eigene Urteil näher zu begründen. Schon früh ist Huxleys Roman von prominenter Seite als eine Vorwegnahme des Nationalsozialismus interpretiert worden: »Die *Brave New World* ist ein einziges Konzentrationslager, das, seines Gegensatzes ledig, sich fürs Paradies hält.« (Adorno 1973 [1955]: 299) Wie Adorno selbst feststellt, beinhaltet Huxleys Szenario jedoch gar keine Darstellungen von konzentrationslagerähnlichen Zuständen: Gänzlich fehlen schlechte Ernährung, Leid, Hunger sowie Arbeit, die Menschen zu Grunde richtet. Wenn die *Schöne Neue Welt* doch so offensichtlich ›ihres Gegensatzes ledig‹ ist, warum dann trotzdem diese Referenz? Meine These ist, dass sich in dieser Referenz Adornos, nur zehn Jahre nach dem Ende des Zweiten Weltkrieges, eine Tendenz andeutet, die sich in den folgenden Jahrzehnten fortsetzt. Die *Schöne Neue Welt* wird als Metapher für etwas Abzulehnendes, Unerwünschtes oder Unverantwortliches gebraucht. Die Eingriffe in das Erbgut, die Huxley durchaus entwirft, können so genutzt werden, um mit seiner Nennung in Debatten »die eigene Position in einer simplifizierenden Bewegung« (Nusser 2011: 212) zu markieren. Dabei wird allerdings übersehen, dass Huxley noch wesentlich mehr Zeitgeschichtliches verhandelt als nur Eugenik, nämlich die Frage, wie Menschen leben, die alles haben und alles konsumieren können. Huxleys Roman lässt sich entsprechend auch als »a hideous shopping mall« (Ní Dhúill 2010: 35) einer kapitalistischen, konsumorientierten Gesellschaft beschreiben. Diese Interpretation lässt sich stützen, da Begriffe wie Genetik, Eugenik, Klon etc. im Roman selbst gar nicht fallen. So sind die Technologien der biologischen Formung für Huxley lediglich »Folgeerscheinungen, und die Technologie ist nicht selbst dämonischer Verursacher der Degradierung des Menschen« (Fietz 1983: 207f.). Dass die Reproduktion für bestimmte Zwecke genutzt wird, ist also vielmehr als eine Weiterentwicklung der oben beschriebenen epistemischen, sozialen und kulturellen Bedingungen moderner Reproduktion zu sehen. Es ist, so möchte ich mit der vorliegenden Analyse zeigen, nicht die Imagination möglicher reproduktionsbiologischer Entwicklungen, sondern der Umgang mit dem Anderen, der die Bewertung von Huxleys Roman als Dystopie provoziert und eine Parallele zum Nationalsozialismus hervorruft. Um dies zu erklären, ist es wichtig, sich vor Augen zu halten, »daß das in Brave New World dargestellte System logisch und direkt aus dem westlichen Demokratieverständnis ableitbar ist« (211). Huxley analysierte 1932 sehr kritisch die zeitgenössischen modernen Bedingungen von Arbeitsteilung, Konsum und Reproduktion. Ähnlich wie bei Loele, sind die Verhältnisse über den Zusammenhang von Raum und Alterität beschreibbar.

Die dargestellte Gesellschaft befindet sich im ›7. Jahrhundert nach Ford‹, was unserem 27. Jahrhundert gleichkommt (Ruppelt 2002: 4). Diese Anspielung auf den Industriellen Henry Ford ist relevant, weil die von ihm umgesetzten Techniken der Massenproduktion industrieller Güter und die organisierte Arbeitsteilung zum Ideal in Huxleys Gesellschaft werden (Dina Brandt 2007: 345). Der Fordismus ersetzt gleichermaßen Kultur, Religion und individuellen Lebensstil. Damit einher geht die fehlende Unterscheidung zwischen privater und staatlicher Verfügung über Produktionsmittel. Das Ergebnis ist eine hochdifferenzierte und systematisierte Arbeitsteilung, in der jeder Mensch zu einer ›Zelle im sozialen Organismus‹ wird, ähnlich wie es schon Platon als Ideal in der *Politeia* entworfen hat.

Hier findet sich eine Parallele zu biologischen Konzepten des *fate mapping*, die sich z. B. beim Embryologen Walter Vogt nachweisen lassen. 1929 erfand er eine Technik, mit der er einzelne Zellen eines Froschembryos einfärben konnte, um deren Entwicklung unter dem Mikroskop zu beobachten und so zu analysieren, in welche Regionen des Embryos unterschiedliche Zellen wandern (De Ruiter 2010). Er konnte so gewissermaßen ihr ›Schicksal abbilden‹ und studieren, welche Position sie in der räumlich wahrgenommenen Entität des Embryos einnahmen. *Fate mapping* überträgt Huxley auf einen sozialen Raum und die Individuen in ihm: Ihr Schicksal ist festgelegt, ihre Position ist bestimmt, ihr Handlungsspielraum begrenzt und unveränderbar.

Die Funktionalität der einzelnen Mitglieder ist indes nicht die einzige Parallele zur *Politeia*, denn ein weiteres Mal ist die Reproduktion der entscheidende Dreh- und Angelpunkt der kollektiven Staatsform. Der Entwurf eines Kollektivs, wie er noch bei Platon als Differenz zum Bestehenden möglich war, wandelt sich in ein Szenario, das die Radikalisierung des Fortschrittsmythos mittels Technologien für möglich erachtet bzw. vor eben jenen warnen will, ohne den Bezug zu diesen klassischen Texten zu verlieren. Im Unterschied zur *Politeia* sind die Institutionen des Staates bei Huxley allerdings ausdifferenziert. Eine institutionelle Mesoebene ist zwischen Individuen und Kollektiv geschaltet, die den Alltag ins Tiefste prägt, da sie ständig von verantwortlichen Einrichtungen des Staates begleitet werden (Dobritzsch 2008: 36). Durch eine entsprechende Konditionierung sind Huxleys Figuren fest davon überzeugt, dass sie all ihre Zeit in öffentlichen Räumen und mit anderen verbringen wollen, was den Wunsch nach Privatsphäre sowie die Abgrenzung vom Kollektiv obsolet macht (Ferns 1999: 113).

Von der Erzeugung bis zum Tod gibt es keine Individualität, keine Privatsphäre und entsprechend auch keine Orte, an denen sie allein sind. Es bleiben keine persönlichen Eigenschaften übrig, die nicht auch andere Figuren haben bzw. die nicht der jeweiligen Funktion der Person im System entsprechen. Da genau diese Einstellung durch Techniken der biologischen und sozialen Formung forciert wird, stört die Figuren eben diese hochgradige Funktionalität auch nicht.

Anders als in der *Politeia* und klassischen Utopien haben die Figuren der *Brave New World* zwar einen Namen, jedoch steht dieser nicht für eine »persönliche Identität oder Individualität« (Fietz 1983: 209). Vielmehr überwiegt die »generische und soziale Gleichheit« (211), die Zugehörigkeit zu einer Kaste, die die Position im sozialen Raum maßgeblich determiniert. So wird die Reproduktion des äußerlich identischen Menschen zur Grundlage für ein System, in dem die Produktion des immer Gleichen zur Norm geworden ist. Getreu dem Motto *Stability, Identity, Community* meint Identität in diesem Fall »ein Gleichbleiben mit sich selbst, das Gegenteil also von Innovation, Entwicklung, Dynamik und damit letztlich von Geschichte« (ebd.). Dystopisch ist gerade die Vorstellung des immer gleich Bleibenden. Dieser Zirkel ist menschlich erschaffen und erscheint unveränderbar. Anders als bei Loele gibt es keine herrschende Klasse mehr, die dieses System intentional hervorbringt und andere durch Zwang unterwirft. Vielmehr ist auch die oberste Klasse durch eine bestimmte Erzeugungsmethode und Konditionierung Teil des Systems. Entsprechend ist das Bokanowsky-Verfahren als Fortpflanzungsmethode seine Grundlage. So erklärt der Weltaufsichtsrat für Westeuropa, Mustapha Mond, zum Ende des Romans:

> Bokanowsky Groups; [...] I assure you, [are] the foundation on which everything else is built. They're gyroscope that stabilizes the rocket plane of state on its unswerving course. [...] We believe in happiness and stability. A society of Alphas couldn't fail to be unstable and miserable. [...] Alphas can be completely socialized – but only on condition that you make them do Alpha work. Only an Epsilon can be expected to make Epsilon sacrifices; they're the line of least resistance. [...] He can't help himself; he's foredoomed. Even after decanting, he's still inside a bottle – an invisible bottle of infantile and embryonic fixations. (BNW: 178f.)

Hier manifestiert sich die Teilung der Kasten bereits sprachlich. So gibt es, ähnlich wie es bei Loele formuliert ist, die ›oberen‹ (Alpha, Beta) und die ›unteren‹ Gruppen (Gamma, Delta, Epsilon); sowie jene, die, wie die Hauptfigur Bernard Marx, »*out*sider« (60; Herv. S. L. H.) sind. Einzelne Individuen sind durch ihre Gruppenzugehörigkeit in diesem System positioniert. Ihr Platz wird ihnen durch die bereits existierende Generation zugewiesen, die auch ihre biologische Ausstattung und psychologische Konstitution festlegt. Durch die Reproduktion einzelner Individuen wird so auch die jeweilige Kaste bestätigt. Lokaladverbien verdeutlichen diese Positionierung auch in der Sprache selbst – der *Out*sider befindet sich topographisch zwar im sozialen Raum, ist topologisch jedoch aus diesem ausgeschlossen. Durch die fünf Gruppen, welche mithilfe des Bokanowsky-Verfahren immer wieder reproduziert werden, wird »[d]as verewigte Klassenverhältnis [...] in die

Biologie verlegt« (Adorno 1973: 391). Gleichheit und Funktionalität ist die Norm dieser Welt, da sie allein zur Gemeinschaft und damit zur Stabilität führen könne (Ní Dhúill 2010: 39). Gemeinsam ist allen Gruppen, dass ihnen ein Bedürfnis zum Konsum suggeriert wird, das die tatsächlich benötigten, überlebenswichtigen Bedürfnisse überlagert. Indem der Zirkel von Herstellung und Verbrauch ebenso wie die Reproduktion zum Selbstzweck ständig weiterentwickelt und am Leben erhalten wird, wird die Ausführung der jeweiligen Funktion als Glück empfunden, sodass keine Kritik aufkommen kann (Fietz 1983). Auch die Alphas sind, trotz ihrer Privilegien, in das Streben nach Fortschritt verstrickt; die Zuschreibung von Verantwortung oder Machtmissbrauch wird wesentlich schwieriger. Dies gelingt Huxley, da er (anders als Loele) nicht zwischen künstlicher und natürlicher Reproduktion unterscheidet, denn alle sind durch das Bokanowsky-Verfahren erzeugt. Auch wenn sie durch das Bokanowsky-Verfahren bereits einer bestimmten Kaste zugeordnet sind, wird die Positionierung im sozialen Raum und die Bindung ans Kollektiv zusätzlich durch Techniken der Konditionierung fortwährend stabilisiert.[74] Allem voran steht der Slogan ›Progress is lovely‹, den die Jugendlichen zwischen 13 und 17 fünfhundert Mal pro Woche im Schlaf zu hören bekommen. Die Internalisierung der Sprüche führt so weit, dass die Figuren kaum zum Dialog fähig sind und Gespräche z. T. abrupt mit Phrasen abgebrochen werden (Dobritzsch 2008: 50). Mit Suggestion, die die Figuren während ihrer Kindheit beeinflusst, sodass sie das System wortwörtlich ›im Schlaf‹ internalisieren sowie der freien Rauschmittelvergabe, die gegen alle Schmerzen sowie gegen Niedergeschlagenheit hilft, wird das Gemeinwesen ebenso aufrechterhalten (46f.). Diese behavioristischen Mechanismen führen letztlich dazu, dass Huxleys Figuren ganz darin aufgehen und Konsum sowie die Zugehörigkeit zu ihrer Kaste als vollkommenes Glück betrachten. Gegenseitig konsumiert wird auch die sexuelle Energie, die ebenfalls für das Kollektiv genutzt werden kann. Denn jeder Körper gehört mit seiner sexuellen Energie der Gemeinschaft; einzig der Verzicht auf Sexualität ist eine Möglichkeit, sich diesem System zu verweigern. Das nach außen stabilisierte Kollektiv ist allerdings nach innen mit deutlichen Konstruktionen des Anderen versehen. Wie bereits genannt, ist das Differenzkriterium v. a. die Zugehörigkeit zur Gruppe (69), doch daneben herrscht auch ein hierarchisches Geschlechterverhältnis. Trotz neuer Sexualmoral reproduziert Huxley damit Stereotype der weiblichen, passiven Sexualität:

---

[74] Konditionierung meint das Erlernen von Verhalten durch bestimmte Reiz-Reaktions-Muster. Indem Säuglingen beim Anblick von Bilderbüchern Stromschläge versetzt werden, werden sie darauf konditioniert, diese Bilderbücher nicht mehr anrühren zu wollen. Ein weiteres Beispiel ist die Verteilung von Süßigkeiten an Kinder, nachdem diese einem Sterbeprozess beigewohnt haben. Auf diese Weise sollen sie den Tod als einen positiven Teil des Lebens verinnerlichen.

> The portrayal of women is dominated by details of their physical appearance, sexual attractiveness, dress and grooming; the heterosexual act is still figured as the ›having‹ of the woman by the man; the highest accolade a woman can have in this culture is to be described as ›pneumatic‹, a term for which Huxley does not deem it necessary to invent a male equivalent. The decoupling of reproduction from sexuality, itself an arguably prophetic aspect of Brave New World, has no more radical implications for the lives of the women that to integrate them fully into the economy of industrial production and consumption. (Ní Dhúill 2010: 56)

Zwar lagert Huxley durch die künstliche Befruchtung die Reproduktion aus dem weiblichen Körper aus, und alle Männer gehören allen Frauen genauso wie vice versa. Die einzig weiblichen Alphas von bedeutender Position haben allerdings vermännlichte Hormone bekommen, sind steril und können nur deswegen ihre Aufgabe ausüben (Dobritzsch 2008: 74). Den größten Handlungsspielraum haben dementsprechend die Figuren, die der Alpha-Gruppe angehören und männlich sind.[75] Deutlich wird dieser Zusammenhang von Handlung und Raum in der metaphorischen Aussage des Weltaufsichtsrates: »Each of us [...] goes through life inside a bottle. But if we happen to be Alphas, our bottles are, relatively speaking, enormous. We should suffer acutely if we were confined in a narrower space. You cannot pour upper-caste champagne-surrogate into lower-caste bottles.« (BNW: 179) ›Mehr Raum‹ wird verstanden als eine privilegierte soziale Position, die eben ›hoch‹ und nicht ›niedrig‹ ist. Solche privilegierten Individuen erhalten während der Aufzucht in Flaschen (künstlichen Gebärmuttern) ein hochwertiges Surrogat, während den niederen Kasten systematisch Sauerstoff entzogen und zerstörender Alkohol zugesetzt wird.

Diese Struktur des Systems, bei der so trotz enormer Funktionalität doch wieder Abgrenzungen gezogen werden, wird insbesondere dadurch gefestigt, dass es sich nach außen vom Fremden abgrenzt, nämlich den sog. ›Wilden‹, die räumlich getrennt vom Rest der zivilisierten Weltbevölkerung leben. Durch die Hauptfigur des John the Savage, der aus einem der ›Reservate‹ nach London mitgebracht wird, werden im kontrastiven Vergleich des ›zivilisierten‹ mit dem ›wilden‹ Leben die Unterschiede dieser beiden sozialen Räume besonders deutlich:

> Das heißt, dass durch Savage die als ›neue Welt‹ bezeichnete Zivilisation (der Welt-Staat) performativ auf die Seite der indigenen, eroberten Kulturen verschoben wird, die sehr häufig nur beschrieben wurden, indem auf Bekanntes und Eigenes zurückgegriffen wurde – es ist der umgekehrte ethnographische

---

[75] Dies kann auch als Anspielung auf die in Oxford ausgebildete Elite verstanden werden, deren Mitglieder ebenfalls als ›Alphas‹ bezeichnet wurden (Dobritzsch 2008: 76).

> Blick; der Blick des beobachteten, im Reservat lebenden Wilden, der den Beobachtenden nun beobachtet, der sich die andere Kultur aneignet. (Nusser 2011: 217)

Eine topologische wie topographische Grenze markiert diese Trennung der zivilisierten, neuen Welt von der alten, archaischen Sphäre. Zwischen diesen beiden Räumen gibt es keine Mobilität oder Bewegung, weil dies wiederum Instabilität und Unsicherheit schaffen würde. So erklärt auch der Wächter eines Reservats, das von Bernard Marx und seiner Gefährtin Lenina Crown in Mexiko besucht wird, zu dessen Begrenzung: »To touch the fence is instant death [...]. There is no escape from a Savage Reservation. [...] Those who are born in the Reservation [...] are destined to die there.« (BNW: 88) Die Grenze, die zwischen den ›Wilden‹ und den ›Zivilisierten‹ gezogen wird, ist, wie an dem elektrifizierten Zaun deutlich wird, eine menschlich errichtete Grenze, eine künstliche Topographie, die als Ausdruck und Festigung topologischer Unterschiede fungiert. Eine ähnliche Dynamik offenbart sich bei der Verbannung von Bernard und seinem Freund Helmholtz Watson nach der missglückten Integration des ›Wilden‹: »He's being sent to an island. That's to say, he's being sent to a place where he'll meet the most interesting set of men and women to be found anywhere in the world. [...] All the people who aren't satisfied with orthodoxy, who've got independent ideas of their own. Everyone, in a word, who's anyone.« (182) Die Insel ist zwar einerseits Resultat ›natürlicher‹ Grenzen und räumlich abgelegen, wird andererseits aber durch die menschliche Handlung der Verbannung symbolisch noch einmal mit sozialer Ausgrenzung verbunden.

Das Kriterium für die räumliche Segregation ist nun interessanterweise die Art und Weise, wie Reproduktion an diesen Orten betrieben wird. So erklärt der Wächter gegenüber Lenina weiter: »[A]nd remember, my dear young lady, [...] remember that, in the Reservation, children still are born, yes, actually born, revolting as that may seem ...« (Ebd.) Es existieren in der *Brave New World* gewissermaßen nur zwei Arten von Personen, die auf der ›anderen Seite‹ des Konsums und der Konditionierung leben – die ›Wilden‹ und die sozialen Außenseiter; denn beide sind eine Gefahr für die »Ruhe und Stabilität« (Dobritzsch 2008: 54) des Systems. Über das Motiv der Reservate etabliert Huxley die Grenze zwischen der natürlichen und der künstlichen Zeugung. Allerdings, anders als Loele, nicht als Segregationskategorie innerhalb des Kollektivs, sondern als Konstruktion des Anderen im Gegensatz zur technologisch-zivilisierten Gemeinschaft. Paradigmatisch fallen hier der moralische und der technologische Fortschritt zusammen, die beide Ausdruck menschlicher Kultur- und Handlungsfähigkeit sind. Entsprechend dieses Zivilisationsideals ist kein Ort in der *Brave New World* zufällig gestaltet. Jeder Platz ist strukturiert und geplant, was insbesondere für das ›Hatchery and Conditioning Centre‹ als wichtigstem (und eben: zentralem) Punkt der Formung zutrifft. Die Plätze der Embryonen und Kinder in dieser Zentrale sind für alle Entwicklungsstadien durchgeplant und vorstrukturiert. Dabei ist ebenso grundlegend, dass keine Familienstruktur existiert. Die Studierenden erröten und kichern bei ihrem Durchgang durch das Zentrum gegenüber dem Weltaufsichtsrat Mustapha Mond, als dieser Begriffe wie »mother«, »family« und »home« (BNW: 39) verwendet. Zur Abschreckung der Studierenden wird die Sphäre der Familie als beengt beschrieben:

> Home, home – a few small rooms, stiflingly over-inhabited by a man, a periodically teeming woman, by a rabble of boys and girls of all ages. No air, no space; an understerilized prison; darkness, disease, and smells. [...] Psychically, it was a rabbit hole, a midden, hot with the frictions of intimacies, what dangerous, insane, obscene relationships between the members of the family group! (40)

Diese Beschreibung ist natürlich zunächst einmal eine topographische, fungiert aber dennoch als Ausdruck für die Begrenztheit der Familie, die dem prinzipiell ›offenen‹, sozialen Raum gegenübersteht. Die mit dieser Enge verbundene Wertung kann zugleich als eine topologische Bedeutungszuweisung des Raums verstanden werden: Die Figuren lebten nicht die ›schönen neuen‹ Werte (Reinlichkeit und Ungebundenheit der Individuen), sondern waren sozialen Abhängigkeiten ausgesetzt. Diese Darstellung ist somit als weitere erzieherische Formung gedacht; als eine Abschreckung gegenüber sozialem Zusammenhalt und emotionaler Bindung – das Individuum soll kein eigenes, familiäres Kollektiv aufbauen, sondern mit seinem gesamten Körper und Verstand dem übergeordneten Zusammenhalt dienen.

Mond muss bei dieser Information der Jugendlichen keinen Zwang ausüben, sondern bestimmt vielmehr sämtliche Formen ihres Denkens und Wissens. Wie die Philosophen in Platons *Politeia* ist es also wieder die weiseste Person, die großen Einfluss hat (Dobritzsch 2008: 76). Damit kann *BNW* als ein regulativer Gegenentwurf gelesen werden, der ein zugrundeliegendes Ideal verdeutlicht. Ein Ideal, das sich fassen lässt als »die Pflege und der Schutz individueller Ungleichheit, die Verwirklichung individueller Diversität zur Ganzheit, die Selbstbestimmung und eine Gesellschaft, die dies alles gewährleistet« (Fietz 1983: 212). Dieser Text kann so gelesen werden, dass der Dystopie eine Utopie der Alterität zugrunde liegt, die die Anerkennung und Toleranz des_der anderen und möglichst wenig Vorherbestimmung der Position im sozialen Raum impliziert. Es ist das Ideal einer dialektischen Gesellschaft, die statt des Zirkels von Fortschritt, Konsum und Abgrenzung gesellschaftliche Werte der Anerkennung, Selbstverwirklichung und Freiraum priorisiert. Dies würde, so lässt sich interpretieren, ebenfalls zum Glück führen, jenem Wert, der in Großbritannien traditionell so wichtig ist:

> Die Konzeption undurchbrochenen Fortschritts unterscheidet sich von der liberalistischen durch die Akzente, nicht durch den Blick auf die Sache. Wie ein Bentham-Liberaler prognostiziert Huxley eine Entwicklung zum größtmöglichen Glück der größtmöglichen Zahl: nur daß sie ihm nicht behagt. Er verurteilt die *Brave New World* mit dem gleichen gesunden Menschenverstand, dessen Walten in der *Brave New World* verhöhnt ist. (Adorno 1973: 317)

Dieses Zitat von Adorno veranschaulicht, wie bei der Interpretation von Utopien selbst Wertungen zutage treten können.[76] Dass *BNW* als Dystopie intendiert ist und als solche rezipiert wird, entspreche einem Ideal westlicher Vernunft (›gesunder Menschenverstand‹) und einem aufgeklärten Bildungsideal. Die Deutung wird zugleich im Sinne der eigenen wissenschaftlich-politischen Positionierung zur Abgrenzung vom Liberalismus und Utilitarismus genutzt. Adorno ist nicht der einzige, der sich auf diese Tradition bezieht. In Rückbindung auf das Glück als Wert, welches bereits in der Präambel der Declaration of Independence festgehalten ist, wird weiterhin konstatiert:

> [Huxley] wendet sich nicht gegen eine Philosophie, die das Glück zum *summum bonum* erklärt, sondern gegen die Pervertierung dieses Wertes: ›Happiness‹ als Mittel zum Zweck der Fremdbestimmung und Vergesellschaftung des Individuums ist ein entwertetes Glück. Sobald dieser Sachverhalt durchschaubar wird, muß die Vision der glücklichen ›Neuen Welt‹ bei dem Leser in eine Schreckensvision umschlagen, der in der besonders im westlichen Denken gängigen Wertkategorie vom Glück als hohem Gut zu denken gelernt hat und nun dieses hohe Gut zur Versklavung des Menschen mißbraucht sieht. (Fietz 1983: 211)

In diesem Zitat kommen ähnliche axiologische Werte zum Vorschein wie bei Adorno. Die Bewertung eines Kollektivs, das ein Gut wie das Glück ›missbraucht‹ und seine Bürger_innen ›versklavt‹, da deren Wohlergehen nicht mehr Ziel, sondern nur noch ›Mittel zum Zweck‹ ist, wird als ›Schreckensvision‹ bezeichnet. Hier wird deutlich, dass die Gegenstände des Romans vor dem Hintergrund eines eigenen axiologischen Wertmaßstabs beurteilt werden. Dieses Verhältnis zwischen den Überzeugungen des Wertenden und den zugeschriebenen attributiven Werten zu erklären, ist ein wichtiger Schritt, um die Frage zu beantworten, warum die *Brave New World* zum Inbegriff für eine Ablehnung von Reproduktionstechniken stehen kann. Das dystopische Moment besteht in der Nutzung der Reproduktion für moralisch

[76] Wertung meint »eine Handlung, in der ein Subjekt in einer konkreten Situation aufgrund von Wertmaßstäben (axiologischen Werten) und bestimmten Zuordnungsvoraussetzungen einem Objekt Werteigenschaften (attributive Werte) zuschreibt« (von Heydebrand/Winko 1996: 39). In dieser stets kontextgebundenen Handlung (38) tritt also bei der Bewertung von Gegenständen durch die direkte oder indirekte Bezugnahme auf einen Wertmaßstab eine Werteigenschaft zutage.

fragwürdige Zwecke und für eine Interaktion mit der Stigmatisierung und Ausgrenzung des Fremden.

Die Erzeugung des biologisch anderen erhält durch soziale, wissenschaftliche und kulturelle Kontexte eine Zuweisung in das ›eigene‹ und das ›Andere‹. Die Basis hierfür ist die genetische Abstammung, die, wenn sie vom Normalfall abweicht, nicht geduldet wird. Dieser Hintergrund erklärt die Parallelisierung von Huxleys Roman mit den Techniken der NS-Zeit, wie sie von Adorno hervorgehoben wird. So ist es nicht verwunderlich, dass ein Zusammenhang hergestellt wird zwischen dem Umgang mit dem Anderen im Buch und der nur wenig später real gewordenen, nationalsozialistischen Vernichtung derjenigen, die aufgrund ihrer Religion, Herkunft, sexuellen oder politischen Orientierung, gemessen an der NS-Ideologie, in ihrer schieren Existenz nicht systemkonform waren. Diese Verbindung ist logisch nicht evident, spiegelt aber genau die Bedeutungszuschreibung wider, die der Klon im Laufe des 20. Jahrhunderts erhalten hat.

Während Spemann mit seinem Experiment gerade die Determinierung des Embryos widerlegen wollte (vgl. Kap. 4.1), repräsentiert der Klon nach 1945 soziales *fate mapping*. Sein Schicksal scheint besiegelt – es wird vorausgesetzt, dass er qua Erzeugungsweise, genetischer Identität oder den Erwartungen des Originals verdinglicht würde und eine festgelegte Position im sozialen Raum hätte. Zu dieser Bedeutungszuschreibung hat Huxleys *Brave New World* zwar erheblich beigetragen, es ging hier jedoch gar nicht um eine Extrapolation der Zukunft, sondern um eine Kritik der Gegenwart. Dass der Klon dennoch spätestens ab diesem Zeitpunkt als fremdbestimmtes Produkt wahrgenommen wurde, möchte ich nun den folgenden Kapiteln zeigen.

4.3 Die Verhandlung von Alterität nach 1945

Der Fortschritt der Reproduktionsmedizin fand nach 1945 v. a. in angloamerikanischen Laboren statt. Gründe sich nicht nur in den fehlenden Erfahrungswerten mit dem Nationalsozialismus und dessen negativer Eugenik zu suchen, sondern auch in ökonomischen Faktoren, die bei den alliierten Siegermächten bessere Voraussetzungen schafften als in den von ihnen besetzten Gebiet der Nachkriegszeit, das sich zunächst mit grundlegenden Fragen im Gesundheitswesen auseinandersetzen musste (Lindner 2004: 35 f.). Und schließlich konnte nach 1945 in britischen und amerikanischen Laboren an den erreichten Forschungsstand der Moderne angeschlossen werden:

> Anders als in Deutschland wurde die eugenische Praxis in den USA und Großbritannien nach 1945 keiner radikalen Einschränkung unterzogen. Wie durch zahlreiche personelle Kontinuitäten belegt, hat es auch in Deutschland keine ›Stunde Null‹ der Anthropologie und menschlichen Erblehre [...] gegeben.

> Jedoch hatte es gut eineinhalb Jahrzehnte bis zu einem Neuanfang, und damit zur Wiederaufnahme der Forschungsarbeiten gedauert. (Salem 2013: 35)

Freilich wurden auch das deutsche Gesundheitssystem und die Rolle der Ärzt_innen nach 1945 gerade nicht vollständig reformiert (Lindner 2004: 46, 123). Diese Zäsur kann deshalb, wenn überhaupt, lediglich für die Forschung selbst gelten. Dabei setzte sich unter angloamerikanischen Biolog_innen und Genetiker_innen zeitgleich zu den Experimenten des Zellkerntransfers der Diskurs über die positive Eugenik fort (Weindling 2012; Schreiber 2007: 255). Zunächst hatten die anwendungsbezogenen Forschungen allerdings auch in der britischen Bevölkerung wenig Rückhalt. Dies änderte sich mit aufkommenden Maßnahmen zur Bevölkerungskontrolle und Familienplanung, insbesondere durch die Anti-Baby-Pille. Erst in diesem Zusammenhang wurde auch die IVF zu einem eigenen Forschungsgegenstand, dessen Nützlichkeit für Infertilitätsbehandlungen erkannt wurde, während sie zuvor zur Erlangung embryologischen Wissens oder als Anwendungsbereich der Landwirtschaft verstanden worden war (260–264). Die nun folgenden Ausführungen stellen die Fortschritte im Bereich des Klonens dar und gehen darauf ein, wie diese in der literarischen und bioethischen Debatte verhandelt wurden.

4.3.1 Erste Experimente zum Zellkerntransfer

Das Klonen wurde in der Nachkriegszeit als Grundlagenforschung zur Erkenntnis über den Embryo verstanden. Da die Anwendung auf den Menschen in sehr weiter Ferne lag, war das Ziel die Erlangung von differenziertem Wissen über die Zellentwicklung (Heinemann 2005: 169). Erstmals führten Briggs und King (1952) das ›phantastische Experiment‹ von Hans Spemann (vgl. Kap. 4.1) an Eizellen des Leopardenfrosches durch. Die beiden wollten am Krebsforschungsinstitut in Philadelphia herausfinden, warum sich in einem bestimmten Entwicklungsstadium des Embryos Zellen spezifizieren (Wilmut/Highfield 2006: 56). Denn obwohl durch Spemanns Ergebnisse bereits bekannt war, dass der Embryo mindestens bis zum Achtzellstadium totipotent ist, so war noch unklar, welche Entwicklung zur späteren Ausdifferenzierung von Zellen führte:

> As Spemann was aware, cellular fates might be sealed in at least two ways. The identity of individual cells might be established by their local environment – their positions relative to other tissues. But it was also possible that during development the nucleus underwent changes that progressively stif"lled its developmental capacity, making it less than totally potent. (Gurdon 2001: 41)

Es galt zunächst einmal zu ergründen, ob verschiedene Zellkerne im Embryo selbst angelegt sind oder ob die Differenzierung während des Entwicklungsprozesses nach der Befruchtung passiert. Hierfür setzen Briggs und King die von Spemann formulierte ›phantastische‹ Technik um, indem sie Eizellen einer Froschlarve entkernten und in diese die Kerne einer Blastula – einem sehr frühen embryonalen Entwicklungsstadium – einsetzten. Aufgrund des Pioniercharakters dieser Arbeit lässt sich davon ausgehen, dass zunächst einmal gezeigt werden sollte, dass Spemanns ›phantastisches Experiment‹ überhaupt umsetzbar war (ebd.). Nach diesem Zellkerntransfer entwickelten sich neue Larven. Des Weiteren wurden auch Kerne aus dem Gastrulationsstadium, dem nächsten Schritt in der Embryonalentwicklung, transferiert. Aus diesen Zellen entwickelten sich keine lebensfähigen Larven (Heinemann 2005: 169). Damit meinten Briggs und King bewiesen zu haben, dass verschiedene Zellen des Embryos auch verschiedenes Erbgut besitzen, das sich im Entwicklungsprozess herausbildet. Weismanns Keimplasmatheorie galt als so gut wie widerlegt (vgl. Kap. 4.1). Nichtsdestotrotz blieb eine gewisse Unsicherheit bestehen, da aufgrund technischer Umstände bei diesen Experimenten nicht nur der Zellkern, sondern auch ein geringer Teil des Zytoplasmas transferiert wurde. Auch in den folgenden Forschungen von Briggs und King, in denen sie Zellkerne aus verschiedenen Entwicklungsstadien des Leopardenfrosches in entkernte Eizellen einsetzten, entstanden nie lebende Kaulquappen: »The implications for any proposal to clone from an adult cell are clear: Dolly was, by the understanding of the 1950s, a fiction, a mirage, an impossibility.« (Wilmut/Highfield 2006: 57) Obwohl der Transfer selbst gelang, führte er nur in einer Minderzahl der Versuche anschließend zur Zellteilung (Gurdon 2001). In der Annahme, dass dies an ihrer Technik liegen könnte, entnahmen die Embryologen fortan noch weiter entwickelte Zellen aus der Gastrula. Hierbei ergab sich jedoch ein Widerspruch: Zwar entwickelten sich viele Embryonen nicht oder wiesen starke Anomalien auf; dennoch gelangen die Versuche zu etwa 20 Prozent – irritierenderweise mit den am weitesten ausdifferenzierten Zellen. Dies hatten Briggs und King zuvor als unmöglich erklärt (ebd.).

Nachdem die amerikanische Forschung also viele Fragen offen gelassen hatte, war es der Brite John Gurdon (* 1933), der diese beantworten wollte. Damit wandert die Wissensproduktion zum Klonen von den USA nach Großbritannien. 1958 gelang es Gurdon in Oxford, durch den Transfer embryonaler Zellen nicht nur Kaulquappen, sondern auch reproduktionsfähige Frösche zu züchten. 1960 wurde der Zellkerntransfer mit entodermen Zellen – welche noch weiter entwickelt sind als die Zellen der Gastrula – möglich und führte zu Kaulquappen.[77] 1962 gelang Gurdon sogar der Zellkerntransfer aus Darmzellen der Kaulquappe, was 1966 zu ausgewachsenen Fröschen führte:

[77] Zur selben Zeit gelang es an der *Cornell University* eine Karotte aus einer ausdifferenzierten Wurzelzelle zu klonen, anstatt sie aus Samen heranzuziehen (Poon 2000).

> In all, 120 transplanted intestinal nuclei yielded seven adult frogs, five of which were fertile. That experiment was perphaps the single most important one we performed, because it proved that a cell can undergo specialization and yet remain totipotent, retaining all the genetic material needed to make a complete, sexually mature individual. This key experiment justified the view that the cloning of differentiated, and perhaps even adult, cells was at least theoretically possible. (Gurdon 2001: 45)

So war erstmals das von Spemann formulierte Experiment erfolgreich durchgeführt worden und die Ergebnisse von Briggs und King waren widerlegt: Gurdon hatte bewiesen, dass das Genom der Keimzellen dasselbe ist wie in ausdifferenzierten Zellen. Ansonsten wäre es nicht möglich gewesen, aus diesen Kaulquappen zu produzieren (Heinemann 2005: 170). Er erreichte diese neuen Ergebnisse durch die Forschung an einer Froschart, deren Zellkerne widerstandsfähiger sind. Außerdem hatte in dem von Briggs und King durchgeführten Verfahren, bei dem später viele Mutationen der Chromosomen festgestellt wurden, keine zeitgleiche Entwicklung von Zellplasma und transplantierten Zellkernen stattgefunden:

> Because the egg cytoplasma largely determines when a transplanted nucleus first replicates its chromosomes and divides, donor nuclei could be forced to divide so soon after transplantation that they might not have had time to replicate all their chromosomes. Premature cleavage would then give rise to daughter cells with chromosomal defetcs. (Gurdon 2001: 44)

Die Ergebnisse von Gurdon und seinem Team wurden jedoch angezweifelt: Es wurde kritisiert, dass er die weiter differenzierten Zellen entweder mit totipotenten Stammzellen kombiniert habe, oder dass mit den Darmzellen der Kaulquappe auch Bakterien transferiert worden seien, die zum Gelingen des Experiments geführt hätten (Wilmut/Highfield 2006: 59).[78] Diesen Vorwürfen begegnete Gurdon wiederum im Jahr 1975, indem er den Kerntransfer von Zellen der Schwimmhäute einer Kaulquappe sicher nachweisen konnte und bewies, dass die Experimente mit ausdifferenzierten Zellen gelingen konnten (Gurdon 2001). Auch wenn Gurdon damit entscheidende Schritte für das Klonen unternommen hatte, war ihm nicht gelungen, was 30 Jahre später Ian Wilmut mit dem Schaf Dolly (er)schuf: Das Klonen eines Lebewesens aus einer vollkommen differenzierten Körperzelle, also die Reproduktion eines ausgewachsenen Organismus aus einem ausgewachsenen Organismus selbst. Auch weil Gurdon mit Fröschen und nicht mit Säugetieren gearbeitet hatte, wie später Ian Wilmut, ist diesem weniger öffentliche Aufmerksamkeit

[78] 1970 fand der entscheidende Durchbruch des Embryosplittings statt: Im US-amerikanischen *Jackson Laboratory* in Bar Harbor konnte ein befruchteter Mäuseembryo geteilt werden, sodass sich aus diesem zwei genetisch identische Mäuse entwickelten (Poon 2000).

zugekommen (Wilmut/Highfield 2006: 59). Der menschliche Klon war in den 1950er Jahren für Literatur und Wissenschaft gleichermaßen ein abstrakter Gegenstand, der zwar denkbar war, für dessen raumzeitliche Existenz die technischen Grundlagen jedoch noch nicht gelegt waren. Die Forschung war von der denkbaren Anwendung auf den Menschen also noch sehr weit entfernt.

4.3.2 Die literarische Verhandlung der Nachkriegszeit

Anders als zu Beginn des 20. Jahrhunderts sind künstliche Reproduktionstechniken in der Nachkriegszeit vergleichsweise wenig in der Literatur verhandelt worden. Insbesondere in Deutschland gab es nicht nur aus ökonomischen, sondern auch aus kulturellen Gründen keine Produktions- und Rezeptionsbedingungen für Science Fiction:

> [F]ür den Zukunftsroman traf zu, was für die gesamte Literatur der unmittelbaren Nachkriegszeit wohl galt. Eine konkrete Auseinandersetzung mit dem ›Dritten Reich‹ und dem Nationalsozialismus fand nicht statt. Gerade die kritische Projektion der entsetzlichen Folgen des Systems in die Zukunft hätte ja durchaus dazu benutzt werden können, den Leser mit seiner eigenen historischen Bedingtheit zu konfrontieren. [...] In dieser Hinsicht wurden die Möglichkeiten der Gattung nicht ausgeschöpft. Verdrängung war die vorherrschende Haltung, von ganz wenigen Ausnahmen einmal abgesehen. (Dina Brandt 2007: 337)

In der wenigen deutschsprachigen Science Fiction, die in dieser Zeit entstand, fehlten entsprechend die nationalistische Tendenz und die Glorifizierung des Militärischen, die sich noch Anfang des 20. Jahrhunderts angedeutet hatte (vgl. Kap. 4.2). Sie etabliert sich zwar nach 1945 auch in Deutschland als Genre – zunächst als Heftliteratur und dann ab den 1970er Jahren als Taschenbuch – bleibt jedoch auf einen engen Kreis von Leser_innen begrenzt (343). Science Fiction wird erstens selten als ästhetisch wertvoll bewertet, was ihren Status als nicht-kanonisierte Populärliteratur begründet. Zweitens wird, in der Tradition des 19. Jahrhunderts, der Fiktion keine Wahrheitswertfähigkeit zugesprochen – sie entfällt als Möglichkeit, den Zweiten Weltkrieg, die Eugenik und die Konstruktion des Anderen zu verhandeln. Dass diese Verhandlung in Deutschland gerade nicht stattgefunden hat, ist somit als Verdrängung nationalsozialistischer Erfahrungen zu sehen, knüpft aber auch wieder an den deutschen Kulturbegriff der Aufklärung und Romantik an (vgl. Kap. 4.1). Dies bedeutet wiederum nicht, dass Science Fiction in Großbritannien durchweg begrüßt wurde. Wie auch in der BRD gab es Stimmen, die der Literatur die Wahrheitswertfähigkeit explizit absprachen: »Imaginative writers with a superficial knowledge of biology, such as Aldous Huxley [...], who have written of mutations of new types, have done a considerable disservice to clear thinking«, konstatiert bspw. Haldane (1963: 340). Aldous Huxley imaginiert bereits in *Ape and Essence* (1948) die Themen einer nuklearen Katastrophe und die Folgen eines Dritten Weltkrieges. Durch die Darstellung einer Gesellschaft, die Bücher verbrennt und ihre Neugeborenen für die ›Reinhaltung des genetischen Materials‹ tötet, wenn sie durch die radioaktive Strahlung veränderte Körperformationen aufweisen, findet eine Verhandlung des ›Dritten Reiches‹ statt.

Der erste Roman, der eine frühe Form des Klonens verhandelt, ist William F. Temples *Four-Sided Triangle* (1951). Hier verlieben sich zwei Wissenschaftler, die an einer Maschine namens ›Reproducer‹ arbeiten, in dieselbe Frau (Marek 2012). Als eine Lösung der Ménage-à-trois überredet sie einer der Männer, sich im Reproducer duplizieren zu lassen. Dieser bisher wenig beforschte Roman ist aus zwei Gründen bemerkenswert: Erstens formuliert er ein Motiv, das sich erst wieder ab den 1980er Jahren in der Literatur finden wird – nämlich die Relevanz der Duplikation von Personen für Liebesbeziehungen. Zweitens heißt die duplizierte Person *Dolly*, ebenso wie das fast 50 Jahre später in Schottland geklonte Schaf (vgl. Kap. 5.5). Temple dürfte diesen sprechenden Namen wahrscheinlich gewählt haben, weil er die englische Kurzform von Dorothea ist, griechisch für Gottesgeschenk. Der zweite Roman ist Vargo Stattens *The Multi-Man* (1954), in dem der Biologe Jeffrey Dexter eine Maschine erfindet, mit der er seine Körperzellen in rasanter Zeit zu einem zunächst sehr kleinen, dann ausgewachsenen Mann entwickeln kann. Die Zwischenschritte dieses Reproduktionsprozesses werden ausgeblendet, jedoch ist *The Multi-Man* deutlich eine Fortsetzung des Automaten-Motivs (vgl. Kap. 4.1): Der von Dexter erschaffene Mann bringt ihn um und versucht beständig, sich und andere zu vervielfältigen, um an die Macht zu gelangen. Während die ursprüngliche Kopie von Dexter noch über ein eigenes Bewusstsein und einen freien Willen verfügt (jedoch nicht über Gefühle), sind seine Kopien Automaten, die blind seinen Befehlen folgen. Durch ihre Überlegenheit und ihre Angepasstheit an ein technisches Zeitalter sind sie die Feinde der Bevölkerung. Wesentlich bekannter als diese Romane ist John Wyndhams *The Chrysalids* (1955), da dieses Buch zwei Mal (1982 und 2012) von der BBC zu einer Radioproduktion vertont wurde. In diesem Szenario hat – wie in Huxleys *Ape and Essence* – eine nukleare Katastrophe stattgefunden, deren Folgen an der Region Labrador im Nordosten Kanadas ausgeführt werden: Die Bevölkerung lebt fundamental-christlich mit schwachen Erinnerungen an eine zivilisierte Bevölkerung vor der Apokalypse. Die Katastrophe selbst wird als göttlicher Wille gedeutet. Es wurde das Wissen internalisiert, dass das Kollektiv ›genetisch rein‹ gehalten werden müsse, um weiteres Unglück zu verhindern. Hierfür werden alle Personen, Tiere oder Pflanzen, die ›Mutationen‹ i.S. eines ›unnormalen‹ Phänotyps aufweisen, entweder getötet oder sterilisiert und in entlegene Gebiete verbannt. Diese

Beispiele zeigen, dass in England nach dem Zweiten Weltkrieg die Tradition weitergeführt wurde, auf kritische Weise vergangene Handlungen in die Zukunft zu projizieren. In Bezug auf das Klonen kommt insbesondere John Wyndham, der bisher wenig beforscht wurde, eine Vorreiterrolle zu, auf die im Folgenden näher eingegangen werden soll.

4.3.3 Familienformen in John Wyndhams The Midwich Cuckoos *(1957)*

In der BRD kommt die fiktionale Verhandlung des Klonens erst in den 1980er und 1990er Jahre auf und bietet somit für die unmittelbare Nachkriegszeit auch keinen Roman zur Analyse. Von den verschiedenen Beispielen der britischen Nachkriegszeit beziehe ich mich auf *The Midwich Cuckoos* (MC), da dieser Roman bisher kaum unter der Perspektive des Klonens und entsprechender moralischer Überzeugungen analysiert worden ist. Dabei stellt er gerade durch seine komplexe Erzählstruktur und die Ambivalenz der Figuren einen interessanten Kontrast zu den vorhergegangenen Romanen dar.

Der Autor, John Wyndham (1903–1969), kann als ein Klassiker der englischen Science Fiction gelten. Nach dem Zweiten Weltkrieg machte ihn *The Day of the Triffids* (1951) durch die Verfilmung als BBC-Fernsehserie Anfang der 1980er Jahre bekannt. Auch *The Midwich Cuckoos* wurde als *Village of the Damned* 1960 und 1995 verfilmt. Zu seinem Bekanntheitsgrad trug besonders bei, dass Wyndham die Motive des Genres mit dem alltäglichen Leben von Figuren oder überirdischen Motiven verband:

> He wrote SF, a form which aims at the effects of realism while taking as its main plot device – its generic marker – an invention which is known not to be real and iconically so signalled. However, no work of SF can be of lasting value and interest unless it is in fact ultimately about something that is real, something of genuine concern to human beings. (Ketterer 2001: 147)

Seine Romane nannte Wyndham selbst »logical fantasies« oder »reasoned fantasies« (Ketterer 2005: 178) – sie sind für ihn eine logisch durchdachte Komposition, deren Vielzahl an Hinweisen, Anspielungen und Implikationen sich erst nach mehrmaligem oder sehr genauem Lesen erschließt. Hierzu trägt erheblich bei, dass seine Geschichten weniger die Technologien fokussieren als die Charaktere, die von ihnen betroffen sind. Dies wird auch am vorliegenden Roman sehr deutlich: Im fiktiven Midwich, »a prosaic English village« (MC: 175), leben Richard Gayford und seine Frau Janet ein sehr beschauliches Leben. Die Gewöhnlichkeit des Ortes ist sogar so bemerkenswert, dass der Erzähler Richard es nicht für erstaunlich hielte, wenn am Dorfrand ein Schild mit der Aufschrift ›Midwich. Bitte nicht stören‹ (11) stünde. Ähnlich wie der utopische Ort abgeschotteter Inseln wird Midwich so als ein eigener Mikrokosmos dargestellt. Die Bewohner_innen erwarten, dass sich die Geschichte an »more exotic places – a Balinese village, perhaps, or a Mexican pueblo« (175) ereignen müsste. Diese Gewöhnlichkeit des Ortes kann aber auch anders gelesen werden: Wenn Außergewöhnliches sogar in Midwich möglich ist, dann ist es überall möglich. Wie schon in *Züllinger und seine Zucht*, wird der Ort eingangs durch eine Beschreibung seiner Topographie vorgestellt:

> At the heart of Midwich is a triangular Green ornamented by five elms and a white-railed pond. The war memorial stands in the churchward corner of the Green, and spaced out round the sides are the church itself, the vicarage, the inn, the smithy, the post office, Mrs Welt's shop, and a number of cottages. Altogether, the village comprises some sixty cottages and small houses, a village hall, Kyle Manor, and The Grange. (11 f.)

In dieser Topographie liegt bereits eine starke Symbolik: Im Herzen Midwichs befindet sich ein grünes Dreieck als Ikone für weibliche Fruchtbarkeit. Gemeinsam mit dem Kriegsdenkmal prägt es die Kulisse des Dorfes. Das dritte Merkmal ist ein Gutshof, im Text als *The Grange* versehen. Er wurde von der Regierung für wissenschaftliche Zwecke genutzt. Bis zum Ende des Romans bleibt unklar, was genau dort beforscht wird, da der Ort für Nichtwissenschaftler_innen – und auch für den Erzähler Richard – nicht geöffnet wird. Ebenso wie das Kriegsdenkmal und das grüne Dreieck lässt sich die Gestaltung des Gebäudes als Symbol interpretieren: »[U]tilitarian wings [...] were added to The Grange when the Ministry took it over for Research.« (12) Hiermit wird deutlich, dass zusätzliche Räumlichkeiten in Form von Laboren ergänzt wurden (215). Deren Denotation als ›Flügel‹ und die Position von *The Grange* neben der Kirche des Dorfes demonstriert zugleich, dass das landwirtschaftliche Gebäude noch eine weitere Funktion hat. Ebenso lassen sich die ›utilitarian wings‹ auch als eine ›utilitaristische Kulisse‹ übersetzen, was *The Grange* eine eigene moralische Konnotation verleiht. Da in *MC* an verschiedenen Stellen Moral direkt verhandelt wird, lässt sich davon ausgehen, dass diese Wortwahl nicht zufällig gewählt ist.[79] Mit dieser kurzen, einführenden Beschreibung ist die semantische Kulisse des Dorfes benannt: Sie besteht aus Reproduktionsfähigkeit, Gedenken an Kriegsopfer und dem Einzug naturwissenschaftlicher Forschung.

In einer Nacht, in der Richard und Janet verreist sind, wird das ganze Dorf in einen ›Dornröschenschlaf‹ versetzt: Als die beiden am Morgen zurückkommen, sind die Straßen nach Midwich versperrt und eine unsichtbare Glocke

---

[79] So spricht der Dorflehrer Gordon Zellaby von einem »skeleton of ethics« (19), das noch erhalten sei, auch wenn es langsam durch eine moderne Lebensweise ins Rutschen gerate. In zahlreichen Anspielungen und intertextuellen Verweisen wird die Bildung Zellabys hervorgehoben, so z. B. als er auf Theorien von John B. S. Haldane (124) und Francis Bacon (176) referiert. Die anderen Dorfbewohner_innen können hiermit jedoch wenig anfangen.

hat sich in einem Radius von zwei Meilen über die Ortschaft gelegt. Alle Tiere und Menschen unter dieser Kuppel sind in einen Zustand der Bewusstlosigkeit gefallen. Auch Polizisten, die die unsichtbare Grenze überschreiten, fallen in Ohnmacht, kommen aber unbeschadet wieder zu sich, wenn sie mit langen Haken wieder ins Jenseits der unsichtbaren Grenze geborgen werden. Midwich wird damit zu einer »affected area« (37), von der allerdings niemand genau weiß, warum und wovon sie betroffen ist. Eine Annahme ist, dass die russischen »Ivans« (38) das Dorf abschotten.[80] Es gibt keine Hypothese für den Zweck dieser Handlung, und das zögerliche »There's The Grange …« einer namenlosen Person wird ignoriert. Einige Wochen später wird deutlich, dass alle gebärfähigen Frauen in Midwich schwanger sind – auch jene, die noch nie oder im entsprechenden Zeitraum keinen Geschlechtsverkehr hatten. Nach einiger Zeit werden diese »inexplicable pregnancies« mit dem »Dayout« (61) in Verbindung gebracht. Die Schwangerschaften sind, im Zeitgeist der 1950er Jahre, insbesondere für die unverheirateten Frauen ein Problem – die verheirateten Bewohnerinnen sind zunächst nicht verwirrt über die Schwangerschaften (62f.). Hier zeigt sich eine Verhandlung von Familienformen in den 1950er Jahren, die das Tabu der unehelichen Schwangerschaft mit der (heterosexuellen) Norm der Familiengründung und Kinderzeugung kontrastiert.

Richard kommt eine besondere Rolle zu, weil der Vermittler zwischen Dorf und Militär, Bernard Wescott, ihn darum bittet, das Leben im Dorf zu beobachten und ihm alle Auffälligkeiten zu melden. Es sei einfacher für Janet und ihn, da sie keine ›Fremden‹ dort seien und die Menschen ihnen vertrauten: »I want a regular report on Midwich's state of health, mind, and morale so that I can keep a fatherly eye on it. […] I want it so that I can act for Midwich's benefit, should it be necessary.« (51) Der Ort selbst wird gleichsam zu einem Individuum; objektiviert durch diese Beobachtung und zugleich subjektiviert, indem ihm eine Gesundheit, Gefühle und moralische Überzeugungen zugeschrieben werden. So werden nicht einzelne Personen in Midwich beobachtet, vielmehr wird der Ort selbst als handelndes, denkendes und fühlendes Subjekt studiert. Die Wahrnehmung des Dorfes als eine Person wird sowohl von Wescott als auch vom Erzähler selbst proklamiert, denn die erzählte Geschichte sei nicht seine, sondern Midwichs Geschichte (53). Entsprechend wird auch in den einzelnen Kapiteln des Buches, z. B. *Midwich Rests*, *Midwich Comes to Terms* oder auch *Well Played, Midwich* stets auf das Dorf und nicht auf die Individuen in ihm referiert. Obwohl die Personen in Midwich die Geschichte erlebt haben, wird sie so erzählt, als hätte der Ort selbst sie als lokalisierbare Gemeinschaft erlebt. Daraus ergibt sich nun auch

80 Später kann jedoch ausgeschlossen werden, dass Russland hinter dem Experiment steht, da auch auf seinem Territorium ein ähnliches mysteriöses Ereignis stattgefunden hat (190).

eine besondere Erzählsituation: Der autodiegetische Erzähler Richard, der seinen erfolglosen Versuch schildert, nach Midwich zu gelangen, wird nach ca. 50 Seiten zu einem unbeteiligten Beobachter des Geschehens. Von einem späteren Zeitpunkt aus ordnet er die Ereignisse und erzählt sie chronologisch:

> If I were to set down my information in the order it came to me I should by flitting back and forth in the account, producing an almost incomprehensible hotchpotch of incidents out of order, and the effects preceding causes. Therefore it is necessary that I rearrange my information, disregarding entirely the dates and times when I acquired it, and put it into chronological order. (53 f.)

Entsprechend wechselt nach dieser Textstelle das Tempus vom Präsens ins Präteritum und die Erzählung ist variabel mal intern und mal extern fokalisiert, je nachdem, ob Richard viel oder wenig Information von den einzelnen Figuren erhalten hat.[81] Richard ist in die Ereignisse involviert, obwohl – bzw. gerade weil – er nicht von ihnen betroffen ist; und er befindet sich in Midwichs Topographie, steht jedoch topologisch gesprochen am Rand, von dem aus er das Geschehen von außen beobachtet. Durch diese Perspektive ergibt sich eine indirekte Betroffenheit, da Richard zwar am entsprechenden Tag nicht im Dorf war, aber dennoch die entscheidenden Geschehnisse erlebt. Zuweilen tritt das erzählende Ich der Geschichte sogar so weit in den Hintergrund, dass der Leser vergisst, dass es sich bei der Erzählung immer noch um die Perspektive einer Figur in der Diegese handelt. Während die außenstehenden Personen das Geschehen nur beobachten können, sind die in Midwich lebenden Personen hingegen direkt betroffen. Diese zunächst nur topologische Ein- und Ausgrenzung, die durch die mittelbare bzw. unmittelbare Betroffenheit hervorgebracht wird, entwickelt sich im Verlauf der Geschichte zu einer topographischen Abgrenzung des Dorfes. Dabei wird das Kollektiv nach den Ereignissen von außen als ›verrückt‹ wahrgenommen und somit zu einem unzurechnungsfähigen Akteur:

> Oh, yes, we've got it pretty well established as a local deficiency area. It is in the same class of toleration as a dotty relative. There is occasional gossip; but it is accepted as an unfortunate affliction, and not as matter to be advertised to the outside world. [...] Even protestations occasionally made by some of the Midwich people are not taken seriously, for, after all, the whole village had the same experience, so that all must be, in greater or lesser degree, ›daytouched‹. (133)

---

[81] Ein autodiegetischer Erzähler ist selbst eine Figur der Geschichte, über die er aus der Ich-Perspektive berichtet. Er erzählt das Geschehen entsprechend sehr unmittelbar. Ein unbeteiligter Beobachter hingegen ist nicht selbst in die Geschichte involviert; es entsteht eine Mittelbarkeit bei der Erzählung Martínez/Scheffel (2012: 85). Eine Nullfokalisierung, bei der die Erzählinstanz »[mehr] weiß bzw. sagt [...] als irgendeine der Figuren weiß bzw. wahrnimmt« (64), liegt niemals vor.

Die Segregation des Dorfes von den anderen in der Region macht noch einmal deutlich, wie sehr Lokaladverbien genutzt werden können, um eine ›in‹- und eine ›out‹-Group zu kreieren. Im Falle Midwichs ist diese Trennung deutlich mit einer Hierarchisierung verknüpft: Midwich wird zu etwas Anderem aufgrund der Erfahrungen, die es gemacht hat; zugleich wird ihm jede Rationalität abgesprochen wird. Indem das Dorf mit psychisch kranken Individuen verglichen wird, wird über die Andersartigkeit des Dorfes zugleich der gesellschaftliche Umgang mit diesen Personen thematisiert. Die Kinder werden als besondere, da entwicklungsverzögerte Individuen wahrgenommen, denen die Regierung eine eigene Schule zur Verfügung stellt. Durch Richards Perspektive wird allerdings immer wieder deutlich, dass diese Wahrnehmung des Dorfes eine Wahrnehmung von außen ist, die auf kulturelle und soziale Stigmata zurückgreift. Aus der Perspektive Richards, welche für die Leser_innen die Deutungsmacht darstellt, ist Midwich nicht verrückt. Der Fokus des offiziellen Interesses richtet sich allerdings ohnehin weniger auf die Bewohner_innen als vielmehr auf die Spuren eines Objektes, das ebenso mysteriös erscheint wie die Vorkommnisse:

> The visible focus of attention was close to the Abbey ruins where a guard was posted to protect a large dent in the ground which certainly looked as if something massive had rested there for a while. Engineers had measured the phenomenon, made sketches, and taken photographs of it. Technicians of various kinds had then tramped back and forth across it, carrying mine-detectors, geiger-counters, and other subtle gear. Then, abruptly, the military lost all interest in it, and withdrew. (47 f.)

Passend zur Wissenschaft, die im Verborgenen agiert, entwirft Wyndham auch das Militär als einen intransparenten Akteur, der keinerlei Interesse am Gespräch mit den Bewohner_innen des Dorfes hat.

Aufgrund des Desinteresses an ihrer Betroffenheit, versucht das Dorf die Schwangerschaften ohne professionelle Unterstützung zu erklären. Eine besondere Rolle kommt dem Schriftsteller Gordon Zellaby zu, dessen zweite Ehefrau, Angela, und seine ledige Tochter aus erster Ehe, Ferrelyn, ebenfalls schwanger sind – erstere mit einem ›normalen‹, letztere mit einem ›fremden‹ Kind (Ketterer 2001). Gemeinsam mit dem Arzt des Dorfes sucht Zellaby nach Erklärungen für die Schwangerschaften:

> ›[I]t is possible, is it not, in some of the lower forms at any rate, to induce parthenogenesis?‹ ›But not, as far as is known, among any of the higher forms – certainly not among mammals.‹ ›Quite. Well then, there is artifial insemination.‹ ›There is,‹ admitted the doctor. ›But you don't think so.‹ ›I don't.‹ ›Nor do I. And that,‹ Zellaby went on, a little grimly, ›leaves the possibility of implantation, which could result in what someone – Huxley, I fancy – has called ›xenogenesis‹. That is the production of a form that could be unlike that

of the parent – or, should one perhaps say, ›host‹? It would not be the true parent.‹ (63f.)

Hier wird durch ein Ausschlussverfahren nach einem rationalen Grund gesucht, wobei von den Figuren diejenigen reproduktionsmedizinischen Verfahren angesprochen werden, die dem Forschungsstand Mitte des 20. Jahrhunderts entsprechen. Erstens die Parthenogenese, also die Fortpflanzung ohne Befruchtung, indem sich eine Eizelle ohne Samenzelle teilt. Zweitens die künstliche Befruchtung mit Spendersamen, die in den 1950er Jahren praktiziert wurde. Sie wird jedoch von den beiden Männern als unwahrscheinlich erachtet, weil alle Frauen in Midwich hierfür zur selben Zeit ihren Eisprung hätten haben müssen (64). Unmögliche Fortpflanzungsmethoden, wie ein »fertilizing gas« werden von Zellaby zugleich verworfen – es seien lediglich die Laien, die an solche »new scientific horrors of our age« (83) glaubten. Eine wahrscheinlich und zugleich beunruhigende Erklärung ist die von Thomas Henry Huxley (1825–1895), dem Großvater von Aldous Huxley, benannte *Xenogenese.*[82] Sie meint das Heranwachsen und Gebären einer ›fremden‹ Spezies im Körper einer anderen. Es kursieren somit verschiedene Ängste und Ideen bezgl. der Befruchtung in Midwich. Die Wissenschaftler_innen indes halten sich zu diesem Thema bedeckt: »Either the researchers were of the opinion that the affair somehow came within the compass of their oaths of secrecy, or else they were of the opinion that it was safer to act as if they did.« (77) Zwar ist der Großteil des Dorfes überzeugt, dass *The Grange* entweder Auslöser oder Ziel der Ereignisse ist. Jedoch bleibt es auch selbst nicht unberührt, denn das Personal wird ebenfalls schwanger. Abgesehen von einer Beschwerde Zellabys beim wissenschaftlichen Direktor gibt es aber kein Aufbegehren der Bevölkerung, sodass drei Wochen danach das Ereignis »nearly an historical incident« (53) ist.

Durch diese Leerstelle bezüglich der Bedeutsamkeit der Wissenschaft in Midwich bleibt bis zum Ende fraglich, ob die Schwangerschaften von den Wissenschaftler_innen ausgelöst wurden oder ob die Frauen durch Invasion einer fremden Spezies befruchtet wurden (Hanson 2004: 144).[83] Zwar werden unbekannte Flugobjekte im Text angedeutet, allerdings gibt es keine wirkliche Evidenz dafür, dass es tatsächlich Außerirdische sind, die die Frauen zum Austragen der ›fremden‹ Spezies gezwungen haben. Das ›Fremde‹ im eigenen

---

[82] Huxley behandelt in *Biogenesis and Abiogenesis* die Frage, ob Leben nur aus Leben reproduziert werden kann (Biogenese) oder auch aus toter Materie (Abiogenese). Letztere wurde noch bis in 19. Jahrhundert für möglich gehalten, da sich z. B. Maden aus toten Organismen entwickeln (Huxley 1908 [1870]).

[83] Vor dem Hintergrund des »iron curtain« (MC: 189) kann die Angst vor der ›Invasion des Fremden‹ im Körper zugleich symbolisch für die Angst vor dem Eindringen ins Kollektiv gedeutet werden (Hanson 2004: 145).

Leib kann auch als Verhandlung des aufkommenden reproduktionsmedizinischen Fortschritts gedeutet werden und als Unsicherheit, die eine *Xenogenese* für Familien, und damit auch für Gesellschaften, bringen könnte. Das Motiv des Kuckucks, eines Vogels, der seine Eier in fremde Nester legt, verendet Wyndham allegorisch: Die Hypothese des Arztes ist, dass den Frauen während des ›Dayout‹ befruchtete Eier implantiert wurden. Ob dies tatsächlich zutrifft und wer dies getan haben soll, kann allerdings nicht abschließend geklärt werden. Zellaby geht deswegen davon aus, dass nicht von Empfängnis gesprochen werden könne: »[T]his *cannot* be conception: therefore it *must* be incubation.« (MC: 65) Indem er die Körper der Frauen als ›bebrütet‹ bezeichnet, wird nicht nur die Allegorie der *Kuckuckskinder* aufrecht erhalten, sondern die Bevölkerung wird zugleich weiter objektiviert – es werden sprichwörtlich auch in Midwich ›Eier in fremde Nester‹ gelegt. Die Frauen in Midwich sind »victims of an imposition« (106) geworden: Sie sind Leihmütter für eine Spezies, die sich vom derzeitigen Stand der Wissenschaft nicht klassifizieren lässt. Unterstützt wird dieses Motiv der Fremdheit durch die Wahrnehmung der Frauen; insbesondere Zellabys Frau Angela:

> ›It's all very well for a man. He doesn't have to go through this sort of thing, and he knows he never will have to. How can he understand? He may mean as well as a saint, but he's always on the outside. He can never know what it's like, even in a normal way – so what sort of an idea can he have of this? – Of how it feels to lie awake at night with the humiliating knowledge that one is simply being used? – As if one were not a person at all, but just a kind of mechanism, a sort of incubator. ... And then go on wondering, hour after hour, night after night, what – just what it may be that one is being forced to incubate.‹ (87)

In Anbetracht des gesellschaftlichen Kontextes der 1950er Jahre lässt sich diese Aussage von Angela auch als die Perspektive von Frauen lesen, die im Zuge moderner reproduktionsmedizinischer Experimente unzureichend aufgeklärt wurden (Schreiber 2007: 109–115). Aus bioethischer Sicht kann diese Szene deshalb als eine Verhandlung der Patientenautonomie interpretiert werden: Paternalistisch beschließen Zellaby und der Arzt des Dorfes, dass es im Sinne der Frauen und der öffentlichen Ordnung sei, ihre Schlüsse nicht nach außen dringen zu lassen und keine Aufklärung zu betreiben. Sie sind sich sicher, im Sinne der Bewohner_innen Midwichs zu handeln, ohne diese gefragt zu haben. Die Aushandlung ihrer Interessen und die Wahrnehmung der Bedürfnisse finden also nicht statt, da die Frauen naturalisiert und objektiviert werden.[84] Frauen werden außerdem idealisiert, da ih-

84 Wyndhams Vater hat die Familie früh verlassen, weshalb sowohl er als auch sein Bruder der Institution der Ehe skeptisch gegenüber standen. Die Forschungsliteratur sieht den Roman deshalb von seiner Biographie geprägt (Ketterer 2005; Sawyer 2005).

nen eine »mystical umbilical connexion with the great tree of life itself« (MC: 174) zukomme. Zugleich ist *MC* aber auch als Beitrag zur Verhandlung sozialer Geschlechterrollen zu sehen, denn die künstliche Befruchtung der Frauen macht deutlich, dass Männer im Zuge der Ereignisse letztlich überflüssig sind (Hanson 2004: 144). Der Roman spielt so gerade mit verschiedenen Familienformen und der Auswirkung von Reproduktionshandlungen auf Geschlechterverhältnisse – Frauen kann sowohl eine Stigmatisierung und Objektivierung, aber auch ein besonderer Status zukommen (vgl. Kap. 3.3.).

Die fehlende Aufklärung der Frauen setzt sich fort, indem Zellaby und der Arzt beschließen, ihre Erkenntnisse nicht an die Frauen weiterzugeben, um keine Panik im Dorf auszulösen. Zellabys Frau Angela teilt den anderen Frauen auf einer Versammlung mit, wie mit den ungeplanten Schwangerschaften umzugehen sei. Sie argumentiert dort, dass Babys etwas Natürliches, Gutes und Schönes seien und eint die Frauen anschließend als eine verschwiegene Gruppe: »There is no blame upon any of us, so there must be no differentiation between us, except – [...] Except that those who have not the love of a husband to help them will have more need of our sympathy and care.« (71) Die Szene erinnert an die Versammlung in Konrad Loeles *Züllinger und seine Zucht*, in der die Frauen fordern, dass Züllingers Reproduktionstechnik allen Frauen zur Verfügung stehen solle (vgl. Kap. 4.2.1). In Wyndhams Roman ist zwar das Gegenteil der Fall – die Schwangerschaften sind ja bereits eingetreten – jedoch ähneln sich die Texte aus alteritätstheoretischer Sicht: Bei Loele darf das Ausland zum Wohl des Kollektivs nichts über die Reproduktionsmethode erfahren. Bei Wyndham bittet Angela wegen der Presse um die Verschwiegenheit der Frauen: »›You must all know how the cheap papers seize upon anything to do with birth, particularly anything unusual. They make a peepshow of it, as if the people concerned were freaks in a fairground. The parents' lives, their homes, their children, are no longer their own.‹« (Ebd.) Das Eindringen in die eigene Privatsphäre wird so zu einer Bedrohung, die es zu vermeiden gilt; und zu diesem Zweck muss die besondere Form der Reproduktion geheim gehalten werden.

Auch wird in beiden Romanen die Topographie (das nationalstaatliche Territorium bei Loele, das Dorf bei Wyndham) als Möglichkeit genutzt, um das Kollektiv von den ›gefährlichen Anderen‹ abzugrenzen. Das stärkste Argument ist dabei sehr ähnlich: In *ZuZ* wurde den Frauen vermittelt, dass ihre Kinder durch feindlich gesinnte Arbeiter_innen im Labor ›vertauscht‹ werden könnten. Ganz ähnlich heißt es in *MC*, dass die Kinder in wissenschaftliche Obhut genommen würden, um sie zu untersuchen, sobald die Presse von der Angelegenheit erführe. Deswegen fordert Angela: »[W]e must, every one of us, resolve not to mention, or even hint outside the village, at the present state of affairs.« (72) Alles, was jenseits der Grenzen des Dorfes liegt, wird so zur Bedrohung der Dorfgemeinschaft. Die Fortpflanzungsmethode schafft hier auf einer topologischen Ebene einen sozialen Raum der Zugehörigkeit, der sich schließlich topographisch manifestiert. Die Trennung zwischen dem Dorf und all dem, was jenseits seiner Grenzen liegt, fungiert somit zur Konstruktion einer in- und out-Group. Nur durch die Eingeschworenheit ist es möglich, dass keine Zeitung etwas über die Vorgänge in Midwich erfahren kann: »It means that a newspaper is unlikely to get anything to go on unless it is directly informed by someone inside the village.« (82)

Das Motiv der Fremdheit und Nicht-Zugehörigkeit wird insbesondere nach der Geburt der Kinder virulent. Sie sind alle gesund und bis auf sehr hellblonde Haare und goldene Augen zunächst unauffällig: »The way the eyes were set was perhaps more responsible than anything for a suggestion of ›foreigners‹, but it was an abstract foreignness, not calling to mind any particular race, or region.« (148) Diese abstrakte Fremdheit, die die Herkunft der Kinder weder genealogisch noch topographisch lokalisierbar macht, lässt sie zugleich zu einem Symbol für bestimmte soziale Gruppen der 1950er Jahre werden. Zu denken ist z. B. an Kinder unverheirateter Frauen (›Bastarde‹), bei denen in den 1950er Jahren nicht klar war, ob ihr Lebensunterhalt gesichert war (Hanson 2004: 144). Die Furcht vor der ›Andersartigkeit‹ der Kinder bleibt während der ganzen Geschichte bestehen: Sie sind »intruders« (MC: 106), »invaders« (188) und »monsters« (167), die die soziale Ordnung des Dorfes stören. Zellaby hofft zwar, dass die Entscheidung, die Kinder auszutragen, richtig war, ist sich aber nicht ganz sicher: »How is one to know with – strangers?« (Ebd.) Bereits kurz nach der Geburt der Kinder stellt sich heraus, dass nicht nur der Phänotyp der Kinder ungewöhnlich ist, sondern dass sie telepathische Fähigkeiten haben – sie können Menschen dazu bringen, Dinge zu tun, die deren Willen widersprechen.[85] So werden bspw. alle Kinder, die außerhalb Midwichs geboren wurden, von ihren Müttern nach der Geburt ins Dorf zurückgebracht, auch wenn diese es gar nicht wollen (95). Den Aussagen der Frauen, dass die Kinder sie gezwungen haben, will der Arzt nicht zustimmen – er geht davon aus, dass die Frauen sich bewusst entschieden haben, zurückzukehren, weil in Midwich niemand unangenehme Fragen stelle: »The easiest way to sublimate the situation is to transfer the irregularity into an environment where it no longer appears irregular.« (99) Die Topographie überlagert sich hier mit dem sozialen Raum der Anerkennung. Midwich ist ja nicht aufgrund der Lage oder natürlicher Eigenschaften der

[85] Dies geht so weit, dass ein Mann, der eines der Kinder aus Versehen anfährt, von ihnen zum Suizid gebracht wird. Einen anderen Dorfbewohner, der eines der Kinder nach diesem Vorfall erschießen will, bringen sie dazu, die Waffe gegen sich selbst zu richten. Später wird allerdings deutlich, dass die Kinder – gemäß ihrem Entwicklungsstand – das Ausmaß ihrer Handlungen nicht richtig abschätzen können und stark ihren Intuitionen folgen (170, 185).

Platz, an den die Kinder zurückkehren wollen, sondern es ist der Ort, an dem sie unter ihresgleichen sind. Auffällig ist neben diesen telepathischen Fähigkeiten die Ähnlichkeit der Kinder: »Sixty-one similars – so similar that most of their ostentible mothers cannot tell them apart« (100), stellt Dr. Willers, der begleitende Arzt fest. Allerdings bleibt es nicht bei dieser Feststellung, denn gerade die Besonderheit und Fremdheit der Kinder führt in einem zweiten Schritt dazu, ihren Nutzen als Forschungsobjekte in Erwägung zu ziehen:

> One has got used to the idea of military interference with science in a number of fields – a lot of it totally unnecessary – but this is really preposterous! [...] A wonderful opportunity for the study of comparative development is simply being thrown away. [...] Think of the work that should be taking place on the comparative effects of environment, conditioning, association, diet, and all the rest of it. What is going on here is a burning of books before they have been written. (101)

Hier wird von Wyndham ein Medizinsystem verhandelt, das weniger an der Perspektive der Betroffenen, sondern am eigenen Profit interessiert ist: Die Andersartigkeit der Kinder wird genutzt, um Zwillingsforschung durchzuführen, die langfristig militärischen oder auch politischen Interessen dienen könnte. Ähnlich wie bei der Behandlung der Frauen bleibt die informierte Einwilligung unberücksichtigt.

Dieser Hinweis auf die Zwillingsforschung kann, ähnlich wie Motive in *The Chrysalids*, als Verhandlung der negativen Eugenik und der Humanexperimente des Nationalsozialismus interpretiert werden: Insbesondere die Zwillingsforschung Josef Mengeles in Auschwitz ist hier zu nennen, bei der bspw. die Auswirkungen von Medikamenten in einer Weise erprobt wurden, die Zwillinge, hauptsächlich jüdische, zu reinen Versuchsobjekten degradierte (Moses-Kor 1992).

Wie die Forschungsliteratur herausgestellt hat, ist es von Francis Galton selbst vorgeschlagen worden, Zwillingsstudien durchzuführen, um das Verhältnis von Umwelteinflüssen und Genetik zu erforschen (Massin 2003). Gerade die Zwillingsforschung, bei der staatliche Institutionen der Familienfürsorge und Wissenschaft mit der nationalsozialistischen Ideologie verbunden waren, kann somit als ein Beispiel dafür gesehen werden, wie die biologische Besonderheit genutzt wurde, um grausame Experimente durchzuführen. Die Verhandlung des Holocaust in *MC* wird besonders deutlich in einer Szene, in der die Bewohner_innen darüber beraten, wie mit den Kindern aufgrund der beiden Suizide, die sie ausgelöst haben, zu verfahren sei (Roberts 2009). Einige argumentieren, dass sie keine Menschen, sondern »another species« (MC: 158) seien. Sie zu töten sei deshalb kein Mord, denn »murder is, by definiton, the killing of one's *own* kind«. Die Bezeichnung als ›Andere Spezies‹ wird genutzt, um die Vernichtung zu legitimieren:

> At present, we are conceding them all the privileges of the true homo sapiens. Are we right to do this? [...] [A]re we not fully entitled – indeed, have we not perhaps the duty? – to fight them in order to protect our own species? After all, if we were to discover dangerous wild animals in our midst our duty would be clear. (Ebd.)

An dieser Stelle führt Wyndham vor, wie schnell die Assoziation des ›Fremden‹ mit Hierarchien und Stigmatisierungen belegt und argumentativ genutzt werden kann, um eine Pflicht zur Verteidigung des ›eigenen‹ und die Vernichtung des Bedrohlichen herzuleiten. Auch für das Militär sind die Kinder nach ihrer aufkommenden Aggressivität keine »national danger« mehr, sondern eine »racial danger« (191), der militärisch begegnet werden muss.

Da das Militär weiß, dass sich in Russland ein ähnlicher Vorfall ereignet hat, beobachtet es Midwich, um zu wissen, ob es sich bei dieser Lebensform um künstliche Intelligenz handelt (190). Als das Dorf in Russland mit einer Langstreckenrakete vernichtet wird, werden die Kinder vom englischen Militär als Gefahr für die menschliche Spezies angesehen. Die Diskussion, wie mit den Kindern zu verfahren sei, dient dazu, zwei verschiedene Systeme gegenüberzustellen: Russland, in dem das Individuum dem Staat dient, und England, das den Staat als eine Institution versteht, die den Individuen dient, die in ihm leben (198). Dabei werden die Kinder als unzivilisierte Eindringlinge bezeichnet. Gleichzeitig wird aber auch die Zivilisation Englands implizit der negativen Eugenik des Nationalsozialismus positiv gegenübergestellt, wenn Zellaby verdeutlicht: »History has shown us to be more tolerant of minorities than most.« (198) Dieser Aussage wiederum begegnen die Kinder mit dem Einwand, dass auch ein zivilisierter Staat wie England wohl kaum eine Minderheit dulden könne, die eines Tages die Macht im Staat ergreifen könne. Sie reflektieren den Umgang mit ihnen als eine politische Frage, wenn sie davon ausgehen, dass linke Kräfte ihre Vernichtung als strategisches Argument nutzen könnten, um eine derzeitige rechte Regierung zu diffamieren: »They will defend our rights as a threatened minority, and children, and that. Their leaders will glow with righteousness on our behalf. They will claim, without referendum, to be representing justice, compassion, and the great heart of the people.« (199) Sie sind – auch wenn der Begriff im Roman selbst nicht fällt – als Midwichs *Outlaws* diffamiert, für die die bestehenden Gesetze keine Anwendung finden.

Es ist wiederum Zellaby, der sich als ihr Anwalt versteht und diesem Argument vehement widerspricht: »[I]t would appear that if they kill us its murder, but if we were to kill them it would be just something else. One cannot help feeling that a jurist, lay or ecclesiastical, would find such a proposition ethically unsatisfactory.« (158) Zellaby versteht Ethik als eine Schutzfunktion für die ›Anderen‹ einer Gesellschaft, die er logisch begründet: Wenn die Kinder tatsächlich einer ›fremden Spezies‹ angehören und Mord nur von Menschen an Menschen zu begehen ist, dann können sie auch die Bewohner_innen Midwichs nicht ›ermorden‹.

Die Wahrnehmung der Kinder als eigene Spezies wird zusätzlich dadurch gestärkt, dass sie sich mit zunehmendem Alter nicht nur zum Verwechseln ähnlich sehen, sondern sich auch wie ein Individuum verhalten. Genauer genommen sind es zwei Individuen, denn bei aller Ähnlichkeit zwischen ihnen gibt es immer noch ein Differenzierungsmerkmal: das biologische Geschlecht. So ist die Gruppe der ›fremden Kinder‹, die von ›außen‹ in die verschworene Gemeinschaft eingebracht wurden, in sich noch einmal in männliche und weibliche Individuen unterteilt: »What we have seemed to have here is fifty-eight little individual entities. But appearances have been deceptive, and we find that what we actually have are two entities only – a boy, and a girl[.]« (122) Wenn einem Mädchen der Gruppe etwas beigebracht wird, so lernen es alle Mädchen; wenn ein Junge etwas lernt, lernen es alle Jungen. Alle Genüsse, z. B. von Süßigkeiten, schönen Bildern oder Filmen, will aber jedes Kind für sich erleben (202 f.). Sie teilen somit gewissermaßen eine Identität und ein Bewusstsein, obwohl sie sich in verschiedenen Körpern befinden:

> Now [...] a question that immediately presents itself is this: to what extent is any of these Children an individual? Each is physically an individual, as we can see – but is he so in other ways? [...] [I]f I ask him to perform an action, I shall get more or less the same result, but it is likely to be more successful with some who happen to have better physical coordination than others – though, in point of fact, with such close similarity as there is among the Children the variation will be small. [...] [I]t will not be an individual who answers me, or performs what I ask, it will be an item of the group. And in that alone lie plenty of further questions, and implications. (Ebd.)

Dies führt letztlich dazu, dass die Kinder kaum noch als Individuen, sondern als Kollektiv, und als eigene Gemeinschaft, wahrgenommen werden. Einen Namen haben sie zwar, da die Dorfbewohner_innen sie aber nicht auseinanderhalten können, wird auf einzelne von ihnen meist als ›child‹ oder ›baby‹ referiert. Wenn jemand versucht, die Kinder mit ihrem Namen anzusprechen, liegt er_sie meistens falsch (167). Ob sie sich wie *eine* Person verhalten, weil dies von vornherein in ihnen angelegt ist oder ob sie dies tun, weil die Dorfbewohner_innen ihnen stets als Gruppe begegnen, wird allerdings offengelassen. Ob sie also tatsächlich Anders sind, oder ob die Bewohner_innen sie nur aufgrund ihrer Werte und Sozialisation als etwas Anderes empfinden, bleibt letztlich ungekärt. Die Fremdheit der Kinder wird auch sprachlich deutlich, indem auf sie als Gruppe mit »the Children (now beginning to acquire an implied capital C, to distinguish them from other children« (103) referiert wird, ähnlich wie wissenschaftlich die Darstellung des Anderen (engl. Other) mit einem großen A bzw. O dargestellt wird. Die

Kinder sind für sich selbst eine Familienform, die durch die Abgrenzung vom Rest des Dorfes zusammengehalten wird:

> Always, quite close under the surface, there was a barrier. What he [Zellaby] saw and heard from them was their adaptation to their circumstances; their true selves and real nature lay beneath the barrier. [...] Their real lives seemed to be lived in a world of their own, as shut off from the main current as those of any Amazonia tribe with its utterly different standards and ethics. (138)

Für die Wahrnehmung als Gruppe erhält der Ort *The Grange* erneut eine spezielle Bedeutung. Als nämlich klar wird, dass die Kinder aufgrund ihrer anderen Auffassung von Gemeinschaft eine schlechte Gesellschaft für die ›wahren‹ Kinder in Midwich sind (131 f.), wird ihnen die Möglichkeit geboten, dort zu leben: »It was rather as if they were beginning to learn that they could not have a great deal in common with the rest of the village, and so gravitated naturally towards a group of their own kind.« (132) Zunächst ist es die topologische Abgrenzung, die die Kinder als ›anders als der Rest des Dorfes‹ klassifiziert und die sich anschließend topographisch manifestiert, wenn ihnen ein eigener Raum zur Verfügung gestellt wird. Diese frühe Abkopplung von den Familien lässt sie noch fremder für das Dorf werden und führt dazu, dass die Bewohner_innen nichts mehr von ihnen wissen (177). Doch auch diejenigen, die sich bewusst für eine Annäherung an die Kinder entschieden haben, kommen ihnen auf einer emotionalen oder psychischen Ebene nie wirklich nahe.

Ihre Eingeschworenheit an einem zentralen Aufenthaltsort droht den Kindern zum Verhängnis zu werden, als das Dorf beschließt, dass sie Störenfriede sind und *The Grange* anzünden will. Die Kinder können sich kollektiv zusammenschließen und die Dorfbewohner_innen dazu bringen, sich selbst anzugreifen. Anschließend gelingt es ihnen, Midwich zu isolieren, indem sie alle Bewohner_innen daran hindern, das Dorf zu verlassen. Was sie jedoch nicht verhindern, ist den Abtransport der Verletzten und die Ankunft der Polizei, die den Fall untersucht (173).

Dies führt dazu, dass diejenigen, die auf Personen von Midwich treffen, aber nicht über die Kinder Bescheid wissen, nun das ganze Dorf für unzurechnungsfähig halten. Ein Fahrer, in dessen Bus die Bewohner_innen nicht einsteigen können, weil sie auf unsichtbare Weise von den Kindern daran gehindert werden, sagt dazu: »In Oppley they're smart, and in Stouch they're smarmy, but Midwich folk are just plain barmy.« (168) Es ergibt sich nach eigener Aussage der Kinder zum Ende der Geschichte ein »moral dilemma of some niceness« (208): Sie können nicht getötet werden, ohne dass das Dorf Schaden nimmt, zugleich besteht die Gefahr, dass sie irgendwann den Bewohner_innen Schaden zufügen. Ihre Existenz wirft die Frage auf, ob die Vernichtung einiger zum Wohle vieler gerechtfertigt ist. Wiederum ist es Zellaby, der aufgrund seiner Bildung dieses Dilemma professionell benennen kann und auch eine ethische Lösung anbietet: »In a quandary where every course is immoral, there still remains the ability to act for the greatest good of the greatest number.« Diese Referenz auf den Utilitarismus, für den ja das größtmögliche Glück der größtmöglichen Zahl das Ziel ist, stellt diesen Roman selbst in die britische Tradition. Im Utilitarismus wäre eine solche Handlung durchaus zu legitimieren, während sie in der Deontologie, die ja die Selbstzwecklichkeit des Menschen als schützenswerte Pflicht formuliert, nicht legitim wäre (vgl. Kap. 3.5).

Zellaby, der aufgrund einer Erkrankung nur noch wenige Jahre zu leben hat, belässt es nicht bei der Reflexion des Dilemmas, sondern beginnt zu handeln. Da die Kinder ihm vertrauen, fährt er zu ihnen, um einen Film über die Ägäischen Inseln vorzuführen.[86] Dabei hat er jedoch eine Bombe im Gepäck, die er zündet, als er mit allen Kindern zusammen in einem Raum ist. Damit hat er utilitaristisch gehandelt, denn die Folgen dürften für das Dorf von großem Nutzen sein: Die Kinder stellen keine Bedrohung mehr da. Ob sie aber jemals eine Bedrohung waren, bleibt bis zum Ende fraglich – als der Erzähler Richard Zellaby beim Materialtransport hilft, nimmt er die Kinder, die sich auf den Film und die mitgebrachten Süßigkeiten freuen, zum ersten Mal als Kinder wahr, die nun plötzlich gar nicht mehr so fremd und bedrohlich erscheinen:

> For the first time since my return I was able to appreciate that the Children had ›a small c‹, too. [...] It was impossible to associate the Children, as I saw them now, with danger. I had a confused feeling that these could not be the Children, at all; that the theories, fears, and threats we had discussed must have to do with some other group of Children. [...] I was finding it harder every moment to believe that we had not all of us been somehow deluded by a sweeping misunderstanding about the Children[.] (216)

Aufgrund der gewählten Erzählperspektive gelingt es Wyndham in diesem Roman nicht nur, eine Unwissenheit über die Herkunft der Kinder aufrechtzuerhalten, sondern auch die Geschichte ambivalent enden zu lassen: Einerseits ist Zellabys Handlung eine Lösung für das Dilemma. Gleichzeitig erscheint durch die glaubwürdige Wahrnehmung des beobachtenden Erzählers Richard die ablehnende Haltung der Dorfbewohner_innen gegenüber den fremden Kindern in gewisser Weise hinfällig. Auch wenn bei Wynd-

86 Dass es ausgerechnet ein Film über Inseln ist, ist sicherlich kein Zufall, denn er führt ihnen so eine topographische Materialität vor Augen, die einen utopischen Fluchtpunkt für sie darstellt. Die topologische Ausgrenzung und die topographische Enge in Midwich werden so mit dem Gegenteil kontrastiert. Obwohl sie den Film bereits gesehen haben, weckt er deshalb große Faszination bei den Kindern. Ähnlich wie die Züchtlinge in Loeles Roman, fordern sie einen Ort ein, an dem sie unbehelligt leben können (206).

ham das Wort Klon an keiner Stelle fällt, so kann insbesondere durch die Ähnlichkeit der Kinder als Verhandlung des Klonens interpretiert werden: Sie sehen gleich aus, sind künstlich gezeugt, mit einem gewissen Mysterium behaftet und verfügen über eine Art kollektives Bewusstsein und gemeinsame persönliche Eigenschaften.[87] Sie sind somit ein Individuum in verschiedenen Körpern. Besonders deutlich wird die abstrakte Verhandlung des Klonens aber durch eine Hypothese Zellabys, der bis zum Schluss nicht an eine Invasion durch Außerirdische glaubt. Vielmehr nimmt er an, dass eine Gruppe menschlicher Erfinder in das Geschehen in Midwich eingegriffen hat:

> Fascinating for an inventor to watch his creations acquitting themselves, don't you think? To discover whether this time he has produced a successful tearer-to-pieces, or just another torn-to-pieces and, too, to observe the progress of the earlier models, and see which of them have proved really competent at making life a form of hell for others. [...] And when I say ›Inventor‹, I don't necessarily mean an individual, of course. It seems to me that if a team of our own biologists and geneticists were to take a remote island for their testing-ground they would find great interest and instruction in observing their specimens there in ecological conflict. And, after all, what is a planet but an island in space? (205)

Da Zellaby im Buch als ein gebildeter Charakter dargestellt wird, der nicht nur auf Philosophie, sondern auch auf die Reproduktionsmedizin referiert, liegt es nahe, seine Aussagen als diejenige zu deuten, die am wahrscheinlichsten ist. Bis zum Ende bleibt offen, ob Midwich von Außerirdischen heimgesucht wurde, doch die vielzähligen Bezugspunkte auf biologische und embryologische Forschungen lassen eher auf das Gegenteil schließen: Das Dorf wurde als isolierter Ort, gleich einer Insel, für diejenigen Experimente genutzt, die mit dem Forschungsstand der 1950er Jahren erstmals tatsächlich denkbar waren – das Klonen von Menschen zu Reproduktionszwecken.

Die Technik buchstabiert Wyndham zwar nicht aus, lässt die Kinder aber trotzdem das Andere symbolisieren. Dadurch wird in höchstem Maße Zugehörigkeit und Fremdheit verhandelt: In einem weitestgehend vom Rest der Welt isolierten Dorf stehen sich die Dorfbewohner_innen und die künstlich gezeugten Kinder gegenüber. Somit lässt sich abschließend für Wyndham eine wichtige Rolle in der Verhandlung des Klonens festhalten: Huxleys Motive werden fortgesetzt, jedoch ist das geschilderte Setting realistischer und in die jeweilige Zeit verlegt. Lediglich die Art der Reproduktion tritt hier als magisches Element ein. *MC* ist also gerade keine Dystopie wie Huxleys Roman, sondern vielmehr eine fiktionale Mikrostudie zum Umgang eines Kollektivs

[87] Hinzu kommt, dass die goldene Iris, die neben der kollektiven Intention ein weiteres Merkmal der Kinder ist, ein Merkmal des Leopardenfrosches ist, den Briggs und King Anfang der 1950er Jahre zu klonen versucht haben.

mit dem Fremden, Unbekannten und Bedrohlichen. In einer verräumlichten Darstellung des Innen und Außen und der Zugehörigkeit fungiert der Klon als Symbol für Alterität, wobei es letztlich eine Interpretation der Leser_innen bleibt, Referenzen zum Anderen der Moderne, wie z. B. Zwillingen bei Humanexperimenten im Nationalsozialismus, aber auch behinderten Personen, herzustellen.

Etwa 15 Jahre nach dem Erscheinen von Wyndhams Buch beginnt sich die akademische Disziplin der Bioethik zu etablieren und greift so auf die bisher dargestellte Symbolik des Klons zurück. Dabei operiert sie, genauso wie die Romane, mit *Szenarien*, die aber wieder an die faktuale Debatte rückgebunden werden (vgl. Kap. 2.1.2.2). Wie auch schon in Kapitel 3, werde ich mich im nun Folgenden auf die Kategorien der *Individualität*, *Familienformen* und *Handlungsspielräume* konzentrieren und explizit fragen, was in den Anfängen der Bioethik über für die konkrete Gegenwart ausgehandelt wurde.

4.4 Der Beginn der bioethischen Debatte und weitere literarische Szenarien

Die Bioethik institutionalisierte sich gerade in der Zeit, in der die Gentechnik eine neue Dimension der Machbarkeit errang und auch das Klonen verhandelt wurde (vgl. Kap. 2.1). Diese Machbarkeit gewann Mitte des 20. Jahrhunderts insofern erneut an Bedeutung, als dass sich nun führende Forscher_innen dezidiert für eine Implementierung dieser Techniken einsetzten. So fordert bspw. Julian Huxley (1963: 20) in seiner Eröffnungsrede auf dem *Ciba-Symposium* im Jahr 1962: »First, we biologists have to think of the future of man in the unfamiliar terms of psychosocial or cultural evolution.« Die Angst vor Überbevölkerung des Planeten diente zur Legitimierung einer positiven Eugenik, mit der sich weniger bzw. nur noch ›die richtigen‹ Menschen reproduzieren sollten (Fletcher 1974: 27).[88] Die ›Zukunft des Menschen‹ wurde zu einem dezidierten Programm, an dem Biologie, Reproduktionsmedizin und Genetik beteiligt waren (Salem 2013: 33; Weindling 2012).[89] Auf demselben Symposium schlägt der Molekularbiologe Joshua Lederberg (1963: 268) »[a]

[88] Diese Angst hat Jones in seinem Buch *Implosion* (1967) verhandelt: Ein Land des ›Ostblocks‹ greift Großbritannien an, indem es ein Gas auf der Insel verbreitet, das unfruchtbar macht. Die letzten fruchtbaren Frauen werden daraufhin in Konzentrationslager gebracht und zur Reproduktion gezwungen.

[89] Diese Symposien wurden vom Schweizer Pharmakonzern *Ciba*, heute *Novartis*, finanziert. Das Symposium im Jahr 1962 brachte Expert_innen aus den Bereichen Genetik, Medizin und Biologie zusammen, um über die Zukunft der Reproduktionsmedizin zu diskutieren Es kann als »Ausgangspunkt der weltweiten Diskussionen um die Gentechnik« (Salem 2013: 32) gesehen werden. Die Diskussion der Forschungen zur Gentechnik und zur Reproduktionsmedizin

vigorous eugenic programme, not on man, but on some non-human species« vor. Im Zusammenhang mit der damals aufkommenden Transplantationsmedizin formuliert er die Idee, dass »genetically homogeneous material as sources for spare parts« verwendet werden könnte. Der Vorteil sei, dass die Organe nicht abgestoßen würden: »The technical problem of overcoming the immune barrier would be immensely simplified if the heterografts came from a genetically constant source, the more so if the animal supplying the grafts could be purposely bred for its utility.« (268 f.)[90] Lederberg spricht von einer nicht-menschlichen Spezies, allerdings dürfte klar sein, dass es keine tierische Spezies geben kann, deren Erbgut zu 100 Prozent dem menschlichen entspricht und die zum Zweck des Organersatzes gezüchtet werden könnte. Dass Lederberg außerdem den Begriff der Eugenik verwendet, lässt darauf schließen, dass er auf die gezielte Züchtung menschlicher Klone zum Zweck der Organtransplantation abzielte:

> Die Vorstellung eines immunologisch unproblematischen Austauschs von Organen könnte darauf verweisen, dass Lederberg von einer Gruppe genetisch identischer Lebewesen ausgeht, die gewissermaßen eine transplantationschirurgische Solidargemeinschaft bilden. Dies entspräche einer eugenischen Perspektive, die [...] weniger an einzelnen Individuen interessiert ist als an der ›Verbesserung‹ des ganzen Bevölkerungskörpers. (Krüger-Fürhoff 2008: 147)

Die spätere Instrumentalisierung von Klonen als Organspender hat ihren Ursprung also im faktualen Raum der Wissenschaft, in dem der eugenische Diskurs der Moderne fortgeführt wird. Lederberg forderte das Klonen nicht nur für den Zweck der Organtransplantation, sondern auch, um die Verbreitung genetischer Krankheiten zu verringern oder um »superior individual[s]« (Lederberg 1967: 36) zu reproduzieren.

Individuell auf Patient_innen angewandt, seien Maßnahmen zur Verbesserung des Erbgutes positiv zu bewerten. Ein Grund dafür, dass diese Auffassung von der Mehrheit des Symposiums geteilt wurde, ist wahrscheinlich, dass dort keine deutschen Wissenschaftler_innen teilnahmen. Lederberg reflektiert dies selbst, wenn er davon ausgeht, dass seine Forderungen »unavoidably culture-bound« (31) seien und v. a. in den USA vertreten würden. Europäische Wissenschaftler, die den Holocaust selbst miterlebt haben, würden seinen Ideen nicht sehr aufgeschlossen gegenüberstehen. Tatsächlich wird in der Diskussion nach Lederbergs Vortrag auf dem *Ciba-Symposium* die Verbindung zwischen ›positiver‹ und ›negativer‹ Eugenik auch explizit

---

wurde hier zu diesem Zeitpunkt nur einem sehr engen, direkt dazu eingeladenem Kreis geführt: 27 renommierte Wissenschaftler (unter ihnen keine Frau), davon sechs Nobelpreisträger (34).

90 Allerdings muss in diesem Zusammenhang berücksichtigt werden, dass die Abstoßung eines fremden Organs die Medizin in den 1960er Jahren noch vor viel gravierendere Probleme gestellt hat als heute.

vom französischen Biologen Marc Klein hergestellt, der 1944 nach Auschwitz deportiert wurde:

> *Klein*: [...] [T]here is always the risk that biology will not be taught objectively. We have an example in the biology taught in Germany during the Hitler régime. There were books on biology for all levels of education, but it was *directed* biology. This emphasis on biology was apparent even in law: there was a long biological introduction by Professor Rudin to the law on eugenic sterilization passed in July 1933. We must be very careful in teaching biology, and especially in teaching eugenics, not to teach a directed biology [...]. (Wolstenholme 1963: 282)

Dieses Zitat zeigt zwar, dass das Missbrauchspotential biologischer Erkenntnisse durchaus auf dem *Ciba-Symposium* debattiert wurde; jedoch macht die Reaktion Julian Huxleys deutlich, wie diesem kontinentalen Bedenken mit britischem Pragmatismus begegnet wurde: »*Huxley:* The answer to this point is that we must let the biological profession itself to do the job of improving the teaching of biology.« (Ebd.) Auf Kleins Einwand, dass die Wissenschaft selbst unmoralische Ziele anstreben könnte – bezogen auf den Arzt Ernst Rüdin, der maßgeblich zur Umsetzung der negativen Eugenik in Deutschland beigetragen hat – reagiert Huxley nicht. Dass er damit auch bei einigen Kollegen auf Widerstand stieß, macht eine Aussage des Biologen und Nobelpreisträgers Peter Brian Medawar (1915–1987) deutlich. Medawar bezieht sich nicht nur auf Julian Huxley, sondern auch auf den US-amerikanischen Genetiker Hermann Joseph Muller (1890–1967), wenn er seine Besorgnis ausdrückt: »What frightens me about Muller and to some extent Huxley is their extreme self-confidence, their complete conviction not only that they know what ends are desirable but also that they know how to achieve them.« (296)[91]

Hier treffen Perspektiven historischer Ausgrenzung mit Positionen zusammen, die keinen Missbrauch des genetischen und reproduktionsmedizinischen Wissens antizipieren. Somit wird die Deutungsmacht genetischen und reproduktionsmedizinischen Wissens verhandelt: Es geht um die Frage, ob Technik lediglich durch Ethik begleitet werden sollte, oder es ethische Argumente gibt, die im Vorfeld eine bestimmte Anwendung von Technik (d. h. den Handlungsspielraum der Ausführenden) begrenzen oder zumindest problematisieren sollten. Zur Diskussion steht, ob sich bestimmte Ziele erst stellen, wenn Wissenschaft die Möglichkeit dazu bietet, oder ob sich nicht auch die

[91] Muller hatte bereits 1960 die Idee des Klonens zu eugenischen Zwecken publiziert. Er ging davon aus, dass hiermit die Eigenschaften und das Verhalten des Klons vorhergesagt werden könnten (Brandt 2009a). Jedoch muss auch beachtet werden, dass diese Zukunftsvisionen nicht den Schwerpunkt des *Ciba-Symposiums* darstellten, sondern zugunsten angewandter Fragen der Reproduktionsmedizin in den Hintergrund rückten (Salem 2013: 37f.).

Forschung nach vorherbestimmten Zielen richtet, wie es insbesondere die Verknüpfung von Nationalismus und Genetik bzw. Reproduktionstechniken in der Moderne nahelegt (vgl. Kap. 4.1). Dass eine grundlegende Debatte fortgeführt wird, zeigt sich wiederum daran, dass es John B. S. Haldane (1963) ist, der auf dem *Ciba-Symposium* die Idee vorbringt, außergewöhnliche Personen zu klonen. Zugleich gibt er zu bedenken, dass es fraglich sei, ob hierfür mit guten Kriterien tatsächlich die ›richtigen‹ Personen ausgewählt würden:

> On the general principle that men will make all possible mistakes before choosing the right path, we shall no doubt clone the wrong people. However everyone selected for this purpose will presumably exceed the median considerably in some respect, if only as humbug. And the greatest humbugs, like Hitler, would hardly relish the thought of producing a dozen possible successors with their own abilities, and youth to boot. (352)

Trotz der Skepsis gegenüber dieser Technik sieht Haldane in ihr nichts Verwerfliches. Er denkt das Klonen als eine Handlung, die Individuen eine zusätzliche Freiheit gewährt und reflektiert durchgeführt würde. Erfahrungen der Ausgrenzung und Gewalt könne so zuvorgekommen werden, da sie durch die Fähigkeiten der ›besonderen Menschen‹ eben nicht wiederholt würden:

> For exceptional people commonly have unhappy childhoods, as their parents, teachers, and contemporaries try to force them to conform to ordinary standards. Many are permanently deformed by the traumatic experiences of their childhoods. Probably a great mathematician, poet, or painter could most usefully spend his life from 55 years on in educating his or her own clonal offspring so that they avoided at least some of the frustrations of their original. (Ebd.)

An diesem Beispiel wird deutlich, dass der wissenschaftliche Raum zu dieser Zeit noch von einem starken genetischen Determinismus geprägt war, der Gene nicht nur mit Phänotypen, sondern auch mit bestimmten Eigenschaften in eins setzte, die ebenfalls dupliziert werden könnten. Haldanes Vorschlag steht somit in der bereits Anfang des 20. Jahrhunderts vorgebrachten Idee, dass Biologie, Genetik und Medizin mit ihrem Wissen zum Fortschritt beitragen könnten (vgl. Kap. 4.1). Haldane geht nicht davon aus, dass das Klonen eine asymmetrische Beziehung zwischen Original und Klon schaffen könnte, sondern nimmt vielmehr an, dass die Originale ihre genetisch identischen Nachkommen mit besonderem Respekt behandeln würden.[92] Das Szenario,

---

[92] Lederberg (1967) macht wenig später allerdings deutlich, dass keine einheitliche Auffassung zum Klonen existierte, auch wenn es in der Anfangszeit von namenhaften US-amerikanischen und britischen Stimmen befürwortet wurde.

das er für das Klonen antizipiert, baut also auf den Prämissen auf, dass Technik den Handlungsspielraum von Personen erweitere und positiv genutzt werden könne (vgl. Kap. 3.4).

Während sich zunächst ein eugenischer Diskurs fortsetzte, fand das Klonen wenig später in der neu aufkommenden Disziplin der Bioethik auch erste Gegenstimmen. ›Ethik‹ bezeichnete in diesem Fall allerdings zunächst v. a. religiöse Einwände, wie ebenfalls in der Diskussion des *Ciba-Symposiums* deutlich wird (Salem 2013: 39). Auch hier wurden die möglichen Folgen und Implikationen des Klonens in Form von Szenarien verhandelt. Zwei dieser Positionen sollen im Folgenden kurz vorgestellt werden, um zu zeigen, dass sich die *Topologien der Argumente* schon weit vor der Erzeugung Dollys herausbildeten. Auch schon zu Beginn der Debatte, so möchte ich exemplarisch an den Positionen von Paul Ramsey und Joseph Fletcher zeigen, wurde bereits die Richtigkeit moralischer Überzeugungen ausgehandelt, die zentrale Implikationen für das Verständnis von *Individualität*, *Familienformen* und *Handlungsspielräumen* haben (vgl. Kap. 3).

Paul Ramsey, der Christliche Ethik in Princeton unterrichtete, argumentiert, dass das Klonen moralisch falsch sei, »because of its massive assaults upon human freedom and its grave violation of the respect due to men and women now alive and to human parenthood as such« (Ramsey 1970: 61). Allerdings bezieht er sich auch nur auf das Klonen und nicht auf weitere eugenischen Maßnahmen wie bspw. genetische Beratung vor einer Heirat. Sein Urteil fußt auf drei Argumenten: Erstens verweist er auf den Schaden, der durch Fehlversuche entstehen könnte (69). Hier geht er genau dem Dilemma nach, das Wyndham ein Jahrzehnt vorher beschäftigt hat, nämlich die Frage, wie mit den Ergebnissen dieser Experimente umzugehen sei und welchen Status z. B. fehlgebildete Embryonen hätten (vgl. Kap. 4.3.3). Zweitens nimmt Ramsey an, dass das Klonen Stammesgefühle verstärke und die Endogamie (die Heirat unter Mitgliedern einer bestimmten Gruppe) zum Ideal mache. Es schaffe eine Basis für die Ablehnung des Fremden. Drittens werde durch das Klonen aufgrund einer neuen Form der Verantwortung für die (sich) klonenden Personen das ohnehin komplexe Unterfangen der Elternschaft verkompliziert. Der Körper einer Person repräsentiert für ihn eine Sphäre der menschlichen Freiheit, die nicht verletzt werden darf. Der geklonte Embryo gilt dabei, in dezidiert christlich-deontologischer Tradition, als eine solche potentielle Person (vgl. Kap. 3.1). Fortpflanzung sei ein Akt der körperlichen Liebe, der zwei Personen aneinander binde, die verheiratet sind (87). Werde dies unterwandert, führe es zu einer Entzweiung des Menschen, zu einer »depersonalization in extreme« (89). Ramsey nimmt zwar die Perspektive des anderen ein, argumentiert aber letztlich, dass nur das eigene, natürlich gezeugte Kind eine Bedingung für eine liebevolle Beziehung zwischen diesem Kind und seinen Eltern sei, die wiederum durch diese Zeugung bestätigt und stabilisiert werde. Des Weiteren sieht Ramsey eine Gefahr darin, dass das Klonen nicht strikt von der Eugenik abgegrenzt werden könne. Wenn es nur bestimmten Personen zugänglich wäre, könnte wiederum eine Aufwertung bestimmter genetischer Eigenschaften entstehen und andere dadurch ›abgewertet‹ werden (75). Statt einer Eugenik, die eine abstrakte Verbesserung der Spezies verfolge und damit einen »nonpatient« (99, 103) behandle, fordert er von der Medizin, sich mehr den individuellen Patienten_innen und ihrem Wohl zu widmen.

Ramsey argumentiert maßgeblich mit den Pflichten, die Menschen gegenüber dem ungeborenen Leben haben sowie mit dem inneren Wert der menschlichen Natur (Verhey 1994). Das Klonen lege hiernach ein Kind auf eine bestimmte Existenzweise fest, wodurch Erwartungen an es herangetragen würden. Damit nimmt Ramsey die Perspektive des anderen ein und fokussiert die Bedingungen des Klonens abseits einer reinen Bilanzierung seiner Kosten und Nutzen: »He urged protection of the weak and voiceless against harm even if such protection meant that a great number of others would not be benefited. So, he urged protection of the embryos and children on whom the experimental work on cloning would be done.« (230) In einer Kritik, die sich hauptsächlich an den Arbeiten von Lederberg orientiert, argumentiert Ramsey (1970: 81), dass es problematisch sei, wenn die zu erreichenden Ziele einer Wissenschaft allein von dieser selbst bestimmt würden. Der Mensch dürfe nicht die Hybris besitzen, sich über diese gottgegebene Möglichkeit zu stellen.

Dieses versucht Joseph Fletcher (1974: 196) mit dem Argument zu widerlegen, dass die *Life Sciences* die Beantwortung der Frage nach der »quality of life« zur wichtigsten moralischen Aufgabe des Menschen gemacht hätten und sich hieraus ein »moral imperative of mankind« ergebe. Genau wie in der Debatte zwischen Haldane und Russell sowie in der Diskussion auf dem *Ciba-Symposium* wird also auch hier grundlegend ausgehandelt, ob sich aus einer technischen Möglichkeit eine *Pflicht* zu deren *Umsetzung* ergebe, oder ob es nicht vielmehr bestimmte *Pflichten* oder *Werte* gibt, die das technisch Machbare *begrenzen* sollten.

Obgleich er zu Beginn seiner Karriere ebenfalls Vertreter einer christlichen Ethik war, gilt Fletcher heute als Begründer eines situativen und kontextsensitiven bioethischen Ansatzes, der bis in die aktuelle Zeit fortwirkt (Krones 2008). Allerdings wird bei ihm noch relativ vereinfacht regelgeleitetes Urteilen mit Deontologie, und damit mit einer abstrakten Lösung assoziiert, dem der Utilitarismus als pragmatisches Ideal gegenübersteht: »In this book it will be held that if any act or policy is the wisest as measured by human need and well-being, then it is *positively* good, *positively* the right thing to do.« (Fletcher 1974: 31) Unberücksichtigt bleibt, dass auch deontologische

Prinzipien situativ angewandt und Konsequenzen losgelöst von einzelnen Situationen abstrakt reflektiert werden können (Düwell et al. 2006).

Bei genauerer Betrachtung wird ohnehin deutlich, dass Fletcher sich mit seiner Ablehnung abstrakter und deontologischer Handlungsanleitungen v. a. gegen eine christliche Ethik richtet (Fletcher 1974: 195). Denn für ihn wäre es eine »revolution in ethics of the profoundest order« (145), wenn das religiöse Denken durch ein situatives und säkulares abgelöst würde. Anhand der Debatte zwischen Ramsey und Fletcher wird paradigmatisch deutlich, wie über das Klonen die Frage religiöser Deutungsmacht verhandelt wird. Beide Autoren positionieren sich mit ihren Argumente eindeutig für bzw. gegen ein Fortwirken christlicher Werte. Dementsprechend wird bei Fletcher, im Gegensatz zu Ramsey, nicht der Unterschied zwischen dem Natürlichen und dem Künstlichen für eine moralisch richtige Entscheidung relevant, sondern vielmehr die Konsequenzen von Handlungen: »Prescientific, nonrational, ›old morality‹ taboos, with or without claims of devine authority, are going down the drain. Only an ethics rooted in human well-being can or should survive the pressures of man's struggles and advances.« (127) Die Argumente, dass das Klonen eine natürliche Familiengründung unterwandere und deswegen zu verwerfen sei, werden auch von ihm abglehnt: »What constitutes a genuine relationship is shared caring and concern, not ›blood‹ or genes or genital origin.« (144) Dabei argumentiert Fletcher, dass Reproduktionstechniken die Handlungsfähigkeit des Menschen erweitern und die bisherige »sexual lottery« (36) ersetzt werden solle, um »birth faults« (37) zu verhindern. Dieses Beispiel zeigt, dass auch die Künstlichkeit des Klons schon wesentlich früher verhandelt wurde als erst nach der Geburt von Dolly (vgl. Kap 5.5). Für ihn stellt bspw. die Nutzung eines Klons für die Organtransplantation eine sinnvolle Möglichkeit dar, weil sie für das allgemeine Wohl förderlich ist. Auch könnten Personen mit bestimmten Eigenschaften geklont und in gefährlichen Berufen eingesetzt werden. Insbesondere der Einsatz im Militär wird von Fletcher diskutiert, um damit jene abzusichern, die im Sinne gesellschaftlicher Interessen bestimmte Risiken eingehen (154). Auch eine Züchtung bzw. Modifizierung tierischer Spezies für Tätigkeiten, die mit menschlichen Eigenschaften ausgeübt werden müssten, hält Fletcher für akzeptabel. Wie der namenlose Protagonist in Wyndhams *The Midwich Cuckoos* (vgl. Kap. 4.3.3), geht er davon aus, dass das Beenden solchen Lebens in diesem Fall kein Mord, sondern ein »biocide« (171) sei. So müssten bestimmte Arbeiten bspw. nicht mehr von »moronic and retarded individuals, the victims of uncontrolled reproduction« (173) verrichtet werden, sondern könnten an Hybriden ohne ebenbürtigen Status abgegeben werden. All dies legitimiert Fletcher mit den individuellen Rechten von Personen, sich zu reproduzieren (Verhey 1994).

Dem Klon wird dabei Personalität abgesprochen (Fletcher 1974: 171). Er erhält von Fletcher die Bedeutungszuschreibung eines Dinges, das nicht selbstständig handeln und entscheiden kann und deswegen die Tätigkeiten verrichten solle, die für ›richtige Menschen‹ eine hohes Risiko darstellten. Die Perspektive eines Klons wird – im Gegensatz zu Ramsey – von Fletcher nicht eingenommen. Vielmehr stehen die Interessen der klonierenden Originale und ihrer Gesellschaft im Vordergrund. Dafür umgeht gerade Fletcher jeglichen Biologismus in der Debatte und argumentiert mit dem Klonen als einer sinnvollen Form menschlicher Reproduktion.

Die Perspektive von Fletcher kann als Vorreiter der präferenzutilitaristischen Position gesehen werden (vgl. Kap. 3.3). Ramseys Position wiederum weist starke Parallelen zu denjenigen auf, die sich in der aktuellen Debatte für die Pflichten gegenüber ungeborenem Leben und dem Schutz schwacher Subjekte einsetzen (vgl. Kap. 3.1.). Am Beispiel dieser Debatte in der sich etablierender Bioethik wird nicht nur deutlich, dass das Verhältnis von Ethik und Technik grundlegend verhandelt wurde, sondern auch, dass dabei vielerorts mit Szenarien operiert werden musste: »The scientists and bioethicists began to consider human cloning as a serious possibility and to examine its potential social and moral implications. Thus, the line between fiction and nonfiction began to blur.« (Poon 2000: 167) Im Gegensatz zur Literatur bettet die bioethische Debatte den Klon allerdings kaum in ein soziales Gefüge ein; die Szenarien bleiben sehr abstrakt und scheinen eher i.S.d. jeweils beanspruchten argumentativen Ziels ausgewählt zu sein.

Literatur kann hier als Ergänzung verstanden werden, da sie den Klon nicht namenlos bleiben lässt, sondern ihm Gefühle, Persönlichkeit und eine Lebensgeschichte. Der Klon erhält »eine andere Normalität« (Christina Brandt 2007: 147) infolge seiner sozialen Einbettung: »Durch die psychologische Ausgestaltung der Klonfiguren und durch das Durchspielen von gesellschaftlichen Konsequenzen verlieh gerade die literarische Fiktion der Figur des Klons eine gewisse Nachvollziehbarkeit und damit auch eine gewisse Realität.« (Ebd.)

Wie ich im Folgenden zeigen werde, bedeutet die Tatsache, dass die raumzeitliche Existenz des Klons denkbar wird, nicht, dass der Klon jede Symbolkraft und jede Referenz auf das Andere verliert. Vielmehr setzen sich diese trotz der angenommenen Wahrscheinlichkeit des Klonens weiter fort. Indem der literarische Diskurs die technische Begrifflichkeit des Klons als etwas Serielles, Reines und Identisches aufgreift und der Frage nachgeht, wie es Individuen erginge, die unter diese Begrifflichkeit fallen oder welche Folgen eine solche Technik in ihrer Anwendung hätte, entstehen neue Szenarien. Was dies für Personen in sozialen Räumen bedeuten könnte, stellt die Science Fiction in den nächsten Jahren allerdings nicht mit einer einheitlichen Perspektive dar, sondern jeweils mit einer eigenen Verhandlung von Alterität.

Als einer der ersten Romane ist Richard Cowpers Satire *Clone* (1972) zu nennen. Dieser Roman ist die Ausgestaltung jener Idee, die Fletcher zwei Jahre später formuliert, nämlich dass das Erbgut einer menschenähnlichen Spezies so verändert werden könnte, dass sie als Arbeitskraft für unliebsame Aufgaben eingesetzt werden könnte: Genmanipulierte Schimpansen verrichten alle körperlichen Arbeiten (Koops 2013). Die Hauptfigur der Geschichte ist der Klon Alvin, der unter Affen in einer ländlichen Gegend Englands arbeitet.[93] Seine Erinnerung wurde von der Wissenschaftlerin Professor Poynter gelöscht, die ihn und drei andere Klone erzeugt und in entlegene Gebiete verbannt hat, nachdem sie telepathische Kräfte entwickelten. Nach der Vision eines schönen Mädchens macht Alvin sich mit seinem befreundeten Affen Norbert auf den Weg in die Metropole London, die mit 100 Millionen arbeitenden Menschen mittlerweile absolut überbevölkert ist und in der die unterdrückte Spezies der Affen mit der Revolution droht. Alvin erlangt schließlich seine Erinnerung zurück und es gelingt ihm aufgrund seiner telepathischen Kräfte, sich mit den anderen Klonen zu solidarisieren.

Ab den 1970er Jahren kommen fiktionale Darstellungen homonormativer Gesellschaften hinzu, d. h. Staaten, in denen Heterosexualität entweder nicht existiert oder unter Strafe gestellt wird und die Fortpflanzung mithilfe von Reproduktionstechnologien vonstattengeht: Im selben Jahr wie *Clone* erscheint bspw. Edmund Coopers *Who Needs Men?*, in dem das Klonen erstmals die Basis für einen Staatsentwurf wird. Erzählt wird von der »Republic of Anglia« (35) im 25. Jahrhundert: Männer sind überflüssig geworden, da Frauen sich durch Klonen und Parthenogenese fortpflanzen können. Sie wurden aus politisch-militärischen Gründen, aber auch aus persönlichem Hass und mit Vergnügen von den Frauen so gut wie ausgerottet; die wenigen Überlebenden haben sich in die schottischen Highlands zurückgezogen. Männer sind in dieser Welt, in der die Frauen die selbsternannte Elite darstellen, nichts mehr wert. Die künstlich erzeugten Frauen wiederum werden von den Männern und ihren natürlich gezeugten Ehefrauen und Kindern als Maschinen verachtet.

Zwar nutzt Cooper seinen Roman, um gesellschaftliche Diskriminierung durch die Möglichkeiten von Reproduktionshandlungen zu kritisieren, jedoch wird die natürliche Zeugung so weit idealisiert, dass die geklonten, lesbischen Frauen Vergewaltigungen durch Männer ›genießen‹, weil sie durch sie ›wahre körperliche Liebe‹ erleben. Dieses Bild wird nicht von Cooper gebrochen, sondern noch verstärkt, indem die Hauptfigur der Geschichte,

[93] Alvin und seine Klone sind allerdings nicht durch Zellkerntransfer, sondern durch Embryosplitting erzeugt worden. In Anbetracht der Tatsache, dass Alvin Tofflers Buch *The Future Shock* im Jahr 1970 erschien und eine von Technologien schockierte Gesellschaft prognostiziert, wählt Cowper den Namen seiner Figur für diese Satire wahrscheinlich nicht zufällig.

Rura, sich in den Anführer der männlichen Rebellen verliebt, ihn aufgrund seiner körperlichen Anziehungskraft nicht töten kann und gefangengenommen wird. Nach einiger Zeit fügt sie sich dennoch als seine Ehefrau und wird (auf natürlichem Wege) schwanger. Auf der Flucht vor den ›exterminators‹ – den Kammerjägerinnen des Systems, die Männer verfolgen – erlebt die Figur Rura die glücklichste Zeit ihres Lebens, als sie sich mit ihrem Mann in einem Cottage aufhält und ihre Schwangerschaft genießt: »No other place, no other house, could ever mean the same. For here she had truly known what it was to be a woman.« (148) Weiblichkeit wird auf einen begrenzten Ort und einen begrenzten Handlungsspielraum reduziert. *Who Needs Man?* ist ein Beispiel, wie in der literarischen Verhandlung des Klonens das Andere konstruiert wird. Homosexualität wird gleichgesetzt mit etwas Unnatürlichem i.S.d. Unnormalen und zugleich stigmatisiert.

Im Gegensatz dazu schreibt Naomi Mitchison (1897–1999), Schwester des bereits erwähnten John B. S. Haldane, mit *Solution Three* (1975) einen ernstzunehmenden Staatsentwurf. Gewidmet ist der Roman »Jim Watson, who first suggested this horrid idea« (4). Hiermit meinte sie den Biochemiker James Dewey Watson, der im Team 1953 die DNA als Doppelhelix-Modell vorstellte. Bereits in dieser Widmung, die in einer früheren Version auch noch die Embryologin Anne McLaren, ehemalige Studentin von John B. S. Haldane und Peter Medawar und eine wichtige Akteurin bei der Etablierung der IVF in Fachgesellschaften mit einschloss, kommt eine gewisse Ambivalenz zum Ausdruck: Einerseits Respekt gegenüber Genetiker_innen, andererseits die Kritik daran, dass sie gerade durch ihre Forschungen zur realen Umsetzung bestimmter Ideen beitragen (Squier 1995). In *Solution Three* hat der Rat eines fiktiven Staates nach einem Atomkrieg beschlossen, der drohenden Überbevölkerung und dem Nahrungsmangel zu begegnen, indem nur friedfertige Personen reproduziert werden. Es gibt keinen Rassismus, Sexismus oder Krieg mehr. Homosexualität ist die Norm; die Fortpflanzung geschieht durch die Erzeugung von Klonen, die von privilegierten Frauen ausgetragen und kollektiv erzogen werden. Heterosexualität ist nicht direkt verboten, wird aber dadurch sanktioniert, dass entsprechende Personen unter schlechteren Umständen leben müssen.

Doch auch dieses Ideal der Gleichheit funktioniert nicht einwandfrei, denn das Andere existiert in Form von Personen, die eine heterosexuelle Partnerschaft und leibliche Kinder wollen sowie Frauen, die die Klone als ›ihre‹ Kinder betrachten und nach der Schwangerschaft nicht hergeben wollen.

In Mitchisons Roman steht das Klonen für »one of the hottest recent feminist debates: the issue of difference« (ebd: 172f.). Im Titel *Solution Three*, der auf die nationalsozialistische ›Endlösung‹ anspielt, wird zugleich eine Kritik an selektiven Reproduktionshandlungen deutlich. Das Besondere ist, dass kritische Stimmen in diesem Staat als eine Form gelebter feministischer

Wissenschaft und Praxis nicht ausgeschlossen, sondern gehört werden: »Her novel reminds us about the importance of nurture not just nature, about the value of diversity and about the unexpected costs of even the best-intentioned technological fix. She ends on the optimistic note that flexibiliy, not dogma, can win out.« (Wilmut/Highfield 2006: 70) Damit bleibt Mitchison eine der wenigen, die das Klonen als Erzeugung des anderen formuliert und zugleich eine diskursive Einbeziehung des Anderen fordert. Die Symbolik der Abhängigkeit und Determinierung, die Autor_innen bereits in der Frühphase der literarischen Verhandlung entwerfen, verstärkt sich erneut in der Mitte des 20. Jahrhunderts. Für die literarische wie die wissenschaftliche Verhandlung des Klonens kann eine entscheidende Zäsur kurz nach dem Erscheinen von *Solution Three* gesehen werden: Die Geburt des ersten durch IVF gezeugten Kindes, Louise Brown.

5. Rekonstruktion II: Verhandlung des Zellkerntransfers während der Etablierung der In-vitro-Fertilisation

Zwei Jahre vor der Geburt von Louise Brown entwirft Arthur C. Clarke in *Imperial Earth* (1976) ein Szenario, das 300 Jahre später, also 2276, spielt. Duncan Makenzie, ein Klon, der auf einem kolonialisierten Mond des Saturns aufgewachsen ist, reist zum 500. Jahrestag der US-amerikanischen Unabhängigkeitserklärung zur Erde. Obwohl das Klonen dort für diejenigen Personengruppen etabliert ist, die sich nicht natürlich fortpflanzen können, ist es auch ethisch umstritten. Die meisten Bewohner des Titans sind farbig und strukturell abhängig von der Erde. Dieses Beispiel zeigt, wie das Klonen gerade in Großbritannien weiterhin genutzt wird, um den Status des Anderen zu verhandeln, in diesem Fall den Umgang mit Farbigen während der US-imperialistischen Kolonialisierung. Die beiläufige Erwähnung von Duncans Erzeugungsweise kann zudem als der Beginn einer Phase gesehen werden, in der das Klonen nur wenig in Romanen verhandelt wird, technisch jedoch entscheidende Fortschritte gemacht werden.

Dass der literarische Diskurs Mitte der 1970er eher verhalten reagierte, wurde maßgeblich durch das Buch *In His Image – The Cloning of a Man* (1978) des Wissenschaftsjournalisten David M. Rorvik geprägt.[94] Hier wird erzählt, wie ein amerikanischer Multimillionär durch ein Forscherteam in der Südsee geklont wird. Rorvik gab das Buch als Tatsachenbericht über den ersten geklonten Menschen aus; er wollte also seine Leser_innen glauben lassen, er dokumentiere wahre Begebenheiten, die dem Stand der Forschung entsprächen (Christina Brandt 2007; Caduff 2004). Dies wird durch authentische Berichte von Forscher_innen sowie Abschnitte aus der Fachliteratur unterstützt, weshalb ein Großteil des Buches nicht als erfunden gelten kann. Vor der Publikation waren bereits Teile des Textes bekannt geworden, da die *Washington Post* und später weitere Massenmedien darüber berichteten. Sie kommunizierten dabei, dass das Buch ein Tatsachenbericht sei, was von der

[94] Aufgrund des Einflussreichtums des Buches untersuche ich es hier, obwohl es in den USA veröffentlicht wurde.

Wissenschaft bestritten wurde: »Zwei Monate nach seinem Erscheinen hielt der Unterausschuss für Umwelt und Gesundheit des US-Repräsentantenhauses eine Anhörung über Zellbiologie ab, auf dem [sic!] ›In His Image‹ als Gefahr für die seriöse Forschung kritisiert wurde.« (Bülow 2008) Der Text wurde also erst, nachdem sich seine Aussagen von wissenschaftlicher Seite als falsch herausgestellt hatten, vom Verlag zur Fiktion deklariert (Haran et al. 2008: 22). Rorvik selbst gab nie endgültig zu, dass er eine Fiktion verfasst hatte, jedoch stellte sich in der Debatte heraus, dass die biologischen Aussagen falsch waren: Er vernachlässigte, dass der Zellkerntransfer zum damaligen Zeitpunkt nur mit embryonalen Zellen und nicht Körperzellen eines ausgewachsenen Säugetieres möglich war (Poon 2000).

Rorvik war nicht der einzige, der bereits in den 1970er Jahren vom einen erfolgreichen Klon-Vorgang sprach, aber der einzige, der angab, einem ausgewachsenen menschlichen Klon begegnet zu sein. Die medizinischen Proklamationen selbst hingegen gingen nicht so weit: Der Gynäkologe Landrum B. Shettles (1979) behauptete, drei menschliche Embryonen geklont zu haben. Diese wurden allerdings zerstört, bevor er beweisen konnte, dass sie genetisch identisch waren: »Shettles' experiment, on its face, would seem to have ushered in the much anticipated age of human cloning. The fact that his results could not be confirmed and that the embryos were not permitted to develop, however, allowed his otherwise important claim to slip into obscurity.« (Poon 2000: 169) Wenig später kündigten Illmensee/Hoppe (1981) an, zum ersten Mal Mäuse durch somatischen Zellkerntransfer geklont zu haben, konnten diese Experimente allerdings nie wiederholen und verloren aufgrund anderer Skandale ihre wissenschaftliche Reputation. McGrath/Solter (1983) gelang es, die Kerne unbefruchteter Mäuseeizellen zu transplantieren. Sie trugen so methodisch zu einer vorsichtigeren Entnahme der Zellkerne bei. Ein Jahr später erklärten sie in einer anderen Studie aber auch den Zellkerntransfer, wie ihn Illmensee noch proklamiert hatte, für unmöglich (McGrath/Solter 1984).[95] Während Rorviks Text eine Fiktion ist, sind Illmensees Proklamationen letztlich wissenschaftliche Täuschung. Obgleich die Fälle also unterschiedlich gelagert sind, verdeutlichen sie doch, dass insbesondere bei abstrakten Gegenständen die Grenzen zwischen Literatur und Wissenschaft aus epistemischer Perspektive fließend sind:

> So ist es auch nicht verwunderlich, dass die Kritik an Rorvik sich weniger an dem Thema Klonen selbst festmachte, als vielmehr an der Art der *Darstellung* des Themas. Was Anstoß erregte, war die als Grenzüberschreitung wahrgenommene Situation, Noch-Fiktion als Fakt auszugeben. In den Reaktionen auf das Buch wird ersichtlich, dass es hier nicht nur

[95] Wie sich später herausstellen sollte, lag der Fehler darin, dass sie keine unbefruchtete Eizellen verwendet hatten, sondern Zygoten.

> um ethische Fragen der Biomedizin ging, sondern vielmehr die Vorstellung wissenschaftlicher Objektivität zur Verhandlung stand. (Christina Brandt 2007: 163)

Ein solches Wechselspiel von ›fact‹ und ›fiction‹ fand statt, da die Grundlagenforschung geleistet, aber noch keine entsprechende raumzeitliche Existenz des Klons vorhanden war. Die Erzählung vermittelt zwischen der möglichen Erschaffung und der tatsächlichen Nicht-Existenz des Klons; und zentral für die Kommunikation sind die externen Fiktionssignale, die der Öffentlichkeit Sicherheit geben, ob es sich hierbei um eine tatsächliche Forschung oder um eine Erfindung handelt (vgl. Kap. 2.1.1). Bei der Frage, ob ein Gegenstand raumzeitlich existiert, ist es also alles andere als irrelevant, wer eine Aussage darüber macht. Zwar suggerierten verschiedene Erzählungen, dass ein Klon bereits existierte, letztlich zeigt die Diskussion über *In His Image* jedoch, dass diese Behauptung im wissenschaftlichen Raum hervorgebracht werden muss, um als wahr zu gelten. Während *In His Image* die öffentliche Debatte zum Klonen auf einen Höhepunkt brachte, nahm die ethische Debatte danach eher ab, nachdem durch den Fachdiskurs und die mediale Debatte bestätigt worden war, dass Rorviks Geschichte erfunden war (Gordijn 1999).

In His Image wurde 1978 publiziert – in dem Jahr, in dem auch das erste IVF-Kind, Louise Brown, geboren wurde. Die Ungewissheit, ob der Klon tatsächlich existierte oder nicht, wurde stark durch reproduktionsmedizinische Entwicklungen unterstützt: War nach der Einführung der Anti-Baby-Pille in den 1960er Jahren Sexualität ohne Reproduktion möglich, konnte nun auch das Gegenteil Praxis werden. Durch Zusammenführung weiblicher und männlicher Keimzellen ›in vitro‹ wurde die Zeugung aus dem weiblichen Körper in den Bereich der medizinischen Forschung und Praxis überführt und machte so Zeugung ohne Sexualität möglich. *In His Image* evozierte so gemeinsam mit der Geburt von Louise Brown einen öffentlichen Diskurs über die rechtliche Regelung von Fortpflanzungstechniken. Denn die Entwicklungen der Reproduktionsmedizin gaben nicht nur einen begründeten Anlass für moralische Urteile der sich etablierenden Bioethik, sondern warfen auch die Frage auf, ob und wie diesen neuen Möglichkeiten im »Rechtsraum« (Brenner 2006: 229) zu begegnen sei. Gerade »[s]pekulative Technologien« wie das Klonen dienten als »Folie für konkrete Auseinandersetzungen« (Diekämper 2011: 132): Hier traten tieferliegende gesellschaftliche oder moralische Konflikte zutage, aus denen sich die normative Frage nach *einer* für *alle* Bürger_innen eines Staates *verbindlichen* Rechtsordnung ergab. Dabei zeigen gerade die Beispiele moderner Medizin und Technik vielfach auf, dass sich eine solche Regulierung nicht mehr auf eindeutige moralische Normen rückführen lässt, wie sie z. B. im Tötungsverbot zu finden ist (von der Pfordten 2005: 211). Das Recht hat insofern die Aufgabe, in der Pluralität eines demokratischen Rechtsstaates auch verbindliche Normen für Fragen zu formulieren, die einen großen Dissens erzeugen.[96]

Dieser rechtlichen Thematisierung, die neue Aspekte der Verhandlung darstellt, möchte ich nun im zweiten rekonstruktiven Kapitel nachgehen. Dazu wird der Beginn des öffentlichen Diskurses skizziert, wobei ich mich auf aktuelle Sekundärliteratur beziehe (Kap. 5.1). Auch wenn in der vorliegenden Arbeit keine umfangreiche Analyse der öffentlichen Diskussion geleistet wird, so darf sie in der Verhandlung des Klons ab den 1970er Jahren nicht gänzlich vernachlässigt werden. In einem nächsten Schritt beschreibe ich die Entstehung der entsprechenden Gesetzestexte in Großbritannien (vgl. Kap. 5.2) und Deutschland (vgl. Kap. 5.3).[97] Ich arbeite heraus, wie sich einerseits kulturelle Unterschiede erneut zeigen, andererseits die Verhandlung aber auch durch neue Faktoren beeinflusst wird. Ich gehe auf eine prägende Einzelposition der englischen Debatte (Mary Warnock, Kap. 5.2.2) und der deutschen Debatte (Jürgen Habermas, Kap. 5.5.5) ein. Wie schon in Kapitel 4 wird dies nicht nur durch die Darstellung technisch-medizinischer Entwicklungen ergänzt, sondern auch durch Überblicks- und Einzelanalysen von Romanen. Sowohl Fay Weldons *The Cloning of Joanna May* (vgl. Kap. 5.2.3) als auch Hans-Ulrich Horsters *Klon-Kind Uli* (vgl. Kap. 5.3.1) interpretiere ich unter den Schwerpunkten der *Familienformen* (vgl. Kap. 3.3). Anschließend wird untersucht, welche Forschungsgrundlagen zur Erzeugung des Schafes Dolly führten, die wiederum neuen rechtlichen Regelungsbedarf hervorrief (vgl. Kap. 5.5). Ein besonderer Schwerpunkt der Analyse liegt dabei auf der Frage, wie Alterität in den verschiedenen Diskursformen erzeugt und verhandelt wird, insbesondere durch signifikante Grenzziehungen zwischen ›normalen‹ und ›missgebildeten‹ Embryonen sowie zwischen ›reproduktivem‹ und ›therapeutischem‹ Klonen. Zudem stelle ich die Entwicklung kritisch in ausgewählte Literaturanalysen, nämlich von Kazu Ishiguros *Never Let Me Go* und Jan Vanstinas *Ich bin Lukan*, die ich beide unter dem Aspekt der *Individualität* interpretiere (vgl. Kap. 5.6.1, 5.6.2).

---

[96] Allerdings kann es wiederum Teil des ethischen Diskurses sein, die Rechtmäßigkeit von Recht selbst in Frage zu stellen sowie normative Argumente hervorzubringen, warum es geboten ist, sich »unter bewusster Inkaufnahme rechtlicher Konsequenzen« (Schöne-Seifert 2007: 38) über ein Gesetz hinwegzusetzen.

[97] Da die vorliegende Arbeit *Texte* in den Mittelpunkt stellt, werden Gesetze als kontextuell situierte, sprachliche Aussagen untersucht. So kann aufgrund der Annahme, dass beide Textformen vor einem bestimmten Hintergrund entstehen, davon ausgegangen werden, dass sie mit unterschiedlicher Wirkmächtigkeit und Normativität beide eine Perspektive auf dasselbe Thema darstellen (Joachimsthaler 2008). Ein Gesetz und ein Roman unterscheiden sich zwar durch ihre institutionelle Einbettung, aber *als Texte* lassen sie sich mit ähnlichen Methoden und Prämissen analysieren (Aristodemou 2000).

5.1 Die öffentliche Verhandlung als Impulsgeber der Rechtsdebatten

Mit der Geburt von Louise Brown im Jahr 1978 wurden die IVF und andere Techniken moderner Reproduktionsmedizin nicht nur für die sich entwickelnde Disziplin der Bioethik, sondern auch für die mediale Öffentlichkeit ein Thema (Banchoff 2011: 27). Die Auslagerung der Fortpflanzung aus dem weiblichen Körper machte den Embryo gleichzeitig »open to public view« (Hanson 2004: 163). Dass es sich bei Louise Brown um ein künstlich gezeugtes Kind, aber nicht um einen Klon handelte, war der Fachwelt bewusst (Wilmut/Highfield 2006: 220f.). Insbesondere im deutschen öffentlichen Diskurs wurden jedoch die Reproduktions- und Gentechnologien Anfang der 1970er Jahre gemeinsam diskutiert: »Immer wieder wurden einzelne, erfolgreich verlaufene Versuche der Molekularbiologie zum Aufhänger großer Artikel gemacht, die ein schnelles Herannahen der Möglichkeiten zur Manipulation des Erbgutes prophezeiten.« (Salem 2013: 47) Es entstand der Eindruck, dass nicht nur die IVF, sondern auch das Klonen bald Alltag werden könnten: »Das Sensationspotenzial jüngster wissenschaftlicher Forschungen schien ungebrochen und auch die Aussicht auf eine nicht mehr allzu weit entfernte Technik, die gezielte, nicht naturgegebene Veränderungen an der menschlichen Erbsubstanz erlauben würde.« (48) In einer Großzahl von öffentlichen Darstellungen findet sich das Argument der schiefen Ebene, d. h. die Annahme einer »kontrollierten Menschenproduktion« (Orland 2003: 7), sobald die künstliche Befruchtung möglich würde. Hier zeigt sich, dass die IVF in ihren Anfängen durchaus mit Hürden und Widerständen zu kämpfen hatte und ihre Etablierung nicht »zielstrebig und kompromisslos« (14) vonstattenging.

Gelungen war die Befruchtung einer menschlichen Eizelle in vitro erstmals 1968. Danach stellte Robert Edwards einen Antrag auf Förderung beim *Medical Research Council* (MRC), die jedoch aus Sicherheitsbedenken abgelehnt wurde (Banchoff 2011: 1).[98] Da ihnen die Unterstützung mit staatlichen Mitteln auch nach Louise Browns Geburt versagt blieb, gründeten Robert Edwards und Patrick Steptoe 1980 eine private Befruchtungsklinik. Da ihre Forschung nicht staatlich gefördert wurde, gab es diesbezüglich zunächst auch wenig parlamentarische Debatten oder öffentliche Diskussionen (86). Dies änderte sich 1982, als sich Edwards in der *London Times* zu Zielen der Reproduktionsmedizin äußerte. Die Zeitung stellte seine Aussagen so dar, als ob er generell fremdnützige Experimente am Embryo befürwortete, auch wenn diese nicht der Befruchtung dienlich seien (40). In diesem Zusammenhang zeigten sich viele Personen in Parlament, Medien und Gesellschaft

---

[98] Das *MRC* ist eine unabhängige, mit öffentlichen Geldern geförderte Behörde, die Forschungsinstitute in und außerhalb des Vereinigten Königreichs betreibt (Shapiro 1996).

beunruhigt darüber, dass es kein Gesetz in Großbritannien gab: »That there is ›something special‹ about human embryos, and that there must be limits to what can be done to them, were two of the most consistent points of consensus throughout a debate characterised by a widely diverse and passionately contested range of views.« (Franklin 1993: 166) In Großbritannien gab es zu dieser Zeit keinen breiten sozialen Rückhalt bei diesem Thema – es existierten durchaus Widerstände und Bedenken gegen diesen »triumph for British science« (Jasanoff 2005: 149). Dennoch waren diese Widerstände eher eine Ausnahme:

> [T]he birth of Louise Brown in July 1978 did not precipitate a political debate. A flurry of stories in the media appeared about possible extensions of IVF to cloning, genetic manipulation, and the creation of a ›brave new world.‹ But most of the coverage of the Browns and of Edwards and Steptoe's feat was positive and congratulatory. Calls for government regulation were muted. (Banchoff 2011: 86)

Edwards erwirkte zwar rechtlich eine Klarstellung der Berichterstattung, doch nach diesem Ereignis waren sowohl die Öffentlichkeit als auch das britische Parlament und die *British Medical Association* (BMA)[99] auf das Thema aufmerksam geworden. Edwards Aussage, die Medienberichte und die Stellungnahmen von Standesorganisationen führten letztlich zur Forderung von britischen Parlamentsmitgliedern, eine Kommission einzuführen, die die neuen Möglichkeiten der Reproduktionsmedizin untersuchen sollte. Diesem Prozess möchte ich im nun folgenden Kapitel nachgehen. Mein Fokus liegt dabei weniger auf der Analyse der verabschiedeten Gesetze als auf der Frage, inwiefern in diesem Regulierungsprozess eine Normierung des Anderen ausgehandelt wurde und eine Wahrnehmung des Fremden eine Rolle spielte.

5.2 Der Weg zum Human Fertilisation and Embryology Act 1990

5.2.1 Historisch-kulturelle Entstehungsbedingungen und Inhalt des Gesetzes

Die *BMA* sprach sich 1982 in Stellungnahmen für eine Selbstregulierung der Reproduktionsmedizin durch Ärzt_innen aus. Das *MRC* entwarf ebenfalls Richtlinien für die IVF, die 1982 veröffentlicht wurden (Jungfleisch

[99] Die *BMA* ist eine gewerkschaftliche Fachgesellschaft, die bereits Anfang des 19. Jahrhunderts gegründet wurde und die Interessen von Ärzt_innen vertritt (Lindner 2004: 93).

2005: 144). Auch die Ethikkommission des *Royal College of Obstetricians & Gynaecologists* (RCOG) entwarf in dieser Zeit Richtlinien.[100] In ihnen wird Ärzt_innen die Freiheit zur Entscheidung über die Inanspruchnahme reproduktionsmedizinischer Techniken eingeräumt. Verheiratete Paare seien hierbei zwar zu bevorzugen, jedoch sei die Behandlung alleinstehender Frauen nicht grundsätzlich abzulehnen:

> In ihrem Bericht spricht [...] sich [die Ethikkommission des RCOG] für die Anwendung der In-vitro- Fertilisation in stabilen, nicht notwendigerweise durch eine Heirat legitimierten Partnerschaften aus, ohne aber die Behandlung von alleinstehenden Frauen gänzlich auszuschließen. Sowohl die Samen- als auch die Eispende werden für zulässig erachtet, wobei die Anonymität der Spender gewahrt sein müsse. (Ebd.)

So wird die Inanspruchnahme alleinstehender Frauen weder explizit abgelehnt noch explizit befürwortet. Andere Familienmodelle, die durch die IVF möglich werden könnten, sind eher marginalisiert in diesem Diskurs, der sich auf die klassische Familienplanung kapriziert. Fragen des Zivilrechts (z.B. des Erbrechts) wurden ausgespart, da die Stellungnahmen sich sehr auf die medizinische Seite der Durchführung begrenzten (Eser et al. 1990: 381). So sollten die Gametenspender_innen anonym bleiben, da die Erbschaftsansprüche nicht geregelt waren. Dafür wird ein größerer Fokus auf die Aufbewahrung von Daten über die IVF wie bspw. Erfolgsraten gelegt – was im Sinne der Organisationen selbst gewesen sein dürfte, um technische Fortschritte dokumentieren zu können. Auch die langfristige Kryokonservierung von Embryonen befürwortete das *RCOG*, um z. B. Embryonen einzufrieren und zu einem späteren Zeitpunkt einzupflanzen (382). Die *BMA* hingegen plädierte für eine Aufbewahrung von max. zwölf Monaten. Die Forschung am Embryo befürwortete insbesondere das *MRC*, wenn das Ziel der klinischen Anwendung von Reproduktionstechniken selbst dient. Es ließ jedoch offen, ob Embryonen speziell für die Forschung erzeugt werden dürfen (383). Diese Stellungnahmen haben die Gesetzgebung »nicht nur beschleunigt, sondern auch beeinflußt« (381). Denn sie machten zum einen deutlich, dass die IVF und die Embryonenforschung dabei waren, sich zu etablieren, und zum anderen, dass die ausführenden Akteure selbst einen Regulierungsbedarf sahen.

Die Geburt von Louise Brown fällt in einen Zeitraum des politischen Wechsels: Der Premierminister James Callaghan verlor im März 1979 ein Misstrauensvotum im *House of Commons*. Aus den anschließenden Neuwahlen ging die Konservative Partei (sog. *Tories*) als Siegerin mit Magaret Thatcher als neuer Premierministerin hervor. Ihre Amtszeit in den Jahren

---

[100] »Das ROCG ist eine unabhängige professionelle Einrichtung, die unter der Royal Charter eingerichtet wurde und von seinen eigenen Mitgliedern finanziert wird.« (Shapiro 1996: 168)

1979 bis 1990 überschneidet sich mit der rechtlichen Regulierung der Reproduktionsmedizin, die in der Verabschiedung des *Human Fertilisation and Embryology Act* (HFE Act) mündete.

Thatchers politischer Stil kombinierte konservative und liberale Elemente: Im Sinne einer unternehmerfreundlichen Politik wurden bspw. Arbeit und Ausbildung nur so weit reguliert, wie es eine Dienstleistungsgesellschaft minimal erfordert. Viele staatliche Betriebe wurden dementsprechend in ihrer Regierungszeit privatisiert, was die Wahlmöglichkeiten von Individuen erhöhen sollte (Hanson 2004: 174). Nach Thatchers Auffassung funktionierte jeder Markt am besten, wenn von staatlicher Seite möglichst wenig in ihn eingegriffen würde; und Personen arbeiteten am effektivsten, wenn sie für ihr eigenes Wohl und das ihrer Familie etwas leisteten. Hiermit ging also eine Politik einher, die stark auf Individuen zugeschnitten war:

> Margaret Thatcher wollte den Kampf aufnehmen gegen *centralizing, bureaucracy and interventionism*, also gegen jene Übel, die ihrer Meinung nach das Potential des Landes nicht zur Entfaltung kommen ließen. Die Prinzipien, nach denen sie das Land regierte, beruhten vor allem auf der Vorstellung, dass der Staat auf Dauer wenig Gutes tun, aber viel Schaden anrichten könne. Thatcher wollte weniger Staat, weil sie überzeugt war, dass dies die Eigeninitiative lähme, und sie forderte mehr Selbstverantwortung von jedem einzelnen Bürger: An Familie, Verwandte und Nachbarn solle man sich wenden, ehe man nach dem Staat rufe. (Heath 2006: 389 f.)

Dem Modell eines Wohlfahrtsstaates stellte Thatcher Gesetze entgegen, die die Verantwortung nicht in der Gesellschaft, sondern in einzelnen Individuen verortete. Gerade durch Reformen des Gesundheitssystems trug sie maßgeblich dazu bei, dass sich dieses in Großbritannien von einem Modell, das Elemente des Wohlfahrtsstaates wie in Skandinavien enthalten hatte, zu einem eher liberalen Marktmodell entwickelte (Sutor 2013: 261 f., 280). Zwar waren die Gesundheitsleistungen allen Bürger_innen weiterhin kostenfrei zugänglich. Jedoch erhöhte sich die Konkurrenz im Gesundheitssystem erheblich durch einen internen Markt, der mit dem *National Health Service and Community Care Act 1990* eingeführt wurde und eine Regionalisierung der Gesundheitsversorgung bewirkte. Gesundheitsbehörden sollten fortan ärztliche und pflegerische Leistungen von lokalen Anbietern, Stiftungen des *National Health Service*, einkaufen. Auch Allgemeinärzte wurden in dieses System eingebunden. Mehr noch wurde gerade in Bereichen wie der Reproduktionsmedizin ein ungebundener Forschungs- und Wettbewerbsmarkt etabliert:

> Consumers of private reproductive medicine in Britain during the 1980s were able both to take advantage of the many clinics eager to establish themselves in this rapidly expanding sector, and, indirectly of the tax incentives provided by the government to encourage such entrepreneurial activity. [...] The ›enterprising up‹ of conception thus exemplified the broader context of celebratory

> political initiatives aimed to enhance entrepreneurial activity, and consequently widen consumer choice. (Franklin 1997: 78)

Dieser Hintergrund ist, wie ich im Folgenden zeigen werde, nicht der einzige Faktor, der den *HFE Act 1990* beeinflusste, er ist jedoch diejenige politische Folie, die in diesem Zusammenhang mitbedacht werden muss, da Thatcher ihre eigene befürwortende Position gegenüber der Embryonenforschung sehr offen vertrat (Mulkay 1997: 184).

Weiteren Einfluss hatte der Diskurs über den Schwangerschaftsabbruch, der in der Debatte um den Embryonenschutz fortgesetzt wurde: Großbritannien beschloss bereits 1967 eine weite Indikationenregelung. Sie erlaubte den Schwangerschaftsabbruch, wenn deren Fortsetzung eine Gefahr für das Leben, die seelische oder die körperliche Gesundheit der Schwangeren mit sich bringen würde oder ein schwerbehindertes Kind geboren würde (8). Damals hatte die *Labour Party* die Mehrheit im *House of Commons* und unterstütze die Möglichkeit des legalen Schwangerschaftsabbruchs. Zugleich trug aber diese Legalisierung auch dazu bei, dass weniger geborene Kinder zur Adoption freigegeben wurden, weshalb die britische Reproduktionsmedizin in Großbritannien wenig später auf große Nachfrage stieß (9). In der Debatte um den Schwangerschaftsabbruch gab es verschiedene Lobbygruppen im Parlament, die sich vehement für oder gegen die Abtreibung aussprachen. Sie argumentierten entweder mit dem Recht der Frau auf Selbstbestimmung oder mit dem Recht des ungeborenen Kindes auf Leben, wobei sich letztlich die erstgenannten Argumente (und damit die Position vornehmlich der *Labour Party*) durchsetzten. Obwohl es angesichts neuer Entwicklungen in der Reproduktionsmedizin keine direkten Verbindungen zwischen den Befürwortern des Schwangerschaftsabbruchs und der Embryonenforschung gab, lassen sich deutliche Parallelen beobachten. Mit ähnlichen Argumenten, mit denen Frauen in den 1960ern das Recht zum Schwangerschaftsabbruch eingeräumt worden war, legitimierte nämlich in den folgenden Jahren die Reproduktionsmedizin ihre Anwendung:

> Edwards and his partners [...] sensed that, once people came to believe that a science-based remedy for infertility was available, the demand for their services would grow rapidly. Because they were dealing with married couples, Edwards and his colleagues were confident about their own moral position. They argued that their clients had an unquestionable right to become parents; and they presented their scientific and clinical activities as a benevolent attempt to satisfy their clients' rightful aspirations. (9f.)

Reproduktionsmediziner_innen haben also utilitaristisch argumentiert, dass ihre Techniken zum Wohl der Patient_innen beitrügen und von großem Nutzen seien. Das Recht auf assistierte Reproduktion fungiert dabei als stärkste normative Prämisse; weitere Argumente sind die Notwendigkeit der Technik zur Familiengründung und das Leiden infertiler Patient_innen. Technik nicht in vollem Maße zu nutzen, wurde in diesem Zusammenhang als Begrenzung individueller Handlungsspielräume ausgelegt. Zugleich verdeutlicht gerade dieses Beispiel, dass nicht nur kulturelle Traditionen des Empirismus und der Leidensfähigkeit in die Debatte hineinwirken, sondern auch Vorstellungen darüber, wer sich reproduzieren sollte (vgl. Kap. 3.5). Denn ›Anderen‹ Familienformen, die die IVF nun plötzlich möglich machte – alleinstehende Frauen, homosexuelle Paare, Frauen jenseits der Menopause – wurde nicht das Recht zugesprochen, in gleichem Maße Kinder zu bekommen, wie es für heterosexuelle, verheiratete Personen der Fall war (15). Gerade die utilitaristische Aussage, dass die Technik zum Wohl einzelner Personen beitrage, und dass eine Nicht-Anwendung deren Rechte auf illegitime Weise begrenze, hätte in der Konsequenz eigentlich auch eine Befürwortung der IVF für *alle* sozialen Gruppen zur Folge haben müssen. Dass die Bewertung anders verlief, zeigt jedoch, dass sie von einem bestimmten Backing in Bezug auf Familienformen geprägt war.

Parallel zu den Bestrebungen, reproduktionsmedizinische Forschung und Anwendung zu legitimieren, setzten allerdings die Gegner_innen des Schwangerschaftsabbruchs ihre Arbeit nach der Verabschiedung des *Abortion Act* fort. Sie übten in Parlamentsreden insbesondere nach der Wahl von Margaret Thatcher Einfluss auf Mitglieder der *Tories* und die Regierung aus und betonten die Destabilisierung traditioneller Familienverhältnisse (16).

Als Reaktion auf die Forderung nach einer rechtlichen Regulierung wurde vier Jahre nach der Geburt von Louise Brown die sog. *Warnock-Kommission* beauftragt, die sozialen, rechtlichen und moralischen Implikationen neuer Reproduktionstechnologien zu untersuchen (Warnock 1988; vgl. Kap. 5.2.2). Auffällig ist, dass gerade in der Zeit der ersten britischen Premierministerin der Vorsitz dieser Kommission von einer Frau geführt wurde. Auch von den weiteren 15 Kommissionsmitgliedern aus Wissenschaft, Recht, Medizin, Sozialarbeit, Theologie, gemeinnützigen Stiftungen und Gesundheitsbehörden waren sechs Mitglieder Frauen (177). Obwohl die Professionen dieser Personen sehr verschieden waren, vertrat niemand von ihnen eine explizit kritische Position gegenüber dem geltenden Abtreibungsgesetz. Die Empfehlungen, die die Kommission 1984 vorlegte, sahen die Einrichtung einer neuen Behörde zur Regulierung der Reproduktionsmedizin vor und forderten, dass ihre Anwendung nur für heterosexuelle Paare in einer stabilen Beziehung erlaubt sein sollte (16). Neue Formen der Elternschaft wurden allerdings insofern akzeptiert, als dass die Ehe nicht als notwendige Bedingung für eine solche stabile Beziehung angesehen wurde.[101]

---

[101] Seit der Erweiterung des *HFE Act* im Jahr 2008 dürfen diese Techniken auch von alleinstehenden, älteren und homosexuellen Frauen in Anspruch genommen werden. Eine Ehe

Im Hinblick auf die Forschung an Embryonen wurde von der *Warnock-Kommission* der Vorschlag eingebracht, dass die Erzeugung und Manipulation von Embryonen strafbar sein sollte, wenn sie nicht durch die einzurichtende Behörde genehmigt würde. Nach einer Zeit von 14 Tagen sollte jede Art von Forschung am Embryo eine Straftat sein. Diese Lösung nahm von vornherein eine »vermittelnde Position« (Rolf 2009: 34) ein. Sie empfahl eine strenge Kontrolle der Forschung sowie eine zeitliche Begrenzung und erkannte einen »besonderen moralischen Status« (ebd.) von Embryonen an. Allerdings wurde auch die Erzeugung von Embryonen zu Forschungszwecken als legitim betrachtet, wenn damit bestimmte Ziele verfolgt würden (Schütze 2007: 25). Die Frist von zwei Wochen wurde mit dem dann entstehenden Primitivstreifen legitimiert, da sich zu diesem Zeitpunkt der Entwicklung ein Embryo nicht mehr zu verschiedenen Individuen herausbilden könne.[102] Nur eine Minderheit der Kommission ging davon aus, dass die 14-Tages-Frist keine biologische, sondern eine moralisch relevante Grenze sei (Jasanoff 2005: 148). Auch hier ist also zu erkennen, dass die Begründung und Argumentation der *Warnock-Kommission* einem utilitaristischen Muster folgt, das sich nicht an grundlegenden Pflichten gegenüber dem Embryo orientiert.

Von der Kirche und ihren konservativen Lobbygruppen wurden die Empfehlungen als zu weit, von der Forschung wiederum als zu beschränkend bewertet (Jungfleisch 2005: 147). Auch im Parlament stieß der Bericht bei seiner Präsentation auf Widerstand. Viele Mitglieder standen der Lobby gegen Schwangerschaftsabbruch nahe und sahen nun die Möglichkeit, in diese neue Debatte hineinzuwirken; insbesondere da sich die Verhältnisse im Parlament zugunsten der *Tories* geändert hatten. Die Forschung am Embryo wurde von der Mehrheit im Parlament abgelehnt, da sie das Recht des Embryos auf Leben bedrohe und möglicherweise den Weg zu fremdnützigen Experimenten ebne (Mulkay 1997: 17). Die *Warnock-Kommission* änderte ihre Vorschläge aufgrund dieser Einwände, die sich maßgeblich auf das Recht des ungebore-

---

wird schon seit der Nachkriegszeit in Großbritannien nicht mehr als Fortpflanzungsgemeinschaft verstanden (Bainham 2002). Mit einer solchen prinzipiellen Trennung von bürgerlicher, heterosexueller Heirat und Reproduktion, wurde auch zu Beginn des 21. Jahrhunderts für eine gleichgeschlechtliche Partnerschaft (*Civil Partnership*) argumentiert. Dies erfolgte durch Neuerungen im Adoptionsrecht, das seit 2002 allen Paaren (gleich welchen Geschlechts) und auch Einzelpersonen offen steht. Mit einer solchen Erlaubnis war es inkonsistent, die Reproduktionsmedizin nur für verheiratete, heterosexuelle Paare zu erlauben, wie es im *HFE Act 1990* vorgeschrieben war (Scherpe 2010).

[102] Das utilitaristische Kriterium des Schmerzempfindens tauchte zwar im *Warnock-Report* auf und wurde dort auf den ca. 22. Tag festgelegt. Diese Frist hätte ebenfalls in die Debatte eingebracht werden können als Legitimierung dafür, dass Forschung bis zu diesem Zeitpunkt erlaubt werden solle. Sie spielte jedoch in der weiteren Diskussion des Berichts und späteren Gesetzes keine gewichtige Rolle mehr (Mulkay 1997: 35).

nen Lebens und die möglichen Folgen einer Legalisierung bestanden, nicht. Nach den Empfehlungen zeichnete sich deutlich ab, dass der Entwurf weder von einer Mehrheit im Parlament noch von der Mehrheit der ausführenden Forschung befürwortet wurde.

Während die Anwendung der IVF eher unstrittig war, erregte Warnocks Position, Embryonen explizit für die Forschung zu erzeugen, großen Unmut. Die Reaktionen zeigten, dass es für die Regierung Thatcher nötig war, sich mit dem Thema auseinanderzusetzen, was Mitte der 1980er Jahre eine intensive Parlamentsdebatte zu Folge hatte (Jungfleisch 2005: 147). Nach der *Unborn Children (Protection) Bill,* die der ehemalige Gesundheitsminister Enoch Powell vorgeschlug, sollte bspw. die *künstliche* Befruchtung der Eizelle einer zuvor bestimmten Frau nur nach ministerieller Erlaubnis ermöglicht werden. Diesem Gesetzesentwurf stimmte die Mehrheit im Unterhaus zu und alarmierte damit diejenigen Gruppen, die für die Embryonenforschung eintraten (Jasanoff 2005: 150). Sie sorgten z. B. dafür, dass ein Großteil der Parlamentsmitglieder des Unterhauses Zugang zu Laboren und Patient_innen der Reproduktionsmedizin bekam, was Ängste und Vorbehalte abbauen sollte (Mulkay 1997: 47, 62).[103] Die Regierung Thatcher unterstützte den Gesetzesvorschlag von Powell indes nicht. Die Forschungsliteratur sieht es deshalb als ihre Taktik an, den Beratungs- und Gesetzgebungsprozess so lange hinauszuzögern, bis sich im Parlament eine befürwortende Mehrheit der Embryonenforschung bildete (45). Die Position von Thatchers Kabinett war somit zwar nicht eindeutig in Detailfragen, aber doch grundsätzlich *für* eine Embryonenforschung markiert. Über kurz oder lang, so wurde klar, würde die Regierung einen eigenen Gesetzesentwurf einbringen (Shapiro 1996).

Verstärkend kam hinzu, dass das *MRC* und das *RCOG* 1985 eine Behörde einrichteten, bei der die Embryonenforschung einer freiwilligen Selbstkontrolle des Ärztestandes unterlag, die sog. *Voluntary Licensing Authority* (VLA) (Mulkay 1997: 132). Dies war ein Vorgriff der auch im *Warnock-Report* geforderten Behörde, die zugleich zeigen sollte, dass ein solches System funktionieren konnte (Eser et al. 1990: 384). Eine intransparente, unkontrollierte Praxis könne, so lautete das Argument der Befürworter, mit einer solchen Behörde verhindert werden. Diese Behörde war zudem maßgeblich an einer Begriffsbildung beteiligt, die in den folgenden Jahren bis zum *HFE Act 1990* von Bedeutung war – dem ›Prä-Embryo‹. Eine befruchtete Eizelle war nach dieser Definition bis zum 14. Tag kein ›richtiger‹, sondern eben ein ›vorläufiger‹ Embryo (Sexton 2002). Dieser neue Begriff hatte entscheidenden

---

103 Es wurde angenommen, dass mehr medizinisches Wissen auch moralische Überzeugungen ändere, die im Oberhaus ohnehin anders gelagert waren. Das größere Faktenwissen des Oberhauses ist jedoch aufgrund der höheren Bildung seiner Mitglieder nicht verwunderlich (Jasanoff 2005: 151).

Einfluss auf die Debatte, da er den Terminus des ›ungeborenen Kindes‹, den Powell eingebrachte hatte, durch einen vordergründig amoralischen Begriff ersetzte:

> The pre-embryo [...] became an effective figure in the British IVF debate, even if not one formally recognized under law. Its ontological and political reality was not a product of biological knowledge alone but was created (or coproduced) out of a complex mix of pragmatism, empiricism, and trust in experts. (Jasanoff 2005: 155)

Ein solches Phänomen, bei dem ein neuer Begriff in den Diskurs eingebracht wird, lässt sich im Sinne dieser Arbeit als strategisches Handeln beschreiben (vgl. Kap. 2.4): Es sind die Interessen zur Durchsetzung der IVF und Embryonenforschung, die einen neuen Terminus hervorbringen und damit die ursprünglichen Anliegen, die diesem scheinbar rein biologischen Begriff vorausgingen, verschleiert. Mit einem etablierten Begriff konnte das strategische Handeln in kommunikatives überführt werden (vgl. Kap. 2.4): Mit dem Argument, dass es sich bis zum 14. Tag ›nur‹ um Prä-Embryonen handle, war ein kommunikativ ausgerichteter Diskurs möglich, der die Umstände der Begriffsprägung vernachlässigte. Die Kontinuität des Befruchtungsvorgangs wurde durch klare Zäsuren zwischen Keimzellen, Zygoten, Prä-Embryonen und ›richtigen‹ Embryonen ersetzt (Mulkay 1997: 133). Allerdings wurde dem Konzept des Prä-Embryos in der Community auch mit Kritik begegnet: Sowohl die Zeitschriften *Nature* als auch *Science* wollten diesen nicht unhinterfragt übernehmen (Banchoff 2011: 62).

Eine nächste *Private Members Bill* wurde 1986 im *House of Commons* eingereicht. Sie erhielt wieder die Mehrheit, jedoch mit weniger Stimmen als Powells Entwurf ein Jahr zuvor. Ein weiteres Mal wählte die Regierung eine Verzögerungstaktik: Sie verschickte ein Diskussionspapier an wissenschaftliche Institutionen, um weitere Ansichten einzuholen. Sie argumentierte, dass sie sich uneinig sei, wie auf die neuen Möglichkeiten der Embryonenforschung zu reagieren sei und dass weitere Beratungszeit für einen Gesetzesentwurf benötigt würde (Mulkay 1997: 43).

Während der Anti-Abtreibungslobby bei der Erlassung des *Abortion Acts* Zeit gefehlt hatte, um ihre Interessen durchzusetzen, verging für sie nun gerade zu viel Zeit: Die Überzeugung verschiedener Abgeordneter, gegen die Embryonenforschung zu stimmen, änderte sich in der Zeit der Konsultation (57). 1988 lag dann ein sog. *White Paper*, ein abwägendes Positionspapier der Regierung vor. Dieses orientierte sich am *Warnock-Report* und wollte die *VLA* mit einer neuen Behörde ersetzen. Bei diesem Papier zeigte sich eine ähnliche Reaktion wie nach der Veröffentlichung des *Warnock-Reports* im Jahr 1984: Der ablehnenden Lobby war er zu weit, der befürwortenden hingegen zu eng gefasst.

Beide Seiten drängten auf eine Entscheidung, die die Regierung jahrelang verzögert hatte – auch die Mitarbeiter der *VLA* beschwerten sich, da die Behörde ursprünglich als kurzfristige Einrichtung geplant war (36). Als schließlich über das Gesetz abgestimmt werden sollte, geschah dies ungewöhnlicher Weise zuerst im *House of Lords* und anschließend im *House of Commons*. Auch mit dieser Entscheidung demonstrierte die Regierung ihre Position: Denn eine Entscheidung für das Gesetz war eher im *House of Lords* zu erwarten, und würde die Unentschiedenen im *House of Commons* dazu bewegen, sich dieser Position anzuschließen (38).

Im Februar 1990 wurde der *HFE Act* nach ausführlichen Debatten im *House of Lords* mit einer klaren Mehrheit angenommen. Die Diskussion im *House of Commons* war hingegen lebhafter und weniger absehbar. An diesem Punkt rekonstruiert Mulkay eine weitere Taktik der Regierung Thatcher: Als das Gesetz kurz vor der Abstimmung im *House of Commons* war, wurde es nachträglich um einen Absatz zur Abtreibung ergänzt. Die Grenze zur legalen Abtreibung wurde von 28 Wochen auf 24 Wochen herabgesetzt (§ 37 (a) *HFE Act 1990)*. Dieses Verfahren rief Irritationen hervor und kann als Taktik verstanden werden, der konservativen Lobby einen Kompromiss anzubieten (41). Schließlich endete auch diese Abstimmung mit einer Entscheidung für das Gesetz. Somit hatte sich den Argumenten für die Forschung, die zuvor v. a. durch die *Labour Party* und weniger durch die *Tories* vertreten worden waren, eine Mehrzahl im *House of Commons* angeschlossen.

Insgesamt ist also ein deutlicher Umschwung zu verzeichnen, der sich in den Jahren 1985 bis 1990 in beiden großen Parteien zu einer Position für die Embryonenforschung entwickelte. Stark dazu beigetragen hatte die mediale Darstellung, die in einer »rhetoric of hope« (75) die Nutzung der Embryonenforschung für Therapien betonte. Mit einer utilitaristischen Argumentation, die auf die positiven Ziele der Forschung ausgerichtet war, konnte letztlich die Mehrheit des Parlaments von der Sinnhaftigkeit der Embryonenforschung überzeugt werden. Durch den Terminus des Prä-Embryos entstand wiederum der Eindruck, dass bei dieser Forschung keine ›richtigen‹ Embryonen verworfen würden. Durch die niedrige Grenze nach 14 Tagen war außerdem ausgeschlossen, dass der Embryo leiden oder Schmerzen erfahren könnte. Ein Embryo entsteht in der britischen Gesetzgebung laut *HFE Act 1990* § 1 (1) erst, wenn die Befruchtung abgeschlossen ist und eine geteilte Zygote aus zwei Zellen vorliegt. Im Zuge der Debatte hatte sich der Argumentationsrahmen von der Frage, *ob* Forschung am Embryo stattfinden darf, zu Fragen nach den zu schaffenden *Bedingungen* verschoben.

Während sich die Befürworter_innen Therapien für Krankheiten versprachen, hoben die Gegner_innen das Missbrauchspotential der Techniken sowie grundlegende Pflichten gegenüber dem Embryo hervor. Dabei wurde der Bezug zu Science Fiction nur in Einzelfällen hergestellt und selten tatsächlich als Argument gegen die Forschung bzw. für ein strenges Gesetz gebraucht (125). Als sich die mediale Berichterstattung zu Erfolgsberichten der IVF und den neuen Möglichkeiten der Embryonenforschung hinwendete, verschwanden die ohnehin raren Referenzen auf *Frankenstein* und *Brave New World* gänzlich aus dem öffentlichen Diskurs:

> Science fiction imagery was almost entirely absent from the press during the final phase of public debate over embryo research. Even those texts that contained strong opposition to such research made no use of this kind of imagery. Nevertheless, those sympathetic to embryo research continued to voice the suspicion that Frankenstein and company were everywhere at work and that their opponents were locked into an unreal world of monsters and mad scientists. (122)

Auch zuvor waren es eher Argumente der Befürworter der Embryonenforschung, die auf Science Fiction referierten. Wer für die Embryonenforschung argumentierte, hob hervor, dass die Opponent_innen gerade von diesen Geschichten negativ beeinflusst wurden (121). Die zukunftsbezogenen Argumente der Gegner_innen wurden von den Befürworter_innen als spekulativ abgelehnt. Zugleich wurden ihre eigene Szenarien, d. h. die Therapieoptionen, gerade nicht als Spekulation, sondern als realistisch angesehen: »The scientists promised a future in which, due to their efforts, childlessness would be less prevalent than ever before and the horrors of genetic disease would be steadily reduced.« (153) Dass bspw. Huxley maßgeblich ein modernes Fortschrittsbestreben kritisieren wollte und weniger die Reproduktionsmedizin, blieb gänzlich unberücksichtigt. Die Debatte erweist sich vornehmlich als eine abstrakte Abwägung von Pro- und Contra-Argumenten; unberücksichtigt blieb, inwiefern gesetzliche Regelungen eine bestimmte Gruppe zur Inanspruchnahme der Techniken privilegieren und damit soziale Exklusion schaffen könnten. Während bei der Frage, wer die IVF in Anspruch nehmen darf, bestimmten Personengruppen der Zugang zur assistierten Reproduktion verweigert wird, waren die Personen, die von der Austragung der Embryonen leiblich konkret betroffen waren, das Andere dieses Diskurses. Obwohl die Kommission mit Frauen besetzt war, war eine Perspektive nämlich marginalisiert:

> In fact, women's involvement in embryo research and in its associated technologies received very little attention, particulary from men, in either House. This can be shown by considering how frequently references were made in the [...] debates to ›women‹ or to ›mothers‹, and how these references were distributed. [...] In short, the great majority of male contributors expressed their views on embryo research and the technologies of assisted reproduction, during these crucial debates, without direct reference to women's participation in the research or to the consequences for women of the new technologies. (85)

Von den männlichen Parlamentsmitgliedern wurden zwar die Konsequenzen der neuen Technologien für Embryonen bzw. für Kinder erörtert, jedoch nicht für Frauen. Ihnen wurde eine passive Position in der Debatte zugewiesen, die sie auf ihre Gebärfähigkeit, die Mutterrolle und auf Konsumentinnen der Forschung reduzierte: »In other words, when men were speaking, women were treated as marginal to the fundamental issue of the debate.« (88). Die Positionen von weiblichen Parlamentsmitgliedern bildeten zwei Gruppen: Eine Minderheit – vornehmlich der *Tories* – sprach sich gegen die Erzeugung von Embryonen zu Forschungszwecken aus und eine Mehrheit argumentierte dafür. Diese letzte Gruppe unterschied sich nach Mulkay von allen anderen in der Debatte, da sie die betroffenen Frauen in ihrer sozialen Rolle ins Zentrum der Argumentation stellte (91). Ihre Argumente richteten sich auf die positiven Folgen, die die Forschung für Frauen haben könnte (92). Einer Anwendung der IVF für Familiengründung, zu Forschungszwecken und zur Vermeidung von Krankheiten wurde ein großer Wert beigemessen. Auch diese Argumentation beruhte allerdings auf der impliziten Voerannahme, dass die IVF mit einem »normal family life« (95) vereinbar war, dass sie also von heterosexuellen Paaren angewendet werden könnte. Vertreter_innen, die die Perspektive homosexueller Paare oder alleinstehender Personen (offen) einbrachten, gab es nicht.

Insgesamt ist nach einem langen Prozess ein sehr liberales Gesetz erlassen worden, dass eine forschungsfreundliche Haltung ausdrückt:

> In confining embryo research in these ways, the Bill created a restricted social space in which legitimate scientific inquiry using human entities produced by means of IVF could be continued and, at the same time, contained. The dual purpose of the Bill was to make research possible in this morally difficult area, whilst ensuring that certain fundamental moral requirements, which were implicit in the details of legislation, remained intact. (67)

Mulkays Aussage verdeutlicht, dass das Gesetz in einem moralisch umstrittenen Bereich dazu fungierte, Werte aufrechtzuerhalten und zugleich zu einer verbindlichen Lösung in der kommunikativen Aushandlung zu kommen. Wird dieser Prozess kontextualisiert, lässt sich feststellen, dass insbesondere für die Regierung Thatcher, welche an einem privatisierten Arbeitsmarkt und einer starken Wirtschaft interessiert war, die »internationale Anschlussfähigkeit« (Rolf 2009: 47) der britischen Forschung hohe Priorität hatte. Sie wollte möglichst wenig in die Sphäre der Reproduktion eingreifen und hat mit Pragmatismus und einer »liberalen Grundhaltung« (Jungfleisch 2005: 168) durch die 14-Tage-Lösung letztlich einen Kompromiss geschaffen. In diesem Sinne ist es durchaus auffällig, dass dem Embryo als jener Entität, die schwache Mitglieder einer Gesellschaft symbolisieren kann, in der Ära Thatcher nur ein geringer Schutz zugesprochen wird. Wenn der Embryo für das Andere und dessen Handlungsspielraum steht, verwundert es nicht, dass das Interesse am Schutz seines moralischen Status dem forschungsökonomischen Interesse untergeordnet wird.

Der *HFE Act* wurde 1990 verabschiedet und seitdem mehrmals geändert (zuletzt 2008).[104] Prinzipiell ist die künstliche Erzeugung und Erhaltung von Embryonen nicht erlaubt, es sei denn, die *Human Fertilisation and Embryology Authority* (HFEA) erteilt eine Genehmigung zu einem solchen Verfahren. Mit allen Verfahren müssen stets bestimmte Ziele verfolgt werden, die reproduktionsmedizinischen Behandlungen und Diagnostiken dienen (Friele 2008: 171). Die 14-Tages-Grenze existiert im Gesetz als wichtige Zäsur insofern, als dass kein Embryo nach dem Auftreten des Primitivstreifens aufbewahrt werden darf (jedoch kommt der Begriff ›Prä-Embryo‹ selbst im Gesetz nicht vor). Bis zu diesem Zeitpunkt dürfen Embryonen zu Forschungszwecken verwendet und auch extra für diese erzeugt werden (Rolf 2009: 30). Embryonen, die für die Forschung gezeugt werden, dürfen nicht implantiert werden. Die *HFEA* wurde am 7.11.1990 eingerichtet; sie genehmigt diese Verfahren und führt ein Register über die Vorgänge (Schütze 2007: 29f.). Sie ist eine Behörde, an der ein Drittel Wissenschaftler_innen beteiligt sein müssen. Mindestens die Hälfte der Mitglieder sind keine Ärzt_innen, die direkt in die Reproduktionsmedizin oder Embryonenforschung involviert sind (Jungfleisch 2005: 152). Die *HFEA* finanziert sich größtenteils über die Gebühren, die sie bei der Genehmigung berechnet (169). Im Gesetzesentwurf, den die Regierung Thatcher schließlich abstimmen ließ, durfte die *HFEA* keine Genehmigung für folgendes Verfahren erteilen: »replacing a nucleus of a cell of an embryo with a nucleus taken from a cell of any person, embryo or subsequent development of an embryo« (*HFE Act 1990* § 3 (3) (d)). Das Klonen zu Reproduktionszwecken und therapeutischen Zwecken mittels SCNT wurde, so scheint es zumindest, damit verboten. Jedoch entspann sich an diesem Punkt schon kurz nach dem Erlass des Gesetzes eine neue Debatte, ob Klone überhaupt durch dieses Gesetz erfasst werden – denn beim Klonen wird ja der Zellkern in eine unbefruchtete Eizelle transferiert und nicht in einen Embryo (vgl. Kap. 5.5).

5.2.2 *Mary Warnocks Position als Referenzpunkt für die politisch-rechtliche Debatte*

Im Gegensatz zur deutschen Klon-Debatte, in der zu Beginn weniger weibliche als männliche Stimmen zu hören waren (Kollek 1998), spielte in der englischen Diskussion eine Frau, Mary Warnock, von Beginn an eine wichtige Rolle. Es ist deshalb von Suzy Leather, die von 2002–2006 Vorsitzende

---

[104] Ein Überblick findet sich unter http://www.hfea.gov.uk/134.html (16.04.2016).

der *HFEA* war, sicher nicht untertrieben, wenn sie in einem Interview konstatiert, dass selten eine Einzelperson soviel Einfluss auf die Gesetzgebung und Policy gehabt hätte (Brown 2003). Im Folgenden soll Warnocks Position analysiert werden, um zu zeigen, in welcher Tradition sie steht und wie sie die britische Gesetzgebung beeinflusst hat.

Auffällig bei Warnock ist zunächst einmal die anwendungsorientiert-pragmatische Perspektive, die großen Wert darauf legt, Argumente in der Lebenswelt zu verorten. Reproduktionsmedizinische Fragen dürften nicht auf abstrakter Ebene beantwortet werden; vielmehr solle die Perspektive von Betroffenen, insbesondere die infertiler Personen, einbezogen werden (Warnock 2002: 38). Eine solche Integration fördere die Transparenz im Umgang mit Technik. Diese Art der Einbeziehung stellt bei Warnock einen wichtigen Wert dar, da sie generell davon ausgeht, dass Technik lieber erlaubt und gut begleitet werden sollten, als dass sie im Verborgenen angewendet werden:

> If the number of embryos used in the laboratories is published each year, and there is public assurance that no embryo is kept alive for more than fourteen days, then gradually public confidence may be built up. The fear of nameless and horrible experiments or of the creation of Frankenstein monsters in the laboratory may gradually fade, and scientists will be able to get on with their work, even though subject to considerable controls and restrictions, in a relatively peaceful and undramatic atmosphere. In short I believe that the system will work; and also that it is of the utmost importance that it should. (Warnock 1987: 14)

Deutlich wird, dass implizit von ihr auf den Prä-Embryo Bezug genommen wird – die Grenze von 14 Tagen wird nicht in Frage gestellt, sondern bereits vorausgesetzt. Eine lückenlose und transparente Dokumentation der Forschung sieht Warnock als notwendig an, um Befürchtungen in der Bevölkerung entgegenzuwirken. Nur wenn Politiker_innen und die Öffentlichkeit Wissenschaftler_innen vertrauten, könne die wissenschaftliche Forschungsfreiheit gesichert werden. Die Forschungsfreiheit wertet sie, aufgrund des Nutzens, höher als den Status des Embryos. Da im Utilitarismus das Kriterium der Leidensfähigkeit sehr gewichtig ist (vgl. Kap. 3.5), der Embryo mangels Gehirn und Subjektivität jedoch nicht physisch leiden könne, gibt es für Warnock diesbezüglich keinen Grund, die Forschung am frühen Embryo zu beschränken. Sie vertritt mit dieser Position die Majorität im *Warnock Committee*, für die die Potentialität des Embryos nicht genügend Gewicht hatte, um ihm dieselben Rechte wie einem ausgewachsenen Individuum einzuräumen. Weil der frühe Embryo »›nothing but a collection of cells‹« (11) sei und die Zellentwicklung bis zum 14. Tag unspezifisch und undifferenziert verlaufe, gelte diese Entität vorher als Prä-Embryo. Erst wenn sich nach dem 14. Tag der Primitivstreifen bilde, werde der Embryo moralisch relevant.

Deshalb sei es genau diese Frist, bis zu der ein Embryo in Großbritannien im Labor zur Forschung zur Verfügung stehen darf:

> There are therefore good scientific reasons for distinguishing between an embryo before fourteen days, when it can hardly be referred to as a human individual, and an embryo after this stage. A different status was accorded on the basis of these developmental differences. [...] The more developed the embryo, the more its proper treatment was deemed to approach to the treatment of a human individual. (Warnock 2002: 35f.)

Ein zu schnelles rechtliches Eingreifen könne nach Warnock die Forschungsfreiheit nachhaltig gefährden. Forscher_innen sollten vielmehr selbst entscheiden (dürfen), wie weit sie gingen und die Gesellschaft könne darauf vertrauen, dass sie dieses Zugeständnis nicht missbrauchen würden (Warnock 1998). Hier zeigt sich trotz des Plädoyers für einen transparenten Umgang mit Technik zugleich eine expertokratische Position, die die Freiheit der Forschenden hochschätzt und ihnen einen möglichst großen Handlungsspielraum zubilligen will. Eine solche Position schreibt den in Großbritannien bereits in der Moderne begonnenen und gerade nicht durch die erschütternden Erfahrungen negativer Eugenik durchbrochenen Glauben an die Sinnhaftigkeit des technischen Fortschritts fort (vgl. Kap. 4.1). Warnock, selbst ausgebildete Philosophin, vertritt klar utilitaristische moralische Überzeugungen, die sich bereits vor der Gesetzgebung in der ›britischen Tradition‹ verorten lassen:

> Since we are now quite openly in the field of moral principles, not matters of fact, and in a sphere which is to be incorporated in legislation, it is natural that our first appeal for help in determining what should be done, what public policy should be, should be to Utilitarianism. For of all moral philosophies, it was utilitarianism above all [...] that was explicitly aimed towards directing public policy, determining the course of legislation with a view to the greatest good of the greatest number. (Warnock 1987: 6)

Utilitaristische Prämissen zu wählen, sei eine ›natürliche‹, d. h. selbstverständliche Entscheidung, da der Utilitarismus das gleiche Ziel habe wie die Gesetzgebung: Das Wohl der Bevölkerung solle gesteigert, seine Rechte sollten gestärkt werden. Zur Debatte stehe nicht, ob eine Technik an sich problematisch sein könnte, sondern lediglich die Frage, in welchem Maße sie nützlich sei:

> It is not the discovery of new technological possibilities that is alarming, but the use to which these possibilities may be put. Control should not be over research, but over the uses of research. After all, even Plato, centuries ago, recognized that any skill, or *techné* could be put to either good or bad use; the skilled doctor could also be a skilled poisoner. (Warnock 1998: 305)

Auch hier setzt sich ein Verständnis von Reproduktion als einer Technik unter vielen durch; der Mensch wird als handelndes Wesen konzipiert, das stets sich selbst und seine Umwelt beeinflusst habe. Forschung sieht Warnock hierbei als eine Profession, die dazu verpflichtet ist, alles in ihrer Macht stehende zum Wohl der bereits existierenden Generation zu tun. Sie spricht sich sehr deutlich für die Perspektive der betroffenen Personen aus; für die sensible Wahrnehmung ihrer Ängste und Bedürfnisse sowie für eine Pflicht der Ärzt_innen, diesen entgegenzukommen. Sie steht also in der Tradition der britischen Ethik, die einen starken Fokus auf Gefühle, Mitleid und die konkrete Einbettung der Personen legt: »It was obvious that for a couple in genuine distress over their childlessness, it would be of no comfort whatever to tell them that the world is overpopulated, and so they should be glad. They do not care about the population of India, they want to remedy the emptiness of their own nursery.« (Warnock 2002: 41) Nach Warnock ist die Medizin also in der Pflicht, dafür zu sorgen, dass auch die Krankheit der Infertilität möglichst gut behandelt wird. Trotz des großen Leides infertiler Personen könne es allerdings kein ›Recht auf Empfängnis‹ geben – Personen dürften nur erwarten, dass ihnen die bestmögliche medizinische Versorgung gewährt werde; nicht, dass diese vollumfänglich für sie bezahlt werde (54).

Insofern folgt Warnock dem Utilitarismus eher i.S. Benthams als im Sinne Mills, da letztlich bei ihr das Gemeinwohl und nicht die individuellen Rechte von Personen ausschlaggebend sind (vgl. Kap. 3.5). Dabei betont sie allerdings, dass die Frage, ob dem Embryo Personenstatus zugeschrieben werde, ungeachtet dieses naturwissenschaftlichen Wissens eine Frage von Werten bleibe und nicht rein deskriptiv zu beantworten sei (Warnock 1987). Sie bezeichnet die britische Lösung deshalb als »compromise« (13), der zwischen utilitaristischen Zielen einerseits und der Verletzung von Gefühlen oder Unbehaglichkeit gegenüber der Embryonenforschung vermittle. Später betrachtet sie die Grenze des 14. Tages als einen Einschnitt, der aufgrund seiner Nützlichkeit inzwischen eine breite Basis in der britischen Bevölkerung und unter Fachleuten gefunden habe (Warnock 2002: 35).

Für das Klonen sah Warnock nach Dolly jedoch keinen vergleichbaren Regelungsbedarf, da es unwahrscheinlich sei, dass das Klonen in naher Zukunft an Menschen durchführbar sei (Warnock 1998: 175). Trotz dieser Unwahrscheinlichkeit lehnt sie das Klonen jedoch deutlich ab. Aufgrund der utilitaristischen Prämissen kann Warnock den Schutz vor Missbrauch der Technik argumentativ nicht aus Pflichten gegenüber dem Embryo ableiten. Ihre normative Prämisse ist deshalb vielmehr der mögliche Schaden, den ein geklontes Kind erleiden könnte. In diesem Zusammenhang nimmt sie an, dass es unwahrscheinlich sei, dass mit dem Klonen ein Zweck verfolgt würde, der dem Kind nicht zugleich auch Schaden zufüge (Warnock 2002: 107). Und selbst wenn dies nicht einträfe, hätten Erwachsene kein Recht darauf, das Erbgut der kommenden Generation zu determinieren, da dies negative Folgen für den Klon haben könnte. Des Weiteren ist das Klonen für sie illegitim, weil es ein hohes psychisches Leiden bzw. Unsicherheiten in der Gesellschaft auslösen könne, wie es insbesondere die mediale Reaktion nach Dollys Geburt gezeigt habe (vgl. Kap. 5.5). Schließlich wäre es ein irreführendes öffentliches Signal, das diese Angst und Unsicherheit noch unterstützen würde: »It suggests a false idea of the control that one person may have over another.« (108) Auf der Basis dieses Misstrauens ein Gesetz zu erlassen, hält Warnock zwar für übereilt und ungerechtfertigt, da damit zuviel wissenschaftlicher Fortschritt eingedämmt werden könnte. Dennoch räumt sie ein, dass ein Gesetz im Falle eines öffentlichen Alarms wie beim Klonen notwendig sei, um die artikulierte Angst zu beruhigen: »If only to allay public alarm [...], it is often necessary that the use of technology should be, if not prohibited in certain cases, then at least regulated.« (Warnock 1998: 174) Die Erlaubnis des Klonens hingegen könnte nahe legen, dass ein demokratisches Rechtssystem Kontrolle, Determinierung und Abhängigkeit akzeptiere. Es zeigt sich, dass bei Warnock letztlich das Gemeinwohl überwiegt, hinter dem das Recht auf reproduktive Freiheit zurückstehen muss. Die Besorgnis der Allgemeinheit ist dabei ihr stärkstes Argument, das Klonen zu verbieten. Die Regulierung des Klonens legitimiert Warnock also weniger mit ethischen Argumenten, die auf die Technik selbst bezogen sind; vielmehr berücksichtigt sie die Angst der Bevölkerung davor, dass diese für negative Zwecke ausgenutzt werden könnte:

> It is not that each individual cloned child would be deprived of free will; he would be as much free and as much determined as the rest of us, no more and no less. The fear is rather that some person, or some regime, might one day exercise such power that people could be born to their command, in the numbers they dictated, and, worst of all, with the characteristics they thought desirable. (Warnock 2002: 105)

Das Klonen repräsentiert für sie populäre Befürchtungen, wie sie vornehmlich in Dystopien zum Ausdruck kommen: Politische Fantasien von Systemen, die ihren Bürger_innen die Freiheit nehmen, indem sie sie genetisch so determinieren, dass sie nicht mehr in der Lage sind, als autonome Wesen zu agieren. Der Verdinglichung des Klons, wie sie durch vorhergehende Diskurse hervorgerufen wurde (vgl. Kap. 4), weist Warnock also eine moralische Relevanz zu. Dies bedeutet zugleich aber auch, dass eine Änderung dieser Gefühle in der Bevölkerung auch eine Änderung ihrer Position zur Folge hätte. So, wie sich der Terminus des Prä-Embryos ihrer Ansicht nach durchgesetzt hat, könnten sich auch diese Befürchtungen und Ängste ändern – eine grundlegende Pflicht, die das Klonen verbieten würde, kann mit dieser Position dann nicht mehr legitimiert werden.

Hier bekommt der Embryo durchaus einen besonderen Status zugewiesen, der jedoch nur moralisch relevant ist, wenn auch bereits geborene Personen vom Zugriff auf ihn betroffen sind (vgl. Kap. 3.1). Warnock nimmt die Behauptung ernst, dass das Klonen eine nicht tolerierbare Beeinflussung und Machtausübung eines Menschen über einen anderen sei. Trotzdem stellt sie fest, dass dies eine Befürchtung und keine zwangsläufig eintretende Folge ist und reflektiert damit gerade die Möglichkeit, dass sich bestimmte Gefühle in der Bevölkerung auch ändern können. Mit demokratisch-liberalen Grundsätzen sei es allerdings nicht vereinbar, Bürger_innen diese Angst aushalten zu lassen oder potentiell die Möglichkeit zuzulassen, dass sie sich erfüllt. Beides seien eher Merkmale diktatorischer, gewalttätiger und intransparenter Systeme: »For the concern that above all lies behind the fear of cloning is that, in making a clone, the genes of the newly nucleated egg may be changed, according to the purposes or preferences of the scientist or his master. This is the fear of *A Brave New World*.« (Warnock 2002: 105) Dass Warnock auf Huxleys Roman eingeht, zeigt, wie stark er die britische Wahrnehmung des Klonens geprägt hat – denn Huxley entwirft ja eine Regierungsform, in der Personen von ihrer leiblichen Konstitution her vollkommen determiniert sind und zusätzlich noch durch Erziehung und soziale Konditionierung fortwährend ans System gebunden werden (vgl. Kap. 4.2.2).

Um der Erfüllung einer solchen Dystopie zuvorzukommen, argumentiert Warnock weiter, dass es nicht legitim sei, ein geklontes Kind für bestimmte politische Zwecke zu bekommen. Z. B. sei es problematisch, wenn eine Frau nur einen Klon wolle, um als Feministin zu zeigen, dass sie gänzlich ohne Männer auskomme oder um als Homosexuelle politische Ziele durchzusetzen. Sie räumt jedoch auch selbst ein, dass dieses Szenario eher unwahrscheinlich ist, da Homosexuelle sich aus denselben Gründen wie andere Menschen Kinder wünschten. Einzig bei Fällen absoluter Infertilität könne überlegt werden, das Klonen zu erlauben (108). Damit eröffnet Warnock zugleich eine Möglichkeit, dass das Klonen in der Zukunft erlaubt sein könnte und der Mensch auch hier seiner technischen Handlungsfähigkeit nachkommen könnte. Das Klonen sei, auch wenn sie ein hohes Missbrauchspotential einräumt, nicht per se unmoralisch.

Auffallend ist bei Warnock auch die anwendungsorientierte Perspektive, die nicht nur die Nützlichkeit der Forschung, sondern auch die der Gesetzgebung selbst in den Vordergrund rückt und Ethik zur Legitimierung von Gesetzen nutzt. Die Forschungsfreiheit ist bei Warnock ein Gut, das – aufgrund seines Nutzens – mehr bedeutet als der Embryonenschutz. Die Interessen und Bedürfnisse der kommenden Generation stehen bei ihr weniger im Fokus als die der bereits existierenden, für deren Rechte sie sich einsetzt. Allerdings wägt sie nicht nur die Interessen von Klon und Original ab, sondern auch die der Allgemeinheit. Aus diesem Grund fordert sie zwar eine größtmögliche öffentliche Transparenz der Forschung, aber eine möglichst geringe rechtliche Begrenzung. Insofern nimmt Warnock die Befürchtungen der Öffentlichkeit, dass diese Technik im Sinne der kommenden Generation missbraucht werden könnte, so ernst, dass sie als Argument gegen das Klonen dienen. Allerdings führt sie kaum Argumente gegen die Technik selbst ins Feld. Eine ganz ähnliche Perspektive entwirft die Autorin Fay Weldon in ihrem Roman *The Cloning of Joanna May*, der im Jahr vor dem Gesetzeserlass erschien.

5.2.3 Familienformen in Fay Weldons The Cloning of Joanna May *(1989)*

Mit Fay Weldons *The Cloning of Joanna May* (CJM) steht im Folgenden ein dezidiert feministischer Roman im Vordergrund der Analyse. Er fungiert als Gegenhorizont zu Narrationen, die weiblichen Figuren sehr klassische Rollen zuweisen, wie es z. B. in Aldous Huxleys *Brave New World* der Fall ist.

»Is cloning someone without their knowledge illegal?« (CJM: 171), fragt eine Protagonistin ihren Ehemann in *CJM*. Ihr Partner hofft, dass das Klonen einen Straftatbestand darstellt, ist sich dessen aber nicht sicher – was zum Erscheinungszeitpunkt des Buches auch tatsächlich für Großbritannien zutrifft, da der *HFE Act 1990* erst ein Jahr später verabschiedet wurde. Während noch über die rechtlichen Rahmenbedingungen diskutiert wurde, setzt Weldons Roman an einer Stelle an, die Umstände und Folgen des Klonens aus einer individuellen Perspektive erzählt.

Die Autorin (*1931) wuchs in Neuseeland auf, zog jedoch nach der Scheidung ihrer Eltern als Vierzehnjährige nach England zurück und lebte fortan nur unter Frauen. Sie ist bekannt für ihre oft widersprüchlichen Romane, in denen sie sich mit der Rolle von Frauen in der britischen Nachkriegszeit beschäftigt und dort insbesondere zum Thema der Reproduktion ein ambivalentes Bild zeichnet (Hansen 1997: 185).

Von dieser Autorin ist somit keine klare Position zur Mutterschaft und zu Familienformen zu erwarten: Während ihre frühen Romane Müttern eine Teilschuld am patriarchalen System zuweisen, stellen die späteren Mutterschaft als einen besonderen Handlungsspielraum und ein Privileg dar. Entsprechend ist in *CJM* deswegen keine moralische Überzeugung zu finden, die das Klonen gänzlich ablehnt: »Good or bad? I don't know. Children get born without license: is it the unalienable right of the individual to reproduce not quite himself, but half himself, no matter what his or her nature, temperament or circumstances, or just something we'd rather not think about?« (Weldon 1994: 206) Weldon will die Frage, ob das Klonen eine (un)moralische Handlung darstellt, nicht klar beantworten – sie ist vielmehr an der Frage interessiert, wer das Klonen intendieren und ausführen könnte, d. h. unter welchen Umständen es abzulehnen wäre: »Some hopeful readers do see the book as science fiction. No such luck, I say, this kind of thing is happening all the time, all around. Science Speculation takes it to the limits of doubt.

It is the duty of writers, I say, to take these social implications on board.« (202) *CJM* ist einerseits als ein Szenario hinsichtlich möglicher Ursachen einer realen Umsetzung des Klonens und andererseits als eine Verhandlung sozialer Frauenrollen zu sehen, die ›jederzeit, überall‹ von Abhängigkeit in einem patriarchalen System geprägt sind. Es kann als Weldons Ziel verstanden werden, kritisch nach den Bedingungen des biomedizinischen Fortschritts, nach persönlichen Motiven und sozialer Einbettung zu fragen (Quiello 1994).

Im Mittelpunkt des Romans steht besagte Joanna May, die von ihrem Mann Carl ohne ihr Wissen geklont wird. Carl May ist Geschäftsführer des fiktiven englischen Atomkonzerns *Britnuc* und besitzt aufgrund seines sozialen und ökonomischen Kapitals einen großen Handlungsspielraum. Männer wie er, so nimmt die feministische Autorin an, hätten Zugang zum Klonen bzw. die Möglichkeit, es in Auftrag zu geben: Carl ist »dead of soul« (Weldon 1994: 208); unfähig, Beziehungen zu entwickeln oder ihre Relevanz zu erkennen. Aus diesem Grund sollten Männer wie er nicht die Entscheidung über Reproduktionshandlungen haben: »How can we trust such a person as Carl May to bring about the new world?« (206)

Carl ist nach einer Vasektomie nicht zeugungsfähig, was er seiner Frau Joanna jedoch nicht erzählt (CJM: 44f.). Nur so ist es möglich, dass Joanna eine Scheinschwangerschaft hat. Obwohl Dr. Holly, der behandelnde Arzt und gute Freund von Carl, dies realisiert, klärt er Joanna nicht darüber auf. So wird mit diesem Roman auch auf Missstände im medizinischen System hingewiesen; auf Situationen, in denen der *informed consent* nicht gegeben ist. Es gibt keine Szene im Buch, in der Joanna von Carl oder ihrem Arzt informiert oder nach ihrem Einverständnis gefragt wird, wie mit der Schwangerschaft umgegangen werden soll (Hansen 1997: 221). Vielmehr wird Dr. Holly als eine unmoralische Person dargestellt, die zahlreiche Experimente ohne vorherige Aufklärung oder dem Einverständnis der Patient_innen durchführt.[105] Carl erzählt später seiner Geliebten, was mit Joanna geschah: »So that's what we did. Told her she was to have a termination, anaesthetized her, and whee-e-ee, like a balloon going down, went Joanna's belly. When she woke up she was cured. My lovely wife, slim and fresh and all for me again!« (CJM: 44) Die Rollen in der Ehe sind somit klassisch verteilt – Carl entscheidet als aktives Subjekt, während Joanna als passives, irrationales Objekt auf dem OP-Tisch liegt: »Joanna May [...] was still a woman, and therefore liable to extreme, hysterical and unhelpful reaction: she was a creature of the emotions, rather than reasons.«(122) Carl nutzt die

---

[105] In ihrer Autobiographie beschreibt Weldon die Erfahrung mit der medizinischen Profession in einer Klinik, in der v. a. Prostituierte behandelt wurden, als traumatisch: »I saw myself stripped of all dignity[.] [...] [T]he doctor was a power freak, one of those who like to humiliate the helpless.« (Weldon 2002: 233)

Situation seiner bewusstlosen Ehefrau aus, um gemeinsam mit dem Arzt ein Experiment durchzuführen:

> While she was opened up we took away a nice ripe egg; whisked it down the lab: shook it up and irritated it in amniotic fluid till the nucleus split, and split again, and then there were four. [...] A truly vigorous egg, that one. We kept the embryos in culture for four whole weeks, had four nice healthy waiting wombs at hand and on tap, for implantation. [...] What passive creatures women are: they just lie there, trusting, and let the medical profession do what it wants. (45f.)

Diese Form des Klonens, die Carl und der behandelnde Arzt Dr. Holly »back in the fifties« (201) gewählt haben, ist allerdings »[n]ot cloning in the modern sense« (46), also kein somatischer Zellkerntransfer, sondern vielmehr »parthenogenesis plus implantation« (ebd.). Durch die Lokalisierung des Klon-Vorgangs in den 1950er Jahren und der Tatsache, dass Joanna dreißig Jahre lang nichts von ihren vier Klonen wusste, wird deutlich, dass Weldons Geschichte zum Zeitpunkt der Romanveröffentlichung spielt – Ende der 1980er Jahre. Dies erklärt auch, warum Weldon als Methode nicht den somatischen Zellkerntransfer wählt, da dieser in den 1950ern ja noch gar nicht möglich war (vgl. Kap. 4.3.1).[106] Mit der imaginierten Klonierungstechnik wird vielmehr die feministische Vorstellung der Parthenogenese formuliert, die auf einer Mikroebene dem weiblichen Organismus eine eigene Aktivität zuschreibt: die Fortpflanzungsfähigkeit ohne Samenzelle oder implantierten Zellkern, d. h. ohne Penetration von außen. Während Weldon also zunächst »nachdrücklich auf die Ohnmacht und Hilflosigkeit der Frau [verweist], ihren Körper vor den Übergriffen durch Wissenschaftler und Biogenetiker zu schützen« (Frane 2008: 372), löst sie diesen Zustand letztlich doch auf, indem eine Reproduktionsweise gewählt wird, die den männlichen Part überflüssig macht. Ähnlich wird Carls Abwertung des weiblichen, emotionalen ›Anderen‹, die letztlich in einer Höherwertung der eigenen Fähigkeiten und Interessen mündet, im Laufe der Geschichte zunehmend von der Kollektivität und Solidarität eben jenes ›Anderen‹ unterwandert (Ferreira 2005: 201).

Dementsprechend wird in *CJM* an verschiedenen Stellen ein Verhältnis von Aktivität und Passivität durch die Erzählstrategie aufgegriffen. Mit den Worten: »This has been a year of strange events[.]« (7) beginnt Weldons Roman, wobei das Partizip Perfekt den späteren Zeitpunkt des Erzählens herausstellt. Joanna reflektiert über ein Jahr, in dem sie herausfindet, dass Carl sie geklont hat und in dem sie ihre vier – völlig unterschiedlichen – Klone

---

[106] Zum Zeitpunkt der Erzählung denkt Carl allerdings auch über die Möglichkeiten nach, die ihm ein durch SCNT gezeugter Klon im Alltag bieten könnte (315). Auch wird von Dr. Holly verkündet, dass bald ein Zeitpunkt kommen werde, an dem das Klonen auf diese Weise möglich sei (252).

kennenlernt; sich zunächst von ihnen abgrenzt und schließlich mit ihnen solidarisiert. In elf Kapiteln ist die Erzählstimme »I, Joanna May« (ebd.) und die Erzählung entsprechend durch Joanna fokalisiert; in den weiteren Kapiteln wird die Erzählung abwechselnd durch Carl, Joanna, Bethany und die vier Klone der Joanna May – Jane, Julie, Gina und Alice – fokalisiert. In diesen Kapiteln spricht allerdings ebenfalls Joanna – jedoch nicht nur von den anderen Figuren, sondern auch von sich selbst in der dritten Person (Ford 1992). Dadurch ist die Erzählstimme abwechselnd hetero- und autodiegetisch obwohl immer dieselbe Person spricht. In Kapitel fünf spielt Joanna auf eben diese Technik an:

> I, Joanna May, read of [...] a strange event. A girl in Holloway, doing three years for cheque offences plucked out her eye. [...] The human eye, if you regard it without emotion, is a glob of light-sensitiv jelly attached by strings of nerves and muscles to the convoluted tissue mass of brain, in itself a fine ferment of electrical discharges. But it works, it works. The ›you‹, the ›me‹, the ›I‹ – behold, it sees! (CJM: 27)

Wenn das Sehen also zu sehr schmerzt, spricht Joanna auch von sich in der dritten Person: »If thine eye offended thee, pluck it out!« (30) An diesen Stellen des Textes identifiziert sie sich zugleich mit anderen Frauen in einer ähnlichen Situation: »See how easily it comes to me to turn from ›I‹ to ›she‹ – joining my lot with other women, universalizing my experience, as if the better to justify myself.« (264)[107] Erst durch die Erfahrung, dass nicht nur sie, sondern auch ihre vier Klone sich ihren Ehemännern passiv untergeordnet haben, versteht Joanna, was es heißt, ›ich‹ zu sagen, sich von anderen Personen abzugrenzen und zugleich die Solidarität mit anderen Frauen zu suchen. Da die Erzählstimme als ›Ich‹ beginnt, zwischendurch über sich selbst und die Klone in der dritten Person spricht und schließlich mit einem ›Wir‹ endet, entwickelt sich am Ende eine Erzählung, die eine gemeinsame Erfahrung von Frauen beschreibt: »We are one woman split five ways, a hundred ways, a million million ways.« (350) Gleichermaßen wird Joanna selbst vom passiven Objekt zum aktiven Subjekt: »I, Joanna May. No longer ›Eye‹. Acting, not observing. Doing, not looking.« (134) Dies lässt sich als Verhandlung von Abgrenzung deuten: Für eine Person, die nicht gelernt hat, ›Ich‹ sagen zu dürfen und damit eigene Bedürfnisse und Wünsche zu formulieren, kann es schwer sein, einen eigenen Standpunkt zu finden. Sie wird dementsprechend

[107] Dass diese Erzählweise sehr bewusst eingesetzt wird, lässt sich durch Weldons (2002: 134) Autobiografie belegen, in der sie über sich selbst in der Ehe mit ihrem zweiten Mann, Richard Bateman, in der dritten Person spricht, weil sie ihr Verhalten schlecht in ihr Selbstbild integrieren kann: »It is around this juncture that the first person begins to seem inappropriate to the tale and changes into the third. An ›I‹ is [...] not possible to incorporate into the current Weldon at all. [...] Fay Bateman is more than the current ›I‹ can bear.«

eher nach den Wünschen und Bedürfnissen anderer handeln (Frane 2008: 381 f.). Das Erkennen ihrer eigenen Position im sozialen Raum hat bei Joanna nicht stattgefunden, denn sie wird durch ihre Position *neben* Carl definiert: »Who is she? Oh, Carl May's wife. What does she do? Nothing. She is Carl May's wife. What does she think? Nothing. She is Carl May's wife. What does she feel? Nothing. She is Carl May's wife.« (CJM: 133) Nicht mal beim Tod der eigenen Mutter fühlt Joanna etwas, weil sie all ihre Gefühle in dem Bestreben, Carl zu einem erfolgreichen und glücklichen Mann zu machen, ignoriert.

Erst als durch die Trennung von Carl lernt Joanna, dass ihr Selbstwert nicht nur durch die Zuneigung ihres Ehemannes und den sozialen Status einer verheirateten Frau zu definieren ist, sondern durch andere Teile ihrer Persönlichkeit, die in der Ehe keinen Platz hatten. Allerdings reagiert Carl auf diesen Entwicklungsprozess mit einer demütigenden Offenbarung: Um sie zu verletzen, wirft er Joanna in einer Konfrontation ihre Funktion als Dekoration und ihre Nutzlosigkeit ohne Kinder vor (138). Als Joanna darauf pocht, dass sie trotzdem eine Persönlichkeit habe, eröffnet Carl ihr, dass er sie geklont habe: »I proved then you were nothing so particular after all, and that, to be frank, is when I lost interest in you. I proved it by making more of you, and the more of you the less of you there was, so it hardly mattered when you betrayed me, because how can what does not exist betray.« (140) Tatsächlich wirkt diese Strafe auch zunächst wie gewünscht, da Joanna sich ihrer Einzigartigkeit und Individualität beraubt fühlt (166). Sie hat außerdem Angst, mit ihrem jüngeren Ich konfrontiert zu werden (167). Später jedoch sieht sie die Klone als die Familie, die sie auf natürlichem Wege mit Carl nicht bekommen konnte. Joanna versucht zunächst, Carl seine Handlungen, u. a. den Mord an ihren Liebhabern zu verzeihen und zu akzeptieren, dass die Anerkennung eigener Bedürfnisse unnötig ist: »when you […] forget the notion of ›I‹ […] – then peace descends«. (85) Sie versucht, Carl zu vergeben und verdrängt eigene Rache- und Trauergefühle. Wird diese physische Formung, die Carl als Demütigung durchführt, psychologisch interpretiert, kann sie als ein Akt der Gewalt gesehen werden: »Der Topos der multiplizierten Persönlichkeit stellt Weldons Roman in eine literarische Reihe mit Texten wie Stevensons *Dr. Jekyll and Mr. Hyde*[.]« (Frane 2008: 381) Die Vervierfachung ihres Körpers ist ein materialisierter Ausdruck eines ›Aufsplitten‹ ihrer Persönlichkeit, wie sie z. B. im Rahmen traumatischer Erfahrungen vorkommen kann (Sinason 2012). Bestimmte Erinnerungen oder Erfahrungen sind dem Bewusstsein bei einer solchen Erkrankung nicht mehr zugänglich, weil sie zu belastend sind. Auch wenn es in der Geschichte nicht aufgelöst wird, kann z. B. die Abtreibung im Rahmen der (Schein-)Schwangerschaft, zu der Joanna keine Zustimmung gegeben hat, als ein solches Ereignis angesehen werden.

Diese verdrängten Teile ihrer Persönlichkeit sind Joanna von ihrem toten Geliebten Isaac bereits in Form von Tarot-Karten analysiert worden. Als Isaac ein Tarot für sie legt, wählt Joanna für sich selbst die Kaiserin aus und erhält, bei den vier Karten, die um sie herumgelegt werden, ein symbolträchtiges Muster: »The Empress in the middle was at number one. Above me, two was what ruled me: beneath me, three was what underlay me. Four was what I was leaving. Five was what I was approaching. [...] The four Queens surrounded me. Wands, Pentacles, Swords and Cups: above, below, to left and right.« (CJM: 130) Joanna ist als »Empress of inner space« (205) eine Figur, die gewissermaßen in die innere Immigration verfällt angesichts der Handlungen ihres Ex-Mannes. Ihre »provinces« (ebd.) werden von den vier Königinnen beherrscht: Eine Wortwahl, die allegorisch die abgespaltenen Anteile von Joannas Persönlichkeit umfasst. Damit verhandelt Weldon »the very real psychological fragmentation endured by all women« (Ford 1992: 332). Im Laufe der Geschichte wird deutlich, dass jede der vier Klone eine der Königinnen repräsentiert: Jane ist als Königin der Stäbe (wands) das, was Joannas Verhalten maßgeblich bestimmt. Julie ist die Königin des Pentagramms (pentacles) und symbolisiert, was Joanna stützt. Gina ist als Königin der Schwerter (swords) und das, was Joanna verlässt. Alice ist die Königin der Kelche (cups) und repräsentiert, was Joanna anstrebt. Relevant wird das Motiv des Tarots, welches in seiner Topologie sogar im Buch selbst abgebildet ist (CJM: 130), insbesondere dann, wenn in Betracht gezogen wird, wofür die vier Königinnen stehen: Die Königin der Stäbe repräsentiert die Macht der Intelligenz – Joannas wohlüberlegte, kluge Urteile sind somit laut des Tarots und entgegen Carls Einschätzung maßgeblich für ihr Verhalten. Die Königin des Pentagramms steht für materielle Stärke – da sie dasjenige Element symbolisiert, welches Joanna am meisten stützt, dürften ihr Geld und sozialer Status gemeint sein. Die Königin der Schwerter, also das, was Joanna nun hinter sich lässt, steht für Geduld und Ausdauer. Im übertragenen Sinne kann dies als ein Widerstreben Joannas gegenüber dem demütigenden und objektivierenden Verhalten Carls gedeutet werden, das sie zu lange ausgehalten hat. Die Königin der Kelche hingegen repräsentiert sinnliche Wahrnehmung und ist damit das, was Joanna anstrebt, sich bisher aber nicht zugestanden hat: Genuss und Lebensfreude; das Spüren von Bedürfnissen.

Durch die unterschiedlichen Biografien der Klone wird deutlich, dass Joanna auch ein ganz anderes Leben hätte führen können, wenn sie anders aufgewachsen wäre. Obwohl ihre DNA identisch ist, wurden vier verschiedene Klone mit unterschiedlichem Hintergrund geschaffen: »Für Weldon bestimmen nicht die Gene oder das Schicksal unser Leben, sondern die Menschen selbst[.]« (Frane 2008: 387) Die Reproduktionsmethode stellt deshalb bei Weldon keine Grundlage für eine Abhängigkeit des Klons dar. Eine solche Abhängigkeit liegt im Umfeld der Frauen – ob natürlich oder künstlich gezeugt – begründet und nicht in der Fortpflanzungsweise. Nur Carl unterliegt dem genetischen Determinismus, als er erwägt, sich selbst zu klonen: »Odd how the notion kept reasserting itself – that what one clone knew, would be known by all: what one felt, the others would feel; that to make clones was to create automatons, men without souls – soldiers, servants, deprived of will, decision.« (CJM: 104) Auf diese Weise wird er, der sich selbst für wohlüberlegt hält, letzten Endes als uninformiert dargestellt.

Weldon löst damit schon sehr früh in der literarischen Verhandlung den Klon von seiner Determinierung und Abhängigkeit in Bezug auf seine Erzeugungsweise. Zugleich stellt sie hiermit ihren Roman in die britischen Tradition, Reproduktion als Handlung zu denken – das Klonen wird zu einer Fortpflanzungsweise unter vielen (vgl. Kap 3.3). Das Klonen selbst wird also gerade nicht gleichgesetzt mit einer determinierten Lebensweise, sondern als ein neuer Entscheidungs- und Handlungsspielraum dargestellt – denn erst durch das Wissen, nicht zu ihren Eltern zu gehören, können die Klone für sich ein neues Leben und neue soziale Beziehungen gestalten:

> Als sie erfahren, dass sie Klone Joannas sind, fällt ihre Vergangenheit von ihnen ab, da sie ihre Eigenschaften nicht mehr aus dem verhassten Verhalten ihrer Eltern ableiten müssen. Sie können nun ihre Identität selbst bestimmen und werden nicht mehr von den genetisch vorprogrammierten Wesenszügen ihrer ›Eltern‹ überschattet. (Frane 2008: 386)

Obwohl die Abhängigkeit nicht als eine logische Folge der Erzeugungsweise dargestellt wird, bleibt das Motiv der Fremdheit des Klons in Teilen bestehen: Julie, deren Eltern zunächst dachten, dass sie unfruchtbar seien und dann später doch ein »real child« (CJM: 111) bekommen, bleibt aufgrund der fehlenden Abstammung eine Fremde im familiären Raum. Auch Alice, die vier Brüder hat, wird nicht als zugehörig betrachtet; »[s]he's not like the rest of us[.]« (121), wie ihre Mutter feststellt. Insofern verhandelt der Roman durchaus sehr kritisch, welchen Wert Blutsverwandtschaft für das Gefühl des familiären Zusammenhalts und der Nähe hat (vgl. Kap. 3.4).

Allerdings wird die Fremdheit der Klone schließlich durch Joannas freundschaftliche Annäherung aufgehoben. Der Klon wird also einerseits als Individuum mit Persönlichkeit konzipiert, welche von der Erzeugungsweise nicht beeinflusst ist, anderseits stellt er für einige Personen immer noch etwas Fremdes dar. Diese zwei Aspekte finden auch eine narratologische Entsprechung: Zwar sind Teile der Erzählung durch die jeweiligen Klone fokalisiert (was ihre Individualität und Persönlichkeit demonstriert), jedoch bekommt keine der Klone eine Stimme (was ihre Abhängigkeit verdeutlicht). Das sprechende Subjekt des Textes ist stets Joanna. Das Klonen, welches zunächst am Beispiel von Carl als Möglichkeit dargestellt wird, Frauen zu demütigen und den männlichen Neid auf weibliche Reproduktionskraft auszuagieren, wird so schließlich ins Gegenteil verkehrt. Es wird vielmehr zu einer feministischen Fantasie, die den Handlungsspielraum von Frauen vergrößert und die Utopie eines Frauenstaates eröffnet (Hansen 1997: 222f.). Weldon verdeutlicht letztlich, dass Reproduktionshandlungen Spielräume eröffnen, die aus Selbstüberschätzung und Narzissmus von Personen mit einer guten sozialen Position leicht missbraucht werden können, um die Handlungsfähigkeit weniger privilegierter Subjekte weiter zu begrenzen.

Als die vier Klone den Arzt schließlich durch die Befragung ihrer Eltern ausfindig machen und zur Rede stellen, zeigt er kein Verständnis für ihre Situation, sondern betrachtet sie lediglich als Objekte, an denen das Verhältnis von Angeborenem und Anerzogenem studiert werden kann (CJM: 303). In einer Übereinstimmung von Größenwahnsinn und Narzissmus, die dem klassischen Bild des ›mad scientist‹ entspricht, erleidet er schließlich eine Strafe in Form eines epileptischen Anfalls, der seine Schwäche und Abhängigkeit von den helfenden Klonen offenbart. Erst durch die Vereinigung ihrer Handlungsfähigkeit machen Joanna und ihre Klone den Roman schließlich zu einem Ideal weiblicher Kollektivität und Solidarität. Nur so gelingt es Joanna schließlich, ihren begrenzten Handlungsspielraum zu erweitern: »I was part of a living landscape, and the function of that life was to worship and laud its maker, and the maker was not Carl May: he had not made me[.] [...] The bugles had sounded, reinforcements came racing over the hill; Joanna May was now Alice, Julie, Gina, Jane as well.« (324) Die Beschreibung als ›Landschaft‹ referiert auf die Gesellschaft, in der Joanna lebt und in der sie das, was sie maßgeblich prägt, was sie stützt, was sie verlässt und was sie anstrebt, weder erkennt noch schätzt. Sie ignoriert diese wichtigen Teile ihrer Persönlichkeit und Identität, weil sie so sehr damit beschäftigt ist, Carl zu gefallen: »She occupies a little space in his head; he surrounds her, encloses her, as a white leucocyte surrounds some invading cell[.] [...] He can escape, she can't. She is squeezed in there, in his head, without room to manoeuvre.« (323)

Während Joannas Entwicklung so letztlich positiv ausgeht, erleidet Carl das gegenteilige Schicksal: Er ordnet eine Überwachung der Klone an und als er von ihrer Solidarität füreinander erfährt, beschließt er, zwei von ihnen zu töten und zwei weitere zu seinen neuen Geliebten zu machen. So, wie er sein Vier-Gänge-Menü konsumiert, konsumiert er in Gedanken die vier Klone und trifft seine Entscheidung: »Gina and Jane, meat and dessert. Too rich and indigestible. [...] Those two would have to go. [...] Which would he choose? Hors d'oeuvre or fish? One too lemony, one a little stale. Why not both together?« (266) Hierbei geht er, naiv-deterministisch, davon aus, dass die Klone ihm untertan sind, wie es Joanna war, da sie ja schließlich alle Eigenschaften von Joanna ›übernommen‹ haben: »They'd consent. They'd do as he asked, as Joanna always had. Of course they would: they were Joanna.« (Ebd.) Bevor er jedoch zur Tat schreiten kann, muss er ein weiteres Mal den

Konzern *Britnuc* in der Öffentlichkeit repräsentieren und dessen Sicherheit unter Beweis stellen. Zu diesem Zweck badet er im verstrahlten Kühlwasser des Reaktors, was letztlich zu seinem Tod führt. Doch bevor er stirbt, nimmt er Joanna das Versprechen ab, ihn durch nuklearen Zellkerntransfer zu klonen.

Joanna erfüllt ihm diesen Wunsch; und Alice trägt den Klon, ebenfalls mit dem Namen Carl, aus. Auf diese Art und Weise wird die Geschichte der verzweifelten und gedemütigten Joanna letztlich durch die Wiedervereinigung mit einem ›neuen‹ Carl, den sie nun wiederum selbst prägen kann, aufgelöst (Hansen 1997: 184). Insbesondere aufgrund dieses Endes lässt sich *CJM* nicht als Dystopie und letztlich nicht einmal als Kritik am Klonen verstehen. Das Klonen wird von Weldon als Hintergrundfolie genutzt, um Abhängigkeiten zu thematisieren und zu kritisieren – so wie es in der britischen Tradition schon Huxley und Wyndham vor ihr getan haben (vgl. Kap. 4.2.2, Kap. 4.3.3). Dabei ist ihr Roman nicht klar den Genres Dystopie oder Science Fiction zuzuordnen – für ersteres fehlt der kollektive Entwurf, für letzteres fehlt der konzentrierte Fokus auf neue Technologien.

Ähnlich wie schon bei Adornos Rezeption von Huxleys *Brave New World* (vgl. Kap. 4.2.2) wurde als auch hier die deutsche, nationalsozialistischen Vergangenheit anhand des literarischen Szenarios verhandelt: »[Carls] selektive Auswahl guter Gene, die eine seiner Ansicht nach vollkommene Frau ausmachen, erinnert unangenehmen die Praxis der Eugenik und das faschistische Bestreben Hitlers, in der Figur des Ariers eine reine Herrenrasse zu züchten.« (Frane 2008: 378) Die Verbindung von Carl zur Eugenik scheint selbstverständlich und lässt sich insofern durch den Roman selbst stützen, als dass Carl Frauen empfiehlt, Fortpflanzung als Handlung zu betrachten und das ›beste‹ daraus zu machen: »Not the first baby that comes along but the best baby, the one that'll have a decent chance in life. [...] Quality, not quantity. Choice, not randomness, and there being no God, why not? That's what Carl thinks.« (CJM: 203) Seine Vorstellung einer freien Wahl der Reproduktion und das Ziel ein genetisch ›gutes‹ Kind zu bekommen, ist jedoch noch weit entfernt von einer nationalsozialistischen, sog. ›negativen Eugenik‹, die ausgewachsene Individuen systematisch an der Fortpflanzung hindert bzw. sogar töten lässt. Die Frage, welche Folgen Carls Handlungen für einen kollektiven, systematisch angelegten Staatsentwurf hätten, wird in *CJM* gar nicht aufgeworfen. Des Weiteren werden die Techniken selbst gerade nicht im Roman problematisiert. Vielmehr wird kritisiert, dass es gewissermaßen die falschen Hände sind, in denen die Verantwortung für Reproduktionshandlungen liegt. Nicht die Technik an sich ist unmoralisch, sondern die Tatsache, dass sie in ein patriarchales System eingebettet ist. Insofern erscheint eine Wertung, die eine Parallele zu Praktiken im nationalsozialistischen System zieht, einen Schritt zu weit zu gehen.

Vielmehr geht es darum, die Verfügungsgewalt, die Carl über die Kernenergie und über Joannas Zell*kerne* hat, zu kritisieren. Carl May steht an *Britnucs* Spitzenposition im öffentlichen und medialen Fokus und muss dort die Kernenergie legitimieren.[108] Sowohl die Atomkraftwerke als auch den Körper seiner Frau betrachtet er als form- und gestaltbare Objekte (Frane 2008: 373). Carls Macht wird insbesondere durch die Raumnutzung verdeutlicht. Denn so, wie er Orte gestaltet und sich in ihnen bewegt, so ist es ihm aufgrund seines sozialen und ökonomischen Status auch möglich, den Körper seiner Frau zu beeinflussen, neu zu erschaffen und zu modellieren: »›Let there be buildings!‹ Carl May had only to cry, pointing to [...] landscape, and lo, so there would be.« (CJM: 24) Das nahezu Göttliche ›es werde Licht!‹ wird in das irdische Motiv eines Patriarchen umgedeutet, der sich selbst für gottgleich hält und die natürliche Topographie des Ortes symbolisch mit einer Architektur versieht, die seine Macht repräsentiert. Die topologische Anordnung zeigt sich im Roman auch daran, dass Carl seine Gebäude umsichtig und repräsentativ gestaltet; überzeugt davon, dass die zukunftsträchtige Atomkraft eine sichere Einkommensquelle darstellt:

> The building had been designed to dominate the city skyscape, and so it had, but not for long. No sooner had the foundations settled, so sooner the first window cleaner toppled to his death [...] than all around arose the thrusting towers of usurping empires – leaner, taller, glassier – but doomed to crumble and collapse, built on the hot and shifting sands of finance, not the rock of industry, the cold power of the atom. (98)

Auch sein Büro ist geräumig und wird von rationaler Ordnung und Sterilität dominiert. Er schottet seinen Aufenthaltsort mit großer Sorgfalt von der Außenwelt ab, da er auf keine Kontakte angewiesen ist. Ebenso grenzt er Joanna aus seinem Leben aus, als er erfährt, dass sie ihn betrogen hat – ein Ausschluss, der durch die materielle Raumnutzung besonderes Gewicht erhält, als Carl das Türschloss ihres gemeinsamen Hauses in London austauscht: »Carl had cast me out of his life; I had become a supplicant: I belonged the wrong side of the door.« (180) Joanna, durch ihre Heirat zur gehobenen Londoner Klasse gehörend, steht nun wortwörtlich ›auf der falschen Seite‹: Die räumliche Materialität verdeutlicht ihre Abhängigkeit von Carl, der sie ihres geschützten Aufenthaltsortes beraubt.

Später begegnet sie anderen Personen, die von der Gesellschaft ausgeschlossen sind. Das Hotel, das Carl für Joanna gebucht hat, teilt sie mit farbigen Flüchtlingen und Immigranten, von ihr selbst als »others« (182) bezeichnet. Dieser von Carl bestimmte Aufenthaltsort ist offensichtlich ein

---

[108] Obwohl so fast jeder seiner Schritte beobachtet wird, ist er selbst aufgrund eigener Interessen und seiner narzisstischen Persönlichkeit allerdings davon überzeugt, dass es nur an ›rückständigen Orten‹, wie Chernobyl, zu Unfällen kommen könne (CJM: 339).

weiterer Teil von Joannas Strafe: »Carl, booking me in here, meant to tell me something.« Ihre Zuweisung an einen Ort, der nicht ihrem Status entspricht, drückt aus, wie sehr sie in Carls Ansehen gesunken ist. Joannas Anwalt spiegelt ihr, dass durch den Aufenthalt im Hotel bereits der »pong of the underprivileged« an ihr hafte und bringt Carl dazu, ihr eine neue Unterkunft zur Verfügung zu stellen. Ihr neues, eigenes Haus wiederum bringt Joanna ihren Status zurück – hier ist sie in der Lage, selbst Abhängigkeiten herzustellen und auszunutzen. So beginnt sie ein Verhältnis mit ihrem Gärtner, der von Carl getötet wird, sobald dieser von der Beziehung erfährt. Joannas Position im sozialen Raum ist also nicht nur von ihrem Geschlecht abhängig, sondern auch von ihrer Schichtzugehörigkeit und Ethnizität, die allerdings beide selten thematisiert werden. Im Fokus stehen Frauen als das objektivierte ›Andere‹, ohne dass die Hierarchien, die einige von ihnen aufgrund ihres sozialen Status schaffen können, dargestellt werden. Die Perspektive von Männern, die wiederum aufgrund ihrer Schichtzugehörigkeit von diesen Frauen abhängig sind, wird dementsprechend nicht eingenommen. In einem Interview wirft Weldon selbst dem westlichen, weißen Feminismus vor, von einer privilegierten Position aus zu argumentieren (Saner 2009). Joanna handelt letztlich aus genauso einer Perspektive. Der kurze soziale Abstieg ins Hotel, wo sie auf ›die Anderen‹, d. h. eine namenlose Anzahl farbiger Personen, trifft, wird nur genutzt, um ihre Lage als schlimmer darzustellen, da sie im Gegensatz zu den Migranten einsam ist (ebd.).

Jedoch bringen die Ereignisse Joanna letztlich in ihrer Entwicklung voran, sodass sie sogar selbst das Klonen als Handlung ausführen lässt. Hier steht der Roman in der Tradition des Konsequenzialismus (vgl. Kap. 3.5), Technik als eine *Handlung* unter vielen zu verstehen, für deren Bewertung die Folge wiederum entscheidend ist. Was an dieser Technik falsch ist, sind in Weldons Szenario die Umstände, die wiederum zu schlechten Folgen führen. Ändern sich die Umstände, so ändern sich auch die Folgen; und die Handlung selbst wird akzeptabel. Weldon ist eine der ersten, die den Klonen individuelle Lebensgeschichten und Namen gibt und genetischen Determinismus zu vermeiden sucht. Was Joanna und ihre Klone gemeinsam haben, ist nicht die DNA, sondern ihre Position im sozialen Raum, welche aber wiederum ganz explizit *nicht* in ihrer Erzeugungsweise begründet liegt. Dass Joanna geklont werden kann, ist wiederum ein Resultat patriarchaler und ökonomischer Strukturen in diesem Raum selbst. Damit stehen *Die Klone der Joanna May* für abhängige, vulnerable Frauen. Aus diesem Grund erweist sich auch in diesem Roman der Raum als ein Mittel, um den (begrenzten) Handlungsspielraum von Frauen, männliche Übergriffe und ihren möglichen Ausschluss aus dem Kollektiv zu thematisieren. Dafür ist die Darstellung bestimmter Orte ein Ausdruck einer Handlungsfähigkeit, mit der Grenzen gezogen werden und sich somit die topologische Ordnung des sozialen Raums materialisiert.

5.3 Der Weg zum Embryonenschutzgesetz (1990)

5.3.1 Familienformen in Hans-Ulrich Horster: Klon-Kind Uli *(1981)*

Mit Hans-Ulrich Horsters *Klon-Kind Uli* (KKU) wird nun ein Kontrast zu Fay Weldons *The Cloning of Joanna May* aufgespannt. Nicht nur unterscheidet sich Horsters Roman inhaltlich stark, da er einer heteronormative und patriarchale Perspektive auf das Klonen entwirft, sondern er ist auch bisher völlig unerforscht. Zudem kann das Motiv des Klons in Deutschland als ein Tabu des literarischen Diskurses gelten – kaum gibt es in den 1960er, 1970er oder 1980er Jahren deutsche Romane, die sich mit diesem Thema beschäftigen. Erst in den 1990er Jahren erobert das Thema den hiesigen Markt, dann allerdings zunächst in der didaktisch-belehrenden Weise des Jugendbuchs (vgl. Kap. 5.6). Dadurch kommt Horster die Rolle zu, den einzigen westdeutschen Klon-Roman im Zeitraum zwischen 1978 und 1996 geschrieben zu haben.

Hans-Ulrich Horster ist ein Pseudonym von Eduard Rhein (1900–1993), der von 1946–1965 Chefredakteur der (bis 2013) zur Axel Springer AG gehörenden Zeitschrift *Hörzu* war, der »größten Programmzeitschrift Europas« (Anonymous 1993: 306). Zwar ist Rhein nicht der einzige hier untersuchte Autor, der unter einem Pseudonym schreibt, aber der einzige, der sich seinen hauptsächlichen Lebensunterhalt durch journalistische und industrielle Tätigkeiten verdiente (Seegers 2003). Neben der Chefredaktion der Hörzu hat Rhein mehrere Fortsetzungsromane in der Zeitschrift publiziert, jedoch nur bis zu seinem unfreiwilligen Ausscheiden aus dem Unternehmen (Horster 1992: 476). Rheins Kontakte zur *Hörzu* haben offenbar allerdings noch länger gehalten. Als das Manuskript des Romans *Klon-Kind Uli* fertig gestellt war, bat ihn der Chefredakteur der *Hörzu* darum, den Roman in gekürzter Fassung in der Zeitschrift abdrucken zu dürfen (ebd.). Und so erschienen Ausschnitte des Romans dort ab Januar 1981, nachdem die Verträge für die Publikation des Buches bereits unterschrieben waren. Durch die spezielle Publikationsweise als Heftroman einer Zeitschrift mit einer wöchentlichen Auflage von vier Millionen Ausgaben erreichte er außerdem ein großes Publikum (Anonymous 1993).

Die Hauptfigur der Geschichte, Liane Holm, ist glücklich mit ihrem Mann Erich verheiratet, jedoch bisher kinderlos. Ihr Vater, »Konsul Prof. Dr. rer. nat., Dr. phil. h. c., Dr. ing. e.h. Robert Nissen« (KKU: 7), sieht diesen Zustand als einen Mangel, da er für sein Unternehmen, »eine der bedeutendsten Fabriken der pharmazeutischen Industrie« (8), einen Erben sucht: »Jetzt [...] wird es natürlich höchste Zeit, daß ihr daran denkt, eine Familie zu gründen. Auf dich und Erich setze ich meine ganze Hoffnung für den Fortbestand meines Lebenswerks.« (35) Dies ist in seinen Augen nötig, denn seine Tochter ist dieser Aufgabe nicht gewachsen, da sie »eben nur eine Frau ist« (8). Bereits hier wird deutlich, dass im Roman eine sehr konventionelle Perspektive auf Reproduktion angelegt ist: Frauen wird die Aufgabe zugewiesen, einen Stammhalter zu gebären, der den Erfolg der Familie weiterführen soll. Denn obwohl Nissen sich für diese Aufgabe »so sehr einen Jungen gewünscht« (329) hat, hat er ›nur‹ eine Tochter bekommen.

Dementsprechend wünscht sich der Vater auch kein Mädchen, sondern einen Jungen als »Garant für eine neue Generation in [der] Familie« (34). Es gibt noch einen Sohn, Rudolf, der allerdings das schwarze Schaf der Familie ist. Am Ende stellt er sich als adoptiert heraus, während Nissens unehelicher, aber leiblicher Sohn Alois den perfekten Erben abgibt. An diesem Beispiel zeigt sich der rote Faden, der *KKU* durchzieht: Verhandelt wird ›echte‹ und ›unechte‹ Elternschaft als Referenz auf Zugehörigkeit. Diese Zugehörigkeit manifestiert sich an dem neuen Werk, das der Konsul bauen will. Es gleicht dem Neubeginn eines gezeugten Lebens – im Text wachsen Werk und Enkel sogar gleichzeitig heran; das eine auf dem Baugrund des Konsuls, das andere im Körper seiner Tochter: »Ich werde ein Werk bauen [...], schneeweiß im satten Grün der Eifel, wie ein Sanatorium. Ein niedriger, eleganter Flachbau. Und gleich daneben ein Paradies für dich und Erich und [...] für eure Kinder. [...] Ich werde Erich das Werk überlassen und ihm nicht dreinreden. Er soll darin schalten und walten wie er will.« (34)

Am Beispiel des Werks wird deutlich, wie sehr die künstliche Topographie und der Handlungsspielraum einer gegenwärtigen Generation verbunden sein können (vgl. Kap. 2.1.2). Konsul Nissen, der älteren Generation zugehörig, strukturiert durch seine Handlungen einen Ort für seine Tochter, die bereits geboren ist, und für seinen Enkel, der noch gar nicht auf der Welt ist. Liane wird nicht von ihrem Vater gefragt, ob all dies für sie überhaupt *wünschenswert* ist; und auch dem Enkel wird kein potentielles Widerspruchsrecht zugestanden. Als Liane von den Wünschen ihres Vaters erfährt, lässt sie sich nicht zu einer Schwangerschaft drängen und wirft ihm sogar vor, längst überholte Einstellungen zu haben: »In welchem Jahrhundert leben wir denn?« (35) Auch fürchtet sie sich vor den Folgen einer Schwangerschaft und wartet darauf, dass Frauen durch den Fortschritt der Reproduktionsmedizin »diese schreckliche Last« (37) genommen wird. Letztlich bringt der Wunsch ihres Vaters sie dazu, sich mit der Kinderfrage auseinanderzusetzen. Dies führt zu einem Sinneswandel, der als ihre Abkehr von »Selbstschutz und Egoismus« (280) dargestellt wird. Dabei kommen ihr allerdings Bedenken, dass sie unfruchtbar sein könnte – schließlich ist sie mit ihrem Mann, einem promovierten »Gen-Biologe[n]« (10), bereits zwei Jahre verheiratet. Ein Arzt in den USA, zu dem Liane kurz entschlossen geht, weil sie sich dort gerade mit ihrem Mann und ihrem Vater aufhält, stellt jedoch fest, dass sie sehr wohl fruchtbar ist und rät ihr, ihren Mann zur Untersuchung zu schicken.[109] Liane ist hiervon sehr schockiert: »Mein Mann zeugungsunfähig? Herr Professor, in mir stürzt eine Welt ein. Eine solche Feststellung würde bei ihm unerträgliche Minderwertigkeitskomplexe auslösen. Einer solchen Feststellung dürfen wir ihn überhaupt nicht aussetzen. Und gar mein Vater, der schon voll begreiflicher Ungeduld auf einen Stammhalter wartet ...« (23)

Männlichkeit wird mit Zeugungsfähigkeit gleichgesetzt, welche wiederum Ausdruck und Grundlage für gesellschaftliche Anerkennung und eigenes psychisches Wohlbefinden ist. Das Tabu der Zeugungsunfähigkeit ist so stark, dass Liane sich nicht traut, ihren Mann direkt darauf anzusprechen, sondern vielmehr durch indirekte Fragen und Andeutung herausfindet, dass er wegen einer Mumps-Erkrankung in der Kindheit unfruchtbar ist. Auch für Erich selbst ist die Unfruchtbarkeit ein Tabu: »Unmöglich! Welcher Mann würde so was nicht für sich behalten?« (312), stellt er fest, nachdem er schließlich durch Zufall von ihr erfährt. Aufgrund ihres erwachten Kinderwunsches entscheidet Liane sich nach reiflicher Überlegung für das Klonen als Fortpflanzungsmethode: »Sie setzte grenzenloses Vertrauen in die Wissenschaftler [...], eine andere Möglichkeit gab es nicht.« (140) Ihre einzige Befürchtung ist, dass dabei »Krüppel entstehen« (61) könnten, behinderte Menschen wie ihr Schwager Uli. Uli ist Erichs Zwillingsbruder, dem Erich bis zu einem Motorradunfall, den Uli erlitten hat, sehr verbunden war. Dieser Kontrast mit dem körperlich eingeschränkten Uli wird genutzt, um Erich als Inbegriff einer hegemonialen Männlichkeit darzustellen. Beide haben bspw. »den gleichen Geschmack« (170) bei Frauen und auch eine kaum unterscheidbare Handschrift.[110] Doch durch den Unfall weicht Uli von der Norm des gesunden, im Leben stehenden Mannes ab. Aufgrund seiner Behinderung ist er nur »ein halber Mensch« (161) aus der Sicht seiner Mutter. Selbst sieht er sein Leben als »Elend«, den Rollstuhl als »Symbol seiner Niederlage« (162) und sich als »jammernden, behinderten Krüppel« (131). Seinen Bruder hingegen idealisiert er als »gesund und stark und männlich, mitten im Leben stehend, immer kampfbereit ... sein Ehrenbild von ehedem.« (164) Ulis Leben ist durch die Behinderung so stark eingeschränkt, dass er pflegebedürftig ist und er einen monotonen Tagesablauf hat: »Es war ein stilles, verhärmtes Leben

---

109 Für seine Recherchen unternahm Rhein (1992: 476) Reisen nach San Francisco. Die USA wurden wahrscheinlich als Hauptschauplatz gewählt, weil dort Anfang der 1980er Jahre reproduktionsmedizinische Verfahren umgesetzt wurden, die in Deutschland noch nicht weit verbreitet waren. Im Roman können sich deutsche Ärzte nicht vorstellen, dass eine »halbwegs vernünftige Frau« (KKU: 327) einem Klon-Experiment zustimmen würde: »Klon- Kinder in der Bundesrepublik! Ja, in Amerika, da mag ein übergeschnappter Gen-Ingenieur sowas mal geplant oder sogar versucht haben ...« (Ebd.).

110 Genetischer Determinismus wird hier nicht vertreten, denn der Arzt erklärt: »[A]uch eineiige Zwillinge [sind] in weitem Umfang das Produkt ihrer Umwelt.« (275) Liane indes ist vom Gegenteil überzeugt und denkt, dass ihr Sohn Erichs Verhalten nachahmen wird (321).

gewesen. Ein Leben ohne Höhen und Tiefen, flach wie eine Heidelandschaft und genauso überschaubar wie sie.« (161)

Ulis Hoffnung ist eine Operation in San Francisco. Kurz vor dem Eingriff sucht Liane seinen Arzt auf und bittet diesen, Uli zu fragen, ob er während dieser Operation Samen für ein Kind spenden würde (167). Diese Möglichkeit, die zwischen Liane und ihm nie direkt besprochen wird, erfüllt sein Leben mit neuem Sinn: »Ist es nicht ein beglückendes Gefühl zu wissen, daß man weiterlebt in einem anderen – auch wenn man selbst schon nicht mehr ist?« (340) Da »ihn die ›Nutzlosigkeit‹ seines Daseins so oft bedrückt hatte« (341), stellt er nun seine ›Nützlichkeit‹ sehr gerne unter Beweis: »Vielleicht ist das überhaupt der letzte Liebesdienst, den ich ihr, meinem Bruder und meiner Mutter erweisen kann.« (172) Liane wiederum möchte so das unangenehme Gespräch mit ihrem Mann umgehen. Aus bioethischer Perspektive lässt sich dabei feststellen, dass das Prinzip der informierten Einwilligung gravierend verletzt wird: Uli erfährt nicht, dass die Ärzte ihm bei der OP nicht nur Samen, sondern auch Gewebe entnehmen, um ihn zu klonen. Er hat zwar seine Einwilligung gegeben, allerdings nicht zu der Handlung, die tatsächlich durchgeführt wird. Obwohl der Arzt Bedenken hat, was die »Mithilfe bei einem abenteuerlichen, verwegenen Eingriff in den natürlichen Ablauf der Dinge« (168) angeht, hat er keine Skrupel, seinen Patienten nicht hinreichend zu informieren. Doch auch Liane erwägt den Eingriff ohne das Einverständnis ihres Mannes: In ihren Überlegungen, wie sie an genetisches Material gelangen könnte, überlegt sie, ihn zu betäuben und ihm ohne sein Wissen eine Körperzelle zu entnehmen (139). Schließlich gelingt es ihr mit einer List: Ein Wissenschaftler im amerikanischen Werk, mit dem die Nissens kooperieren, entnimmt Erich Zellen aus der Mundschleimhaut, angeblich für Forschungszwecke. Nach der Geburt des Kindes lässt Liane allerdings Uli in dem Glauben, dass das Kind mit seinem Samen gezeugt wurde. Uli, der am Ende der Geschichte aus Verzweiflung über die nicht geglückte Operation Suizid begeht, stirbt so mit der Überzeugung, der Vater von Lianes Kind zu sein. Das gesunde *Klon-Kind Uli* ersetzt somit den behinderten Zwillingsbruder von Erich; ein Ersatz, der durch die Wahl desselben Namens versinnbildlicht wird.

Die Gefühle der einzelnen Protagonist_innen angesichts dieser Situation werden mit wechselnder interner Fokalisierung durch die heterodiegetische Erzählinstanz des Romans dargestellt, gleichzeitig werden jedoch auch alle potentiellen Widersprüche und Konflikte umgangen. Die Sexualität ist mit Tabus behaftet, sodass Wut, Zweifel oder Enttäuschung in Kauf genommen, aus Scham jedoch nie ausgesprochen werden. Dazu trägt die bereits über Nissen vermittelte Konstruktion einer weiblichen Passivität erheblich bei. Frauen werden beständig von allen älteren Männern, die Liane trifft, als lediglich rezeptiver Teil der Fortpflanzung gesehen. Die Erzählinstanz schaltet sich sogar durch misogyne Kommentare ein: »Diese Weiber – weiß der Teufel! – ganz zu trauen ist denen doch nie!« (294)

Liane, durch die die Erzählung hauptsächlich fokalisiert ist, ist vordergründig der handlungstreibende Part der Geschichte, wird aber letztlich als passiv dargestellt. So erklärt ihr bspw. der amerikanische Arzt: »Der Zellkern enthält zwar alle genetischen Informationen, die zum Entstehen eines Embryos und schließlich eines Menschen gebraucht werden – er ist so etwas wie die Kommandozentrale der Zelle. Doch in der Zelle und in der Zellwand sitzen noch andere Strukturen, ausführende Organe sozusagen.« (225) Hier werden Geschlechterzuschreibungen virulent naturalisiert, indem der Zellkern als ›zentraler‹ Ausgangspunkt der Fortpflanzung dargestellt wird. Ohne ihn funktioniert im Mikroorganismus der Eizelle nichts; ihre Bestandteile werden, so scheint es in dieser Beschreibung, vom Zellkern des Mannes aus ›gesteuert‹. Die Eizelle hat nur einen wenig bedeutsamen, da passiven Part an der Reproduktion. So erklärt der behandelnde Arzt Liane weiter: »Das Geschlecht des Kindes wird einzig und allein von den Samenzellen des Mannes bestimmt. Es gibt knabenzeugende und mädchenzeugende.« (41) So zeigt sich ein Zusammenhang zwischen der Verhandlung sozialer Verhältnisse und der Wahl der Reproduktionsmethode durch die Autor_innen der literarischen Werke selbst: Während die Feministin Fay Weldon eine Reproduktionsweise ohne männliches Zutun erfindet (vgl. Kap. 5.2.3), wird der männliche Teil der Fortpflanzung bei Eduard Rhein unabdingbar. Obwohl also gerade Liane in dem Roman die entscheidende Akteurin ist, wird ihrer Handlungsfähigkeit mit der biologischen Rolle eine Absage erteilt, während Weldon ihren Figuren diese zuspricht. Zugleich wird, als eine zentrale Botschaft von *KKU*, die Anwendung künstlicher Reproduktionsverfahren nur im Zusammenhang mit der bürgerlich-heterosexuellen Ehe als wünschenswert erklärt:

> ›Zwei lesbische Frauen könnten demnach sogar über Kreuz Kinder miteinander haben.‹ ›Und uns Männer brauchte man dann nur noch zum Beschützen und, und, und … Die Insel der Frauen rückt in greifbare Nähe!‹ ›Sogar die Welt ohne Männer!‹ Liane fröstelte. Einen Jungen wie Erich – ohne Erich – ja. Aber ein Leben ohne Erichs liebevolle Umarmungen – nein! (276)

Dies wird erklärbar mit dem Motto, das Rhein seinem Buch vorangestellt hat: »Sexualität ist nicht Liebe, sie ist meist nur naturgewollte Folge« (5). So wird im Roman eine bestimmte Form der Liebe als einzig ›wahre‹ beständig idealisiert, während alle ›Anderen‹ negativ auffallen. Zugleich wird das Klonen als eine Lösung beschrieben für das, was mit geschlechtlicher Fortpflanzung nicht erreicht werden kann: Die Zeugung eines männlichen, leiblich verwandten Nachkommen. Nur durch das Klonen kann nämlich die Möglichkeit des ›eigenen‹ Kindes bewahrt werden. Eine Samenspende, die Liane ebenfalls vorgeschlagen wird, lehnt sie deshalb ab: »Zu groß war die Gefahr, daß irgendeine spezifische Erbanlage des Spenders durchschlagen und das Glück ihrer Ehe zerstören konnte.« (139) Ein so gezeugtes Kind könnte als etwas ›Fremdes‹ in der Familie sichtbar sein und somit das Tabu der Unfruchtbarkeit brechen. Während bereits Uli aufgrund seiner Behinderung von Liane, seinem Bruder und seiner Mutter als ›unvollständig‹ angesehen wird, gilt dies besonders für ein potentielles Kind, das gesellschaftlichen Ansprüchen nicht gerecht werden kann. Auf diese Weise wird in *KKU* der Klon zum Symbol für das eigene und für Zugehörigkeit. Neben misogynen und homophoben Aussagen spielt insbesondere die Xenophobie eine zentrale Rolle, auf die ich im Folgenden näher eingehe.

Nachdem ein Klon-Versuch mit Erichs Zellen fehlschlägt, kommt der behandelnde Arzt auf die Idee, gar nicht erst die Eizellen von Liane zu verwenden, sondern stattdessen ein »Ei einer beliebigen anderen Frau – gleich welcher Rasse« (225) zu verwenden. Dieser Vorschlag ruft bei Liane großes Entsetzen hervor: »Herr Doktor! Wie können Sie so etwas fragen? Das Ei einer Neger- oder einer Eskimofrau oder ... Ich bin fassungslos!« (Ebd.) Die fremde Eizelle, obgleich sie ja sogar entkernt würde, scheint eine größtmögliche Katastrophe der Fremdheit heraufzubeschwören. Ähnlich wie beim Thema der Behinderung bricht Rhein die Sprache nicht. So erwähnt auch die Erzählinstanz bei der Beschreibung eines Vergnügungsviertels, dass dort »auffällig wenig Neger« (72) zu sehen sind. Die biologistisch gedachte, aber sozial wirksame Zuschreibung des Anderen, die bereits in der Moderne begonnen hatte (vgl. Kap. 4.1), setzt sich also ungebrochen fort. Noch deutlicher wird die Xenophobie, als Erich durch Zufall bei einer »gründlichen Generaluntersuchung« (305) den Hinweis des Arztes bekommt, dass er aufgrund der Mumpserkrankung in seiner Kindheit unfruchtbar sein könnte. In einem Gespräch mit Liane konfrontiert er sie mit der Vermutung, dass das Kind nicht von ihm sein könnte und erkennt an ihrer Reaktion, dass tatsächlich etwas anders ist. Aufgrund des anschließenden Streits hat Liane einen Albtraum:

> ›Da – da haben Sie Ihr Kind. Ihr süßer kleiner Junge ist leider ein ...‹ Sie hörte den Satz nicht zu Ende. Sie hatte schon gesehen, was man ihr da an die Brust gelegt hatte: ein Negerkind. Mit einem Schreckensschrei stieß sie es von sich. ›Das ist nicht mein Kind! Ich habe einen weißen Jungen mit grünen Augen!‹ Gelächter. ›Nein‹, sagte die Schwester, ›das ist Ihr Klon-Kind.‹ ›Sie sind ja verrückt! Ich will mein Kind!‹ (314f.)

Das für Erich ›fremde‹ Kind wird zur Referenz auf ›das Andere‹, in diesem Fall Menschen nicht-weißer Hautfarbe: »Und wenn ich bei der Geburt noch so heftige Schmerzen habe – bitte, sagen sie sofort ›weiß‹, wenn es ein weißes Kind ist« (326), fordert Liane deswegen, als die Geburt beginnt. Und weiter: »Stellen Sie sich vor, wenn es ein Negerbaby wäre!« (327) Als der entbindende Arzt tatsächlich ›weiß‹ sagt und von den Assistenzärzten darauf angesprochen wird, sagt er: »[D]as ist so ein alter Familienspaß bei den Nissens. ›Weiß‹ heißt Junge, ›schwarz‹ heißt Mädchen.« (329) Für die Logik der Geschichte – in der nur der deutsche Chefarzt weiß, dass Liane ein geklontes Kind bekommt – ist es nötig, diesen ›Spaß‹ zu nennen. Jedoch ist diese Aussage im Zusammenhang mit grundlegenden Motiven des Romans weniger ein Scherz als eine Verknüpfung von Xenophobie und Misogynie: ›Schwarz‹, d. h. dunkel – nicht leuchtend – sind die Frauen der Geschichte, ›weiß‹ – ideal – die Männer des Romans. Da diese xenophobe Perspektive durch keine der Figuren oder die Erzählinstanz gebrochen wird, entsteht in *KKU* eine besondere Dynamik: Während die Vorbehalte gegenüber dem Klonen abgebaut werden, wird zugleich die Andersartigkeit farbiger und behinderter Menschen erst konstruiert. Nur das ›eigene‹, d. h. das Vertraute und Bekannte, ist gewünscht, weshalb sich die Frage stellt, ob bei der Befruchtung von Lianes »Ei mit einem fremden Kern« (203) ein ›echter Mensch‹ erzeugt wurde. Im Zuge von Lianes Geburtsvorbereitungen wird dabei auf moderne Erzählungen künstlicher Reproduktion Bezug genommen:

> Eines Tages erinnerte sie sich, in der riesigen Bibliothek ihres Vaters den Roman ›Alraune‹ von Hanns Heinz Ewers gesehen zu haben. Gelesen hatte sie ihn nicht. Sie wußte nur, daß Alraune ein seltsames Wesen war, das, nicht auf normalem Wege gezeugt, zu einem ebenso verführerischen wie unheilbringenden Geschöpf heranwuchs. Gab es da Parallelen zu ihrem Wagnis? (319)

Indem der Anfang von Ewers' Roman explizit zitiert wird, wird der Status des Klons verhandelt: »War das, was sich immer heftiger in ihr regte, überhaupt ein Mensch – oder ein Monstrum?« (320), fragt sich Liane.[111] Die kulturell tradierte Wahrnehmung des Klons als etwas Fremdem wird zunächst durch die Zitierung weiterer Romane demonstriert und im weiteren Verlauf der Geschichte aufgelöst. Denn zum Schluss wird kein ›Monstrum‹ geboren, sondern ein gesundes Kind: »Der Bursche ist in Ordnung« (330), stellt der Arzt fest und kann kaum glauben, dass dieses Kind geklont worden sein soll. Damit wird zugleich der vorhergegangene literarische Diskurs durch diesen intertextuellen Verweis als falsch herausgestellt – Klone sind gerade keine Monster, sondern haben denselben Status wie ihn natürlich gezeugte Kinder auch haben; so lautet eine zenrale Botschaft des Textes. Der Klon erfüllt den patriarchal geäußerten Kinderwunsch. Zugleich wird seine Perspektive nicht eingenommen – *KKU* endet mit der Geburt des Kindes. Sein Aufwachsen

[111] Aus Rheins Biografie geht hervor, dass er Ewers mehrmals selbst getroffen hat (Horster 1992: 151).

sowie seine Abgrenzung vom Original werden ebenso wenig thematisiert wie gesellschaftliche Folgen. Somit stehen die Interessen und das Schicksal der existierenden Generation in einer präferenzutilitaristischen Perspektive im Vordergrund (vgl. Kap. 3.1). An keiner Stelle wird die Erzählung durch den Klon selbst fokalisiert. Dies lässt sich auf die gesamte Erzählstrategie dahingehend übertragen, dass die Alterität bei Rhein unsichtbar bleibt oder lediglich als Kontrastfolie für ein ›klassisch‹ weißes, westliches, gesundes und heterosexuelles Ideal genutzt wird.

Ähnlich verhält es sich mit der Darstellung des wissenschaftlichen Fortschritts. Während die Nissens und ihre Kooperationspartner als makellos, zielstrebig und moralisch integer dargestellt werden, so wird die wenig aussichtsreiche und fragwürdige Forschung an einem abgeschotteten Ort durchgeführt. Knut Tomsson, ein Schwede, der diese Forschung ausführt, widerspricht dabei dem Bild der ansonsten positiv dargestellten Wissenschaftler: »In dem spärlichen Licht, das den Raum nur noch mystischer erscheinen ließ, sah Erich eine gedrungene Gestalt, die unbeweglich vor einem Elektronenmikroskop saß, das bis zur Decke reichte. Von den Eintretenden nahm der Mann keine Notiz.« (64) Topographie und Topologie greifen auch hier ineinander, denn Vorgänge bzw. Personen, die unsichtbar für den Rest der Firma – und für die Öffentlichkeit – sein sollen, werden an abgeschottete und dunkle Orte gebracht. Der Forscher, ähnlich kauzig dargestellt wie in Loeles *Züllinger und seine Zucht*, ist in Erichs Wahrnehmung ein »bedauernswerter Krüppel« (68), ein »Halbaffe« (66); »er suchte seinen Trost [...] in der Arbeit für das vermeintliche Wohl der anderen und auch in dem Streben nach ein bisschen Anerkennung« (68). Das sog. Unsterblichkeits-Gen, an dem er forscht, mutiert am Ende der Geschichte zu einem Virus, das er »Ausrotten! Ausrotten!! *Ausrotten!! Vernichten!! Vergasen*« will, damit »nicht eine neue, noch wildere Pest als die alte über die völlig unvorbereitete Menschheit hereinbrechen sollte« (289). Er selbst begeht aus Verzweiflung Suizid, worüber die Firma schweigt: »Der gasverseuchte Raum wurde versiegelt, mit zusätzlichen Schlössern versehen, die Fensteröffnungen mauerte man zu.« (293) Neue Grenzen werden gezogen bzw. die alten verstärkt, um den Missbrauch der Forschung unsichtbar und unzugänglich zu machen. Dies hat gleichzeitig den Effekt, dass im Kontrast zum ›mad scientist‹ Tomasson andere Forscher als ehrbare Wissenschaftler dargestellt werden. Fehler und Missbrauch, so scheint es, geschehen nur bei ›den Anderen‹, bei den Größenwahnsinnigen und Unvernünftigen.

Eduard Rhein, der selbst durch technische Erfindungen (z. B. das Füllschriftverfahren für Schallplatten) und ihre Vermittlung in Ratgebern und populärwissenschaftlichen Fachbüchern) zu einem großen Vermögen gelangte, hat damit im Pseudonym einen der wenigen Klon-Romane geschrieben, in denen das Szenario der ungeschlechtlichen Fortpflanzung als dankbares Angebot der Reproduktionsmedizin entworfen wird. Dementsprechend überrascht auch nicht, dass Rhein sich nach Beendigung seiner Tätigkeit bei der *Hörzu* mit der Frage beschäftigte, »wie er weiterhin [...] als Katalysator zwischen den Interessen der Industrie und denen der Verbraucher wirken könne«, wie es auf der Homepage seiner Stiftung heißt.[112] So scheint vor seinem beruflichen Hintergrund die Annahme plausibel, dass er durch dieses Buch die deutsche Debatte zu einer liberalen Position hinsichtlich der Reproduktionsmedizin bzw. Embryonenforschung bewegen wollte. Denn das Buch erschien schließlich noch, bevor der erste Entwurf für ein deutsches Embryonenschutzgesetz formuliert wurde (vgl. Kap. 5.3). »Man wird also eines Tages Gesetze erlassen müssen ...« (155), gibt Liane zu bedenken, woraufhin der Arzt erwidert: »Praktisch wirkungslose Gesetze. Wir können uns selber das Denken nicht verbieten. Solche Versuche und Manipulationen geschehen im Verborgenen und werden vom Zeitgeist vorläufig noch abgelehnt oder gar verurteilt.« Rhein lässt sich dabei auf das Szenario ein, dass das Klonen an Menschen sich erstens durchführen ließe und dass es zweitens sicher sei:

> Der Reiz, das zu versuchen, ist so stark, die technischen und biologischen Vorgänge sind schon so bekannt, daß ich es für ein Wunder halten würde, wenn es nicht schon geschehen wäre. Ein bekannter amerikanischer Fachschriftsteller hat eine solche Zeugung sogar bis in alle Einzelheiten registriert. Er kennt – wie er versichert – alle Beteiligten, darf aber ihre Namen noch nicht nennen. Der so in die Welt gesetzte Junge sei kerngesund und laufe munter in den USA herum. Ich glaube, er ist nicht der einzige, obwohl manche Wissenschaftler den erwähnten Bericht anzweifeln. Daß eine solche Zeugung durchgeführt werden kann, gilt heute in Fachkreisen als selbstverständlich und nicht besonders schwierig. (154)

Kurz zuvor findet eine Erklärung der einzelnen Handlungsschritte des Klonens statt, die auch aus einem Biologielehrbuch der 1980er Jahre stammen könnte. Den Leser_innen, die sich nicht mit dem Klonen auskennen, wird suggeriert, dass es tatsächlich schon passiert ist, indem zuerst scheinbar wahre Aussagen gemacht werden und schließlich auf einen Experten verwiesen wird, der überzeugt sei, »daß in den USA schon etliche Kinder herumkrabbeln, die ihr Leben nur dieser phantastischen Möglichkeit verdanken« (168). Hier ließe sich einwenden, dass Rhein ein eigenes Szenario entwickelt. *KKU* könnte als Roman mit allen dichterischen Freiheiten gesehen werden, die Romanen nach üblichen kulturellen Konventionen zustehen. Ihre Fiktionalität, die durch

---

[112] Vgl. http://www.eduard-rhein-stiftung.de/html/hauptseite.html ⟨09.04.2016⟩. Die Stiftung wurde ein Jahr, nachdem er den Axel-Springer-Verlag verlassen hatte, gegründet (Rhein 1992: 470–473).

Signale markiert wird, verleiht ihren Aussagen keine Wahrheitswertfähigkeit (vgl. Kap. 2.1.1). Biologisches Wissen kann falsch sein, Handlungen und Figuren frei erfunden.

Jedoch wird genau dieser Einwand im Buch durch das Nachwort selbst entkräftet. Hier berichtet Rhein (immer noch unter Pseudonym) von Leserbriefen, die ihn nach der Veröffentlichung von *KKU* »in einer der größten Zeitschriften Europas« (348) erreichten. Sie wollten wissen: *»Ist das, was Sie da bis in alle medizinischen Einzelheiten schildern, Utopie oder Wirklichkeit?«* Rhein beantwortet die Frage im Nachwort öffentlich, indem er namhafte Biolog_innen wie bspw. Joshua Lederberg (vgl. Kap. 4.3) mit Aussagen zum Klonen zitiert. Insbesondere über das Statement eines anonymen US-amerikanischen Wissenschaftlers wird damit die Botschaft des Romans bestätigt. Dieser soll dem Autor in Bezug auf die reale Existenz von Klonen verraten haben: »Ich schätze, es gibt bei uns und in Europa – denken Sie nur an die sehr experimentierfreudigen Russen – mittlerweile wohl schon ein Dutzend. Aber sagen Sie keinem, daß Sie diese aus der Luft gegriffene Zahl von mir haben.« (351) Da Rhein diesen Experten allerdings namenlos lässt und keine weitere Sekundärliteratur nennt, kann diese Aussage genauso gut erfunden sein. An den entscheidenden Stellen des Romans weigert sich der Autor somit Auskunft zu geben, so wie auch seine Figuren an vielen Punkten schweigen.

Hier liegt es nahe anzunehmen, dass durch die Darstellung der Charaktere Toleranz und eine positive Einstellung gegenüber einer Technik hervorgerufen werden sollen, die sich in den 1980er und 1990er Jahren entwickeln könnte. In *KKU* ist es lediglich der »Zeitgeist« (155), der das Klonen verhindere, bis sich die gesellschaftliche Auffassung dazu ändere. Dementsprechend trifft Erich bei der Forschung seiner amerikanischen Kollegen auch nur auf moderne Forschungsvorhaben, die einer bereits veränderten Einstellung entsprechen: »Überall auf der Welt wird an diesen Problemen gearbeitet – auch ohne uns. Aufhalten läßt sich das nicht. Außerdem gibt es ja schon seit langem international vereinbarte Vorschriften über den Umfang der zugelassenen Versuche.« (69) Die amerikanische Forschung erscheint gewissermaßen selbst als eine Utopie, als eine Möglichkeit, Dinge umzusetzen, die in Deutschland nicht möglich sind. Dabei verweigert Rhein sich jedem auch nur denkbaren Problem oder einer ethischen Kontroverse, indem alle Konflikte entweder nicht thematisiert werden oder die entsprechenden Figuren Suizid begehen. Auf diese Weise kommt im Roman die moralische Überzeugung zum Vorschein, dass es Zwecke gibt, die das reproduktive Klonen legitimieren. Dementsprechend wagen die meisten Wissenschaftler_innen das Klonen weniger aus Gründen »sachlicher Natur« nicht, sondern eher aus »Angst vor Mißbildungen und vor Angriffen in der Öffentlichkeit« (223). Passend zur ethischen Debatte in den 1970ern (vgl. Kap. 4.4) sind die Einwände gegenüber dem Klonen nicht ethischer, sondern religiöser Natur. Dieser Fortschritt wird vom atheistischen, aber konservativen Nissen »[m]it ebensoviel Spannung wie Unbehagen« (8) beobachtet. Vergleicht man diesen Roman mit der Erläuterung in Rheins Biografie, wird dabei deutlich, dass Rhein selbst der Idee aufsaß, nach der das Klonen schon Realität sein könnte, und dem Fahrwasser der 1970er Jahre folgt, als zahlreiche Möglichkeiten dieser Technik diskutiert wurden:

> In den biologischen Fachzeitschriften wurde immer öfter über Versuche angesehener amerikanischer Forscher berichtet, [...] völlig neues Leben zu erschaffen. [...] Ja sogar Menschen ohne das Zusammenkommen weiblicher und männlicher Samenzellen durch Klonen zu kopieren: einen Menschen also nach seinem Ebenbild zu zeugen. Unvorstellbare Möglichkeiten ... Biologen von Weltruf – unter ihnen Nobelpreisträger – bestätigten die Richtigkeit der Überlegungen und die Ergebnisse ihrer grundlegenden Versuche ... (Rhein 1992: 476)

Am Beispiel Eduard Rheins wird so deutlich, wie das Klonen zu Beginn der Debatte nicht nur im wissenschaftlichen, sondern auch im literarischen Raum aufgegriffen wurde, um Aufmerksamkeit zu erzeugen: »Ich weiß genau, wie gefährlich dieses Thema ist und daß man über mich herfallen wird, wenn ich mir auch nur den kleinsten Lapsus leiste« (ebd.), schreibt Rhein in seiner Biografie. Das Klonen dient gleichzeitig dazu, sich selbst als Autor darzustellen, der Tabuthemen angreift.

5.3.2 Historisch-kulturelle Entstehungsbedingungen und Inhalt des Gesetzes

Als Rheins Buch erschien, hatte die Aushandlung der Reproduktion in vivo, d. h. im Körper der Frau ihren Zenit in Deutschland bereits überschritten: Nach 1945 waren Abtreibungen nur aus medizinischen Gründen akzeptiert, alle anderen wurden nach dem § 218 StGB mit bis zu fünf Jahren Gefängnis bestraft (Karnein 2013: 71 f.). Finanziell vermögende Frauen ließen deshalb eine Abtreibung im Ausland durchführen, während den anderen nur eine selbst bzw. illegal durchgeführte Abtreibung als Lösung blieb. Eine politische Auseinandersetzung mit dem § 218 fand erst Ende der 1960er Jahre zur Regierungszeit Willy Brandts statt und wurde maßgeblich durch die Zweite Frauenbewegung vorangetrieben. 1974 wurde die erste Reform des § 218 StGB zur sog. Fristenlösung in der BRD durchgeführt. Der Schwangerschaftsabbruch war nun in den ersten zwölf Wochen straffrei, wenn er von einem Arzt vorgenommen wurde und die Frau vorher eine Beratung erhalten hatte (Hörner 2005). Nach einer Verfassungsklage von 193 Mitgliedern des *Bundestages* (CDU/CSU-Fraktion sowie fünf Landesregierungen) wurden die Änderungen des § 218 StGB im Jahr 1975 vom Bundesverfassungsgericht (BVerfG) für verfassungswidrig erklärt, da sie, so die Begründung, gegen das Grundgesetz verstießen (Sperling 2013: 231).[113] Der entsprechende Artikel lautet: »Jeder hat das Recht auf Leben und körperliche Unversehrtheit. Die Freiheit der Person ist unverletzlich. In diese Rechte darf nur auf Grund eines Gesetzes eingegriffen werden.« (Art. 2, Abs. 2, GG) Nur bei medizinischer oder kriminologischer Indikation, so argumentierte das *BVerfG*, sollte eine Abtreibung erlaubt sein.

Mit dieser Auslegung wurde auch Embryonen ein Recht auf Leben und körperliche Unversehrtheit zugesprochen. Der Bezug auf das Grundgesetz ist einerseits nötig, da die Einschränkung der Fortpflanzungsfreiheit von Personen nur »zum Schutze anderer höherrangiger Grundwerte verfassungsgemäß« (Coester-Waltjen 2013: 224) ist. Dies gilt allgemein für das Strafrecht, das stets individuelle oder universale *Rechtsgüter*, d. h. Interessen einzelner Menschen, Rechtspersonen oder der Gesellschaft als solcher schützen muss. Da der § 218 Teil des Strafrechts ist, muss er sich also auf »höherrangige [...] Normen« (Schütze 2005: 251) als Grund für eine Beschränkung der reproduktiven Freiheit beziehen. Dafür wurden Embryonen partiell als rechtsfähig erklärt, damit sie Träger der Schutzrechte sein können (254). Sonst hätte das Pronomen ›jeder‹ aus dem Art. 2, Abs. 2, GG keine Gültigkeit besessen, da es sich auf Personen und nicht auf Tiere, Sachen oder Rechtsgüter bezieht. Voll rechtsfähig wird der Foetus hingegen erst nach der Geburt.

Diesem Urteil liegen also implizit die *SKIP*-Argumente zugrunde, nach denen der Embryo sich potentiell kontinuierlich zu einer Person, d. h. zu einem Mitglied der menschlichen Spezies entwickelt (vgl. Kap. 3.1; Karnein 2013: 75). Dabei ließ das *BVerfG* jedoch einen Spielraum, wie er später in der britischen Gesetzgebung auch zu finden ist: »Leben im Sinne der geschichtlichen Existenz eines menschlichen Individuums besteht nach gesicherter biologisch-physiologischer Erkenntnis jedenfalls vom 14. Tage nach der Empfängnis (Nidation, Individuation) an[.]« (BVerfG, Urt. v. 25.02.1975) Allerdings ist durch das Adverb ›jedenfalls‹ zugleich auch eine Möglichkeit offen gelassen, die Grenze noch enger zu setzen.

Der Schutz von Grundrechten ist gemäß der Verfassung staatliche Aufgabe, wobei das *BVerfG* dabei prüft, ob einzelne Gesetze verfassungsgemäß sind. Indem der Embryo für partiell rechtsfähig erklärt wurde, war damit die geltende Version des § 218 StGB nicht verfassungsgemäß. Kulturhistorisch kann diese Entscheidung des *BVerfG* als Signal für die staatliche Aufgabe gesehen werden, einen Missbrauch von Reproduktionstechniken wie im Nationalsozialismus zu verhindern (Beckmann 2004). Das Grundgesetz, das

[113] https: // www.bundestag.de/bundestag/ausschuesse18/a08/25475709_debatten07/200096 ⟨10.04.2016⟩.

gerade aufgrund der Erfahrung mit dem Nationalsozialismus 1949 einen starken Schutz der Grundrechte sichert, kann so auch argumentativ zum Schutz von Embryonen als »society's weakest members« (Sperling 2013: 19) verwendet werden. Zugleich stellte das *BVerfG* in seinem Urteil aber auch den Schutz der Rechtsgüter über die Interessen der Frauen:

> Die Rechtsordnung darf nicht das Selbstbestimmungsrecht der Frau zur alleinigen Richtschnur ihrer Regelungen machen. Der Staat muß grundsätzlich von einer Pflicht zur Austragung der Schwangerschaft ausgehen, ihren Abbruch also grundsätzlich als Unrecht ansehen. In der Rechtsordnung muß die Mißbilligung des Schwangerschaftsabbruchs klar zum Ausdruck kommen. (BVerfG, Urt. v. 25.02.1975)

In der ›Pflicht zur Austragung der Schwangerschaft‹ äußert sich damit in der Begründung des Urteils argumentativ keine Priorität der Interessen der Frauen nach mehr Selbstbestimmung, die während der öffentlichen Abtreibungsdebatte eingefordert wurde. Es liegt nahe, anzunehmen, dass mit diesem Urteil eher »the state's interest in reproduction« (Sperling 2013: 231) gestärkt wurde. Die feministischen Romane der 1970er und 1980er Jahre, wie bspw. *The Cloning of Joanna May* können deshalb als Ergänzung zur Argumentation verstanden werden, die Frauen auf ihre ›natürliche‹ Aufgabe festlegt. Sie forderten gerade durch ihre dystopischen Komponenten mehr Handlungsspielraum für Frauen und eine Loslösung von Biologismen. Mit der Kategorie der *Handlungsspielräume* (vgl. Kap. 3.4) ist es wohl nicht übertrieben, zu konstatieren, dass die Möglichkeiten betroffener Frauen zu Gunsten anderer begrenzt wurden. Denn, so argumentierte das *BVerfG* in seiner Begründung weiter,

> [d]as Recht der Frau auf freie Entfaltung ihrer Persönlichkeit, welches die Handlungsfreiheit im umfassenden Sinn zum Inhalt hat und damit auch die Selbstverantwortung der Frau umfaßt, sich gegen eine Elternschaft und die daraus folgenden Pflichten zu entscheiden, kann zwar ebenfalls Anerkennung und Schutz beanspruchen. Dieses Recht ist aber nicht uneingeschränkt gewährt – die Rechte anderer, die verfassungsmäßige Ordnung, das Sittengesetz begrenzen es. Von vornherein kann es niemals die Befugnis umfassen, in die geschützte Rechtssphäre eines anderen ohne rechtfertigenden Grund einzugreifen oder sie gar mit dem Leben selbst zu zerstören, am wenigsten dann, wenn nach der Natur der Sache eine besondere Verantwortung gerade für dieses Leben besteht. (BVerfG, Urt. v. 25.02.1975)

Die scheinbar rein deskriptive Feststellung, dass »die natürliche Verbindung des ungeborenen Lebens mit dem der Mutter eine besonders geartete Beziehung [begründet], für die es in anderen Lebenssachverhalten keine Parallele gibt« (ebd.) wirft indes auch Fragen auf: Es geht es um einen Zeitraum der Abtreibung, für die eine naturbedingte Beziehung aufgrund der leiblichen

Verbundenheit zwischen Mutter und Embryo noch in weiter Ferne liegt. Obgleich Symptome in der Schwangerschaft auftreten, sind die Kindsbewegungen noch nicht zu spüren; die Geburt ist mehr als ein halbes Jahr entfernt. Hier liegt es nahe, den Beginn einer besonderen Beziehung zum Embryo später zu legen oder zumindest anzuerkennen, dass sich diese Beziehung individuell unterschiedlich gestalten kann (Wiesemann 2006b: 58). Genau diese emotionale Komponente der Schwangerschaft wird in diesem Urteil, bedingt durch die rein rationale Abwägung von Rechtsgütern und Interessen, außer Acht gelassen. Zwar räumt das Gericht ein, dass das Kind nur bedingt gegen den Willen der Frau geschützt werden kann, deren konkrete Situation spielt dabei jedoch keine entscheidende Rolle.

Gerade die Frauen wurden zum Anderen des juristischen Diskurses, weil ihre Interessen, Bedürfnisse und Lebensumstände in der »Einstellung« (Karnein 2013: 77) des Gerichts wenig bis gar nicht berücksichtigt wurden.[114] Paradoxerweise wurde so in einem gewissen Maße gerade in der Reaktion zur *Vermeidung* eines missbräuchlichen staatlichen Zugriffs auf den Embryo wiederum dem staatlichen Interesse an der Reproduktion des Kollektivs Vorrang gegeben.

Angesichts des Urteils durch das *BVerfG* verabschiedete der Bundestag im Februar 1976 eine erneute Reform des § 218, die den Schwangerschaftsabbruch verbot. Hiernach betrifft die Strafandrohung nicht nur die Frau, die den Abbruch durchführen lässt, sondern auch die behandelnden Ärzt_innen. Von der Strafe konnte abgesehen werden, »wenn die Schwangere in ›besonderer Bedrängnis‹ handelte«.[115] Diese ›besondere Bedrängnis‹ meinte eine medizinische, eugenische, soziale oder kriminologische Indikation.

Diese nun geltende Indikationslösung musste nach der Wiedervereinigung mit der Fristenlösung der DDR in Einklang gebracht werden. Frauen konnten dort bis 1992 nach dieser Lösung abtreiben, jedoch wurde eine gesamtdeutsche Regelung angestrebt (Sperling 2013: 230f.). Der Vorschlag einer Fristenlosung mit verpflichtender Beratung wurde 1992 im *Bundestag* angenommen. Ein Jahr später entschied das *BVerfG* genauso wie 1975 (BVerfG, Urt. v. 28.05.1993). Es urteilte, dass die Fristenlösung nicht mit dem Recht auf Leben nach Art. 2, Abs. 2, GG vereinbar sei:

> In beiden Fällen behauptete das Gericht, die ›liberale Lösung‹ erwecke den falschen Eindruck, es sei an der Frau zu entscheiden, ob sie ihre Schwangerschaft fortsetzen wolle oder nicht. Frauen sollte es niemals erlaubt sein, einfach

[114] Angesichts der bis in die 1960er Jahre noch wesentlich restriktiveren Regulierung lässt sich diese Entscheidung des *BVerfG* dennoch als »Liberalisierung« (Beck 2006: 132) bezeichnen.

[115] https: // www.bundestag.de/bundestag/ausschuesse18/a08/25475709_debatten07/200096 ⟨10.04.2016⟩.

eine Abtreibung zu wählen; nur in außergewöhnlichen Fällen sollten sie für den Abbruch einer Schwangerschaft nicht bestraft werden. (Karnein 2013: 75)

1995 beschloss der *Bundestag* die noch heute geltende Version des § 218 StGB, wonach Abtreibungen in den ersten drei Schwangerschaftsmonaten zwar rechtswidrig sind, jedoch straffrei bleiben, wenn sich die Frau mindestens drei Tage vor dem Eingriff von einem Arzt beraten lässt und die Abtreibung selbst von einem Arzt vorgenommen wird.[116] Bei kriminologischer oder medizinisch-sozialer Indikation hingegen ist die Abtreibung nicht rechtswidrig, wenn ihr eine Beratung durch einen anderen Arzt, als derjenige, der die Abtreibung durchführt, vorausgeht. Nur bei einer Indikation werden die Kosten für eine Abtreibung übernommen, ansonsten muss die Frau sie selbst bezahlen.[117]

Die dargestellten Entwicklungen des § 218 StGB sind in zwei Hinsichten relevant für die vorliegende Arbeit. Erstens verdeutlichen sie, wie verschiedene Interessen im Diskurs über Reproduktion ausgehandelt werden. Gerade das deutsche Beispiel illustriert dies mit der paradoxen Lösung der Rechtswidrigkeit, aber Straffreiheit der Abtreibung: »Ein jeder bekam ein wenig von dem, was er wollte: Frauen können abtreiben, und Embryonen sind, zumindest auf dem Papier, noch immer vom Moment ihrer Einnistung in die Gebärmutter an geschützt.« (Ebd.: 83) Sie sind zweitens von Relevanz, da sich Parallelen zwischen der Entstehung des § 218 StGB und der Debatte um das Embryonenschutzgesetz (*ESchG*) aufzeigen lassen. Die Diskussion liegt, historisch betrachtet, genau zwischen den beiden Grundsatzentscheidungen des *BVerfG*. So lässt sich die Diskussion um die Embryonenforschung »letztlich auf den Beginn der Abtreibungsdebatte zurückdatieren« (Friele 2008: 21). Dass die Diskussion um den Schwangerschaftsabbruch in Deutschland Mitte der 1970er Jahre gerade erst ihren vorläufigen Höhepunkt erreichte, erklärt zusammen mit einem »marginalen öffentlichen Interesse« (Salem 2013: 60f.) an der Reproduktionsmedizin die Verzögerung, mit der die Diskussion in Deutschland begann. Erst als 1982 das erste deutsche IVF-Kind in der Unikli-

[116] In diesem Zuge wurde auch die embryopathische Indikation in die medizinische Indikation integriert. Zuvor legitimierte die embryopathische Indikation eine Abtreibung aufgrund der schweren Erkrankung des späteren Kindes bzw. eine genetische Veranlagung zu einer solchen Erkrankung. Mit der Integration in die medizinische Indikation wurde der potentiellen Diskriminierung behinderter Menschen entgegengewirkt (Kentenich et al. 2009). Zugleich können mit der medizinischen Indikation auch Spätabbrüche legitimiert werden, wenn der Abbruch dazu dient, »eine Gefahr für das Leben oder die Gefahr einer schwerwiegenden Beeinträchtigung des körperlichen oder seelischen Gesundheitszustandes der Schwangeren abzuwenden« (§ 218 a Abs. 2 StGB).

[117] Es ist jedoch möglich, einen Antrag auf Kostenübernahme bei der Krankenkasse einzureichen: http: // www.profamilia.de/erwachsene/ungewollt-schwanger/ schwangerschaftsabbruch/ kosten.html ⟨10.04.2016⟩.

nik Erlangen geboren wurde, wurden auch hierzulande die Forderungen nach rechtlicher Regulierung nicht nur im öffentlichen Diskurs laut, sondern auch seitens der Kirchen, Behindertenverbänden, Frauengruppen und Reproduktionsmediziner_innen (Banchoff 2011: 98f.). Medial wurde die IVF aufgrund des Bevölkerungsrückgangs und dem Leid bzw. Stigma der Kinderlosigkeit zwar positiv bewertet, alle gentechnischen Eingriffen ins Erbgut und auch die Forschung an Embryonen wurden jedoch weitestgehend abgelehnt (Salem 2013: 134).

Um einen rechtlichen Rahmen zu setzen, wurde im Mai 1984 vom damaligen Bundesjustizminister, Hans A. Engelhard (FDP), und von Heinz Riesenhuber (CDU), Bundesminister für Forschung und Technologie, die interdisziplinäre *Arbeitsgruppe In-Vitro-Fertilisation, Genomanalyse und Gentherapie* eingesetzt. Auffällig ist, insbesondere im Vergleich zur *Warnock-Kommission*, dass unter den 19 Personen, die aus den Bereichen Medizin, Recht, Biologie, Kirche, Psychotherapie, Gewerkschaften und Arbeitgeberverbänden zusammengesetzt wurden, nur eine einzige Frau vertreten war (vgl. Kap. 5.2.2). Die Kommission arbeitete von September 1984 bis November 1985; sie begann also mit ihrer Arbeit, als die *Warnock-Kommission* ihre gerade beendet hatte. Sie wird, nach ihrem Vorsitzenden Ernst Benda (1925–2009), häufig auch *Benda-Kommission* genannt. Aus einer kulturwissenschaftlichen Perspektive ist von besonderer Relevanz, dass Ernst Benda Präsident des *BVerfG* war, als die o. g. Entscheidung zur Änderung des § 218 StGB fiel. Schon aufgrund dieser personellen Kontinuität überrascht es nicht, dass viele Argumente im Bericht der *Benda-Kommission* der Entscheidung des *BVerfG* ähneln; denn auch hier wurde den kollektiven Pflichten und den Grundwerten der Verfassung eine höhere Bedeutung beigemessen, die eine Begrenzung des Handlungsspielraums legitimierten:

> [D]ie Forschungsfreiheit in diesem Bereich [findet] jedenfalls dort eine Grenze, wo durch ein humangenetisches Verfahren (oder sonstige zellbiologische oder gentechnologische Methoden) ein verfassungsrechtlich geschützter Grundwert beeinträchtigt wird. Dabei kommt neben dem Schutz von Leib und Leben der Achtung der Selbstbestimmung der Betroffenen, der Berücksichtigung des Kindeswohls und sonstigen Rechtsgütern vor allem der Wahrung der Menschenwürde (Art. 1 GG) grundlegende und maßgebende Bedeutung zu. (Benda-Kommission 1985: 4)

Der Beginn des menschlichen Lebens wurde früher festgesetzt als in der Entscheidung von 1975, d. h. der Spielraum der 14 Tage bis zur Individuation wurde nicht genutzt. Denn, so argumentiert die Kommission, »selbst wer der Ansicht ist, daß der Embryo im Frühstadium seiner Entwicklung noch nicht Grundrechtsträger sei, wird nicht leugnen können, daß es sich bei der durch den Samen eines Mannes befruchteten Eizelle einer Frau um artspezifisch [...] menschliches [...] Leben handelt[.]« (Ebd.). Aufgrund der Spezieszugehörigkeit der Keimzellen und der Zygote wurde somit von der *Benda-Kommission* dem Embryo vom Zeitpunkt der Kernverschmelzung an »ein schutzwürdiger Status« (ebd.) zugesprochen, wobei deontologisch argumentiert wurde (28). Dabei wurde angenommen, dass gerade das Klonen die Menschenwürde »in besonders schwerwiegender Weise« (34) verletze.

Mir geht es an dieser Stelle nicht darum, diese Argumente normativ zu evaluieren. Vielmehr sind im Sinne dieser Arbeit die Argumente der Natürlichkeit im Zusammenhang mit der gleichzeitigen Alteritätskonstruktion interessant (vgl. Kap. 3.3). Denn der Bericht der Kommission muss nicht zuletzt auch als ein Versuch verstanden werden, die »natürliche [...] Eltern-Kind-Beziehung« möglichst aufrecht zu erhalten und als Widerspruch gegen Möglichkeiten, »das Mutter-Kind-Verhältnis aufzuspalten« (ebd.). Wie ein roter Faden zieht sich die Kategorie des Anderen durch diesen Bericht: Die heterologe Samenspende etwa (die letztlich abgelehnt wird), wird anerkannt als Zeugungsmethode eines Kindes, »das wenigstens mit der Frau genetisch verwandt ist« (12). Das Adverb ›wenigstens‹ verdeutlicht, wie sehr die genetische Verwandtschaft des *eigenen* Kindes von der Kommission wertgeschätzt wird. Ein weiteres Beispiel ist, dass die IVF bei nicht verheirateten Paaren abgelehnt wird (26). Das unartikulierte Andere bleiben damit alle ›ungewöhnlichen‹ Familienkonstellationen.

1986 wurde nach dem Bericht der *Benda-Kommission* durch Hans A. Engelhard die Bund-Länder-Arbeitsgruppe *Fortpflanzungsmedizin und Genomanalyse* einberufen, die 1988 einen Gesetzesentwurf vorlegte. Dieser war jedoch restriktiver als die Empfehlungen der *Benda-Kommission*. Während sich in der *Benda-Kommission* einige Mitglieder für eine Erzeugung von Embryonen zum Zweck »besonders hochrangige[r] Forschungsziele [...]« (29) aussprachen und die Kommission eine Forschung an überzähligen Embryonen nicht ausschloss, lehnte die Bund-Länder-Arbeitsgruppe beides ab. Unterstützung bekam sie nicht nur von den Kirchen, sondern auch durch den Bericht der *Enquête-Kommission Chancen und Risiken der Gentechnologie* im Jahr 1987 (Banchoff 2011: 101).[118] Im Gegensatz zur Benda-Kommission, dessen Vorsitzender Mitglied der CDU war, war diese Kommission nicht

---

[118] *Enquête-Kommissionen* sind langfristige angelegte Arbeitsgruppen, die fraktionsübergreifend fungieren spezifische Problemfelder bearbeiten. Sie werden vom Bundestag eingesetzt, wenn mindestens ein Viertel der Abgeordneten ihrer Einrichtung zustimmt. Die *Enquête-Kommission Chancen und Risiken der Gentechnologien* arbeitete von 1984–1986. Sie setzte sich aus vier Mitgliedern der CDU, drei der SPD, einem der FDP und einem der relativ jungen Partei *Die Grünen* sowie acht Expert_innen an, die keine Abgeordneten waren, zusammen. Den Vorsitz hatte der SPD-Abgeordnete Wolf-Michael Catenhusen (Banchoff 2011: 102; Jasanoff 2005: 59). Die Grünen stimmten dem Bericht letztlich nicht zu, um auszudrücken, dass ihnen die Stellungnahmen und Empfehlungen nicht restriktiv genug waren.

direkt von der Regierung beauftragt. Sie votierte für ein vollständiges Verbot der Embryonenforschung ohne Ausnahme; eine Position, der sich die damalige Bundesregierung unter Helmuth Kohl letztlich mit ihrem Gesetzesentwurf anschloss (Drucksache 11/5460, 1989). Insbesondere der Einfluss der Umweltbewegung, der Grünen und der Kirchen sowie ein Technikskeptizismus verschiedener Abgeordneter führte dazu, dass das *ESchG* schließlich von einem breiten, parteiübergreifenden Bündnis getragen wurde.

Das 1990 verabschiedete und 1991 in Kraft getretene *ESchG* ist somit noch restriktiver als die Empfehlungen der Benda-Kommission, da es auch keine Forschung an überzähligen Embryonen zulässt. Die Debatten um die Abtreibung dienten als Bezugspunkt, wobei sich viele Positionen auf die Entscheidungen des *BVerfG* beriefen (Weber-Hassemer 2004). Anders als in Großbritannien ist in Deutschland also keine Lobby zu verzeichnen, die die Interessen der Forschung besonders stark vertrat (Banchoff 2011: 103). Dass vom Bericht der *Benda-Kommission* bis zum Inkrafttreten des Gesetzes trotz der breiten Unterstützung sechs Jahre vergingen, ist mit den größeren politischen Veränderungen zu erklären, die in der Zeit der Wiedervereinigung von BRD und DDR stattfanden. Sie war der Grund dafür, dass eine breite mediale Debatte zum *ESchG* ausblieb (Banchoff 2011: 99). Dabei darf allerdings nicht vergessen werden, dass die rechtswissenschaftliche Debatte zum *ESchG* bis heute nicht abgeschlossen ist (Günther et al. 2014: 99, 101).

Diese Unabgeschlossenheit verdeutlicht die Diskussion über Gesetze, die nicht mehr auf ein einziges moralisches Argument zurückzuführen sind. Dies ist auch kulturhistorisch nachzuweisen: Angesichts gesellschaftlicher Umschwünge in den 1960er Jahren wurde zunehmend darauf verzichtet, Strafnormen durch die Verletzung der ›guten Sitten‹ zu begründen. Vielmehr setzte sich ein Verständnis eines »weltanschaulich neutralen Staat[es] und einer modernen, pluralistisch verfaßten Gesellschaft mit einer Vielzahl individuell höchst verschiedener Wertpräferenzen« (Sternberg-Lieben 1997: 127) durch.

Das *ESchG* musste zum damaligen Zeitpunkt allerdings als »strafrechtliches Nebengesetz« konzipiert werden, da der Bund nicht die »Gesetzgebungskompetenz« (Günther et al. 2014: 119) für ein Fortpflanzungsmedizingesetz hatte. Die Restriktivität des *ESchG*, aber auch die mannigfaltige Diskussion diesbezüglich ergibt sich also aus der Strafnorm, der Wertneutralität des Staates und den bindenden Urteilen des *BVerfG* (Beck 2006: 244). Denn es schützt als Strafnorm bestimmte Rechtsgüter, z. B. das individuelle Recht auf Leben und körperliche Unversehrtheit des Embryos, das Wohl des Kindes sowie das kollektive Rechtsgut der Menschenwürde.

Dabei ist nicht nur höchst umstritten, ob dem Embryo (partielle) Rechtsfähigkeit zugesprochen werden darf, sondern auch fraglich, ob das kollektive Rechtsgut der Menschenwürde tatsächlich durch bestimmte Formen des Zugriffs auf den Embryo verletzt wird und ob sich somit ein Eingriff in die Freiheit des Einzelnen rechtfertigen lässt (Günther et al. 2014: 101). Einerseits erscheint der Embryo als potentielles Mitglied der Gesellschaft, dem die gleichen Rechte zustehen wie geborenen (vgl. Kap. 3.1). Diese Position argumentiert, dass die menschliche Würde und die körperliche Unversehrtheit des Embryos bereits mit bestimmten Arten des Zugriffs verletzt werde, die deswegen reguliert werden müssten. Hier hat das *ESchG* als Teil des Strafrechts eine präventive Funktion, da in ihm kulturelle Wertvorstellungen von der Unverfügbarkeit des menschlichen Lebens festgeschrieben sind (kritisch ebd.: 122f.). Gründe werden im historischen Hintergrund des Nationalsozialismus, aber auch im Einfluss der Religion sowie im Einfluss des kantischen Rechts- und Pflichtverständnisses gesehen (Weber-Hassemer 2004). Anderseits argumentieren Positionen, dass er lediglich eine »Anwartschaft« auf Menschenwürde habe – die Ansprüche auf ein »Vollrecht« (Schütze 2005: 257) werden nur antizipiert. Da er eines Tages als verletzbares Subjekt existieren könnte, ergibt sich in dieser Interpretation zwar, dass mit einem missbräuchlichen Zugriff auf ihn das gleiche Rechtsgut verletzt werden könnte wie im Fall eines bereits geborenen Menschen: »Entscheidend ist aber, dass durch die Erzeugung eines Embryos und dessen nachfolgende Austragung erst der unmittelbare Schaden im Hinblick auf das Rechtsgut Menschenwürde des Embryos eintritt[.]« (Schütze 2007: 262). Aus diesem Grund richtet sich die Kritik auf eine irreführende Funktion des Gesetzes, die durch seinen Titel angedeutet wird, doch »[b]ezeichnenderweise enthält das Gesetz kein explizites Tötungsverbot und kann auch nicht dahin ausgelegt werden, dass das aktive Verwerfen eines Embryos verboten sei«, weshalb es sich »auf die Verhinderung von Missbräuchen im Bereich der Reproduktionsmedizin und Genetik« konzentriere (Günther et al. 2014: 120). Aus dieser Perspektive schützt das *ESchG* also nicht den Embryo, da er sich potentiell zu einem Menschen entwickeln könnte, oder weil er nach seiner Geburt der Spezies zugehören könnte, vielmehr werden diese Eigenschaften zu anderen Zwecken bereits vorausgesetzt. Damit zeigen sich Parallelen zwischen der ethischen Verhandlung und dem Rechtsdiskurs, da ähnliche Überzeugungen identifiziert werden können, die einander gegenüberstehen (vgl. Kap. 3).

Aus diesem Grund möchte ich nun herausarbeiten, wie eine Wahrnehmung des Klons als etwas Fremdem die Regulierung geprägt hat und wie zugleich die Regulierung auch wieder Anderes hervorgebracht hat. Denn bereits im Gesetzesentwurf zum *ESchG* heißt es: »In besonders krasser Weise würde es gegen die Menschenwürde verstoßen, gezielt einem künftigen Menschen seine Erbanlagen zuzuweisen.« (BT-Drucks. 11/5460: 11). Es wurde offenbar davon ausgegangen, dass die Embryonen erzeugt werden »um sie für eigene oder Drittinteressen zu ›benutzen‹« und dass sie deshalb »in geradezu klassischer Weise als Objekt für andere [dienen]« (Günther et al. 2014: 190). Der Klon wird damit wie selbstverständlich zu einem Produkt, etwas Gemachtem und Hergestelltem, dem jegliche Autonomie abgesprochen wird (Schütze 2005: 258; dagegen Beck 2006: 235–238).

Allerdings zeigt sich bei einer solchen Begründung ein ähnliches Paradox, wie ich bereits für die ethische Debatte herausgearbeitet habe (vgl. Kap. 3): Weder ist die Persönlichkeitsentwicklung und Selbstbestimmung notwendigerweise durch das Klonen gefährdet, noch würde der Klon zwangsläufig als ungleich angesehen. Da die Situation und die Bedürfnisse des Klons nur antizipiert werden können, sind sie »›fiktive Subjekte‹« (Günther et al. 2014: 183) des Gesetzes. Deshalb sagt das Argument der Würdeverletzung des Klons qua seiner Erzeugungsweise viel über den Gesetzgebungsprozess selbst aus: »Der Vorwurf ›menschenunwürdig‹ bezieht sich dabei nicht auf die Existenz des später geborenen Menschen, sondern auf das **zu seiner Erzeugung führende Verfahren**, ebenso wie zwischen einer Vergewaltigung und dem aus ihr hervorgegangenen Kind zu unterscheiden ist.« (331) Damit wird eine ablehnende Haltung gegenüber bestimmten *Handlungen* ausgedrückt: »Wer künstlich bewirkt, daß ein menschlicher Embryo mit der gleichen Erbinformation wie ein anderer Embryo, ein Foetus, ein Mensch oder ein Verstorbener entsteht [...]« wird laut ESchG § 6 Abs. 1 »mit Freiheitsstrafe bis zu fünf Jahren oder mit Geldstrafe bestraft«. Dem reinen Wortlaut des Gesetzes nach ist es indes strittig, ob der Klon überhaupt ein Embryo ist (ausführlich Beck 2006). Denn laut der Begriffsdefinition des *EschG* wird »bereits die befruchtete, entwicklungsfähige Eizelle vom Zeitpunkt der Kernverschmelzung an« (EschG § 8 Abs. 1) als Embryo definiert – und im Verfahren des Zellkerntransfers wird die Eizelle streng genommen nicht befruchtet, denn es findet keine Kernverschmelzung statt. Mit dieser Auslegung wird also maßgeblich auf den Zeitpunkt der Entstehung menschlichen Lebens abgezielt. Jedoch ist als Gegenargumentation vorgebracht worden, dass das Adverb ›bereits‹ im Sinne von ›auch‹ zu verstehen sei (Nationaler Ethikrat 2004: 27–31). Dies wird besonders im Kontrast zum *HFE Act 1990* deutlich. ›Bereits‹ meint im *ESchG*, dass kein Unterschied zwischen einer befruchteten Eizelle und einem 14 Tage alten Embryo gemacht wird wie im britischen Gesetz. Da laut *ESchG* keine Forschung an Embryonen erlaubt ist und jeder Versuch des Klonens im Jahr 1990 diese Forschung voraussetzte, wird deutlich, dass es nicht im Interesse des Gesetzgebers stand, diese Technik zuzulassen.

Insofern kann auch für die rechtliche Debatte konstatiert werden, dass sich hier erstens der westliche Wert der Individualität zeigt, zweitens Familienformen verhandelt werden und es drittens auch um Handlungsspielräume geht – nämlich Handlungsspielräume einzelner Patient_innen gegenüber dem Staat oder Institutionen. Wie sehr diese Kategorien miteinander verschränkt sind, wird deutlich, wenn bedacht wird, dass das *ESchG nicht* regelt, wer *Zugang* zur Reproduktionsmedizin erhält – rechtslogisch kann es dies auch gar nicht, da es als Teil des Strafrechts ja gerade regulieren muss, wer beim missbräuchlichen Zugriff *bestraft* wird und welche Güter durch diese potentielle Strafe geschützt werden.

Der Zugang zur Reproduktionsmedizin ist wiederum in den Richtlinien der assistierten Reproduktion der *Bundesärztekammer* (BÄK) als *ärztliches Standesrecht* reguliert und kann bei Nichtbeachtung berufsrechtliche Sanktionen nach sich ziehen (Dethloff 2010). Dabei stellt diese Rechtsform einen großen Handlungsspielraum der medizinischen Profession dar, da sie Personen von der Inanspruchnahme reproduktionsmedizinischer Maßnahmen ausschließen kann (Günther et al. 2014: 147). Hierbei wurde wie im *ESchG* in den frühen Formen auch auf das Grundgesetz verwiesen, um die entsprechenden Regulierungen zu legitimieren:

> Die Verfassung stellt Ehe und Familie unter den besonderen Schutz des Staates (Art. 6 Abs. 1 GG). Sie geht dabei davon aus, daß eine Familie auf der Basis einer Ehe gegründet wird und dadurch ihren rechtlichen und sittlichen Zusammenhalt findet. An diese Wertentscheidung der Verfassung ist auch der Arzt gebunden, der durch die Methoden der assistierten Reproduktion zur Bildung einer über die Partnerschaft zweier Menschen hinausgehenden Familie beitragen soll. (Bundesärztekammer 1998: 82)

Argumentativ wird damit auf Grundlage der Verfassung implizit auch der Ausschluss homosexueller Partnerschaften sowie alleinstehender Frauen mit der besonderen Rolle der (bürgerlichen) Ehe und Familie begründet. Das Sozialgesetzbuch (SGB) bestätigt diese Norm der zweigeschlechtlichen Ehe wiederum dadurch, dass nach § 27 a SGB V nur verheirateten, heterosexuellen Paaren eine Finanzierung der künstlichen Befruchtungen zugesichert ist (Günther et al. 2014: 147). Im Sinne der vorliegenden Arbeit ist es wohl nicht untertrieben zu konstatieren, dass im reproduktionsmedizinischen Diskurs und den entsprechenden Regulierungen sowohl von staatlicher als auch von medizinischer Seite bestimmte Familienmodelle Anderen gegenübergestellt werden (vgl. Kap. 3.3). In ihrer Novellierung der Richtlinie aus dem Jahr 2006 verweist die *BÄK* nicht mehr auf den Art. 6 des Grundgesetzes, konstatiert aber: »Methoden der assistierten Reproduktion sollen unter Beachtung des Kindeswohls grundsätzlich nur bei Ehepaaren angewandt werden.« (Bundesärztekammer 2006: 1395). Dieses Argument ist nötig, da sowohl deskriptive Urteile der Natürlichkeit als auch weltanschauliche Begründungszusammenhänge im säkularisierten Rechtsstaat keine Rechtfertigung für die Freiheitsbeschränkungen der Bürger_innen sein können (Dethloff 2010). Anders formuliert: Erst dadurch, dass ein schützenswertes Rechtsgut wie das ›Kindeswohl‹ existiert, kann die Exklusion von Personen im Bereich der assistierten Reproduktion legitimiert werden (Funcke/Thorn 2010). Obgleich die Prämissen der Kindeswohl-Argumentation in neueren Forschungen entkräftet wurden, gab es bisher keine entsprechende Änderung der Richtlinien (Coester-Waltjen 2013: 229f.).

Die große Bedeutung der Befruchtung des Embryos im *ESchG* durch zwei verschiedengeschlechtliche Keimzellen sowie die Verhinderung der sog. gespaltenen Mutterschaft zeigen weiterhin, dass ein Wert der Natürlichkeit durchaus noch im Gesetz zu finden ist (Günther et al. 2014: 185f.). Dabei dienen zur Aufrechterhalten dieser Natürlichkeit besonders im Falle der Infertilität »soziale Ausschlusskriterien«, welche »das Handeln der Ärzte und die ethische Kontrolle eines medizintechnischen Verfahrens regeln« (Orland 2003: 18f.).

Während sich in Großbritannien an vielen Stellen ein Verständnis von Reproduktion als Handlung durchsetzt, bleibt diese Entwicklung in Deutschland aus. Durch die Erfahrung mit dem Holocaust und der negativen Eugenik soll gerade dieser natürliche Prozess gewahrt und geschützt werden. Dazu wird argumentativ auf ein enges Verhältnis zwischen Mutter und Kind rekurriert, um die sog. gespaltene Mutterschaft in Form von heterologer Eizellspende und Leihmutterschaft zu verhindern (kritisch: Heyder 2013). Jede dieser Techniken zieht Folgeprobleme und -fragen nach sich, denen ich mich hier aus Kapazitätsgründen nicht widmen kann. Jedoch soll festgehalten werden, dass aus kulturvergleichender Sicht besonders im deutschen Recht das ›Andere der Reproduktion‹ mit normativ-regulierender Kraft konstruiert wird. Ob und welche verfassungsrechtlichen Schutzgüter eine Begrenzung der Reproduktionstechniken begründen, ist weiterhin Gegenstand der Debatte.

5.3.3 Zwischenfazit

Der nationalstaatlich geprägte Rechtsraum lässt die Differenzen in der Normierung des Klonens wirkungsmächtig hervortreten. Zwar ist das Klonen zu Reproduktionszwecken sowohl in Deutschland als auch in Großbritannien illegal. Dies ist aber nur auf den ersten Blick eine Gemeinsamkeit, denn bei genauerer Betrachtung zeigen sich bei der jeweiligen Begründung starke Unterschiede:

> Die englischsprachigen Stellungnahmen begründen das Verbot [...] im Wesentlichen mit dem dieser Methode innewohnenden Schädigungspotenzial [konkreter Menschen]. Die [...] deutschen Stellungnahmen argumentieren primär mit der Gefährdung [...] gesellschaftlicher Wertvorstellungen wie Identität und Menschenwürde [...], also in Gefährdungen, die primär unabhängig davon sind, ob und inwieweit das Resultat des Klonens, der geklonte Mensch, von der Methode seiner Hervorbringung betroffen ist. Im Gegensatz dazu kommen die Begriffe Identität und Menschenwürde in den britischen Stellungnahmen nicht vor. (Birnbacher 2008: 25f.)

Diese unterschiedlichen Begründungsstrategien lassen sich als Fortführung verschiedener Traditionen rekonstruieren (vgl. Kap. 3.5, 4.1). Dementsprechend ist es auch wenig überraschend, dass sie zu unterschiedlichen Regelungen geführt haben: Großbritannien hat sehr liberale Gesetze im Bereich der Reproduktionsmedizin verabschiedet, mit denen Embryonen auch zu Forschungszwecke erzeugt werden dürfen. Mit der *HFEA* wurde zudem eine Behörde geschaffen, die einzelne Forschungsvorhaben prüft und beurteilt. Hier wirkt eine Tradition kasuistischer Entscheidungsverfahren fort, die allgemein im *case law* ihren Ausdruck findet (Shapiro 1996).[119] In Deutschland hingegen ist durch die Verankerung im Strafrecht genau der gegenteilige Fall eingetreten – über das *ESchG* wird unabhängig von den Umständen und Einzelfällen pauschal jede Form der Forschung an Embryonen unter Strafe gestellt, um höhere Güter zu schützen. Die Menschenwürde fungierte in der deutschen Debatte trotz der vorgebrachten Kritik als tragendes Konsensus-Argument, in Großbritannien jedoch nicht.

Es lässt sich also konstatieren, dass die britische Position eher in pragmatisch-utilitaristischer Tradition steht, während in Deutschland bei der Rechtsbegründung eher deontologisch und abstrakt argumentiert wird (von der Pfordten 2005: 245–249). Zugleich treten weitere Faktoren in diese Verhandlung ein: In Deutschland ist die Diskussion maßgeblich von den Erfahrungen des Nationalsozialismus sowie dem Einfluss der Grünen und der Kirchen geprägt, die zu einem noch restriktiveren Gesetz führen als von der *Benda-Kommission* vorgeschlagen. Während in Großbritannien mit Mary Warnock eine Philosophin den Vorsitz der entsprechenden Kommission geführt hat und deshalb ein interdisziplinärer Diskurs angelegt war, wird die entscheidende Diskussion in der deutschen Debatte von Jurist_innen geführt. Die wissenschaftlichen oder auch gesellschaftlichen Positionen scheinen in Deutschland sehr klar verteilt und voneinander abgegrenzt zu sein, während es in Großbritannien durchaus möglich ist, in verschiedenen Feldern zu agieren. Des Weiteren werden Gesetzesentwürfe in Großbritannien öffentlich diskutiert und als Steigerung des Gemeinwohls gedacht:

> Was der Mehrheitsmeinung entspricht, wird nicht rückgebunden an einen Verfassungstext, und es kann vor einem Verfassungsgericht nicht dagegen geklagt werden. Im Fall der Forschung an Embryonen verhilft die Möglichkeit einer Kontrollbehörde dazu, eventuell unerwünschte Folgen der Gesetzgebung zu vermeiden und konsensfähige Entscheidungen bei veränderten Rahmenbedingungen herbeizuführen. Dem steht eine an das Grundgesetz zurückgebundene Gesetzgebung im deutschen Kontext gegenüber. (Rolf 2009: 47)

---

[119] Im Fall der Reproduktionsmedizin konnte sich allerdings die Gesetzgebung nicht auf Präzendenzfälle beziehen, was eine weitere Erklärung für die lange Konsultation ist (Jungfleisch 2005: 162).

Wiederum erweist sich die deutsche Verfassung als höherer Bezugsrahmen, auf den die Diskursteilnehmer_innen in der Rechtsgenese als Verbindlichkeit referieren, die es in Großbritannien nicht gibt (Schütze 2005: 265). Insofern kann das britische Gesetz deutlicher als eine »Alternative zwischen Kommunikationsabbruch und strategischem Handeln« (Habermas 1998: 44) verstanden werden, da nach langem Ringen (und auch viel Strategie) letztlich ein Kompromiss, jedoch kein Konsens gefunden wurde. Neben der Parlamentssouveränität ist insbesondere der Einfluss der britischen Forschungslobby und das strategische Interesse der Regierung Thatcher als Ursache für den langen Gesetzgebungsprozess zu sehen. Dabei beeinflusste jene Regierung durchaus einzelne Abgeordnete dahingehend, dass diese schließlich für das Gesetz stimmten.

In Deutschland hingegen gibt es die Verfassung als erwähnten höheren Bezugsrahmen, der Güter wie die Menschenwürde schützt. Weiterhin wird der Diskurs selbst eher kommunikativ gestaltet, was sich auch an gleich drei Kommissionen und Arbeitsgruppen zu diesem Thema zeigt. Wiederum findet sich in Großbritannien eine sehr umfassende und durchdachte Regulierung, die weniger offene Fragen lässt als in Deutschland. Insbesondere schützt die deutsche Verfassung mit GG Art. 6 die Familie – in der Auslegung wohl gemerkt eine bestimmte Familienform – und dient der *BÄK* als regulierender Instanz dafür, Andere Familienformen von der Reproduktionsmedizin auszuschließen. In Großbritannien, ohne Verfassung und mit dem Fokus auf das Wohl der Bevölkerung bzw. ihren Individuen und dem Nutzen einer Technik, herrschte von vornherein eine eher liberale Haltung gegenüber dem Klonen zu Therapie- und Forschungszwecken vor.

Diese Perspektive ergibt sich durch einen Vergleich, der nach dem Entstehungskontext der Gesetze fragt und diese in einen größeren, kulturgeschichtlichen Zusammenhang einordnet und gleichzeitig strategische Interessen nicht außer Acht lässt. Die Entgegensetzung von britischem Utilitarismus und deutscher Deontologie bietet »nur eine erste Kartographie« (Rolf 2009: 18) für die kulturellen Unterschiede, denen zur näheren Erklärung weitere Faktoren hinzugefügt werden müssen.

Es ist nicht verwunderlich, dass Großbritannien mit einer langen kulturellen Geschichte des lebensweltlichen und utilitaristischen Bezugs eine eher forschungsfreundliche Lösung gefunden hat. Zentral ist die britische Unterscheidung zwischen Embryo und Prä-Embryo, die als Voraussetzung für den nur begrenzten Schutz in den ersten 14 Tagen gesehen werden kann. Aufgrund der deutschen Technikskepsis und der Erfahrung mit dem Nationalsozialismus wäre ein Gesetz wie in Großbritannien hierzulande nicht ohne weiteres zu etablieren (Friele 2008: 186). Im deutschen Rechtsdiskurs spielt die *Potentialität* des Embryos, aufgrund derer ihm eines Tages Menschenwürde zukommen könnte, eine gewichtige Rolle. Dass in Großbritannien nicht die Handlung des Klonens negativ bewertet wird, sondern seine Umstände und Folgen, zeigt sich nicht zuletzt auch im literarischen Diskurs. Weldons *The Cloning of Joanna May* greift die Faktizität der unregulierten Praxis auf und nutzt das Motiv des Klonens zugleich als Kritik am Patriarchat. Dadurch geht es um weibliche Handlungsspielräume und ihr Aufbegehren gegenüber der Dominanz männlicher Forschung und Entscheidungsmacht über den weiblichen Körper. Horsters *Klon-Kind Uli* hingegen ist einer der wenigen deutschen Romane zu diesem Thema. Den Nationalsozialismus über dieses Motiv zu verhandeln, kommt entweder als Idee gar nicht auf oder findet keine Verleger_innen. *Klon-Kind Uli* ist nach meinem Kenntnisstand der einzige deutsche Roman, in dem das Thema des Klonens im Zeitraum zwischen der Geburt von Louise Brown im Jahr 1978 und der des Schafes Dolly im Jahr 1996 aufgegriffen wird.

Mit dieser Analyse soll kein endgültiges Verständnis von ›Recht‹ proklamiert werden oder gar die normative Frage, was Recht leisten soll, beantwortet werden. Jedoch zeigt sie, dass die Entstehung des positiven Rechts als gesellschaftliche Institution einer gewissen kulturellen und historischen Kontingenz unterliegt (Birnbacher 2003: 51–54). Mit gutem Grund kann das Recht deshalb gleichermaßen als »Resultat und Regulator gesellschaftlicher Prozesse« (Kunz/Mona 2006: 7) verstanden werden. Es ist Ausdruck bestimmter historisch und kulturell gewachsener, moderner Gesellschaften, die es nicht bloß abbildet, sondern zugleich auch entscheidend formt. Anders als moralische Normen, gibt es im Recht also die Möglichkeit faktischer äußerer Sanktionen seitens staatlicher Institutionen, die notfalls auch mit Gewalt durchgesetzt werden können (Birnbacher 2003: 54; Horster 1999: 496).

Während kulturelle und moralische Normen also ebenfalls das kollektive Zusammenleben prägen und gestalten, ist es dem Recht vorbehalten, im normativen Sinne eine »Faktizität und Geltung« (Habermas 1998) zu schaffen. Es kann als ein Weg moderner Gesellschaften gesehen werden, normative Verbindlichkeiten herzustellen. Angesichts des »Dissensrisikos« (37) aufgrund der Pluralität moderner Gesellschaften sieht Habermas das Recht als eine Möglichkeit, die genutzt wird, wenn ein solcher Dissens nicht im kommunikativen Handeln aufgelöst werden kann. Eine plurale Gesellschaft, in der es nicht mehr eine (z. B. kirchliche) verbindliche Ordnung gibt, sondern ganz verschiedene Überzeugungen und Lebensentwürfe, sei auf das Recht als Institution angewiesen. Es setze einem potentiell endlosen kommunikativen Handeln eine Grenze, wenn dieses abzubrechen droht oder Gefahr läuft, zu einem rein strategischen Handeln zu werden (44). Aus dieser Sicht entstehen sowohl die Idee des Rechts als auch einzelne Gesetze im kommunikativen Aushandlungsprozess, wenn der moralische Diskurs durch unüberbrückbare, zumeist gesellschaftliche, Gegensätze ins Stocken gerät. Damit befindet sich das Recht in einem Spannungsfeld, da es einerseits die geltende »bindende Kraft von rational motivierten Überzeugungen« darstellt und andererseits faktisch »der auferlegte Zwang äußerer Sanktionen« (43) ist. In seiner institutionalisierten Verbindlichkeit unterscheidet sich dieser Zwang wiederum von Gebräuchen und auch von moralischen Normen. Denn mit dem Recht wird eine konkrete politische Regelung geschaffen, die auch dort als institutionalisierte Grundlage gilt, wo moralisch kein Konsens hergestellt werden kann. Das Recht schafft in diesem Sinne eine Norm, die in einem bestimmten institutionellen (insbesondere nationalen) Kontext gerade da wirkt, wo eine verbindliche Lösung gefunden werden muss. Allerdings bedeutet dies nicht, dass der moralische Diskurs beendet ist.

Dieses Verständnis eignet sich, um den Aushandlungsprozess des britischen *HFE Act 1990* und des deutschen *ESchG* zu erklären. Beiden ging ein langer Prozess bis zur Etablierung voraus, da sich bestimmte Überzeugungen gegenüberstanden. Die Gesetze schafften also eine Faktizität und Geltung in einem Diskurs, der bis heute andauert.

5.4 Technische Fortschritte nach dem Human Fertilisation and Embryology Act und dem Embryonenschutzgesetz

Als die Gesetze erlassen wurden, war der Transfer von ausdifferenzierten Zellkernen noch nicht geglückt. Im Jahr 1984 erschafft Steen Willadsen am *Institute of Animal Physiology* in Cambridge eine Chimäre aus Schaf und Ziege, die ›Schiege‹. Nur zwei Jahre später publiziert er als erster, dass ein Schaf durch den Transfer eines embryonalen Zellkerns geklont wurde (Willadsen 1986). Zwar war es mit den Forschungen von Willadsen immer noch nicht möglich, ein ausgewachsenes Säugetier aus somatischen Zellen zu klonen, jedoch konnten seine Nachkommen im embryonalen Stadium auf diese Weise reproduziert werden: »His research suggested for the first time that nuclear transfer in mammals was possible from at least these early embryo stages. Willadsen's work would provide much of the impetus for Dolly.« (Wilmut/Highfield 2006: 80) Ian Wilmut und seinem Doktoranden Lawrence Smith gelang es am schottischen *Roslin Institute*, mit den Kernen embryonaler Stammzellen vier Schafe zu klonen, indem sie Willadsens Technik anwendeten. Dabei machten sie die Entdeckung, dass das Klonen nur gelingen konnte, wenn die Teilung sowohl der Spender- als auch der Empfängerzelle im gleichen Zyklus verläuft (87). Es musste der Moment abgepasst werden, in dem beide Zellen kurz davor sind, sich zu teilen. Dass dies bei den vier vorher geklonten Schafen der Fall gewesen war, war Zufall.

1991 trat Keith Campbell an die Stelle von Lawrence Smith. Sein Spezialgebiet waren die Teilungszyklen von Zellen. Mit diesem Wissen und Willadsens Technik gelang es den Forscher_innen am *Roslin Institute* 1995, die Schafe Megan und Morag aus neun Tage alten embryonalen Stammzellen zu klonen (83–90). Entgegen dem bis dahin vorherrschenden Wissen zeigten sie, dass auch mit weiterentwickelten Zellen geklont werden konnte. Für die von ihnen angewendete Technik erhielten Wilmut und Highfield ein Patent, das ihnen wiederum Geld einbrachte, um ihre weitere Forschung zu finanzieren (91).

Zu diesem Zeitpunkt war die ethische und politische Debatte um das Klonen erneut entfacht, da an der *George Washington University School of Medicine* der erste menschliche Klon erzeugt wurde (Hall et al. 1993). Was hier als Klonen bezeichnet wird, ist jedoch nicht der Zellkerntransfer, sondern das Embryosplitting (Jacques Cohen/Tomkin 1994). Es wurden 17 befruchtete Embryonen geteilt, die sich im Zwei- bis Achtzellstadium befanden. Die einzelnen Teile wurden jeweils mit einer künstlichen Zona Pellucida, der Schutzhülle der Eizelle, umhüllt, die zugleich Nährstoffe für die Zellteilung bereitstellt und für eine Implantation notwendig ist (Wilmut/Highfield 2006: 103). Durch die Teilung wurden 48 Embryonen erzeugt, von denen diejenigen des Zweizellstadiums das größte Potential zur Implantation aufwiesen.[120] Allerdings wurde keiner dieser Embryonen tatsächlich implantiert. Durch dieses in den USA durchgeführte Experiment kam die Klon-Debatte wieder ins Rollen und griff insbesondere die bereits von Ramsey und Flechter angestoßene Argumente erneut auf (vgl. Kap. 4.4). Obleich das Splitten der Embryonen aus fachlicher Perspektive keine Neuerung darstellte, führte die Verwendung des Klon-Begriffs zu einer neu aufkommenden öffentlichen Debatte:

> The Hall and Stillman experiment caused anxiety on at least two levels: first, the distrust of authority (governmental, scientific, renegade) to harness a technology within that authority's control; second, the more fundamental concern that self-identity and individuality would become objects that could be blurred or obliterated at will. (Poon 2000: 163)

Unterstützt wurde diese Wahrnehmung durch eine fälschliche Darstellung in der *New York Times*: Ein Artikel zum gelungenen Embryosplitting wurde durch eine Grafik zum Zellkerntransfer illustriert (Cynthia B. Cohen 1994). Die Möglichkeiten der Reproduktionsmedizin waren nun

---

120 Allerdings wurde der Erfolg des Embryosplittings nicht besonders hoch eingeschätzt, da Studien erwiesen hatten, dass die Wahrscheinlichkeit einer erfolgreichen Schwangerschaft nicht allein durch die Anzahl der implantierten Embryonen, sondern auch durch deren Heterogenität beeinflusst werde (Jones 1994; Robertson 1994;).

scheinbar hin zum Klonen des Menschen erweitert worden. Das Klonen wurde im medialen Diskurs nicht als eine von vielen Reproduktionstechniken wahrgenommen, sondern mit einer unkontrollierten Menschenzüchtung des Monströsen assoziiert; insbesondere mit Narrativen geklonter Diktatoren (Poon 2000).

Allerdings ist diese Bedeutungszuschreibung nicht nur in der fiktionalen Literatur oder dem öffentlichen Diskurs selbst zu suchen, sondern auch in der Fachdebatte. Denn ein Argument für die Akzeptanz der Experimente von Hall und Stillman ist, dass diese an »abnormal embryos« bzw. »abnormal preembryos« (Jones 1994: 206) durchgeführt wurden. Ihre Andersartigkeit bestand darin, dass sie mit mehr als einem Spermium befruchtet worden waren und nicht überlebensfähig gewesen wären. Der biologische Begriff des ›Abnormen‹ i.S.d. Ungewöhnlichen ist zwar nicht per se gleichzusetzen mit seiner sozialen und kulturellen Konnotation. Jedoch lässt sich ›abnorm‹ auch pejorativ mit ›abartig‹ oder ›entartet‹ übersetzen. So wird sprachlich etwas dezidiert Anderes dem »normal embryo« (Stillman 1993, zitiert in Macklin 1994: 211) gegenübergestellt.

Die Andersartigkeit des missgebildeten Embryos wird hier (wenngleich vermutlich nicht bewusst und intendiert) genutzt, um bestimmte Experimente zu legitimieren. Aus alteritätstheoretischer Perspektive ist es deshalb wenig überraschend, dass die Wahrnehmung einer breiten Öffentlichkeit das Klonen später mit Missbrauch, Determinierung und Instrumentalisierung assoziierte, weil das Sprechen über ›abnorme Embryonen‹ in seiner symbolischen Dimension durchaus diejenigen verletzen kann, die selbst einmal nicht einer gesellschaftlichen oder kulturellen Norm entsprochen haben (vgl. Kap. 1). Zudem weckt dieser Sprachgebrauch die Assoziation mit der Rhetorik des ›lebens(un)werten Lebens‹, selbst wenn sie nicht als solche intendiert war. Die Symbolik des Klons als soziale oder kulturelle Alterität verfestigt sich an diesem Punkt durch Konnotationen, die in der rein technischen Debatte kaum reflektiert werden und die zugleich einen entscheidenden Schritt in der Wahrnehmung des Klons darstellen, die bei Dolly virulent wird.

5.5 Die Geburt des Schafes Dolly im Jahr 1996

Die Geburt des Schafes Dolly am 05. Juli 1996 war besonders, da mit ihr erstmals das Klonen durch Zellkerntransfer einer adulten Zelle möglich wurde. Es fand eine »›Entsciencefictionisierung‹« (Krohmer 2007: 25) statt, denn es wurde nun auch die raumzeitliche Existenz des (menschlichen) Klons denkbar. Dolly verschob die Grenze dessen, was als möglich betrachtet wurde, sorgte aber zugleich dafür, dass ab 2000 klarer zwischen dem Klonen und Befruchtungstechniken wie der IVF unterschieden wurde (Brock 2004).[121] Das *Roslin Institute*, an dem Wilmut und Campbell arbeiteten, war seinerzeit ein kleines und eher unbekanntes und abgelegenes Institut in Schottland. Für die Öffentlichkeit sowie jene Wissenschaftler_innen, die die Entwicklungen des Klonens in den Jahren zuvor nicht intensiv verfolgt hatten, stellte Dolly eine Zäsur dar, denn viele hatten nach den Skandalen um Rorvik und Illmensee geglaubt, dass das Klonen aus ausdifferenzierten Zellen unmöglich sei (vgl. Kap. 5.1). Das *Roslin Institute* arbeitete mit der benachbarten Firma *PPL Therapeutics* zusammen, die Schafe genetisch modifizieren wollte (Wilmut/Highfield 2006: 96). Mit diesem Ziel beantragten beide Institute gemeinsam eine Förderung beim *Ministry of Agriculture, Fisheries and Food* und arbeiteten nach der Bewilligung zunächst am Transfer foetaler und embryonaler Zellen, die *PPL Therapeutics* bereits kultiviert hatte. Kurz nach Dollys Geburt wurde die Finanzierung für die anschließenden sechs Monate halbiert und schließlich eingestellt (Herrmann 2009: 66). Erst als nicht mehr genug dieser Zellen produziert wurden, wurde mit ausdifferenzierten weitergearbeitet.

Im Jahr 1990 war es am *Roslin Institute* bereits gelungen, Tracy, ein transgenes Schaf zu erzeugen. Es produzierte das Protein α-1-Antitrypsin in seiner Milch. Wenn die körpereigene Produktion gehemmt ist, kann ein Mangel bei Patient_innen zu Erkrankungen führen. Würde das Klonen transgener Schafe mit gesteigerter Milchproduktion gelingen, so die Annahme, könnten serienmäßig Tiere erzeugt werden, die das Protein in Massen produzierten. Die Strategie von Ian Wilmut, mit einem Fernsehteam zu reden, bevor die Publikation in *Nature* erschien, führte dazu, dass der eigentliche praktische Zweck ihrer Forschung, nämlich die Herstellung von Pharmazeutika, kaum kommuniziert wurde, sondern vielmehr die Sensation des geklonten Schafes im Vordergrund stand: »Just dwell for a moment on what we were aiming to do. We were trying what, for most people, was unthinkable: to achieve a live birth without the help of a father.« (Wilmut/Highfield 2006: 93) Die ungeschlechtliche Zeugung, die ›vaterlose Geburt‹ wurde als spektakulär rezipiert, da sie das Ereignis der Zeugung mit einem menschlichen Handlungsspielraum ersetzt, der ganz neue soziale Ordnungen denkbar macht.

In der Publikation selbst hingegen war die praktische Dimension angelegt: *Viable Offspring Derived from Fetal and Adult mammalien Cells* lautet der Titel des Aufsatzes von Wilmut et al. (1997), in dem die Erzeugung von Dolly bekannt gegeben wurde. Das Adjektiv *viable* verdeutlicht, dass Dolly überlebens- und fortpflanzungsfähig war. Des Weiteren lässt sich *viable* auch als ›brauchbar‹ übersetzen – in diesem Sinne beweist Dolly das Funktionieren und den praktischen Nutzen der Technik (Franklin 2007: 23). ›Brauchbar‹

---

121 Zeitgleich zu Dollys Geburt wurde auch der SCNT bei Primaten nachgewiesen (Meng at al. 1997). Allerdings handelt es sich dabei um den Transfer embryonaler Zellkerne.

war die Technik insofern, als dass das Patent, was die Forscher_innen vom *Roslin Institute* bereits 1995 erhalten hatten, im Jahr 2000 von der US-amerikanischen Biotechnologiefirma *Geron* aufgekauft wurde, die ab 2003 Stammzellforschung am *Roslin Institute* förderte (43).[122]

Da der Zweck des Klonens ursprünglich nicht die Reproduktion von Säugetieren umfasste, war den Forscher_innen selbst klar, dass sie diese Experimente nicht an Menschen durchführen wollten (Jaenisch/Wilmut 2001). Keith Campbell, Ende der 1990er Jahre Embryologe am *Roslin Institute*, findet in einem Interview sehr klare Worte: »Personally and medically, I see no reasons for cloning humans to term. I am against using nuclear transfer to produce humans. Full stop!« (Klotzko 1998: 138) Grahame Bulfield, seinerzeit Direktor des *Roslin Institute*, argumentiert ähnlich, wenn er auf den potentiellen Schaden geklonter Kinder verweist: »[I]n current conditions, a large number of the embryos may turn out to be abnormal. So the situation is absolutely untenable. I can't imagine any civilized country doing this sort of research.« (139) John Gurdon, der selbst die entscheidende Grundlage für das Klonen gelegt hat sprach sich aus Gründen mangelnder Effizienz und dem Risiko von »developmental abnormalities« (Byrne/Gurdon 2002: 155) gegen das Klonen von Menschen zu Reproduktionszwecken aus. Der Schaden, den eine solche Technik anrichten könne, sei zu groß. Wilmut/Highfield (2006: 223) sprechen sich ebenfalls mit konsequenzialistischen Argumenten des potentiellen Schadens gegen die Anwendung aus. Allerdings wird so auch dafür argumentiert, dass das Klonen zu Reproduktionszwecken am Menschen bei geringeren Risiken durchgeführt werden könnte (224). Es handelt sich also um ein Urteil hinsichtlich der aktuellen, und nicht der prinzipiellen ethischen Zulässigkeit (Hillebrand/Lanzerath 2001: 23). Da das stärkste Gegenargument der Schaden des Kindes ist, wird die Frage offen gelassen, ob weitere ethische Gründe dagegen sprechen. Hiermit wird zugleich (nicht ohne eigene strategische Interessen) die Tür für das Klonen zu Forschungs- und Therapiezwecken geöffnet:

122 Die Geburt von Dolly hat die Diskussion um ein EU-weites Patentierungsverbot für solche Techniken zwar nicht in Gang gesetzt, aber doch entscheidend beeinflusst (Kersten 2004: 147). Die Biotechnologie-Richtlinie, die im Jahr 1998 erlassen wurde, schließt formal ein Patent auf Klontechniken aus. Da auch hier jedoch nicht abschließend definiert wird, welche Techniken genau gemeint sind und Begriffe wie ›menschliches Leben‹ und ›Embryo‹ nicht definiert werden, blieb letztlich ein Spielraum für Patente auf das Klonen zu nicht-reproduktiven Zwecken (162). Der *Europäische Gerichtshof* urteilte jedoch 2011 im Fall *Greenpeace* gegen Brüstle, dass embryonale Stammzellen nicht patentiert werden dürfen (Günther et al. 2014: 111). In anderen Ländern sind diese Patente ein geringeres Problem – 2011 hat Hwang Woo Suk sich in Kanada ein Verfahren zur Stammzellerzeugung aus geklonten Embryonen patentieren lassen, was er 2014 in den USA wiederholte.

> With our current level of scientific and technological skills, therapeutic human cloning has the greatest medical potential in comparison to its suggested alternatives. Not to proceed with this therapeutic research is equivalent to turning our backs on one of the greatest medical advances of our time and condemning millions of adults and children to a premature death or a life of intense misery and suffering. Is this the brave new world we wish to live in? (Byrne/Gurdon 2002: 157)

Obgleich eingeräumt wird, dass es Fragen der prinzipiellen ethischen Zulässigkeit des Klonens gibt, werden diese nicht ausgeführt und bleiben auch nur auf das Klonen zu Reproduktionszwecken beschränkt. Die ethische Unzulässigkeit dieses Zwecks wird vielmehr explizit betont, um sie als utilitaristisches Argument von den therapeutischen Zwecken abzugrenzen: Das Klonen zu nutzen, um einen Embryo auszutragen, sei verwerflich; für andere Zwecke dürfe dieselbe Technik jedoch eingesetzt werden. Die *Schöne Neue Welt* ist gerade eine Welt, die nicht alle neuen Möglichkeiten der Technik nutzt.

Die Medien hingegen betonten fortwährend die abschreckenden Möglichkeiten des Klonens (Herrmann 2009: 65f.). Auch der deutsche *Spiegel* vom 03. März 1997 titelte: »Der Sündenfall. Wissenschaft auf dem Weg zum geklonten Menschen« vor einem Bild von identisch reproduzierten Hitler-, Einstein-, und Claudia-Schiffer-Klonen, die sich im militärischen Gleichschritt fortbewegen. Obwohl diese Kombination geklonter Personen auf den ersten Blick ungleich erscheinen mag, so vermittelt sie, dass nur Personen mit besonderen Eigenschaften und einem großen Handlungsspielraum sich das Klonen leisten könnten bzw. geklont würden. Gerade das Klonen Adolf Hitlers, der in Deutschland wohl als stärkstes Bild eines großen Handlungsspielraums einer Person zu Lasten Anderer gelten kann, verdeutlicht die öffentliche Wahrnehmung einer neuen, biomedizinischen Macht: »In die Reichweite des Machbaren rücken mit solchen Verfahren all jene düsteren Zukunftsphantasien von der Züchtbarkeit des Menschen, wie sie etwa der britische Autor Aldous Huxley schon in den dreißiger Jahren beschworen hat.« (Grolle/Klein 1997: 219). Dabei wird nicht nur ausgeblendet, dass es nahezu unmöglich wäre, einen seit über 50 Jahren toten Adolf Hitler zu klonen, sondern auch, dass dieser Klon aufgrund neuer Lebensumstände andere Eigenschaften hätte. Dieser Fokus auf genetische Eigenschaften erstaunt, da Ian Wilmut in einem Interview, das im gleichen Artikel abgedruckt ist, selbst betont, dass die Umgebung und die Erziehung eines Kindes von größerer Bedeutung für dessen späteres Verhalten seien als die Genetik.

Obwohl Wilmut und seinem Team durchaus bewusst war, dass sie etwas Ungewöhnliches taten, hatten die Medienberichte im Vorfeld gerade durch dystopische Szenarien eine ablehnende Haltung hervorgebracht, die ihre Erwartungen übertraf. Der Klon versinnbildlichte erneut auf unterschiedliche Weisen a) das abhängig Andere, das instrumentalisiert und in seiner sozialen

Position determiniert wurde oder b) das personifizierte Monströse, dem etwas Unheimliches und Fremdes anhaftete. Dystopische Szenarien machten durch ihre Verbreitung im öffentlichen Raum deutlich, dass der Diskurs über das Klonen nicht von der literarischen Verhandlung getrennt werden kann, die ihm vorausging. Kritisiert wurde der mediale Diskurs dafür, einen genetischen Determinismus zu fördern (Holm 2001) oder sogar eine Meinungsbildung zu betreiben, die für einen möglicherweise geborenen Klon aufgrund der Stereotype eines abhängigen Wesens einen großen Erwartungsdruck erzeugen würde (Clausen 2006: 163f.). Wie die historische Rekonstruktion in den letzten zwei Kapiteln gezeigt hat, griff diese Debatte auf Bedeutungszuschreibungen des Klons zurück, die sich in 70 Jahren entwickelt hatten. Damit ging eine Abgrenzung zwischen der künstlichen Befruchtung und dem Klonen zu Therapie- und insbesondere zu Reproduktionszwecken einher, die sich ebenfalls über das Phänomen der Alterität beschreiben lässt.

5.5.1. Die Unterscheidung zwischen ›normalen‹ und ›Anderen‹ Embryonen

Im Zuge der Debatte um das Klonen menschlicher Embryonen durch SCNT setzt sich eine Bezeichnungspraxis fort, die bereits nach den ersten durch Splitting hergestellten Embryonen stattgefunden hat (vgl. Kap. 5.4). Ohne eine Reflexion ist in der Forschung vom »reconstructed embryo« (Wilmut/Highfield 2006: 102), also keinem ›echten‹ Embryo die Rede; in weiteren Publikationen wird der geklonte Embryo »normal IVF embryos« (Zavos 2003: 398) gegenübergestellt oder belegt, dass Experimente nur mit Embryonen stattfanden, bei denen »abnormalities« (Pedersen 2005: 740) vorlagen. Entstehen solche Entwicklungsfehler bei der IVF und sind die Embryonen nicht mehr lebens- und entwicklungsfähig, fallen sie nicht in den Geltungsbereich des *ESchG*, denn dieses definiert im § 8 Abs. 1 ja »bereits die befruchtete, entwicklungsfähige menschliche Eizelle vom Zeitpunkt der Kernverschmelzung an« als Embryo. An anderer Stelle wurde argumentiert, dass nach dem »Prinzip der Evolution« (Koch 2003: 113) nur Embryonen zu schützen seien, die – ob durch IVF oder natürlich gezeugt – zwei haploide Chromosomensätze von Keimzellen in sich vereinen.

An jenen Embryonen, die als ›abnormal‹, also missgebildet bezeichnet werden, ist die Forschung auch in Deutschland erlaubt, weshalb eine gezielte Erzeugung solcher Embryonen sogar vereinzelt vorgeschlagen wurde (Beispiele in Günther et al. 2014: 252). Unnatürlich entstandene, d. h. Andere Embryonen fallen in diesem Verständnis nicht unter diesen Schutz:

> Nur der Embryo in der Frühphase seiner Existenz wird in vitro vor missbräuchlicher Verwendung umfassend geschützt, nicht aber die bereits fortentwickelte Leibesfrucht, nämlich der spontan abgegangene, legal oder illegal

> abgetriebene **noch lebende** Embryo. Kein Strafgesetz verbietet verbrauchende Experimente oder kommerziellen Handel mit lebenden Embryonen dieser Entwicklungsstufe. (254; Herv. i. Orig.)

Auch die *Zentrale Kommission der Bundesärztekammer* (2006) schließt sich dieser Argumentation an und unterscheidet zwischen Blastozysten, die sich zu lebensfähigen Embryonen entwickeln könnten und solchen, die dazu nicht fähig wären als Kriterium für eine Zulässigkeit der Stammzellforschung in einem begrenzten Rahmen. Im Klartext heißt dies, dass der Embryo in vitro stärker geschützt ist als der Embryo in vivo. Abgestorbenen Embryonen und Foeten können damit unter bestimmten Umständen für Experimente zur Verfügung stehen (Beck 2006: 215, 127–131). Erst wenn der Fötus unabhängig von der Mutter, zumindest für kurze Zeit, lebensfähig ist, ist ein Experiment strafbar. Tote, zuvor lebensfähige Foeten sind durch § 168 StGB (Störung der Totenruhe) geschützt. Ein Embryo/Foetus, der zwar Zellaktivität, aber keine Organe wie ein Herz ausgebildet hat und auf einer künstlichen Grundlage weiter kultiviert würde, wäre hiervon allerdings nicht erfasst (135 f.). Selbst ein nach künstlicher Befruchtung eingesetzter Embryo, der spontan abgeht, darf für fremdnützige Forschung zur Verwendung stehen, da durch das *ESchG* eben nur der Embryo in vitro geschützt ist. Sogar die intendierte natürliche Erzeugung eines Embryos zu diesem Zweck ist nicht strafbar (172). Dass dieser Fakt sehr wenig in der bioethischen und öffentlichen Debatte diskutiert wird und es kaum Untersuchungen mit Betroffenen gibt, deren abgegangene oder abgetriebene Foeten für die Forschung verwendet werden, verdeutlicht, dass eben nicht alles ungeborene Leben in Deutschland gleichermaßen geschützt ist. Vielmehr gibt es als in Form einer »makaber anmutende **Regelungslücke**« (Günther et al. 2014: 254) das Andere, Unerwähnte dieses Diskurses, das in verschiedenen Verhandlungsformen gleichermaßen marginalisiert wird.

Für die Forschenden selbst mag die Unterscheidung zwischen ›Normalität‹ und ›Missbildung‹ rein auf morphologischen Kriterien beruhen, die beschreiben, wie sich ein geklonter Embryo im Vergleich zu einer befruchteten Eizelle entwickelt. In rechtlicher Hinsicht mag sie eine Auslegung und Begriffsklärung sein. Ethisch fällt jedoch ins Auge, dass mit diesen Unterscheidungen eine Differenz zwischen dem »›Standard-Embryo‹« (358) und seinen ›Abweichungen‹ etabliert und sprachlich festgehalten wird. Der geklonte, der missgebildete und der abgegangene bzw. abgetriebene Embryo werden so zu etwas Anderem, das sich signifikant vom ›richtigen‹, d. h. potenten und lebensfähigen Embryo unterscheidet (ähnlich Domasch 2007: 106–124). Aus alteritätstheoretischer Perspektive lässt sich konstatieren, dass der geklonte Embryo nicht der erwarteten ›Norm‹ entspricht und Experimente an ihm gerade aus diesem Grund legitim sind. Damit ist nicht gesagt, dass diese sprachliche Differenzierung zwangsläufig das Ergebnis strategischen

Handelns ist, denn eine solche Unterscheidung zwischen ›normalen‹ und ›Anderen‹ Embryonen kann auch unbewusst getroffen werden, ohne diese kulturellen und sozialen Implikationen dieser Zuschreibung zu reflektieren. Allerdings dürfte gerade diese Unterscheidung erheblich dazu beigetragen haben, dass sich im gleichen Zeitraum das sog. ›therapeutische Klonen‹ vom sog. ›reproduktiven‹ abgegrenzt werden kann.

5.5.2 Die Abgrenzung zwischen ›reproduktivem‹ und ›therapeutischem‹ Klonen

Von Thomson et al. (1998) wurden zum ersten Mal Stammzellen aus der inneren Zellmasse menschlicher Blastozysten isoliert; Shamblott et al. (1998) gelang dies aus embryonalen Keimzellen abgetriebener Foeten. Damit erschien plötzlich die regenerative Medizin zumindest als ein neues Forschungsprogramm möglich (Banchoff 2011: 11).[123] Denn Stammzellen sind durch ihre Pluripotenz in der Lage, sich zu Organen und Gewebe weiterzuentwickeln (vgl. Kap. 1). Durch die Idee der Kombination von SCNT und Stammzellerzeugung entstand der Begriff des ›therapeutischen Klonens‹, d. h. der Kerntransfer einer somatischen Zelle eines Menschen in eine Eizelle, aus der dann Stammzellen z. B. für Organersatztherapien gewonnen werden sollten. Im Folgenden möchte ich darauf eingehen, wie sich dieser Begriff des sog. ›therapeutischen Klonens‹ gerade in Abgrenzung von Anderen Klontechniken etablieren und legitimieren konnte.

Nach Dollys Geburt kündigten mehrere Personen an, bald einen Menschen klonen und auswachsen lassen zu wollen. Im Gegensatz zu Rorviks *In His Image* (vgl. Kap. 5.1) galten diese Proklamationen nun allerdings als wahrscheinlicher. Während die ethische Debatte in den 1980er und beginnenden 1990er Jahren von diesem Thema abgerückt war, wandte sie sich ihm nun begründet wieder zu. Dies führte auch dazu, dass gerade die ankündigenden Personen zum Anderen des medizinischen Diskurses wurden – zu den unvernünftigen und machtbesessenen ›mad scientists‹, von denen sich dann wiederum die zweckmäßige Forschung des therapeutischen Klonens differenzieren konnte:

> Dividing cloning research by purpose allowed advocates to generate appeal by invoking a fountain of youth ideology as they argued that therapeutic cloning would result in personalized replacement cells, tissues, and organs. The division also allowed advocates to create an ›us vs. them‹ scenario in

[123] Im Tierversuch war es bereits in den 1980ern gelungen, Stammzellen aus Mäuseembryonen zu isolieren; außerdem gelang es Robert Edwards und seinem Team in dieser Zeit, eine Blastozyste bis zu fünf Tage nach der Befruchtung zu erhalten. Dieses Ergebnis ist grundlegend für die Stammzellforschung, da erst diese Kultivierung weitere Experimente möglich machte (Gottweis et al. 2009: 10).

> which therapeutic cloning outcomes could be presented as spectacular medical advancements compared to ›playing God‹ by replacing so-called natural reproduction, or reproduction involving both the male and female gametes, with cloning. (Ingram-Waters 2009: 293)

Diese Wissenschaftler_innen mit den ›falschen‹, d. h. reproduktiven Zielen, sind namentlich zunächst die US-amerikanische Firma *Clonaid.* Sie steht der neuen religiösen Raël-Bewegung nahe und kündigte bereits kurz nach Dollys Geburt an, interessierten Paaren das Klonen ihrer Kinder ermöglichen zu wollen.[124] Die Technik gilt in der Lehre der Raëlianer als eine Möglichkeit, den Mitgliedern Unsterblichkeit zu ermöglichen (Marcus 2012). 2002 kündigte die Bewegung an, ein Baby mit dem bedeutungsträchtigen Namen Eve geklont zu haben, lieferte jedoch niemals Beweise für die Existenz des Kindes oder einen gelungenen Klon-Vorgang (Ingram-Waters 2009). Ähnlich verhält es sich mit dem Physiker Richard Seed aus Harvard, der Ende des Jahres 1997 ebenfalls ankündigte, innerhalb von zwei Jahren Menschen klonen zu wollen und hierfür bereits ein Team zusammengestellt zu haben (Poon 2000).[125] 1998 verlautbarte der italienische Reproduktionsmediziner Severino Antinori ähnliche Pläne (Ingram-Waters 2009).

Panayiotis Zavos (2003) kündigte an, den ersten menschlichen Embryo mittels SCNT hergestellt zu haben, ohne ihn implantiert zu haben. Zavos erwähnt explizit, dass erstens die Forschung außerhalb der USA an einem Ort durchgeführt wurde, den er nicht näher benennen will, und zweitens keine der Institutionen, denen er offiziell angehörte, sie finanziert habe. Dies lässt erhebliche Zweifel an der Wahrheit seiner Aussagen aufkommen. Die Angabe von Zavos/Illmensee (2006), dass eine Therapie von Infertilität mittels Klonen möglich sei und die Behauptung, dass ihnen der SCNT mit adulten Zellen gelungen sei, wirft Fragen auf: »The couple did not wish to pursue any invasive analyses that could damage the embryo because of their own religious beliefs.« (251) Welche religiösen Bedenken gegenüber genetischer Diagnostik sollte jedoch ein Paar haben, das sich bereits zum Klonen entschlossen hat? Ein streng gläubiges Paar hätte sich wahrscheinlich erst gar nicht für das Klonen entschieden. Auch die Tatsache, dass es in diesem Fall

---

[124] http://clonaid.com/page.php?18 ⟨10.04.2016⟩. Der Internetauftritt ist veraltet; die letzte ›Neuigkeit‹ ist das mögliche Klonen des 2009 verstorbenen Michael Jackson. Jedoch ist bemerkenswert, dass sich auf der Homepage ein Link zur Firma *Stemaid* findet: http://www.stemaid.com/ ⟨10.04.2016⟩ Hier werden aktuell Therapien mit embryonalen Stammzellen gegen Krankheiten wie Alzheimer, Schlaganfall, Multiple Sklerose und Autismus angeboten. Auch gegen Alterserscheinungen sollen Stammzellen injiziert werden.

[125] In den USA gab es zwar ein fünfjähriges Memorandum zur öffentlichen Förderung dieser Forschung, aber nur in wenigen Bundesstaaten ein Verbot. Da die Forschung weiterhin privat gefördert werden durfte, hatten die Forschenden hier nicht mit rechtlichen Folgen zu rechnen (Salem 2013: 178).

zu keiner Schwangerschaft kam, ist insofern im Sinne der Forscher_innen, als dass so keine weiteren Tests durchgeführt werden können und der SCNT als gelungen gilt. Diese Versuche konnten weder falsifiziert noch verifiziert werden. Die Lücken, die rückblickend in diesen Publikationen bleiben, legen die Hypothese nahe, dass diese Forschungen nicht wiederholbar wären; was die Hauptdebatte um das Klonen zu Reproduktionszwecken zu dieser Zeit beendete (Krohmer 2007: 29).

Seed, Zavos und Antinori stellten sich im Gegensatz zu den Raëlianern als seriöse und rationale Wissenschaftler dar: Ihnen ging es nicht um ewiges Leben einiger von Außerirdischen erwählten Menschen, wie es die Raël-Lehre besagt, sondern um die Behandlung von Infertilität durch das Klonen. Über diese Abgrenzung der Wissenschaft von einer religiösen Bewegung, die falsche Aussagen hinsichtlich der Geburt des Babys Eve gemacht hatte, fand dabei eine diskursive Markierung der Raëlianer als irrational statt, die zugleich die eigenen Zwecke als positiv hervorhob:

> In dismissing Baby Eve as a hoax and the Raëlians as frauds, scientists effectively ended the controversy on whether or not human cloning could happen outside of mainstream scientific institutions. In doing this, scientists attempted to convince the wider public in general and policymakers in particular that strict rules and regulations governing human cloning might not be necessary because mavericks and religious cults just were not capable of human cloning. (Ingram-Waters 2009: 294 f.)

Im Diskurs selbst wurde eine Grenze zwischen legitimer und illegitimer, richtiger und falscher, rationaler und irrationaler Wissenschaft gezogen. Ein kulturhistorischer Blick mit dem Fokus auf Alterität kann an dieser Stelle nützlich sein, um die Abgrenzung des wissenschaftlichen vom religiösen Diskurs zu analysieren. Diese Abgrenzung ähnelt insofern derjenigen zwischen Wissenschaft und Literatur, als dass in beiden Fällen Aussagen als nicht wahrheitswertfähig klassifiziert werden. Dies geschieht, um den eigenen, als wahrheitswertfähig markierten Standpunkt zu sichern. Mit dieser Wahrheitswertfähigkeit, i. e. Glaubhaftigkeit, geht jedoch vielerorts auch die Garantie eines moralisch unproblematischen Zwecks einher:

> Pro-therapeutic cloning scientists were quick to engage in damage control by condemning the Raëlians' cloning claims as ›bad science,‹ as a hoax, and as unethical. They were also careful to take the opportunity to distinguish between cloning for reproduction and cloning for therapeutic purposes or more specifically, for stem cell research. In making this distinction, scientists and pro-therapeutic cloning advocates framed their concerns about potential regulatory backlash against the scientific community in the wake of the Raëlians' claims. (303 f.)

Gerade von den Befürworter_innen der Stammzellforschung wurde argumentiert, dass das reproduktive Klonen moralisch verwerflich sei, dass es von keiner ernstzunehmenden und verantwortlichen Wissenschaft angestrebt werde und nur Teams von anerkannten und gut ausgestatteten Institutionen das Klonen für die Stammzellforschung durchführen könnten.

Cibelli et al. (2001) geben als erstes an, dass ihnen der SCNT am Menschen gelungen sei. Sie führten den Transfer mit Fibroblasten (Bindegewebszellen) und Cumuluszellen durch, die die unbefruchtete Eizelle nach der Ovulation umgeben. Die Zellen, bei denen der Transfer mit den Kernen der Fibroblasten durchgeführt worden war, teilten sich nicht, weshalb diese Studie als Misserfolg kritisiert wurde. Sie grenzen sich dabei deutlich von SCNT zu Reproduktionszwecken ab: »Unlike reproductive cloning (which aims to produce an entire organism), human therapeutic cloning does not seek to take development beyond the earliest preimplantation stage.« (30) So wird die Möglichkeit betont, diese Form des Klonens eines Tages für regenerative Therapien zu nutzen und darauf hingewiesen, dass der SCNT zu Reproduktionszwecken in den USA nicht reguliert ist: »[W]e urge that the use of NT in human reproduction is currently unwarranted.« (Ebd.) Hier wird deutlich, wie der Zweck des Klonens diskursiv ein entscheidendes Argument für die Legitimierung darstellte:

> Critics of reproductive cloning will insist that cloning remains entirely unacceptable; others may accept it to help couples where one or both fail to produce gametes. It is also essential to bear in mind that Zavos' human embryo could be the forerunner of therapeutic cloning, legally acceptable in the UK, and possibly immensely helpful to stem cell laboratories. (Edwards 2003: 399f.)

Die Verhandlung des Klonens lässt sich als eine Geschichte der Abgrenzung zwischen rationaler Wissenschaft von religiösen Motiven sowie als Strategie der Forschenden erzählen, um verschiedene Zielsetzungen des Klonens zu unterscheiden.[126] Die Hoffnungen auf die Stammzellforschung wurden getrübt, als sich die Forschungen von Hwang et al. (2005, 2004) als falsch herausstellten. Obgleich durchaus betont wurde, dass es ungewiss sei, ob die Stammzellen tatsächlich durch SCNT oder eher durch Parthenogenese entstanden waren, rückte dieser Aspekt in der medialen Darstellung selbst in den Hintergrund (Franzen 2011). Da vielmehr die ethische Dimension von Hwangs Forschungen fokussiert und das sog. ›therapeutische Klonen‹ in greifbare Nähe gerückt war, war die Fallhöhe dementsprechend sehr groß, als sich durch Überprüfungen herausstellte, dass Hwang diese Art des Klonens

---

[126] Diese Abgrenzung wurde später aufgegriffen und nicht mehr weiter hinterfragt: French et al. (2008), die als erste aus embryonalen Bindegewebszellen und Eizellen, die ursprünglich entgeltlich an eine IVF-Klinik gespendet worden waren, einen geklonten Embryo herstellten, gehen davon aus, dass die Ergebnisse für die Stammzellforschung und nicht für reproduktive Zwecke verwendet würden.

nicht gelungen war. Hwangs Forschung, die aufgrund der ethischen Brisanz und der in Aussicht gestellten Möglichkeiten »einen außerordentlich hohen Nachrichtenwert besaß« (147), war zwar hinsichtlich der parthenogenetischen Technik eine Neuerung, jedoch war dies für die Öffentlichkeit gar nicht interessant.

Auch Hwang behauptete, dass sich bei seiner Forschung keine ethischen Probleme stellten, da die Embryonen keine ›richtigen‹, d. h. aus Keimzellen befruchteten Embryonen seien (Joung 2006). Dies macht noch einmal deutlich, dass die Geschichte des Klons von Abgrenzungen durchzogen ist: Hier fällt die Deutungsmacht jener Wissenschaft ins Auge, die Prozesse des Anfangs und Endes beeinflussen kann und die darüber hinaus diskursiv festlegt, was als ›echtes‹ und ›normales‹ Leben zu verstehen ist und diese Definitionen für strategische Argumente im eigenen Sinne nutzt. Aus der Perspektive der Alterität lässt sich dies kritisieren, ohne die Frage des moralischen Status des Embryos zu beantworten: Denn es kann im Sinne von Transparenz und der Wahrung moralischer Einstellung der Bevölkerung relevant sein, dass solche Fragen kultureller und sozialer Anerkennung mit ökonomischen Interessen und strategischen Argumenten verbunden werden. In einem größeren Rahmen, der die Mikroebene der Forschung verlässt und die sozialen und kulturellen Aspekte dieser vermittelten ›Normalität‹ verstehen will, ist nicht mehr davon auszugehen, dass diese Begriffsdefinitionen keine weiteren Folgen hätten. Vielmehr verdeutlicht diese Unterscheidung zwischen ›richtigem, normalen‹ und ›unnormalen‹ Leben, warum es auch jenseits religiöser Überzeugungen Personen gibt, die sich gegen bestimmte Techniken aussprechen – obgleich diese symbolische Verletzung vielerorts gar nicht intendiert sein mag.

Aus alteritätstheoretischer Perspektive fällt nicht nur diese Bestimmung des ›Normalen‹ auf, sondern auch ein hoher Abstraktionsgrad der Forschung selbst: Hier wird eine Mikroebene fokussiert, die die Situation der konkret Betroffenen entweder marginalisiert oder vornehmlich aus strategischen Gründen hervorhebt. Gerade Frauen stellen im Diskurs um das Klonen zu Reproduktionszwecken das Andere dieser Debatte dar und werden vornehmlich als Forschungsmaterial, abstrakte Nutznießer_innen und objektivierte Körper erwähnt (Haran et al. 2008: 94ff.). Deutlich wird diese Objektivierung an einer Aussage darüber, wie Dolly zu ihrem Namen kam: »In the case of Dolly, [the chromosomes] were obtained from a cell in the mammary gland of an adult ewe. That is why we named her after the famously endowed Dolly Parton. None of us at the time could think of a more impressive set of mammary glands.« (Wilmut/Highfield 2006: 105) Der Bezug auf die großen Brüste Dolly Partons ist zwar scherzhaft gemeint, wirkt jedoch vor dem Hintergrund, dass Frauen lange das Andere der Reproduktionsmedizin waren, eher makaber. Gerade der Kinderwunsch und/oder die natürliche Rolle als

Gebärende wurden schließlich häufig als Argument genutzt, um Experimente zu legitimieren und Frauen nicht hinreichend aufzuklären (Nusser 2005).

Insbesondere die Situation von Eizellspenderinnen und deren mögliche Risiken und negative Folgen bleiben dabei unerwähnt. Sowohl bei der IVF als auch beim Klonen zur Stammzellforschung hingegen wurde der größere Handlungsspielraum von Frauen betont, der ihren Bedürfnissen entgegenkomme und eine mögliche Therapie darstelle. In beiden technischen Anwendungsbereichen wurden Frauen als informierte Personen adressiert, die sich aus guten und moralischen Gründen für oder gegen eine Eizellspende im Sinne der Forschung entscheiden sollten (Wilmut/Highfield 2006: 104 ff.). Während die Darstellung des Klonens zum Zweck der Stammzellforschung einen moralisch verantwortlichen Umgang mit Frauen und Eizellen hervorhob, ging die mediale Darstellung von Wissenschaftlern wie Zavos und Hwang hingegen mit Narrativen der Ausnutzung von Frauen und dem geklonten Kind als etwas Fremdem und Monströsen einher (Haran et al. 2008: 100–103). Die Betonung der Ausnutzung vulnerabler Frauen seitens Hwang lässt sich wiederum als Abgrenzungsstrategie identifizieren, mit der zwischen der legitimen britischen Forschung und den Praktiken an Anderen Orten differenziert wurde:

> When women are represented in the UK press as the research subjects of a UK practitioner such as Alison Murdoch or Ian Wilmut, they appear as able to make choices (such as altruistic egg donation). When they are represented as the research subjects (who are also paying clients) of Panos [sic!] Zavos, they appear as exploited, vulnerable, gullible and pathologically desperate for babies. (119)

Hiermit lässt sich aufzeigen, dass während der Etablierung der Stammzellforschung nicht nur Pro-Argumente zur Begründung von Therapien vorgebracht wurden, sondern auch eine Rhetorik der Instrumentalisierung und mangelnden Aufklärung im Zusammenhang mit dem Klonen zu Reproduktionszwecken vorherrschte. Die Erzeugung eines ausgewachsenen Klons fungiert als abschreckendes Anwendungsgebiet von Reproduktionstechniken, das jedoch nicht im eigenen Rechtsraum lokalisiert ist:

> The Dolly breakthrough and the prospect of […] ›therapeutic cloning‹ introduced a new wrinkle into existing embryo research debates. Research opponents tended to attack therapeutic cloning as the deliberate creation of embryos in order to destroy them, while supporters focused almost exclusively on the technique's eventual promise to deliver immune-compatible cells for therapy. (Banchoff 2011: 10)

Die Befürworter_innen des sog. ›therapeutischen Klonens‹ argumentierten, dass diese Technik an unbefruchteten Prä-Embryonen stattfindet, die sich nicht in den Uterus einnisten (Davion 2006). Hier entstand die grundlegende

Debatte, ob das Klonen zu Reproduktionszwecken durch Zellkerntransfer von den bestehenden Regelungen gedeckt sei, da sich nach einigen Auslegungen die entsprechenden Definitionen des Embryo-Begriffs nicht auf geklonte Embryonen bezogen.

5.5.3 Die Fortführung der rechtlichen Debatte in Großbritannien ab 2000

Nach Dollys Erzeugung war es strittig, ob der *HFE Act 1990* das Klonen zu Reproduktionszwecken verhinderte, da sich das Gesetz nur auf den befruchteten Embryo bezog (Herrmann 2009: 69). In einer wortwörtlichen Auslegung des Gesetzes gilt es nicht für geklonte Embryonen, da keine Ei- und Samenzellen zusammengebracht werden (Sexton 2002; Harris 1997). Obgleich in einer historischen Auslegung und einer Rekonstruktion der Intention des Gesetzgebers kaum davon auszugehen ist, dass die *HFEA* eine Klon-Lizenz zu reproduktiven Zwecken vergeben hätte, ergab sich so neuer Handlungsbedarf. Bereits kurz nach Dollys Geburt führte deshalb das *House of Commons' Science and Technology Committee* eine Untersuchung über die Möglichkeiten und Konsequenzen des Klonens durch. Es argumentierte, dass die Bedenken und die Unsicherheiten in der Bevölkerung die möglichen positiven Folgen der Technik überdeckt hätten (Gottweis et al. 2009: 63). Für dieses Komitee steht die Frage im Fokus, wie die Bevölkerung aufzuklären, zu informieren und zu beruhigen sei, damit sie von dem neuen Potential der Forschung überzeugt werde (Herrmann 2009: 73f.)

Die Befürchtungen der Bevölkerung, so wurde von den Befürworter_innen der Technik argumentiert, speisten sich aus Fehlinformationen, aus Angstszenarien sowie aus mangelndem Kontakt mit der Forschung selbst (Warnock 2001). Prinzipielle Fragen der Forschung standen in dieser aufkommenden Debatte ebenso wenig zur Diskussion wie eine neuerliche Auseinandersetzung mit dem moralischen Status des Embryos. Vielmehr sollte eine verstärkte Aufklärung und Überzeugung der Bevölkerung stattfinden (Gottweis et al. 2009: 91).

Das *House of Commons' Science and Technology Committee* schlug einerseits vor, dass die neu eingerichtete *Human Genetics Advisory Commission (HGAC)* zusammen mit der *HFEA* Empfehlungen zur Gesetzesänderung sowie zum Abbau von öffentlichem Misstrauen ausarbeiten sollte.[127] Andererseits wollte es das Gesetz noch einmal im Parlament zur Diskussion zu stellen, um die Lücken hinsichtlich des Embryo-Begriffs zu schließen und dafür zu sorgen, dass alle Formen des Klonens im Gesetz geregelt würden.

[127] Die *Human Genetics Advisory Commission*, später *Human Genetics Commission*, wurde 1996 eingerichtet und beriet die Ministerien für Gesundheit und Industrie im Vereinigten Königreich mit Gutachten in sozialen, ethischen und ökonomischen Fragen von Gentechnologien.

Die grundlegende Bedeutung und Entscheidungskompetenz der *HFEA* sollte dabei aufrechterhalten werden:

> In line with comprehending the problem as concerning public anxieties that arise from ›irrational‹ fears, which are based on misunderstandings and ignorance of the so-called benefits as well as regulatory and ›ethical‹ uncertainties, the two expert bodies – HGAC and HFEA – were considered to be the adequate bodies to deal with the issue. [...] The decision-making progress was therefore to be left in the hands of expert bodies. (Herrmann 2009: 81)

Die Regierung wiederum wollte das Konsultationspapier und die eingeholten Laien- und Expertenmeinungen von *HFEA* und *HGAC* abwarten. Nachdem das Papier auf einer Pressekonferenz angekündigt und auf die Homepage der *HGAC* hochgeladen worden war, wurde beides schließlich veröffentlicht (HGAC/HFEA 1998).

In ihrer Stellungnahme differenzierten *HGAC* und *HFEA* zwischen therapeutischen und reproduktiven Anwendungen des SCNT. Dabei handelt es nicht um eine Unterscheidung, die zuvor in der Forschung getroffen wurde, sondern um eine Begriffsbildung der Institutionen selbst. Im Report wird auf diese Umbenennung explizit hingewiesen: »It is clear that the term ›cloning‹ carries an automatic stigma for many because of its association with imagery such as that portrayed in ›Brave New World‹[.]« (Ebd.: 19). Die Begründung, der Technik aufgrund der dystopischen Tradition einen anderen Namen zu geben, ist jedoch irreführend, denn der Begriff des Klons taucht bei Huxley ja gar nicht auf. Vielmehr scheint es, als solle mit dieser Abgrenzung deutlich gemacht werden, dass das derzeitige britische System eine solche Nutzung der Technik in keinem Fall unterstützen würde, sondern nur verantwortungsvolle Praktiken erlaube. Später war nicht mehr vom ›therapeutic cloning‹, sondern vom ›cell nuclear replacement‹ die Rede, einem neutralen Terminus, der den Bezug zum Klonen gänzlich zu vermeiden suchte (Gottweis et al. 2009: 69).

Wie das *House of Commons' Science and Technology Committee* gingen auch *HFEA* und *HGAC* davon aus, dass dem Unbehagen und der Ablehnung der Embryonenforschung mit mehr Aufklärung begegnet werden müsse und dass ein generelles Aufrollen der Debatte nicht nötig bzw. möglich sei. Dass der Nutzen des Klonens für Therapien im höchsten Maße *spekulativ* war, wurde eher ausgeblendet. Zugleich wurde davon ausgegangen, dass sich bei hinreichender Aufklärung die Bevölkerung vom ›therapeutischen‹ Nutzen der Technik überzeugen ließe, während ein Verbot des Klonens zu Reproduktionszwecken gefordert wurde. Da dieselben Techniken für verschiedene Zwecke des Klonens verwendet werden können (vgl. Kap. 1), war nach dieser Stellungnahme einzig die *Intention*, eine genetisch identische Person zu erzeugen, für die Definition des reproduktiven Klonens entscheidend (Schütze

2007: 34). Hier zeigt sich erneut ein konsequenzialistisches Argumentationsmuster, indem das Klonen als Fortsetzung einer menschlichen Beeinflussung der Reproduktion gesehen wird und sowohl die Intention als auch die Zwecke für die Bewertung entscheidend sind. Wie schon von Fay Weldon (vgl. Kap. 5.2.3) lediglich die Intention Carl Mays kritisiert wird, nicht aber die Technik selbst, fungiert auch in der faktualen britischen Debatte um das ›therapeutische‹ vs. das ›reproduktive‹ Klonen der Zweck selbst als Bewertungskriterium. Der strategisch geprägte Begriff des ›therapeutischen Klonens‹ wird, ähnlich wie der des Prä-Embryos, in kommunikatives Handeln überführt. Wie die Forschung hervorhebt, kann dies aus kulturhistorischer Sicht durchaus als Strategie der Regierung Tony Blairs interpretiert werden, Großbritannien zum führenden Forschungs- und Wirtschaftsstandort der Reproduktionsmedizin zu machen (Gottweis et al. 2009: 66f.).

Obwohl die Argumente der konkreten Lebensrealität der Bevölkerung in Großbritannien eine lange Tradition haben (vgl. Kap. 3.5), hatten sie nur begrenzte Gültigkeit. Zwar wurde mit den möglichen Vorteilen der Forschung für Betroffene argumentiert, ihre Ängste wurden aber nicht so ernst genommen, dass sie eine neue Debatte anstießen:

> Although public mistrust was represented as ›the problem‹, the actual voice of those consulted was made to be inaudible. Public concerns that were equated with misinformation were therefore addressed by recommending more scientific education. The exercise of a public consultation process, so can be concluded, was an act if discourse stimulation directed at securing the maximization of ›potential benefits of the technology‹ and inviting public participation in a preframed, educational debate in which technoscientific development was the undisputed prerequisite. (Herrmann 2009: 91)

Es galt es als ethisches Anliegen, die Bevölkerung von den Vorteilen der Embryonenforschung zu überzeugen und Vertrauen in die Wissenschaft herzustellen. Dabei stand das Ziel dieser Vermittlung, so zeigt die Analyse der Stellungnahmen und der Forschungsliteratur, schon im Vorfeld fest.

Nachdem *HFEA* und *HGAC* im Dezember 1998 empfohlen hatten, den Lizenzkatalog hinsichtlich ›therapeutischer‹ Ziele zu erweitern, arbeitete eine Expertengruppe 1999 im sog. *Donaldson-Report* konkrete Vorschläge für eine Änderung des *HFE Act 1990* aus. Sie schlug in Übereinstimmung mit den vorhergehenden Stellungnahmen eine Erweiterung der Lizenzen vor, wobei mit der potentiellen Behandlung schwerer Krankheiten argumentiert wurde. Zugleich wurde betont, dass das Risiko des Klonens zu Reproduktionszwecken minimiert werden müsse. Zwar wurde eingeräumt, dass die Möglichkeiten der Forschung bisher nur antizipiert werden könnten, dies wurde jedoch im *Donaldson-Report* gerade als Argument für eine intensive Finanzierung der Forschung genutzt, um schneller gesicherte Ergebnisse zu produzieren (95ff.). Auch von diesem Komitee wurde also die grundlegende moralische Frage der Embryonenforschung nicht mehr erörtert (99).

Für die Änderung des *HFE Act 1990* war kein neues Gesetzgebungsverfahren nötig, da mit Section 45 bereits dem Gesundheitsminister die Kompetenz erteilt wurde, Erweiterungen des Gesetzes zu verfassen. Damit war es möglich, den *HFE Act* so zu erweitern, dass auch Lizenzen zur Erforschung der Embryonalentwicklung, schwerer Krankheiten und möglicher Behandlungsmethoden vergeben werden durften. Das Parlament stimmte im Dezember 2000 (Unterhaus) bzw. Januar 2001 (Oberhaus) mehrheitlich für die Gesetzesänderung, d. h. für Lizenzen, die eine begrenzte und kontrollierte Erzeugung menschlicher Embryonen durch Klon-Techniken ermöglichten (Hillebrand/Lanzerath 2001: 3). Die Differenzierung zwischen ›therapeutischem‹ und ›reproduktivem‹ Klonen wurde übernommen. Einem Antrag auf ein Untersuchungskomitee vor der Abstimmung im Oberhaus wurde aus Zeitgründen nicht entsprochen; das Oberhaus stimmte lediglich für eine tiefgehende Auseinandersetzung mit dem Thema *nach* der Abstimmung. Der zeitlich enge Rahmen, in dem die Abstimmung stattfand, verdeutlicht die Strategie der Regierung, die Entscheidung möglichst schnell zu treffen und eine grundlegende Debatte zu umgehen, um so die Stammzellforschung in Großbritannien zu etablieren (Gottweis et al. 2009: 93). Am 14. Januar 2001 erließ die britische Regierung die *Human Fertilisation and Embryology (Research Purposes) Regulations 2001* um den *HFE Act 1990* abzuändern. Da es keine neuen ethischen Argumente gebe, stelle sich nur noch die Frage der Annahme oder Ablehnung einer Gesetzeserweiterung und keine Debatte über die prinzipielle Zulässigkeit der Embryonenforschung (Herrmann 2009: 105). Erst nach der Revision schloss sich ein breites Bündnis an medizinischen und wissenschaftlichen Organisationen, z. B. die *BMA*, das *MRC* und die *Royal Society* der Regierung an und unterstützte die Stammzellforschung (Gottweis et al. 2009: 89).

Aus diskursethischer Sicht kann auch diese Gesetzgebung als normative Regulierung gelten, die einen potentiell endlos geführten Diskurs in gesellschaftlicher Verbindlichkeit beendet. Gleichwohl spiegeln diese Handlungen durchaus expertokratische Strategien wider, die eine Vorreiterposition der britischen Wissenschaft auf dem Bereich der Reproduktionsmedizin sichern sollten (118f.). Mit dieser Entscheidung setzte ein »Paradigmenwechsel« (Schütze 2007: 37) in der Regulierung ein, da nun auch Lizenzen für fremdnützige Forschung an Embryonen vergeben werden konnten. Mit dieser Abstimmung stellte sich das britische Parlament zugleich gegen einen Beschluss des europäischen Parlaments zum Klonen von Menschen, das unter Berücksichtigung der neuen britischen Rechtsdebatte alle Formen des Klonens abgelehnt und eine Entscheidung gegen eine solche Erweiterung des *HFE Act 1990* gefordert hatte (Kersten 2004: 112). Zugleich bekam die

Debatte durch die explizite Forschungsdimension eine ökonomische Komponente, die einzelne Länder und auch Wissenschaftler_innen in eine starke Konkurrenz zueinander brachte (Gottweis et al. 2009: 58). Denn Stammzellforschung ging weit über die nationale Dimension der Anwendung reproduktionsmedizinischer Maßnahmen hinaus, wie sie noch in den 1970ern und 1980ern debattiert wurde.

Mitglieder der *Pro-Life Bewegung* im Parlament sowie die Katholische Kirche und der evangelikale Teil der Church of England nutzen wiederum die neue Debatte, um für einen Schutz des Embryos einzutreten (Banchoff 2011: 17). Sie reichten Klage beim *High Court of Justice* ein, da ihres Erachtens nach das Verfahren der einfachen Ablehnung bzw. Zustimmung über Änderungen des *HFE Act 1990* nicht korrekt gewesen war. Vielmehr sollte der gesamte *HFE Act 1990* noch einmal zur Abstimmung gestellt werden, da die Begriffsdefinition ›Embryo‹ nicht hinreichend formuliert worden sei und keine hinreichende Regulierung angesichts des Stands der Forschung bot. Die Klagenden bekamen in dieser Instanz recht, da auch der Richter davon ausging, dass die Legaldefinition des Embryos im *HFE Act 1990* keine geklonten Embryonen umfasse (Schütze 2007: 38). Die Regierung legte eine Berufungsklage beim *Court of Appeal* ein, der wiederum für eine weite Auslegung des Gesetzes entschied, d. h. den »Wille[n] des Gesetzgebers« (39) zugrunde legte. In dieser Logik wäre das sog. reproduktive Klonen auch in den 1980ern bereits reguliert worden, wenn die Geburt von Dolly absehbar gewesen wäre (40).

Eine neuerliche, grundlegende Debatte über den *HFE Act 1990* im Parlament hätte wahrscheinlich zu einer Fortführung des hitzig geführten Diskurses über die Erzeugung von Embryonen zu Forschungszwecken geführt (vgl. Kap. 5.2.1). Zwar war die öffentlich-rechtliche Debatte durch die Regulierung beendet; gleichwohl wurde das Urteil des *Court of Appeal* in der Fachliteratur aber durchaus kritisiert (41 f.). Die Tatsache, dass der *Human Reproductive Cloning Act 2001*, der das Klonen zu Reproduktionszwecken verbot, noch vor der Entscheidung des *Court of Appeal* verabschiedet wurde, kann als Regierungsstrategie betrachtet werden. Da die *HFEA* ohnehin der Durchführung eines solchen Experiments nicht zugestimmt hätte, sei dieses Gesetz allerdings nicht notwendig gewesen, argumentiert die befürwortende Seite: »The slope down towards human reproductive cloning has already been blocked by primary legislation. Nobody need fear it any more.« (Warnock 2002: 101) Aus der Sicht der Kritiker_innen hingegen hat das Gericht durch das Schließen einer Gesetzeslücke mittels der Auslegungspraxis seine Kompetenz überschritten und die Regierung mit dem *Human Reproductive Cloning Act 2001* ein Gesetz erlassen, um die Bevölkerung zu beruhigen und mit dem Verbot des ›falschen‹, nämlich reproduktiven, Zweck zugleich die eigenen Interessen zu sichern. In einer weitergefassten (forschungskritischen) Perspektive der institutionalisierten Bioethik in Großbritannien kann diese Strategie als »safeguarding a space for research« (Jasanoff 2005: 187) betrachtet werden – auf verschiedenen Ebenen wurde davon ausgegangen, dass durch die Aufklärung und die rechtliche Regulierung das Vertrauen der Bevölkerung in die Forschung auf- und Vorbehalte abgebaut würden.

Die *HFEA* vergab 2002 an das Londoner *King's College* die erste Lizenz zur Erzeugung von Stammzelllinien und 2004 ans *UK Newcastle Centre for Life* die erste Lizenz zur Erforschung des Zellkerntransfers an Embryonen. Seit der Jahrtausendwende entwickelt sich die Stammzellforschung entsprechend zu einem Forschungsgebiet in Großbritannien mit mehreren Zentren. Großbritannien kommt dabei weltweit eine Spitzenposition (Rolf 2009: 45). 2006 wurde schließlich eine Überarbeitung des *HFE Acts 2001* angestrebt, die den *Human Reproductive Cloning Act* aufnahm und die in ihrer Version als *HFE Act 2008* aktuell gültig ist. Hier wird nicht nur die Stammzellforschung und das Klonen zu Therapiezwecken, sondern auch die Herstellung von Hybriden und die Auswahl möglicher ›Rettungsgeschwister‹ mittels Präimplantations- und Pränataldiagnostik erlaubt (41 f.). Diese Gesetzgebung, mit der – abgesehen vom Klonen zu Reproduktionszwecken – für nahezu jede Art von Embryonenforschung eine Lizenz vergeben werden kann, ist in ihrem Umfang weltweit die erste ihrer Art (42). Damit »hat sich der Schwerpunkt bei der Embryonenforschung langsam, aber signifikant verschoben« (40). Es zeigt sich eine Position, die sich als strategisch-ökonomischer Utilitarismus identifizieren lässt.

Aus der Perspektive, die sich mit dem öffentlichen Diskurs oder mit der Einstellung von Laien befasst, wird deutlich, dass die Bevölkerung den Argumenten *für* weite(re) Handlungsspielräume biomedizinischer Forschung durchaus kritisch gegenüberstand (Atlan 2002). Mit dieser Perspektive lassen sich bspw. Aktivitäten des *Wellcome Trust* kritisieren, der Veranstaltungen zum öffentlichen Umgang mit Biotechnologien sowie qualitative Untersuchungen mit Fokusgruppen durchführte und sich der vorhergehenden Unterscheidung zwischen ›reproduktivem‹ und ›therapeutischem‹ Klonen anschloss (The Wellcome Trust 1998: 23). Vor diesem Hintergrund kann die Annahme einer britischen »Partizipationskultur« (Lindner 2004: 517), die versucht, möglichst viele Interessen und Perspektiven i.S.d. Allgemeinwohls zu erheben, in Frage gestellt werden: Auch in Großbritannien gibt es expertokratische Positionen, vor deren Hintergrund die Einbeziehung der Öffentlichkeit häufig nicht als wahres Interesse an Bürgerbeteiligung und Aufklärung, sondern an strategischer Einbeziehung rekonstruiert werden kann. Spätere Studien zeigen, dass trotz der Abneigung gegen das Klonen zu Reproduktionszwecken auch ein Vertrauen der Bevölkerung in die sicheren und transparenten Strukturen britischer Wissenschaft und eine Überzeugung vom potentiellen Nutzen des sog. therapeutischen Klonens besteht (Haran et al. 2008: 157ff.). Gleichwohl kann auch diese Forschung nur die informierten, an Deliberation interessierten Bürger_innen adressieren. Sie wirft nicht nur die methodische Frage auf, was unter Öffentlichkeit zu verstehen ist, sondern kritisiert zugleich das Vorgehen, mit dem in Großbritannien zwar strategisch auf die Bevölkerung verwiesen und der Anschein einer transparenter Einbeziehung erzeugt wird, zugleich aber keine Ablehnung der Forschung akzeptiert wird (173). In einer schwachen Lesart ist Einbeziehung aller Stimmen eines Diskurses noch nicht erfolgt; in einer starken Lesart ist sie von politischer Seite zugunsten einer Führungsposition auf den Forschungsgebieten auch gar nicht erwünscht.

5.5.4 Die Fortführung der rechtlichen Debatte in Deutschland ab 2000

Wie in Großbritannien konstituierte Dollys Geburt auch in Deutschland einen neuen politischen Handlungsbedarf, da es strittig war, ob die Erzeugung von Embryonen durch SCNT geregelt war. Mit dem sog. *Klonbericht* kam außerdem die Bundesregierung einem Beschluss des Bundestages bezgl. einer Unterrichtung nach. Daraufhin konstatierte das erste Kabinett von Gerhard Schröder (SPD) einen Änderungsbedarf (Drucksache 13/11263: 6).

Im März 2000 wurde die *Enquête-Kommission Recht und Ethik der modernen Medizin*, bestehend aus 13 gewählten Bundestagsmitgliedern und 13 weiteren unabhängigen Expert_innen einberufen, um die ethischen und sozialen Folgen neuer technischer Möglichkeiten zu evaluieren, über mögliche Gesetzeslücken aufzuklären und damit im Zuge des Gesetzgebungsprozesses zu informieren (Jasanoff 2005: 184). Nachdem die Regierung den Vorschlag einer Kommission zunächst abgelehnt hatte, setzten sich Behinderten- und Patientenverbände sowie Einzelpersonen für sie ein. Hierin fand die Befürchtung Ausdruck, dass Deutschland die *Bioethik-Konvention des Europarates* ratifizieren könnte, die als international verbindliches Völkerrecht Regeln für biomedizinische Forschung und Praxis in der EU festlegt.[128] Aus Sicht

128 Die Konvention, die im April 1997 aufgesetzt wurde und im Dezember 1999 in Kraft trat, ist bis heute nicht von Deutschland unterzeichnet und ratifiziert worden, da sie nicht mit dem ESchG in Einklang zu bringen ist: Nach der Konvention ist zwar das Klonen von Menschen verboten, jedoch wird die Definition darüber, wann das menschliche Leben beginnt, einzelnen Mitgliedsstaaten überlassen (Herrmann 2009: 137–140). Das Klonen zu Therapie- und Forschungszwecken kann nach dieser Konvention umgesetzt werden. 2001 trat ein Zusatzprotokoll der Konvention in Kraft, nach dem keine Embryonen zu Forschungszwecken hergestellt werden sollen und kein Lebewesen erzeugt werden soll, das das gleiche Kerngenom wie ein anderes hat. Für Deutschland ändert dieses Zusatzprotokoll allerdings nichts, da es nicht die Forschung an Embryonen verbietet, sondern nur ihre Erzeugung für die Forschung. Zudem unterliegen die Begriffsdefinitionen des ›menschlichen Lebewesens‹ und ›Embryos‹ weiter-

verschiedener sozialer Gruppen war es insbesondere problematisch, wie der Diskurs geführt wurde: »[T]hey [...] called for more discourse highlighting skeptical viewpoints and potentially strengthening opposition, a discourse that was not restricted to experts and that was grounded in human dignity and human rights[.]« (Herrmann 2009: 140). So wird deutlich, dass es in der Debatte um die Stammzellforschung und das Klonen in Deutschland um mehr ging als Sachfragen – vielmehr wurde verhandelt, wie ein ethischer Diskurs überhaupt gestaltet sein sollte; wessen Stimme zähle, wie mit den Ansichten a/Anderer, insbesondere Laien, umgegangen werden und wem ein Handlungsspielraum zugesprochen werden sollte. Im Parlament wurde dies parteiübergreifend vom *Bündnis für Menschenwürde* vertreten, das die *Bioethik-Konvention* vehement kritisierte (139, 162).[129] Die Diskussion entwickelte sich damit zu einer Debatte um die politische Kultur des Landes (Gottweis et al. 2009: 105).

Die *Enquête-Kommission* sollte Empfehlungen entwickeln, wie mit der *Bioethik-Konvention* umzugehen sei und wie die Öffentlichkeit in den Entscheidungsfindungsprozess eingebunden werden könnte (28). Sie sollte außerdem prüfen, wie die Unantastbarkeit der Menschenwürde in der medizinischen Forschung aufrechterhalten werden konnte. Die Debatte verschärfte sich, als der Bonner Neuropathologe Oliver Brüstle im August 2009 bei der *Deutschen Forschungsgemeinschaft* (DFG) Mittel für die Stammzellforschung beantragte, um an der Heilung von Multipler Sklerose zu forschen (Karnein 2013: 97). Aufgrund der unklaren deutschen Rechtslage schlug Brüstle vor, Stammzellen aus Israel zu importieren, was vor dem Hintergrund deutscher Geschichte wiederum zu einer Polarisierung der Debatte führte (Herrmann 2009: 138). Der Import embryonaler Stammzellen war im *ESchG* weder explizit verboten noch erlaubt, allerdings war die fremdnützige Verwendung des Embryos nicht im Sinne des Gesetzgebers. Insbesondere die *DFG* forderte deshalb eine Schließung der Rechtslücke, bevor sie Mittel vergeben wollte. Wolfgang Clement (SPD), Ministerpräsident von Nordrhein-Westfalen, machte unterdessen deutlich, dass er Brüstle in seinem Vorhaben unterstützen würde und reiste mit ihm zusammen nach Haifa, um dort über einen Import von Stammzellen zu verhandeln:

---

hin der Definition der einzelnen Mitgliedsstaaten (Günther et al. 2014: 108). Großbritannien wiederum lehnt die Konvention ab, weil sie zu restriktiv ist (Banchoff 2011: 246).

129 Neben der *Bioethik-Konvention* als Völkerrecht verabschiedete die *WHO* 1997 eine internationale Resolution gegen das Klonen zu Reproduktionszwecken und die *UNESO* im selben Jahr die *Allgemeine Erklärung über das menschliche Genom und Menschenrechte* (Kersten 2004: 207–277). Verhandlungen in der *UNO* über eine international verbindliche Einigung scheiterten, da kein Konsens zwischen einem umfassenden Verbot des Klonens oder einem Verbot nur zu reproduktiven Zwecken gefunden werden konnte (Hirschmüller 2009).

> Many Germans were upset when they learned that a politician and a scientist had tried to generate facts on the ground, and to all appearances might have presented the public with a fait accompli while the ethical status of those very facts was still under debate. Clement and Brüstle had violated the precept that an ethical dialogue had to occur before the fact, not after, and fueled fears that regulation of research might once again arrive too late. (Sperling 2013: 41)

Zwar entwickelte sich angesichts der neuen Möglichkeiten der Stammzellforschung eine Diskussion um die Sicherung des eigenen Forschungsstandortes, doch da zugleich die Diskussion als eine gesellschaftliche kommuniziert wurde und verschiedene Gruppen und Einzelpersonen argumentierten, dass die Entscheidung nicht allein der Wissenschaft überlassen werden sollte, wurde die Diskussion um den Status des (geklonten) Embryos auf eine grundlegende Debatte um Menschenrechte einer geborenen Generation übertragen:

> [I]n Germany's ›discourse of morality‹ the rejection of ESC research became synonymous with a number of broadly shared social and moral goals, such as the integration of disabled people into society, the protection of the interest of children and women, and the preservation of a ›good‹ and ethical Germany society. There was a price to be paid for this ›Sonderweg‹ such as a disadvantage in medical progress – but it was worth it. (Gottweis et al. 2009: 106)

Das Argument der Gegner_innen lautete, dass Deutschland ›nicht noch einmal‹ der Forschung einen zu großen Handlungsspielraum ermöglichen dürfe, der manipulierende Eingriffe auf das ungeborene Leben zuließe. Eine andere Haltung sei unmoralisch gegenüber Gruppen mit geringem Handlungsspielraum. Die Verantwortung gegenüber sozial schwachen Gruppen wurde dabei als kollektiv zu verhandelnder Wert bzw. als eine Pflicht artikuliert. Die hier vorgebrachten, deontologischen Überzeugungen hatten auch, aber nicht ausschließlich religiöse Motivation, denn sie wurden von einem breiten Bündnis aus Parteien, Kirchen, dem Deutschen Ärztetag und weiteren gesellschaftlichen Institutionen getragen (107ff.). Auch Bundespräsident Johannes Rau positionierte sich im Mai 2001 öffentlich gegen die Forschung an Embryonen und kritisierte die ökonomischen Argumente Gerhard Schröders (Sperling 2013: 41). Mit dieser »interpretive intervention« (106) im deutschen Diskurs, die die Debatte um den Status zukünftiger Embryonen auf gegenwärtige Personen übertrug, lässt sich noch einmal verdeutlichen, wie sehr der geklonte Embryo vor dem speziellen kulturhistorischen Hintergrund das Andere repräsentiert.

Aus politischer Empörung oder auch Angst gegenüber einer möglichen wiederholten Missachtung menschlicher Würde, argumentierten viele Gruppen und Personen gegen die *Bioethik-Konvention* und für ein Verbot der Stammzellforschung und der fremdnützigen Verwendung des Embryos. Aufgrund des restriktiven Votums der *Enquête-Kommission Chancen und Risiken der Gentechnologien* aus den 1980er Jahren war es unwahrscheinlich, dass sich eine neue *Enquête-Kommission* in Deutschland für eine Nutzung der Techniken aussprechen würde (vgl. Kap. 5.3.2). Die Initiative Gerhard Schröders, die bestehende ethische Beratung durch einen neu eingerichteten *Nationalen Ethikrat* zu erweitern, wird deshalb in der Forschungsliteratur als Strategie, oder zumindest als »unusual step« (Jasanoff 2005: 185) bezeichnet. Dieser Eindruck verstärkt sich angesichts der Tatsache, dass Schröder bereits zuvor öffentlich argumentiert hatte, dass Deutschland aus ökonomischen Gründen den Anschluss an die internationale Forschung nicht verlieren dürfe (Sperling 2013: 28f.). Auch dies kann als Teil der bereits beschriebenen Differenzierung gesehen werden, mit der der eigene Wissenschaftsstandort von a/Anderen Orten abgegrenzt und im Diskurs markiert wurde als »a place where science thrives« (257). Da die Position der *Enquête-Kommission* lediglich eine Minderheit darstelle und Deutschland international anschlussfähig gemacht werden müsse, so argumentierte Schröder, sei ein weiteres Gremium nötig (29).

Zugleich stellt der *Ethikrat* eine neue Funktion gegenüber den *Enquête-Kommissionen* dar, nämlich eine explizite öffentliche Vermittlung ethischer Debatten sowie den Diskurs zwischen verschiedenen Interessensgruppen ohne politisches Mandat (39). Ähnlich wie zahlreiche Akteur_innen in Großbritannien argumentierte Schröder, dass ein solches Gremium zur Aufklärung nötig sei, um die möglichen Vorteile der Embryonenforschung in einem öffentlichen Diskurs zu vermitteln (Herrmann 2009: 183). Die Kritiker_innen sehen in dieser Deliberation allerdings ein strategisches Argument, da von vornherein klar gewesen sei, dass der Skepsis entgegengewirkt werden sollte. Wenig später gab der *Nationale Ethikrat* ein mehrheitlich positives Votum zum Import von Stammzellen aus dem Ausland ab, nachdem zuvor die Pro- und Contra-Argumente ausführlich gegeneinander abgewogen und vier verschiedene Optionen für eine Regulierung vorgeschlagen worden waren (Nationaler Ethikrat 2001). Die *Enquête-Kommission* hingegen votierte gegen einen Import embryonaler Stammzellen, ließ aber Ausnahmen unter restriktiven Bedingungen zu (Sperling 2013: 43).

Aufgrund dieser Stellungnahmen standen im Januar 2002 drei Entwürfe im Bundestag zur Debatte, die von einem absoluten Importverbot über eine begrenzte Einfuhr bis hin zu einer weitgefassten Lösung des Imports von Stammzellen reichten. Am 30. Januar 2002 stimmte die Mehrheit des Bundestages für den begrenzten Import humaner embryonaler Stammzellen. Nach dem *Stammzellgesetz* (StZG), welches am 01. Juli 2002 in Kraft trat, ist auch der Import von Stammzellen grundsätzlich verboten, es sei denn, er wird von einer dafür eingerichteten *Zentralen Ethikkommission* am *Robert-Koch-Institut* in Berlin erlaubt und die Stammzelllinien sind vor einem bestimmten

Stichtag erzeugt (Wiesemann 2006a). Die Tatsache, dass im Gegensatz zum *ESchG* im § 3 Abs. 4 StZG der Embryo nicht durch Befruchtung definiert ist, sondern auch durch weitere Techniken hergestellte Embryonen erfasst, kann aufgrund der Widersprüchlichkeit als eine weitere offene Frage des *ESchG* verstanden werden (Günther et al. 2014: 353).

Auf diese Weise ist ein »Kompromiss« (Karnein 2013: 98) entstanden, der sicherstellt, dass in Deutschland keine Stammzellen erzeugt werden, deutsche Wissenschaftler_innen aber trotzdem nicht den Anschluss an die Forschung verlieren. Das *ESchG* konnte mit diesem neuen Gesetz (bis heute) unangetastet bleiben, wenngleich paradoxerweise Forschung erlaubt wird, die im *ESchG* zumindest nach bestimmten Auslegungen verboten ist (Sperling 2013: 252). Damit wurde trotz der Inkonsistenz der Gesetzgebung eine Lösung erzielt, die versuchte, den verschiedenen Interessen gerecht zu werden.

Auch dieses Gesetz ist daher als Möglichkeit zu verstehen, den potentiell endlosen Diskurs in einen normativen Rahmen zu gießen, um ihn zumindest vorläufig auf formeller Ebene zu beenden und eine Verbindlichkeit zu schaffen. Gerade vor dem Hintergrund, dass die britischen und US-amerikanischen Gesetzgebungen bereits erfolgt waren, drängte die *DFG* auf eine Entscheidung, während zugleich Personen den Diskurs um die Zukunft der Embryonenforschung auf den Umgang mit dem gegenwärtigen Anderen übertrugen.

Aus einer kritischen Perspektive der Alterität gibt es jedoch auch ein Anderes des *StZG*: Wie schon im *ESchG* (vgl. Kap. 5.3.2) bleiben die Stammzellen abgetriebener und abgegangener Foeten unberücksichtigt, da das Gesetz ausschließlich den Import von extrakorporal erzeugten Stammzellen regelt. Stammzellen, die nach der Nidation aus abgetriebenen Embryonen/Foeten gewonnen werden, fallen derzeit unter keine Gesetze (Günther et al. 2014: 126). Da die »Gewahrsamsinhaberschaft« (Beck 2006: 137) dieser Embryonen und Foeten bei einer Klinik liegt, insofern der Abort bzw. Abgang dort stattgefunden hat, machen sich Forschende nicht strafbar.[130] Durchaus finden sich also auch in Deutschland trotz eines als restriktiv geltenden *ESchG* die Anderen, d. h. ungeschützten Embryonen und Foeten. Der Diskurs hält in verschiedener Hinsicht Leerstellen bereit, die erstens weiterer Reflexion bedürfen und zweitens durch die Perspektive der Alterität zugänglich werden.

Insofern wurde nicht nur in Großbritannien, sondern auch in Deutschland nach Dollys Geburt an die Diskussion in den 1980er Jahren angeschlossen. Während sich in Deutschland die Diskussion um das *ESchG* an den Urtei-

---

130 Eine Einwilligung der Mütter bzw. Eltern ist dabei vorgesehen, allerdings mangels eines anderen Gesetzes nur nach den Richtlinien der *BÄK*: http://www.bundesaerztekammer.de/downloads/Fetalzellpdf.pdf ⟨11.04.2016⟩.

len des *BVerfG* orientierte und ein sehr restriktives Gesetz verabschiedete, änderte sich dies im Zuge der Debatte um die Stammzellforschung, was zumindest auf rechtlicher Ebene eine Annäherung beider Länder zur Folge hatte, indem das »*Potential* embryonaler Stammzellen« (Rolf 2009: 49) betont wurde.

Dass die Debatte angesichts der Herstellung von induzierten pluripotenten Stammzellen nicht abgeschlossen ist, zeigt die Diskussion, die im Frühsommer 2014 im *Deutschen Ethikrat* geführt wurde und in einer Ad-Hoc-Empfehlung zur weiteren Debatte vom 15. September desselben Jahres mündete (Deutscher Ethikrat 2014a). Der *Deutsche Ethikrat* kam damit der Bitte der *Gesundheitsministerkonferenz* nach, die Entwicklungen vor dem Hintergrund der bestehenden Gesetze zu bewerten. Dabei wurde nicht nur auf eine noch immer ausstehende internationale Regulierung des Klonens zu Reproduktionszwecken hingewiesen, sondern auch auf die fortwährend bestehenden Inkonsistenzen der Gesetze sowie die Möglichkeit, das *ESchG* durch ein umfassendes Fortpflanzungsmedizingesetz zu ersetzen.

5.5.5 Jürgen Habermas' Position als Referenzpunkt für die politisch-rechtliche Debatte

In die Debatte um Embryonenschutz und Stammzellforschung traten auch akademische Stimmen. Das nun vorliegende Kapitel rekonstruiert die Position von Jürgen Habermas (*1929), die national und international breit wahrgenommen und insbesondere durch die Auseinandersetzung mit Peter Sloterdijks (1999) *Regeln für den Menschenpark* öffentlich diskutiert geworden wurde (Bogner 1999). Sein Beitrag war jedoch nicht als Expertenbewertung institutionell eingefordert – vielmehr kann Habermas in diesem Diskurs die Rolle zugeschrieben werden, die Debatte aus der Öffentlichkeit in den akademischen Diskurs bzw. aus diesem heraus wieder in die Öffentlichkeit hineingetragen zu haben:

> German public intellectuals were intensely aware that bioethics and genetic engineering were but two fields among in many in which the supreme question of German identity was still working itself out. Bioethics was just one more context, albeit a particularly sensitive one, in which there was an urgent need to find answers to such profound questions as the appropriateness of public language, the status of discursive taboos, the role of academic disciplines (including philosophy and the life sciences) in governance, the relationship of Nazi practices to earlier and later social traditions, and, above all, the meaning of being German in the momentous period of reunification at the end of the millennium. (Jasanoff 2005: 183)

Diese Analyse zeigt, dass die Diskussion um die Stammzellforschung vor dem tiefer liegenden Konflikt politischer Kultur in Deutschland geführt wurde, an der auch die akademischen Stimmen partizipierten. Gerade die deutsche Vergangenheit vor dem Hintergrund der negativen Eugenik und des Nationalsozialismus dürfte dabei deutsche Intellektuelle zu einer Beteiligung bewogen haben, die sich auch als eine politische Positionierung verstehen lässt. Dieses Verständnis ist wichtig zu betonen, weil es erklärt, warum Habermas viele »überrascht« hat, als er in den deutschen bioethischen Diskurs »eingegriffen« (Quante 2013: 3) hat.

Dieses Eingreifen verstehe ich als Ausdruck eines ethischen Anliegens, welches im gesamten diskursethischen Ansatz von Habermas zu verorten ist (vgl. Kap. 2.4). In diesem Kapitel möchte ich herausstellen, dass *Die Zukunft der menschlichen Natur* als ein Beitrag zur weitaus größeren Debatte der diskursiven Verhandlung von Alterität verstanden werden kann: Vordergründig zielen Habermas' Argumente auf die Technik, letztlich geht es jedoch darum, auch den ethischen Diskurs über sie einer Kritik zu unterziehen:

> Er argumentiert, dass die liberale Position genetische Entscheidungen individuellen Präferenzen im Kontext des Marktes ausliefert und damit dem ethischen Selbstverständnis unser Spezies als einer von freien und verantwortlichen Wesen zuwiderläuft. Habermas wendet sich damit nicht gegen individuelle Autonomie, sondern versucht zu zeigen, auf welche Weise diese von der liberalen Position selber auf lange Sicht unterminiert zu werden droht. (Árnason 2013: 279)

Habermas' Kritik zielt auf einer tieferliegenden Ebene nicht auf die Techniken der Reproduktionsmedizin, sondern auf die sozialen Techniken diskursiver Ein- und Ausschlüsse. Obgleich er verschiedene Techniken behandelt, beschränke ich mich im Rahmen dieser Arbeit auf das Klonen. Selten wird explizit die Technik als unmoralisch bewertet – vielmehr scheint sein Argument darauf hinauszulaufen, dass sich im Diskurs über das Klonen etwas an unserem moralischen Selbstverständnis ändere. Im »Sprachspiel« (Habermas 2002: 286) geborener und sozialisierter Personen wird das Sprechen über Biotechnologien zu einer Verhandlung philosophischer und gesellschaftlicher Grundpositionen, die in einemweitergefassten Plädoyer endet: »Die liberalen Eugeniker machen es sich mit ihrer Parallelisierung von Natur- und Sozialisationsschicksal zu einfach.« (Habermas 2001: 91) Zwar stellt auch für Habermas in einer liberalen Perspektive die Reproduktionsmedizin einen »Zuwachs an Freiheit« (28) dar – allerdings bedarf dieser eine Reflexion und moralischen Bewertung, welche sich wiederum nur durch Sprache vollziehen kann (25). Hier wird eingeräumt, dass die Intervention im Bereich der Fortpflanzung eine Handlungsfähigkeit des Menschen demonstriere und zugleich darauf hingewiesen, dass ein unhinterfragtes Bejahen dieser Handlungsfähigkeit Schattenseiten haben könnte, die im Diskurs gerade dann ausgeblendet werden, wenn dieser als reine Abwägung von Rechtsgütern oder Interessen geführt werde (116). Diese Perspektive, auf die sprachliche Ebene des Diskurses abzielt, ist jedoch in der Rezeption eher vernachlässigt worden. Vielmehr standen weitere Argumente im Vordergrund, die im Folgenden (samt ihrer Kritik) kurz skizziert werden.

Habermas' Hauptargument lautet, dass das Klonen eine asymmetrische Beziehung zwischen Reproduzierendem und Reproduziertem schaffe. Durch eine solche Reproduktionsmethode werde die Würde eines Kindes verletzt, da sie es einer Fremdbestimmung aussetze und seiner Freiheit beraube. Das Klonen als intendierte, die Physiognomie der entstehenden Person determinierende Handlung hätte nach Habermas schwerwiegende Folgen für die Identitätsbildung des Kindes, da es eine solche Fremdbestimmung nicht rückwirkend diskursiv auflösen könne. Zudem hätte sie auch Folgen für die Erzeugenden, die für die Physis des Kindes auf eine neue Art und Weise zur Verantwortung gezogen werden könne. Hier findet sich eine Parallele zu Jonas (1984: 184), für den die Reproduktion der »Archetyp alles verantwortlichen Handelns« ist. Das Klonen verstärke »[o]ffenbar die Macht Jetziger über Kommende, welche die wehrlosen Objekte vorausliegender Entscheidungen der Planer von heute sind« (Jonas 1987: 168). Die gegenwärtige Generation habe allerdings kein Recht, die kommende so weit zu beeinflussen, dass sie sogar deren biologische Ausstattung durch ihre Intentionen und Handlungen determiniere (169). Die Zukunft eines Klons wäre demnach nicht wirklich offen; sie würde einem ›Leitbild‹ folgen, d. h. einem Ideal, an welches das geborene Kind sich anpassen müsse. Damit sei das Klonen »die eigenmächtigste und im Ziel zugleich sklavische Form genetischer Manipulation« (179), da es zwischen Erzeugendem und Erzeugtem eine Asymmetrie schaffe und die zukunftsoffene Existenzweise der erzeugten Person nicht gesichert sei.

Jede menschliche Handlung solle in ihrer Dimension des Zukünftigen verantwortungsvoll bedacht werden und dabei dem Adressaten der Verantwortung möglichst viel Freiheit geben. Die »betreute Existenz« (Jonas 1984: 198) solle sich selbstständig, ohne Einflussnahme, entwickeln dürfen und müsse dafür in ihrer Eigenwilligkeit anerkannt werden. Aus der Perspektive des Klons argumentiert Jonas, das Klonen verletze das »Recht zum Nichtwissen, das dem versagt wird, der sich als Abdruck eines andern wissen muß« (189). Ein Klon würde durch genetische Informationen über sein Original in diesem Recht auf Nichtwissen begrenzt, was ihn wiederum einschränke – er könne sich nicht als eigenes Individuum in der Welt wahrnehmen und von anderen differenzieren. Die freie Identitätsfindung einer geklonten Person, ihre »Selbst-Entdeckung« werde »versperrt« durch das Vorwissen über seine Entstehung – der Mensch könne keine »Überraschung für sich selbst« (194) mehr sein. Dieses Wissen rufe gewissermaßen eine Identitätskrise hervor, die es verhindere, eine offene Zukunft selbst zu gestalten. Dies zu ermöglichen, sei jedoch gerade die Aufgabe der Verantwortung tragenden, sich reproduzierenden Person.

Habermas schließt sich Jonas an, indem auch er annimmt, dass dieses verantwortungsvolle Verhältnis sich gravierend ändern könnte, wenn mit Reproduktionstechnologien eine Gestaltung der menschlichen Natur möglich werde:

> [S]obald Erwachsene eines Tages die wünschenswerte genetische Ausstattung von Nachkommen als formbares Produkt betrachten und dafür nach eigenem Gutdünken ein passendes Design entwerfen würden, übten sie über ihre genetisch manipulierten Erzeugnisse eine Art der Verfügung aus, die in die somatischen Grundlagen des spontanen Selbstverhältnisses und der ethischen Freiheit einer anderen Person eingreift und die, wie es bisher schien, nur über Sachen, nicht über Personen ausgeübt werden dürfte. (Habermas 2001: 29f.)

Die technische Machbarkeit i.S.d. biotechnischen Handlungsspielraums des Menschen impliziert für Habermas einen Besitzanspruch des erzeugten Individuums. Dafür unterscheidet er zwischen natürlich ›Gegebenem‹ und künstlich ›Gemachtem‹ (77, 83): Reproduktionstechnologien rückten Fortpflanzung »in den Bereich der zielgerichteten Intervention« (27f.); sie überschritten die Grenze zwischen Natur und Kultur, zwischen »dem Subjektiven und dem Objektiven« (45). Es ergebe sich eine »beunruhigend[e]« (44) Grenzüberschreitung, die durch liberale Positionen noch weiter verstärkt werde (88). Die Grenzüberschreitung zwischen ›Gegebenem‹ und ›Gemachtem‹ beansprucht allerdings keine normative Verbindlichkeit. Diese ergibt sich erst durch die Annahme, dass durch die Ersetzung der ›Menschwerdung‹ durch die ›Menschmachung‹ ein asymmetrisches Verhältnis zwischen Eltern und Kindern entstehe. Dies wiederum sei problematisch, da solche symmetrischen Beziehungen die Grundlage für die Würde eines Menschen darstellten (vgl. Kap. 3.4). Würde könne jemandem nur in der menschlichen Gemeinschaft zu- oder aberkannt werden; sie ist ein relationales Verhältnis zwischen Personen. Da diese Anerkennung individuelle Akte voraussetzt, muss Habermas zunächst den Schutz einzelner Individuen einfordern; d. h. den Schutz ihrer Kompetenzen, die moralisch von Relevanz sind, also »Reflexionsfähigkeit, Moralfähigkeit oder Handlungsfähigkeit« (Düwell 2004: 85). Hierfür müsse allerdings wiederum die Möglichkeit zur freien Identitätsbildung durch eine kritische Betrachtung der eigenen Vergangenheit und zukünftiger Optionen möglich sein. Und diese ergebe sich erst durch das Wissen, das eigene Leben trotz vorgeprägter Strukturen teilweise selbst bestimmen zu können:

> Das aktuelle Bewusstsein, der Urheber eigener Handlungen und Ansprüche zu sein, ist verwoben mit der Intuition, zum Urheber einer kritisch angeeigneten Lebensgeschichte berufen zu sein. [...] Die Kontinuierung des Selbstseins ist uns im Wandel der Lebensgeschichte nur deshalb möglich, weil wir die

> Differenz zwischen dem, was wir sind, und dem, was mit uns geschieht, an einer leiblichen Existenz festmachen können, die ein hinter den Sozialisationsprozess zurückreichendes Naturschicksal fortsetzt. (Habermas 2001: 103 f.)

Erst eine reflektierte Unterscheidung zwischen dem Gegebenem und dem Gemachten, verschaffe dem Kind die Idee der Handlungsfähigkeit und die nötige Selbstachtung, um Anerkennung von anderen einzufordern. Eine gewöhnliche Asymmetrie, wie sie durch den Altersunterschied und die Abhängigkeit zu den Eltern bestehe, könne ein Kind im Laufe seines Lebens diskursiv durch Abgrenzung auflösen, nicht jedoch eine Asymmetrie, die durch genetische Vorherbestimmung entstünde: »Eine genetische Intervention eröffnet nicht den kommunikativen Spielraum, das geplante Kind als eine zweite Person anzusprechen und in einen Verständigungsprozess einzubeziehen.« (107) Post natum sei diese Reflexion nicht im gleichen Sinne möglich, wenn ein Kind seine Entstehung als rein intendierte Handlung rekonstruiere (31). Sobald seine physische ›Gemachtheit‹ einem geklonten Kind bekannt würde, verhindere dies einen Subjektivierungsprozess: »Ich vermute, dass die Kenntnis von der Programmierung des eigenen Genoms die Selbstverständlichkeit stören könnte, mit der wir als Leib existieren oder gewissermaßen unser Leib ›sind‹, und dass damit auch ein neuer Typus einer eigentümlich asymmetrischen Beziehung zwischen Personen entsteht.« (77) Eltern hätten, so nimmt Habermas an, wie selbstverständlich Erwartungen an ein Kind, das sie auf eine bestimmte, leibbezogene Beschaffenheit hin gezeugt hätten. Diese Vorherbestimmung und Handlungsmacht der Eltern mache eine ebenbürtige Beziehung unmöglich, da sie das Kind verdinglichten (90). Der individuelle Leib, als Bedingung des eigenen Verständnisses von Individualität und Subjektivität, grenze damit die physische Beschaffenheit »von der Welt manipulierbarer Objekte« (72) ab.

Diese Position lässt sich dahingehend kritisieren, dass sich eine solche Asymmetrie durch das Klonen nicht zwangsläufig ergeben muss. Denn für die unumkehrbare Abhängigkeit, von der Habermas spricht, ist das Klonen weder eine notwendige noch eine hinreichende Bedingung: Es ist auch denkbar, dass ein geklontes Kind – z. B. im Falle eines Paares, das sich anders nicht fortpflanzen kann – mit der gleichen Liebe, Zuneigung und Anerkennung erzogen würde wie ein spontan gezeugtes Kind. Dies würde höchstens zum Lebensende zutreffen, wenn Kinder ihren Eltern aufgrund von Altersschwäche oder Demenz bestimmte Lebensbedingungen vorgeben (müssen). In diesem Fall greift es dann aber für natürlich wie künstlich gezeugte Kinder gleichermaßen.

Ebenso ist es denkbar, dass ein Kind, obwohl es ›natürlich‹ gezeugt wurde, ein asymmetrisches Verhältnis zu seinen Eltern hat und mehr von ihnen abhängig ist als ein geklontes, doch anerkanntes Kind. Auch ein ›natürlich‹ gezeugtes Kind ist psychologisch gesehen unfähig, für seine Eltern ein Design zu entwerfen oder ihnen Strukturen vorzugeben (Krohmer 2007: 221). Dass zwangsläufig eine Unfreiheit und Abhängigkeit der kommenden Generation durch das Klonen entstehe, wenn die genetische Ausstattung determiniert würde, ist also per se nicht evident. Deswegen ist es nicht plausibel, dass ein Klon allein aufgrund seiner Erzeugungsweise weniger anerkannt würde oder dass er zwangsläufig dazu erzogen würde, zu einem bestimmten Zweck auf der Welt zu sein (Birnbacher 2002). Nur wenn der Klon tatsächlich mit einem bestimmten Zweck gezeugt würde oder ihm Rechte versagt blieben oder er bestimmten Erwartungen nicht entspräche, würde ihm Anerkennung fehlen. Dies könne jedoch, so lautet eine weitere Kritik an Habermas, unabhängig von der Erzeugungsweise geschehen; und »aus dieser Perspektive sind auch die ethischen Fragen der modernen Fortpflanzungsmedizin nicht so neu, wie es manchmal scheint« (Beier/Wiesemann 2010: 858). Wird das grundlegende Beziehungsgefüge betrachtet, in dem sich Reproduktion ereignen kann, gilt, dass mit ganz verschiedenen Techniken über die biologische wie soziale Situation der kommenden Generation verfügt werden kann, was Habermas so vehement kritisiert (vgl. Kap. 3.4). Aus dieser Perspektive kann eine bestimmte Fortpflanzungstechnik nicht hinreichend für Anerkennung sein: »Um Menschen wie Nicht-Menschen zu behandeln und damit aus dem moralischen Sprachspiel auszuschließen, braucht es kein genetisches Design. Es reicht eine Vereinbarung, um den Menschen zu einem Objekt zu machen, auszugrenzen und zu dehumanisieren.« (866)

Retrospektiv scheint dies nahezu ein Reflex der ethischen Debatte zu sein, auf diese argumentativen Fehler bzw. den fehlenden Kausalzusammenhang von genetischer Festlegung, intendierter Reproduktion und sozialer Abhängigkeit hinzuweisen. Dagegen wurde wiederum argumentiert, dass die Möglichkeiten des Klonens trotz der fehlenden Kausalität dennoch die Wahrscheinlichkeit einer asymmetrischen Beziehung »gravierend verschärfen« (Birnbacher 2002: 126). Dies wiederum kann entweder zur Debatte um Kontrafaktizität für bioethische Urteile (Wie wahrscheinlich ist es, das ein Szenario eintritt?) oder zu verhärteten Fronten im Diskurs (pro/contra Habermas) führen.

Ich möchte an dieser Stelle keinem dieser Reflexe folgen, sondern einen Perspektivwechsel vorschlagen und den Gedanken ausformulieren, dass in *Die Zukunft der menschlichen Natur* nur vordergründig Techniken der Stammzellforschung und des Klonens verhandelt wurden und stattdessen vielmehr das Sprechen über Handlungsspielräume (vgl. Kap. 3.4). Dies wird vor dem Hintergrund deutlich, dass bei Habermas die Kommunikationsfähigkeit des Menschen und die Teilnahme am ›Sprachspiel‹ unter idealerweise Freien und Gleichen konstitutiv für die Moral ist: Was moralisch gefordert ist, ergibt sich aus einer sprachlichen Bewertung von Normen in sozialer Interaktion (vgl. Kap. 2.4). Moral kann hiermit als eine soziale Institution verstanden werden, die Abhängigkeiten, Unvollkommenheiten und Schwächen von Handlungsträgern entgegenwirkt (Habermas 2001: 62f.). Sie schützt diese Personen davor, ausgenutzt zu werden und führt trotz eines sozial niedrigen Status zu Anerkennung. Eine solche Notwendigkeit von Moral ergibt sich erst aus dem Fakt, dass Menschen vulnerable Wesen sind, die unterschiedliche Standpunkte miteinander aushandeln und von verschiedenen ›Startpunkten‹ ihr Leben beginnen. Im Zuge einer Rekonstruktion dieser Position lautet deshalb die ethisch relevante Frage nicht, ob das Klonen erlaubt oder nicht erlaubt sein sollte, sondern vielmehr, was es für Mitglieder einer moralischen Gemeinschaft bedeutet, auf eine gewisse Weise über die Möglichkeit liberaler Eugenik zu sprechen. Vor diesem Hintergrund wird die Technik bei Habermas nicht nur zu einer »stabilisierende[n] gattungsethische[n] Umgebung für die vernünftige Moral der Menschenrechtssubjekte« (115), da sie das menschliche Selbstverständnis fundamental betrifft, sondern auch, weil angesichts der Forschungsdimension global über dieses Thema diskutiert wurde. Dabei setzt er ein universales Selbstverständnis der menschlichen Gattung voraus, das zu einem klaren Urteil über den Umgang mit dem embryonalen Leben führen müsse:

> Nur weltanschaulich neutrale Aussagen über das, was gleichermaßen gut ist für jeden, können den Anspruch stellen, für alle aus guten Gründen akzeptabel zu sein. Der Anspruch auf rationale Akzeptabilität unterscheidet Aussagen über die ›gerechte‹ Lösung von Handlungskonflikten von Aussagen über das, was im Kontext einer Lebensgeschichte oder im Kontext einer geteilten Lebensform ›gut‹ ist ›für mich‹ bzw. ›für uns‹. (61)

Eine bestimmte Art dieser sprachlichen Verhandlung wiederum ist ein »Einbettungskontext, der nicht wegbrechen darf, wenn nicht die Moral selbst ins Rutschen kommen soll« (ebd.). Habermas nimmt an, dass die Moral in ihrer Schutzfunktion durch eine bestimmte Art des Diskurses gefährdet werden könne und plädiert dafür, dies kritisch zu kommentieren. Vor diesem Hintergrund wird deutlich, was er meint, wenn er als Reaktion auf die Kritik schreibt: »[›Liberale Eugenik‹] bedeutet keine Intervention in Freiheiten, die jeder geborenen Person, ob sie natürlich gezeugt oder genetisch programmiert worden ist, moralisch zustehen; aber sie berührt eine naturale Voraussetzung für das Bewusstsein der betroffenen Person, autonom und verantwortlich handeln zu können.« (Habermas 2002: 285) Hier wird der Zusammenhang zwischen Praktiken liberaler Eugenik und der sozialen Position des Klons durchaus reflektiert. Die Kritik an Habermas hinsichtlich eines Kausalzusammenhangs ist deswegen zwar berechtigt, aber sie verfehlt das Ziel und das Potential des Buches.

Aus einer kontextsensiblen Perspektive ist die interessante Frage, warum Habermas ausgerechnet zu diesem Thema und zu diesem Zeitpunkt erstmals

»grundsätzlich zu Problemen der Bioethik Stellung genommen hat« (Siep 2002: 111). Meine Antwort ist, dass Intellektuelle wie Jürgen Habermas angesichts der Debatte um die fremdnützige Verwendung des Embryos eine moralische Überzeugung zum Ausdruck bringen wollten, die auf eine Kritik am Umgang mit dem sozial Anderen seitens des politischen Liberalismus, insbesondere in seiner strategisch-ökonomischen Variante, abzielte. Auch wenn ein Klon körperlich unversehrt wäre, wäre seine Erzeugung nach Habermas nämlich eine »symbolische Verletzung« (Habermas 2001: 63), vor der die Moral ihn gerade schützen sollte. Die symbolische Verletzung läge darin begründet, dass die erzeugende Person davon ausginge, dass sie das Recht habe, über jemand anderen zu bestimmen. Damit wird der Standpunkt kritisiert, der beansprucht, für andere entscheiden zu dürfen. Es geht aus dieser Perspektive um das *gesellschaftliche Signal*, das ausgesendet wird, wenn die Vorstellungen und Werte einiger Personen von vornherein mehr zählen als die anderer. Mit dieser Interpretation wird deutlich, dass in *Die Zukunft der menschlichen Natur* nicht die menschliche Reproduktionshandlung als autonome Entscheidung des Menschen mit der spontanen Konzeption und dem Ideal des natürlichen Zufalls ersetzt wird. Vielmehr rückt aus retrospektiver Perspektive die Frage in den Vordergrund, was es für einen gesellschaftlichen Diskurs über Technik bedeutet, wenn Fremdbestimmung akzeptiert oder sogar legitimiert wird, da bestehende Handlungsspielräume erhalten oder vergrößern werden sollen, ohne die Perspektive derjenigen einzunehmen, deren Handlungsspielräume damit zugleich begrenzt werden. Denn die Anspruchsquellen dieser moralischen Frage sind weniger die noch zu zeugenden Embryonen als vielmehr diejenigen Mitglieder der Gesellschaft, die im Hier und Jetzt um Anerkennung ringen:

> In der Allgemeinheit gültiger Normen selbst muss eine nicht assimilierende, zwanglos-intersubjektive Gemeinsamkeit zum Ausdruck kommen, die die begründete Verschiedenheit der Interessen und Deutungsperspektiven auf ganzer Breite berücksichtigt, also die Stimmen der Anderen – der Fremden, der Dissidenten und der Ohnmächtigen – weder nivelliert und unterdrückt noch marginalisiert und ausschließt. (99)

Anders als in einem Großteil der bioethischen Debatte rezipiert, geht es m. E. nicht nur um eine Aufrechterhaltung eines gattungsethischen Selbstverständnisses, sondern um eine Sensibilisierung dafür, was die Verfügbarkeit und die Optimierung des menschlichen Lebens in ihrer globalen-sozialen Dimension bedeuten könnte: nämlich, dass es legitim ist, wenn Personen mit großem Handlungsspielraum für Personen mit geringem Handlungsspielraum Entscheidungen treffen. Dies könnte zu einer Gesellschaft führen, in der keine Pflicht mehr darin besteht, Personen anzuerkennen, die nicht ›ebenbürtig‹ sind (124f.). Diese Interpretation schärft den Blick dafür, dass über das Thema der Reproduktionstechnologien dafür plädiert wird, das Gegenüber gemäß dessen individuellen Bedürfnissen und Wünschen zu behandeln, auch wenn diese nicht den eigenen Vorstellungen entsprechen:

> Unwiderrufliche Entscheidungen über das genetische Design eines Ungeborenen sind allemal besserwisserisch. Eine nutznießende Person muss die Chance erhalten, Nein zu sagen. Weil uns jenseits moralischer Einsichten eine objektive Erkenntnis von Werten nicht möglich ist und allem ethischen Wissen die Perspektive der ersten Person eingeschrieben ist, wird die endliche Verfassung des menschlichen Geistes mit der Erwartung überfordert, Angaben darüber zu machen, welche genetische Mitgift für die Lebensgeschichte unserer Kinder ›die beste‹ ist. (Habermas 2002: 287)

Hiermit wird die Aufmerksamkeit darauf gelenkt, dass die Perspektive des Embryos bzw. gezeugten Kindes aus Sicht der bestehenden Generation unmöglich ist, da diese stets auf ihre Werte zurückgeworfen sein wird. Obwohl eine Determinierung des Genoms nicht zwangsläufig eine Abhängigkeit zur Folge habe, signalisiere sie, dass diese Vorstellungen und Werte mehr zählen als die des Kindes. Aus diesem Grund ändere »die eugenische Fremdbestimmung die Regeln des Sprachspiels selbst« (293). Denn sie verunmögliche von vornherein seitens der kommenden Generation die Idee, dass ihre Perspektive gegenüber den Zeugenden ausgehandelt werden dürfe. Verhandelt wird also nicht nur die Reproduktionstechnik, sondern die soziale Technik des Sprechens und Zuhörens, der In- und Exklusion im Diskurs selbst. »[D]ie Sicht des Heranwachsenden« (292) als potentiell Betroffenem wiederum wird genutzt, um für die Perspektive sozial schwacher Subjekte insgesamt einzutreten. Dies wiederum steht im Zusammenhang mit der Idee, dass es für einen diskursiven Konsens stets wichtig ist, die Perspektive des anderen einzunehmen (Habermas 1995a: 164). Ein Diskurs, der die soziale Dimension der Fremdbestimmung leugne und das Klonen auf eine (rechtliche) Frage der Güterabwägung reduziere, laufe Gefahr, sich nivellierend und ausschließend zu verhalten, da er sich der Perspektive des begrenzten Handlungsspielraums verweigere. Die Verhandlung des Klonens repräsentiert für Habermas den Umgang mit jenen, die im regulären Diskurs keine Stimme haben und deren Interessen gesellschaftspolitisch nur marginal vertreten sind. Selbst wenn der Embryo nicht als (potentielle) Person betrachtet wird, ist er doch ein Teil der sozialen Lebenswelt der bereits existierenden Generation. Dass jemand für sich in Anspruch nimmt, über seine Zukunft so weit zu entscheiden, dass das Genom determiniert wird, wird zu einem Ausdruck von Positionen, die die eigenen »Spielräume« (Habermas 2002: 292) gegenüber denen anderer unreflektiert ausdehnen wollen.

Diese Interpretation löst nicht alle Kritik und Vorbehalte gegenüber Habermas' Argumenten auf, aber sie verdeutlicht, dass es nur vordergründig um eine Kritik an Reproduktionstechniken geht; und eher um eine »Kritik der Fremdbestimmung« (290). Diese Kritik formuliert Übergriffe sozialer wie technischer Art als ein grundlegendes soziales Problem. Sie ist als Appell an all diejenigen zu verstehen, die sich der Perspektive abhängiger und sprachloser Subjekte als moralischen Anspruchsquellen der Gegenwart verschließen. Das Unbehagen gegenüber dem Klonen verhärtet sich als Resultat der Erkenntnis, dass es bereits Menschen gebe, die Moral nicht als Schutzfunktion verstehen, sondern eine Abwägung von Interessen und Gütern vorziehen, ohne zu reflektieren, das ggf. die eigenen Interessen von vornherein höher gewertet werden als die a/Anderer. Hiermit wird die Illusion entlarvt, dass es bei diesem Diskurs tatsächlich nur um den Status des Embryos oder um die Regulierung einer Technik geht.

Im Rückblick ist es wohl nicht untertrieben zu sagen, dass es in diesem Zusammenhang wesentlich mehr verhandlt wird als die Regulierung von Reproduktionstechnologien – nämlich um die Handlungsspielräume, die dem Anderen in der öffentlichen und wissenschaftlichen Debatte zugesprochen werden; wie z. B. die Stimmen in der »öffentliche[n] Diskussion der Bürger« (292). In übertragener Dimension ist *Die Zukunft der menschlichen Natur* somit auch als ein generelles Plädoyer für soziale Akzeptanz und die zumindest idealtypische Vorstellung zu verstehen, dass es keine Diskurse geben dürfe, in denen bestimmte Werte und Vorstellungen von vornherein mehr gelten als andere:

> Mit seinem Anspruch, einen [...] ›moral free-fall‹ zu verhindern, bewegt sich Habermas' Ablehnung einer liberalen Eugenik nicht zuletzt im Einklang mit dem sein Œuvre durchziehenden Ziel, die Ermöglichungsbedingungen freier und gleicher Diskurse zu klären, ohne dass damit eine Missachtung oder gar Negation der die persönlichen Nahbeziehungen prägenden Asymmetrien implizit wäre. (Beier/Wiesemann 2010: 860)

Hier wird also eine Position vertreten, die auf einer weitaus höheren Reflexionsebene liegt als die reine Bewertung einer Technik. Gleichzeitig lässt sie sich als eine dezidiert akademische und intellektuelle Position kontextualisieren, die sich gegen die Art des Diskurses über Stammzellforschung und Klonen wendet. Denn sie sieht in der sprachlichen Verhandlung über Verfügbarkeit und Fremdbestimmung, die sich vordergründig auf die Zukunft richtet, die Gefahr des An-den-Rand-Drängens der Perspektive fremdbestimmter und verfügbarer Personen in der Gegenwart. Ein möglicher Schaden wird in der »Verunsicherung des Statusbewusstseins eines Trägers von Bürgerrechten« (Habermas 2002: 285) gesehen, dem ein geklontes Kind ausgesetzt sein könnte. Dies verdeutlicht, dass hier das Klonen in einem übertragenen Sinne als gesellschaftliches falsches Signal einer solchen Verunsicherung auch für die existierende Generation konstatiert wird. Der Klon fungiert als Sinnbild des Hergestellten, das für eine unumkehrbare Platzierung im sozialen Raum steht: »Das Produkt kann, um es zuzuspitzen, für seinen Designer nicht seinerseits ein Design entwerfen.« (Habermas 2001: 112) I.d.S. kann *Die Zukunft der Natur* auch als Erinnerung gelesen werden, dass sich Fortpflanzung (natürliche wie künstliche) als Produktionsverhältnis der sozialen Lebenswelt verstehen lässt. Unabhängig von der möglichen Verhärtung eines solchen Verhältnisses angesichts technischer Möglichkeiten wird dann an Personen mit großem Handlungsspielraum appelliert, die Schutzfunktion von Moral zu erhalten, indem die Perspektiven des a/Anderen in den Diskurs einbezogen werden. Die Kernfrage in diesem Zusammenhang ist dann zunächst einmal nicht, welche Formen der Technik erlaubt sein sollen, sondern wie es möglich ist, einen angemessenen Diskurs über sie zu führen und strategische Argumentation z. B. aus ökonomischen Interessen zu vermeiden. Dabei werden Konfliktzonen der Abhängigkeit, Unterwerfung und Determinierung betont. Habermas' Perspektive sensibilisiert für die möglichen Schattenseiten einer Technisierung.

Als Ergebnis für die bioethische Debatte bleibt anschließend die Frage zu formulieren, inwiefern erstens solchen Positionen vielleicht stets ein Standpunkt eingeschrieben ist, von dem aus eigene und/oder andere Handlungsspielräume im akademischen Diskurs selbst verhandelt werden. Zumindest legt die reichhaltige Argumentationslandschaft zum Klonen nahe, dass es auch in der ethischen Debatte um eine Verhandlung sozialer Spielräume für die bereits bestehende Generation geht und dass eine Positionierung zu diesem Thema auch eine Positionierung im sozialen Raum der Wissenschaft beinhaltet (vgl. Kap. 3).

5.6 Die literarische Verhandlung des Klonens nach der rechtlichen Regulierung

Michael Marshall Smith imaginiert in *Spares* (1997) ein System, in dem reiche Personen ihre Kinder bei der Geburt klonen. Diese ›Ersatzteile‹ werden in speziell dafür ausgestatteten, abgeschotteten Farmen ›aufbewahrt‹ und dort durch Maschinen betreut, um bei Bedarf Organe und Körperteile ihres Originals zu ersetzen. Ein ähnliches Szenario findet sich in Birgit Rabischs Jugendroman *Duplik Jonas 7* (1992), in dem Klone unter Tage gezüchtet werden, um nach und nach Organe und Körperteile für ihre Originale zu spenden. Gerade das räumliche Motiv zieht sich weiterhin durch viele dieser literarischen Verhandlungen: Ähnlich wird ein Klon in Tess E. Berry-Harts Roman *Escape from Genopolis* (2007) an einem besonderen Ort, in den ›pharms‹ gezüchtet, um später einer dienenden Klasse anzugehören. Die Zugehörigkeit von Klonen wird auch in Susanne Bartschs *Campingsaison* (2004) mit schwarzem Humor radikalisiert: Die Klone, »Genmenschen, keine von uns« (213), werden nicht zum Zweck der Organtransplantation gezüchtet, sondern dienen als Nahrungsmittel für den »normalen Menschen« (30). In diesem Szenario gibt es aufgrund von Umweltzerstörung keine Tiere mehr, die gegessen werden könnten; und so dienen die Klone für Deutschlands Nicht-Vegetarier als Nahrungsmittel; ›artgerecht gehalten‹ und ›geschlachtet‹ in speziell dafür vorgesehenen und von der Außenwelt abgeschotteten Räumen, deren Beschreibung auf makabre Weise an pejorative Schilderungen von Massentierhaltung erinnert und implizit auch als ein Statement gegen diese gelesen werden kann.

Ähnlich greift dieses Motiv auch Tilo Ballien in seinem Thriller *Die Klonfarm* auf: Hier beauftragt ein wohlhabendes amerikanisches Paar eine Firma, ihren Sohn zu klonen für den Fall, dass er krank wird und ein Organ benötigt. Während in *Spares* die menschlichen Züge der Klone (Leiden, Gefühle, Bewusstsein) nur von einem Widerständler, nicht aber von den Verantwortlichen des Systems erkannt werden, rückt dies bei Ballien in den Vordergrund, wie eine Aussage des Firmengründers verdeutlicht:

> Die Reproduktionen, die unter unserer Obhut heranwachsen, sollen nicht nur die potentiell besten Organlieferanten sein. Sie sollen das Original, wenn nötig, vollständig ersetzen können. Sie bleiben deshalb bis zum Ende ihres vierten Lebensjahres, wenn sie nicht anders benötigt werden, bei ihrer jeweiligen Leihmutter. So erhalten sie die für ihre psychische Entwicklung so wichtige Zuneigung, die sich erfahrungsgemäß zwischen der Frau und der Reproduktion [...] aufbaut. Zur psychischen Gesundheit gehört auch, daß keine Reproduktion je von den anderen erfährt. Subjektiv muß sie sich als einzigartig empfinden, das ist wichtig. (17)

Obgleich auf die individuellen Bedürfnisse von Kindern in ihrer frühen Entwicklungsphase hingewiesen wird, wird auf die Klone dennoch objektivierend referiert – sie bekommen von denjenigen, die maßgeblich für ihre Erzeugung verantwortlich sind, keine Namen: »Es sind Reproduktionen, [...] denken Sie immer daran, schon aus Gründen des Selbstschutzes, Kopien, nichts weiter.« (18)

Motivgeschichtlich lässt sich so anhand von Ballien ein Wechsel konstatieren, der sich ca. um das Jahr 2000 vollzieht: Ab hier werden zahlreiche Romane publiziert, die den Klon trotz seiner seriellen Erzeugung als Individuum mit einer Persönlichkeit darstellen. Die Prägung durch Erziehung und äußere Einflüsse spielt vermehrt eine Rolle; genetischer Determinismus wird weniger vertreten als noch in den 1980er Jahren. Jedes Lebewesen des Planeten, so formuliert es eine Figur in *Die Klonfarm*, sei »einmalig, nichts gibt es zweimal, auch wenn es oft einander sehr ähnlich ist« (132); alle haben »eine Seele« (133) – so auch die an den nicht einsehbaren Orten aufgezogenen Klone. An diese Orte, beispielhaft an einem Camp im Dschungel

Venezuelas erzählt, werden die Leihmütter gebracht, denen z. T. ohne ihr Wissen ein Embryo eingesetzt wurde. Die Frauen wissen weder, wo genau sich das Camp befindet, noch können sie es verlassen – ihr Bewegungsradius ist durch einen Zaun begrenzt, so wie ihre Mobilität im sozialen Raum durch ihre Position begrenzt ist – denn die meisten der Frauen sind farbig, wenig gebildet und nicht vermögend. Am Beispiel der Maria Morales, die den Klon für das amerikanische Ehepaar austrägt, wird ausgeführt, wie die Ärzt_innen ihren Expertenstatus dazu nutzen, den Frauen in einer sozialen Notlage zu erklären, dass sie krank seien und ihnen in den Camps geholfen werde. Damit wird ein weiteres Mal über das Motiv des Klons die Stimme vulnerabler Subjekte durch die literarische Darstellung hervorgehoben. Im Gegensatz zu Maria haben einige Frauen durchaus ihre Zustimmung zu diesem Experiment gegeben; dennoch hätte keine von ihnen eingewilligt, wenn die Teilnahme nicht aus ihrer finanziellen Notlage heraus entschieden worden wäre.[131] Über dieses Motiv der formalen Freiwilligkeit, die jedoch wiederum auf einer strukturellen ökonomischen Abhängigkeit beruht, lässt sich eine Parallele zu bioethischen Diskussionen ziehen, die über die Themen der Leihmutterschaft geführt werden (Karandikar et al. 2014).

Während Smith und Ballien vornehmlich soziale Ungleichheit thematisieren, wird parallel dazu das Motiv der Alterität vermehrt in Bezug auf Beziehungen verhandelt, wobei die individuelle Entwicklung und Identitätsfindung des Klons sowie die Abgrenzung zum Original im Vordergrund stehen. Motivgeschichtlich kann dies als eine literarische ›Emanzipation‹ des Klons gesehen werden: Er erhält nicht nur eine Persönlichkeit und Individualität, sondern auch eine Stimme, denn ab diesem Zeitpunkt treten vermehrt autodiegetische Erzählungen auf, die die Entwicklung und Gefühle einer Person beschreiben, die geklont wurde. Nach der Etablierung reproduktionsmedizinischer Techniken wie der IVF und der Umsetzung des Klonens in der Tierzucht verschiebt sich der Fokus der Literatur mehr und mehr auf die individuellen Folgen von Techniken für einzelne Subjekte und ihre Identität, während die das System, in dem sie verwendet werden, stets als Folie mitgedacht werden. In den frühen Werken wird die Motivation zum Klonen eher als eine »Vision von neuen gesellschaftspolitischen und staatlich realisierten Projekten« (Caduff 2004: 237) inszeniert, während sie in den Romanen ab Mitte der 1990er Jahre v. a. »aus narzisstischen, egozentrischen Gründen« stattfindet. Es geht nun also nun literarisch nicht mehr um die kollektive Ebene dieser Technologien, sondern um individuelle Motive und Interes-

---

[131] Die Geschichte hat Ballien in seinem Fortsetzungsroman *Die Kinder der Klon-Farm* (2002) weitergeschrieben, in dem sich der von Maria zur Welt gebrachte Klon und sein Original treffen. Letztlich sterben hier sowohl die Auftraggeber, als auch die Ausführenden. Das Klonen, so scheint Balliens Standpunkt zu sein, kann nur Schaden für alle Beteiligten herbeiführen.

sen. Dies fällt genau in den Zeitraum, in dem die die molekulare Medizin Krankheiten zunehmend als »individuelle Disposition« (Labisch 2005: 251) beschreibt und diese vermehrt als »individuelles biologisches Schicksal« erlebt werden. Das Klonierungssystem wird verstärkt als ein undurchsichtiges, im Dunkeln agierendes inszeniert. Dies trägt der Tatsache Rechnung, dass in der Realität weniger die Gefahr besteht, »dass der Staat diese Technologien zur Kontrolle der Menschen nutzen könnte« (Düwell 2008: 54). Die entscheidende Frage lautet vielmehr, »ob der Staat [...] überhaupt noch einflussreich genug ist, um den Schutz von Individualrechten gegen vielerlei Wünsche zur Nutzung durch gesellschaftliche Akteure zu gewährleisten«.

Bekannt ist in Deutschland der häufig als Schullektüre verwendete Roman *Blueprint* von Charlotte Kerner.[132] Kerner erzählt die Geschichte der Pianistin Iris, die an Multipler Sklerose erkrankt ist und sich klonen lässt, damit ihr Talent auch nach Fortschritt der Krankheit erhalten bleibt – ihrem Klon Siri jedoch fällt es schwer, eigene Bedürfnisse durch Abgrenzung von ihrem Original zu entwickeln. Ganz ähnlich wie *The Cloning of Joanna May* (vgl. Kap. 5.2.3) ist *Blueprint* abwechselnd autodiegetisch von Siri und heterodiegetisch von einer Stimme erzählt, die ebenfalls Siri ist, allerdings von sich selbst und ihrer Kindheit in der dritten Person spricht. Und ähnlich wie Fay Weldon nutzt Kerner das Klonen, um Handlungen zu kritisieren, mit denen die Bedürfnisse des Gegenübers missachtet werden. Anders als bei Weldon, wird allerdings die Handlung selbst negativ bewertet und weniger die sozialen Strukturen ihrer Einbettung. Dieses geschieht insbesondere über einen Vergleich zum Kindesmissbrauch, den Siri selbst zieht:

> Sprecht besser nicht mehr vom Klonen oder von uns Klonen, sprecht von Missbrut! Dieses Wort ähnelt dem Begriff Missbrauch und genau das ist beabsichtigt. Denn moralisch obszön sind beide und auch die Opfer leiden ähnlich. Beide verstehen lange Zeit nicht, was mit ihnen geschieht oder geschehen ist. Sie lieben die Täter, die ihr Vertrauen ausnutzen. Von der Umwelt und von Gleichaltrigen ziehen sie sich zurück, wie ich es getan habe. [...] Stumm schreien die Missbrauchten um Hilfe – genau wie ich, als ich ohnmächtig wurde und mein Kopf auf die Klaviertasten schlug. (104)

[132] Ähnlich wird eine Geschichte der Abgrenzung des Klons von seinem Original in den Jugendromanen von Allen-Grey (2004), Halam (2004), Siber (2003), Eschbach (2002) und, mit phantastischem Einschlag, Ziegler (2005) erzählt. Sie alle haben gemeinsam, dass die Abgrenzung von Individuen thematisiert wird, die bestimmten Erwartungen nicht entsprechen; und somit eher Bedenken am Klonen zum Ausdruck bringen. Eine Ausnahme hiervon stellt allerdings Sophie Behrs feministischer Roman *Ida & Laura* (1997) dar: Die 50jährige Ida klont sich, um noch ein Kind alleine aufzuziehen. Die beiden leben solange glücklich zusammen, bis die Tochter nach ihrem Vater fragt und später selbst feststellt, dass sie unfruchtbar ist. Auf künstlichem Wege ein Kind zu bekommen lehnt sie, in Abgrenzung von ihrer Mutter, ab.

Sowohl das Erzeugen eines Klons als auch sexuelle Handlungen von Erwachsenen an Kindern werden aus Siris Perspektive gleichermaßen als Missbrauch angeprangert. Kerner folgt dem ethischen Argument, dass das Klonen eine asymmetrische Beziehung zwischen Original und Klon schaffe (vgl. Kap. 5.5.5). So wirft Siri ihrem Original Iris vor: »Ich war ein Abbild und du das Vorbild. Du ließest mich herstellen, allein du hattest die Macht. Ohne dich würde ich nicht existieren. Ich würde niemals hierhergehören.« (101) Allerdings offenbart sich, dass die ›Macht‹, die Iris auf Siri ausübt, nicht allein in der Erzeugungsmethode begründet liegt. Auch bei natürlicher Befruchtung würde Siri nur existieren, wenn Iris sich dafür entschieden hätte. Dieses Paradox lässt sich indes auflösen, wenn das eigentliche Hauptthema von *Blueprint* einbezogen wird, nämlich Siris fehlende Abgrenzung von Iris und die Missachtung ihrer Bedürfnisse: »Da war immer nur ›wir‹, jahrelang nur wir, wir. In meiner Kindheit hatte ich nicht gelernt, *ich* zu sagen. [...] Nur dieses Wir existierte, das Wir war allmächtig und übermächtig.« (87) Es ist diese fehlende Abgrenzung und der verunmöglichte eigene Standpunkt, mit dem Siris psychische und physische Integrität missachtet und ihre Abhängigkeit so ausgenutzt wird, dass es dem Missbrauch ähnelt. Die psychischen Auswirkungen auf die Persönlichkeitsentwicklung sind also nicht durch das Klonen als zeugende Handlung begründet, sondern vielmehr durch die Erwartungen der Mutter nach Siris Geburt. Siris begrenzter Handlungsspielraum wiederum liegt nicht im Klonen allein begründet, sondern in ihrer strukturellen Abhängigkeit.[133]

Anders als die klare Botschaft in *Blueprint*, die das Klonen selbst als hinreichende Bedingung für eine asymmetrische Beziehung entwirft, nimmt Chris Farnells *Mark II* (2006) eine differenzierte Perspektive ein. Ebenfalls als Jugendroman geschrieben, wird hier die Geschichte eben jenes geklonten Mark II erzählt, der den zuvor schwerkranken, ›ursprünglichen‹ Mark – mit Nachnamen bezeichnenderweise Self genannt – ersetzen soll. Im Laufe der Geschichte stellt sich heraus, dass die Eltern des Originals diesem ohne seine Zustimmung das nötige genetische Material entnommen haben, da sie wussten, dass ihr Sohn sterben würde und sie sich einen (gesunden) Ersatz für ihn wünschten. Hierfür trägt die Mutter sogar zum frühzeitigen Tod des ersten Mark bei, redet sich jedoch ein, dass Mark II mit Mark I identisch sei und sie deshalb zur Wiedergeburt ihres Sohnes beigetragen habe. Anders als die Mutter, wissen Marks bester Freund Phil und seine Schwester Lauren sofort,

[133] Auch bei Kerner spielt der Raum eine besondere Rolle. So ist die Wohnung in Lübeck, in der Siri aufwächst, »ein von der normalen Welt abgeschiedener Ort« (74), den ein hoher »Zaun der Verbundenheit« zwischen Mutter und Tochter umgibt. Die beiden leben auf einer »Zwillingsinsel« (46), eine Metapher, die verdeutlicht, wie wenig Kontakt mit der Außenwelt Siri zugestanden wird.

dass der geklonte Mark Self eben nicht Mark selbst ist: »[H]e understood that his parents had created him with a certain picture in mind and every time he broke away from that picture he hurt them in a way that went right to the bone. I liked to think that when he was with me he didn't have to try so hard.« (87) So wird das bereits von Kerner formulierte Motiv, dass ein Klon mit einer bestimmten Erwartung erzeugt wird, aufgegriffen, um aus Phils Perspektive sowohl die elterliche Intention zu kritisieren als auch alternative Begegnungen gegenüber Mark II aufzuzeigen. Dadurch gelingt es Phil schließlich, Mark II als eigenständige Person anzusehen. Marks Erinnerungen wurden zwar von einem Gehirn ins andere übertragen; jedoch sind die Intuitionen, die Mark II gegenüber seiner Umwelt hat, anders als die des ersten Mark, wodurch er im Laufe der Zeit eine eigene Persönlichkeit entwickelt.

Da seine Mitschüler_innen ihm mit Vorbehalten begegnen, unterscheidet sich das Verhalten des zweiten Mark von dem seines Vorgängers. Aus sicherer Entfernung wird Mark II beobachtet, da von ihm geht gleichermaßen etwas Beängstigendes und Faszinierendes ausgeht. Die räumliche Distanz, die vonseiten der Mitschüler_innen hergestellt wird, verdeutlicht, wie sehr die topographische Abgrenzung eine Handlung gegenüber dem Fremden ist. Obwohl auch Phil den Klon zunächst nur als Ersatz für Mark I sieht und nicht von einer möglichen Freundschaft ausgeht, wird er sehr schnell so vertraut mit ihm wie mit Mark I; und das Ungewöhnliche an ihnen wird gewöhnlich: »After the first couple of weeks of taking the real Mark to school I'd practically forgotten about his wheelchair. Now I was beginning to forget about his cloneness.« (44) Über die Figur Phil wird die Andersartigkeit, d. h. ihre Behinderung (Mark I) bzw. ihre Erzeugungsweise (Mark II), letztlich in Freundschaft und Respekt aufgelöst, die durch ständige Begegnungen hervorgerufen werden.

So wird in *Mark II* letztlich verdeutlicht, wie sehr die Wahrnehmung einer Person als fremd an die jeweils eigene Gewohnheit und Vertrautheit geknüpft sein kann. Phil ist schließlich auch mit dem zweiten Mark so eng befreundet wie mit dem ersten, wobei er selbst davon ausgeht, dass er zwei verschiedene Personen vor sich hat(te). Obwohl *Mark II* vergleichsweise wenig Seiten umfasst, wird die Geschichte sehr komplex erzählt, da sie durch vier verschiedene Personen fokalisiert ist. Die Teile, die durch Marks Schwester Lauren und Mark I fokalisiert sind, werden heterodiegetisch erzählt, die anderen, d. h. die Perspektiven von Phil und Mark II, autodiegetisch. Damit wird dem Klon selbst und seinem besten Freund, nicht aber den Eltern, eine Perspektive gegeben. Lauren und Mark I sind ›Zaungäste‹ und beobachten das Geschehen, was ihre Betroffenheit, zugleich aber auch Handlungsunfähigkeit angesichts des Klon-Vorgangs illustriert.

An diesem Überblick wird deutlich, dass die literarische Verhandlung von Alterität über das Klonen in England vielschichtiger war. Im deutschen

Sprachraum gibt es, neben Bernhard Kegels *Sexy Sons* (2001) erst einen einzigen, dafür sehr aktuellen Roman für Erwachsene, der in das Programm eines renommierten Verlagshauses aufgenommen wurde: Sybille Knauss' Roman, der bezeichnenderweise *Fremdling* (2012) heißt. Erzählt wird die Geschichte von Maria, die als Anthropologin Karriere macht und ihr Einverständnis dazu gibt, einen geklonten Neandertaler in ihrem Bauch auszutragen.[134] Zunächst als kurzes wissenschaftliches Experiment gedacht, wendet sie sich schließlich gegen ihren Vorgesetzten und Geliebten, flieht und bringt das Kind zur Welt. Auch hier spielt der Raum eine ganz besondere Rolle, wie an folgendem Zitat bereits deutlich wird: »Sie musste einen Ort für ihn finden. Es musste ein Ort [...] ganz ohne andere Menschen sein. Sie hatte keine Ahnung, wo sich ein solcher Ort befand, an dem sie gleichwohl mit ihm leben konnte.« (68) Die Suche findet in einem Wohnmobil statt, mit dem Maria und später der geborene Junge, von ihr Jo genannt, quer durch Osteuropa reisen und »Orte voller Geröll, voller Wind, voller Einsamkeit« (69) aufsuchen, stets mit der Intention, nicht entdeckt zu werden. Denn Jo besitzt keinen Pass, er existiert offiziell nicht; und aufgrund seiner Besonderheit müssen sie sich verstecken. Als sie schließlich doch entdeckt werden, durchläuft Jo nacheinander Orte, die der Öffentlichkeit nicht zugänglich sind, die »Parallelwelten« (145) der Gesellschaft: Ein Kinderheim, die Wildnis, schließlich ein Gefängnis, die geschlossene Psychiatrie, und nach der Entlassung ein Tierversuchslabor als Pfleger ohne Arbeitsvertrag.

Überall ist er aufgrund seines Anderen Aussehens, seiner Anderen Art zu sprechen und seines unkonventionellen Verhaltens ein *Fremdling*; unverstanden und ausgegrenzt, was sich an all diesen Orten durch eine topographische Position im Abseits, am Rand oder im Hintergrund ausdrückt. Die Verantwortung hierfür trägt in *Fremdling* nicht die Gesellschaft, die diese Ausgrenzung produziert und lebt, sondern die Wissenschaft, die Individuen wie Jo erzeugt: »Wir alle wollen das. Mit Menschen zusammen sein, die wie wir selber sind« (247), erklärt Maria Jo ohne den Versuch, ihn mit möglicherweise toleranten oder ihn respektierenden Menschen zusammenzubringen: »Für ihn galten [...] Normen, von denen diejenigen, die ihn studieren würden, nichts ahnten. Normen, die er selber nicht kannte, und deren Andersheit in nicht als in seinem Unglücklichsein messbar war.« (222) Mittels heterodiegetischer Erzählinstanz und interner Fokalisierung wird der *Fremdling* fortwährend als jemand dargestellt, für den keinerlei soziale Normen gelten, weil er eben *Anders* ist. Dabei werden nicht die Normen selbst problematisiert, sondern das Motiv der Fremdheit fortwährend aufrechterhalten. Da

---

[134] Ein ähnliches Szenario entwirft Charlotte Kerner in *Jane Reloaded* (2011). Hier wird im Jahr 2100 in Thaimyla (ein Land, das die heutigen Gebiete von Thailand, Myanmar und Laos umfasst), ein Homo erectus geklont.

Jos Perspektive kaum eingenommen wird – nur wenige Teile der Erzählung sind durch ihn fokalisiert, autodiegetisch erzählte Teile gibt es im Gegensatz zu den meisten Klon-Romanen nach der Geburt von Dolly nicht – bleibt Jo auch für die Leser_innen eine »Abweichung« (57). Die geschilderten Hürden scheinen Probleme zu werden, denen Jo mit Angepasstheit, d. h. bei natürlicher Zeugung und Anderem Aussehen, nicht begegnet wäre. So steht auch bei Knauss die Verhandlung der Technik selbst im Vordergrund. Anders als z. B. in *Mark II* wird das Motiv der Fremdheit nur kritisiert, ohne einen Lösungsweg aufzuzeigen.

Alterität spielt zwar fast immer in deutschen und englischen Romanen eine Rolle, indem der Status von Personen mit geringem Handlungsspielraum verhandelt wird, jedoch ist die Verhandlung insbesondere in der englischen Literatur so sehr abstrahiert, dass sie nicht nur auf eine, sondern auf verschiedene soziale Gruppen zurückbezogen werden kann. Während in den deutschen Romanen also eine Referentialität zur konkreten Konstruktion des Anderen und Fremden hergestellt wird, wird der Rückbezug in vielen englischen Romanen nicht eindeutig aufgelöst. Der technische Aspekt und die Frage, wo oder wie der Klon erzeugt wurde, treten in den englischen Romanen schon sehr früh in den Hintergrund zugunsten der Schilderungen von Intentionen und Beziehungen der Figuren. Für diese Schilderung stellt das Klonen einen Rahmen dar, mit dem letztlich moralische Konflikte und gesellschaftliche Wertvorstellungen, Normen und auch Herausforderungen thematisiert werden. Dies werde ich am letzten englischen Einzelbeispiel, Kazuo Ishiguros *Never Let Me Go* (2005), noch einmal verdeutlichen.

5.6.1 Individualität in Kazuo Ishiguros Never Let Me Go *(2005)*

Mit einer Analyse von *Never Let Me Go* (NLG) soll nun nach den weniger bekannten Romanen wieder ein Text im Vordergrund stehen, der eine Vielzahl an Reaktionen und Interpretationen, nicht nur in der Literaturwissenschaft, sondern auch in großen Fachzeitschriften wie *Lancet* und *Nature* hervorgerufen hat (Sim 2005: 254). Hier findet eine Verhandlung verschiedener Themen vor dem Hintergrund des Klonens statt, die nicht zuletzt aufgrund einer sehr komplexen Erzählstrategie als Kontrast zu fast allen anderen Einzelanalysen dieser Arbeit gesehen werden kann. Nur John Wyndham legt mit *The Midwich Cuckoos* einen ähnlich komplexen Roman vor (vgl. Kap. 4.3.3).

Kazuo Ishiguro wurde 1954 in Nagasaki geboren und zog mit seinen Eltern im Alter von fünf Jahren nach England, weil sein Vater dort eine Anstellung als Meeresbiologe bekam. Da der Vertrag beständig verlängert wurde, blieb die Familie schließlich dort (Freeman 2008). Ishiguro selbst machte einen Abschluss in Englischer Literatur und Philosophie, was verdeutlicht, dass er sowohl hinsichtlich der literarischen Tradition als auch der ethischen

Dimension des vorliegenden Textes professionell geschult ist. Es ist anzunehmen, dass insbesondere dieses Hintergrundwissen es ihm ermöglichte, einen Roman zu schreiben, der von der Tradition klassischer Science Fiction abweicht: »When I am writing fiction, I don't think in terms of genre at all. I write in a completely different way. It starts with ideas.« (196) Wie Ishiguro selbst sagt, standen bei ihm nämlich zuerst andere Leitmotive im Vordergrund, und weniger das Ziel, eine bestimmte Gattung zu bedienen. Dies ist wichtig zu berücksichtigen, denn auf den ersten Blick ist die Geschichte von *NLG* oft erzählt worden: Geklonte Menschen werden an abgeschotteten Orten aufgezogen, um schließlich Organe an den Rest der Gesellschaft zu spenden. Für den Autor selbst geht es jedoch nicht nur um die Ausgestaltung jener Idee, die Joshua Lederberg auf dem *Ciba-Symposium* vorgeschlagen hat (vgl. Kap. 4.3). Vielmehr stehen die anthropologischen Konstanten des Todes, des Verlustes geliebter Menschen sowie die Endlichkeit des Lebens im Vordergrund, wie der Autor selbst in einem Interview sagt:

> I guess when people [...] try to sum up their response, the ones I've been most pleased with probably are the people who've said, ›This is a very sad novel, but there was something also quite affirming in it, because the characters are so decent. But, it's terribly sad.‹ [...] You know, the fact is, yes, we will all fade away and die, but people can find the energy to create little pockets of happiness and decency while we're here. I'm probably less excited when people come and say, ›Oh, this is a chilling warning about the way we're going with cloning and biotechnology.‹ [...] I'm perfectly open to people reading it that way, but if that's all they've got out of it, then I feel that the inner heart of the book has been missed. (Grigsby Bates 2008: 201 f.)

Die Motive der Einsamkeit und der Vulnerabilität, die bei Ishiguro häufig eine große Rolle spielen, sind bei der Rezeption allerdings vielerorts zugunsten bioethischer Aspekte in den Hintergrund getreten (Griffin 2009). Auch wenn Ishiguro selbst die Biotechnologie nicht in den Vordergrund stellen wollte, so evozierte der Roman ähnlich wie schon Huxleys *Brave New World* den Vergleich mit totalitären Systemen. Die Rede ist vom »organ-donation gulag« (Robbins 2007: 292) und einer »meditation on a world shaped by eugenic fantasies of Nazi-era incarceration« (Black 2009: 789). Mit einem »strategic genocide« (797) würden die Klone ihrer Persönlichkeit beraubt, die dem Holocaust ähnlich sei. Auch hier wird über den Klon die Referenz zur Verfolgung und Instrumentalisierung des sozial Anderen hergestellt. Aufgrund seiner vielfältigen Deutungsmöglichkeiten ist der Roman allerdings eher als abstrakte Verhandlung sozialer Akzeptanz denn als Referenz auf NS-Eugenik oder Biotechnologien zu sehen (Carroll 2010). Indem das Genre der Science Fiction gerade nicht bedient wird, lassen sich vielfältige Bezüge zu vergangenen und gegenwärtigen Praktiken im Umgang mit dem Anderen herstellen.

Im Folgenden werde ich zeigen, wie diese Thematisierung von Alterität in vielschichtiger Weise räumlich dargestellt wird. Dabei möchte ich speziell zwei Aspekten nachgehen: Erstens der Frage, wie die Instrumentalisierung der Figuren durch eine enge Verzahnung sozialer und biologischer Formung ausgeführt wird und welche Folgen dies für ihre Persönlichkeit hat. Diese Kopplung verunmöglicht es ihnen nämlich, Wissen zu erlangen, aus dem die Motivation für Veränderung der sozialen Position resultieren könnte und macht gleichzeitig Zwang oder Überwachung im System überflüssig. Zweitens werde ich nachzeichnen, wie die Geschichte als Suche der Ich-Erzählerin, Kathy H., nach der eigenen Vergangenheit erzählt wird. Durch diese autodiegetische Erzählung gibt es keine objektive Darstellung des Reproduktions- und Transplantationssystems. *NLG* ist damit radikal eine Geschichte eines Klons selbst, die oft mehr Fragen hinsichtlich der dargestellten Welt aufwirft, als sie beantwortet.

Im Mittelpunkt der Geschichte stehen neben Kathy ihre beiden Freund_innen Ruth und Tommy; ihre Vornamen zeichnen das Bild einer »mainstream cultural provenance« (Black 2009: 797) der weißen, englischen Mittelklasse. Von ihren Nachnamen bekommen wir nur den ersten Buchstaben, was in Kombination mit den standardisierten Vornamen Gewöhnlichkeit suggeriert. Alle drei wachsen in einem englischen Internat namens Hailsham auf, dessen Radius sie während ihrer Kindheit und Jugend nicht verlassen.[135] Dies liegt in Legenden begründet, die im Internat kursieren: Der Wald um das Areal, so heißt es, sei verflucht vom Geist eines Jungen, der es wagte, die Grenze zu überschreiten, und der wenige Tage später, an einen Baum gebunden, mit abgeschnittenen Händen und Füßen aufgefunden wurde (50). Ein anderes Mädchen sei aus Neugierde über den Zaun geklettert und wurde anschließend abgewiesen, sodass ihr Geist nun noch immer über Hailsham sein Unwesen treibe. Ohne Anwendung physischer Gewalt bleiben die ›students‹ (dt.: Kollegiatinnen) durch diese Legenden an dem ihnen zugewiesenen Platz, sodass ihre soziale Rolle bereits hier eine materielle Entsprechung findet: Beide lassen nur einen begrenzten Handlungsspielraum zu. Alles, was außerhalb des Internats liegt, ist ihnen unheimlich – ebenso, wie sie den Ort Hailsham nicht verlassen, ändern sie auch ihren Platz im topologischen Gefüge der Gesellschaft später nicht.

Allerdings wird deutlich, dass die ›Aufseher_innen‹, wie das Personal in Hailsham genannt wird, diese Legenden im Internat streuen. Im englischen

[135] Dieser Name, ein Kompositum des Verbs ›to hail‹ (bejubeln, begrüßen, herbeirufen) und des Substantivs ›sham‹ (Täuschung, Schwindel, Betrug), ist ein Hinweis darauf, dass das Internat nicht nur der Kinderziehung dient, sondern eine zweite Funktion hat: »[T]he children, with no parents, are greeted by a sham that they can't quite figure but that manages to hail them.« (Britzman 2006: 313)

Original wird dieses Personal als ›guardian‹ bezeichnet. Die Schüler_innen haben keine Angst vor ihnen, sondern bemühen sich vielmehr, ihnen zu gefallen und träumen davon, Zuwendung von ihnen zu erfahren (60). Der Begriff des *guardian* kann zudem noch als juristischer Vormund übersetzt werden, was zugleich eine Entmündigung der Klone vor Augen führt. Sie dürfen über ihr Leben nicht selbst entscheiden. Doch selbst diese Bedeutung ist ambivalent: Denn ein *guardian* hat nicht nur das Recht, für jemanden zu entscheiden, sondern auch die Pflicht, für jemanden zu sorgen. Dieser Begriff verdeutlicht, wie das Leben der Klone zwischen ›Schutz‹ und ›Bewachung‹ oszilliert. Von ihren *guardians* wird den Kollegiat_innen gemessen an ihrem Alter immer ein wenig zu viel erzählt; sie erfahren Dinge, die sie noch nicht verstehen und befinden sich so in einem Stadium zwischen Neugierde und Angst.[136] So werden Dinge bereits verinnerlicht, bevor sie kognitiv tatsächlich verstanden werden. Diese Informationsvermittlung ist eine entscheidende Grundlage des Systems, die sich ebenso wie die räumliche Segregation auf einen prominenten Ursprung zurückführen lässt. So heißt es nämlich im zweiten Buch von Platons *Politeia* über die Erziehung der Wächterklasse:

> Zuerst [...] müssen wir Aufsicht führen über die, welche Märchen und Sagen dichten, und welches Märchen sie gut gedichtet haben, dieses einführen, welches aber nicht, das ausschließen. Die eingeführten aber wollen wir Wärterinnen und Mütter überreden den Kindern zu erzählen, um so noch weit sorgfältiger die Seele durch Erzählungen zu bilden, als mit ihren Händen den Leib. (Politeia: 377a)

Hier lässt sich ein zentraler Bezug zwischen *NLG* und der *Politeia* herstellen, da in beiden Fällen über Bildung das Verhalten gesteuert wird und die bewachende Personengruppe die jüngere Generation mit Geschichten beeinflusst (vgl. Kap. 2.1.2.1). Auch die Dynamik von Raum und Reproduktion wird in *NLG* gleichermaßen aufgegriffen und erweitert: So wird die topologische Trennung zweier Lebenswelten durch ein unbestimmtes ›außen‹ im Verhältnis zur begrenzten Lebenswelt der Kollegiat_innen illustriert. Allerdings sind nicht mehr, wie bei Huxley, die natürlich reproduzierten Personen in Reservaten untergebracht, sondern es sind gerade die künstlichen Repliken, die vom Bereich der ›normalen Gesellschaft‹ abgegrenzt werden. Waren es bei Huxley die fruchtbaren Personen, die abgeschottet lebten, so sind es bei Ishiguro die unfruchtbaren:

> We had to be extremely careful about having sex in the outside world, especially with people who weren't students, because out there sex meant all sorts

136 Einzig die Aufseherin Miss Lucy unternimmt einen Versuch, die Kollegiat_innen über ihre Situation aufzuklären, muss Hailsham jedoch verlassen, weil sie das Projekt des Aufwachsens in Ruhe und heiler Atmosphäre untergraben habe.

> of things. [...] And the reason it meant so much [...] was because the people out there were different from us students: they could have babies from sex. That was why it was so important to them, this question of who did it with whom. And even though, as we knew, it was completely impossible for any of us to have babies, out there we had to behave like them. We had to respect the rules and treat sex as something pretty special. (NLG: 82)

Die Sterilität der Klone ist die signifikante Differenzkategorie anhand derer die Segregation des sozialen Raums in *NLG* durchgeführt wird. Obgleich selten thematisiert, unterscheidet sie nämlich genau diese Eigenschaft von den ›normalen Menschen‹ (Puchner 2008). Obwohl die Verknüpfung von Sterilität und Organtransplantation zunächst willkürlich erscheint, offenbart sie sich schließlich als Logik des Systems: Aufgrund ihrer Unfruchtbarkeit haben die Klone keinen weiteren ›Nutzen‹ als Organe zu spenden, womit sie auf ihre Art zum Fortbestehen des Kollektivs beitragen. Von ihnen selbst wird der soziale Raum nicht reproduziert, sondern mit Gütern in Form von Organen versorgt. Diese Aufgabe, die die Klone später einmal übernehmen müssen, wird ihnen über das Thema der Sexualität vermittelt:

> One thing occurs to me now is that when the guardians first started giving us proper lectures about sex, they tended to run them together with talk about the donations. At that age – [...] I'm talking of around thirteen – we were all pretty worried and excited about sex, and naturally would have pushed the other stuff into the background. In other words, it's possible the guardians managed to smuggle into our heads a lot of the basic facts about our futures. (NLG: 81f.)

Da die Klone sich nicht fortpflanzen können, leisten sie keinen reproduktiven ›Beitrag‹ zur Zukunft des Kollektivs; und dementsprechend gibt es seitens der Aufseher_innen auch keine Ausführungen zu ihrem weiteren Lebensweg. Ihr Leben ist festgelegt, was sie jedoch nicht in aller Härte begreifen. Wie zentral das Motiv der Familie und der Reproduktion ist, zeigt sich insbesondere an der titelgebenden Textstelle. Kathy ersteht auf einem der regelmäßig stattfindenden Basare des Internats eine Kassette, auf der die Sängerin »Baby, baby never let me go ...« (70) singt. Sie assoziiert dieses Lied mit einer Frau, die wie durch ein Wunder trotz diagnostizierte Unfruchtbarkeit ein Kind zur Welt bringt: »[S]he holds this baby very close to her and walks around singing: ›Baby, never let me go ...‹ partly because she's so happy, but also she's so afraid something will happen, that the baby will get ill or be taken away from her.« Interpretiert werden kann dies als Referenz auf Kathys eigene Unfruchtbarkeit und ihre Sehnsucht nach Familiengründung, die doch unmöglich ist – das bestehende System für eigene Kinder zu verändern, stellt keine Handlungsmotivation dar. Von einer Beobachterin, die von außen kommt, wird diese Szene hingegen anders verstanden:

> I saw a new world coming rapidly. More scientific, efficient, yes. More cures for the old sicknesses. Very good. But a harsh, cruel world. And I saw a little girl, her eyes tightly closed, holding to her breast the old world, one that she knew in her heart could not remain, and she was holding it and pleading, never to let her go. It wasn't really you, what you were doing, I know that. But I saw you and it broke my heart. (267)

Hierin lässt sich eine weitere Anspielung auf Huxleys *Brave New World* erkennen: Die postfordistische Welt, deren wichtigste Elemente Effizienz und Fortschritt sind, ist bei Ishiguro zur selbstverständlichen Kulisse geworden (Sim 2005: 256). *NLG* beschreibt nicht mehr die Entwicklung zu einer durchrationalisierten Welt, sondern vielmehr die Effekte einer immer größeren Deutungsmacht der Life Sciences (Griffin 2009). Hier wird nicht nur auf klassische Utopien Bezug genommen, sondern sie werden zugleich erweitert, denn die Klone internalisieren ihre Rolle allein durch Erziehung. Es braucht keine Konditionierung anhand von Experimenten, keine Gewalt, kein Soma mehr (vgl. Kap. 4.2.2).

Die Position der Hailsham-Schülerinnen ist von Currie (2009: 100) sehr treffend als »privileged deprivation« benannt worden. Dieser Begriff bezeichnet das Phänomen, dass Kathy und ihren Freund_innen zwar essentielle Dinge entzogen werden, nämlich ihre Entscheidungs-, Handlungs- und Bewegungsfreiheit. Verglichen mit den Klonen in anderen Internaten sind sie aber immer noch privilegiert. Durch Sonderrechte in einem totalitären System werde, so argumentiert Currie, das Verhalten der Klone konditioniert:

> The key feature of this concept of social control is that a person who enters a total institution must be systematically deprived of individual freedom, personal space, and opportunities for self-expression relative to other individuals in the institution. The privilege of others must therefore be made visible and possibly offered as an enticement to an individual, as an expectation for the future. This initial deprivation must be relieved slowly over time, often as a consequence of seniority itself [...] but also as a reward for conformity to the institution's rules and values. In this way, relative deprivation creates an entirely internal economy of privilege and deprivation, where comparisons are not relative to the general population or standards in the outside world. (101)

Die Abschottung der Klone hat also den Zweck, dass sie ihre Situation nicht mit der Lage von Personen vergleichen können, die außerhalb ihres Mikrokosmos leben. Kathy und ihre Freund_innen werden auf ein »shadowy territory« (Black 2009: 789) verwiesen, das sie nicht verlassen. Dass ihre Privilegien, gemessen an der Situation nicht geklonter Menschen, gar keine Privilegien sind, auf diesen Gedanken kommen die Klone qua ihrer Erziehung nicht. Aufgrund der Überzeugung, dass es ihnen auch noch schlechter gehen könnte, und sie Dankbarkeit für ihre vermeintliche Begünstigung empfinden müssen, handeln sie schließlich auch außerhalb des Internats im Sinne des Systems.

Es überrascht nicht, dass sie ihre Rolle vollkommen internalisiert haben, als sie Hailsham verlassen, um in den sog. ›Cottages‹ zu leben. Hier gibt es keine Überwachungskameras, niemanden, der sie daran hindern könnte, dem Gelände den Rücken zu kehren, aber sie wagen sich, abgesehen von einigen Spaziergängen im Wald, selten aus dem Haus. Dafür bildet sich eine neue Gemeinschaftsstruktur heraus: Von ihrer gewohnten Umgebung getrennt und mit Kollegiat_innen aus anderen Internaten zusammengebracht, entwickeln sie eine familienähnliche Zusammengehörigkeit – die älteren von ihnen verhalten sich wie Eltern, die jüngeren wie Kinder, »like [...] in a normal family« (NLG: 118).[137] Doch auch auf diesen Zusammenhalt wurden die Klone bereits vorbereitet. Auf sog. Basaren (engl.: ›exchanges‹) tauschen sie ihre Kunst untereinander aus: Diese Sammlungen ermöglichen es ihnen, etwas Persönliches zu besitzen und sich so eine eigene Identität im Rahmen der kollektiven Normierung zu erschaffen (38). Die Kreativität hat aber noch einen tieferen Sinn, da mit ihr bewusst ein Zusammengehörigkeitsgefühl herbeigeführt wird: »[B]eing dependent on each other to produce the stuff that might become your private treasures – that's bound to do things to your relationships. [...]« (16) Das Motiv des Gebens ihrer Kunstwerke bereitet die Kollegiat_innen darauf vor, dass sie eines Tages auch einen Teil ihres Körpers weggeben müssen, allerdings ohne dass sie dafür etwas zurück bekommen (Black 2009).

Die hohe Bedeutung der Kreativität wird ihnen auch dadurch suggeriert, dass regelmäßig eine Frau namens ›Madame‹ kommt, um besonders schöne Bilder für eine Galerie auszuwählen. Das vage Wissen über diesen Ort und der Wunsch nach der Anerkennung ihrer Kunst bringt die Kollegiat_innen dazu, sich selbst zu regulieren: Tommy wird von den anderen für seine kindlichen Bilder ebenso wie für seine ausufernden Wutanfälle ausgelacht und passt sich daraufhin der Gruppe an, um kein Außenseiter mehr zu sein. Jahre später spielt Ruth noch einmal auf diese Situation an und sagt, dass er nie »a real Hailsham student« (NLG: 153) gewesen sei: »He was left out of everything and people were always laughing at him.« Diese Aussagen verweigern Tommy die Anerkennung und führen fast zu einem neuen Wutanfall in den Cottages. Am Ende gibt Tommy zu, tief im Innern möglicherweise mehr gewusst zu

[137] Gleichwohl werden dem Verbund der Klone in einer Auseinandersetzung zwischen Ruth und Kathy »real families« (122) gegenübergestellt. So wird deutlich, dass sie lediglich eine gesellschaftliche Norm nachahmen. Da sie kaum Kontakt mit der Außenwelt haben, sind ihnen Familienbilder nur implizit, durch Erzählungen der Aufseher_innen oder durch das Fernsehen zugänglich: »Stop all that«, fordert Kathy Ruth dementsprechend in diesem Streit auf, »You don't know anything about it.« (Ebd.)

haben als die anderen (270). Die Verweigerung der Kreativität und die Wut sind jedoch zugleich auch Charakterzüge, die ihn als potentiellen Kritiker auszeichnen könnten, der sich in das System nicht einfügt.

Erst zum Ende des Buches wird deutlich, dass die Kunst von einer politischen Bewegung ausgewählt wurde, um der Öffentlichkeit zu zeigen, dass auch die Klone eine Persönlichkeit haben. Indem ihre Kunst Kulturhöhe und Handlungsfähigkeit repräsentierte, sollte so zugleich ihre Menschlichkeit bewiesen werden:

> Before that, all clones, or students, as we preferred to call you – existed only to supply medical service. In the early years, after the war, that's largely all you were to most people. Shadowy objects in testtubes. [...] That was why we collected your art. We selected the best of it and put on special exhibitions. In the late seventies, at the height of our influence, we were organizing large events all around the country. [...] ›There, look!‹ we could say. ›Look at this art! How dare you claim these children are anything less than fully human?‹ (256f.)

Das Bestreben, mit dem die Seele der Klone demonstriert werden sollte, wurde allerdings ignoriert; es blieb ungehört und unsichtbar, weil diese Erkenntnisse unbequem waren.[138] Und als es keine Politiker_innen mehr gab, die das Projekt unterstützen, wurde es schließlich aufgegeben: »You won't find anything like Hailsham anywhere in the country now. All you'll find, as ever, are those vast government ›homes‹, and even if they're somewhat better than they once were, let me tell you, my dears, you'd not sleep for days if you saw what still goes on in some of those places.« (260) Diese Leerstelle des Romans, in der die ›Anderen‹, dunklen Orte im Verborgenen bleiben, führt den Leser_innen vor Augen, was auch hätte erzählt werden können: Die systematische Entnahme von Organen, blutende und leidende Figuren, die versuchen aus den Internaten zu flüchten und dabei verletzt werden. Es wird auch nur beiläufig erwähnt, dass die Zäune in Hailsham zum Glück nicht elektrisch geladen seien, da an Anderen Orten genau an diesen Grenzen Unfälle geschehen (77). Indem ihnen vermittelt wird, dass sie immer noch eine Sonderstellung im System genießen, wird die privilegierte Deprivation der Klone aufrechterhalten. Da dieses Aufwachsen im Vordergrund steht und über die dunklen Seiten des Systems gerade nicht erzählt wird, wird zugleich die provokante Frage aufgeworfen, wie die Vulnerabilität und Abhängigkeit von Personen zugunsten einer biomedizinischen Fortschrittsgeschichte

---

[138] Mit dem Motiv der Seele knüpft Ishiguro an die *Politeia* an: Platon hat ja angenommen, dass ein Staat wie die einzelne menschliche Seele dreiteilig konzipiert sein muss (vgl. Kap. 2.1.2.1). Der bestmögliche, d. h. gerechte Staat entsteht durch die Vereinigung dreier Stände, die den drei Teilen der Seele entsprechen. Das aufrüttelnde Moment in *NLG* besteht darin, dass die Klone kein sichtbarer Teil des Staates sind, obwohl sie eine Seele haben.

tatsächlich vom öffentlichen Diskurs und einem alltäglichen Handeln im Dunkeln gehalten werden (Hansen/Wöhlke 2015). Ishiguro stellt, wie er selbst im Interview sagt, seinen Leser_innen nicht mehr und nicht weniger als die Frage, was sie in ihrem Leben stillschweigend hinnehmen, ohne zu handeln:

> We don't stand outside of our milieu and evaluate it. We don't say, ›Wait, we're going to do it this way instead.‹ We take our orders, we do our jobs, we accept our place in the hierarchy, and hope that our loyalty is used well [...]. So my characters may be isolated figures personally, but I do try to make them like everyman characters. (Matthews 2009: 115)

NLG kann als eine Darstellung von Passivität und vom Verharren auf der eigenen sozialen Position gelesen werden: »I wanted a very strong image like that for the way most of us are, in many ways we are inclined to be passive, we accept our fate. Perhaps we wouldn't accept this to that extent, but we are much more passive than we'd like to think.« (124) Dabei wird die Darstellung so weit ausgereizt, dass sie kaum noch als Kritik erkennbar ist, sondern lediglich ein Szenario absoluter Handlungsunfähigkeit darstellt. Damit symbolisieren die Klone in sehr abstrakter Weise Personen, die aufgrund einer privilegierten Deprivation nicht aufbegehren. Zugleich ist diese Passivität der Figuren aber auch nicht mit einer Gleichgültigkeit in eins zu setzen. Obwohl ihnen nämlich die Möglichkeit zur autonomen Entscheidung verwehrt wird, da ihnen gar nicht alle Informationen über ihr System zur Verfügung stehen, entwickeln sie doch einen eigenen Willen und Reflexionsfähigkeit, wenn es um die Beziehungen zueinander geht (Koops 2013). Die Grausamkeit und Konsequenz des Systems jedoch können sie erst verstehen, als es zu spät ist.

Entsprechend geht es nur vordergründig um die Frage, ob jemals Klone in speziellen Internaten gezüchtet werden, um Organe zu spenden. Vielmehr wird über das Motiv des Klons dargestellt, welche Abhängigkeiten ein Individuum in seiner Entscheidungsfindung beeinflussen können. Zudem macht Ishiguros Szenario deutlich, dass Menschen sich oft für die Dinge interessieren, die sie direkt betreffen; nämlich ihre Beziehungen, Wünsche und Träume; und nicht für die Bedingungen des Systems, in das sie eingebettet sind. Zugleich wird darüber allerdings auch verhandelt, dass das Selbstverständnis über die Veränderbarkeit dieses Systems maßgeblich von der Position abhängt, die ein Individuum in ihm zugewiesen bekommt:

> *Never Let Me Go* can be said to offer a metaphor for the inequalities and predations of national and global economic systems. [...] While Ishiguro rarely refers explicitly in the novel to such phenomena, he makes this parallel between the clones and service classes easy to draw. If First World economies desire labor without the inconvenient presence of human laborers [...], the

instrumental bodies of Kathy and her classmates offer the logical and terrifying realization of such a view. (Black 2009: 796)

So lässt sich die Determinierung der geklonten Figuren und ihre Abhängigkeit von einer unbekannten Macht als eine Verhandlung globalisierter Klassenverhältnisse deuten. Die Klone symbolisieren diejenigen Mitglieder einer Gesellschaft, deren Handlungsspielraum begrenzt und deren soziale Position determiniert ist – dies liegt jedoch weniger in ihrer künstlichen Entstehung als in ihrer institutionalisierten Erziehung und ihren geringen Aufstiegschancen begründet.[139]

Näher ausgeführt hat Whitehead (2011) dies an der ›Betreuung‹ der Klone durch Kathy, mit der gezeigt wird, wie die Gruppe der Kollegiat_innen sich umeinander kümmert und eine besondere Gemeinschaft bildet. Die Klone betreuen für einige Zeit andere, die bereits zum Spenden aufgefordert wurden, bevor sie selbst ihre Organe geben. Die betreuende Kathy ist eine Referenz auf all diejenigen, die sich mit der Pflege anderer ihren Lebensunterhalt verdienen und kaum Zeit für sich selbst finden oder selbst niemals in der Situation sein werden, ›betreut‹ zu werden: »[T]he clones powerfully engage questions of class concerning who is ›carer‹ and ›cared for‹ in society. They also require us to question whether the socially underprivileged have lives that are dramatically reduced in terms of both length and potential.« (63) Whitehead nimmt Bezug auf die Privatisierung des Gesundheitssystems in Großbritannien in den Jahren 1979 bis 1996 und nutzt den Roman, um die Politik der Regierung Thatcher zu kritisieren (vgl. Kap. 5.2.1). Insbesondere Kathy steht in dieser Lesart nicht nur für eine Person, die sich für die anderen einsetzt und sich emphatisch um sie kümmert, sondern vielmehr für diejenigen, die im sozialen Raum keine Aufstiegschancen haben und über geringe Mobilität verfügen (Robbins 2007).

Die von Hans Jonas (vgl. Kap. 5.5.5) geforderte ›offene Zukunft‹ bleibt tatsächlich ein Traum für die Klone. Im Roman wird dies durch das Motiv der ›Möglichen‹ (engl.: ›a possible‹) ausgeführt. Von ihnen wird die Körperzelle für das Klonen entnommen. Diese ›Möglichen‹ stellen eine Projektionsfläche für ihre Zukunft dar: »[W]e all of us, to varying degrees, believed that when you saw the person you were copied from, you'd get some insight into who you were deep down, and maybe too, you'd see something of what your life held in store.« (NLG: 137f.) Der Begriff des ›Originals‹ fällt hier bezeichnenderweise nicht. So wird deutlich, dass die Klone eben keine ›Kopie‹ sind, dass ihnen aber auch nicht dieselben Möglichkeiten offen stehen wie anderen Personen. Eine Suche nach der eigenen Identität wird allerdings ebenso wie

[139] Hier findet sich eine Parallele zur Biographie des Autors, der selbst fremd in England ist und eine Außenperspektive auf das dortige Klassensystem einnimmt (Grigsby Bates 2008).

die Verbreitung der Legenden in Hailsham auch von den Aufseher_innen gezielt herbeigeführt. Sie geben den Kollegiat_innen Viktorianische Romane zu lesen, die, wie George Eliots *Daniel Deronda*, die Suche nach einer Vergangenheit und Zugehörigkeit verhandeln.[140] Für die Leser_innen demonstriert die Suche nach den ›Möglichen‹ deshalb eine gewisse Orientierungslosigkeit, eine Suche nach dem Ursprung der eigenen Persönlichkeit, wie sie auch bei realen Personen vorkommen kann, deren Abstammung ungeklärt ist (Puchner 2008). Die Unterscheidung zwischen künstlichen Klonen und natürlich gezeugten Originalen wird durch den Status der Klone als suchenden, orientierungslosen Personen also eher nivelliert. Diese Suche rückt gerade ihre Menschlichkeit in den Vordergrund, ihre Zweifel und Unsicherheiten angesichts der eigenen Abstammung. Am Beispiel von Ruth, deren ›Mögliche‹ andere Kollegiat_innen in einem Büro zu sehen glauben, wird ausgeführt, wie die Klone Vorstellungen eines ›normalen Lebens‹ entwickeln. Ausgehend von einem Hinweis auf ihre Mögliche, die die Freunde in einem Ausflug aufsuchen, stellt Ruth sich nämlich intensiv vor, wie es für sie wäre, das Leben ihres Originals zu leben:

> She even talked a tone point about how the people in her office would all be ›dynamic, go-ahead types‹, and I remembered clearly those same words written in big letters across the top of the advert: ›Are you the dynamic, go-ahead type?‹ – something like that. Of course, I didn't say anything. In fact, listening to her, I even started wondering if maybe it was all feasible: if one day we might all of us move into a place like that and carry on our lives together. (NLG: 142)

Dass die Klone Genotyp und Phänotyp gleichsetzen, wissen sie nicht. Zudem gibt es auch einige von ihnen, die über die ›Möglichen‹ nicht weiter nachdenken und nicht auf der Suche nach Modellen für ihr Leben sind: »There were some who thought it stupid to be concerned about possibles at all. Our models were an irrelevance, a technical necessity for bringing us into the world, nothing more than that. It was up to each of us to make of our lives what we could.« (138) Doch bei denen, die den Modellen Gewicht beimessen, wird das Leben des Originals zu einer Vorstellung ihrer eigenen Zukunft; wobei allein aufgrund übereinstimmender DNA ein ähnlicher Lebensweg antizipiert wird. So wird der genetische Determinismus der Moderne vorgeführt, der davon ausgeht, dass sich die soziale Position mit Informationen über DNA naturalisieren lasse (vgl. Kap. 4.1). Zugleich wird er auch unterwan-

[140] Damit unterwandert *NLG* die Struktur eines Bildungsromans, in dem die Entwicklung von Protagonist_innen zu Mitgliedern der Gesellschaft verfolgt wird (Eatough 2011). Der Roman hat zwar formal diese Struktur, jedoch ist die Aufgabe der Klone gerade nicht selbstgewählt oder losgelöst von gesellschaftlichen Normen. Vielmehr wird ihre Bildung gezielt dahingehend beeinflusst, dass sie sich in das System einfügen, ohne es jemals zu reflektieren.

dert, indem die Klone als Individuen dargestellt werden: »That *isn't* Ruth« (162), stellen die Klone nach ihrem Ausflug nämlich fest. Die Enttäuschung angesichts der nur vermeintlichen Möglichkeit der Lebensgestaltung führt zu einem der wenigen Wutausbrüche des Romans. Als Ruth nämlich versteht, dass die Idee von der Frau im Büro als eine ›Mögliche‹ nicht mehr und nicht weniger als eine Wunschvorstellung ist, konfrontiert sie Tommy mit der Position der Klone im sozialen Raum:

> We all know it. We're modeled from trash. Junkies, prostitutes, winos, tramps. Convicts, maybe, just so long as they aren't psychos. That's what we come from. We all know it, so why don't we say it? [...] If you want to look for possibles, if you want to do it properly, then you look in the gutter. You look in rubbish bins. Look down the toilet, that's where you'll find where we all came from. (164)

Insbesondere das Motiv der ›Möglichen‹ wirft die Frage auf, welche Handlungsoptionen in realen sozialen Räumen denjenigen sozialen Gruppen bleiben, die Kathy hier nennt. Der Klon steht für diejenigen, die sich im topographischen wie topologischen Sinne in der sozialen Peripherie befinden. Auf reale Klassenunterschiede wird nun gezielt referiert. Die Klone haben keinen Status im sozialen Raum, seine Regeln gelten nur in dem Sinne für sie, dass Ansprüche an sie selbst gestellt werden, sie aber keine Ansprüche äußern dürfen. All dies wird Kathy aber erst später klar und ist für sie in der heilen Welt von Hailsham nicht zugänglich. Aus diesem Grund können die Besuche von Madame, die das Internatsleben unterbrechen, nur symbolisch umschrieben werden: »Madame was afraid of us. But she was afraid of us in the same way someone might be afraid of spiders. We hadn't been ready for that. It had never occurred to us to wonder how we would feel being seen like that, being the spiders.« (35) Dass die Klone als etwas genuin Fremdes wahrgenommen werden, verstehen sie in diesem Moment nicht. Vergeblich warten sie auf den Moment, an dem ihnen die Gründe für Madames Abscheu erklärt werden:

> So you're waiting, even if you don't quite know it, waiting for the moment when you realize that you really are different to them; that there are people out there, like Madame, who don't hate you or wish you any harm, but who nevertheless shudder at the very thought of you – of how you were brought into this world and why – and who dread the idea of your hand brushing against theirs. (36)

Hier wird die Lage von Kindern verhandelt, die zunächst nicht verstehen, warum ihnen mit Widerwillen begegnet wird und die später begreifen, dass sie aufgrund ihrer Herkunft, Hautfarbe oder Klasse als etwas Anderes angesehen werden. Dabei ist gerade *NLG* eine vielschichtige Darstellung der Alterität wie nur wenige Romane vor oder nach ihm.

Eine weitere Besonderheit dieses Romans besteht in dessen Erzählstrategie, die es den Leser_innen erschwert, sich der Perspektive der Klone zu entziehen. Durch die autodiegetische erzählende Stimme von Kathy H. wird deren Betroffenheit und begrenzte Perspektive an die Leser_innen weitergegeben, die nicht mehr über das System erfahren als Kathy selbst. Zugleich lokalisiert Ishiguro durch die Einbettung ›England, late 1990s‹ auf der ersten Seite sein Werk nicht in unbestimmbarer Zukunft, sondern fordert die Leser_innen explizit zu der Vorstellung auf, dass das Geschilderte vor wenigen Jahren passiert ist bzw. immer noch andauert. Da Kathy zum Zeitpunkt des Erzählens 31 ist, schildert sie demzufolge ihr Aufwachsen im England der 1960er, 1970er und 1980er Jahre. Würde nicht vorher auf dem Cover des Buches das paratextuelle Fiktionssignal ›Roman‹ bzw. ›novel‹ oder ›fiction‹ erscheinen, wären alle Aussagen dieses Werkes zunächst als wahrheitswertfähige Aussagen über die nahe Vergangenheit aufzufassen und Kathy H. als eine reale autobiographische Erzählerin. Die Leser_innen werden hier aufgefordert, sich in Kathys Lage hineinzuversetzen sowie Parallelen zwischen dem Leben der fiktiven Figur und dem eigenen zu imaginieren.

Kathy ist eine so gute Betreuerin, dass sie sehr alt wird. Dies macht die Erzählsituation in *NLG* erst möglich: Da sie am Ende alle ihre Freund_innen überlebt hat, kann Kathy nun über ihre Vergangenheit berichten und zwischen gleichzeitigem Erzählen (Reflexion) und späterem Erzählen (Ereignisse in Hailsham) wechseln: »The memories I value most, I don't see them ever fading. I lost Ruth, then I lost Tommy, but I won't lose my memories of them.« (280) So erzählt sie zum einen in Analepsen von der Internatszeit und ihrem Leben in den darauffolgenden elf Jahren. Zum anderen reflektiert sie auf der Zeitebene der Erzählung selbst das Erlebte und dessen Bedeutung für ihre persönliche Lebensgeschichte – diese Reflexion findet jeweils im Präsens statt, was bereits am zweiten Satz des Romans deutlich wird: »I'm thirty-one years old, and I've been a carer now for over eleven years.« (3) Das Spannungspotential des Romans speist sich dabei aus genau dieser Perspektive, denn so wie Kathy erst nach und nach Informationen über Hailsham preisgibt und diese natürlich nur ihrer Erinnerung entstammen können, so müssen auch die Leser_innen versuchen, die ›wirkliche‹ Funktion des Internats zu verstehen.

Untermauert wird dies durch die Adressierung des Textes an ein ›you‹, welches bis zum Ende des Romans unbestimmt bleibt. »I don't know how it was where you were, but at Hailsham we had to have some form of medical almost every week [...]« (13) heißt es zu Beginn; und wenig später: »I'm sure somewhere in your childhood, you too had an experience like ours [...]; similar if not in the actual details, then inside, in the feelings.« (36) Ähnliches zeigt sich in wesentlich drastischer Form am Ende des Romans:

> You'll have heard the same talk. How maybe, after the fourth donation, even if you've technically completed, you're still conscious in some sort of way; how then you find there are more donations, plenty of them, on the other side of that line; how there are no more recovery centres, no carers, no friends; how there's nothing to do except watch your remaining donations until they switch you off. (274)

Liest man das ›you‹ bzw. das deutsche ›Du‹ oder ›Sie‹ als Adressierung an die Leser_innen, erreicht die Vorstellung eine »Schmerzgrenze, deren Überschreitung körperlich und ethisch aufrüttelt« (Krüger-Fürhoff 2008: 161). In diesem Fall »setzt Kathy die Leserinnen und Leser als Klone voraus und spricht sie – und das heißt: uns – als (zukünftige) ›Spender‹ an« (ebd.). Die Leser_innen werden selbst als ein Teil des Systems, d. h. als Klon, adressiert und so als gleichgesinnte Kollegiat_innen in die Geschichte involviert. Sie müssen für sich entscheiden, ob sie diese Ansprache annehmen und die Situation der Klone auf ihr eigenes Leben beziehen, oder ob sie sich ihr verweigern und die Vorstellungen der privilegierten Deprivation für sie etwas Unvorstellbares bleiben.

Dass die Klone ein bestimmtes Schicksal erwartet, wissen die Leser_innen zu Beginn der Geschichte nicht. Dem vagen Wissen der Kinder um ihre Rolle entspricht auf der werkexternen Ebene ein vages Wissen der Leser_innen. Die Beeinflussung durch Geschichten wird gewissermaßen an sie weitergegeben, wodurch Kathys Betroffenheit zur Betroffenheit des Publikums wird: Sie erfahren zunächst von Worten wie ›Spende‹ und ›Betreuung‹, die eine positive Assoziation wecken, und erst später wird ihnen klar, dass damit Handlungen gemeint sind, die sie selbst vermutlich nicht positiv bewerten würden. Während in klassischen Dystopien wie in George Orwells *Nineteen Eighty-Four* noch neue Termini für Begriffe gefunden werden, um die Kommunikation des Volkes zu kontrollieren (sog. *Newspeak*), sind die Worte bei Ishiguro nicht neu. Es sind vielmehr alltägliche Begriffe, die ein friedfertiges und funktionierendes System suggerieren, am Ende aber für die Betroffenen als das Gegenteil beinhalten (Whitehead 2011). Diese geläufige Sprachverwendung lenkt wiederum den Blick der Leser_innen zurück auf die eigene Verortung und die Frage, ob und wie z. B. epistemische Gewalt auch in ihrem Alltag angewendet wird. Den systematischen Euphemismen werden die Leser_innen selbst ausgesetzt, ohne endgültige Gewissheit oder Aufklärung zu erlangen. Wie lange z. B. die Phase des Betreuens andauert, ist abhängig davon, wie lange »they want [them] to go on« (NLG: 3). Dieses ›they‹ bleibt bis zum Ende des Romans unbestimmt und provoziert die Leser_innen so mit der Frage, ob sie vielleicht sogar selbst ein Teil dieser Gruppe sind, die die Regeln für Individuen wie Kathy erstellen oder von ihnen profitieren.

Auch die Frage, wo die Klone erzeugt werden, wo sie die erste Zeit ihres Lebens verbringen, sowie der Zeitpunkt, wann die einzelnen Figuren zur

Spende aufgefordert werden – alle näheren Umstände des Systems bleiben undurchsichtig. Ihre Interpretation wird, anders als in Huxleys *Brave New World*, auf die Leser_innen verlagert. Entsprechend der fehlenden Informationen gibt es in *NLG* keine topographische Beschreibung gleich zu Beginn. Es gibt keine Übersicht, die den Ort des Geschehens darstellt, weil ganz radikal nur die Perspektive der Erzählerin zählt: »It never occurs to Kathy, as first-person narrator, to elaborate on the ethical and socio-political make up of her world. The whole point is that readers have to join the dots.« (Sim 2005: 259) Illustriert wird damit auch der begrenzte Handlungsspielraum, der nur im Vergleich zu den anderen Klonen, aber nicht objektiv gesehen groß ist – Kathy hat keinen Überblick über das System, anders als die heterodiegetische Erzählinstanz bei Huxley (vgl. Kap. 4.2.2).

Erst als Kathy Betreuerin wird, werden einige Orte des Transplantationssystems sichtbar. Doch selbst bei der Schilderung der Erholungszentren, in das die Kollegiat_innen nach einer Spende kommen, steht vielmehr deren frühere gesellschaftliche Funktion im Vordergrund. Es müsse, meint Kathy, ein »holiday camp for ordinary families« (214) gewesen sein, wo »happy people« ihren Urlaub verbrachten: »That must have been where the families had their holiday apartments, and though I'd guess the interiors have changed a lot, the outsides look much the same. In some ways, I suppose, the Square today isn't so different to what the pool was back then.« (215) Deutlich wird lediglich, dass die Bedingungen für das System in den frühen 1950er Jahren gelegt wurden und dass die Bevölkerung nicht an der Perspektive der Klone interessiert war, sondern vielmehr an den neuen Möglichkeiten, die diese Technik bot (257). Erst ein Skandal schreckte sie auf:

> It concerned a scientist called James Morningdale [...]. He carried on his work in a remote part of Scotland, where I suppose he thought he'd attract less attention. What he wanted was to offer people the possibility of having children with enhanced characteristics. Superior intelligence, superior athleticism, that sort of thing. [...] Well, he was discovered, they put an end to his work and that seemed to be that. [...] As I say, it never became an enormous matter. But it did create a certain atmosphere, you see. It reminded people, reminded them of a fear they'd always had. It's one thing to create students, such as yourselves, for the donation program. But a generation of created children who'd take their place in society? Children demonstrably superior to the rest of us? Oh no. That frightened people. They recoiled from that. (258f.)

Die Leser_innen wissen, dass es in den 1940er Jahren einen für die Weltgeschichte entscheidenden Krieg gab, dass nach dieser Zeit in vielen Bereichen technische Durchbrüche stattgefunden haben und dass es ein Land namens Schottland gibt. Wer sich etwas näher mit dem Klonen beschäftigt hat, weiß außerdem, dass es wohl kein Zufall ist, dass Ishiguro diese Experimente ausgerechnet in Schottland lokalisiert, wo 1996 Dolly gezeugt wurde (vgl.

Kap. 5.5). Sie könnten daraus schließen, dass es dort auch einmal einen Wissenschaftler namens James Morningdale gab, werden aber, überprüfen sie es an einer faktualen Quelle, herausfinden, dass dies nie der Fall war.[141] Abhängig von ihrer eigenen Motivation und ihren Möglichkeiten sind die Leser_innen jedoch, anders als die Klone, fähig, sich über Biotechnologien zu informieren. Ishiguro hält seinen Leser_innen gewissermaßen einen Spiegel vor. Sie können sich wie Kathy passiv verhalten und nach der Lektüre das Buch schulterzuckend zur Seite legen; oder aus dieser Passivität ausbrechen und in eine Diskussion um die geschilderten Verhältnisse einsteigen:

> Through historical association, Ishiguro opens up [...] a critique of the political stance of denial; the ›donation‹ system is made possible, in part, because those involved as both donors and recipients blinker their awareness and turn their heads away. Through this device, he pushes the reader not to replicate Kathy's limitations of perspective and understanding. He challenges us to become [...] ›agitated‹, stirred to anger by the inequities that define and circumscribe the lives of the clones. (Whitehead 2011: 76)

Damit wird an die bereits in der *Politeia* formulierte Frage angeknüpft, wozu Kunst dienen kann bzw. soll: »What is art for? The notion that it ought to be for something, that it must serve some clear social purpose [...] has been around at least since Plato, and was tyrannical in the nineteenth century. It lingers with us still[.]« (Atwood 2011: 171) *NLG* wirkt nicht belehrend in Form einer Botschaft, die eine klare Aussage zum Klonen oder zur Organtransplantation formuliert. Ishiguro verwehrt sich letztlich einer solchen zweckgerichteten Kunst, indem er selbst keine eindeutige moralische Botschaft formuliert. Wofür die Darstellung der passiven Charaktere dient – zur Unterhaltung, zur Reflexion oder zu eigenen Handlungen, wird nicht expliziert. Mit den Worten »I'm sorry I can't say more« (Matthews 2009: 125) verweigert der Autor sich auch in Selbstaussagen einer tieferen Erklärung, was die Verhältnisse in *NLG* repräsentieren oder bewirken sollen.

Zum Ende des Romans wird diese Erzählstrategie, mit der die Leser_innen letztlich wie die Klone sich selbst überlassen bleiben, noch einmal zugespitzt. Zwei Kollegiat_innen in Kathys Cottage erwähnen ein Gerücht, welches besagt, dass ein Paar einen Aufschub für die Spende bekommt, wenn es nachweist, dass es sich wirklich liebt. Hier zeigt sich erneut die privilegierte Deprivation, denn es sind den Gerüchten zufolge v. a. Kollegiat_innen aus Hailsham, die für diesen Aufschub in Frage kommen. Dass die Kollegiat_innen selbst ihre Hoffnung in einen Aufschub, nicht aber in einen Aufstand setzen, zeigt wiederum ihre Konditionierung. Das System selbst zu verändern oder an diese Möglichkeit überhaupt nur zu denken, ist keine Option für sie.

---

[141] Wobei die Tatsache, dass keine Quelle die Existenz von James Morningdale belegt freilich nicht heißt, dass es nicht jemanden gibt, der diesen Tätigkeiten nachging.

Obgleich bürgerliche Familienstrukturen in *NLG* völlig aufgelöst sind, erweisen sie sich durch dieses Gerücht wiederum als ein gewichtiges Ideal, da die Liebe als eine Möglichkeit gedeutet wird, dem Schicksal zu entkommen. Wenn die Klone sich schon nicht fortpflanzen können, so hoffen sie doch mit ihren Gefühlen füreinander einige Jahre länger am Leben zu bleiben. Als Ruth nach ihrer dritten Spende ›vollendet‹, verspricht Kathy ihr noch am Sterbebett, nun auch Tommys Betreuerin zu werden und mit ihm den Aufschub zu beantragen (232). Als Kathy und Tommy Madame überraschend aufsuchen, werden sie explizit aufgefordert, Fragen zu stellen und Wissen über Hailsham und das Transplantations- und Klonsystem zu erlangen: »This is all strictly against regulations, of course [...] but [...] [we] [don't] care much for their regulations these days[.]« (253f.) Gegen wessen Anordnung dieses Gespräch verstößt, wird allerdings nicht aufgeklärt. Die Information, dass es eine Anordnung gibt, nützt weder Kathy noch den Leser_innen für das Verständnis. Kathy und Tommy trauen sich nicht nachzufragen oder gar wütend zu werden. Das Verhalten der Figuren, ihre Passivität und Uninformiertheit, wird damit erneut an die Leser_innen weitergegeben, welche wiederum eigenes Verhalten gegenüber Anordnungen reflektieren können. Am Ende gibt es keinen Aufschub – dieser war nur eine weitere Legende der Kollegiat_innen untereinander. Für Miss Emily und Madame war die Bewegung, die die Seele der Klone demonstrieren wollte, nur eine kurze Phase, die jedoch keine Besserung herbeiführte. Mit den Worten »Your life must now run the course that's been set for it« (261) verabschieden sie Kathy und Tommy. Der Außenperspektive von Madame, die lediglich nüchtern konstatiert, dass sie ihnen nicht helfen könne, begegnet Kathy mit dem Einwand: »It might be just some trend that came and went, [...] [b]ut for us, it's our life.« (Ebd.) Kathy versteht die Grausamkeit des Systems und wird sich zugleich des eigenen, begrenzten, Handlungsspielraums bewusst. Diese Aussage der Erzählerin macht zum Ende des Buches noch einmal sehr deutlich, dass *NLG* die Geschichte von Betroffenen ist; und zwar von Betroffenen, die nicht informiert wurden über das, was mit ihnen geschieht. Das Ende des Romans ist somit wahrlich eine Dystopie. Hailsham, welches einst der ideale Platz zu sein schien, ist nicht mehr aufzufinden:

> I suppose I lost Hailsham too. You still hear stories about some ex-Hailsham student trying to find it, or rather the place where it used to be. And the odd rumour will go round sometimes about what Hailsham's become these days – a hotel, a school, a ruin. Myself, for all the driving I do, I've never tried to find it. I'm not really interested in seeing it, whatever way it is now. (280)

Was bleibt, ist eine trauernde Erzählerin. Es bleibt an den Leser_innen, sich vorzustellen, wie die Geschichte mit ihnen als Figuren ausgegangen wäre, ob sie sich gewehrt hätten oder wie Kathy am Ende der Geschichte ihrem

Bescheid zur Spende gefolgt wären. *NLG* wirft die Frage auf, ob Literatur im 21. Jahrhundert noch zum Handeln bewegen kann: Wenn ja, so scheint Ishiguros Antwort zu sein, dann nur in der radikalen Ansprache der Leser_innen aus dem Text heraus und in der Darstellung größtmöglicher Handlungsunfähigkeit.

5.6.2 Individualität in Jan Vanstinas Ich bin Lukan. Reise in die Zeugenwelt *(2012)*

Nachdem mit *Never Let Me Go* ein sehr bekannter Roman im Fokus stand, soll nun wieder ein Text analysiert werden, über den noch gar keine Forschung vorhanden ist. Auch inhaltlich steht Jan Vanstinas *Ich bin Lukan* (IBL) in einem starken Kontrast zu *Never Let Me Go*. Über den Autor gibt es nur wenige Informationen; lediglich ist als Selbstbeschreibung auf der Verlagshomepage seines Verlags zu lesen:

> Jan Vanstina (Pseudonym), Jahrgang 1960, ist ein Kind der Nach-68er-Generation – die Generation der Zuschauer. Zur ewigen Vogelperspektive verdammt, kann er bei den politischen und familiären Auseinandersetzungen der frühen 70er Jahre nur zusehen. [...] Zu jung für Woodstock, zu alt, um als ›digital native‹ andere Sorgen zu haben, verlegt sich der gut ausgebildete Babyboomer erst auf Geisteswissenschaften, Kreation und Kommunikation. Und schließlich [...] auf die wenigstens theoretische Rettung der Welt in seinem Roman ›Ich bin Lukan‹.[142]

Von Vanstina stammt damit nicht nur ein aktueller Roman zum Thema Klonen, er ist zugleich auch der jüngste der in dieser Arbeit behandelten Autor_innen. Und schließlich ist er derjenige, der mit der ›theoretischen Rettung der Welt‹ wieder an alte utopische Motive anschließt und diese mit einer individuellen Perspektive kombiniert: *IBL* ist ebenfalls autodiegetisch erzählt. Es ist die Geschichte eines zunächst namenlosen Klons, welcher schließlich den Namen Lukan erhält. Anders als bei Ishiguro bleiben die ersten Jahre der Klone allerdings nicht im Dunkeln, sondern es werden wesentlich mehr Informationen vermittelt. In der Lebensgeschichte eines jeden geklonten ›Typs‹ in Lukans System gibt es »zwölf ontogenetische Stadien, die jeweils fünf Jahre [dauern]« (IBL: 19); jeder Klon wird also 60 Jahre alt. Entsprechend ihres ontogenetischen Stadiums werden die Klone als Fünfer, Zehner, Fünfzehner usw. bezeichnet. Durch die einzelnen Stadien, die synchron nebeneinander bestehen, kann so quasi eine Person in ihrer diachronen Entwicklung zu einem Zeitpunkt existieren: »Wir sind das Team und eins. Die einzelnen Stadien sind Teile des Teams.« (32) Diese 60 Jahre werden als eine ›Phylogenase‹

142 http://www.roman.kueblerverlag.de/index.php/inhalt-ich-bin-lukan/der-autor-jan-vanstina ⟨10.04.2016⟩.

bezeichnet.[143] Auch wenn sich solche oder ähnliche Motive in fast allen Romanen dieser Arbeit wiederfinden, ist es doch Vanstina, der sie zum ersten Mal mit der utopischen Beschreibung eines Kollektivs verbindet. Das genormte Leben der Klone wird als funktionierend und liebevoll dargestellt. Nachdem sie im Inkubator geboren und anschließend fünf Jahre lang von Ammen versorgt werden, wohnen die Klone eines Typs in sog. ›Teams‹ zusammen:

> Wir leben zusammen – also bis ins vierte Stadium, dann gehen wir als Zwanziger wo anders hin. Der Fünfundzwanziger wird weiter ausgebildet. Der Dreißiger ist im Operativen. Der Vierziger im Rat. Der Fünfundvierziger bildet die Operativen aus. Der Fünfziger macht die Individual-Schule für die ersten drei Stadien. Der Fünfundfünfziger ist im Ältestenrat. Und der Sechziger betreut uns alle. (179)

Die Erwähnung eines ›Rats‹ legt nahe, dass es sich bei dem System um eine Räterepublik handelt, ein Motiv mit langer utopischer Tradition, das jedoch in den 1990er und 2000er Jahren selten aufgegriffen wurde. Eine weitere Anknüpfung an traditionelle Utopien besteht darin, dass in Lukans Welt kein Geld vonnöten ist (234). Die Klone wollen nicht mehr besitzen, als sie brauchen und brauchen nicht mehr, als sie besitzen. Auch gibt es keine Machtkonflikte und keine Feindseligkeit unter ihnen (338). Vanstina stellt keinen leidenden, abhängigen und ausgegrenzten Klon dar, sondern einen, der glücklich im System der Gleichheit aufgeht, ohne sich selbst zu verlieren. Denn Lukan weiß, »dass man die anderen zwar braucht [...], aber eben sich selbst auch ernst nehmen und nicht vergessen soll« (184). In seinem Team ist das Verhältnis zwischen den Stadien ausgeglichen und ruft ein besonderes Gefühl der Verbundenheit hervor: »Wir waren nie allein mit dem was uns beschäftigte. Wir hatten die Erfahrung der anderen. Das Team bedeutete nicht nur Wissen. Es war auch Geborgenheit.« (22)

Ebenso wie Wyndhams *Kuckuckskinder* (vgl. Kap. 4.3.3) sind die Klone in der Lage, wie eine Person zu denken und zu handeln, da sie sehr ähnliche Eigenschaften und ein »kollektives Bewusstsein« (21) besitzen, mit dem sie zu jedem Zeitpunkt die Fähigkeiten aller Stadien und Phylogenesen ihres Typs für sich nutzen können. In *IBL* gibt es deshalb innerhalb eines Teams keine Ausgrenzung oder fehlende Anerkennung mehr. Dementsprechend werden so gerade im utopischen Klon-Roman keine systematischen Ausschlüsse dargestellt, die sich topographisch materialisieren. Die Perspektive der Outlaws, wie sie noch Ishiguro entwirft, wird damit aufgegeben, um eine ideale Welt

---

[143] In der Evolutionsbiologie ist die Phylogenese eine Kategorie zur systematischen Erfassung der Entwicklung einer Verwandtschaftsgruppen; die Ontogenese eine Kategorie, um die Entwicklung einzelner Individuen einer Art zu beschreiben (Elworthy 1993: 41–46; 50f.).

darzustellen, in der es keine Segregation gibt. Die Existenz der Klone ist ein »Aufgehen im Anderen« (29); sie stellen als Gruppe füreinander ein »Zuhause« (43) dar. Obwohl sich die Klone gegenseitig in ihrem Team ergänzen, ist die Konstruktion des Anderen nicht gänzlich verschwunden. Denn das Team des Erzählers bestätigt sich in seiner Identität, Zusammengehörigkeit und Überlegenheit, indem es andere Teams verhöhnt: »Und alle zusammen, das war klar, lachten wir über die Anderen, die nicht so waren wie wir im Team.« (45) Obgleich in dieser Welt alle auf die gleiche Weise gezeugt sind, wird das Andere weiter konstruiert, um das eigene Team zu stärken.

Das Wissen um die Notwendigkeit der Existenz für- und miteinander bedeutet jedoch nicht, dass alle Stadien sich gleich sympathisch sind: »Ihr wisst ja wie es ist. [...] Der Zwanziger fand den Zehner kindisch [...]. Der Dreißiger fand den Fünfziger albern und ›viel zu milde‹. Der Vierziger wiederum verachtete den Drang des Dreißigers, sich dem dem Operativen allzu sehr hinzugeben, ohne es kritisch zu denken.« (45) Die Erzählstrategie in *IBL* ähnelt damit der in *NLG*: Auch hier werden Leser_innen direkt angesprochen. Und in der Tat wird den meisten das Geschilderte insofern bekannt vorkommen, als dass sie sich ihrer eigenen Entwicklung bewusst werden: Die Weisheit der älteren Klone wird so dargestellt, dass sie ihre eigene Entwicklung von einem späteren Zeitpunkt aus belächeln, aber trotzdem wertschätzen.

Lukans Vorfahren haben mit dieser Art der Fortpflanzung ca. 200 Jahre vor Einsetzen der Geschichte begonnen, kurz nach einem »Zwangs-Impfprogramm« (209) gegen Heuschnupfen. Waren schon vorher Menschen durch Allergien und Umwelteinflüsse unfruchtbar geworden, sorgte es schließlich gänzlich dafür, dass sich niemand mehr fortpflanzen konnte. Die Originale, von denen die Klone abstammen, werden Zeugen genannt, weil sie »dem großen Ereignis« (12), der eintretenden Unfruchtbarkeit, beigewohnt und die Klone erzeugt haben (118). In Anlehnung an die bereits in der *Politeia* formulierte Idee, dass ein gerechter Staat aus sich ergänzenden Personengruppen besteht (vgl. Kap. 2.1.2.1), wurden vom Rat genauso viele ›Typen‹ geklont, wie es »Funktionen« (201) zu vergeben gab: »[J]eder Typ hat seine Aufgaben, die er weiterentwickelt.« (181) Die Funktion von Lukans Typ ist es, »die Entwicklung des Denkens weiter zu treiben« (307), ähnlich wie die Philosophen in der *Politeia*. Allerdings ist den Klonen kein Wissen über die ›Zeugen‹ und ihre Welt zugänglich, weshalb sie auch nicht ergründen können, wie sie entstanden sind. Dies ist der Punkt, an dem die Geschichte einsetzt: Lukan wird von den Älteren seines Teams gefragt, ob er bereit sei, die *Reise in die Zeugenwelt* anzutreten, um den Ursprung der eigenen Spezies zu ergründen. Sein Team wird hierfür aufgrund besonderer Fähigkeit ausgewählt: Sie sind »Raum-Anbeter« (328), die sehr reflektiert und abstrakt denken können: »Erst verstehen, dann handeln. [...] Erst wenn wir den Raum verstanden, seine Regeln kannten, bewegten wir uns. Dehnten unsere

Präsenz aus. Nahmen Raum ein. Suchten die Blicke der Anderen und gingen auf im Raum.« (46) Für Lukans Reise vereinigen die Klone telepathisch »die Kraft des Kollektivs« (43). So gelingt es ihnen, Lukan in die ›Zeugenwelt‹ zu versetzen. Wie dies genau passiert, bleibt bis zum Ende unklar und eher ein fantastisches Element der geklonten Kollektivität.

Ihre Vorsicht, gute Beobachtungsfähigkeit und emphatische Einfühlung prädestiniert das Team des Erzählers für die *Reise in die Zeugenwelt*: »Vielleicht wird es gut sein, die Welt der Zeugen als Raum zu sehen – vielleicht kannst du unsere Raumregeln anwenden« (64), schlägt ihm ein älteres Stadium vor. Mit seiner Reise betritt Lukan einen neuen Zeitraum: »Längst hatte ich also meine Welt verlassen – die Tür war in die andere Richtung geschlagen!« (51) In der Zeugenwelt angekommen, erkennt der Erzähler allerdings den Ort wieder, an dem er sich befindet und stellt überrascht fest: »Ich war ja nicht durch den Raum gereist, sondern durch die Zeit.« (60) Dadurch bleibt es bis zum Schluss unaufgelöst, ob es sich nun um eine Zeitreise oder einen Ortswechsel handelt. Das Bild der sich öffnenden Tür funktioniert dabei als Metapher für einen Zugang zu ›einer neuen Welt‹, deren soziale Struktur räumlich beschrieben wird:

> Neue Räume sind für uns neue Welten. Jeder Raum hat seine Regeln, erlaubt bestimmte Dinge, die ein anderer nicht erlaubt. Die Regeln der Räume [...] werden schon in ihrer Entstehung agiert durch die, die ihn vorher benutzten. Und jede Regel jedes Raums formt den, der sie erlebt. So stark oder schwach sie sein mögen. Manche der Regeln verschwinden wie sie kamen. Anderen bleiben, richten sich ein und üben Macht aus auf diejenigen, die nachkommen. (46)

Auch hier zeigt sich eine Verbindung von Topographie und Topologie (vgl. Kap. 2.1.2). Mit der räumlichen Beschreibung wird ein Verhältnis von Struktur und Handlung ausgedrückt: Diejenigen, die einen Raum vorher benutzen, prägen ihn und formen ihn ›durch ihre Regeln‹, d. h. sie gestalten ihn und versehen seine Elemente mit Bedeutung. Sie bestimmen die Strukturen, die die kommende Generation als gegeben vorfindet. So ist, aus Lukans Perspektive, »jedes soziale Leben bis ins Bewusstsein des Einzelnen hinein von sich wiederholenden Strukturen geprägt« (108). Dieser Struktur, die ihre Individuen prägt, begegnet Lukan nun ›von außen‹, d. h. als jemand, der mit einem sozialen Raum ohne Differenzen, Machtkonflikte und ohne Familien vertraut ist. Sein Raum folgt gewissermaßen anderen Regeln, nämlich denen der »eigenen Strukturidentität«. Sein sozialer Raum besteht hauptsächlich aus den verschiedenen Stadien des jeweiligen Typs; er ist also zugleich ihre Persönlichkeit.

Angekommen in der ›Zeugenwelt‹, wird der Erzähler von einem Mädchen namens Paula gefunden, die von ihren Freund_innen Cubona genannt wird und ihn mit zu sich nach Hause nimmt. Zufälligerweise ist Lukan damit beim ›Zeugen Lukas‹, also seinem Original gelandet. Das Motiv des genetischen Determinismus, mit dem Ishiguro durch die Abgrenzung von den ›Möglichen‹ gebrochen hatte, wird von Vanstina wieder aufgegriffen: Denn, wie Lukan von seinem Original erfährt, haben die beiden dieselben genetischen Informationen, dieselben »Lotsen zum Sein« (106). Eine Auseinandersetzung mit dem Verhältnis von Geno- und Phänotyp findet in *IBL* nicht statt. Die Leser_innen müssen sich mit der eher unplausiblen Information zufrieden geben, dass Lukas und Lukan aufgrund derselben Gene auch eine ähnliche Mimik und Gestik sowie bspw. dieselben Vorlieben beim Essen haben. Die dort vorgefundene Familienstruktur verwirrt Lukan sehr, da ihm Begriffe wie Mutter, Vater und Bruder fremd sind: »Offenbar war die Kenntnis des Wortes Eltern bei den Zeugen von so elementarer Bedeutung, dass es [...] schwer zu glauben war, dass ich nichts darüber wusste.« (109) Als Cubona nach seinem Namen fragt, kann er nur seine »Zuordnung« (72), also seine phylogenetische Abstammung benennen: »Ich bin Lukanianer.« Einen individuellen Namen als Symbol für Persönlichkeit hat er nicht, denn nicht der Name stellt in seiner Welt »ein sehr zentrales soziales Element« dar, sondern der »innere Wert«. Cubonas Welt ist Lukan unvertraut und er weist auf die »logische Inkonsistenz« (193) hin, dass Reproduktion ein Prozess sei, der im Endeffekt zu nichts weiter führe als neuer Reproduktion: »Ihr pflanzt euch fort, weil ihr Angst habt, dass ihr anders die Fortpflanzung nicht fortsetzen könnt.« Dieser Beobachtung, die in der Reproduktion nichts weiter sieht als einen endlosen Kreislauf, setzt Cubona daraufhin eine emotionale Perspektive entgegen: »Nein, Lukan, das ist doch Quatsch! [...] Die Kinder werden doch gemacht, weil sich die Leute lieb haben, Lukan!« (ebd.) So wird Fortpflanzung von den Protagonist_innen als eine Handlung verstanden, die keinem Zweck folgt, sondern das Ergebnis menschlicher Zuneigung ist. Auch mit diesem Ideal wird die utopische Dimension des Romans weiterhin aufrechterhalten.

Als sein Klon wird Lukan für sein Original die personifizierte Zeitlichkeit. Entsprechend seiner utopischen Dimension, erzählt *IBL* nicht von der Abgrenzung des Klons von seinem Original; vielmehr wird Lukan als dessen »Zukunft« (106) dargestellt. Lukas selbst ist unfruchtbar; das Klonen ist für ihn die einzige Möglichkeit zur Reproduktion. Vanstina wählt in *IBL* ein Szenario, in dem das Klonen rein als Fortpflanzungsmethode und Sterilitätsbehandlung genutzt wird. Die Technologie selbst ist nicht nur unproblematisch, sie ist vielmehr die Lösung für ein anderes Problem:

> Als wir wenig älter waren als du jetzt, [...] haben [wir] angefangen, uns mit der Frage zu beschäftigen, was passieren würde, wenn die Menschen sich nicht mehr fortpflanzen können. Am Anfang war es nur ein Gedankenspiel. Allerdings nicht für lange. Schon während wir studierten, lernten wir, dass es

> keine Fiktion war, sondern eine reale Gefahr. [...] Wir dachten daran, dass es möglich sein müsste, Generationen von Menschen auch ohne die biologische Fortpflanzung leben zu lassen. (268)

Dabei ist Lukans Original der Neffe von Theodor W. Adorno und gibt ihm eine Stelle aus dessen Minima Moralia zu lesen (120). Mit einer großen Bibliothek voller Wissen ist er nicht nur der Prototyp für den später reflektierten Lukan, sondern auch das Gegenteil eines ›mad scientist‹, der aus niederen Beweggründen und ohne Rücksicht auf die Betroffenen als einzige Ziele Profit und/oder wissenschaftlichen Fortschritt hat. Hier findet sich eine Ähnlichkeit zu Horsters *Klon-Kind Uli* (vgl. Kap. 5.3.1), in dem die klonenden Wissenschaftler_innen auch dadurch positiv dargestellt werden, dass sie mit größenwahnsinnigen Gegenspielern kontrastiert werden.

Mit den Worten »Das Kind selbst ist das Ergebnis« (117) endet der Versuch von Cubonas Eltern, Lukan die menschliche Fortpflanzung und nicht mehr und nicht weniger als die Essenz des Lebens zu erklären: »Denn wenn es keine Kinder mehr gibt, gibt es keine Zeitlichkeit. Und wenn es keine Zeit mehr gibt, dann gibt es auch keinen Sinn.« (119) Kinder sind die Verdeutlichung der Zeitlichkeit, ein Bewusstsein, was den Menschen in Cubonas Welt jedoch mehr und mehr abhandengekommen ist: »Mit dem Sinn für die Zeit und für die anderen, die kommen werden, die sie brauchen, verlernen sie auch die Fähigkeit zu zeugen.« (Ebd.)

Während die Bioethik sich also noch mit der Frage beschäftigt, welche Reproduktionshandlungen zu welchem Zweck legitim sind, geht die Literatur einen Schritt weiter und erklärt die Zukunft mit Kindern, gleich wie diese erzeugt werden, zum Leitbild. Dies lässt sich aber auch gleichermaßen als Rückschritt deuten, denn Platz für einen Lebensentwurf ohne Kinder gibt es in Vanstinas Szenario nicht: So wird die Frage, ob auch ein kinderloses Leben erstrebenswert sein könnte, weder auf individueller noch kollektiver Ebene aufgeworfen.

Mit dem Ideal des reproduktiven Lebensentwurfes eng verknüpft ist die Fähigkeit der Klone, Lust zu erleben. Da sie sich nicht natürlich fortpflanzen können – wofür Sexualität im Roman als notwendige Bedingung erscheint – haben die Klone durch die Künstlichkeit ihrer Zeugung den Bezug zu körperlicher Nähe verloren. Sexualität gibt es in ihrer Gesellschaft nicht, da sie nur im Team ihres jeweiligen Typs zusammenleben (356). Lust gilt deshalb als ein »verschollene[s] Sentiment« (399), von dem nur bekannt ist, dass es durch funktionale Arterhaltung ersetzt wurde. Lediglich körperliche Nähe zur Amme kommt in den ersten Jahren vor, da »Körperkontakt vor der Ausbildung des Bewusstseins das erste Ausdrucksmittel und auch der erste Kontakt zu sich und der Umwelt ist« (362). Als Lukan durch Cubona Sexualität kennenlernt, möchte er diese allerdings nicht mehr missen (356). Aufgrund ihrer künstlichen Erzeugung ist den Klonen

Sexualität also unvertraut, aber nicht unmöglich. Lukan ist es gewohnt, dass Fortpflanzung eine intendierte Handlung ist, die keine Ungeplantheit zulässt: »Was war so wichtig daran, dass Neues im Bauch entstand. Hatten die Zeugen keine Inkubatoren? Was war gut daran, dass man das Ergebnis dieses Prozesses des Zeugens [...] nicht sicher stellen konnte.« (172) Aus bioethischer Sicht lässt sich diese Perspektive Lukans interpretieren als eine Verhandlung des ›Natürlichen‹ (vgl. Kap. 3.3). Illustriert wird, wie der Inkubator für die Klone zunächst »einfach da« (276) ist und so Vertrautes, Gewohntes und ›Normales‹ symbolisiert. Der Inkubator ist, trotz seiner Künstlichkeit, für die Klone ›das Natürlichste der Welt‹. Lukan kann Cubonas Mitleid aufgrund seiner seriellen Erzeugung daher auch nicht verstehen, weil in seiner Welt »alle so« (179) sind. Erst als Lukan seine eigene Entstehung reflektiert, wird der Inkubator »ein Gemachtes« und damit »zu einem Gegenstand der Reflexion und Entwicklung« wie jede »Konstruktion« (276). Die Geschichte des künstlichen erschaffenen Lukan als Suche nach seinem Ursprung ähnelt, wie die Suche nach den ›Möglichen‹ in Ishiguros *Never Let Me Go*, dem Interesse des Menschen nach seiner Abstammung (Landau 1991).

Cubona ist entsetzt darüber, dass Lukan die ersten Monate des Lebens in einer »Maschine« (IBL: 178) verbracht hat, eine Furcht, die er nicht verstehen kann: »Natürlich war das eine Maschine. So wie doch das Entstehen ein technisch perfekter und klar geregelter Vorgang zum Wohle der Entwicklung war.« Ihr Entsetzen wird schließlich noch größer, als ihr Lukas beibringt, dass Lukan ein Klon ist. Cubona assoziiert den Klon mit Fremdheit und hat aus diesem Grund Mitleid mit ihm, wird jedoch von ihrem Vater beruhigt: »[L]ass es uns lieber anders nennen. Lukan ist auf eine neue, bisher nie da gewesene Weise Fleisch von meinem Fleisch, Blut von meinem Blut und Gen von meinem Gen. Wir wollen nicht sagen: Lukan ist mein Klon. Lass' uns lieber sagen: [Er] ist mein Sohn!« (239) Hier wird einerseits auf die Assoziationen angespielt, die das Wort Klon weckt – es ist, wie es Cubona ausdrückt, »so ein doofes Wort«. Dass bereits bestehende Symbolisierungen des Klons (neu) verhandelt werden, wird daran deutlich, dass Cubona mit dem Klonen bereits durch »Filme, die in der Zukunft spielten« (254), vertraut ist. Auch wenn keine konkreten Titel genannt werden, lässt sich dies doch als intertextuelle Referenz auf die zahlreichen Klon-Geschichten der letzten Jahrzehnte verstehen.

Die Idee Ishiguros, eine Geschichte radikal aus der Perspektive eines Klons zu erzählen, wird dabei fortgeführt: In Vanstinas Szenario ist nicht der Klon das Fremde, vielmehr ist die Welt, die den Leser_innen vertraut ist, das Unbekannte. Nicht die Tatsache derselben genetischen Information bei mehreren Personen, sondern die Idee der Individualität ist zu etwas Fremdem geworden:

> Eine ungeheure Menge an Individuen. Und je mehr ich von ihnen sah, desto mehr verdichtete sich in mir ein geradezu unglaublicher Gedanke. [...] Keines der Individuen war dem anderen gleich. [...] [A]lle verschieden! Anders. Jeder für sich hatte Merkmale. Aber ich sah keine zwei, die wirklich erkennbar aus einem Team waren. Keine zwei Individuen, die sich glichen. (131)

Innerhalb des Teams ist die Gleichheit eine so etablierte Tradition, dass der Klon geschockt ist, als er mit der Unterscheidbarkeit von Originalen konfrontiert wird. Vanstina geht so mit der Geschichte von »Vater und Klon« (241) einen Schritt weiter als die Autor_innen vor ihm. Denn in seiner Utopie wird diese Fremdheit beiderseitig nicht negativ bewertet, sondern durch fortwährende Reflexion positiv aufgelöst (243). Im Zuge einer wieder aufkommenden Debatte, so scheint es, hat der Klon sich an einigen Stellen gewissermaßen auch als literarisches Motiv emanzipiert. Dennoch bleibt ein Unbehagen gegenüber Lukans serieller Erzeugung bestehen: »Aber Lukan, wir sind doch, also wie soll ich sagen ... [...] [w]ir sind doch Menschen« (371), gibt Cubona zu bedenken, worauf Lukan erwidert: »Bin ich nicht ein Mensch, nicht einzigartig, nur weil ich nicht aus einem Bauch komme? [...] Vielleicht kann ich es so erklären: Der Bauch, aus dem wir kommen, ist das Team. Ihm entstamme ich. Und ich habe ihn nie verloren«. So wird auch Cubona schließlich klar, dass Lukan trotz – und nicht etwa wegen – seiner künstlichen Entstehung, die ihr unvertraut ist, »etwas ganz Besonderes« (372) ist. Dass er anders ist als sie, aber ihr nicht gänzlich fremd, da beide wissen, wo sie »herkommen« und »hingehören«, nur dass dies eben unterschiedliche soziale Räume sind:

> Es gibt bei uns halt mehr Verschiedenes. Das nennt man glaube ich Gesellschaft. Bei euch gibt es, wenn ich es richtig verstehe, mehr Gleiches. Wie man es nennt, weiß ich nicht. Auf alle Fälle ist es aber sicher so, dass wir deshalb so wichtig unsere Familie brauchen. Wir können deshalb die vielen Gesichter so gut aushalten, weil wir da sicher sind und jeden kennen. (192)

Gerade durch den Vergleich der beiden Welten wird die Individualität, die in Cubonas Alltag einen so großen Wert darstellt, betont – jedoch nicht höher bewertet als die Existenz der Gleichheit in Lukans Welt. So werden das Zusammengehörigkeitsgefühl und die Zuneigung füreinander, unabhängig von der Erzeugungsweise, zum Leitbild. Und so wird der Zufall, dass Lukan sich im selben Haus wiederfindet, in dem auch er mehr als 200 Jahre später aufgewachsen ist, zu einer Möglichkeit, beide Gesellschaftsformen miteinander zu vergleichen: »Wie seltsam das doch war: unser Haus war das Haus der Zeugen. Ich kannte es so gut. War es nicht eine wahnsinnige Vorstellung, welche Konstanz dieses Haus zeigte? Oder war die Konstanz gar keine Eigenschaft des Hauses selbst, sondern derer, die in ihm wohnten?« (150) Die Materialität des Hauses wird von den jeweiligen Bewohner_innen mit

Bedeutung versehen. Das Haus fungiert damit als Ort der Anerkennung, der Lukan mehr und mehr vertraut wird und ihm die Parallelen zwischen ihm und den Zeugen verdeutlicht: »Ich spürte, dass ich mich hier wohl fühlte. Und dass es durchaus nicht mehr nur das Haus war, das mir Halt und Sicherheit gab. Sondern auch die Zeugen selbst, ihr Sein als Familie, als Team aus anderen.« (363) Jene Abweichung von der gewohnten Umgebung wird von Lukan reflektiert und schließlich akzeptiert, da er sich in der neuen Familie geborgen fühlt: »Im Grunde war es so einfach: Sie waren nicht gleich. Und sie gehörten dennoch zusammen. Wie ein Team.« (140) Ähnlich funktioniert auch Cubonas Reflexionsprozess, als Lukan ihr seinen sozialen Raum beschreibt: »Also dann ist eine Phylonase eigentlich doch nur ein anderes Wort für Familie!« (148)

Lukans technische Entstehung wird nicht als solche ethisch bewertet; es ist lediglich ihre Verwendung mit den falschen Intentionen, die eine Gefahr darstellt: »Also was eben unser Problem ist, sind die Ideen von gewissen Leuten. Diese Leute erkennen in unserer Technologie kein Instrument, um das Leben aller zu retten, sondern nur eine Maschine, mit der sie sich selbst bereichern können.« (273) Lukas, der Wissenschaftler, ist sich bewusst, dass seine Ideen auch missbraucht werden könnten, »um Menschen als Ersatzteillager zu züchten[,] [a]lso als Quelle für Organe und solche Dinge« (274). Die Erzählstrategie ist ähnliche wie in *Never Let Me Go*: Es wird auf eine potentiell mögliche, andere Geschichte angespielt, die jedoch nicht ausformuliert wird. Erzählt wird eine spannungsvolle Geschichte über »das blanke Überleben der Menschheit« (275). So wird, weit weniger komplex als bei Ishiguro, Lukas' heile und integre Familie profitorientierten Wissenschaftler_innen gegenübergestellt, »die sich nur für ihren eigenen Vorteil interessieren«.

Ein eben solcher Konkurrent versucht Lukas' Projekt zu untergraben, da er die Bestrahlung der Weltbevölkerung als Mittel gegen die Allergien für eine bessere Lösung hält. Im Firmenvorstand macht sich daraufhin Entrüstung breit, als deutlich wird, dass die Bevölkerung über dieses geheime Vorhaben nicht aufgeklärt werden sollte (318). Lukan will mit Cubona diese Entwicklung verhindern, jedoch fällt ihm auf, dass an diesem Vorhaben etwas »auf gewichtige Weise unlogisch« (374) ist – würde die Grundlage seiner Existenz in der Gegenwart verhindert, so könnte er schließlich in der Zukunft nicht erzeugt werden (381 f., 388). Die Unplausibilität der Zeitreise, mit der der Klon ja seine eigene Existenz verhindern würde, wird von Vanstina nicht endgültig aufgelöst (Durstewitz-Nordhorn 2012). Vielmehr bleibt am Ende offen, ob das große Ereignis verhindert wurde oder nicht. Statt diese Leerstelle zu füllen, wird der Fokus auf die Darstellung des idealen Ortes gelegt, der sich positiv von Cubonas Welt unterscheidet:

> Alles, was er mir darüber erzählt hat, hat so schön geklungen. Dass die Menschen sich nicht streiten und sich nichts antun. Dass sie die Umwelt nicht zerstöre. Ich habe auch lange überlegt, ob ich mit Menschen leben will, die Klone sind. Lukan hat mich überzeugt, dass sie gute Menschen sind. Und ich habe gelernt, dass das wichtiger ist als alles andere. (IBL: 412)

Lukans Welt, die zu einem Fluchtpunkt für Cubona wird, verdeutlicht zugleich die utopische Dimension des Buches, das als Ideal einen gewaltfreien sozialen Raum entwirft. Kontrastiert wird so Cubonas Welt, in der »Übergriffe« (225) stattfinden, mit Lukans tolerantem Aufenthaltsort. Dieser Kontrast ermöglicht gleichzeitig – ähnlich wie Ishiguros Paratext »*England, late 1990s*« – den Leser_innen die Vorstellung, auch sie würden sich in eine neue Umgebung begeben: »Im Vordergrund steht ›unsere‹ Welt der Gegenwart. Sie wird kritisch beleuchtet und hinterfragt. Die Palette der Entlarvung reicht von der Formelhaftigkeit und Mehrdeutigkeit unserer Alltagssprache bis zum Machtstreben einzelner und zum Machtmissbrauch wissenschaftlicher Erkenntnisse.« (Durstewitz-Nordhorn 2012) Nicht nur werden die Leser_innen vom Klon direkt angesprochen, sondern vielmehr ähnelt die Welt, die Lukan betritt, ihrer eigenen zu Beginn des 21. Jahrhunderts.

Als Cubona Lukan schließlich in ›seine‹ Welt folgt, wird das Motiv der Tür wieder aufgegriffen: »*Manche von ihnen sind uns dann in unsere Welt gefolgt. Wir haben gelernt, wie man die Tür sicher in beide Richtungen schwingen lassen kann. Und wie auch andere Typen ihre Zeugen kennen lernen konnten.*« (IBL: 427) Eine solche Tür, die die beiden ›Welten‹ verbindet, ist noch einmal eine Metapher für das Hauptthema des Buches: Flexible Mobilität und Anerkennung, die eine Segregation gleichermaßen unmöglich und unnötig macht. Durch Reflexion und Empathie wird die Konstruktion des Anderen erheblich minimiert. Die Folgen des Klonens sind utopisch ausgestaltet und damit vordergründig die von Vanstina angesprochene ›theoretische Rettung der Welt‹.

Das wahrlich utopische an Vanstinas Roman ist aber nicht die Technologie, sondern die Idee, dass ein sozialer Raum ohne Feindlichkeit und Machtkämpfe überhaupt existieren könnte. Gleichzeitig wird von ihm ein Ideal heterosexueller Liebe und bürgerlicher Familie als ›sicherer Ort‹ aufrechterhalten: Zwar reist Cubona in Lukans Welt und es besteht am Schluss Mobilität zwischen beiden sozialen Räumen. Jedoch wird, obwohl Lukan sich an einem utopischen Ort aufhält, das zentrale Element der Fortpflanzungsmethode nicht übernommen: Im Epilog wird deutlich, dass Cubona und Lukan zusammen auf natürlichem Wege Großeltern geworden sind und Lukan die gesamte Geschichte seinen Enkeln erzählt.

Anders als bei Ishiguro sind die Klone also fruchtbar, was ihnen die Möglichkeit gibt, ein eigenes Kollektiv zu gründen. Trotz der utopischen Dimension erweist sich aber letztlich nicht die künstliche, sondern die natürliche

Reproduktionshandlung als Ideal. Dafür ist es nötig, dass zweigeschlechtliche Normen weiterhin aufrechterhalten werden. Dass in *IBL* zwischen einem männlichen und weiblichen Klon unterschieden wird, ist in der Logik des Systems eigentlich nicht nötig, da die Klone ja keine natürliche Fortpflanzung mehr betreiben. Aufgezogen im Inkubator, könnte dies nicht nur eine asexuelle, sondern auch eine eingeschlechtliche Welt sein. So wird letztlich die Differenzkategorie des biologischen Geschlechts trotz aller Gleichheit aufrechterhalten. Obgleich für den Systementwurf nicht notwendig, ist sie für die Logik der Geschichte doch wichtig, da sonst zugleich das Motiv der Liebe, die sich zwischen Cubona und Lukan entwickelt, unmöglich wäre. So macht schließlich gerade nicht die Fortpflanzungsmethode Vanstinas Roman zur Utopie, denn diese wird am Ende wieder durch die natürliche Reproduktion eingeholt. Als Utopie lässt sich der Roman vielmehr klassifizieren, da für die diskursive Konstruktion des Anderen, d. h. für soziale Ausgrenzung, eine gewaltfreie, diskursive Lösung gefunden werden.

Aktuelle Romane zeigen also, dass der literarische Diskurs im Gegensatz zum Gesetz und vielen Positionen der öffentlichen und ethischen Debatte die Perspektive der potentiell Betroffenen direkt aufgreift und in einen sozialen Zusammenhang einbettet. Die Klon-Romane, die zeitgleich zur Etablierung der Gesetze entstehen, rücken die Gefühle und möglichen Lebenssituationen in den Vordergrund: »[Die Literatur] verändert den Fokus dahingehend, dass das potenzielle Produkt dieser biomedizinischen Entwicklungen, nämlich der Klon selbst, in den Blick gerät« (Christina Brandt 2007: 150).

Wie sich im Laufe dieses Kapitels herausgestellt hat, wird dieser Fokus von einzelnen Autor_innen aber gerade vor dem Hintergrund des jeweils eigenen kulturell, gesellschaftlich und historisch markierten Standpunktes gewählt. Es gibt also nicht die eine Perspektive der Literatur auf das Klonen. Dieses Ergebnis soll zusammen mit den weiteren Erkenntnissen der Arbeit, der Rolle von Literatur für die Bioethik sowie einem thematischen und methodischen Ausblick nun noch einmal abschließend dargestellt und reflektiert werden.

6. Schlussbemerkung und Ausblick

Die zuletzt analysierten, zeitgenössischen Romane, Kazuo Ishiguros *Never Let Me Go* und Jan Vanstinas *Ich bin Lukan*, verdeutlichen das Spannungsfeld, in dem sich der Klon bewegt. Im ersten Fall sind die Figuren heteronome Wesen ohne Mobilität im sozialen Raum – sie wachsen abgeschottet auf und befinden sich buchstäblich am Rand der Gesellschaft. Dies ermöglicht erst ihre Instrumentalisierung, da sie für sich keinen Handlungsspielraum in Anspruch nehmen. Im zweiten Fall ist das Klonen zwar eine ungewöhnliche Reproduktionstechnik, ermöglicht den Figuren jedoch gerade einen besonders großen Handlungsspielraum. *Never Let Me Go* ist eine Dystopie, eine ausweglose Darstellung, in der die Klone ohne Widerspruch ihr Schicksal akzeptieren. *Ich bin Lukan* hingegen lässt sich als eine der ersten Klon-Utopien bezeichnen, in der die Reproduktionstechnik mit einer neuen Gesellschaftsform einhergeht, in der Konflikte diskursiv aufgelöst werden. In beiden Fällen korrespondieren der Handlungsspielraum des Klons und die positiv bzw. negativ konnotierte Reproduktionstechnik also mit dem literarischen Genre. Diese Einordnung demonstriert, dass eine solche Geschichte stets von einem moralischen Standpunkt und aus einer Perspektive erzählt wird, die als Ergebnis einer Interpretation in den ethischen Diskurs eingebracht werden kann.

Dass das Motiv des Klons in literarischen Darstellungen einer Varianz unterliegt, schließt an meine in der Einleitung aufgeworfene Frage an: Warum verstört viele Menschen die Vorstellung eines technisch produzierten Gleichen und warum assoziieren sie es mit einer sozial niedrigen Position? Warum ist dies ein so gängiges Narrativ? Gerade vor dem Hintergrund, dass das Klonen als *eine* Reproduktionstechnik unter vielen gesehen werden kann, ist die Betrachtung des Klons als gleichgeschaltetes und fremdbestimmtes Wesen nicht evident. Reproduktion ist kein Ereignis, das einfach geschieht, sondern ein Prozess, der an unterschiedlichen Stellen von handelnden Wesen beeinflusst wird. In einem gewissen Sinne ist jedes Kind ein ›Produkt‹, etwas Hergestelltes und Gemachtes. Eine Auseinandersetzung mit Literatur unter der komparativen Perspektive, wie ich sie vorgelegt habe, sensibilisiert also dafür, dass die moralische Wahrnehmung einer Technik nicht außerhalb eines bestimmten kulturellen, gesellschaftlichen und epistemischen Standpunktes geschieht. Vielmehr prägt gerade die Wahrnehmung die Ausbuchstabierung eines Szenarios und auch dessen Bewertung.

Wer das Klonen befürwortet, so zeigt die Analyse, wird es als eine Fortsetzung des reproduktiven Handlungsspielraums verstehen; wer es ablehnt, wird hingegen eher den Bruch dieser technischen Neuerungen mit natürlichen Prozessen hervorheben (vgl. Kap. 3.5). Die Wahl des Szenarios wird zumeist die Konklusion des Urteils beeinflussen: Ein abschreckendes Szenario von einem fremdbestimmten Klon würde i.S. einer »Heuristik der Furcht« (Jonas 1984: 64) gewählt, um moralische Überzeugungen gegen diese Technik hervorzuheben. Ein positives Szenario der Handlungsfähigkeit und Individualität des Klons würde gewählt, um positive moralische Überzeugungen bezgl. des Klonens zu betonen. Und während es im ersten Fall eher als Inbegriff künstlicher Handlungen betrachtet wird, denen etwas Fremdes innewohnt, wird das Klonen im zweiten Fall nur als *eine* Form der Reproduktion verstanden (z. B. Harris 1997). Indem der Klon für etwas Anderes in den ablehnenden Szenarien steht, kann er dort zugleich das gegenwärtig sozial Andere oder kulturell Fremde symbolisieren. In den befürwortenden Szenarien hingegen wird genau diese Perspektive des Anderen oftmals marginalisiert.

Romane ergänzen diese Verhandlung um moralische Überzeugungen, die *über* das Klonen weitere Konflikte thematisieren und kritisieren. Obwohl sie nicht in einem analytischen Sinn argumentieren, lassen sich die Texte als Überzeugungen hypothetischer Autoren verstehen (vgl. Kap. 2.2). In einer handlungstheoretischen Perspektive sind diese Überzeugungen ebenso wie der Interpretationsprozess literarischer Werke ein aktiver Prozess (Dennerlein et al. 2008). Diese Gedanken möchte ich nun, in Form von Konklusionen sowie Thesen ausführen. Meine *erste ausblickende Konklusion* bezieht sich auf die Relevanz des Begriffs der Alterität für die Bioethik. Meine *zweite ausblickende Konklusion* bezieht sich auf das Verhältnis von Literatur und Bioethik. Meine *dritte ausblickende Konklusion* fasst abschließend zusammen, welche Bedeutung die deskriptive Analyse dieser Arbeit für normative Debatten in der Bioethik hat.

Relevanz und Definition des Begriffs Alterität

In der vorliegenden Arbeit habe ich drei Möglichkeiten herausgearbeitet, wie das Motiv des Klons in der Literatur ausbuchstabiert sein kann. Erstens kann der Klon diejenigen Personen repräsentieren, die am Rand einer Gesellschaft stehen und Ausgrenzung, Instrumentalisierung oder Stigmatisierung ausgesetzt sind – dies zeigen die Beispiele von John Wyndhams *The Midwich Cuckoos* (vgl. Kap. 4.3.3) und Kazuo Ishiguros *Never Let Me Go* (vgl. Kap. 5.6.1). Im ersten Fall referiert das Motiv des Klons u. a. auf uneheliche Kinder und den gesellschaftlichen Umgang mit Behinderung, im zweiten auf Personen ohne Aufstiegschancen im sozialen Raum.

Zweitens kann über den Klon der Umgang mit Fremdheit und ›Unnatürlichkeit‹ verhandelt werden. Insbesondere geraten hier Szenarien in den Blick, in denen ein Status allein durch seine Erzeugungsweise besiegelt zu sein scheint: Dies ist in Konrad Loeles *Züllinger und seine Zucht* der Fall (vgl. Kap. 4.2.1). Bei Loele, so habe ich in meiner Analyse gezeigt, werden über das Motiv des Klons Klassen- und Gesellschaftsverhältnisse der Weimarer Republik verhandelt. In Aldous Huxleys *Brave New World* hingegen (vgl. Kap. 4.2.2) fungiert der Klon als eine überspitzte Darstellung von Personen, für die Fragen des Guten Lebens keine Rolle spielen – das bedrohlich Fremde ist hier der unzivilisierte Wilde.

Drittens gibt es Darstellungen, die diesen entgegenstehen: Fay Weldons *The Cloning of Joanna May* nutzt den Klon, um soziale Übergriffe an Frauen zu thematisieren, schreibt aber dem Klonen als Handlung keine moralisch problematische Dimension zu (vgl. Kap. 5.2.3). Ähnlich verhält es sich mit Horsters *Klon-Kind Uli*, indem der Klon gerade als der Inbegriff (technisch machbaren) Familienglückes gilt – nicht ohne dieses gleichzeitig zur gesellschaftlichen Norm zu erheben (vgl. Kap. 5.3.1). Der zuletzt analysierte Roman, Vanstinas *Ich bin Lukan* hebt letztlich diese Spannung ganz auf, da das Klonen wie andere Reproduktionstechniken anerkannt ist (vgl. Kap. 5.6.2).

Aus dieser Typologie lassen sich drei Bezüge zum Begriff der Alterität wiederfinden: Erstens kann Alterität sich auf Personen(gruppen) beziehen, die am Rand der Gesellschaft positioniert sind, wenig Handlungsspielraum haben und bestimmten sozialen Normen in einem Kollektiv nicht entsprechen (*das Andere*). Zweitens kann der Begriff der Alterität sich auf *fremde* Personen(gruppen) beziehen: Ihnen wohnt etwas Unheimliches, Unvertrautes und Beängstigendes inne, dass durch Stereotypisierungen noch untermauert wird. Drittens kann der Begriff der Alterität sich aber auch auf das moralische Gegenüber beziehen (*das andere*). Der Klon, so habe ich gezeigt, wird gerade aufgrund seiner technisch erzeugten, leiblichen Identität häufig als etwas Anderes oder Fremdes gesehen. Mit dieser Wahrnehmung geht häufig die Darstellung des Klons als einem verdinglichten ›Produkt‹ ohne Selbstbestimmung und Persönlichkeit einher, die jedoch nicht selbstevident ist. Die Analyse verdeutlicht gerade die tieferliegende Ebene des Themas und zeigt, dass eine Wahrnehmung, Darstellung und Bewertung von Reproduktionstechniken stets in einen bestimmten Kontext eingebettet ist. Dieses Verständnis wiederum ist notwendig, um zu zeigen, dass über das Klonen eben auch kulturelle Wertvorstellungen, gesellschaftliche Herausforderungen oder gar politische Konflikte kommunikativ ausgehandelt werden.

Obgleich das andere also nicht prinzipiell mit dem Anderen gleichgesetzt werden sollte, habe ich theoretisch herausgearbeitet, dass es gerade beim Phänomen der Reproduktion einen Zusammenhang aller drei Ebenen gibt. Dies liegt schon in der pragmatischen Einsicht begründet, dass sich ein Kollektiv fortpflanzt, indem sich Individuen in ihm reproduzieren. Reproduktion bringt immer etwas *a*nderes hervor. Diese *a*ndere wird in einen sozialen Raum hineingeboren, in dem es *A*nderes gibt. Ich habe hier von einer Binnendifferenzierung des Kollektivs gesprochen, z. B. durch Geschlechter- oder Klassenverhältnisse (vgl. Kap. 2.1.2). Dieser eigene soziale Raum wird nun häufig diskursiv einem Fremden gegenüber gestellt – wofür gerade die Moderne als Hochzeit des Nationalismus und Kolonialismus zahlreiche Beispiele bietet (vgl. Kap 4.1). Die Binnendifferenzierung kann aber auch innerhalb des sozialen Raums zum Fortbestehen von Ungleichheiten beitragen, wenn eine bestimmte soziale Gruppe einer Anderen gegenüber gestellt wird.

Dieses Verständnis von Alterität, Raum und Reproduktion verdeutlicht als Kreislauf die grundlegenden Muster einer Kultur der Abgrenzung und auch Abwertung des Anderen/Fremden. Eine normative Antwort auf die Frage, warum es moralisch richtig ist, diesen Zirkel zu durchbrechen, oder gar konkrete Handlungsanweisungen habe ich in der vorliegenden Arbeit nicht vorlegen können. Auch war mein Blick auf Reproduktion sehr abstrakt und hat die individuelle und emotionale Seite der Fortpflanzung und Familiengründung eher vernachlässigt. Damit stand die Arbeit durch den analytischen Schwerpunkt im Kontrast zur konkreten Analyse, die gerade die Relevanz von Beziehungen betont (Wiesemann 2010). Diesem Aspekt unter Fragen der Alterität nachzugehen, könnte ein Anknüpfungspunkt für die weitere Forschung sein.

Ich konnte durch die Verbindung von Reproduktion und Alterität herausarbeiten, dass die Reproduktion durch ihre kollektive Dimension für alle Mitglieder einer Gesellschaft relevant ist – denn selbst bei einer expliziten Entscheidung gegen Kinder und Familie und insbesondere bei Unfruchtbarkeit kann jene Verbindung eine Rolle für die Lebensgestaltung und Identität spielen. Die Vermutung, dass dies auch die bioethische Debatte geprägt hat, möchte ich als Ausblick für weitere Forschungen nicht verschweigen; ich denke durchaus, dass die kollektive Dimension ein Grund dafür ist, warum sich beim Thema des Klonens so viele Stimmen der bioethischen Debatte zu Wort gemeldet haben – darunter einige, die zuvor und später keine Position mehr zu Reproduktion bezogen haben.

Literatur und Bioethik

An Konzeption narrativer (Bio-)Ethik habe ich insofern angeknüpft, als dass auch ich die Fähigkeit des Menschen, sprachlich zu handeln, vorausgesetzt und den Wert des kultursensiblen Verstehens betont habe. Anders als viele bisherige Konzeptionen habe ich mich stark an Jürgen Habermas orientiert (vgl. Kap. 2.1, 2.1.3). Ich habe an seine These angeknüpft, dass Menschen die Sprache als »primäre Quelle der sozialen Integration« brauchen, um moralische Normen in kommunikativer Interaktion »auszuhandeln« (Habermas 1998: 34). Damit habe ich mich auf die Annahme eingelassen, dass sich die praktische Vernunft durch wechselseitige Anerkennungsansprüche ergibt. Kommunikatives Handeln beschreibt ein »rational motivierte[s] Einverständnis [...] *zwischen Ego und Alter*« (Habermas 1984b: 576), das in der Intersubjektivität lebensweltlicher Handlungen Normativität entstehen lässt.

Nichtsdestotrotz habe ich Habermas' Konzeption des kommunikativen Handelns kritisiert, da der Literatur gerade kein eigener moralischer Standpunkt zugesprochen wird – wie das strategische Handeln ist sie gewissermaßen das Andere des kommunikativen Handelns (vgl. Kap. 2.1.3). Dass Habermas Romanen keinen Wahrheitsanspruch zuweist (Habermas 1984a: 404) und sie ›nur‹ zu symbolischen Gebilden der sozialen Lebenswelt macht, ist eine Position, die in der Debatte über die Wahrheitswertfähigkeit fiktionaler Aussagen eine lange Tradition besitzt (vgl. Kap. 2.1.1). Aus rekonstruktiver Perspektive lässt sich diese Trennung in einen Diskurs einordnen, der Kunst als ästhetisch wertvollen Teil von Kultur definiert, der nicht primär Aushandlung, sondern Darstellung ist (vgl. Kap. 4.1). Habermas' Abgrenzung zwischen verschiedenen Typen des sprachlichen Handelns sowie das Primat der Sprache verweisen damit auf die philosophische Tradition, logisches Denken aufzuwerten, indem es von praktischer Tätigkeit abgegrenzt wird (Dewey 2008 [1938]: 96). Jedoch konnte ich zeigen, dass Literatur durchaus methodisch und inhaltlich in ethische Debatten einbezogen werden kann: Laut Habermas gibt es z. B. für die asymmetrische Beziehung zwischen Klon und Original »keinen Präzedenzfall« (Habermas 2001: 109). Dabei übersieht er, dass literarische Werke eine Menge solcher Präzedenzfälle aufzeigen. Literatur kann somit helfen »die Perspektive der betroffenen Personen selbst ein[zu]nehmen« (93).

An insgesamt sieben vertiefenden Analysen und einer Vielzahl von Kurzinterpretationen habe ich gezeigt, dass Literatur das Klonen nicht einfach nur ›darstellt‹, sondern dass für sie ein variabler moralischer Standpunkt rekonstruiert werden kann, der Parallelen zur ethischen Debatte aufweist (vgl. Kap. 2.2). An pejorativen Verwendungsweisen des Begriffs ›Klon‹ war und ist die Science Fiction beteiligt, aber sie ist es nicht ohne Grund: Über den Klon vertritt sie häufig »die Stimmen der Anderen – der Fremden, der Dissidenten und der Ohnmächtigen« (Habermas 2001: 99). Was Habermas für das kommunikative Handeln fordert, nämlich dass im Sinne eines diskursiven Konsens' *ego* die Perspektive *alters* einnehmen solle, wird also gerade durch die Literatur stets provoziert.

Wie es häufig spezifisch für einen kulturwissenschaftlichen Zugang ist, habe ich mich auf die Produktions- und Rezeptionsbedingungen der Texte und auf die fiktiven Gesellschaften konzentriert (Roche 2002: 58–67). Damit einher ging keine Unterscheidung zwischen Hoch- und Populärkultur, wie sie in der narrativen (Bio-)Ethik häufig noch getroffen wird: Horsters *Klon-Kind Uli* und Vanstinas *Ich bin Lukan* würden sicher aus jedem Kanon einer klassischen deutschen Literaturgeschichte herausfallen, weil sie ästhetischen Werten nicht genügen (von Heydebrand/Winko 1996: 113–119). Jedoch sind es gerade diese Romane, durch die das Spannungsfeld des Klonens erst richtig hervortritt, da sie den Klon nicht als ein genuin abhängiges und fremdbestimmtes Wesen ohne Persönlichkeit darstellen. Insbesondere angesichts der hohen Auflage und Verbreitung von *Klon-Kind Uli* durch die *Hörzu* (vgl. Kap. 5.3.1) stellt sich die Frage, warum solche weit verbreiteten Narrative nicht in einen kritischen bioethischen Diskurs eingeordnet werden sollten, anstatt einen Kanon aus Werken der Hochkultur zu generieren.

Die Erweiterung hin zur sog. ›populären‹ Science Fiction kann so ein Beitrag sein, um kulturelle Deutungsmuster, z. B. von Familienformen, einer kritischen Analyse zu unterziehen. Mein Ansatz ordnet sich damit ein in den *partizipatorischen Turn* der narrativen Bioethik, der sich gegen expertokratische Positionen wendet und nicht bestimmte Urteile allein aufgrund sozialer Faktoren mehr gelten lässt als andere (Schicktanz et al. 2012). Zugebenermaßen bleibt die ästhetische Dimension der Romane als ein weiteres Forschungsdesiderat offen: Korrespondiert eine Darstellung der Alterität mit einer bestimmten Sprachverwendung? Welcher Zusammenhang besteht zwischen ästhetischen Merkmalen eines Textes, einer Leserlenkung und moralischen Überzeugungen?

Eine *kulturwissenschaftliche Bioethik* gibt (nicht ohne Würdigung bestehender Ansätze) also die Vorstellung auf, dass nur *bestimmte* Narrationen moralisch relevant sind, und schließt nicht von vornherein bestimmte Romane aus dem Untersuchungskorpus aus. Hiermit könnten verschiedene kulturelle Erzeugnisse in ihren spezifischen Produktions- und Rezeptionsbedingungen sowie ihrem moralischen Gehalt analysiert werden: zu denken ist an Public-Health-Kampagnen oder an Werbung für medizinische und pharmazeutische Produkte. Auch Bilder- und Kinderbücher könnten in den Blick genommen werden; und nicht zuletzt Filme (Wöhlke et al. 2015).

Von einer rein kulturwissenschaftlichen Perspektive habe ich mich wiederum dahingehend distanziert, dass oft bei der Kritik von Gesellschaftsverhältnissen bestimmte normative Vorannahmen unreflektiert in den Diskurs eingebracht werden. Diese Perspektive ist häufig »lediglich dazu in der Lage, Normen zu kritisieren, nicht aber neue zu formulieren oder zu begründen« (Roche 2002: 64). Ich habe versucht, diesen Begründungszusammenhang mit der Perspektive der Diskursethik zu ergänzen, denn die Frage, welche Handlungen warum zu kritisieren sind, muss letztlich im faktualen Diskurs der Bioethik selbst ausgehandelt werden (vgl. Kap. 2.1.2.2). Literatur kann also nicht die bioethische Debatte und die eigene Handlungsmotivation ersetzen (Lesch 2003). Ethische Fragen können durch Literatur initiiert, besser verstanden und vermittelt, aber in letzter Konsequenz nicht gelöst werden. Insofern ist es zutreffend, narrative Ethik als »ein pränormatives Konzept« (Mieth 2007: 225) zu bezeichnen. Allerdings ist die Annahme zu kurz gegriffen, dass Literatur per se pränormativ ist. Zwar enthält sie keine Handlungsanweisungen, aber durchaus moralische Überzeugungen, die wir zu den moralischen Überzeugungen ethischer Argumentationen methodisch und inhaltlich in Beziehung setzen können.

Bedeutung der Analyse für normative Debatten

Die vorliegende Arbeit kann zur Selbstreflexion der Bioethik beitragen, indem sie die kulturelle, historische und gesellschaftliche Situierung moralischer Überzeugungen fokussiert. Exemplarisch habe ich dies in Kap. 3 anhand der *Bioethischen Topologien des Klonens* aufgezeigt und analysiert, wie Individualität, Familienformen und Handlungsspielräume im wissenschaftlichen Diskurs verhandelt werden. Dabei konnten neue Verbindungen zwischen ethischen Positionen aufgezeigt werden: Mit der Analyse der konsequenzialistischen Position Dieter Birnbachers und der diskursethischen Position von Jürgen Habermas stehen sich bspw. zwei Autoren gegenüber, die in unterschiedlichen ethischen Traditionen verortet sind, jedoch beide die Perspektive des Klons einnehmen. Ihnen kann damit, so meine Interpretation, eine ähnliche moralische Überzeugung in Bezug auf Alterität zugeschrieben werden. Ob und wie dies auch bei anderen Themen der Fall ist, bleibt eine offene Frage für die weitere Forschung. Meine Rückschau auf die ›alte‹ Position von Jürgen Habermas (vgl. Kap. 5.5.5) hat im Kontrast zu gängigen Annahmen (z. B. Düwell 2008: 15) verdeutlicht, dass hier nicht primär Reproduktionstechniken, sondern vielmehr soziale Techniken des Sprechens und der In- und Exklusion im Diskurs verhandelt wurden. Eine Rekonstruktion solcher Positionen könnte zu einer Aufarbeitung des Faches dahingehend beitragen, dass analysiert wird, was aus einer fachgeschichtlichen Perspektive der letzten 40 Jahre in dieser Disziplin selbst verhandelt wurde und welche Konsequenz dies für gegenwärtige Diskurs haben könnte. Als Ergebnis für die bioethische Debatte bleibt als Ausblick die Frage, inwiefern auch weiteren Positionen der vergangenen oder aktuellen Fachdebatte ein bestimmter Standpunkt eingeschrieben ist, der zwar über die zukünftige Umsetzung einer Technik spricht und damit z. B. mögliche

Chancen und Risiken abwägt, jedoch zugleich Werte der Gegenwart verhandelt.

Zu dieser Selbstreflexion trägt auch die Feststellung bei, dass es bestimmte moralische Argumentationsmuster und Kontroversen gibt, die als *turn* immer wieder angesichts neuer technischer Entwicklungen auftauchen. So hat die Analyse der ethischen Positionen von Paul Ramsey und Joseph Fletcher (Kap. 4.4) gezeigt, dass bereits zu Beginn der allerersten Klon-Debatte in den USA während der Etablierung der Bioethik Themen wie Individualität, Familienformen und Handlungsspielräume verhandelt wurden. In der Hochzeit der Klon-Debatte (ca. 1996–2006) wurde auf diese frühen Positionen kaum Bezug genommen. Obwohl gerade Ramseys Argumente ein Bezugspunkt von Hans Jonas und Jürgen Habermas sein könnten, werden sie er von diesen nicht zitiert.

Während das Thema des Klonens mit dem Skandal um die Forschungen von Hwang im Jahr 2005 in der bioethischen und auch öffentlichen Diskussion mehr oder weniger ad acta gelegt wurde, forschten die Biologie und Medizin ununterbrochen an dieser Technik. Nichtsdestotrotz war das Thema bis zu den Ergebnissen von Shoukrat Mitalipov im Jahr 2013 eher peripher im öffentlichen wie wissenschaftlichen Diskurs vertreten (vgl. Kap. 1). Ähnlich wie nach der Debatte um Rorviks *In His Image* (vgl. Kap. 5.1) gibt es also auch hier eine Zäsur, nachdem der Fachdiskurs eine Unmöglichkeit der Ergebnisse festgestellt hatte. Es hatte sich die Überzeugung durchgesetzt, dass die Erzeugung von Stammzellen nicht möglich sei. Auch die ethische Debatte um das Klonen zu Reproduktionszwecken war damit größtenteils beendet, wenngleich die Tierversuche und die Implementierung in der Agrarwissenschaft (Macintosh 2013: 8–14) sowie die Nutzung zur Reproduktion bedrohter Tierarten (Friese 2013) fortgesetzt wurde.

Diese eher im Hintergrund fortgeführte Weiterentwicklung hat nun auch ihre Übertragung auf den Menschen gefunden: Die Erzeugung menschlicher Stammzellen durch SCNT ist mittlerweile gelungen (Tachibana et al. 2013; Yamada et al. 2014). Während in diesen Studien z. T. noch die Zellen von Kindern verwendet worden waren, zeigen die Ergebnisse von Chung et al. (2014) die Erzeugung pluripotenter Stammzellen mittels SCNT aus Zellen Erwachsener. Als Alternative zu der Erzeugung embryonaler Stammzellen gelang mittlerweile auch die Reprogrammierung von ausdifferenzierten Zellen in sog. induzierte pluripotente Stammzellen (Sánchez Alvarado / Yamanaka 2014). Zwar ersetzt die Technik die Forschung an embryonalen Stammzellen, wirft jedoch auch neue Risiken auf: In einigen Verfahren werden die Zellen werden mithilfe von Genen reprogrammiert, die mit hoher Wahrscheinlichkeit Krebs auslösen (Ohnishi 2014). Ob und in welchem Umfang mit dem SCNT oder der Reprogrammierung jemals Organe gezüchtet oder chronische Krankheiten wie bspw. Morbus Parkinson geheilt werden können, ist immer noch unklar (Günther et al. 2014: 81, 90; Heinemann et al. 2014; Stier 2014). Die bioethische Debatte über die Stammzellenforschung ist hierdurch nach Kontroversen über den Ursprung humaner embryonaler Stammzellen (hES-Zellen) dazu übergegangen, Anwendungsfragen in der klinischen Forschung in den Mittelpunkt zu stellen (Fung/Kerridge 2013; Suaudeau 2013). Vor kurzem wurden die ersten klinischen Studien von Unternehmen wie *Geron*, *BioTime* und *The American Advanced Cell Regulatory Authority* initiiert. Diese Phase I/II-Studien wurden von der *FDA* und der britischen Regulierungsbehörde genehmigt und zielen auf eine experimentelle Behandlung von Rückenmarksverletzungen und altersbedingter Makuladegeneration (AMD) ab.

Jüngst votierte das britische Parlament für die klinische Anwendung von IVF-Techniken, die zwei Varianten der mitochondrialen Spenden umfassen. Bei einer der verwendeten Techniken, dem sog. Spindel-Transfer, wird nicht der Kern einer somatischen Zelle transplantiert, sondern der Kern einer Eizelle, die vererbbare Mitochondriopathien aufweist. Er wird in die Eizelle einer gesunden Spenderin transferiert, die anschließend befruchtet wird. Ohne die hier dargestellten Entwicklungen von Klonierungstechniken wäre dieses Verfahren nicht denkbar. Im Zusammenhang mit dieser Keimbahntherapie werden wieder soziale und moralische Fragen aufgeworfen, die auch schon am Anfang der Reproduktionsmedizin und des Klonens tiefgreifend diskutiert wurden (Dimond 2015). Darüber hinaus genehmigte die *HFEA* die erste Lizenz zur Anwendung neuer Techniken des sog. gene editing an das *Francis Crick Institute* in London, um an gesunden Embryonen die Effekte des Schneidens und Rekombinierens von DNA zu studieren (Callaway 2016). Diese Techniken werden in Großbritannien getestet, wo auch Louise Brown und Dolly geboren wurden. Aktuelle Forschungen können an dieser Stelle ansetzen und ihre Weiterentwicklung im Kulturvergleich beleuchten. In der selbstreflexiven Rückschau stellt sich jedoch zudem die Frage, über welche Techniken die Bioethik als präskriptive Disziplin eigentlich einen Diskurs führen sollte. Nur über die, die gerade neue Forschungsergebnisse versprechen, öffentlich diskutiert werden und ›neu‹ sind? Hier könnten im Anschluss normative Debatten für die Bioethik selbst darüber geführt werden, ob und welche forschungspragmatischen Aspekte für diese Disziplin gelten (sollten).

Angesichts lokaler und globaler Herausforderungen, insbesondere der Migration, rückt zudem das Verhältnis zwischen eigenem und Fremden aktuell wieder in den Vordergrund der politischen, öffentlichen und wissenschaftlichen Diskussion (Coors et al. 2014). Ethisch geht es u. a. um die Frage, welche moralischen Rechte die Anderen des demokratischen Rechtsstaats haben, die von bestehenden Regelungen eben dieser Staaten gerade negiert werden (Benhabib 2004). Ich hoffe, mit dieser Arbeit dafür zu sensibilisieren, dass die Einstellung zum Anderen bzw. Fremden genuin moralisch ist, in vielen bioethischen Diskussionen verhandelt wird und in ihrer symbolischen und epistemischen Bedeutung nicht zu unterschätzen ist.

Dieser Aspekt führt mich zu einem letzten Punkt der Relevanz meiner Analyse für eine präskriptive Dimension der Bioethik, die auf einer ethischen Metaebene angeordnet ist: Es handelt sich um die Frage, wie in einem Diskurs angemessen über Personen und verschiedene soziale Gruppen gesprochen werden kann und was für gegenwärtige Diskurse aus meiner Rekonstruktion folgt, wenn wir die »symbolische Verletzlichkeit« (Herrmann 2013) des Menschen berücksichtigen wollen. In der Einleitung (Kap. 1) habe ich bereits benannt, dass ein Ansprechen als ›Klon‹ negativ konnotiert sein kann. Dies verweist darauf, dass dem Sprechen eine bestimmte normative Kraft innewohnt: Die Bezeichnung als ›krank‹, ›fremd‹, ›unnatürlich‹ und ›unnormal‹ bspw. kann eine verletzende und stigmatisierende Funktion einnehmen, in der eine Person nicht als anders, sondern als Anders wahrgenommen wird. Virulent wurde dies bei der Unterscheidung zwischen ›normalen‹ und ›missgebildeten‹ Embryonen und der Abgrenzung zwischen sog. ›reproduktivem‹ und ›therapeutischem‹ Klonen (vgl. Kap. 5.5.1, 5.5.2). Die Analyse hat gezeigt, dass sprachlich fortwährend Ausschlüsse produziert werden, indem zwischen ›richtigen‹ und ›rekonstruierten‹ oder ›vorstufigen‹ (Prä-)Embryonen unterschieden wird. Dass dieses ›Andere‹ als Rechtslücke in Bezug auf abgetriebene und abgegangene Embryonen/Foeten tatsächlich existiert, konnte ebenfalls bei der Analyse der rechtlichen Regulierung herausgearbeitet werden (vgl. Kap. 5.5.4). Als Anschlussforschung aus der Perspektive der Alterität wäre es sinnvoll, nach der Situation der Betroffenen zu fragen oder die ethischen Aspekte dieses marginalisierten Themas in den Diskurs einzubringen (Schicktanz 2012). Ich konnte in dieser Hinsicht allerdings nicht mehr als einen Problemaufriss darlegen – welche Konsequenzen solche Unterscheidungen in symbolischer Hinsicht für bestimmte Gruppen (z. B. behinderte Menschen) haben, wäre ein weiteres Forschungsthema.

Hier könnte auch eine bioethische Perspektive auf das Recht eingenommen werden, in der bestimmte Mechanismen der In- und Exklusion sichtbar werden. Eine solche Betrachtung weist weit darüber hinaus, »die Regelungsmöglichkeiten im Hinblick auf […] Technologien überhaupt zu verstehen« (Düwell 2008: 7). Sie konzipiert das Recht als historisch gewachsene, kulturell unterschiedliche Institution und den ›Rechtsraum‹ als eine Sphäre, zu der nicht immer alle Mitglieder einer Gesellschaft im gleichen Maße Zugang haben (Arendt 1998 [1958]: 194f.). Die Frage, wer das Wissen, die soziale Stabilität und die finanziellen Mittel zur Anwendung von Reproduktionstechniken besitzt, behandelt aus dieser Sicht nicht nur Aspekte der individuellen Selbstbestimmung innerhalb gesetzlicher Rahmenbedingungen, sondern fokussiert vielmehr individuelle und gesellschaftliche Handlungsspielräume (Diekämper 2011: 370).

Indem durch Gesetze vorgegeben wird, dass die Inanspruchnahme bestimmter Reproduktionstechniken einen Spielraum zur freiwilligen Entscheidung offen lässt, kann, was auf einer individuellen Ebenen als Freiheit ausgelegt wird, in einer größeren Perspektive als partikulares Interesse interpretiert werden, dessen politische und gesamtgesellschaftliche Dimension verklärt wird.

Gerade der rechtliche Diskurs ist gesellschaftlich äußerst relevant, denn die Überzeugungen, die sich hier durchsetzen, zählen in ihrer Verbindlichkeit für alle Bürger_innen des Staates. Für weitere Forschungen wäre zu beachten, inwiefern auch im Recht etwas Anderes normiert und konstruiert wird und welche Handlungsmöglichkeiten aus bioethischer Perspektive zu geben sind (Schöne-Seifert 2007: 38). Dafür kann allerdings die Konzeption des Rechts als ein sich selbst steuerndes System nicht tauglich sein (von der Pforden 2005: 226f.). Denn hinsichtlich der Frage, wie sich *unterschiedliche* Gesetze überhaupt *entwickeln* können und warum es kulturelle Unterschiede gibt, entsteht mit einem solchen Ansatz eine Leerstelle (Shapiro 1996). Schon die Feststellung, dass kulturelle Unterschiede existieren, setzt aber voraus, dass es bestimmte kontextuelle Faktoren gibt, die diese Unterschiede herbeiführen (Baron 1999).

Aus dieser Perspektive wird die Überschneidung von Literatur- und Rechtswissenschaft dann fruchtbar, wenn anerkannt wird, dass es moralisch relevante Einstellungen gibt, die einer solchen Auslegung vorhergehen bzw. sie begleiten. Das Recht kann dann zwar Verbindlichkeiten herstellen, beendet aufgrund der ihm innewohnenden Textualität und Offenheit den Diskurs jedoch nicht (vgl. Kap. 5.3.3).

Die Konstruktion des Anderen hat sich insbesondere bei der Debatte um Familienformen in der ethischen Debatte und im Recht gezeigt: Die deontologische Pflicht gegenüber kommenden Generationen beinhaltet nicht notwendigerweise auch einen respektvollen Umgang mit gegenwärtigen moralischen Anspruchsquellen. Gerade Positionen, nach denen dem Embryo ein absoluter Schutz zukommen solle, sind häufig mit dem Othering von nicht-traditionellen Familienformen verbunden (vgl. Kap. 3.3). Um den Einfluss von Einstellungen zu *Individualität*, *Familienformen* und *Handlungsspielräumen* weiter zu prüfen, bietet sich eine Übertragung der vorgelegten Methodik auf weitere bioethische Themen an, wie z. B. Behinderung, Demenz oder psychische/psychiatrische Erkrankungen. Inwiefern prägt bspw. ein gesellschaftlicher, historischer und kultureller Kontext, in dem auch die Bioethik selbst situiert ist, die Einstellung gegenüber den Betroffenen? Welche Rolle spielt es für bioethische Argumentationen, dass bestimmte Personen(gruppen) als ›nicht zurechnungsfähig‹ bezeichnet werden? Dabei kann die Methodik der vorliegenden Arbeit als ein Leitfaden genommen werden, um ein Bündel von Argumenten zu analysieren und in seiner Genese zu rekonstruieren. Aus meiner Sicht könnte z. B. das derzeit aktuelle Thema des Inzest (Deutscher Ethikrat 2014b) ähnlich untersucht werden wie das Klonen: Mit einer synchronen Argumentationsanalyse und anschließend einer kritischen Rekonstruktion der Verhandlung dieses Phänomens. Gerade die Argumente, mit denen das Inzest-Verbot rechtlich reguliert wurde, könnten aus bioethischer Sicht kritisch analysiert werden; wobei ebenfalls Narrationen als methodischer Anstoß genutzt werden könnten. Welche Methoden, Theorien und Kontexte für diese Rekonstruktion herangezogen werden, ist freilich nicht festgelegt. In jedem Fall ist dafür aber wissenschaftliche Neugierde nötig, emanzipatorisch-kritisch nach der Normierung des Anderen bzw. Fremden fragt (vgl. Kap. 2.5). Diese anderen nicht zu Anderen zu machen, sondern ihnen eine Anerkennung in ihrer Differenz zukommen zu lassen, ist, so hat diese Arbeit gezeigt, eine Herausforderung des bioethischen Diskurses selbst (Young 1996).

Dem moralischen Gegenüber als anderem und nicht als Anderem oder Fremdem zu begegnen, kann also als eine Herausforderung moderner, demokratischer Gesellschaften beschrieben werden: Auf der kollektiven Ebene wäre im Anschluss zu fragen, wie im Hinblick auf soziale oder epistemische Gerechtigkeit normative Argumente zu formulieren sind, um Othering zu minimieren. Auf einer individuellen Ebene hingegen wären Fragen des Guten Lebens unter dem Aspekt anzusiedeln, inwiefern die Anerkennung des anderen nicht nur relevant für den Nicht-Schaden eines Gegenübers ist, sondern zugleich ein Beitrag für das eigene Streben nach Glück und für normative Vorstellungen der Person sein kann (Brink 1999). Eine solche Perspektive wirft die Erwartungen, die jemand an ein Gegenüber hat, letztlich auf das erwartende Individuum selbst zurück: Reproduktion, bei der nicht immer, aber häufig Erwartungen an die kommende Generation herangetragen werden, kann als Paradigma für eine Reflexion folgender Fragen gelten: Wenn ich ›für mein Kind‹ möchte, dass es ein bestimmtes Leben lebt, was sagt das dann etwa über meine eigenen Werte und Vorstellungen aus? Inwiefern werden diese (unhinterfragt) auf ein Gegenüber übertragen? Inwiefern ist diese Übertragung überhaupt erstrebenswert?

Den Begriff der Alterität für die Forschung zu akzeptieren, erfordert die Einsicht, dass Gesellschaften, Kulturen und Individuen fortwährend Personen oder soziale Gruppen zu ›Anderen‹ machen und dass die Wahrnehmung des ›Fremden‹ unsere Bewertung prägt. Für die Bioethik ist dabei die Erkenntnis besonders wichtig, dass das *a*ndere nicht mit dem *A*nderen und erst recht nicht mit dem *Fremden* gleichzusetzen ist: Dies ist unerlässlich zu betonen, weil es für normative Diskurse die Frage aufwirft, wie und warum Anerkennung praktiziert werden sollte. Entscheidend ist, dass die vermutlich unabänderliche Wahrnehmung des anderen nicht mit einer Abwertung einhergehen muss und dass ein Bewusstsein geschaffen wird für die unterschiedlichen Mechanismen, die auf dem Grunde der Wahrnehmung und Abwertung liegen. Gerade der Begriff der Alterität kann aus einer ethischen Perspektive genutzt werden, um Handlungsanweisungen zu formulieren, wie der Konstruktion des Anderen/Fremden auf einer individuellen und gesellschaftlichen Ebene entgegengewirkt werden kann.

Literaturverzeichnis

Abels, Heinz (2010): *Identität.* 2. Aufl., Wiesbaden.

Ach, Johann S. (2006): Das ›Eugenik-Argument‹ in der bioethischen Diskussion. Differenzierungen und Anmerkungen. In: Georg Pfleiderer, Christoph Rehmann-Sutter (Hg.): *Zeithorizonte des Ethischen. Zur Bedeutung der Temporalität in der Fundamental- und Bioethik.* Stuttgart, 217–233.

Ach, Johann S.; Runtenberg, Christa (2002): *Bioethik: Disziplin und Diskurs. Zur Selbstaufklärung angewandter Ethik.* Frankfurt a. M./New York.

Adorno, Theodor W. (1973): Aldous Huxley und die Utopie. In: Rudolf Villgradter, Friedrich Krey (Hg.): *Der utopische Roman.* Darmstadt, 298–320. (Original 1955)

Akehurst, Thomas L. (2010): *The Cultural Politics of Analytic Philosophy. Britishness and the Spectre of Europe.* London (u. a.).

Allen-Gray, Alison (2004): *Unique*. Oxford.

Anonymous (1993): Eduard Rhein. *Der Spiegel* 16, 306.

Anselm, Reiner (2003): Kinderlosigkeit als Krankheit? *Reproduktionsmedizin* 19, 15–21.

Arditi, Benjamin (1997): The Negotiation of Equivalence. *Philosophy and Social Criticism* 23, 3, 55–76.

Arendt, Hannah (1998): *The Human Condition. With an Introduction by Margaret Canovan.* 2. Aufl., Chicago/London. (Original 1958)

Aristodemou, Maria (2000): *Law and Literature. Journeys from Her to Eternity.* Oxford.

Árnason, Vilhjálmur (2013): Patientenautonomie, Humangenetik und Biopolitik. In: Claudia Wiesemann, Alfred Simon (Hg.): *Patientenautonomie. Theoretische Grundlagen – Praktische Anwendungen.* Münster, 269–280.

Arni, Caroline (2008): Reproduktion und Genealogie. Zum Diskurs über die biologische Substanz. In: Nicolas Pethes, Silke Schicktanz (Hg.): *Sexualität als Experiment. Identität, Lust und Reproduktion zwischen Science und Fiction.* Frankfurt a. M./New York, 293–309.

Ashcroft, Bill; Gareth Griffiths; Helen Tiffin (2007): *Post-Colonial Studies. The Key Concepts.* 2. Aufl., London/New York.

Atlan, Henri (2002): Zellkernstransfer und Klonen. Biologische und ethische Aspekte. In: Sigrid Weigel (Hg.): *Genealogie und Genetik. Schnittstellen zwischen Biologie und Kulturgeschichte.* Berlin, 141–154.

Atwood, Margaret (2011): *In Other Worlds. SF and the Human Imagination.* New York.

Baader, Gerhard (2003): Auf dem Weg zum Menschenversuch im Nationalsozialismus. Historische Vorbedingungen und der Beitrag der Kaiser-Wilhelm-Institute. In: Carola Sachse (Hg.): *Die Verbindung nach Auschwitz. Biowissen-*

schaften und Menschenversuche an Kaiser-Wilhelm-Instituten. Dokumentation eines Symposiums. Göttingen, 105–156.
Bachmann-Medick, Doris (2004): Kultur als Text? Literatur- und Kulturwissenschaften jenseits des Textmodells. In: Ansgar Nünning, Roy Sommer (Hg.): *Kulturwissenschaftliche Literaturwissenschaft. Disziplinäre Ansätze – theoretische Positionen – transdisziplinäre Perspektiven. Unter Mitarb. v. Stella Butter.* Tübingen, 147–159.
Bacon, Francis (1960): Neu-Atlantis. In: Klaus Heinisch (Hg.): *Der utopische Staat.* Reinbek b. H., 171–215. (Original 1627)
Badura, Jens (2002): *Die Suche nach Angemessenheit. Praktische Philosophie als ethische Beratung.* Münster.
Bailey, Ronald (2002): The Twin Paradox: What Exactly is Wrong with Cloning People? In: Glenn McGee (Hg.): *The Human Cloning Debate.* 3. Aufl., Berkeley, 107–114.
Bainham, Andrew (2002): Sexuality, Sexual Relations and the Law. In: Andrew Bainham, Shelley D. Sclater, Martin Richards (Hg.): *Body Lore and Laws.* Oxford/Portland, 171–192.
Ball, Philip (2011): *Unnatural. The Heretical Idea of Making People.* London.
Ballien, Tilo (2002): *Die Kinder der KlonFarm. Thriller.* Leipzig.
Ballien, Tilo (2000): *Die KlonFarm. Thriller.* Leipzig.
Banchoff, Thomas (2011): *Embryo Politics. Ethics and Policy in Atlantic Democracies.* Ithaca/London.
Baron, Jane B. (1999): Law, Literature, and the Problems of Interdisciplinarity. *The Yale Law Journal* 108, 5, 1059–1085.
Barthes, Roland (2000): Der Tod des Autors. In: Fotis Jannidis (Hg.): *Texte zur Theorie der Autorschaft.* Stuttgart, 181–197. (Original 1967)
Bartsch, Susanne (2004): *Campingsaison.* Berlin.
Baudrillard, Jean (1997): Das Original und sein Double. Klongeschichten oder: Der Fieberwahn von Perfektion und Unsterblichkeit. *Die Zeit* 12, 67.
Bauman, Zygmunt (2009): *Postmoderne Ethik.* Hamburg. (Original 1993)
Bayer, Klaus (2007): *Argument und Argumentation. Logische Grundlagen der Argumentationsanalyse.* 2. überarb. Aufl., Göttingen.
Beauchamp, Tom L.; Childress, James F. (2013): *Principles of Biomedical Ethics.* 7. Aufl., Oxford. (Original 1979)
Beauvoir, Simone de (2011): *Das andere Geschlecht. Sitte und Sexus der Frau.* 11. Aufl., Reinbek b. H. (Original 1949)
Beck, Susanne (2006): *Stammzellforschung und Strafrecht. Zugleich eine Bewertung der Verwendung von Strafrecht in der Biotechnologie.* Berlin.
Beckmann, Jan P. (2004): Überlegungen zum Ansatz ethischer Analyse des Klonens im Humanbereich. In: Ludger Honnefelder, Dirk Lanzerath (Hg.): *Klonen in biomedizinischer Forschung und Reproduktion. Wissenschaftliche Aspekte – Ethische, rechtliche und gesellschaftliche Grenzen.* Bonn, 267–277.
Bedorf, Thomas (2009): Orte der Anerkennung. In: Thomas Bedorf, Gerhard Unterthurner (Hg.): *Zugänge. Ausgänge. Übergänge. Konstitutionsformen des sozialen Raums.* Würzburg, 71–81.

Behr, Sophie (1997): *Ida & Laura. Once More with Feeling.* Königstein i.T.
Beier, Katharina; Wiesemann, Claudia (2013): Reproduktive Autonomie in der liberalen Demokratie. Eine ethische Analyse. In: Claudia Wiesemann, Alfred Simon (Hg.): *Patientenautonomie. Theoretische Grundlagen – Praktische Anwendungen.* Münster, 199–215.
Beier, Katharina; Wiesemann, Claudia (2010): Die Dialektik der Elternschaft im Zeitalter der Reprogenetik. Ein ethischer Dialog. *Deutsche Zeitschrift für Philosophie* 58(6), 855–871.
Benda-Kommission (1985): *In-vitro-Fertilisation, Genomanalyse und Gentherapie. Bericht der gemeinsamen Arbeitsgruppe des Bundesministers für Forschung und Technologie und des Bundesministers der Justiz.* München.
Benhabib, Seyla (2004): The Rights of Others: Alien, Residents, and Citizens. Cambridge (u. a.).
Berndt, Christina (2014): Geklont mit 75 Jahren. *Süddeutsche Zeitung*, 18. April. http://www.sueddeutsche.de/wissen/2.220-stammzellenforschung-geklont-mit-jahren-1.1940023 ⟨18.04.2016⟩.
Berry-Hart, Tess E. (2007): *Escape from Genopolis.* New York.
Binder, Regina (1996): *Die maskierte Utopie. Feminismus und Science Fiction.* Frankfurt a. M.
Birnbacher, Dieter (2008): Bioethischer Pluralismus. Fakten, Probleme, Grenzen. In: Susanne Michl, Thomas Potthast, Urban Wiesing (Hg.): *Pluralität in der Medizin. Werte – Methoden – Theorien.* Freiburg i.B. (u. a.), 21–44.
Birnbacher, Dieter (2006a): *Bioethik zwischen Natur und Interesse.* Frankfurt a. M.
Birnbacher, Dieter (2006b): *Natürlichkeit.* Berlin/New York.
Birnbacher, Dieter (2006c): Utilitarismus. In: Marcus Düwell, Christoph Hübenthal, Micha H. Werner (Hg.): *Handbuch Ethik.* 2. Aufl., Stuttgart/Weimar, 95–107.
Birnbacher, Dieter (2003): *Analytische Einführung in die Ethik.* Berlin/New York.
Birnbacher, Dieter (2002): Habermas' ehrgeiziges Beweisziel – erreicht oder verfehlt? *Deutsche Zeitschrift für Philosophie* 50, 1, 121–126.
Birnbacher, Dieter (2001): Instrumentalisierung und Menschenwürde. Philosophische Anmerkungen zur Debatte um Embryonen- und Stammzellforschung. *Jahrbuch der Heinrich-Heine-Universität Düsseldorf.* http://dup.oa.hhu.de/8/1/pagesbirnbacher.pdf ⟨18.04.2016⟩.
Birnbacher, Dieter (1998): Aussichten eines Klons. In: Johann S. Ach, Gerd Brudermüller, Christa Runtenberg (Hg.): *Hello Dolly? Über das Klonen.* Frankfurt a. M., 46–71.
Black, Shameem (2009): Ishiguro's Inhuman Aesthetics. *Modern Fiction Studies* 55, 4, 785–807.
Bogner, Alexander (1999): Vom Nutzen des Klonens und den Grenzen der Ethik. *Blätter für deutsche und internationale Politik*, November, 1365–1375.
Bohnsack, Ralf (2014): *Rekonstruktive Sozialforschung. Einführung in qualitative Methoden.* 9. Aufl., Opladen/Toronto.

Booth, Wayne C. (2001): Why Ethical Criticism Can Never Be Simple. In: Todd F. Davis, Kenneth Womack (Hg.): *Mapping the Ethical Turn. A Reader in Ethics, Culture, and Literary Theory*. Charlottesville, 16–29.

Bordat, Josef (2009): *Ethik für heute. moraltheoretische Überlegungen zu Terrorismus, Menschenrechten und Klimawandel.* London.

Borgards, Roland (2012): Primatographien. Wie Michael Tomasello und Frans de Waal die biologische Vorgeschichte des Menschen erzählen. In: Johannes F. Lehmann, Roland Borgards, Maximilian, Bergengruen (Hg.): *Die biologische Vorgeschichte des Menschen: zu einem Schnittpunkt von Erzählordnung und Wissensformation.* Freiburg i.B. (u. a.), 361–376.

Borkowski, Jan (2015): *Literatur und Kontext. Untersuchungen zum Text-Kontext-Problem aus textwissenschaftlicher Sicht.* Münster.

Brandt, Christina (2010): Zeitschichten des Klons. Anmerkungen zu einer Begriffsgeschichte. *Berichte zur Wissenschaftsgeschichte* 33, 123–146.

Brandt, Christina (2009a): In His Image. Klonexperimente zwischen Biowissenschaft und Science-fiction. In: Birgit Griesecke et al. (Hg.): *Kulturgeschichte des Menschenversuchs im 20. Jahrhundert.* Frankfurt a. M., 373–393.

Brandt, Christina (2009b): Die zwei (und mehr) Kulturen des ›Klons‹. Utopie und Fiktion im biowissenschaftlichen Diskurs der Nachkriegszeit. *Zeitschrift für Geschichte der Naturwisssenschaften, Technik und Medizin* 17, 3, 243–275.

Brandt, Christina (2008): Codes & Clones. Begriffs-Konjunkturen der Biowissenschaften 1950–1980. *Zeitgeschichte* 35, 354–371.

Brandt, Christina (2007): Wissenschaft – Literatur – Öffentlichkeit. Die Bedeutung der Science-Fiction in den 1970er Jahren für die öffentliche Debatte zum Klonen. In: Sybilla Nikolow, Arne Schirrmacher (Hg.): *Wissenschaft und Öffentlichkeit als Ressourcen füreinander. Studien zur Wissenschaftsgeschichte im 20. Jahrhundert.* Frankfurt a. M./New York, 137–163.

Brandt, Dina (2007): *Der deutsche Zukunftsroman 1918–1945. Gattungstypologie und sozialgeschichtliche Verortung.* Tübingen.

Brenner, Andreas (2006): *Bioethik und Biophänomen. Den Leib zur Sprache bringen.* Würzburg.

Briggs, Robert; King, Thomas J. (1952): Transplantation of Living Nuclei from Blastula Cells into Enucleated Frogs' Eggs. *Proceedings of the National Academy of Sciences of the United States of America* 38, 5, 455–463.

Brink, David O. (1999): Eudaimonism, Love and Friendship, and Political Community. *Social Philosophy & Policy* 16, 1, 252–289.

Britzman, Deborah P. (2006): On Being a Slow Reader. Psychoanalytic Reading Problems in Ishiguro's Never Let Me Go. *Changing English* 13, 3, 307–318.

Brock, Dan W. (2004): Reproduktives Klonen beim Menschen. Einige moralische Fragestellungen. In: Ludger Honnefelder, Dirk Lanzerath (Hg.): *Klonen in biomedizinischer Forschung und Reproduktion. Wissenschaftliche Aspekte – Ethische, rechtliche und gesellschaftliche Grenzen.* Bonn, 197–207.

Brock, Dan W. (1998): Cloning Human Beings: An Assessment of the Ethical Issues Pro and Con. In: Martha C. Nussbaum, Cass R. Sunstein (Hg.): *Clones and Clones. Facts and Fantasies about Human Cloning.* New York/London, 141–164.

Brown, Andrew (2003): The Practical Philosopher. *The Guardian Review* July 19, 16–19.

Buchanan, Allen et al. (2000): *From chance to choice: Genetics and Justice.* Cambridge.

Bühl, Achim (2009): Reproduktives Klonen in ›real life‹ und in der Science Fiction. In: Ders. (Hg.): *Auf dem Weg zur biomächtigen Gesellschaft? Chancen und Risiken der Gentechnik.* Wiesbaden, 273–332.

Bulwer-Lytton, Edward (1997): *Vril: The Power of the Coming Race.* Whitefish. (Original 1871)

Bülow, Ralf (2008): Klon-Fabrik auf der Südseeinsel. *Spiegel Online*, 23. Februar: http://www.spiegel.de/einestages/anfaenge-der-gentechnik-a-949112.html ⟨18.04.2016⟩.

Bundesärztekammer (2006): (Muster)Richtlinie zur Durchführung der assistierten Reproduktion. Novelle 2006. *Deutsches Ärzteblatt* 103, 20, A1392–A1403.

Bundesärztekammer (1998): Richtlinien zur Durchführung der assistierten Reproduktion. *Deutsches Ärzteblatt* 95, 49, A3166–3171.

Bundesministerium der Justiz (1988): *SGB V v. 20. Dezember (BGBl. I S. 2477), letztes ÄndG v. 30.05.2016 (BGBl. I S. 1254).* Berlin.

Bundesministerium der Justiz (1989): *StGB v. 13. November (BGBl. I S. 3322), letztes ÄndG v. 23.04.2014 (BGBl. I S. 410).* Berlin.

Bundesministerium der Justiz (2002): *StZG v. 28. Juni (BGBl. I S. 2277), letztes ÄndG v. 7.08.2013 (BGBl. I S. 3154).* Berlin.

Bundesministerium der Justiz (1990): *ESchG v. 13 Dezember (BGBl. I S. 2746), letztes ÄndG v. 21.11.2011 (BGBl. I S. 2228).*

Bundesverfassungsgericht (1993): *Urt. v. 28. Mai, BVerfGE 88, 203 – Schwangerschaftsabbruch II.* http://www.servat.unibe.ch/dfr/bv088203.html ⟨18.04.2016⟩.

Bundesverfassungsgericht (1975): *Urt. v. 25. Februar, BVerfGE 39, 1 – Schwangerschaftsabbruch I.* http://www.servat.unibe.ch/dfr/bv039001.html ⟨18.04.2016⟩.

Burley, Justine; Harris, John (2002): Human Cloning and Child Welfare. In: Glenn McGee (Hg.): *The Human Cloning Debate.* 3. Aufl., Berkeley, 234–250.

Butler, Judith (2006): *Haß spricht. Zur Politik des Performativen.* Frankfurt a. M.

Byrne, James A. et al. (2007): Producing Primate Embryonic Stem Cells by Somatic Cell Nuclear Transfer. *Nature* 450, 7169, 497–502.

Byrne, James A.; Gurdon, John B. (2002): Commentary on Human Cloning. *Differentiation* 69, 154–157.

Caduff, Corina (2005): Reproduktion und Generation. Die Klone in der Literatur. In: Sigrid Weigel et al. (Hg.): *Generation. Zur Genealogie des Konzepts – Konzepte der Genealogie.* München, 15–29.

Caduff, Corina (2004): Experiment Klon. In: Thomas Macho, Annette Wunschel (Hg.): *Science & Fiction. Über Gedankenexperimente in Wissenschaft, Philosophie und Literatur.* Frankfurt a. M., 230–241.

Callaway, Ewen. 2016. Embryo Editing Gets Green Light. *Nature* 530, 4, 18.

Caplan, Arthur L. (2000): What's Morally Wrong with Eugenics? In: Philip R. Sloan (Hg.): *Controlling our Destinies. Historical, Philosophical, Ethical, and Theological Perspectives on the Human Genome Project.* Notre Dame, 209–222.

Carroll, Rachel (2010): Imitations of Life: Cloning, Heterosexuality and the Human in Kazuo Ishiguros Never Let Me Go. *Journal of Gender Studies* 19, 1, 59–71.

Caryl, R. E. (1937): The Designation of Clonal Generations. *Science* 86, 156.

Cassirer, Ernst (1960): *Was ist der Mensch? Versuch einer Philosophie der menschlichen Kultur.* Stuttgart. (Original 1944)

Chambers, Tod (1999): *The Fiction of Bioethics: Cases as Literary Texts.* New York.

Chattopadhyay, Subrata; De Vries, Raymond (2013): Respect for Cultural Diversity in Bioethics is an Ethical Imperative. *Medicine, Health Care and Philosophy* 16, 4, 639–645.

Chung, Young G. et al. (2014): Human Somatic Cell Nuclear Transfer Using Adult Cells. *Cell Stem Cell* 14, 6, 777–780.

Cibelli, Jose B. et al. (2001): Somatic Cell Nuclear Transfer in Humans Pronuclear and Early Embryonic Development. *e-biomed: The Journal of Regenerative Medicine* 2, 25–31.

Clarke, Arthur C. (1976): *Imperial Earth.* New York.

Clausen, Jens (2006): *Biotechnische Innovationen verantworten. Das Beispiel Klonen.* Darmstadt.

Coester-Waltjen, Dagmar (2013): Reproduktive Autonomie aus rechtlicher Sicht. In: Claudia Wiesemann, Alfred Simon (Hg.): *Patientenautonomie. Theoretische Grundlagen – Praktische Anwendungen.* Münster, 216–230.

Cohen, Cynthia B. (1994): Future Directions for Human Cloning by Embryo Splitting. After the Hullabaloo. *Kennedy Institute of Ethics Journal* 4, 3, 187–192.

Cohen, Jacques; Tomkin, Giles (1994): The Science, Fiction, and Reality of Embryo Cloning. *Kennedy Institute of Ethics Journal* 4, 3, 193–203.

Cohnitz, Daniel (2006): *Gedankenexperimente in der Philosophie.* Paderborn.

Cooper, Edmund (1972): *Who Needs Man?* London.

Coors, Michael; Grützmann, Tatjana; Peters, Tim (Hg.) (2014): *Interkulturalität und Ethik. Der Umgang mit Fremdheit in Medizin und Ethik.* Göttingen.

Cowper, Richard (1972): *Clone.* London/Sydney.

Cui, Ke-Hui (2005): Three Concepts of Cloning in Human Beings. *Reproductive BioMedicine Online* 11, 1, 16–17.

Currie, Gregory (1990): *The Nature of Fiction.* Cambridge (u. a.).

Currie, Mark (2009): Controlling Time. Never Let Me Go. In: Sean Matthews, Sebastian Groes (Hg.): *Kazuo Ishiguro. Contemporary Critical Perspectives.* London / New York, 91–103.

Dabrock, Peter; Ried, Jens (Hg.) (2005): *Therapeutisches Klonen als Herausforderung für die Statusbestimmung des menschlichen Embryos.* Paderborn.

Damschen, Gregor; Schönecker, Dieter (2005): *Der moralische Status menschlicher Embryonen: pro und contra Spezies-, Kontinuums-, Identitäts- und Potentialitätsargument.* Berlin (u. a.).

Daniels, Norman (2011): Reflective Equilibrium. *Stanford Encyclopedia of Philosophy.* http://plato.stanford.edu/entries/reflective-equilibrium/ ⟨18.04.2016⟩.

Daniels, Norman (1996): *Justice and Justification: Reflective Equilibrium in Theory and Justice.* Cambridge.

Danneberg, Lutz (2007): Kontext. In: Harald Fricke et al. (Hg.): *Reallexikon der deutschen Literaturwissenschaft,* Bd. 2. Berlin / New York, 333–336.

Darwin, Charles (2009): *On the Origin of the Species.* 6. Aufl., Cambridge (Original 1859)

Darwin, Charles (2004): *The Descent of Man, and Selection in Relation to Sex.* Reprint, London. (Original 1871).

Davidson, Donald (1963): Actions, Reasons, and Causes. *Journal of Philosophy,* 60, 23, 685–700.

Davion, Victoria (2006): Coming Down to Earth on Cloning. An Ecofeminist Analysis of Homophobia in the Current Debate. *Hypatia* 21, 4, 58–76.

Delhorn, Pascal (2009): Grenzüberschreitungen. Versuch über die Normativität des Raums. In: Thomas Bedorf, Gerhard Unterthurner (Hg.): *Zugänge. Ausgänge. Übergänge. Konstitutionsformen des sozialen Raums.* Würzburg, 83–96.

Dennerlein, Christoph; Köppe, Tilmann; Werner, Jan C. (2008): Interpretation: Struktur und Evaluation in handlungstheoretischer Perspektive. *Journal of Literary Theory* 2, 1, 1–18.

Derrida, Jacques; Roudinesco, Elisabeth (2006): *Woraus wird Morgen gemacht sein? Ein Dialog.* Stuttgart.

De Ruiter, Corinne (2010): Fate Mapping Techniques. *Embryo Project Encyclopedia.* http://embryo.asu.edu/handle/10776/1751 ⟨18.04.2016⟩.

Detel, Wolfgang (2005): Kultur und Wissen. In: Klaus W. Hempfer, Anita Traninger (Hg.): *Macht Wissen Wahrheit.* Freiburg i.B. / Berlin, 19–40.

Detel, Wolfgang (1998): *Macht, Moral, Wissen. Foucault und die klassische Antike.* Frankfurt a. M.

Detel, Wolfgang (1995): Griechen und Barbaren. Zu den Anfängen des abendländischen Rassismus. *Deutsche Zeitschrift für Philosophie* 43, 6, 1019–1043.

Detering, Heinrich (Hg.) (2001): *Autorschaft. Positionen und Revisionen.* Stuttgart / Weimar.

Dethloff, Nina (2010): Assistierte Reproduktion und rechtliche Elternschaft in gleichgechlechtlichen Partnerschaften. Ein rechtsvergleichender Überblick. In: Dorett Funcke, Petra Thorn (Hg.): *Die gleichgeschlechtliche Familie mit Kin-*

dern. Interdisziplinäre Beiträge zu einer neuen Lebensform. Bielefeld, 161–192.

Deutscher Bundestag (1998): *Bericht zur Frage eines gesetzgeberischen Handlungsbedarfs beim Embryonenschutzgesetz aufgrund der beim Klonen von Tieren angewandten Techniken und der sich abzeichnenden weiteren Entwicklung. BT-Drucks 13/11263.* Bonn.

Deutscher Bundestag (1989): *Entwurf eines Gesetzes zum Schutz von Embryonen (Embryonenschutzgesetz – ESchG). BT-Drucksache 11/5460.* Bonn.

Deutscher Ethikrat (2014a): *Stammzellforschung – Neue Herausforderungen für das Klonverbot und den Umgang mit artifiziell erzeugten Keimzellen? Ad-Hoc-Empfehlung.* Berlin.

Deutscher Ethikrat (2014b): *Inzest. Stellungnahme.* Berlin.

Devereaux, Mary (2004): Moral Judgments and Works of Art: The Case of Narrative Literature. *The Journal of Aesthetics and Art Criticism* 1, 3–11.

Dewey, John (2008): *Logik. Die Theorie der Forschung.* Frankfurt a. M. (Original 1938)

Dickel, Sascha; Franzen, Martina; Kehl, Christoph (Hg.) (2011): *Herausforderung Biomedizin. Gesellschaftliche Deutung und soziale Praxis.* Bielefeld.

Diekämper, Julia H. (2011): *Reproduziertes Leben. Biomacht in Zeiten der Präimplantationsdiagnostik.* Bielefeld.

Dimond, Rebecca (2015): Social and Ethical Issues in Mitochondrial Donation. *British Medical Bulletin* 115, 173–182.

Dobritzsch, Sophia (2008): *Manipulationsstrategien und deren Darstellung in der Dystopie. Charlotte Haldanes ›Man's World‹ und Aldous Huxleys ›Brave New World‹.* Saarbrücken.

Domasch, Silke (2007): *Biomedizin als sprachliche Kontroverse. Die Thematisierungen von Sprache im öffentlichen Diskurs zur Gendiagnostik.* Berlin/New York

Durstewitz-Nordhorn, Bernd (2012): Zukunft im Klon-Paradies? Jan Vanstina legt zeitkritischen Science-Fiction-Roman vor. *Grafschafter Nachrichten*, 18. Dezember. http://www.gn-online.de/Nachrichten/Zukunft-im-Klon-Paradies-28370.html ⟨18.04.2016⟩.

Düsing, Klaus (2005): *Fundamente der Ethik: unzeitgemäße typologische und subjektivitätstheoretische Untersuchungen.* Stuttgart-Bad Cannstatt.

Düwell, Marcus (2008): *Bioethik. Theorien, Methoden und Bereiche.* Stuttgart/Weimar.

Düwell, Marcus (2006): Handlungsreflexive Moralbegründung. In: Marcus Düwell, Christoph Hübenthal, Micha H. Werner (Hg.): *Handbuch Ethik.* 2. Aufl., Stuttgart/Weimar, 152–162.

Düwell, Marcus (2004): Klonen – Dimensionen ethischer Reflexion. In: Ludger Honnefelder, Dirk Lanzerath (Hg.): *Klonen in biomedizinischer Forschung und Reproduktion. Wissenschaftliche Aspekte – Ethische, rechtliche und gesellschaftliche Grenzen.* Bonn, 79–88.

Düwell, Marcus (1999): *Ästhetische Erfahrung und Moral. Zur Bedeutung des Ästhetischen für die Handlungsspielräume des Menschen.* München.

Düwell, Marcus; Hübenthal, Christoph; Werner, Micha H. (2006): Ethik: Begriff – Geschichte – Theorie – Applikation. In: Dies. (Hg.): *Handbuch Ethik.* 2. Aufl., Stuttgart/Weimar, 1–23.

Eagleton, Terry (2009): Was ist Kultur? München.

Easterbrook, Neil (2009): Ethics and Alterity. In: Mark Bould, Sherryl Vint (Hg.): *The Routledge Companion to Science Fiction.* London/New York, 382–392.

Eatough, Metthew (2011): The Time that Remains: Organ Donation, Temporal Duration, and Bildung in Kazuo Ishiguro's Never Let Me Go. *Literature and Medicine* 29, 1, 132–160.

Edwards, Robert G. (2003): Human Reproductive Cloning a Step Nearer. *Reproductive BioMedicine Online* 6, 4, 399–400.

Edwards, Robert G. (1986): The Principle of Utility and Mill's Minimizing Utilitarism. *Journal of Value Inquiry* 20, 2, 125–136.

Eichler, Klaus-Dieter (1992): Hellenen und Barbaren. Reflexionen zu einem alten Thema. *Deutsche Zeitschrift für Philosophie* 40, 8, 859–882.

Elliott, David (2012): Uniqueness, Individuality, and Human Cloning. In: Stephen Holland (Hg.): *Arguing about Bioethics.* London (u. a.), 149–162.

Elworthy, Charles (1993): *Homo Biologicus. An Evolutionary Model for the Human Sciences.* Berlin.

Engell, James (1981): *The Creative Imagination. Enlightenment to Romanticism.* Cambridge/London.

Engels, Eve-Marie (2007): *Charles Darwin.* München.

Engels, Eve-Marie (2004): Philosophische und ethische Herausforderungen des Klonens beim Menschen. In: Ludger Honnefelder, Dirk Lanzerath (Hg.): *Klonen in biomedizinischer Forschung und Reproduktion. Wissenschaftliche Aspekte – Ethische, rechtliche und gesellschaftliche Grenzen.* Bonn, 31–38.

Eschbach, Andreas (2002): *Perfect Copy. Die zweite Schöpfung.* Würzburg.

Eser, Albin; Koch, Hans-Georg; Wiesenbart, Thomas (1990): *Regelungen der Fortpflanzungsmedizin und Humangenetik 1. Eine internationale Dokumentation gesetzlicher und berufsständischer Rechtsquellen.* Frankfurt a. M./New York.

Eskridge, Willam N.; Stein, Edward (1998): Queer Clones. In: Martha C. Nussbaum, Cass R. Sunstein (Hg.): *Clones and Clones. Facts and Fantasies about Human Cloning.* New York/London, 95–113.

Ewers, Hanns H. (1911): *Alraune.* Die Geschichte eines lebenden Wesens. Müchen/Leipzig.

Farnell, Chris (2006): *Mark II.* Birmingham.

Felgenhauer, Tilo (2009): Raumbezogenes Argumentieren. Theorie, Analysemethode, Anwendungsbeispiele. In: Georg Glasze, Annika Matissek (Hg.): *Handbuch Diskurs und Raum. Theorien und Methoden für die Humangeographie sowie die sozial- und kulturwissenschaftliche Raumforschung.* Bielefeld, 261–278.

Felgenhauer, Tilo (2007): *Geographie als Argument. Eine Untersuchung regionalisierender Begründungspraxis am Beispiel ›Mitteldeutschland‹.* Stuttgart.

Ferns, Chris (1999): *Narrating Utopia. Ideology, Gender, Form in Utopian Literature.* Liverpool.

Ferreira, Maria A. (2005): *I am the Other. Literary Negotiations of Human Cloning.* London.

Fietz, Lothar (1983): Schreckutopien des Kollektivismus und Individualismus. Aldous Huxleys *Brave New World* und Michael Frayns *A Very Private Life*. In: Klaus Berghahn, Hans U. Seeber (Hg.): *Literarische Utopien von Morus bis zur Gegenwart.* Königstein i.T, 203–217.

Fineman, Martha A. (2004): *The Autonomy Myth. A Theory of Dependency.* New York/London.

Fisher, Peter S. (1991): *Fantasy and Politics. Visions of the Future in the Weimar Republic.* Madison (u.a).

Fletcher, Joseph (1974): *The Ethics of Genetic Control. Ending Reproductive Roulette.* Garden City.

Føllesdal, Dagfinn (2003): Hermeneutik und die hypothetisch-deduktive Methode. In: Axel Bühler (Hg.): *Hermeneutik. Basistexte zur Einführung in die wissenschaftstheoretischen Grundlagen von Verstehen und Interpretation.* Heidelberg, 157–176.

Ford, Betsy (1992): Belladonna Speaks – Fay Weldon's Waste Land Revision in The Cloning of Joanna May. *West Virginia University Philological Papers* 38, 322–333.

Foucault, Michel (1994): *Archäologie des Wissens.* 4. Aufl., Frankfurt a. M.

Foucault, Michel (1989): *Sexualität und Wahrheit. Bd. 2: Der Gebrauch der Lüste.* Frankfurt a. M.

Fox, Renée C.; Swazey, Judith P. (2008): *Observing Bioethics. With the assistance of Judith C. Watkins.* Oxford.

Frane, Susanne (2008): *Frauen aus Männerhand. Ein Paradigma in der englischen und amerikanischen Literatur des 19. und 20. Jahrhunderts.* Trier.

Franklin, Sarah (2007): *Dolly Mixtures. The Remaking of Genealogy.* Durham/London.

Franklin, Sarah (1997): *Embodied Progress. A Cultural Account of Assisted Conception.* London/New York.

Franklin, Sarah (1993): ›Orphaned‹ Embryos. In: Jeanette Edwards et al. (Hg.): *Technologies of Procreation. Kinship in the Age of Assisted Conception.* 2. Aufl., London/New York, 166–170.

Franzen, Martina (2011): Die ›Durchbrüche‹ der Stammzellforschung und ihre Folgen. In: Sascha Dickel, Martina Franzen, Christoph Kehl (Hg.): *Herausforderung Biomedizin. Gesellschaftliche Deutung und soziale Praxis.* Bielefeld, 129–145.

Freeman, John (2008): Never Let Me Go: A Profile of Kazuo Ishiguro. In: Brian W. Shaffer, Cynthia F. Wong (Hg.): *Conversations with Kazuo Ishiguro.* Jackson, 194–198.

French, Andrew J. et al. (2008): Development of Human Cloned Blastocysts Following Somatic Cell Nuclear Transfer (SCNT) with Adult Fibroblasts. *Stem Cells Express* 26, 2, 485–493.

Fricker, Miranda (2007): *Epistemic Injustice: Power and the Ethics of Knowing.* Oxford.

Friele, Minou B. (2008): *Rechtsethik der Embryonenforschung. Rechtsharmonisierung in moralisch umstrittenen Bereichen.* Paderborn.

Friese, Carrie (2013): Cloning Wild Life: Zoos, Captivity, and the Future of Endangered Animals. New York (u. a.).

Frigg, Roman (2010): Fiction in Science. In: John Woods (Hg.): *Fictions and Models. New Essays.* München, 247–287.

Frost, Sabine (2002): *Das Spiel mit dem Zufall und der Wahrscheinlichkeit in Hanns Heinz Ewers ›Alraune‹.* http://www.hanns-heinz-ewers.com/zufall.htm ⟨18.04.2016⟩

Fuchs-Kittowski, Klaus; Rosenthal, Hans A.; Rosenthal, André (2005): Die Entschlüsselung des Humangenoms – ambivalente Auswirkungen auf Gesellschaft und Wissenschaft. *Erwägen Wissen Ethik* 16, 149–162.

Funcke, Dorett; Thorn, Petra (Hg.) (2010): *Die gleichgeschlechtliche Familie mit Kindern. Interdisziplinäre Beiträge zu einer neuen Lebensform.* Bielefeld.

Fung, Ronald K.; Kerridge, Ian (2013): Uncertain Translation, Uncertain Benefit and Uncertain Risk: Ethical Challenges Facing First-in-Human Trials of Induced Pluripotent Stem (IPS) Cells. *Bioethics* 27, 2, 89–96.

Gadamer, Hans G. (1965): *Wahrheit und Methode. Grundzüge einer philosophischen Hermeneutik.* 2. Aufl., Tübingen.

Gelhard, Andreas (2005): *Lévinas.* Leipzig.

Genette, Gérard (2010): *Die Erzählung.* 3. Aufl., Paderborn.

Gert, Bernard (2002): Thinking about Huxley's Brave New World: Was it Wrong to Create a Genetic Hierarchical Society? Is it Wrong to Prevent One? In: Cosimo M. Mazzoni (Hg.): *Ethics and Law in Biological Research.* Den Haag (u. a.), 107–114.

Gesang, Bernward (2005): Ehrfurcht vor dem Leben reicht nicht aus. *Erwägen Wissen Ethik* 16, 169–171.

Giddens, Anthony (1997): *Die Konstitution der Gesellschaft.* 3. Aufl., Frankfurt a. M./New York.

Glaser, Barney G.; Strauss, Anselm L. (1998): *Grounded Theory. Strategien qualitativer Forschung.* Göttingen. (Original 1967)

Gordijn, Bert (2008): Medizinische und psychosoziale Probleme bei der reproduktiven Klonierung von Menschen. *Jahrbuch für Wissenschaft und Ethik* 8, 45–65.

Gordijn, Bert (1999): Das Klonen von Menschen. Eine alte Debatte – aber immer noch in den Kinderschuhen. *Ethik in der Medizin* 11, 12–34.

Gottweis, Herbert; Salter, Brian; Waldby, Catherine (2009): *The Global Politics of Human Embryonic Stem Cell Science. Regenerative Medicine in Transition.* Basingstoke (u. a.).

Graumann, Sigrid (2008): Eizellspende und Eizellhandel – Risiken und Belastungen für betroffene Frauen. In: Gisela Bockenheimer-Lucius, Petra Thorn, Christiane Wendehorst (Hg.): *Umwege zum eigenen Kind. Ethische und recht-*

liche Herausforderungen an die Reproduktionsmedizin 30 Jahre nach Louise Brown. Göttingen, 75–183.

Greenblatt, Stephen (1995): Kultur. In: Moritz Baßler (Hg.): *New Historicism. Literaturgeschichte als Poetik der Kultur.* Frankfurt a. M., 48–59.

Griffin, Gabriele (2009): Science and the Cultural Imaginary: The Case of Kazuo Ishiguro's Never Let Me Go. *Textual Practice* 23, 4, 645–664.

Grigsby Bates, Karen (2008): Interview with Kazuo Ishiguro. In: Brian W. Shaffer, Cynthia F. Wong (Hg.): *Conversations with Kazuo Ishiguro.* Jackson, 199–203.

Grimm, Christian (2011): *Netzwerke der Forschung. Die historische Eugenikbewegung und die moderne Humangenomik im Vergleich.* Centerbury.

Grolle, Johann; Klein, Stefan (1997): Jetzt wird alles machbar. *Der Spiegel* 10, 216–225.

Grundgesetz für die Bundesrepublik Deutschland vom 23. Mai 1949. (BGBl. S. 1). BGBl. III, 100-1. Zuletzt durch Artikel 1 des Gesetzes vom 23. Dezember 2014 (BGBl. I S. 2438) geändert.

Günther, Hans-Ludwig; Taupitz, Jochen; Kaiser, Peter (2014): *Embryonenschutzgesetz. Juristischer Kommentar mit medizinisch-naturwissenschaftlichen Einführungen.* 2. Aufl., Stuttgart.

Günzel, Stephan (2008): Spatial Turn – Topographical Turn – Topological Turn. Über die Unterschiede zwischen Raumparadigmen. In: Jörg Döring, Tristan Thielmann (Hg.): *Spatial Turn. Das Raumparadigma in den Kultur- und Sozialwissenschaften.* Bielefeld, 219–237.

Gurdon, John B. (2001): The Birth of Cloning. In: Michael Ruse, Aryne Sheppard (Hg.): *Cloning. Responsible Science or Technomadness.* Amherst, 39–47.

Habermas, Jürgen (2008): *Erkenntnis und Interesse.* M. e. Nachw. v. Anke Thyen. Hamburg. (Original 1968)

Habermas, Jürgen (2002): Replik auf Einwände. *Deutsche Zeitschrift für Philosophie* 50, 2, 283–298.

Habermas, Jürgen (2001): *Die Zukunft der menschlichen Natur. Auf dem Weg zu einer liberalen Eugenik?* Frankfurt a. M.

Habermas, Jürgen (1998): *Faktizität und Geltung. Beiträge zur Diskurstheorie des Rechts und des demokratischen Rechtsstaats.* Frankfurt a. M.

Habermas, Jürgen (1995a): *Theorie des kommunikativen Handelns. Bd. 1: Handlungsrationalität und gesellschaftliche Rationalisierung.* 4. Aufl., Frankfurt a. M.

Habermas, Jürgen (1995b): *Theorie des kommunikativen Handelns. Bd. 2: Zur Kritik der funktionalistischen Vernunft.* 4. Aufl., Frankfurt a. M.

Habermas, Jürgen (1988): Exkurs zur Einebnung des Gattungsunterschiedes zwischen Philosophie und Literatur. In: Ders. (Hg.): *Der philosophische Diskurs der Moderne.* Frankfurt a. M., 219–248.

Habermas, Jürgen (1984a): Was heißt Universalpragmatik? In: Ders. (Hg.): *Vorstudien und Ergänzungen zur Theorie des kommunikativen Handelns.* Frankfurt a. M., 353–440.

Habermas, Jürgen (1984b): Erläuterungen zum Begriff des kommunikativen Handelns. In: Jürgen Habermas: *Vorstudien und Ergänzungen zur Theorie des kommunikativen Handelns.* Frankfurt a. M., 571–606.

Habermas, Jürgen (1977): Der Universalitätsanspruch der Hermeneutik. In: (Hg.): *Kultur und Kritik: Verstreute Aufsätze.* 2. Aufl., Frankfurt a. M., 264–301.

Haker, Hille (2009): Identität erzählen – Zum Verhältnis von Ethik und Narrativität. In: Marco Hofheinz, Frank Mathwig, Matthias Zeindler (Hg.): *Ethik und Erzählung. Theologische und philosophische Beiträge zur narrativen Ethik.* Zürich, 329–343.

Haker, Hille (2007): Narrative Bioethik – Ethik des biomedizinischen Erzählens. In: Karen Joisten (Hg.): *Narrative Ethik. Das Gute und das Böse erzählen.* Berlin, 253–271.

Haker, Hille (2005): Narrative Bioethik. In: Sigrid Graumann, Katrin Grüber (Hg.): *Anerkennung, Ethik und Behinderung. Beiträge aus dem Institut Mensch, Ethik und Wissenschaft.* Münster, 113–132.

Halam, Ann (2004): *Taylor Five.* New York.

Haldane, Charlotte (1926): *Man's World.* London.

Haldane, John B. S. (1963): Biological Possibilities for the Human Species in the Next Ten Thousand Years. Discussion. In: Gordon Wolstenholme (Hg.): *Man and His Future. A Ciba Foundation Volume.* London, 337–361.

Haldane, John B. S. (1923): *Daedalus or Science and the Future: a Paper Read to the Heretics.* London.

Hall, Jerry L. et al. (1993): Experimental Cloning of Human Polyploid Embryos Using an Artificial Zona Pellucida. The American Fertility Society conjointly with the Canadian Fertility and Andrology Society, Program Supplement. *Abstracts of the Scientific Oral and Poster Sessions* Abstract 0–001, l.

Hallet, Wolfgang (2010): Methoden kulturwissenschaftlicher Ansätze: Close Reading und Wide Reading. In: Vera Nünning, Ansgar Nünning (Hg.): *Methoden der literatur- und kulturwissenschaftlichen Textanalyse.* Stuttgart/Weimar, 293–315.

Hansen, Elaine T. (1997): *Mother Without a Child. Contemporary Fiction and the Crisis of Motherhood.* Berkeley (u. a.).

Hansen, Solveig L. (2014): Gene/Vererbung. In: Stephanie Wodianka, Juliane Ebert (Hg.): *Metzler Lexikon Moderne Mythen.* Stuttgart/Weimar: Metzler, 164–168.

Hansen, Solveig L.; Cronjäger, Cathrin (2015): Transcending the Spatialized Other in and through Jeanette Winterson's The Stone Gods. *Global Humanities* 1, 157–169.

Hansen, Solveig L.; Wöhlke, Sabine (2015): ›Wir wissen es alle, nur sprechen wir es nicht aus.‹ Institutionalisierte Uninformiertheit als Bedingung von Vulnerabilität beim Klonen und Organspende in Never Let Me Go. *Ethik in der Medizin* 27, 1, 23–34.

Hanson, Clare (2004): *A Cultural History of Pregnancy. Pregnancy, Medicine and Culture, 1750–2000.* New York.

Haran, Joan et al. (2008): *Human Cloning in the Media. From Science Fiction to Science Practice.* London/New York.

Haraway, Donna (1988): Situated Knowledges: The Science Question in Feminism and the Privilege of Partial Perspective. *Feminist Studies* 14, 3, 575–599.

Harris, John (2014): Time to Exorcise the Cloning Demon. *Cambridge Quarterly of Healthcare Ethics* 23, 53–62.

Harris, John (2002): Cloning and Balanced Ethics. In: Cosimo M. Mazzoni (Hg.): *Ethics and Law in Biological Research.* Den Haag (u. a.), 207–211.

Harris, John (1997): ›Goodbye Dolly?‹ The Ethics of Human Cloning. *Journal of Medical Ethics* 23, 353–360.

Harris, John; Takala, Tuija (2004): A Clear View of Cloning. *Nature* 428, 802–803.

Harwood, Jonathan (1993): *Styles of Scientific Thought. The German Genetics Community 1900–1933.* Chicago/London.

Haupt, Birgit (2004): Zur Analyse des Raums. In: Peter Wenzel (Hg.): *Einführung in die Erzähltextanalyse: Kategorien, Modelle, Probleme.* Trier, 69–88.

Hauptmann, Gerhart (1980): *Die Insel der Großen Mutter oder Das Wunder von Île des Dames: eine Geschichte aus dem utopischen Archipelagus.* Frankfurt a. M. (Original 1924)

Hauser-Schäublin, Brigitta; Kalitzkus, Vera; Petersen, Imme (2001): *Der geteilte Leib. Die kulturelle Dimension von Organtransplantation und Reproduktionsmedizin in Deutschland.* Frankfurt a. M./New York.

Heath, David (2006): Margaret Thatcher (1979). In: Rudolf Beck, Konrad Schröder (Hg.): *Handbuch der britischen Kulturgeschichte. Daten, Fakten, Hintergründe von der römischen Eroberung bis zur Gegenwart.* München, 387–392.

Heinemann, Thomas (2005): *Klonieren beim Menschen. Analyse des Methodenspektrums und internationaler Vergleich der ethischen Bewertungskriterien.* Berlin/New York.

Heinemann, Thomas; Dederer, Hans-Georg; Cantz, Tobias (2014) (Hg.): *Entwicklungsbiologische Totipotenz in Ethik und Recht. Zur normativen Bewertung von totipotenten menschlichen Zellen.* Göttingen.

Heinrichs, Bert (2006): *Forschung am Menschen. Elemente einer ethischen Theorie biomedizinischer Humanexperimente.* Berlin (u. a.).

Her Majesty's Stationery Office (2001): *Human Reproductive Cloning Act.* London.

Her Majesty's Stationery Office (1990): *Human Fertilisation and Embryology Act.* London.

Hermerén, Göran (2004): Ist ein Konsens bei humanem Klonen möglich? In: Ludger Honnefelder, Dirk Lanzerath (Hg.): *Klonen in biomedizinischer Forschung und Reproduktion. Wissenschaftliche Aspekte – Ethische, rechtliche und gesellschaftliche Grenzen.* Bonn, 259–265.

Herrmann, Steffen K. (2013): *Symbolische Verletzbarkeit: die doppelte Asymmetrie des Sozialen nach Hegel und Levinas.* Bielefeld.

Herrmann, Svea L. (2009): *Policy Debates on Reprogenetics. The Problematisation of New Research in Great Britain and Germany.* Frankfurt a. M./New York.

Hetzel, Andreas (2011): Alterität und Anerkennung. Einleitende Bemerkungen. In: Andreas Hetzel, Dirk Quadflieg, Heidi Salaverría (Hg.): *Alterität und Anerkennung.* Baden-Baden, 11–34.

Heydebrand, Renate von; Winko, Simone (1996): *Einführung in die Wertung von Literatur. Systematik – Geschichte – Legitimation.* Paderborn (u. a.).

Heyder, Clemens (2013): Die normative Relevanz des Natürlichkeitsarguments. Zur Rechtfertigung des Verbots der heterologen Eizellspende. In: Giovanni Maio, Tobias Eichinger, Claudia Bozzaro (Hg.): *Kinderwunsch und Reproduktionsmedizin. Ethische Herausforderungen der technisierten Fortpflanzung.* Freiburg i.B./München, 214–232.

Human Fertilisation and Embryology Authority; Human Genetics Advisory Commission (1998): *Cloning Issues in Reproduction, Science and Medicine.* London.

Hillebrand, Ingo; Lanzerath, Dirk (Hg.) (2001): *Klonen. Stand der Forschung, ethische Diskussion, rechtliche Aspekte.* Stuttgart.

Hirschmüller, Ann-Kathrin (2009): *Internationales Verbot des Humanklonens. Die Verhandlungen in der UNO.* Frankfurt a. M. (u. a.).

Höffe, Ottfried (2008): Klonen beim Menschen? Zur rechtsethischen Debatte eine Zwischenbilanz. *Jahrbuch für Wissenschaft und Ethik* 8, 21–33.

Holloway, Karla F. C. (2011): *Private Bodies, Public Texts. Race, Gender, and a Cultural Bioethics.* Durham/London.

Holm, Søren (2001): A Life in the Shadow. One Reason why we Should not Clone Humans. In: Michael Ruse, Aryne Sheppard (Hg.): *Cloning. Responsible Science or Technomadness.* Amherst, 189–193.

Hölscher, Lucian (1999): *Die Entdeckung der Zukunft.* Frankfurt a. M.

Hölscher, Lucian (1985): Der Begriff der Utopie als historische Kategorie. Mythos, Eschatologie und Säkularisation. In: Wilhelm Voßkamp (Hg.): *Utopieforschung. Interdisziplinäre Studien zur neuzeitlichen Utopie,* Bd. 1. Frankfurt a. M., 402–418.

Honneth, Axel (2013): *Das Recht der Freiheit. Grundriß einer demokratischen Sittlichkeit.* Frankfurt a. M.

Honneth, Axel (2000): *Das Andere der Gerechtigkeit. Aufsätze zur praktischen Philosophie.* Frankfurt a. M.

Hörner, Richard (2005): *Abtreibung und der Paragraph 218 StGB: eine beschreibende Analyse.* Wörth a. R.

Horster, Detlef (1999): *Postchristliche Moral. Eine sozialphilosophische Begründung.* Hamburg.

Horster, Hans-Ulrich (1992): *Eduard Rhein, ein Jahrhundertmann.* Frankfurt a. M. (u. a.).

Horster, Hans-Ulrich (1981): *Klon-Kind Uli.* München/Berlin.

Hubig, Christoph; Luckner, Andreas (2008): Natur, Kultur und Technik als Reflexionsbegriffe. In: Peter Janich (Hg.): *Naturalismus und Menschenbild.* Hamburg, 52–66.

Hucho, Ferdinand (2009): Probleme der Stammzellforschung. In: Achim Bühl (Hg.): *Auf dem Weg zur biomächtigen Gesellschaft? Chancen und Risiken der Gentechnik.* Wiesbaden, 241–272.

Hudson Jones, Anne (1999): Narrative in Medical Ethics. *Wisconsin Medical Journal* 171, 50–52.

Huxley, Aldous (1994): *Ape and Essence.* London. (Original 1948)

Huxley, Aldous (1985): *Brave New World.* London. (Original 1932)

Huxley, Julian (1963): The Future of Man – Evolutionary Aspects. In: Gordon Wolstenholme (Hg.): *Man and His Future. A Ciba Foundation Volume.* London, 1–22.

Huxley, Thomas H. (1908): Biogenesis and Abiogenesis (1870). In: Ders. (Hg.): *Discourses: Biological & Geological.* London, 229–273.

Hwang, Woo S. et al. (2005): Patient-Specific Embryonic Patient-Specific Embryonic Stem Cells Derived from Human SCNT Blastocysts. *Science* 308, 1777–1783.

Hwang, Woo S. et al. (2004): Evidence of a Pluripotent Human Embryonic Stem Cell Line Derived from a Cloned Blastocyst. *Science* 303, 1669–1674.

Illmensee, Karl; Hoppe, Peter C. (1981): Nuclear Transplantation in Mus musculus: Developmental Potential of Nuclei from Preimplantation Embryos. *Cell* 23, 9–16.

Ingram-Waters, Mary C. (2009): Public Fiction as Knowledge Production: The Case of the Raëlians' Cloning Claims. *Public Understanding of Science* 18, 3, 292–308.

Isaacs, Tracy (2011): *Moral Responsibility in Collective Contexts.* Oxford.

Iser, Matthias (2009): Rationale Rekonstruktion. In: Hauke Brunkhorst, Regina Kreide, Christina Lafont (Hg.): *Habermas-Handbuch. Leben – Werk – Wirkung.* Stuttgart, 364–366.

Ishiguro, Kazuo (2005): *Never Let Me Go.* London.

Jakober, Marie (2008): The Continuum of Meaning: A Reflection on Speculative Fiction and Society. In: Lee Easton, Randy Schroeder (Hg.): *The Influence of Imagination: Essays on Science Fiction and Fantasy as Agents of Social Change.* Jefferson (u. a.), 27–31.

Jannidis, Fotis et al. (2003): Der Bedeutungsbegriff in der Literaturwissenschaft. Eine historische und systematische Skizze. In: Dies. (Hg.): *Regeln der Bedeutung: zur Theorie der Bedeutung literarischer Texte.* Berlin/New York, 3–32.

Jannidis, Fotis et al. (2000): Einleitung und Interpretation. In: Dies. (Hg.): *Texte zur Theorie der Autorschaft.* Stuttgart, 7–34.

Jasanoff, Sheila (2005): *Designs on Nature. Science and Democracy in Europe and the United States.* Princeton.

Joachimsthaler, Jürgen (2008): Rechtsfiktionen, Gerichtsaufführungen und das ›als ob der Gesetze‹. Die juristische Textur als literarische Kunstform. *Non Fiktion* 3, 31–49.

Joas, Hans (1999): *Die Entstehung der Werte.* Frankfurt a. M.

Joisten, Karen (2007): Möglichkeiten und Grenzen einer narrativen Ethik. Grundlagen, Grundpositionen, Anwendungen. In: Karen Joisten (Hg.): *Narrative Ethik. Das Gute und das Böse erzählen.* Berlin, 9–24.

Jonas, Hans (1987): *Technik, Medizin und Ethik. Praxis des Prinzips Verantwortung.* Frankfurt a. M.

Jonas, Hans (1984): *Das Prinzip Verantwortung. Versuch einer Ethik für die technologische Zivilisation.* Frankfurt a. M.

Jones, Dennis F. (1967): *Implosion.* London.

Jones, Howard W. Jr. (1994): Reflections on the Usefulness of Embryo Cloning. *Kennedy Institute of Ethics Journal* 4, 3, 205–207.

Joung, Phillan (2006): Der Diskurs über das Klonen in Südkorea: Ansätze zu einer ›kulturübergreifenden Bioethik‹. In: Nikola Biller-Andorno, Peter Schaber, Annette Schulz-Baldes (Hg.): *Gibt es eine universale Bioethik?* Paderborn, 101–118.

Jungfleisch, Frank (2005): *Fortpflanzungsmedizin als Gegenstand des Strafrechts? Eine Untersuchung verschiedenartiger Regelungsansätze aus rechtsvergleichender und rechtspolitischer Perspektive.* Berlin.

Kahn, Axel (2004): Das Klonen. In: Ludger Honnefelder, Dirk Lanzerath (Hg.): *Klonen in biomedizinischer Forschung und Reproduktion. Wissenschaftliche Aspekte – Ethische, rechtliche und gesellschaftliche Grenzen.* Bonn, 167–182.

Kang, Minsoo (2011): *Sublime Dreams of Living Machines. The Automaton in the European Imagination.* Cambridge / London.

Kant, Immanuel (1968): Idee zu einer allgemeinen Geschichte in weltbürgerlicher Absicht. In: *Kants Werke. Akademie-Textausgabe, Bd. 8: Abhandlungen nach 1781.* Berlin / New York, 15–32. (Original 1784)

Karandikar, Sharvari et al. (2014): Economic Necessity or Noble Cause? A Qualitative Study Exploring Motivations for Gestational Surrogacy in Gujarat, India. *Affilia* 29, 2, 224–236.

Karnein, Anja (2013): *Zukünftige Personen. Eine Theorie des ungeborenen Lebens von der künstlichen Befruchtung bis zur genetischen Manipulation.* Frankfurt a. M.

Kass, Leon (2002): The Wisdom of Repugnance: Why We Should Ban the Cloning of Humans. In: Glan McGee (Hg.): *The Human Cloning Debate.* 3. Aufl., Berkeley, 68–106.

Kathan, Bernhard (2006): Züchtungsversuche. *Die Gazette* 9, http://www.gazette.de/Archiv2/Gazette9/Kathan.html ⟨20.04.2016⟩

Katz Rothmann, Barbara (1998): On Order. In: Martha C. Nussbaum, Cass R. Sunstein (Hg.): *Clones and Clones. Facts and Fantasies about Human Cloning.* New York / London, 280–288.

Kegel, Bernhard (2001): *Sexy Sons.* Zürich.

Kentenich, Heribert; Vetter, Klaus; Diedrich, Klaus (2009): Was ändert sich beim Abbruch aus medizinischer Indikation? *Frauenarzt* 50, 936–944.

Kerner, Charlotte (2011): *Jane Reloaded.* Weinheim / Basel.

Kerner, Charlotte (1999): *Blueprint – Blaupause.* Weinheim / Basel.

Kersten, Jens (2004): *Das Klonen von Menschen.* Tübingen.

Kersting, Wolfgang (2001): Der große Mensch und das kleine Gemeinwesen. In: Dieter Sturma (Hg.): *Person. Philosophiegeschichte – Theoretische Philosophie – Praktische Philosophie.* Paderborn, 401–443.

Ketterer, David (2005): John Wyndham and the Sins of His Father: Damaging Disclosures in Court. *Extrapolation* 46, 2, 163–188.

Ketterer, David (2001): ›A part of the ... family [?]‹: John Wyndham's The Midwich Cuckoos as Estranged Biography. In: Patrick Parrinder (Hg.): *Learning from Other Worlds: Estrangement, Cognition, and the Politics of Science Fiction and Utopia.* Durham, 146–177.

Kettner, Matthias (2006): Medizinethik in den Medien. Befunde und Aufgaben in Theorie und Praxis. *Ethik in der Medizin* 18, 353–358.

Kidd, David C.; Castano, Emanuele (2013): Reading Literary Fiction Improves Theory of Mind. *Science* 342, 377–380.

Kiesselbach, Matthias (2012): *Ethische Wirklichkeit. Objektivität und Vernünftigkeit der Ethik aus pragmatistischer Perspektive.* Berlin.

Kitcher, Philip (2002): Human Cloning. In: Glenn McGee (Hg.): *The Human Cloning Debate.* 3. Aufl., Berkeley, 136–153.

Klauk, Tobias (2011): Thought Experiments and Literature. In: Dorothee Birke, Michael Butter, Tilmann Köppe (Hg.): *Counterfactual Thinking – Counterfactual Writing.* Berlin (u. a.), 30–44.

Klauk, Tobias; Köppe, Tilmann (2010): Literatur und Möglichkeiten. *Scientia Poetica* 14, 163–204.

Klotzko, Arlene J. (2004): *A Clone of Your Own? The Science and Ethics of Cloning.* Oxford/New York.

Klotzko, Arlene J. (1998): Voices from Roslin: The Creators of Dolly Discuss Science, Ethics, and Social Responsibility. *Cambridge Quarterly of Healthcare Ethics* 7, 121–140.

Kluge, Susann (1999): *Empirisch begründete Typenbildung. Zur Konstruktion von Typen und Typologien in der qualitativen Sozialforschung.* Opladen.

Kluge, Walter (1999): Die Stadt in der Utopie. Architektur als Modell der Gesellschaft. In: Andreas Mahler (Hg.): *Stadt-Bilder. Allegorie, Mimesis, Imagination.* Heidelberg, 67–85.

Knauss, Sybille (2012): *Fremdling.* Hamburg.

Knecht, Michi (2007): Spätmoderne Genealogien: Praxen und Konzepte verwandtschaftlicher Bindung und Abstammung. In: Stefan Beck et al. (Hg.): *Verwandtschaft machen. Reproduktionsmedizin und Adoption in Deutschland und der Türkei.* Münster (u. a.), 92–108.

Koch, Hans-Georg (2003): Vom Embryonenschutzgesetz zum Stammzellgesetz: Überlegungen zum Status des Embryos in vitro aus rechtlicher und rechtsvergleichender Sicht. In: Giovanni Maio, Hansjörg Just (Hg.): *Die Forschung an embryonalen Stammzellen in ethischer und rechtlicher Perspektive.* Baden-Baden, 97–118.

Kolata, Gina (1998): *Clone. The Road to Dolly, and the Path Ahead.* New York.

Kollek, Regine (1998): Klonen ist Klonen – oder nicht? Warum der erste Menschenklon nicht die Gestalt ist, an der sich die Urteilsfindung orientieren muss. In: Johann S. Ach, Gerd Runtenberg, Christa Brudermüller (Hg.): *Hello Dolly? Über das Klonen.* Frankfurt a.M, 19–45.

Köllhofer, Nina (2008): Bilder des Anderen: das Andere (be-)schreiben – vom Anderen erzählen. Deutungen in der aktuellen wissenschaftlichen Rezeption feministischer Science Fiction. In: Karola Maltry et al. (Hg.): *GenderZukunft.*

Zur Transformation feministischer Visionen in der Science Fiction. Königstein i.T., 17–68.

Koschorke, Albrecht (2012): *Wahrheit und Erfindung. Grundzüge einer Allgemeinen Erzähltheorie.* Frankfurt a. M.

Koops, Bert-Jaap (2013): A Unique Copy: The Life and Identity of Clones in Literary Fiction. In: Ders. (Hg.): *Engineering the Human: Human Enhancement between Fiction and Fascination.* Berlin/Heidelberg, 129–149.

Köppe, Tilmann (2014): Fiktionalität in der Neuzeit. In: Tobias Klauk, Tilmann Köppe (Hg.): *Fiktionalität. Ein interdisziplinäres Handbuch.* Berlin/Boston, 419–439.

Köppe, Tilmann (2008): *Literatur und Erkenntnis. Studien zur kognitiven Signifikanz fiktionaler Werke.* Paderborn.

Kopp-Oberstebrink, Herbert (2012): Konstellationen und Kontexte. Formen von Philosophiegeschichtsschreibung in Ernst Cassirers Philosophie. In: Birgit Recki (Hg.): *Philosophie der Kultur – Kultur des Philosophierens. Ernst Cassirer im 20. und 21. Jahrhundert.* Hamburg, 255–276.

Krohmer, Tobias (2007): *Klonen oder nicht klonen? Analyse und Bewertung der bioethischen Argumente zum Thema Klonen.* Berlin (u.a-).

Krones, Tanja (2009): Aspekte der Präimplantationsdiagnostik. In: Achim Bühl (Hg.): *Auf dem Weg zur biomächtigen Gesellschaft? Chancen und Risiken der Gentechnik.* Wiesbaden, 137–240.

Krones, Tanja (2008): *Kontextsensitive Bioethik. Wissenschaftstheorie und Medizin als Praxis.* Frankfurt a. M./New York.

Krüger-Fürhoff, Irmela M. (2008): Die Fabrikation des Menschen: Literarische Imaginationen von tissue engineering, Reproduktionstechnologien und Transplantationsmedizin im ersten Drittel des 20. Jahrhunderts. *Internationales Archiv für Sozialgeschichte der deutschen Literatur* 33, 1, 72–93.

Kuhlmann, Anne (1999): Sex, Texts and Politics. *Ästhetik & Kommunikation* 104, 30, 91–98.

Kumar, Krishan (2005): Aspects of the Western Utopian Tradition. In: Jörn Rüsen, Michael Fehr, Thomas W. Rieger (Hg.): *Thinking Utopia. Steps into Other Worlds.* New York, 17–31.

Kunz, Karl-Ludwig; Mona, Martino (2006): *Rechtsphilosophie, Rechtstheorie, Rechtssoziologie.* Bern (u. a.).

Kymlicka, Will (2000): Moralphilosophie und Staatstätigkeit: Das Beispiel der neuen Reproduktionstechnologien. In: Matthias Kettner (Hg.): *Angewandte Ethik als Politikum.* Frankfurt a. M., 193–225.

Labisch, Alfons (2005): Kulturwissenschaft, Medizin und Medizingeschichte. In: Klaus

Stierstorfer, Laurenz Volkmann (Hg.): *Kulturwissenschaft interdisziplinär.* Tübingen, 245–265.

Lacan, Jacques (1991): Das Spiegelstadium als Bildner der Ichfunktion wie sie uns in der psychoanalytischen Erfahrung erscheint. In: *Schriften I.*, Bd. 1. 3. Aufl., Weinheim/Berlin, 61–70. (Original 1949)

Lamarque, Peter; Olson, Stein H. (2002): *Truth, Fiction, and Literature. A Philosophical Perspective.* Reprint, Oxford.

Landau, Misia (1991): *Narratives of Human Evolution.* New Haven / London.

Landweer, Hilge (2006): Gefühl / Moral Sense. In: Marcus Düwell, Christoph Hübenthal, Micha H. Werner (Hg.): *Handbuch Ethik.* 2. Aufl., Stuttgart / Weimar, 366–371.

Landweer, Hilge (2005): Anthropological, Social, and Moral Limitations of a Multiplicity of Genders. *Hypatia* 20, 2, 27–47.

Landweer, Hilge (1994): Generativität und Geschlecht. Ein blinder Fleck in der sex / gender-Debatte. In: Theresa Wobbe, Gesa Lindemann (Hg.): *Denkachsen. Zur theoretischen und institutionellen Rede vom Geschlecht.* Frankfurt a. M., 147–176.

Laukötter, Sebastian (2015). Kulturübergreifende Bioethik. In: Dieter Sturma, Bert Heinrichs (Hg.): *Handbuch Bioethik.* Stuttgart / Weimar, 467–471.

Lederberg, Joshua (1967): Experimental Genetics and Human Evolution. In: Emmanuel G. Mesthene (Hg.): *Technology and Social Change.* Indianapolis (u. a.), 30–38.

Lederberg, Joshua (1963): The Biological Future of Man. In: Gordon Wolstenholme (Hg.): *Man and His Future. A Ciba Foundation Volume.* London, 263–273.

Lefebvre, Henri (2008): *The Production of Space.* Reprint, Malden (u. a.). (Original 1974)

Lenzen, Manuela (2003): *Evolutionstheorien in den Natur- und Sozialwissenschaften.* Frankfurt a. M. / New York.

Lesch, Walter (2006): Hermeneutische Ethik / Narrative Ethik. In: Marcus Düwell, Christoph Hübenthal, Micha H. Werner (Hg.): *Handbuch Ethik.* 2. Aufl., Stuttgart / Weimar, 231–242.

Lesch, Walter (2003): Narrative Ansätze in der Bioethik. In: Marcus Düwell, Klaus Steigleder (Hg.): *Bioethik. Eine Einführung.* Frankfurt a. M., 184–199.

Lettow, Susanne (2011): *Biophilosophien. Wissenschaft, Technologie und Geschlecht im philosophischen Diskurs der Gegenwart.* Frankfurt a. M. / New York.

Levin, Ira (1992): *The Boys from Brazil.* London (u. a.). (Original 1976)

Lévinas, Emmanuel (1984): *Die Zeit und der Andere.* Hamburg.

Levinson, Jerrold (2002): Hypothetical Intentionalism. Statement, Objections, and Replies. In: Michael Krausz (Hg.): *Is There a Single Right Interpretation?* University Park, 309–318.

Levinson, Jerrold (1996): Intention and Interpretation in Literature. In: Jerrold Levinson (Hg.): *The Pleasure of Aesthetics. Philosophical Essays.* Itaca, 175–213.

Levitas, Ruth (2007): The Imaginary Reconstitution of Society: Utopia as Method. In: Tom Moylan, Raffaella Baccolini (Hg.): *Utopia Method Vision. The Use Value of Social Dreaming.* Frankfurt a. M. (u. a.), 49–68.

Levitas, Ruth (1990): *The Concept of Utopia.* New York (u. a.).

Lindemann Nelson, Hilde (2006): Wrinkles in Time: Narrative Approaches to Ethics. In: Georg Pfleiderer, Christoph Rehmann-Sutter (Hg.): *Zeithorizonte des Ethischen. Zur Bedeutung der Temporalität in der Fundamental- und Bioethik.* Stuttgart, 123–132.

Lindemann Nelson, Hilde (2001): Damaged Identities, Narrative Repair. Ithaca/London.

Lindner, Ulrike (2004): *Gesundheitspolitik in der Nachkriegszeit. Großbritannien und die Bundesrepublik Deutschland im Vergleich.* München.

Loacker, Norbert (1997): Die Symbolik des utopischen Orts. In: Paul Michel (Hg.): *Symbolik von Ort und Raum.* Bern (u. a.), 377–412.

Loele, Konrad (1998): *Züllinger und seine Zucht.* Mit Zeichnungen von Hans Albert Förster. München/Belleville. (Original 1920)

Lorenz, Kuno (2004): Wahrheitstheorien. In: Jürgen Mittelstraß (Hg.): *Enzyklopädie Philosophie und Wissenschaftstheorie,* Bd. 4. Stuttgart/Weimar, 595–600.

Macho, Thomas (2005): Künftige Generationen. Zur Futurisierung der Ethik in der Moderne. In: Sigrid Weigel et al. (Hg.): *Generation. Zur Genealogie des Konzepts – Konzepte der Genealogie.* München, 315–324.

Macintosh, Kerry L. (2013): *Human Cloning. Four Fallacies and their Legal Consequences.* Cambridge.

Macintosh, Kerry L. (2005): *Illegal Beings. Human Clones and the Law.* Cambridge (u.a).

MacIntyre, Alasdair (1995): *Der Verlust der Tugend. Zur moralischen Krise der Gegenwart.* Frankfurt a. M.

Macklin, Ruth (1994): Splitting Embryos on the Slippery Slope: Ethics and Public Policy. *Kennedy Institute of Ethics Journal* 4, 3, 209–225.

Macklin, Ruth (1999): *Against Relativism. Cultural Diversity and the Search for Ethical Universals in Medicine.* New York/Oxford.

Malmqvist, Erik (2014): Reproductive Choice, Enhancement, and the Moral Continuum Argument. *Journal of Medicine and Philosophy* 39, 41–54.

Mannheim, Karl (1980): *Strukturen des Denkens.* Frankfurt a. M.

Marcus, Amit (2012): The Ethics of Human Cloning in Narrative Fiction. *Comparative Literature Studies* 49, 3, 405–433.

Marek, Roman (2012): Der ›Klon‹ und seine Bilder – Über Faszination und Ästhetik in der Begriffsgeschichte. *Forum Interdisziplinäre Begriffsgeschichte* 1, 2, 07. Juli. https://www.researchgate.net/publication/279850305_Der_Klon_und_seine_Bilder_Uber_Faszination_und_Asthetik_in_der_Begriffsgeschichte ⟨25.04.2016⟩.

Markl, Hubert (2001): Schöner neuer Mensch? Die Gentechnik wird uns weder bedrohen noch erlösen. *Merkur* 55, 9/10, 873–884.

Martínez, Matías; Scheffel, Michael (2012): *Einführung in die Erzähltheorie.* 9. Aufl., München.

Massin, Benoit (2003): Mengele, die Zwillingsforschung und die ›Auschwitz-Dahlem Connection‹. In: Carola Sachse (Hg.): *Die Verbindung nach Auschwitz. Biowissenschaften und Menschenversuche an Kaiser-Wilhelm-Instituten.* Dokumentation eines Symposiums. Göttingen, 201–254.

Matthews, Sean (2009): ›I'm Sorry I Can't Say More‹: An Interview with Kazuo Ishiguro. In: Sean Matthews, Sebastian Groes (Hg.): *Kazuo Ishiguro. Contemporary Critical Perspectives.* London/New York, 114–125.

McCarthy, Joan (2003): Principlism or Narrative Ethics: Must We Choose Between Them? *Journal of Medical Humanities* 29, 65–71.

McGrath, James; Solter, Davor (1984): Inability of Mouse Blastomere Nuclei Transferred to Enucleated Zygotes to Support Development in Vitro. *Science* 226, 1317–1319.

McGrath, James; Solter, Davor (1983): Nuclear Transplantation in the Mouse Embryo by

Microsurgery and Cell Fusion. *Science* 220, 1300–1302.

McKie, Robin (1997): Scientists Clone Adult Sheep. Triumph for UK Raises Alarm over Human Use. *The Observer* 23, 1.

McLaren, Anne (2000): Cloning: Pathways to a Pluripotent Future. *Science* 288, 5472, 1775–1780.

Melzer, Patricia (2006): *Alien Constructions. Science Fiction and Feminist Thought.* Austin.

Meng, Li et al. (1997): Rhesus Monkeys Produced by Nuclear Transfer. *Biology of Reproduction* 57, 2, 454–459.

Mense, Lisa (2004): Neue Formen von Mutterschaft. Verwandtschaft im Kontext der Neuen Reproduktionstechnologien. In: Ilse Lenz, Lisa Mense, Charlotte Ullrich (Hg.): *Reflexive Körper? Zur Modernisierung von Sexualität und Reproduktion.* Opladen, 149–177.

Mieth, Corinna (2003): *Das Utopische in Literatur und Philosophie. Zur Ästhetik Heiner Müllers und Alexander Kluges.* Tübingen/Basel.

Mieth, Dietmar (2007): Literaturethik als narrative Ethik. In: Karen Joisten (Hg.): *Narrative Ethik: Das Gute und das Böse erzählen.* Berlin, 215–233.

Mieth, Dietmar (2004): Humanes Klonen aus ethischer Sicht. In: Ludger Honnefelder, Dirk Lanzerath (Hg.): *Klonen in biomedizinischer Forschung und Reproduktion. Wissenschaftliche Aspekte – Ethische, rechtliche und gesellschaftliche Grenzen.* Bonn, 153–165.

Mitchison, Naomi (1995): *Solution Three.* New York. (Original 1975)

Mittelstraß, Jürgen (2004): Rekonstruktion. In: Ders. (Hg.): *Enzyklopädie Philosophie und Wissenschaftstheorie*, Bd. 3. Stuttgart/Weimar, 550–552.

Montello, Martha (1997): Narrative Competence. In: Hilde Lindemann Nelson (Hg.): *Stories and Their Limits. Narrative Approaches to Bioethics.* New York/London, 185–197.

Moore, George E. (1996): *Principia Ethica.* Stuttgart. (Original 1903)

Morgan, Rose M. (2006): *The Genetics Revolution. History, Fears, and Future of a Life-Altering Science.* Westport/London.

Morus, Thomas (1960): Utopia. In: Klaus Heinisch (Hg.): *Der utopische Staat.* Reinbek b.H, 7–110. (Original 1516)

Moses-Kor, Eva (1992): The Mengele Twins and Human Experimentation: A Personal Account. In: George J. Annas, Michal A. Grodin (Hg.): *The Nazi Doctors and the Nuremberg Code: Human Rights in Human Experimentation.* New York (u. a.), 53–59.

Mulkay, Michael (1997): *The Embryo Research Debate. Science and the Politics of Reproduction.* Cambridge.

Müller-Wille, Stephan; Rheinberger, Hans-Jörg (2007): Heredity – The Formation of an Epistemic Space. In: Dies. (Hg.): *Heredity Produced. At the Crossroads of Biology, Politics, and Culture, 1500–1870.* Cambridge/London, 3–34.

Mummery, Christine et al. (2011): *Stem Cells. Scientific Facts and Fiction.* Amsterdam (u. a.).

Murphy, Timothy F. (1998): Reproductive Controls and Sexual Destiny. In: Patrick D. Hopkins (Hg.): *Sex/Machine. Readings in Culture, Gender, and Technology.* Bloomington/Indianapolis, 342–359.

Nagl, Manfred (1972): *Science Fiction in Deutschland. Untersuchungen zur Genese, Soziographie und Ideologie der phantastischen Massenliteratur.* Tübingen.

Nationaler Ethikrat (2004): *Klonen zu Fortpflanzungszwecken und Klonen zu biomedizinischen Forschungszwecken.* Stellungnahme. Berlin.

Nationaler Ethikrat (2001): *Zum Import menschlicher embryonaler Stammzellen. Stellungnahme.* Berlin.

Nichols, Peter (2012): Wide Reflective Equilibrium as a Method of Justification in Bioethics. *Theoretical Medicine and Bioethics* 33, 5, 325–341.

Ní Dhúill, Caitríona (2010): *Sex in Imagined Spaces. Gender and Utopia from More to Bloch.* London.

Nonnenmacher, Kai; Tschilschke, Christian von (2007): Handeln und Verhandeln. Ein wissenschaftsgeschichtlicher Rück- und Ausblick. In: Dagmar Schmelzer et al. (Hg.): *Handeln und Verhandeln. Beiträge zum 22. Forum Junge Romanistik.* Bonn, 17–41.

Nussbaum, Martha C. (2002): *Konstruktionen der Liebe, des Begehrens und der Fürsorge. Drei philosophische Aufsätze.* Stuttgart.

Nussbaum, Martha C. (1990): *Love's Knowledge. Essays on Philosophy and Literature.* New York/London.

Nusser, Tanja (2011): *›Wie sonst das Zeugen Mode war‹: Reproduktionstechnologien in Literatur und Film.* Freiburg i.B. (u. a.).

Nusser, Tanja (2005): Reproduktionstechnologien. In: Bettina v. Jagow, Florian Steger (Hg.): *Literatur und Medizin. Ein Lexikon.* Göttingen, 667–671.

Ohnishi, Kotaro (2014): Premature Termination of Reprogramming In Vivo Leads to Cancer Development through Altered Epigenetic Regulation. *Cell* 156, 4, 663–677.

O'Neill, Onora; Ruddick, William (1979): General Introduction. In: Dies. (Hg.): *Having Children. Philosophical and Legal Reflections on Parenthood.* New York, 3–11.

Orland, Barbara (2008): Labor-Reproduktion: Die Identität des Embryos zwischen Natur, Technik und Politik. In: Nicolas Pethes, Silke Schicktanz (Hg.): *Sexualität als Experiment. Identität, Lust und Reproduktion zwischen Science und Fiction.* Frankfurt a. M. / New York, 311–330.

Orland, Barbara (2003): Die menschliche Fortpflanzung im Zeitalter ihrer technischen Reproduzierbarkeit. Die Normalisierung der Reproduktionsmedizin seit den 1970er Jahren. In: Giovanni Maio, Hansjörg Just (Hg.): *Die Forschung an embryonalen Stammzellen in ethischer und rechtlicher Perspektive.* Baden-Baden, 7–31.

Ott, Konrad (2005): Technikethik. In: Julian Nida-Rümelin (Hg.): *Angewandte Ethik. Die Bereichsethiken und ihre theoretische Fundierung.* 2. Aufl., Stuttgart, 568–648.

Ottmann, Henning (2001): *Die Geschichte des politischen Denkens, Bd. 1.: Von Homer bis Sokrates.* Stuttgart (u. a.).

Palm, Goedart (2006): *Ri Tokko oder die Liebe zum Automaten.* http://www.heise.de/tp/artikel/22/22125/1.html ⟨25.04.2016⟩.

Pascoe, Jordan (2013): To Love, Honor, and Contract: Engagement and Domesticity in Kant's Rechtslehre. *Women's Studies Quarterly* 41, 3, 195–209.

Patberg, Markus (2014): Suprastaatliche Verfassungspolitik und die Methode der rationalen Rekonstruktion. *Der Staat* 53, 401–424.

Pedersen, Jørgen (2009): Habermas and the Political Sciences: The Relationship between Theory and Practice. *Philosophy of the Social Sciences* 39, 3, 381–407.

Pedersen, Jørgen (2008): Habermas' Method: Rational Reconstruction. *Philosophy of the Social Sciences* 38, 4, 457–485.

Pedersen, Roger A. (2005): Poor Development of Human Nuclear Transfer Embryos Using Failed Fertilized Oocytes. *Reproductive BioMedicine Online* 11, 6, 740–744.

Pence, Gregory E. (2004): *Cloning after Dolly. Who's Still Afraid?* Lanham (u.a).

Pence, Gregory E. (1998): Will Cloning Harm People? In: Gregory E. Pence (Hg.): *Flesh of my Flesh. The Ethics of Cloning Humans.* Lanham (u. a.), 115–127.

Pethes, Nicolas; Schicktanz, Silke (2008): Zwischen Experiment und Imagination: Sexualität als Schlüssel zum Verständnis von Politik, Ethik und Kultur der modernen Lebenswissenschaften. In: Nicolas Pethes, Silke Schicktanz (Hg.): *Sexualität als Experiment. Identität, Lust und Reproduktion zwischen Science und Fiction.* Frankfurt a. M. / New York, 9–24.

Pfordten, Dietmar von der (2005): Rechtsethik. In: Julian Nida-Rümelin (Hg.): *Angewandte Ethik. Die Bereichsethiken und ihre theoretische Fundierung.* 2. Aufl., Stuttgart, 205–301.

Platon (2000): *Politeia.* In: *Sämtliche Werke*, Bd. 2. 2. Aufl., Hamburg, 211–537. (Original 380 v. Chr.)

Plessner, Helmuth (1982): *Die verspätete Nation. Über die politische Verführbarkeit des bürgerlichen Geistes.* In: Gesammelte Schriften, Bd. 4. Frankfurt a. M., 7–223. (Original 1935/1959)

Pollack Petchesky, Rosalind (1989): Reproduktive Freiheit: Jenseits ›des Rechts der Frau auf Selbstbestimmung‹. In: Elisabeth List, Herlinde Studer (Hg.): *Denkverhältnisse. Feminismus und Kritik.* Frankfurt a. M., 164–201.
Pollok, Konstantin (2009): *Begründen und Rechtfertigen: eine Untersuchung zum Verhältnis zwischen rationalen Erfordernissen und prävalenten Handlungsgründen.* Berlin (u. a.).
Poon, Peter N. (2000): Evolution of the Clonal Man: Inventing Science Unfiction. *The Journal of Medical Humanities* 21, 3, 159–174.
Popper, Karl R. (1992): *Die offene Gesellschaft und ihre Feinde, Bd. 1: Der Zauber Platons.* 7. Aufl., Tübingen. (Original 1957)
Priest, Stephen (2007): *The British Empiricists.* 2. Aufl., London (u. a.).
Puchner, Martin (2008): When We Were Clones. *Raritan* 27, 34–49.
Quante, Michael (2013): *Die Rückkehr des gegenständlichen Gattungswesens: Jürgen Habermas über die Zukunft der menschlichen Natur.* Münster.
Quante, Michael (2002): *Personales Leben und menschlicher Tod. Personale Identität als Prinzip der biomedizinischen Ethik.* Frankfurt a. M.
Quiello, Rose (1994): Going to Extremes: The Foreign Legion of Women in Fay Weldon's The Cloning of Joanna May. In: Regina Barreca (Hg.): *Fay Weldon's Wicked Fictions.* Hanover / London, 83–92.
Rabisch, Birgit (1992): *Duplik Jonas 7.* Recklinghausen.
Raml, Monika M. (2010): *Der ›homo artificialis‹ als künstlerischer Schöpfer und künstliches Geschöpf: Gentechnologie in Literatur und Leben.* Würzburg.
Ramsey, Paul (1970): *Fabricated Man. The Ethics of Genetic Control.* New Haven / London.
Rawls, John (1984): Ein Entscheidungsverfahren für die normative Ethik. In: Dieter Birnbacher, Norbert Hoerster (Hg.): *Texte zur Ethik.* München, 124–139.
Rawls, John (1974/75): The Independence of Moral Theory. *Proceedings and Addresses of the American Philosophical Association*, 48, 5–22.
Rawls, John (1971): *A Theory of Justice.* Oxford.
Raz, Aviad E.; Schicktanz, Silke (2016): *Comparative Empirical Bioethics: Dilemmas of Genetic Testing and Euthanasia in Israel and Germany.* Cham.
Rehbock, Theda (2009): Menschenwürde – Zur Bedeutung und Reichweite eines ethischen Grundbegriffs. In: Tatjana Weidmann-Hügle, Markus Christen (Hg.): *Ethikdialog in der Wissenschaft.* Basel, 45–59.
Rehmann-Sutter, Christoph (2006): Zeit und Ethik. Ein Katalog offener Fragen. In: Georg Pfleiderer, Christoph Rehmann-Sutter (Hg.): *Zeithorizonte des Ethischen. Zur Bedeutung der Temporalität in der Fundamental- und Bioethik.* Stuttgart, 249–256.
Rehmann-Sutter, Christoph; Düwell, Marcus; Mieth, Dietmar (Hg.) (2006): *Bioethics in Cultural Contexts. Reflections on Methods and Finitude.* 2. Aufl., Dordrecht.
Renard, Jean-Paul (2004): Begriffsbestimmung und Verfahrensweisen beim Klonen: Was wissen wir, was können wir tun? In: Ludger Honnefelder, Dirk Lanzerath (Hg.): *Klonen in biomedizinischer Forschung und Reproduktion.*

Wissenschaftliche Aspekte – Ethische, rechtliche und gesellschaftliche Grenzen. Bonn, 39–48.

Ricken, Friedo (2008): Klonen und Selbstzwecklichkeit. Aspekte der Menschenwürde. In: Ludger Honnefelder (Hg.): *Jahrbuch für Wissenschaft und Ethik* 8, 35–44.

Ricoeur, Paul (1996): *Das Selbst als ein Anderer.* München. (Original 1990)

Rieger, Bernhard (2005): *Technology and the Culture of Modernity in Britain and Germany, 1890–1945.* Cambridge.

Robbins, Bruce (2007): Cruelty Is Bad: Banality and Proximity in ›Never Let Me Go‹. *Novel* 40, 3, 289–302.

Roberts, Adam (2009): John Wyndhams ›Kuckuckskinder‹ als Holocaust Roman. *Pandora* 3, 180–183.

Roberts, Adam (2006): *Science Fiction.* 2. Aufl., London (u. a.).

Robertson, John A. (2002): Cloning as a Reproductive Right. In: Glenn McGee (Hg.): *The Human Cloning Debate.* 3. Aufl., Berkeley, 42–57.

Robertson, John A. (1994): The Question of Human Cloning. *The Hastings Center Report* 24, 2, 6–14.

Roche, Mark W. (2002): *Die Moral der Kunst. Über Ethik und Literatur.* München.

Rodotà, Stefano (2002): Making the Right Use of Law: The Cloning Dilemma. In: Cosimo M. Mazzoni (Hg.): *Ethics and Law in Biological Research.* Den Haag (u. a.), 153–161.

Roelcke, Volker (2002): Zeitgeist und Erbgesundheitsgesetzgebung im Europa der 1930er Jahre. Eugenik, Genetik und Politik im historischen Kontext. *Nervenarzt* 73, 1019–1030.

Rolf, Sibylle (2009): *Zwischen Forschungsfreiheit und Menschenwürde. Unterschiede beim Umgang mit menschlichen Embryonen in England und Deutschland.* Frankfurt a. M.

Rorty, Richard (1992): A Pragmatist View of Rationality and Cultural Difference. *Philosophy East and West* 42, 4, 581–596.

Rorty, Richard (1984): The Historiography of Philosophy: Four Genres. In: Richard Rorty, Jerome B. Schneewind, Quentin Skinner (Hg.): *Philosophy in History. Essays on the Historiography of Philosophy.* Cambridge, 49–75.

Rorvik, David M. (1978): *In His Image. The Cloning of a Man.* London.

Rössler, Beate (1995): Gültigkeit und Vielfalt. Einige Bemerkungen über das Verstehen philosophischer Texte. *Deutsche Zeitschrift für Philosophie* 1, 31–51.

Rotmann, Ulrike (2003): *Geschlechterbeziehung im utopischen Roman. Analyse männlicher Entwürfe.* Würzburg.

Rubin, Charles T. (2005): Daedalus and Icarus Revisited. *The New Atlantis* 8, 73–91.

Rühling, Lutz (2005): Fiktionalität und Poetizität. In: Heinz L. Arnold, Heinrich Detering (Hg.): *Grundzüge der Literaturwissenschaft.* 7. Aufl., München, 25–51.

Ruppelt, Georg (2002): ›Keiner, den ein Weib geboren‹. Von schönen neuen Menschen und Klonen in der Literatur. *Lesesaal* 1, 4–23.

Russell, Bertrand (1924): *Icarus or the Future of Science.* London.

Saage, Richard (2002a): *Utopische Profile, Bd. 2: Aufklärung und Absolutismus.* Münster.

Saage, Richard (2002b): *Utopische Profile, Bd. 3: Industrielle Revolution und Technischer Staat im 19. Jahrhundert.* Münster.

Sack, Robert D. (2001): The Geographic Problematic: Moral Issues. *Norsk Geografisk Tidsskrift* 55, 3, 117–125.

Salaverría, Heidi (2011): Anerkennbarkeit. Butler, Levinas, Rancière. In: Andreas Hetzel, Dirk Quadflieg, Heidi Salaverría (Hg.): *Alterität und Anerkennung.* Baden-Baden, 35–53.

Salem, Samia (2013): *Die öffentliche Wahrnehmung der Gentechnik in der Bundesrepublik Deutschland seit den 1960er Jahren.* Stuttgart.

Sánchez Alvarado, Alejandro; Yamanaka, Shinya (2014): Rethinking Differentiation: Stem Cells, Regeneration, and Plasticity. *Cell*, 1, 110–119

Sandall, Roger (2008): Sir Francis Galton and the Roots of Eugenics. *Society* 45, 2, 170–176.

Sandel, Michael J. (2008): The Ethical Implications of Human Cloning. *Jahrbuch für Wissenschaft und Ethik* 8, 5–10.

Saner, Emine (2009): ›I'm the only feminist there is – the others are all out of step‹. *The Guardian*, 22. August. http://www.theguardian.com/theguardian/2009/aug/22/fay-weldon-interview-saturday ⟨25.04.2016⟩.

Saretzki, Thomas (2005): Welches Wissen – wessen Entscheidung? Kontroverse Expertise im Spannungsfeld von Wissenschaft, Öffentlichkeit und Politik. In: Alexander Bogner, Helge Torgersen (Hg.): *Wozu Experten? Ambivalenzen der Beziehung von Wissenschaft und Politik.* Wiesbaden, 345–369.

Savulescu, Julian; Harris, John (2004): The Creation Lottery: Final Lessons from Natural Reproduction. Why Those Who Accept Natural Reproduction Should Accept Cloning and Other Frankenstein Reproductive Technologies. *Cambridge Quarterly of Healthcare Ethics* 13, 90–95.

Savulescu, Julian (2001): Procreative Beneficence: Why We Should Select the Best Children. *Bioethics* 15, 413–426.

Sawyer, Andy (2005): Midwich Abandoned: An Unpublished ›Sequel‹ by John Wyndham, or: ›It Comes Of Being a Hybrid‹. *Foundation Studies in Science Fiction* 4, 7–17.

Scarano, Nico (2001): *Moralische Überzeugungen. Grundlinien einer antirealistischen Theorie der Moral.* Paderborn.

Scarano, Nico (2006): Metaethik – ein systematischer Überblick. In: Marcus Düwell, Christoph Hübenthal, Micha Werner (Hg.): *Handbuch Ethik.* 2. Aufl., Stuttgart/Weimar, 25–35.

Schapp, Wilhelm (1953): In Geschichten verstrickt: Zum Sein von Mensch und Ding. Hamburg.

Scherpe, Jens M. (2010): Elternschaft im Vereinigten Königreich nach dem Human Fertilisation and Embryology Act 2008. *Zeitschrift für das gesamte Familienrecht* 57, 18, 1513–1517.

Schicktanz, Silke (2012): Epistemische Gerechtigkeit: Sozialempirie und Perspektivenpluralismus in der Angewandten Ethik. *Deutsche Zeitschrift für Philosophie* 60, 2, 269–284.

Schicktanz, Silke (2003): Die kulturelle Vielfalt in der Bioethik-Debatte. In: Silke Schicktanz, Christof Tanner, Peter Wiedemann (Hg.): *Kulturelle Aspekte der Biomedizin. Bioethik, Religionen und Alltagsperspektiven.* Frankfurt a. M./ New York, 262–282.

Schicktanz, Silke; Schweda, Mark; Wynne, Brian (2012): The Ethics of ›Public Understanding of Ethics‹ – Why and how Bioethics Expertise Should Include Public and Patients' Voices. *Medicine, Health Care and Philosophy* 15, 2, 251–252.

Schmidt, Siegfried J. (2011): *Worlds of Communcation. Interdisciplinary Transitions.* Oxford (u.a).

Schmitt, Arbogast (2008): *Die Moderne und Platon. Zwei Grundformen europäischer Rationalität.* 2. Aufl., Stuttgart/Weimar.

Schneiders, Werner (2014): *Das Zeitalter der Aufklärung.* 5. Aufl., München.

Schöne-Seifert, Bettina (2007): *Grundlagen der Medizinethik.* Stuttgart.

Schreiber, Christine (2007): *Natürlich künstliche Befruchtung? Eine Geschichte der In-vitro-Fertilisation von 1878 bis 1950.* Göttingen.

Schütze, Hinner (2007): *Embryonale Humanstammzellen. Eine rechtsvergleichende Untersuchung der deutschen, französischen, britischen und US-amerikanischen Rechtslage.* Berlin/Heidelberg.

Schütze, Hinner (2005): Rechtliche Aspekte des therapeutischen Klonens in Deutschland, England, den USA und Frankreich. In: Peter Dabrock, Jens Ried (Hg.): *Therapeutisches Klonen als Herausforderung für die Statusbestimmung des menschlichen Embryos.* Paderborn, 251–275.

Searle, John R. (2007): Der logische Status fiktionaler Rede. In: Maria E. Reicher (Hg.): *Fiktion, Wahrheit, Wirklichkeit. Philosophische Grundlagen der Literaturtheorie.* Paderborn, 21–36. (Original 1975)

Seed, David (2011): *Science Fiction. A Very Short Introduction.* Oxford.

Seegers, Lu (2003): *Hör zu! Eduard Rhein und die Rundfunkprogrammzeitschriften (1931–1965).* 2. Aufl., Potsdam.

Seibt, Ferdinand (1985): Utopie als Funktion des abendländischen Denkens. In: Wilhelm Voßkamp (Hg.): *Utopieforschung. Interdisziplinäre Studien zur neuzeitlichen Utopie,* Bd. 1. Frankfurt a. M., 254–279.

Sexton, Sarah (2002): What's in a Name? The Language and Discourse of Human Cloning. In: Ulrike Bregermann, Claudia Breger, Tanja Nusser (Hg.): *Techniken der Reproduktion. Medien – Leben – Diskurse.* Königstein i.T., 121–129.

Seyferth, Peter (2006): *Utopie, Anarchismus und Science Fiction. Ursula K. Le Guins Werke von 1962 bis 2002.* Münster.

Shamblott, Michael J. et al. (1998): Derivation of Pluripotent Stem Cells From Cultured Human Primordial Germ Cells. *Proceeding of the National Academy of Sciences of the United States of America* 95, 13726–13731.

Shapiro, David (1996): Medizinische Ethik in Großbritannien: Ansätze und Prinzipien in
Ethik und Recht. *Jahrbuch für Wissenschaft und Ethik* 1, 167–177.
Shelley, Mary W. (2012): *Frankenstein, or, The Modern Prometheus.* 3. Aufl., Peterborough. (Original 1818)
Shettles, Landrum B. (1979): Diploid Nuclear Replacement in Mature Human Ova with Cleavage. *American Journal of Obstetrics and Gynecology* 133, 222–225.
Siber, Gertrud (2003): *Das andere Ich. Schicksal eines Klons.* Roman.
Siep, Ludwig (2004): *Konkrete Ethik. Grundlagen der Natur- und Kulturethik.* Frankfurt a. M.
Siep, Ludwig (2002): Moral und Gattungsethik. *Deutsche Zeitschrift für Philosophie* 50, 1, 111–120.
Siep, Ludwig (2001): Der Begriff der Person als Grundlage der biomedizinischen Ethik: Zwei Traditionslinien. In: Dieter Sturma (Hg.): *Person. Philosophiegeschichte – Theoretische Philosophie – Praktische Philosophie.* Paderborn, 445–460.
Sim, Wai-chew (2005): Kazuo Ishiguro. *The Review of Contemporary Fiction* XXV, 1, 80–111.
Simon, Ralf (2012): Zur Genese der Denkfigur ›Vorgeschichte‹ bei Johann Gottfried Herder. In: Johannes F. Lehmann, Roland Borgards, Maximillian Bergengruen (Hg.): *Die biologische Vorgeschichte des Menschen. Zu einem Schnittpunkt von Erzählordnung und Wissensformation.* Freiburg i.B., 49–76.
Sinason, Valerie (2012): *Trauma, Dissociation, and Multiplicity: Working on Identity and Selves.* London (u. a.).
Singer, Mona (2005): *Geteilte Wahrheit. Feministische Epistemologie, Wissenssoziologie und Cultural Studies.* Wien.
Singer, Peter (2013): *Praktische Ethik.* 3. Aufl., Stuttgart.
Sloterdijk, Peter (1999): *Regeln für den Menschenpark. Ein Antwortschreiben zu Heideggers Brief über den Humanismus.* Frankfurt a. M.
Smith, Michael M. (1997): *Spares.* New York (u. a.).
Sparrow, Robert (2012): Cloning, Parenthood, and Genetic Relatedness. In: Stephen Holand (Hg.): *Arguing about Bioethics.* London (u. a.), 163–175.
Spemann, Hans (1938): *Embryonic Development and Induction.* New Haven.
Sperling, Stefan (2013): *Reasons of Conscience.* Chicago / London.
Spitta, Juliane (2013): *Gemeinschaft jenseits von Identität? Über die paradoxe Renaissance einer politischen Idee.* Bielefeld.
Spivak, Gayatri C. (1985): The Rani of Sirmur. In: Francis Barker et al. (Hg.): *Europe and Its Others.* Colchester, 128–151.
Squier, Susan M. (1995): Naomi Mitchison: The Feminist Art of Making Things Difficult. In: *Naomi Mitchison: Solution Three. Afterword by Susan M. Squier.* New York, 161–183.
Statten, Vargo (1954): *The Multi-Man.* London.
Stecker, Robert (2008): Probleme des Intentionalismus. In: Tom Kindt; Tilmann Köppe (Hg.): *Moderne Interpretationstheorien.* Göttingen, 130–158.

Stegmüller, Wolfgang (1970): Gedanken über die mögliche rationale Rekonstruktion von Kants Metaphysik der Erfahrung. In: Wolfgang Stegmüller (Hg.): *Aufsätze zu Kant und Wittgenstein.* Darmstadt, 1–30.

Steigleder, Klaus (2006): Kant. In: Marcus Düwell, Christoph Hübenthal, Micha H. Werner (Hg.): Handbuch Ethik. 2. Aufl., Stuttgart/Weimar, 128–139.

Steigleder, Klaus (2003): Die Unterscheidung zwischen Menschen und Personen. Die Debatte in der Medizinethik. *Jahrbuch für Wissenschaft und Ethik* 8, 95–115.

Steinvorth, Ulrich (1998): Kritik der Kritik des Klonens. In: Johann S. Ach, Gerd Runtenberg, Christa Brudermüller (Hg.): *Hello Dolly? Über das Klonen.* Frankfurt a. M., 90–122.

Sternberg-Lieben, Detlev (1997): *Die objektiven Schranken der Einwilligung im Strafrecht.* Tübingen.

Stier, Marco (2014): Tetraploide Komplementierung von iPS-Zellen: Implikationen für das Potentialitätsargument. *Ethik in der Medizin* 26, 181–194.

Suaudeau, Jacques (2013): From Embryonic Stem Cells to iPS – an Ethical Perspective. *Cell Proliferation* 44, 1, 70–84.

Sutor, Daniel (2013): *Markt und Staat im Gesundheitswesen. Eine Systemanalyse am Beispiel von Deutschland, den USA und dem Vereinigten Königreich.* Hamburg.

Suvin, Darko (1972): On the Poetics of the Science Fiction Genre. *College English* 34, 3, 372–382.

Tachibana, Masahito et al. (2013): Human Embryonic Stem Cells Derived by Somatic Cell Nuclear Transfer. *Cell* 153, 1–11.

Tao Lai Po-wah, Julia (Hg.) (2002): *Cross-Cultural Perspectives on the (Im)Possibility of Global Bioethics.* Dordrecht (u. a.).

Temple, William F. (1951): *Four-Sided Triangle.* Reprint, New York.

Tenfelde, Klaus (2002): ›Kruppianer‹ und andere: Belegschaften und soziale Konflikte während des Krieges. In: Lothar Gall (Hg.): *Krupp im 20. Jahrhundert. Die Geschichte des Unternehmens vom Ersten Weltkrieg bis zur Gründung der Stiftung.* Berlin, 56–82.

The National Commission for the Protection of Human Subjects of Biomedical and Behavioral Research (1978): *The Belmont Report. Ethical Principles and Guidelines for the Protection of Human Subjects of Research.* Washington.

The Wellcome Trust (1998): *Public Perspectives on Human Cloning. A Social Research Study.* London.

Thomasson, Amie L. (2003): Fictional Characters and Literary Practives. *British Journal of Aesthetics* 43, 2, 138–157.

Thomson, James A. et al. (1998). Embryonic Stem Cell Lines Derived From Human Blastocysts. *Science* 282, 1145–1147.

Thyen, Anke (2008): Nachwort zur Neuausgabe von Erkenntnis und Interesse. In: Jürgen Habermas: *Erkenntnis und Interesse.* Hamburg, 367–412.

Toffler, Alvin (1970): *Future Shock.* New York.

Tokko, Ri (2004): *Das Automatenzeitalter: Ein prognostischer Roman.* Berlin. (Original 1931)

Tugendhat, Ernst (1976): *Vorlesungen zur Einführung in die sprachanalytische Philosophie.* Frankfurt a. M.

Tully, James; Skinner, Quentin (1988): *Meaning and Context. Quentin Skinner and his Critics.* Cambridge.

Turney, Jon (2002): Dolly and déjà vu: Facts and Fictions about Human Cloning. In: Cosimo M. Mazzoni (Hg.): *Ethics and Law in Biological Research.* Den Haag (u. a.), 241–251.

Vanstina, Jan (2012): *Ich bin Lukan. Reise in die Zeugenwelt.* Lampertheim.

Ventarola, Barbara (2011): Einleitung: Literarische Stadtutopien als Anschauungsobjekte und Experimentierfelder sozialer Phantasie. Für eine Re-Definition des Utopischen als liminaler Diskurs. In: Barbara Ventarola (Hg.): *Literarische Stadtutopien zwischen totalitärer Gewalt und Ästhetisierung.* München, 7–49.

Verhey, Allen D. (1994): Cloning: Revisiting an Old Debate. *Kennedy Institute of Ethics Journal* 4, 3, 227–234.

Viehöver, Willy (2011): Diskurse als Narrationen. In: Reiner Keller et al. (Hg.): *Handbuch sozialwissenschaftliche Diskursanalyse, Bd. 1: Theorien und Methoden.* 3. Aufl., Wiesebaden, 193–224.

Voßkamp, Wilhelm (2007): The Narrative Staging of Image and Counter-Image. On the Poetics of Literary Utopias. In: Susanne Kaul (Hg.): *Literatur und Wissenschaft.* Bielefeld, 59–72.

Vowinckel, Gerhard (1995): *Verwandtschaft, Freundschaft und die Gesellschaft des Fremden. Grundlagen menschlichen Zusammenlebens.* Darmstadt.

Waldby, Catherine; Cooper, Melinda (2008): The Biopolitics of Reproduction. Post-Fordist Biotechnology and Women's Clinical Labour. *Australian Feminist Studies* 23, 55, 57–73.

Waldenfels, Bernhard (2013): *Topographie des Fremden.* 6. Aufl., Frankfurt a. M.

Waldow, Stephanie (2013): *Schreiben als Begegnung mit dem Anderen. Zum Verhältnis von Ethik und Narration in philosophischen und literarischen Texten der Gegenwart.* München.

Walton, Kendall L. (2007): Furcht vor Fiktionen. In: Maria E. Reicher (Hg.): *Fiktion, Wahrheit, Wirklichkeit. Philosophische Grundlagen der Literaturtheorie.* Paderborn, 94–119.

Walton, Kendall L. (1990): *Mimesis as Make-Believe. On the Foundations of the Representational Arts.* Cambridge / London.

Warnock, Mary (2002): *Making Babies. Is there a Right to Have Children?* Oxford.

Warnock, Mary (2001): The Regulation of Technology. Executive Summary. In: Michael Ruse, Aryne Sheppard (Hg.): *Cloning. Responsible Science or Technomadness.* Amherst, 304–308.

Warnock, Mary (1998): The Regulation of Technology. *Cambridge Quarterly of Healthcare Ethics* 7, 173–175.

Warnock, Mary (Chairman) (1988): *Report of the Committee of Inquiry into Human Fertilisation and Embryology.* London.

Warnock, Mary (1987): Do Human Cells Have Rights? *Bioethics* 1, 1, 1–14.

Webber, Herbert J. (1903): New Horticultural and Agricultural Terms. *Science* 18, 459, 501–503.

Weber-Hassemer, Kristiane (2004): Die ethisch-rechtliche Diskussion: Ein internationaler Vergleich. In: Ludger Honnefelder, Dirk Lanzerath (Hg.): *Klonen in biomedizinischer Forschung und Reproduktion. Wissenschaftliche Aspekte – Ethische, rechtliche und gesellschaftliche Grenzen.* Bonn, 361–366.

Weigel, Sigrid (2004): Das Gedankenexperiment: Nagelprobe auf die facultas fingendi in Wissenschaft und Literatur. In: Thomas Macho, Annette Wunschel (Hg.): *Science & Fiction. Über Gedankenexperimente in Wissenschaft, Philosophie und Literatur.* Frankfurt a. M., 182–205.

Weindling, Paul J. (2012): Julian Huxley and the Continuity of Eugenics in Twentieth-century Britain. *Journal of Modern European History* 10, 4, 480–499.

Weindling, Paul J. (1989): *Health, Race and German Politics between National Unification and Nazism, 1870–1945.* Cambridge (u. a.).

Weingart, Peter (2002): Züchtungsutopien – Wildes Denken über die Verbesserung des Menschen. In: Tillmann Hornschuh et al. (Hg.): *Schöne – gesunde – neue Welt? Das humangenetische Wissen und seine Anwendung aus philosophischer, soziologischer und historischer Perspektive.* IWT-Paper 28. Bielefeld, 11–26.

Weldon, Fay (2002): *Auto da Fay.* London.

Weldon, Fay (1994): Of Birth and Fiction. In: Regina Barreca (Hg.): *Fay Weldon's Wicked Fictions.* Hanover/London, 198–208.

Weldon, Fay (1989): *The Cloning of Joanna May.* London.

Welskopp, Thomas (2013): Anerkennung – Verheißung und Zumutungen der Moderne. In: Axel Honneth, Ophelia Lindemann, Stephan Voswinkel (Hg.): *Strukturwandel der Anerkennung. Paradoxien sozialer Integration in der Gegenwart.* Frankfurt a. M./New York, 41–73.

Werlen, Benno (2010a): *Gesellschaftliche Räumlichkeit 2. Konstruktionen geographischer Wirklichkeiten.* Stuttgart.

Werlen, Benno (2010b): Körper, Raum und mediale Repräsentation. In: Jörg Döring, Tristan Thielmann (Hg.): *Spatial Turn. Das Raumparadigma in den Kultur- und Sozialwissenschaften.* Bielefeld, 365–392.

Werner, Christiana (2016): *Wie man mit Worten Dinge erschafft: die sprachliche Konstruktion fiktiver Gegenstände.* Göttingen.

Werner, Christiana (2012): On Referring to Ferraris – The Act of Reference and Prediction in Fictional Discourse. In: Jürgen Daiber (Hg.): *Understanding Fiction. Knowledge and Meaning in Literature.* Münster, 204–219.

Werner, Micha H. (2006): Einleitung. In: Marcus Düwell, Christoph Hübenthal, Micha H. Werner (Hg.): *Handbuch Ethik.* 2. Aufl., Stuttgart/Weimar, 122–127.

White, Hayden (1980): The Value of Narrativity in the Representation of Reality. *Critical Inquiry* 7, 1, 5–27.

Whitehead, Anne (2011): Writing with Care: Kazuo Ishiguro's Never Let Me Go. *Contemporary Literature* 52, 1, 54–83.

Wiesemann, Claudia (2010): The Moral Challenge of Natality: Towards a Post-Traditional Concept of Family and Privacy in Repro-Genetics. *New Genetics and Society* 29, 1, 61–71.

Wiesemann, Claudia (2008): Der Embryo im Kontext: Warum die Biopolitik die menschlichen Beziehungen nicht vergessen darf. In: Gisela Bockenheimer-Lucius, Petra Thorn, Christiane Wendehorst (Hg.): *Umwege zum eigenen Kind. Ethische und rechtliche Herausforderungen an die Reproduktionsmedizin 30 Jahre nach Louise Brown.* Göttingen, 81–88.

Wiesemann, Claudia (2006a): Kulturübergreifender Konsens in pluralistischen Gesellschaften? Das Beispiel der Zentralen Ethik-Kommission für Stammzellenforschung in Deutschland. In: Nikola Biller-Andorno, Peter Schaber, Annette Schulz-Baldes (Hg.): *Gibt es eine universale Bioethik?* Paderborn, 297–307.

Wiesemann, Claudia (2006b): *Von der Verantwortung ein Kind zu bekommen: Eine Ethik der Elternschaft.* München.

Wilkie, Tom; Graham, Elizabeth (1998): Power without Responsibility: Media Portrayals of Dolly and Science. *Cambridge Quarterly of Healthcare Ethics* 7, 150–159.

Willadsen, Steen M. (1986): Nuclear Transplantation in Sheep Embryos. *Nature* 320, 6, 63–65.

Williams, Bernard (1978): *Der Begriff der Moral. Eine Einführung in die Ethik.* Stuttgart.

Willer, Stefan (2005): Fallgeschichte. In: Bettina von Jagow, Florian Steger (Hg.): *Literatur und Medizin. Ein Lexikon.* Göttingen, 15–23.

Wilmut, Ian; Highfield, Roger (2006): *After Dolly. The Uses and Misuses of Human Cloning.* London.

Wilmut, Ian et al. (2000): *The Second Creation. The Age of Biological Control by the Scientists who Cloned Dolly.* London.

Wilmut, Ian et al. (1997): Viable Offspring Derived from Fetal and Adult Mammalian Cells. *Nature* 385, 810–813.

Wimmer, Andreas (1996): Kultur. Zur Reformulierung eines sozialanthropologischen Grundbegriffs. *Kölner Zeitschrift für Soziologie und Sozialpsychologie* 48, 3, 401–425.

Winther, Rasmus G. (2001): August Weismann on Germ-Plasm Variation. *Journal of the History of Biology* 34, 517–555.

Wöhlke, Sabine; Hansen, Solveig L.; Schicktanz, Silke (2015): Nachdenken im Kinosessel? Bioethische Reflexion durch Filme als eine neue Möglichkeit der Diskussion von Standpunkten und Betroffenheit. *Ethik in der Medizin* 27, 1, 1–8.

Wolstenholme, Gordon (1963): Eugenics and Genetics. Discussion. In: Ders. (Hg.): *Man and His Future. A Ciba Foundation Volume.* London, 274–298.

Woodward, James; Allman, John (2007): Moral Intuition. Its Neutral Substrates and Normative Significance. *Journal of Physiology* 101, 179–202.

Wyndham, John (2008): *The Chrysalids.* New York. (Original 1955)

Wyndham, John (1984): *The Day of the Triffids.* Harmondsworth (u. a.). (Original 1951)

Wyndham, John (1980): *The Midwich Cuckoos.* Harmondsworth. (Original 1957)

Yamada, Mitsutoshi et al. (2014): Human Oocytes Reprogram Adult Somatic Nuclei of a Type 1 Diabetic to Diploid Pluripotent Stem Cells. *Nature* 510, 533–536.

Young, Iris M. (1996): Communication and the Other: Beyond Deliberative Democracy. In: Seyla Benhabib (Hg.): *Democracy and Difference. Contesting the Boundaries of the Political.* Princeton, 120–135.

Zaner, Richard M. (2011): On the Telling of Stories. In: Osborne P. Wiggins, Annette C. Allen (Hg.): *Clinical Ethics and the Necessity of Stories. Essays in Honor of Richard M. Zaner.* Dordrecht (u. a.), 193–210.

Zavos, Panayiotis (2003): Human Reproductive Cloning: The Time is Near. *Reproductive BioMedicine Online* 6, 4, 397–398.

Zavos, Panayiotis; Illmensee, Karl (2006): Possible Therapy of Male Infertility by Reproductive Cloning: One Cloned Human 4-Cell Embryo. *Archives of Andrology* 52, 243–254.

Zentrale Kommission der Bundesärztekammer (ZEKO) (2006): *Forschungsklonen mit dem Ziel therapeutischer Anwendungen. Stellungnahme.* Berlin.

Ziegler, Reinhold (2005): *Perfekt Geklont.* Wien.

Žižek, Slavoj (1999): Of Cells and Selves. In: Elizabeth Wright, Edmond Wright (Hg.): *The Žižek Reader.* Oxford, 302–320.

Personenregister